KONRAD HEIDEN, ADOLF HITLER

D1721257

KONRAD HEIDEN

ADOLF HITLER

DAS ZEITALTER
DER VERANTWORTUNGSLOSIGKEIT

EINE BIOGRAPHIE

EUROPA VERLAG ZÜRICH

Bibliographische Information Der Deutschen Bibliothek:
Die Deutsche Bibliothek verzeichnet diese Publikation
in der Deutschen Nationalbibliographie.
Detaillierte bibliographische Daten sind im Internet abrufbar:
http://dnb.ddb.de

Geleitwort zur Neuausgabe

Der Europa Verlag Zürich legt 55 Jahre nach dem Tod seines Verlegers Emil Oprecht wieder ein Programm vor.

Emil Oprecht wurde am 23. September 1895 in Zürich geboren und starb am 9. Oktober 1952. Nach dem 1. Weltkrieg gründete er das Schweizerische Kinderhilfswerk. Von 1921 bis 1925 war Emil Oprecht zunächst Vorstandsmitglied und später Präsident der sozialistischen Arbeiterbuchhandlung, der späteren Unionsbuchhandlung. 1925 eröffnete er die Buchhandlung Oprecht & Helbling (später umbenannt in Buchhandlung Dr. Oprecht AG) an der Rämistrasse 5 in Zürich, in der er vor allem politische, insbesondere nazi-kritische Schriften verkaufte und in seinem Europa Verlag auch verlegte.

1938 gründete Oprecht gemeinsam mit Kurt Hirschfeld und weiteren Freunden die „Neue Schauspiel AG", welche daraufhin das Zürcher Schauspielhaus übernahm – die bedeutendste deutschsprachige und deutschlandkritische Bühne der Zeit. Während des 2. Weltkriegs wurden Emil Oprecht und seine Frau Emmie zu Rettern zahlreicher Verfolgter, indem sie Geld beschafften und ihr weit verzweigtes Beziehungsnetz einsetzten. Die Bücher des Europa Verlag Zürich sind so für viele Menschen Erinnerungen und Zeugnisse an eine Zeit geworden, in der die Bücher von Hermann Rauschning, von Otto Braun und von Konrad Heiden als erste Kunde gaben von Hitler, seinem Werdegang, seinen politischen Vorstellungen und seinen menschenverachtenden Plänen.

Albert Einstein, Thomas und Golo Mann, Ignazio Silone, Else Lasker-Schüler, Arthur Koestler, Winston Churchill, Willy Brandt, Arnold J. Toynbee, Friedrich Dürenmatt, Bertrand Russel und Jose Ortega y Gassset sind Autoren eines Verlages, der für seine Emigrantenpublikationen auch heute allenthalben noch hohes Ansehen genießt.

I

Oprechts verlegerischer Mut ist dabei keinesfalls zu unterschätzen. Es waren Konflikte mit den Behörden des Dritten Reiches, die seinen Verlag aus dem Börsenverein des deutschen Buchhandels ausschlossen und der Buchhandlung an der Rämistraße kommerziell schädigten. Während des Krieges setzten die Nationalsozialisten sogar ein Kopfgeld auf ihn aus. Auch gab es ständige Konflikte mit den schweizerischen Parteigängern Hitlers, die sich in den antisemitischen und faschistischen „Fronten" zusammengeschlossen hatten und jahrelang – bis fast zum Ende des Zweiten Weltkrieges – ihr publizistisches Sperrfeuer gegen Oprecht, seinen Verlag, seine Autoren, die Juden im Allgemeinen und die Emigranten schossen. Die schweizerischen Behörden erschwerten seine verlegerische Tätigkeit. Sie drohten bereits vor Kriegsbeginn mit Repressalien und die Zensurstelle machte die Arbeit während des Krieges teilweise unmöglich. In den ersten Nachkriegsjahren veröffentlichte der Verlag weiterhin politisch kritische Texte. Mit den „Reden in den Zeiten des Krieges" von Winston Churchill und Publikationen von Albert Einstein oder Ivo Andritsch blieb er seiner Tradition treu. 1952, verstarb Emil Oprecht und der Verlag wurde von seiner Frau und den bewährten Mitarbeitern tatkräftig weitergeführt. Thomas Mann hielt in seiner Totenrede über ihn fest:

„Der akademisch graduierte wählte den Beruf des Buchhändlers, des Verlegers, weil er im Buch ein starkes Kampfmittel sah für das Gute, und nie hat er ein Buch herausgebracht, an das er nicht glaubte, nie ein Buch unreiner Verlockung, das schlechten Instinkten schmeichelte und darum klingenden Erfolg versprach."

Konrad Heiden (1901-1966) war ein jüdischer Journalist und Schriftsteller. In der Zeit der Weimarer Republik war er SPD-Mitglied und einer der frühesten publizistischen Beobachter der NS-Bewegung.

II

Seit Beginn der 20er Jahre beobachtete er die politische Szene Münchens und erlebte so Hitlers frühe Anfänge ab 1921. Die Weltanschauung der Nationalsozialisten brachte er auf die Formel: „Marsch ohne Ziel, Taumel und Rausch, Glauben ohne Gott."

1936 veröffentlichte er im Europa Verlag Zürich die erste bedeutende Biographie Adolf Hitlers „Adolf Hitler, Das Leben eines Diktators – Das Zeitalter der Verantwortungslosigkeit". Den zweiten Band „Ein Mann gegen Europa" veröffentlichte der Verlag 1937. Der Historiker John Lukacs nennt Heidens Werk die „erste substanzielle Studie über Hitler". Heute gibt es wahrscheinlich kaum eine Hitler-Biographie, die nicht auf die authentischen Beschreibungen Heidens aufbaut. Obwohl Heiden „der Historiker des Nationalsozialismus" (FAZ) geworden war, wurden die beiden Bücher nach dem Zweiten Weltkrieg in Deutschland nicht mehr neu aufgelegt. Das vorliegende Exemplar ist somit die erste Auflage dieser historischen Trouvaille seit 70 Jahren!

Konrad Heiden arbeitete vor 1933 als Redakteur der Frankfurter Zeitung in München und war Mitarbeiter der Vossischen Zeitung.

1932 erschien sein erstes Buch „Geschichte des Nationalsozialismus – Die Karriere einer Idee" bei Rowohlt. 1934 veröffentlichte er im Europa Verlag Zürich „Die Geburt des Dritten Reiches". Seine Bücher wurden in mehrere Sprachen übersetzt.

1933 emigrierte Heiden ins Saarland, wo er sich bis 1935 aufhielt. Danach lebte er im Züricher Exil, um dann nach seiner offiziellen Ausbürgerung aus Deutschland und der Beschlagnahmung seines Vermögens 1937, nach Frankreich zu gehen, wo er bei Ausbruch des Krieges interniert wurde. Nachdem die Deutsche Wehrmacht 1940 die französische Armee überrannt hatte, ließen die Franzosen ihn frei, so dass es ihm gelang, getarnt mit einem tschechischen Pass, nach Lissabon zu fliehen, wo er mit einem Schiff in die USA fliehen konnte, um dann in New York zu leben. Nach dem Krieg schrieb Heiden in den fünfziger Jahren wöchentliche Beiträge über Amerika für den Süddeutschen Rundfunk und Radio Bremen. In dieser Zeit verschlimmerte sich sein Gesundheitszustand aufgrund einer Parkinson Erkrankung sehr und 1962 wurde er nach mehreren Operationen am Kopf ein Pflegefall. Die Arbeit wurde ihm so unmöglich und 1966 verstarb er schließlich in New York.

Das Buch ist in seiner Gestaltung der Tradition des Verlages geschuldet. Die Umschlaggestaltung, ursprünglich von dem bekannten Schweizer Künstler Gottfried Honegger Lavater entworfen, orientiert sich im Design und der Farbgebung an den Erstausgaben des Europa Verlag Zürich. Der Verlag wird sich in den neuen Ausgaben der Bücher etwas modernisiert an diese Gestaltung anlehnen, so dass für den Leser die Möglichkeit besteht in der Reihe der wichtigsten Bücher des Verlages einen ästhetischen und sammlerischen Wert zu entdecken.

Lars Schultze
Europa Verlag Zürich

IV

Am furchtbarsten aber erscheint dieses Dämonische, wenn es in irgendeinem Menschen überwiegend hervortritt. Während meines Lebensganges habe ich mehrere teils in der Nähe, teils in der Ferne beobachten können. Es sind nicht immer die vorzüglichsten Menschen, weder an Geist noch an Talenten, selten durch Herzensgüte sich empfehlend; aber eine ungeheure Kraft geht von ihnen aus, und sie üben eine unglaubliche Gewalt über alle Geschöpfe, ja sogar über die Elemente, und wer kann sagen, wie weit sich eine solche Wirkung erstrecken wird? Alle vereinten sittlichen Kräfte vermögen nichts gegen sie; vergebens, daß der hellere Teil der Menschen sie als Betrogene oder als Betrüger verdächtig machen will, die Masse wird von ihnen angezogen.

Goethe, Dichtung und Wahrheit. Zwanzigstes Buch.

Vorwort

Dieses Buch verdankt seine Entstehung dem Bedürfnis, auszusprechen, was ist.

In Deutschland ist das heute unmöglich, weil dort die Interessen des Staates der objektiven Erforschung der Wahrheit entgegenstehen. Außerhalb Deutschlands erschweren es zunächst jene natürlichen Irrtümer, die aus Fremdheit und Entfernung entspringen. Ein System schließlich, das mit soviel Intelligenz und Leidenschaft über seine Grenzen hinauswirkt und das andrerseits wie mit magnetischer Kraft soviel Intelligenz und Leidenschaft feindlich gegen sich sammelt, ist durch sein bloßes Bestehen eine ernste Gefahr für den Wahrheitssinn in der ganzen Welt. Die Hingabe von Kämpfern an hohe Ziele kann ebenso wie der niedrige Einfluß von Interessen das reine Gefühl für Wahrheit trüben.

Die Lüge ist wie der Krieg ein Unheil, das einseitig entfesselt werden kann, aber dann alle verdirbt. Wahrheit ist auf die Dauer die schärfste Waffe, und das Erz, aus dem sie geschmiedet wird, heißt Tatsache.

Das vorliegende Buch beruht auf fünfzehnjähriger Beschäftigung mit dem Thema; auf Beobachtung aus der Nähe, schon in der frühesten Stunde; auf Durchsicht aller erreichbaren Quellen, offener und vertraulicher; schließlich auf Auskünften mancher eingeweihter Personen, von denen einige heute noch in der Nähe Hitlers an wichtiger Stelle tätig sind. Die aller Welt bekannten Umstände machen es leider unmöglich, diese Gewährmänner zu nennen; ich muß mich mit der Hoffnung zufrieden geben, daß die belegten Teile des Buches ausreichendes Vertrauen auch für die notgedrungenerweise nicht belegten erwecken werden.

Auf Grund dieses Materials habe ich in meiner »Geschichte des Nationalsozialismus« den Aufbau der Hitlerbewegung, in »Geburt des Dritten Reiches« den Aufbau des Hitler-Staates darzustellen versucht. Die Schilderung der Hauptperson mußte dabei zu kurz kommen; das Menschliche, Private, vieles Anekdotische wegfallen. In diesem Buche versuchte ich es zu geben. Ich halte das für gerechtfertigt. »Adolf Hitler ist Deutschland«, wurde von heute maßgebender Stelle verkündet; nun, so versuche ich, in Adolf Hitler dies heutige Deutschland zu erklären.

Objektivität ist nicht Standpunktlosigkeit. Der »Held« dieses Buches ist weder ein Uebermensch, noch ein Popanz, sondern ein sehr interessanter Zeitgenosse und, zahlenmäßig betrachtet, der größte Massenerschütterer der Weltgeschichte. Man hat mich früher wegen Ueberschätzung dieses Gegners getadelt; ich muß heute bisweilen solche Tadler von ehemals ihrerseits vor Ueberschätzung warnen. Es scheint an dem eigentümlichen Magnetismus dieser Persönlichkeit zu liegen, daß sie die Urteile nach oben oder unten verrückt. Ob ich grade getroffen habe, mag der Leser entscheiden.

Wenn man einen Abgrund zuschütten will, muß man seine Tiefe kennen.

Es gibt in der Geschichte den Begriff der wertlosen Größe. Sie drückt oft tiefe Spuren in die Menschheit, aber es sind keine Furchen, aus denen Saat aufgeht.

Zürich, 20. August 1935.

Konrad Heiden.

Vorwort zum 18. bis 20. Tausend

Nach Erscheinen des Buches gingen mir, wie zu erwarten war, von vielen Seiten Mitteilungen zu, die dem Bilde Adolf Hitlers weitere Einzelzüge hinzufügen wollten. Aendern konnten sie es nicht. Lücken oder gar Irrtümer, mit denen eine zeitgenössische Darstellung rechnen muß, berichtigt zum Teil die Geschichte, indem sie die Figuren von ihren Plätzen stößt und Verborgenes bloßlegt; völlige Klarheit aber bleibt das unerreichte Ziel jeder Geschichtsschreibung. Künftige Forscher werden vieles sehen, was uns heute noch entzogen ist; manches werden sie aus ihrer Ferne kaum glauben, was die Gegenwart breit erlebt, aber selten lang bewahrt. Dies rechtfertigt den Versuch zeitgenössischer Geschichtsschreibung.

Die Notwendigkeit fortwährenden Neudrucks legte den Gedanken nahe, eine der Auflagen zur Einfügung des sich ansammelnden zusätzlichen Materials zu benützen. Das ist hiermit geschehen. Der Leser wird allerlei bisher unbekanntes Detail finden, und ich selbst hoffe, daß das Buch an Farbe und Spannung gewonnen hat. Vom Ganzen her gesehen handelt es sich freilich um Neuigkeiten, doch nicht um Neues. Die Familien- und Jugendgeschichte wurde aufgeforscht und mit Daten belegt; die Schauer des 30. Juni 1934 mußten, wie sie mir mit neuen Tatsachen mitgeteilt und verbürgt wurden, berichtet werden. Aber wirklich geändert werden mußte die Darstellung nur an einem Punkt. Der Tod Angela Raubals, der Nichte Adolf Hitlers, erscheint mir nicht mehr als Selbstmord.

Die Zusätze haben den Umfang des Buches erweitert. Sie hätten es noch mehr getan, wenn nicht einige Striche anekdotisches Nebenwerk, gelegentliche Wiederholungen und Längen beseitigt hätten.

*

In Tagen des Bangens um Europa werden diese Zeilen geschrieben. Die Zeit hat ein furchtbares Tempo angenommen, und die Schrecken von gestern weichen schon der rasch wachsenden Angst vor dem Morgen.

Aber gerade deshalb hat dieses Buch seinen guten Sinn.

Es sucht zu schildern, wie eine Welt unterging, weil sie der eigenen Kraft nicht mehr vertraute, an die volle Ruchlosigkeit des Gegners nicht glaubte, mit der Treulosigkeit Verträge und mit der Vernichtung Frieden schloß.

Diese tödlichen Irrtümer aber waren kein Zufall. Sie entsprangen dem Egoismus der einzelnen Teilhaber an jener versinkenden Welt. Ihnen fehlten Kraft und Klammer eines gemeinsamen, durch Willen lebendigen Gedankens, für den sie die eigene Existenz in den Kampf geworfen hätten.

Auch Europa wird den kommenden Kampf — in welcher Form immer er ausgefochten werde — nicht bestehen, wenn ihn nur die verbündete Selbstsucht einzelner Völker führt. Nicht das Sicherheitsverlangen ängstlicher Nationen, sondern das neue Hochgefühl einer stolzen europäischen Zukunft, weit alle beschränkten nationalen Zielsetzungen überflügelnd, wird die Gefahren von heute bannen.

Erst wenn die Ziele des kommenden Europa größer sind als die der heutigen Machthaber, wird auch sein Kraftbewußtsein stärker sein als ihre Drohungen. Würden die Völker sich einzeln in ihren Höhlen verstecken, so würden sie dort nicht die Sicherheit finden, sondern von den neuen Hegemonien und Imperien aufgesucht und erschlagen werden.

Und diese Hegemonien und Imperien würden, eins nach dem andern, wiederum an dem inneren Widerspruch ihrer Zielsetzung zugrunde gehen, die eine hoffnungslose Völkerwelt des Eroberns und Zerstörens, Fressens und Gefressenwerdens nicht überwindet, sondern verewigt.

Es gibt geschichtliche Notwendigkeiten, deren Strom tief unter dem Wellenschlag der Tagesereignisse dahinzieht. Die Europäisierung der Nationen wird der große geschichtliche Prozeß der nächsten Jahrzehnte sein. Aus ihm wird ein Europa hervorgehen, das nicht mehr auf den Berechnungen der Staatsmänner, sondern auf dem Willen der Völker gründet.

Denn an den Willen, nicht den Glauben, geht der neue Auftrag der Geschichte: das Europa des neuen Menschen zu schaffen. Deutschland wird in ihm nicht mehr der Schrecken, sondern eine Hoffnung der Welt sein. Das ist deutsches Ziel.

Zürich, 10. Mai 1936.

Konrad Heiden.

Erster Teil

ZUM MENSCHEN UNTAUGLICH

1. Heimat und Herkunft.

Nationalhaß in Oesterreich.

Im Lande der Romantik ist Adolf Hitler geboren. Grün bricht und schäumt von Passau bis Linz die Donau durch schwarze Waldgebirge, weiß leuchten die Klöster und Schlösser von Oberösterreich, auf den Bergspitzen verwittern graue Ruinen. An diesem Strom, dessen Kultur ebenso alt, dessen Geschichte ebenso schwer ist wie die des Rheins, zogen Ostgoten und Hunnen entlang, Langobarden und Bajuvaren, Ungarn und Schwaben, Kreuzfahrer und Türken, Schweden, Franzosen, die deutschen Feldgrauen des Weltkriegs. Ritterliche Sänger schrieben hier im zwölften Jahrhundert die verschallenden Sagen der Völkerwanderung in herrlichen Rhythmen aufs Pergament und bewahrten im Liede dem Waldstromland den leuchtenden Namen der Nibelungenstraße. Im sechzehnten Jahrhundert tränkte der Adel das Land mit rebellischem Bauernblut; Köpfe flogen auf den Rasen, Eingeweide wurden an Baumstämme genagelt.

Dome und Lustschlösser liegen über dem ernsten Antlitz des Landes wie ein Lächeln aus weißem, zartem Stein; während die Maurer an ihnen klopften, trieben die Reisigen des Bischofs Tausende von Landeskindern um ihres protestantischen Glaubens willen aus der Heimat. Im 18. Jahrhundert schossen die Grenadiere der Häuser Habsburg und Wittelsbach um dieses Erdenflecks willen einander tot; Habsburg siegte. Im neunzehnten Jahrhundert entsteht längs der Donau jenes düster-elegante Kolonialreich, österreichisch-ungarische Monarchie genannt, das der Welt den Wiener Walzer und den Weltkrieg schenkte und 1918 in Atome zersprang.

Eine absolute Fürstenherrschaft über sechs große und mehrere kleine Völker, in Abstammung, Sprache, Gesinnung und Kulturgrad von einander ganz verschieden, die entweder einander beherrschten oder sich von einander befreien wollten. Die Fortgeschrittensten dieser Nationen, Deutsche und Tschechen, stritten in den älteren Teilen Oesterreichs um die Vorherrschaft; das Herrscherhaus und die hohe Bürokratie drängten den ursprünglich überwiegenden deutschen Einfluß zugunsten der aufstrebenden tschechischen Nation etwas zurück, ohne den tschechischen natürlichen Wünschen gerecht werden zu können. So wuchs ein erbitterter deutscher Nationalhaß im alten Nibelungenland, in Oberösterreich und in der Wachau gegen das dem Deutschtum sich entfremdende Herrscherhaus, gegen die ganze österreichische Monarchie und namentlich auch gegen die mit ihr innig verbündete katholische Kirche hoch. Die »Los-von-Rom«-Bewegung des Ritters Georg von Schönerer und seines Genossen Wolf ergriff das gebildete Bürgertum; sie begeisterte sich an dem unter Bismarck und den Hohenzollernkaisern machtvoll aufsteigenden Nachbarreich, verlangte die Auflösung der Habsburger Monarchie und den Anschluß ihrer deutschen Teile an das Deutsche Reich. Mit Neid sieht dies österreichische Bürgertum die Wirtschaftsblüte des Reichs unter den Hohenzollernkaisern, die machtvollen Schritte der deutschen Industrie auf dem Weltmarkt; mit Neid sehen die Fabrikanten von Reichenberg und Steyr Deutschlands gewinnreiche Seeschiffahrt, die geschäftereiche Kolonialpolitik und die Staatsgelder, die auf dem Wege über diese Wirtschaftszweige an tüchtige Kaufleute fließen. So hat das mächtig sich regende Nationalgefühl der Deutschen Oesterreichs eine gutgefütterte Unterlage; doch setzt sich oft genug der nationale Haß über alle wirtschaftlichen Berechnungen weg, namentlich im heftigen Streit der Deutschen und Tschechen. Wie immer sind diese Gefühle am stärksten bei den mittleren Schichten, weniger beim national sehr gemischten Proletariat, gar nicht beim hohen Adel. Die Turnerbünde und Schützengilden, die Mittelschulen und Sängerfeste hegen diesen Nationalismus, und beim nächtlichen Gelage auf weinlaubumrankter Terrasse an der Donau singt ein alter Herr mit goldener Brille:

Und rinnt von des Römers blinkendem Rand
der letzte Tropfen vom Alten,
dann ruf ich: Wachau, du mein heimatlich Land,
bleibst deutsch uns ewig erhalten!

Zu den kleinen Nationen der Monarchie gehörten die Juden, die in einigen Teilen des Landes in geschlossenen Siedlungen und großer Rückständigkeit lebten; oft mit einer eigentümlichen, ganz uneuropäischen Geistesbildung. In den deutschen und tschechischen Landesteilen assimilieren sie sich schneller und steigen z. B. in Prag zu einer hohen und feinen Kultur auf, geradezu Vorbild und Beispiel ihrer Umgebung; in Galizien bleiben sie der alte Ghetto-Typ. In Wien vereinigen sich diese verschiedenen Kulturgrade zu einem nicht durchweg erfreulichen Gemenge. In Handel und Gewerbe, vielleicht noch mehr in Presse und Literatur erlangt nicht der Jude an sich, sondern ein bestimmter jüdischer Bildungs-Typ zeitweise übermäßigen Einfluß, denn diese weit Herumgekommenen kennen die Bedürfnisse aller Schichten und Nationen des Reichs. In dem unruhigen Völkergemisch werden die Juden von keiner Nation endgültig angezogen, wechseln herüber und hinüber, erhalten aus den Ghetto-Siedlungen Galiziens immer wieder Nachschub mit ausgeprägten Nationalzügen und assimilieren sich aus all diesen Gründen als Ganzes langsamer als in anderen Ländern. So entsteht eine von allen Nationen Oesterreichs gehetzte Zwischenschicht, überwiegend proletarisch, mit wohlhabenden, beneideten und verlästerten Spitzen.

Auch die »Los-von-Rom«-Bewegung war scharf antisemitisch; sie erklärte das Judentum für das Symbol jenes österreichischen Völkergemenges, in dem das Deutschtum zugrunde gehe. Dieser Antisemitismus des 19. Jahrhunderts war in Oesterreich ebenso wie in Deutschland eine absolute Angelegenheit der bürgerlichen Oberschicht, die wiederum geistige Anleihen beim Adel machte und mit ihrer Judenfeindschaft unbewußt feudalen Zwecken diente. Denn der Jude war das Sinnbild der bürgerlichen Emanzipation; jüdische Intellektuelle halfen jene politischen Klassenschranken zerschlagen, mit denen der Feudalismus den Aufstieg des Bürgertums gehemmt hatte. Der Antisemitismus sickert von oben nach unten. Als Adolf Hitler geboren wurde, war er noch nicht bei den Bauern und Kleinbürgern, geschweige denn bei den Proletariern angelangt; Hitlers Vater hätte, wie der Sohn selbst bezeugt, im Antisemitismus ein Zeichen von Unbildung gesehen — mit Recht, denn er verfolgt die Opfer statt der Ursachen eines Uebels.

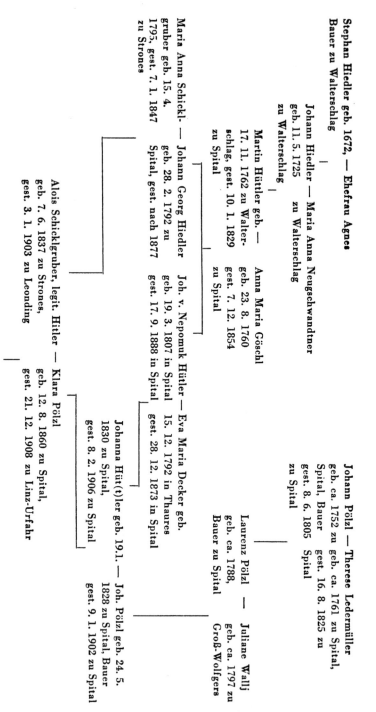

Stephan Hiedler geb. 1672, — Ehefrau Agnes
Bauer zu Walterschlag

Johann Pölzl — Therese Ledermüller
geb. ca. 1752 zu geb. ca. 1761 zu Spital,
Spital, Bauer gest. 16. 8. 1825 zu
gest. 8. 6. 1805 Spital
zu Spital

Johann Hiedler — Maria Anna Neugschwandtner
geb. 11. 5. 1725 zu Walterschlag
zu Walterschlag

Martin Hüttler geb. — Anna Maria Göschl
17. 11. 1762 zu Walter- geb. 23. 8. 1760
schlag, gest. 10. 1. 1829 gest. 7. 12. 1854
zu Spital zu Spital

Laurenz Pölzl — Juliane Wallj
geb. ca. 1788, geb. ca. 1797 zu
Bauer zu Spital Groß-Wolfgers

Maria Anna Schickl- — Johann Georg Hiedler Joh. v. Nepomuk Hüttler — Eva Maria Decker geb.
gruber geb. 15. 4. geb. 28. 2. 1792 zu geb. 19. 3. 1807 in Spital 15. 12. 1792 in Thaures
1795, gest. 7. 1. 1847 Spital, gest. nach 1877 gest. 17. 9. 1888 in Spital gest. 28. 12. 1873 in Spital
zu Strones

Johanna Hüt(t)ler geb. 19.1. — Joh. Pölzl geb. 24. 5.
1830 zu Spital, 1828 zu Spital, Bauer
gest. 8. 2. 1906 zu Spital gest. 9. 1. 1902 zu Spital

Alois Schicklgruber, legit. Hitler — Klara Pölzl
geb. 7. 6. 1837 zu Strones, geb. 12. 8. 1860 zu Spital,
gest. 3. 1. 1903 zu Leonding gest. 21. 12. 1908 zu Linz-Urfahr

Adolf Hitler, geb. 20. 4. 1889 zu Braunau

14

Die Vorfahren.

Adolf Hitlers Vater ist der uneheliche Sohn einer armen Bauernmagd. Die merkwürdigen Familienverhältnisse Hitlers mag die nebenstehende Stammtafel, die sich zum Teil auf Forschungen des Wiener Genealogen Karl Friedrich von Frank, aber auch auf sonstige Nachforschungen in Kirchenbüchern stützt, etwas verdeutlichen.

Dieses Bruchstück einer Ahnentafel zeigt, wie die heutige Namensform Hitler aus einem Sammelsurium verschiedener Klänge und Schreibungen erst sehr spät herauswächst. Es gibt erwiesenermaßen viele jüdische Hitlers, und die Aehnlichkeit des sonst seltenen Namens hat zur Suche nach einem jüdischen Einschlag in der Familiengeschichte verleitet. Es ist ein Irrtum. Man hat eine angebliche jüdische Großtante Adolf Hitlers in einer Klara Hitler feststellen wollen, die am 12. Oktober 1821 von jüdischen Eltern im böhmischen Polna geboren wurde, in Wien getauft worden sei und dann in Spital in Niederösterreich gelebt haben soll. Aber der Aufenthalt dieser Klara Hitler in Spital ist nicht erwiesen. Dagegen steht fest, daß die Großmutter Adolfs, Johanna Hütler, die Tochter eines katholischen Bauern Johann von Nepomuk Hütler aus Spital war. Die Namensähnlichkeit bleibt immerhin auffällig; auffällig bleibt weiter, daß Spital und Polna verhältnismäßig nahe beieinander liegen; auffällig bleibt schließlich, daß der Name grade auf der Wanderung von Walterschlag nach Spital sich aus Hiedler in Hüttler verwandelt — denn grade dies ist auch die Form, in der der Name auf dem Grabstein einer Rosalie Müller, geb. Hüttler auf dem jüdischen Friedhof in Polna vorkommt. Auf Gräbern der jüdischen Abteilung des Zentralfriedhofs in Wien heißt es dann bereits Hitler — die Namensform hat sich also in der christlichen wie der jüdischen Familie parallel entwickelt. Welcher Art diese auch sonst oft beobachtete Namensparallelität ist; ob sie einfach aus örtlicher Nachbarschaft sich erklärt oder auf eine bis jetzt nicht geklärte Beziehung hinweist, wäre leichter zu sagen, wenn die Bedeutung des Namens klarer wäre. Man hat die jüdische Form von Hut (Hitler gleich Hütelmacher), die christliche von Hütte abgeleitet; ein tschechisches Hidlar wurde vermutet, und ein in Hitlers Heimat wohnender Privatforscher führt den

Namen auf einen Hüter oder Hirten (wenn man also will: Führer) zurück. Erwähnt sei, daß unter Hitlers Ahnen väterlicherseits im 17. Jahrhundert ein Bauer namens Johann Salomon in Nieder-Plöttbach (Bezirk Zwettl, Niederösterreich) vorkommt; er ist Adolf Hitlers Urururgroßvater.

Im Gegensatz zur väterlichen zeigt die mütterliche Abstammungslinie Adolf Hitlers die Merkmale einer festen Ruhe. Der Name bleibt von seinem ersten Auftauchen an unverändert bei der Form Pölzl, und bis zur Mutter Adolf Hitlers hinab sitzen diese Ahnen vier Generationen lang unverrückt auf dem Bauernanwesen Nr. 37 in Spital.

Ganz anders die fast vagantenhafte Unbeständigkeit der väterlichen Linie. Nicht nur der Name zuckt hin und her; auch der Wohnsitz wechselt in drei Generationen dreimal: Walterschlag, Spital, Strones, Leonding. Die Lebensgeschichte der einzelnen ist tatsächlich bewegt und zeugt von innerer Unrast. Johann Georg Hiedler, der Großvater des späteren Reichskanzlers, verbringt sein Leben an verschiedenen Orten Niederösterreichs bald als »Bestandmüller«, d. h. Mühlenpächter, bald als »vazierender Müllersgeselle«. 1824 heiratet er zum ersten Mal, fünf Monate nach der Eheschließung wird ein Sohn geboren; Mutter und Kind sterben im Wochenbett (Traubuch, Taufbuch und Sterbebuch des Pfarramts Hoheneich bei Gmünd, Niederösterreich). Dreizehn Jahre später finden wir diesen Hiedler als Müller in Döllersheim, ebenfalls im Bezirk Gmünd. Im benachbarten Strones gebiert die Bauerntochter Anna Maria Schicklgruber am 7. Juni 1837 einen Sohn namens Alois. Fünf Jahre später heiratet die Siebenundvierzigjährige in der Pfarrkirche von Döllersheim den fünfzigjährigen Johann Georg Hiedler, der laut Traubuch der Pfarre Döllersheim damals als »Mütergesell« in Dürenthal lebt. 1847 stirbt Maria Anna Hiedler in Strones. Die Spur Johann Georg Hiedlers verliert sich dann auf Jahrzehnte; Alois trägt jedenfalls nicht seinen Namen, sondern den Mädchennamen der Mutter: Schicklgruber.

Alois Schicklgruber-Hitler.

Wenn die Abstammung dieses Kindes Alois von Georg Hiedler nach den äußeren Umständen nicht ganz sicher ist, so ist

16

sie aus inneren Gründen wahrscheinlich. Die Unrast im Leben Georg Hiedlers wiederholt und steigert sich in Alois. Wie Georg Hiedler verläßt dieser den Bereich bäuerlicher Lebensführung und sucht nach einer Art Aufstieg. Georg Hiedlers Lebensbahn verliert sich in den späteren Jahrzehnten im Dunkel; Alois findet in dem ersehnten Beamtenberuf anscheinend nicht die volle Befriedigung und bricht diese Laufbahn auffallend früh ab. Dann wandert er unruhig von Ort zu Ort, kauft und verkauft rastlos immer aufs neue bald da, bald dort eine kleine Besitzung. Dreimal ist er verheiratet.

Er wächst in Spital auf, wo der Bruder Georg Hiedlers, Johann von Nepomuk Hütler, als Bauer lebt. Bei einem gewissen Ledermüller lernt er dort das Schuhmacherhandwerk. Eine kleine Anekdote hat sich erhalten: der junge Mensch habe eines Tages seine Geldbörse samt seinem ganzen Taschengelde, nämlich einen Kreuzer, wütend aus dem Fenster geworfen und gerufen, wenn er schon nicht mehr Geld habe, brauche er auch den Kreuzer nicht.

In Wien arbeitete er eine Zeitlang als Schuhmacher. Dann werden die Daten genauer: sein Personalakt als Beamter liegt vor. 1855 trat er in Saalfelden im Lande Salzburg in den Finanzwachtdienst ein, 1864 erreichte er im Avancement einen Posten, der als bürgerliche Sicherung gelten konnte: er wurde provisorischer Amtsassistent der 11. Dienstklasse beim Hauptzollamt in Braunau am Inn. Elf Tage nach der Beförderung heiratete er zum ersten Mal, und zwar ein Mädchen aus seinem Vorgesetztenkreise: die Adoptivtochter Anna des Zolleinnehmers Josef Hoerer in Radstadt, geboren als Tochter des Steuerbeamten Josef Glasl in Theresienfeld. Spätere Altersfreunde Alois Hitlers in Leonding wollen von ihm gehört haben, die neuen Schwiegereltern seien wohlhabend gewesen und hätten ihm eine behaglichere Lebensführung ermöglicht.

Anna Glasl-Hoerer war 1823 geboren, also vierzehn Jahre älter als ihr Gatte. Die Ehe blieb kinderlos. Nach dem Personalakt wurde sie nach sechzehnjähriger Dauer am 7. November 1880 durch das Bezirksgericht Braunau geschieden.

Mündliche Angaben von alten Leuten in Braunau füllen diese Daten mit etwas Leben. Die Angaben über das Naturell Alois Hitlers schwanken; die einen nennen ihn freundlich und gefällig, die andern zugeknöpft und etwas mürrisch. Jedenfalls sei er bildungshungrig und »in Wort und Schrift sehr bewandert« gewesen. Die Mittel der Adoptivschwiegereltern hätten ihm ein gewisses gesellschaftliches Auftreten, so wie den Luxus von Büchern und Reisen ermöglicht.

Um seiner kinderlosen und leidenden Frau Zerstreuung und Hilfe zu verschaffen, nahm Alois Schicklgruber das Töchterchen einer Cousine, die kleine Klara Pölzl, ins Haus. Das Mädchen wurde allgemein als Tochter der Familie betrachtet und hieß nach Alois Schicklgrubers Namensänderung das »Hitler-Klarerl«.

Im Jahre 1876 änderte nämlich Alois Schicklgruber seinen Namen in Hitler. Ueber diesen Vorgang liegen mehrere Dokumente vor, von denen das interessanteste eine Auskunft des Ordinariats von St. Pölten vom 29. März 1932 ist. Wie sich aus dem dortigen Archiv ergibt, meldete sich am 6. Juni 1876 beim Notariat in Weitra Georg Hitler (so lautet jetzt die Schreibweise); der Mann also, über den seit 1842 keine Daten mehr vorliegen, dessen seitherige Lebensschicksale, ja dessen Sterbetag und -ort bisher nicht ermittelt werden konnten; nur daß er 1883 bereits tot war, geht aus einem anderen Dokument hervor. Dieser vierundachtzigjährige Greis erklärte vor dem Notar in Weitra vor drei Zeugen namens Rameder, Breiteneder und Pautsch, er sei der Vater des am 7. Juni 1837 geborenen außerehelichen Kindes Alois Schicklgruber. Warum diese Legitimierung seinerzeit bei der Eheschließung mit der Mutter unterblieb, ist aus den verschiedenen Aktenstücken nicht zu erkennen. Unter welchen Umständen sie dann 1876 erfolgte, was für ein Leben Georg Hiedler damals führte, wie er mit seinem Sohne stand und was ihn zu dieser späten Legitimierung veranlaßte, darüber schweigen die Dokumente gleichfalls. Die eigentliche Rechtskraft erhielt der Legitimierungsakt im Pfarramt zu Döllersheim, dem Georg Hiedlers notarielle Erklärung von Weitra aus zugeschickt wurde. Dort schreibt der Pfarrer Josef Zahnschirm, auf eine etwas unordentliche und später zu Zweifeln Anlaß gebende Art, Alois Schicklgruber am 23. November 1876 im Taufbuch auf Alois Hitler um. Rechtlich war der ganze Vorgang die Nachholung eines Aktes, der schon bei der Eheschließung 1842 hätte erfolgen sollen und offenbar aus Nachlässigkeit unterblieb; in der Amtssprache heißt er legitimatio per matrimonium subsequens.

Was die Akten verschweigen, müssen die Mitlebenden bekunden. Nach den Erinnerungen eines Altersfreundes von Alois Hitler in Leonding war die Ursache der Namensänderung eine Erbschaftsangelegenheit. Der Bruder Georg Hiedlers, Johann von Nepomuk Hütler in Spital, also Alois Hitlers Onkel und überdies der Großvater seiner späteren dritten Frau, hatte nur zwei Töchter, wollte aber, daß der Name nicht aussterbe. Er machte die Namensänderung zur Bedingung eines Legats, das er dem Neffen aussetzte.

Merkwürdige Familie.

Die Ehe Alois Hitlers mit der um vierzehn Jahre älteren Frau muß für beide Teile nicht leicht gewesen sein, zumal da die Frau immer kränker wurde. Alois Hitler beginnt ein Verhältnis mit einer jungen Gasthausköchin namens Franziska Matzelsberger. Darauf die Scheidung von der ersten Gattin, nach damaligem österreichischem Recht nur Scheidung von Tisch und Bett, die das Eingehen einer neuen Ehe nicht ermöglicht. Frau Anna Hitler bezieht eine eigene Wohnung, die zwanzigjährige Ziehtochter Klara Pölzl verläßt das Haus und geht nach Wien in Stellung. Franziska Matzelsberger führt Alois Hitler die Wirtschaft und gebiert ihm, noch zu Lebzeiten der ersten Gattin, am 13. Januar 1882 einen Sohn, der den Taufnamen Alois und später durch Legitimierung den Familiennamen Hitler erhält. Nach dem Tode der ersten Gattin — sie stirbt am 6. April 1883 an »Auszehrung« — heiratet Alois Hitler bereits am 22. Mai 1883 Franziska Matzelsberger; am 28. Juli des gleichen Jahres kommt eine Tochter Angela zur Welt. Von den Kollegen Alois Hitlers und ihren Frauen wird die neue Gattin gesellschaftlich geschnitten. Nach kurzer Ehe erkrankt auch Franziska Hitler an einem Lungenleiden und stirbt am 10. August 1884, laut Totenschein an Tuberkulose.

Die letzten Lebensmonate hatte sie in dem Ort Ranshofen in der Nähe von Braunau verbracht. Während dieser Zeit war die Ziehtochter Klara Pölzl aus Wien zurückgekommen und hatte Alois Hitler das Haus geführt. Ein halbes Jahr nach dem Tode der zweiten Frau, am 7. Januar 1885, heiratete Alois Hitler die dritte.

Klara Pölzl war nicht nur die Ziehtochter ihres neuen Gatten, sondern auch die Tochter einer Cousine. Das war nach kirchlichem Recht »Seitenverwandtschaft im dritten Grad, berührend den zweiten«; ein bischöflicher Dispens war zur Eheschließung nötig. Wir werden im Leben Adolf Hitlers einen Vorgang kennen lernen, der etwas an des Vaters dritte Ehe erinnert.

Der neuen Ehe entspringen fünf Kinder, von denen drei im frühen Alter gestorben sind: Zwei Söhne, Gustav, geboren 1885, gestorben 1887, und Edmund, geboren 1894, gestorben 1900; ein Mädchen namens Ida, geboren 1886, stirbt 1888. Eine Schwester namens Paula, geboren 1896, lebt später als Kunstgewerblerin in Wien. Von den Stiefgeschwistern Adolf Hitlers heiratete die 1883 geborene Angela in Linz einen Beamten namens Raubal; nach dessen Tode lebte sie als Küchenleiterin in Wien, eine Zeitlang auch in einer jüdischen Gemeindeküche; ihr späterer Lebensgang wird uns noch beschäftigen. Der Stiefbruder Alois wurde von Beruf Kellner und hatte ein mehr als bewegtes Leben. 1900 erhielt er fünf Monate Kerker wegen Diebstahls, 1902 acht Monate, abermals wegen Diebstahls. Später ging er offenbar nach Deutschland; am 7. März 1924 verurteilte ihn das Landgericht Hamburg zu sechs Monaten Gefängnis wegen Bigamie. Dann verschwand er, angeblich nach England. 1934 gibt es in Berlin-Wilmersdorf eine viel von SA.-Leuten besuchte Gastwirtschaft, deren Inhaber Alois Hitler heißt; es soll der Bruder des Reichskanzlers sein.

Das Familienleben im Elternhause Adolf Hitlers wird von Zeit- und Hausgenossen als harmonisch und freundlich geschildert. Eine alte Einwohnerin von Braunau, die als Dienstmädchen im Hause Alois Hitlers lebte, rühmt die Eintracht des Hauses; nur durch eine »hochmütige, arbeitsscheue und nicht ganz normale Schwester der Frau Klara«, die öfters zum Aushelfen da war, sei Unerfreuliches ins Haus gekommen.

Ob dies »Unerfreuliche« vielleicht mit der erwähnten Erbschaftsangelegenheit zusammenhängt? Es könnte so scheinen, denn im Jahre 1888 kauft Alois Hitler plötzlich in dem Dorf Wörnharts bei Weitra ein Bauerngut und übergibt es seiner unverheirateten Schwägerin Johanna Pölzl zur Bewirtschaftung. 1892 verkauft er es dann wieder. Doch ihn selbst locken Boden und Besitz. Für zwei Dienstjahre siedelt er noch nach dem bayrischen Passau über (1892 bis 1894); dann läßt er sich nach der oberösterreichischen Landeshauptstadt Linz versetzen, wodurch er offenbar in eine höhere Gehalts- und Ruhegehaltsklasse kommt, und geht am 25. Juni 1895 mit dem Titel eines Zollamts-Oberoffizials in Pension; grade 58 Jahre alt. Nun beginnt eine unruhige Besitzwirtschaft; es sieht eher nach Güterhandel als nach Seßhaftigkeit aus. 1895 kauft er sich in dem oberösterreichischen Flecken Hafeld an, 1897 in dem Städtchen Lambach; bleibt auch dort nicht, sondern siedelt 1899 nach Leonding, einem Vorort von Linz, über, wo er ein Haus neben dem Gemeindehaus besitzt. Dort geht er spazieren, die goldbordierte Samtmütze meist in der Hand, sieht nach seinen Bienen, lehnt am Zaun und plaudert mit den Nachbarn. Er schaut zu, wie ein Freund ein kleines Sägewerk errichtet und meint philosophisch: so seien die Zeiten; die Kleinen kämen herauf, die Großen stiegen herunter. Die Atemwege sind krank, er hustet und spuckt gelegentlich Blut. Wenn politisiert wird, stellt sich heraus, daß er »die Preußen nicht leiden« mag; er war »halt fest k. u. k., der alte Herr«, erinnert sich ein Ohrenzeuge.

Am Morgen des 3. Januar 1903, es ist kurz vor zehn, sinkt er auf offener Straße bei seinem Morgenspaziergang plötzlich zusammen. Ein Freund findet ihn und bringt ihn ins nahe Wirtshaus, die Wirtin läuft um Wein und Wasser in die Küche, da kommt ein Mundvoll Blut, und Alois Hitler stirbt in den Armen des Nachbars Ransmaier rasch und ruhig. In der Totenmatrik von Leonding steht: »Ist an Lungenbluten plötzlich gestorben.«

Die Witwe Klara Hitler gibt den Wohnsitz in Leonding auf und zieht nach dem Linzer Vorort Urfahr in die Blütenstraße; es ist praktisch nur ein Wohnungswechsel in derselben Stadt. Auch sie kränkelt; am 21. Dezember 1908 stirbt sie, die Todesursache ist nicht erkennbar. Beide Gatten liegen in Leonding begraben.

Schweres Erbe.

Erklärt diese Familiengeschichte etwas? Man tut gut, die wesentlichen Merkmale zusammenzustellen und mit Schlüssen vorsichtig zu sein.

Das »Waldviertel«, dem die Hitler wie die Pölzl entstammen, ist eine ernste, abseitige, nicht eben reiche Landschaft; wie viele solcher Gegenden hat sie keinen Mangel an Aberglauben und Spukgeschichten. Die Ahnen scheinen arme Bauersleute gewesen zu sein; »Kleinhäusler« steht öfters in den Kirchenbüchern. Von der Unruhe der Hitlerschen, der Beständigkeit der Pölzlschen Linie, die in Adolf Hitlers Elternpaar aufeinandertreffen, wurde schon gesprochen. Georg Hiedler, der Großvater, scheint eine für die dortigen Verhältnisse geradezu abenteuerliche Figur gewesen zu sein, und auch Alois Hitler zeigt ein vom Herkömmlichen durchaus abweichendes Temperament. Den Schusterberuf, den er erlernen mußte, hat er nach dem Zeugnis seines Sohnes offenbar als Degradation empfunden; der frühe Eintritt in die Beamtenlaufbahn verrät anscheinend nicht so sehr Liebe grade zu diesem Beruf, als vielmehr den Wunsch, auf die einzige ihm mögliche Weise schnell etwas »Besseres« zu werden. Die Legende vom Aufstieg des kleinen Mannes! Auf einem der Bilder ähnelt Alois Hitler auffallend dem alten Hindenburg; nicht nur genau derselbe Schnurrbart, sondern auch dieselben Augen, dieselben Backen, Mund und Kinn; der ganze Kopf dasselbe unverkennbare Viereck. Etwas Spekulatives muß in dem Mann liegen, der im Alter Gut um Gut kauft und verkauft und als junger Mensch eine vierzehn Jahre ältere Frau aus wohlhabender Familie geheiratet hat — übrigens ein Fall, der in Adolf Hitlers Ahnenreihe nicht weniger als dreimal vorkommt. Dafür ist die letzte Gattin, Adolf Hitlers Mutter, um volle 23 Jahre jünger.

Bemerkenswert ist in der väterlichen Linie die Vitalität. Die Zahl von Alois Hitlers ehelichen Kindern ist sieben, doch schon bei Georg Hiedler lassen die spärlichen Daten alle Vermutungen zu. Dreimal hat Alois Hitler geheiratet, 52 Jahre war er alt, als sein Sohn Adolf geboren wurde, mit 57 Jahren kam das letzte Kind. Das auffallende Kindersterben in der dritten Ehe deutet auf eine Schwächeanlage, die offenbar aus dem Blute der Mutter stammt; ihr Bild zeigt eine junge Frau von zartem Typus. Merkwürdig, wie dieselbe Krankheit durch die ganze Familie schleicht: Alois Hitlers erste und zweite Frau sterben an Schwindsucht, auch er erliegt einem Lungenleiden.

Ist erbliche Belastung zu erkennen? Eine Tante Adolf Hitlers mütterlicherseits wird von einer Hausgenossin als »arbeitsscheu und nicht ganz normal« bezeichnet, doch reicht dies Zeugnis natürlich nicht aus. Ein Sohn aus Alois Hitlers zweiter Ehe geriet auf die schiefe Bahn, doch grade dessen Vollschwester Angela wird als tüchtiger, normaler Charakter mit sympathischen Zügen geschildert. Absonderlichkeiten weist die Familiengeschichte genug auf; dennoch reichen sie wohl nur eben hin, das bereits bekannte Bild Adolf Hitlers ein wenig schärfer zu beleuchten.

Mit Adolf Hitler ist die Familiengeschichte in die große Politik gekommen. Darum steht die seine hier.

2. Ein früh Gescheiterter

Erste Daten.

Am 20. April 1889, abends 6½ Uhr, wurde dem damaligen Zollamts-Offizial Alois Hitler in Braunau am Inn, Vorstadt 219 (Gasthof zum Pommer) ein Sohn geboren. Zwei Tage später, nachmittags 3¼ Uhr, erhielt dies Kind in der heiligen Taufe den Vornamen Adolfus.

Es ist das vierte Kind Alois Hitlers; und das zweite, das ihm die Gattin K̕lara nach neunjähriger Ehe gebiert. Die Taufpaten sind ein Ehepaar Prinz aus der Löwengasse in Wien.

Der Geburtsort Braunau ist der Platz, an dem Alois Hitler viele Jahre gewohnt hat. Die Familie stammt in der väterlichen wie der mütterlichen Linie aus Niederösterreich, also weit donauabwärts; aber Alois Hitler ist ein »Ausgewanderter«, und so wird Oberösterreich Adolf Hitlers Heimat.

Die nächste offizielle Nachricht über den Lebensgang dieses Kindes liefert das Jahr 1895. Am 2. April dieses Jahres kommt es in die Volksschule von Fischlham bei Hafeld. Zwei Jahre darauf Uebergang in die Klosterschule des Stifts Lambach; ein Lehrer erinnert sich, daß er diesen Schüler wegen Rauchens im Klostergarten sofort entlassen habe. Das letzte Volksschuljahr verbringt er in Leonding; es muß vermerkt werden, daß in seinen Zeugnissen aus dieser Zeit überhaupt nur die Note 1 steht, gelegentlich mit Ausnahme von Gesang, Zeichnen und Turnen. Umso auffallender ist der Rückschlag, als er im September 1900 in die Staatsrealschule von Linz eintritt. Im ersten Schuljahr sind dort die Leistungen derart, daß er sitzen bleibt und die Klasse überholen muß. Dann bessern sich die Leistungen zeitweise; in Geschichte sind sie mehrmals vorzüglich, in Mathematik genügend und nicht genügend, ebenso in Französisch; meistens genügend oder allenfalls befriedigend auch in Deutsch, vorzüglich in Freihandzeichnen und Turnen. Der Fleiß wird als ungleichmäßig oder allenfalls hinreichend bezeichnet. Ein Jahr nach dem Tode des Vaters geht er aus nicht ersichtlichen Gründen von Linz fort nach Steyr in Oberösterreich, wohnt bei einem Gerichtsbeamten von Cichini und besucht die dortige Staatsrealschule. Sein letztes Zeugnis der dortigen vierten Klasse vom 16. September 1905 mag ein ungefähres Bild des Schülers Adolf Hitler geben:

	I. Semester	II. Semester
Sittliches Betragen	befriedigend	befriedigend
Fleiß	ungleichmäßig	hinreichend
Religionslehre	genügend	befriedigend
Deutsche Sprache	nicht genügend	genügend
Geographie und Geschichte	genügend	befriedigend
Mathematik	nicht genügend	genügend
Chemie	genügend	genügend
Physik	befriedigend	genügend
Geometrie und geometrisches Zeichnen	—	nicht genügend*
darstellende Geometrie	genügend	genügend**
Freihandzeichnen	lobenswert	vorzüglich
Turnen	vorzüglich	vorzüglich
Stenographie	nicht genügend	—
Gesang	—	befriedigend
Aeußere Form der schriftlichen Arbeiten	minder gefällig	minder gefällig

* Wiederholungsprüfung gestattet.
** Infolge der Wiederholungsprüfung.

Kindheit und Schule.

Was sagt Hitler selbst über seinen Bildungsgang?

Der Vater will ihn studieren lassen. Er soll höherer Staatsbeamter werden. Adolf will nicht: »Mir wurde gähnend übel bei dem Gedanken, als unfreier Mann einst in einem Büro sitzen zu dürfen, nicht Herr sein zu können der eigenen Zeit, sondern in auszufüllende Formulare den Inhalt eines ganzen Lebens zwängen zu müssen.« Diese Scheu vor geregelter Arbeit ist ihm geblieben. Er wagt aber dem Vater nicht offen zu widersprechen: »Ich konnte mit meinen inneren Anschauungen etwas zurückhalten, brauchte ja nicht immer gleich zu widersprechen. Es genügte mein eigener fester Entschluß, später einmal nicht Beamter zu werden, um mich innerlich vollständig zu beruhigen.« Also ein kleiner Duckmäuser.

»Wie es nun kam, weiß ich heute selber nicht, aber eines

Tages war es mir klar, daß ich Maler werden würde, Kunstmaler.« Härteste Opposition des Vaters »Kunstmaler, nein,
solange ich lebe, niemals!« Darauf passive Resistenz des Sohnes: »Ich ging einen Schritt weiter und erklärte, daß ich dann
überhaupt nicht mehr lernen wollte. Da ich nun natürlich mit
solchen Erklärungen doch den Kürzeren zog, insofern der
alte Herr jetzt seine Autorität rücksichtslos durchzusetzen sich
anschickte, schwieg ich künftig« — der Widerstand duckt sich
abermals vor dem väterlichen Stock — »setzte meine Drohung
aber in die Wirklichkeit um. Ich glaubte, daß, wenn der Vater
erst den mangelnden Fortschritt in der Realschule sähe, er
gut oder übel eben doch mich meinem erträumten Glück
würde zugehen lassen.«

Mit anderen Worten: der Schüler Adolf Hitler wird aus
Kunstbegeisterung faul: »Sicher war zunächst mein ersicht-
licher Mißerfolg in der Schule. Was mich freute, lernte ich,
vor allem auch alles, was ich meiner Meinung nach später als
Maler brauchen würde. Was mir in dieser Hinsicht bedeutungslos erschien oder mich auch sonst nicht so anzog, sabo-
tierte ich vollkommen. Meine Zeugnisse in dieser Zeit stellen,
je nach dem Gegenstande und seiner Einschätzung, immer
Extreme dar. Neben »lobenswert« und »vorzüglich«, »genügend« oder auch »nicht genügend«. Am weitaus besten waren
meine Leistungen in Geographie und mehr noch in Weltgeschichte.«

Das ist sehr verklärendes Rückerinnern. In Wahrheit blickt
aus diesen Schulzeugnissen ein gewecktes Kind mit lebhafter
Phantasie und wenig Disziplin heraus, das sich für die bun-
ten und leicht faßlichen Fächer interessierte und die an-
strengenden vernachlässigte. Es gibt genug Berichte von Lehrern und Mitschülern, Hausgenossen und Nachbarn, die den
Buben von damals ziemlich übereinstimmend schildern: ein
großer Indianerhäuptling, Raufbold und Anführer, stimm-
und wortbegabt, plant mit den Kameraden eine Weltreise,
bringt Mordinstrumente wie »Bowie-Messer« und »Tomahawk«
mit in die Schule und liest unter der Bank Karl May. Wenn
er Prügel bekommt, darf er sich beim Vater nicht beklagen,
sondern muß sich selber helfen. Das alles gibt kein unsym-
pathisches Knabenbild; nur sollte ein Verständiger, groß geworden, nicht mehr daraus machen, als daran ist.

Ungenügende Schulleistungen sagen gewiß nichts gegen einen Menschen; selbst ungenügende Leistungen in Deutsch brauchen einen künftigen Redner und Schriftsteller noch nicht bloßzustellen. Aber Hitler selbst ist es, der diese Dinge ungeheuer ernst nimmt, dem sie weit über ihr natürliches Gewicht hinaus das Gemüt belasten. Den mangelhaften Schulleistungen schreibt er den Fehlschlag seiner bürgerlichen Laufbahn zu; und was er — im Gegensatz zu tausend anderen Autodidakten — im Leben an Bildung nie erwirbt, soll nach seiner Meinung immer noch die Folge der Indianerjahre in Linz und Steyr sein. Diese Selbstbemitleidung wird von den Schulzeugnissen auf ihr richtiges Maß zurückgeführt. Schnelligkeit des Begreifens und Unlust zur Arbeit — diese Eigenschaften kennzeichnen den Knaben und prägen bis in die feinste Verästelung die intellektuelle Seite eines ganzen Manneslebens.

Eine zeichnerische Begabung ist nicht zu verkennen. Nicht nur die Noten in der Schule beweisen es; auch seine Zeichnungen zeigen, daß er einen Strich ziehen, Perspektive erzeugen, schließlich sogar Licht und Schatten verteilen kann; doch hat alles keinen Ausdruck und seine schreienden Farben ergeben fürchterliche Disharmonien.

Gesteigert wurden seine künstlerischen Neigungen durch den Besuch des Linzer Theaters: »Mit zwölf Jahren sah ich da zum ersten Male »Wilhelm Tell«, wenige Monate darauf als erste Oper meines Lebens »Lohengrin«. Mit einem Schlage war ich gefesselt. Die jugendliche Begeisterung für den Bayreuther Meister kannte keine Grenzen. Immer wieder zog es mich zu seinen Werken.«

Zugleich lernt er den nationalen Kampf der Deutschen in Oesterreich kennen und spüren. Ein zweibändiges illustriertes Prachtwerk über den siegreichen Kampf Deutschlands gegen Frankreich 1870/71 begeistert ihn; mit heißem Kopf liest er von Weißenburg und Wörth, von der Gefangennahme Napoleons bei Sedan und vom siegreichen Einzug in Paris. Warum waren »wir«, die Oesterreicher, nicht dabei? Der Professor Pötsch in der Linzer Realschule, ein deutschnational gesinnter alter Herr, lehrt seine Jungen die Tragik der Deutschen Oesterreichs kennen und hassen. Adolf Hitler wird, wie seine Kameraden, ein junger Nationalist.

Inzwischen werden die Leistungen in der Schule immer schlechter, der Konflikt mit dem Vater immer härter. Alois Hitler erleidet einen Schlaganfall, als sein Sohn zwölf Jahre alt ist: »Was er am meisten ersehnte, seinem Kinde die Existenz mitzuschaffen, um es so vor dem eigenen bitteren Werdegang zu bewahren, schien ihm, damals wohl nicht gelungen zu sein.« Alois Hitler starb, an der Wohlgeratenheit seines Sohnes zweifelnd.

Kunst und Krankheit.

Die Mutter läßt ihn weiter auf die Schule gehen. Aber: »In eben dem Maße nun, in dem die Mittelschule sich in Lehrstoff und Ausbildung von meinem Ideale entfernte, wurde ich innerlich gleichgültiger. Da kam mir plötzlich eine Krankheit zu Hilfe.« Diese Krankheit ist ein Lungenleiden, das ihn auch zum Militärdienst untauglich macht, das später unter Wirkung einer Gasvergiftung wieder hervortritt, seine Stimme zeitweise schwächt, dann eine Weile wieder schläft und in der Mitte des fünften Lebensjahrzehnts anscheinend abermals ausbricht.

In den Jahren nach des Vaters Tode war Adolf Hitler öfters mit der Mutter und der jüngsten Schwester Paula in Spital zu Besuch, also in der Heimat der Mutter. Dort verbrachte er bei der Tante Therese Schmidt seine Ferien. Er wird aus jener Zeit als großer, bleicher und hagerer Junge geschildert. In Spital scheint ihn das Leiden besonders gepackt zu haben. Er war in Behandlung bei dem Arzt Dr. Karl Keiß in Weitra. Dieser sagte zu der Tante Therese: »Von dieser Krankheit wird der Adolf nicht mehr gesund.«

Hat er die Krankheit vom Vater geerbt? Er ist ihm sonst in vielem ähnlich, auch in der hochfahrenden Widerspenstigkeit gegen die Verwandtschaft und die dörflichen Verhältnisse. Zu seiner Tante Therese sagt er beim Abschied im Jahre 1908: er werde nicht früher wieder nach Spital kommen, als bis er etwas geworden sei.

Was er werden will, ist immer noch Maler. Der Schulbesuch wird einfach abgebrochen. Ohne Abschluß und Reifezeugnis und zumindest auch ohne zwingenden materiellen Grund verläßt er im Herbst 1905 die Schule endgültig. Mangel an Mitteln kann nicht schuld gewesen sein, denn das Schulgeld wurde bis dahin bezahlt, und der Versuch, etwa ein Stipendium zu erlangen, ist nicht einmal gemacht worden. Was Adolf Hitler in den letzten Jahren bis zum Tode der Mutter tat und wo er sich aufgehalten hat, darüber geht er in seiner Lebensbeschreibung mit dunklen Worten hinweg. Es scheint fast, daß er damals zum ersten Mal für ein paar Monate in Deutschland gewesen ist. Ehemalige Schüler der privaten Malschule des Professors Gröber in der Blütenstraße in München erinnern sich an einen Mitschüler namens Hitler. Es gibt auch zwei Photographien; sie zeigen im Kreise von Kollegen und Kolleginnen einen Jüngling, dessen Aehnlichkeit mit etwas späteren Bildern Hitlers nicht gering ist. Er soll nach Schilderungen im allgemeinen ruhig und zurückhaltend, fast schüchtern gewesen sein; gelegentlich konnte er dann stark ausbrechen und viel Lärm und Betrieb machen. Er sprach stark mit den Händen, und seine kurzen, eckigen, brüsken Kopfbewegungen fielen auf — Merkmale, die ein paar Jahre später auch in Wien von Kameraden beobachtet wurden. Ein Schulkollege aus dieser Münchner Zeit sagte viele Jahre später zu einer Mitschülerin, die ihn an den ehemaligen Kameraden erinnerte: »Was, unser schüchterner Jüngling soll jetzt der Hitler sein?«

In diesen Jahren müssen die äußeren Lebensbedingungen für ihn noch sehr erträglich, ja behaglich gewesen sein.

In Linz verkehrt er viel im Hause eines Schulkameraden, dessen Vater höherer Regierungsbeamter ist. Hier gerät er an eine gut ausgestattete Bibliothek; besonders fesseln ihn die Prosaschriften Richard Wagners. Der Schulkamerad hat eine Schwester, Hitler verehrt sie im stillen. Er wagt aber nicht sich zu äußern; denn, so erzählt er später, sie war die Tochter eines hohen Beamten und er nur der Sohn eines Zoll-Offizials; sicher hätte er da nach seiner Meinung einen Korb bekommen. Er wundert sich überhaupt, daß diese bessergestellten Leute ihn in ihrem Hause verkehren ließen.

Durchgefallen.

Seit Oktober 1907 lebt er, von der Mutter oder anderen Verwandten unterstützt, in Wien, sich auf die Malakademie vorbereitend und im übrigen die große Stadt auf knabenhafte

Weise genießend: Theater, Museen, Parlament. Bald bezeichnet er sich als Student, bald als Maler, denn er ist überzeugt, daß er demnächst Schüler der Malschule in der Akademie der bildenden Künste sein wird.

Er wird es nicht sein. Im Oktober 1907 meldet er sich auf der Akademie zu dem Probezeichnen, dessen Gelingen die Voraussetzung für die Zulassung ist. Das Ergebnis dieser Probe war folgende Eintragung in der »Classifikationsliste« der Akademie für das Schuljahr 1907/08:

»Compositionsaufgaben für die Probezeichner. Erster Tag: Austreibung aus dem Paradiese usw. Zweiter Tag: Episode aus der Süntflut usw....

Die Probezeichnung machten mit ungenügendem Erfolg oder wurden nicht zur Probe zugelassen die Herren: ......
Adolf Hitler, Braunau a. Inn, 20. April 1889, deutsch, kath., Vt. Oberoffizial, 4 Realsch. Wenig Köpfe. Probez. ungenügend.«

Also abgelehnt. Zu Hause scheint er von diesem Mißerfolg nichts erzählt zu haben, und in seiner Lebensbeschreibung verschweigt er ihn völlig. Er bleibt in Wien in seiner Wohnung in der Stumpergasse 31, später in der Felberstraße im 15. Bezirk und nimmt sich vor, es im nächsten Herbst nochmals zu versuchen. Das Ergebnis ist noch niederschmetternder, denn diesmal heißt es in der Klassifikationsliste einfach:

»Die Probezeichnungen machten mit ungenügendem Erfolg oder waren nicht zum Probezeichnen zugelassen die Herren: ......24. Adolf Hitler, Braunau a. I. 20. April 1889, deutsch, kath.,Oberoffizial, 4 Realschulen. Nicht zur Probe zugelassen.«

Das bedeutet: die von ihm mitgebrachten Zeichnungen waren derart, daß die Prüfenden eine Probe nicht mehr für notwendig hielten. Das war die zweite und diesmal endgültige Ablehnung. Sie traf ihn so, daß er auch in seiner Autobiographie nicht mehr wortlos über sie hinwegkommt. Nach seiner Darstellung geht er zum Rektor, will die Gründe wissen; der Rektor soll ihm gesagt haben, er sei nach seiner zeichnerischen Veranlagung weit eher zum Architekten geeignet und möge sich an der Architekturschule bemühen. Der Weg dorthin aber sei ihm, so behauptet er, versperrt gewesen, weil für den Besuch dieser Abteilung das Reifezeugnis der Oberrealschule nötig gewesen wäre. Hier irrt Hitler. Die Satzungen ent-

hielten ausdrücklich ein »Ventil«; es konnte in einem bestimmten Falle von der Vorschrift des Reifezeugnisses abgesehen werden, nämlich bei »großer Begabung«. Die damaligen
Leiter der Architekturschule, die Professoren Wagner und Oh-
mann, waren auch durchaus die Männer, einer wirklichen Ar-
chitekturbegabung nicht wegen eines fehlenden Zeugnisses den
Weg zu versperren. Aber Hitler scheint diesen Weg überhaupt
nicht versucht zu haben.

Gebrochen fährt er nach Hause zurück, ans Krankenbett
der Mutter. Entschlußlose Monate folgen. Es ist zu sehen, daß
die Mutter ihn demnächst verlassen wird, bei der er seit des
Vaters Tod — nach seinen eigenen Ausdrücken — als »Muttersöhnchen« in »weichen Daunen« und der »Hohlheit gemäch-
lichen Lebens« herumgelegen hat. Ein verspieltes, verträumtes
tes Jugenddasein geht dem Ende zu. Klara Hitler stirbt am
21. Dezember 1908. Adolf Hitler, ein verwöhnter Junge von
19 Jahren, der nichts gelernt hat, nichts erreicht hat und
nichts kann, steht vor dem Nichts.

Das Arbeitererlebnis.

Dieses Nichts bedeutet vier Jahre Elend in Wien.

Er selbst erzählt, er habe sich in dieser ersten Wiener Zeit
durch Handarbeit sein Brot erworben, namentlich als Handlanger und Steinträger auf dem Bau. Sein Bericht über diese
Lebensperiode ist so kennzeichnend für ihn, daß er trotz
aller Bedenken hier stehen möge:

»Meine Kleidung war noch etwas in Ordnung, meine Sprache gepflegt und mein Wesen zurückhaltend. Ich suchte nur
Arbeit, um nicht zu verhungern, um damit die Möglichkeit
einer, wenn auch noch so langsamen Weiterbildung zu erhalten. Ich würde mich um meine neue Umgebung überhaupt
nicht gekümmert haben« — wenn sie sich nicht um ihn gekümmert hätte.

Die Arbeiterkollegen verlangen seinen Eintritt in ihre Gewerkschaft. Er antwortet, er lasse sich zu nichts zwingen.
Stumm und erbittert sitzt der Jüngling mit den besseren Kleidern und dem gepflegten Wesen abseits, trinkt seine Flasche
Milch und macht lange Ohren, wenn die Kollegen politisieren.

Das klingt anders als Lohengrin, anders als die feurigen Vor·
träge des Professors Pötsch in Linz über Bismarck und die
deutschen Kaiser. Wo ist der Sedantag, als man mit schwarz·
weiß-rotem Bändchen im Knopfloch über die Hauptstraße
bummelte — gegen den Rektor, gegen den Minister Badeni,
gegen den »verwelschten« kaiserlichen Greis in der Wiener
Hofburg demonstrierend? Machten diese Linzer Bürgersöhne
und Gymnasiasten ihre Abendspaziergänge gegen Habsburg
und seinen Staat, so glühten sie doch auch für das große Vater·
land jenseits des Inns, für ihren deutschen Gott jenseits der
Konfessionen, für ihre vermeintlich kernhafte, reine deutsche
Rasse in Oesterreichs giftigem Völkerbrei. Diese unglückseligen
Wiener Arbeiter aber »lehnten alles ab«, wie Hitler findet:
»die Nation als eine Erfindung der kapitalistischen Klasse;
das Vaterland als Instrument der Bourgeoisie zur Ausbeutung
der Arbeiterschaft; die Autorität des Gesetzes als Mittel zur
Unterdrückung des Proletariats; die Schule als Institut zur
Züchtung des Sklavenmaterials; die Religion als Mittel zur
Verblödung des Volkes und die Moral als Zeichen dummer
Schafsgeduld.«

Das ist die heisere Sprache der Ausgebeuteten und Verzweifelten! Bis hier hinab sind die goldenen Weintropfen aus der
Wachau noch nicht gesickert; bis hierhin dringen die Strahlen
aus den Prachtbüchern über den Krieg von 1870 nicht. Zu
dick ist die Schicht des Elends dazwischen. Den Schimmer
sozialistischen Zukunftsglaubens, der in diesem Abgrund
glimmt, sieht der Bürgersohn aus Linz nicht.

Halbbildung ist Macht.

Er versucht zu widersprechen und macht eine unangenehme
Entdeckung: die Arbeiter wissen mehr als er. Sie führen ihn
ab: »Da mußte ich allerdings erkennen, daß Widerspruch so
lange vollkommen aussichtslos war, so lange ich nicht wenigstens bestimmte Kenntnisse über die nun einmal umstrittenen
Punkte besaß.«

Darum beginnt er zu lesen — »Buch um Buch, Broschüre
um Broschüre«; wie eben ein intelligenter junger Mensch
Wissen saugt. Ueber die Kunst des Lesens hat Hitler gescheite,

aber verräterische Sätze geschrieben. Er verhöhnt die Vielleser, die keine Registratur für ihr angelesenes Wissen im Gehirn haben und darum zwecklosen Ballast aus der Lektüre mitschleppen; die mit jedem neuen Zuwachs ihrer Art von Bildung sich immer mehr der Welt entfremden, bis sie entweder in einem Sanatorium oder als Politiker in einem Parlament enden. Anders Hitler: ihn macht das Gefühl beim Studium jedes Buches, jeder Zeitschrift oder Broschüre »augenblicklich auf all das aufmerksam, was seiner Meinung nach für ihn zur dauernden Festhaltung geeignet, weil entweder zweckmäßig oder allgemein wissenswert ist.« Das Gelesene findet so »seine sinngemäße Eingliederung in das immer schon irgendwie vorhandene Bild, das sich die Vorstellung von dieser oder jener Sache geschaffen hat«. Dort wird es »entweder korrigierend oder ergänzend wirken«, es wird »die Richtigkeit oder Deutlichkeit desselben erhöhen«. Nur solches Lesen habe Sinn, denn — »ein Redner zum Beispiel, der nicht auf solche Weise seinem Verstande die nötigen Unterlagen liefert, wird nie in der Lage sein, bei Widerspruch zwingend seine Ansichten zu vertreten. Bei jeder Diskussion wird ihn das Gedächtnis schnöde im Stich lassen.«

Gescheite Sätze, zumal für einen Redner. Aber auch verräterische, zumal für einen Propheten. Es ist vielleicht das Aufhellendste, was Hitler jemals über sich geschrieben hat. Das führt tiefer als bloß hinter die Tricks eines Streithammels, der nach Zitaten jagt, um am Stammtisch oder vor dem Volke Gegner abzutrumpfen. Das ist der fanatische Wille zur Borniertheit, der nur lernen will, was er schon weiß; der den Schmerz der Erkenntnis scheut und nur das Wohlgefühl des Rechthabens sucht. Und nun stelle man sich vor, wie ein Mensch mit solchem Hang zum Vorurteil später fremde Völker und Rassen nach den einseitigen Jugendeindrücken Wiens beurteilen, verkennen und verleumden mußte!

Was Hitler eigentlich gelesen hat, verschweigt er sorgfältig. Sein ganzes Reden und Schweigen aber setzt es außer Zweifel, daß er niemals eine wesentliche Schrift von Marx gelesen, geschweige denn sich kritisch mit ihr auseinandergesetzt hat; niemals führt er irgendeinen marxistischen Gedankengang an, auch nur um ihn zu widerlegen. Hat doch selbst später der wirtschaftliche Theoretiker des Nationalsozialismus, Gottfried

Feder, einem Bekannten auf energisches Drängen zugegeben, er habe niemals das Kapital von Karl Marx (ein übrigens nicht sonderlich schwer zu lesendes Werk), sondern nur das an sich ausgezeichnete kritische Buch von Eugen Böhm-Bawerk gelesen. Hitler dürfte es nicht einmal bis zu Böhm-Bawerk gebracht haben. Wie er den Marxismus studierte, muß man im Wortlaut genießen:

»So begann ich nun, mich mit den Begründern dieser Lehre vertraut zu machen, um so die Grundlagen der Bewegung zu studieren.« Er las also die dicken Bücher geduldig in wochenlanger Arbeit durch? Nun ... »Daß ich hier *schneller* zum Ziele kam, als ich vielleicht erst selber zu denken wagte, hatte ich allein meiner nun gewonnenen, wenn auch damals noch wenig vertieften Kenntnis der Judenfrage zu danken. Sie allein ermöglichte mir den praktischen Vergleich der Wirklichkeit mit dem theoretischen Geflunker der Gründungsapostel der Sozialdemokratie...« — so redlich bemüht studierte das gelehrte junge Haupt die Lehre vom Mehrwert und das Gesetz der fallenden Profitrate — »... da sie mich die Sprache des jüdischen Volkes verstehen gelehrt hatte, das redet, um die Gedanken zu verbergen oder mindestens zu verschleiern...« — lohnt sich also gar nicht zu lesen! — »... und sein wirkliches Ziel ist mithin nicht in den Zeilen zu finden, sondern schlummert wohlverborgen zwischen ihnen« — klappt das Buch spätestens auf Seite 50 wieder zu.

Gerüstet mit den Argumenten aus antisemitischen Traktätchen und Broschüren, aus dem »Deutschen Volksblatt«, diskutiert er nun mit den Kollegen. Er zerrt ihre Ideale herunter, so wie sie es mit den seinen getan haben; beleidigt und reizt sie derart, daß sie ihn, wie er angibt, vor die Wahl stellen: den Bauplatz sofort zu verlassen oder vom Gerüst herunterzufliegen. Nicht seine Weigerung, in die Gewerkschaft einzutreten, war die Ursache dieser ersten schlechten Erfahrung mit den Arbeitern.

Obdachlosenasyl Meidling.

So endet Adolf Hitlers erste Berührung mit der Arbeiterwelt, wenn wir seinem Bericht glauben dürfen. Aber dürfen wir es? Menschen, die ihn um jene Zeit gut kannten — Hausgenossen, Geschäftsfreunde, Bilderhändler —, behaupten, Hitler sei damals für körperliche Arbeit viel zu schwach gewesen, zumal für Arbeit auf dem Bau, bei der nur die robustesten Kerle eingestellt worden seien. Auch habe er damals nie etwas von dieser Bauarbeit erzählt. Diese Zweifel genügen nicht, um seine eigene Darstellung ganz zu widerlegen; aber ausgeschmückt mag sie wohl sein. In einem Schriftchen, betitelt »Mein politisches Erwachen«, hat der eigentliche Gründer der Nationalsozialistischen Arbeiterpartei, der Werkzeugschlosser Anton Drexler, ebenfalls erzählt, wie er wegen seiner Feindseligkeit gegen die Gewerkschaften durch die Arbeitskollegen von der Arbeitsstelle vertrieben worden sei; auch er sagt, damals sei in ihm der Haß gegen die Sozialdemokratie entstanden — kurz, der Bericht Drexlers und der Hitlers ähneln sich so auffallend, als ob einer vom andern abgeschrieben sei. Nur erschien »Mein politisches Erwachen« 1920, »Mein Kampf« aber 1925.

Seinen Quartiergebern erklärte Hitler damals, er »bilde sich zum Schriftsteller aus«. Sicher ist, daß er weder Geld noch Arbeit hatte und wirklich ins bitterste Elend geriet. Seine letzte Wohnung in der Simon-Denkgasse muß er im November 1909 verlassen. Ein paar Nächte irrt er obdachlos umher, schläft erst in Kaffeehäusern und dann in der Herbstkälte auf Bänken in den Parkanlagen, von wo die Wachleute ihn wegjagen. In der Verzweiflung bettelt er eines Nachts einen besser gekleideten betrunkenen Herrn um ein paar Kreuzer an; der Betrunkene hebt den Stock und will ihn schlagen. Dies Erlebnis erbittert ihn tief; mehrmals erzählt er es später Kameraden, die ihn bloß fragen, ob er nicht wisse, daß man Betrunkene niemals anbetteln dürfe.

Dieser Weg des bereits Einundzwanzigjährigen nach abwärts endet Anfang November 1909 im Obdachlosenasyl von Meidling. Auf harter Drahtpritsche eine dünne Decke, als Kopfkissen die eigenen Kleider, die Schuhe unter den Bettfüßen festgeklemmt, damit sie nicht gestohlen werden, links und rechts die Genossen des gleichen Elends — so verbringt Adolf Hitler die nächsten Monate. Im Kloster in der Gumpendorferstraße ißt er täglich morgens die Armensuppe; abends schenken ihm die Kameraden im Asyl ein Stück Pferdewurst oder einen Bissen Brot. Als der erste Schnee fällt, humpelt er,

schwächlich und mit wunden Füßen, ein paarmal zum Schnee-
schaufeln an der Pilgrambrücke, aber er hält diese harte Arbeit in der Winterkälte, in einem abgeschabten blauen Röck-
chen und ohne Mantel, nicht lange aus. Dann stapft er mit
den Kameraden durch den Schnee nach Erdberg, von da nach
Favoriten; sie klopfen die Wärmestuben ab, wo die Obdach-
losen vor der Kälte Zuflucht finden und Suppe und ein Stück
Brot bekommen. Diese Wärmestuben sind eine Stiftung des
Barons Königswarter, eines Mannes jüdischer Abstammung;
übrigens war auch das Meidlinger Asyl aus jüdischen Mitteln
gestiftet.

Gelegentlich steht Hitler am Westbahnhof und trägt den
Reisenden für ein paar Kreuzer ihre Koffer. Dann will er sich
zu Erdarbeiten melden, die in der Gegend von Favoriten aus-
geschrieben sind; aber ein neu gewonnener Freund sagt ihm,
er solle das nicht tun; habe er erst einmal mit schwerer Handarbeit angefangen, dann sei der Weg hinauf sehr schwer. Hitler folgt dem Rat.

Männerheim Brigittenau.

Der Freund, der sich durch diese lebenskluge Warnung
kennzeichnend einführt, ist der spätere Zeichner Reinhold
Hanisch; etwas älter als Hitler, damals im gleichen Elend wie
er, mit dem Auf und Ab des Lebens sehr vertraut. Hanisch hat
vom Herbst 1909 bis in den Sommer 1910 acht Monate lang
mit Hitler in enger Freundschaft, Duzbrüderschaft und ge-
schäftlicher Sozietät zusammengelebt, Gutes und Böses mit ihm
geteilt und über diese Zeit einen lebendigen und reizvollen Bericht geschrieben, dem hier ein paar Züge entnommen sind.

Bis etwa zum Jahresende bleiben die beiden im Obdachlosenasyl in Meidling. Während Hanisch nach allerlei Ge-
legenheitsarbeit läuft, sitzt Hitler brütend und untätig
herum, so daß der neue Freund ihn einmal fragt, worauf er
eigentlich warte? Er wisse es auch nicht recht, ist die Antwort. Gegen Weihnachten schickt die Schwester aus Linz ihm
fünfzig Kronen von der väterlichen Pension. Damit beginnt
eine Art sozialer Aufstieg. Hitler zieht aus dem Obdachlosenasyl ins Männerheim in der Meldemannstraße im XX. Bezirk. Gegen das Asyl ist das schon ein guter Abstand; in Wahr-

heit freilich bleibt es ein dürftiges und trostloses Quartier. »Nur Tagediebe, Trinker und dergleichen sind längere Zeit im Männerheim zu finden,« meint Hanisch, der ebenfalls ein halbes Jahr mit Hitler dort gewohnt hat.

Hitler hat Hanisch erzählt, er sei »akademischer Maler«. Darauf rät ihm der geschäftstüchtige Freund, mit seiner Kunst etwas anzufangen und Ansichtskarten zu malen. Hitler antwortet, er wolle sich nach den vergangenen Strapazen erst einmal acht Tage ausruhen. Hanisch ist über so viel Verzärtelung wütend; Hitler meint dann wieder, selbst wenn er die Karten male, könne er sie doch nicht verkaufen, denn erstens könne er sich in seinen schlechten Kleidern nicht blicken lassen und zweitens hätte er Angst, von der Polizei als Hausierer gefaßt zu werden. Hanisch kann über so viel Zaghaftigkeit nur den Kopf schütteln. Er drängt Hitler zur Arbeit, nimmt ihm die Malereien ab und verkauft sie in den Gastwirtschaften. Später malt Hitler nach Vorlagen kleine Bildchen, die von Möbelhändlern und Rahmentischlern für ein paar Kronen gekauft werden. Damals wurden in die Rückenlehne von Sofas solche Bilder eingelassen.

Kunsterzeugnisse Hitlers aus jener Zeit mögen immer noch zu Hunderten vorhanden sein, zum größten Teil wahrscheinlich unentdeckt: eine Anzahl ist bei kleinen Rahmentischlern und auch bei Privaten ans Licht gekommen. Es sind durchweg steife, aber exakte Zeichnungen nach gedruckten oder lithographierten Vorlagen, und zwar Stadtansichten und Architekturstücke; menschliche Figuren, die allenfalls als winzige Staffage vorkommen, sind ganz mißraten und wirken wie gestopfte Säcke. Hanisch wollte den Freund einmal bewegen, eine Kirche im Freien nach der Natur zu zeichnen; das mißlang völlig, und Hitler entschuldigte sich: es sei zu kalt, er habe steife Finger.

Eine groteske Malerei hat sich gefunden, in unverkennbarer Handschrift signiert: A. Hitler. Es ist ein Reklameplakat, offenbar von einem Krämer oder Drogisten bestellt, der ein Erzeugnis namens »Teddy-Schweißpuder« feilbot. Zu sehen sind die mehr als kunstlosen Gestalten zweier Briefträger; der eine ist vor Müdigkeit zusammengebrochen, hat einen Strumpf ausgezogen und windet ihn aus, so daß der Schweiß in dicken Tropfen, durch blaue Tuschflecken wiedergegeben, zu Boden strömt. Die beiden führen folgende Unterhaltung:

»Zehntausend Stufen Tag für Tag, ist eine riesengroße Plag'. —
Zehntausend Stufen, lieber Bruder, ist eine Lust mit Teddy-
Puder!«

Zu diesen mißglückten Reklamezeichnungen wurde Hitler
durch einen anderen Freund aus dem Männerheim angeregt,
einen ungarischen Juden namens Neumann. Dieser Neumann,
der meist ein klein wenig Bargeld bei sich hatte, half Hitler
oft aus der ärgsten Not, schenkte ihm Hemden und andere
Kleidungstücke; so einen »Kaiserrock« (Gehrock), den er
dann jahrelang getragen hat. Hitler schwärmte von Neumann
und nannte ihn gegenüber Hanisch öfters einen der anständig-
sten Menschen, die er kenne. 1910 wanderte Neumann nach
Deutschland und redete Hitler zu, mit ihm zu gehen. Hitler
schwankte, entschloß sich aber dann zum Bleiben. So ist die
Weltgeschichte um das Schauspiel gekommen, daß Adolf Hitler an der Seite eines ungarischen Juden seinen Einzug in
Deutschland gehalten hat.

Bei den Verlorenen.

Hitler, Neumann und ein dritter Mann namens Greiner bildeten eine Gruppe, die dauernd große geschäftliche Projekte
schmiedete. Bei Hitler regen sich früh die charakteristischen
Talente. Er will die Insassen des Männerheims zu einem »Re-
klameinstitut« zusammenfassen; die einen sollen Entwürfe
malen, die andern Propagandaverse dichten, die dritten den
Vertrieb nach außen übernehmen — und irgendwer soll irgendwie irgendein Produkt fabrizieren, das Hitler auf diese Weise
großmachen will. In den illustrierten Zeitschriften preist damals eine Dame namens Anna Csillag ein unfehlbares Haar-
mittel an; sie selbst ist abgebildet mit einer Haarfülle, die bis
zu den Fußknöcheln reicht, und der Text beginnt einprägsam:
»Ich, Anna Csillag...« Hitler meint zu Hanisch, Anna Csillag
sei ein Schwindel, der viel Geld bringe; man müsse etwas
Aehnliches ersinnen. Zum Beispiel eine in Dosen gefüllte
Masse, die man den Krämern und Drogisten als Mittel gegen
gefrorene Fensterscheiben anbieten könne. Hanisch erwidert,
es habe keinen Sinn, so etwas im Sommer zu bringen, denn die
Kaufleute würden erwidern, man möge im Winter wiederkom-
men. Darauf Hitler: »Man muß halt Rednertalent haben.«

Von all dem ist in »Mein Kampf« nichts zu lesen. Das Männerheim findet man dort nicht, die Reklamezeichnungen nicht, den Freund Hanisch nicht und selbstverständlich den jüdischen Freund Neumann nicht. Nur die Atmosphäre jener Zeit und jener Verhältnisse blieb und hat sich in der Erinnerung zu dem Gift verdichtet, das die ganze Schilderung seines Wiener Aufenthaltes durchtränkt.

Das Leben auf dem Boden des Menschentopfes Wien vollzieht sich zwischen den Abfällen aller Völkerstämme Oesterreichs. Hier unten lernt Hitler die elendesten der Deutschen, Tschechen, Polen, Ruthenen, Ungarn, Italiener und — Juden kennen. In einem geschenkten Gehrock, mit dunkelm Bartflaum ums Kinn, scherzweise »Ohm Paul Krüger« nach dem Präsidenten der Burenrepublik Transvaal genannt, erinnert er selbst an einen Juden aus dem nahen Osten. An den Insassen des Wiener Männerasyls bildet sich seine Ansicht von den fremden Nationen, zumal aber von den Juden. Von den ungewaschenen Gestalten der Elendsquartiere bezieht er die Weisheit, daß man die Juden schon bei geschlossenem Auge am Geruch erkenne; nach diesen armseligen Hosenträgerhändlern, gescheiterten Existenzen und kleinen Betrügern macht er sich sein Bild von der ganzen Rasse. Gewiß lehrt ihn sein Verstand später, das Aeußerliche der verschiedenen Typen auseinanderhalten; aber der erste Jugendeindruck haftet und prägt alle späteren Erfahrungen. Zu Hause kannte man keinen Antisemitismus; das Wort Jude, schreibt er, habe er dort zu Lebzeiten des Vaters überhaupt nicht gehört. In Linz habe es nur sehr wenige Juden gegeben; er findet es erwähnenswert, daß dort »im Laufe der Jahrhunderte sich ihr Aeußeres europäisierte und menschlich geworden« sei — so sehr steht seine ganze spätere Vorstellung vom Judentum im Banne der ostjüdischen Eindrücke Wiens.

Er hatte auch wirklich keinen Anlaß, auf die Linzer Juden herabzusehen. Der Hausarzt seiner Familie in Linz war ein Jude. Hitler schrieb ihm mehrmals, um ihm Verehrung und Dankbarkeit zu bezeugen. Auf eine Neujahrspostkarte hat er selbst einen Kapuziner gemalt, der ein Glas Wein erhebt und Prosit sagt; sein Signum A. Hitler steht darunter, auf der Rückseite unterzeichnet er »ergebenst dankbar Adolf Hitler«. Auch von Wien aus hat er dem jüdischen Arzt noch geschrieben.

Ja, zu Hause, im Schoße einer duldsamen Familie, da empfand er gegen antisemitische Gespräche eine »leichte Abneigung« und ein »unangenehmes Gefühl«. Aber in Wien! »Wo
immer ich ging, sah ich nun Juden, und je mehr ich sah, desto
schärfer sonderten sie sich für das Auge von den anderen
Menschen ab. Besonders die innere Stadt und die Bezirke
nördlich des Donaukanals wimmelten von einem Volke, das
schon äußerlich eine Aehnlichkeit mit dem deutschen nicht
mehr besaß.« Hier wird der Antisemitismus frühzeitig zum
Verfolgungswahn.

Freilich keimt der Judenhaß nur langsam. Noch nach einem
Jahr Aufenthalt in Wien diskutiert er mit Juden ganz geduldig
über Politik: »Niemals war ein Jude von seiner Anschauung
zu befreien. Ich war damals noch kindlich genug, ihnen den
Wahnsinn ihrer Lehre klarmachen zu wollen, redete mir in
meinem kleinen Kreise die Zunge wund und die Kehle hei-
ser.« Die Behauptung, die ostjüdischen Insassen der Wiener
Männerasyle seien Anhänger der marxistischen »Lehre« gewesen, ist übrigens grotesk. Mit jahrelang nachzitterndem
Grimm schildert Hitler die Schwierigkeit des Disputs mit den
wortgewandten jüdischen Gegnern: »Sie sprangen, gestellt,
augenblicklich auf ein anderes Gebiet über, brachten nun
Selbstverständlichkeiten, deren Annahme sie aber sofort wieder auf wesentlich andere Stoffe bezogen, um nun, wieder an-
gefaßt, auszuweichen und nichts Genaues zu wissen. Man
wußte nicht, was man mehr bestaunen sollte: ihre Zungen-
fertigkeit oder ihre Kunst der Lüge. Wie schwer war es mir,
der dialektischen Verlogenheit dieser Rasse Herr zu werden!«
Streift man die Werturteile ab, so bleibt ein offenbar nach-
haltiger Aerger über manche Abfuhr im Wortgefecht.

Jedenfalls hat Hitler damals das Kunststück fertiggebracht,
Juden als Freunde zu haben, einzelne von ihnen »grundanstän-
dig« zu finden, Unterstützungen von ihnen anzunehmen —
und gleichzeitig Antisemit zu sein. In dem von Neumann geschenkten Kaiserrock, einen steifen, speckigen, schwarzen Me-
lonenhut auf dem Kopf, das Haar in Zotteln über den Kragen
hängend und den Bartflaum in dicker Krause rund ums Kinn
— so bot Hitler nach Hanischs Zeugnis damals selbst einen

Anblick, »wie er eigentlich bei uns Christen selten vorkommt«. Zynisch sagt der Kamerad zu ihm: »Dein Vater muß einmal nicht zu Hause gewesen sein,« und seine Schuhe seien auch sehr »Marke Wüstenwanderer«. Dann wieder nennt er ihn wegen seines Bartes »Ohm Paul Krüger« nach dem populären einstigen Burenpräsidenten.

Auch Geschäftsleute, die Hitler in diesen Jahren besuchte, berichten, daß er stets fürchterlich unrasiert war und in einem unmöglichen, kaftanähnlichen Rock herumlief. Sein Gehaben sei demütig, ja kriecherisch gewesen. Einem Geschäftsmann fiel auf, daß er dem andern nie in die Augen habe blicken können, außer wenn er in Ekstase geriet.

Zu seinen Neckereien fühlt sich Hanisch meist dann gereizt, wenn Hitler ihm Vorträge über die Judenfrage hält. Die landläufigen Vorwürfe gegen die Juden will Hitler damals noch nicht gelten lassen. Er nennt Heine einen wirklichen Dichter; erklärt Kunst und Künstler für international; glaubt zwar, daß der Talmud Uebervorteilung von Christen gestatte, nennt dagegen die Behauptung vom Ritualmord »absoluten Blödsinn und ganz grundlose Verleumdung«. Er schätzt auch die jüdische Religiosität, namentlich den Monotheismus, hält Christus freilich für den Sohn eines Griechen. Dem viel verschrieenen jüdischen Kapitalwucher stellt er den christlichen Kapitalwucher gegenüber, preist jüdische Wohltätigkeit — aber dann zieht er die Trennungslinie: die Juden seien eine andere Rasse, und eine Verschmelzung sei nicht möglich; sie hätten sogar einen anderen Geruch. »Auch ich möchte mit einer Jüdin nichts zu tun haben, denn sie stinken.«

In naiver Form äußert sich hier schon das Rassedogma. Die Religion wird nicht angegriffen; jede Religion, sagt er, sei gut, und zum Beweis kann er die Parabel von den drei Ringen aus Lessings »Nathan dem Weisen« auswendig hersagen. Ueberhaupt tadelt er es, daß man einfachen Leuten die Religion nehme, ohne ihnen einen gleichwertigen Ersatz zu bieten; er beruft sich auf Voltaire. Freilich bedauert er es, daß es den Deutschen nicht beschieden gewesen sei, ihre alte Götterreligion zu einer modernen Form heranzubilden; in der Gegenwart sei der Protestantismus die gegebene deutsche Religion.

Am heißesten aber beschäftigt ihn immer wieder die Tages-
politik. Er haßt das Papsttum, weil die Päpste meist Italiener
und daher Feinde der Deutschen seien. Er haßt das Haus Habsburg, und von der Thronbesteigung des Erzherzogs Franz Ferdinand befürchtet er das Ende des Deutschtums in Oesterreich; es ist derselbe Franz Ferdinand, dessen Tod unter den
Schüssen von Serajewo den Weltkrieg herbeiführt. Er haßt
die Sozialdemokratie — weil ihre Führer zum Teil Juden sind.
Noch mehr deshalb, weil sie eine Arbeiterpartei ist.

Hitler würde das nie zugeben, aber tatsächlich ist das Le-
bensgefühl des Beamtensohnes aus Linz tief arbeiterfeindlich.
Der hochmütige Ton, in dem er seine Begegnung mit den Arbeitern auf dem Bau schildert, kehrt wieder in einer Aeußerung zu Hanisch: »Die Arbeiter sind eine indolente Masse, sie
kennen nichts als ihren Bauch, das Saufen und die Weiber.«
Auch von dem späteren Politiker werden wir noch genug solcher Sprüche hören. Wenn man erwidert, der Arbeiter habe in
der Geschichte seinen Idealismus als Träger vieler Revolutionen bewiesen, meint Hitler geringschätzig, die Leute wüßten
eben nicht, daß zum Beispiel die Revolution von 1848 von
Studenten gemacht worden sei.

Hanisch will Hitler widerlegen und sagt: »Du müßtest erst
einmal den richtigen Arbeiter kennen lernen, wenn er am
Feierabend nach Hause kommt, bastelt, allerlei erfindet, liest
und sich weiterbildet.« Hitler kenne nur die jungen ledigen
Arbeiter, die im Männerheim wohnten, und das seien meist
Tagediebe, Trinker und dergleichen; der solide Arbeiter
wohne privat und suche Familienanschluß.

Ein aufschlußreiches Gespräch. Wir sehen hier den jungen
Hitler mit einer gewissen Klarheit, Präzision und sogar ein
wenig Gelehrsamkeit ein Urteil fällen, das in all seiner Breite
doch völlig daneben trifft. Man spürt es am Ton seiner Aeußerungen: er kommt überhaupt nicht auf den Gedanken, etwas
könne ihm unbekannt sein und dennoch existieren. Er hat als
junger Mensch in der Tat Arbeiter kennen gelernt, aber Hanisch hat zweifellos recht: d e n Arbeiter kennt er nicht. Arbeiter betraten nach Hanischs Bericht das Lesezimmer des
Männerheims selten und gingen Hitler möglichst aus dem

Wege, weil sie seine Debatten »zu blöd« fanden. Einem Arbeiter, der am 1. Mai eine rote Nelke im Knopfloch trägt, ruft Hitler zu, er würde ihn aus der Fabrik hinausschmeißen, wenn er etwas zu sagen hätte.

Hanisch, der selbst Arbeiter gewesen ist, möchte Hitler gern belehren. Seien nicht Halske oder Krupp auch Arbeiter gewesen und hätten sich in die Höhe gearbeitet? Hitler: »Das sind Ausnahmen. Es gibt eben Herrenmenschen und Herdenmenschen.« Die eigentliche Edelrasse sei übrigens der Adel. Hanisch erwidert gekränkt, es gäbe auch Adlige, die Idioten seien.

Aber in politischen Fragen läßt sich Hitler durch andere nicht überzeugen. Der Arbeiter, den er im Männerheim kennen gelernt zu haben glaubt, bleibt ihm nicht Kamerad, sondern Objekt.

Die Lebensschule der Entartung.

Im Männerheim kommen die Klassen auf eine eigentümliche und verderbte Art zusammen. Da gibt es Grafen, Professoren, Großindustrielle, Kaufleute, Maler, Facharbeiter, Handlanger und Ausgeher — nur alles a. D. oder z. D. oder, wie man im Milieu sagt, »verkracht«. Die Klasse in entarteter Form. Aber das Klassenbewußtsein entartet nicht; der »verkrachte« Graf bleibt in der Gesinnung Graf, der Prolet Prolet, und was sie alle wollen, ist: dorthin zurück, von wo sie gekommen sind. Das Elend schafft gewiß Kameradschaft; gemeinsamer Absturz kann zu gemeinsamem Streben zusammenführen, aber die Ziele bleiben verschieden, in dieser gemischten Tiefe verschiedener als irgendwo sonst; aus diesem Abgrund späht jeder nach seinen eigenen Sternen — der Mangel an Solidarität ist das große Hauptmerkmal der großen Klasse der Deklassierten, die Adolf Hitler hier zum erstenmal kennen lernt und die für seine spätere Laufbahn noch so wichtig werden wird. Gemeinsam nach den Gegensätzen streben, ist die Losung dieser entarteten Volksgemeinschaft, einander hochhelfen, um dann einander wieder hinabzustoßen, zusammenhalten, um sich zuletzt zu betrügen. In diesem furchtbaren Milieu stellt Hitler sich zum erstenmal die schwere Frage nach der Möglichkeit einer Verwirklichung seiner in der Linzer Realschule empfangenen nationalen Träume; nach den Mitteln und dem Stoff, aus denen eine deutsche Einheit, eine deutsche Weltherrschaft geformt werden könnten. Das heißt: der Begriff der Politik tritt ihm hier zum erstenmal nahe, hier, unter den Verkommenen des Wiener Männerasyls. In diesem Abfall lernt er das Volk als Objekt der Politik kennen; an dieser Spreu bildet ein Altkluger sich für ein ganzes Leben seine Vorstellungen vom Wert der Menschen, vom Unverstand der Masse. Vergessen wir nicht, daß dieser Begriff ihm zuerst von oben eingetrichtert wurde; im Geschichtsunterricht deutscher Schulen gibt es immer erleuchtete Fürsten und törichte Völker, und Plebs heißt »das niedere Volk«. Im Wiener Männerheim aber lernt man, wie recht der Professor zu Hause hatte.

Lueger, das Vorbild.

Ein wichtiges Motiv wird meist zu wenig beachtet: Sozialistenfeindschaft und Antisemitismus waren im damaligen Wien die Mode der herrschenden Schicht; guter Ton in den bürgerlichen Kreisen, in die Hitler hinaufstrebte. Man zählte als Antisozialist und Antisemit zu den bessern Leuten. Politisch herrschte im Parlament, vor allem aber im Wiener Rathaus die klerikale Christlich-Soziale Partei, schärfste Feindin der Sozialdemokraten und der Juden, geführt von dem Bürgermeister Dr. Karl Lueger. Den »gewaltigsten deutschen Bürgermeister aller Zeiten« nennt Hitler ihn.

Freilich ist dieser Gewaltige ein etwas unvollkommener Antisemit. Wer getauft ist, ist für ihn kein Jude mehr; er bekämpft nur die Konfession, nicht die Rasse. Im privaten Umgang läßt er Juden zu, die er politisch verfolgt; als man dem autokratischen Manne wegen eines konfessionell verdächtigen Stammtischfreundes Vorhaltungen macht, sagt er grob: »Wer a Jud is, bestimm i.« Folgerichtiger ist hierin Georg von Schönerer, der Führer der Alldeutschen Partei (die nichts mit dem Alldeutschen Verband im Reich zu tun hat). Er sieht auch Oesterreichs Untergang schärfer voraus und predigt den Anschluß der deutschen Teile der Monarchie an das Deutsche Reich, während Lueger noch an eine mögliche Rettung Oesterreichs glaubt. Am nächsten müßte Hitler eigentlich eine kleine

Absplitterung der Alldeutschen Partei stehen, die von den böhmischen Abgeordneten Jung und Knirsch geführt wird; sie bekämpft nicht nur die Juden, sie wendet sich auch gegen Zins und Bodenwucher; nennt sich Deutsche Arbeiterpartei und ihre Lehre Nationalsozialismus. 1913 debattiert sie, ob sie sich Nationalsozialistische Arbeiterpartei nennen soll, 1918 tut sie es. Aber Hitler interessiert sich für diese Gruppe überhaupt nicht.

Denn am stärksten fesselt ihn, trotz aller nachträglichen Kritik, Luegers interessante Gestalt. Er bewundert die geniale politische Strategie des Wiener Bürgermeisters; er wittert den Geistesverwandten. Auch Lueger war, obwohl Akademiker, eine Art Emporkömmling. Mit seiner Christlich-Sozialen Partei war er nicht schlechtweg ein Vertreter der alten herrschenden Klasse, sondern der Schöpfer einer neuen Volksbewegung, die er dann der Großmacht Kirche zuführte, ihr dienend und sich zugleich ihrer bedienend. In dem Namen der Partei bedeutete das Wort »Christlich« soviel wie antisemitisch; mit dem »Sozialen« wirkte sie der Sozialdemokratie entgegen, gewann auch einen Teil der katholischen Arbeiterschaft, stützte sich in der Hauptsache aber auf den Mittelstand.

Aus Begeisterung für Lueger hat der junge Hitler damals für die christlich-soziale Partei agitiert und Flugzettel ausgetragen. Eindruck machte ihm eine Schöpfung des erfolgreichen Bürgermeisters: die christlich-sozialen »Knabenhorte«. Junge Burschen waren da zu Gemeinschaften zusammengefaßt und zogen öfters mit Musik und Fahnen durch die Straßen; auch Ansätze zu einer Einheitskleidung waren da. Der künftige Führer der SA. erzählt seinen damaligen Freunden immer wieder bewundernd von diesen Knabenhorten. Während es noch allgemein als pädagogische Weisheit gilt, daß die Jugendlichen nicht in die Politik gehören, meint der Einundzwanzigjährige: die Jugend könne gar nicht früh genug politisch herangebildet werden.

Denn man sehe Lueger mit den Augen Hitlers; aus seiner Beschreibung des bewunderten Bürgermeisters wird man viel über ihn selbst lernen. Lueger »war ein seltener Menschenkenner, der sich besonders hütete, die Menschen besser zu sehen, als sie nun einmal sind.« Er besaß die Kunst, theoretische Erkenntnisse »in solche Form zu bringen, daß sie damit der Aufnahmefähigkeit des breiten Volkes, die nun einmal eine begrenzte ist und bleibt, entsprach«. Die politische Kampfkraft des oberen Bürgertums »war in der heutigen Zeit nur gering und nicht ausreichend, einer neuen großen Bewegung den Sieg zu erkämpfen. Daher« — einen Augenblick könnte man fragen, für wen Hitler eigentlich kämpfen will; es zeigt sich gleich, daß die Nöte von Klassen und Schichten ihm nur ein Mittel zum Zweck sind — »daher legte Lueger das Hauptgewicht seiner politischen Tätigkeit auf die Gewinnung von Schichten, deren Dasein bedroht war und mithin eher zu einem Ansporn als zu einer Lähmung des Kampfwillens wurde.« Gemeint ist der Mittelstand.

Aber das Wichtigste, was Hitler an Lueger erkennt und für Lebenszeit von ihm lernt, ist dies: »Ebenso war er geneigt, sich all der einmal schon vorhandenen Machtmittel zu bedienen, *bestehende mächtige Einrichtungen für sich geneigt zu machen*, um aus solchen alten Kraftquellen für die eigene Bewegung möglichst großen Nutzen ziehen zu können.«

Gewinnung von Schichten, deren Dasein bedroht ist ...!

Bestehende mächtige Einrichtungen für sich geneigt machen ...!

Der Sohn des Zolloffizials Alois Hitler findet so auf Luegers Spuren in die ihm von Hause aus gemäße Sphäre. Doch erst als diese Sphäre, ein Jahrzehnt später, von Krieg und Inflation furchtbar zersetzt, die tristen Merkmale des Wiener Männerheims in millionenfacher Vergrößerung annimmt, — erst da ist sie in die Form gekommen, in der unser durchgefallener Realschüler, verunglückter Akademiker und erfolgloser Ansichtskartenzeichner sie politisch bewältigen wird.

»Hungerkünstler«.

Dieser früh Gescheiterte denkt nicht daran, sich mit der Gründung von Reklameinstituten oder dem Erfinden von Mitteln gegen gefrorene Fensterscheiben zufrieden zu geben. Er sieht eines Tages einen Film, in dem ein Volksredner eine Masse aufwiegelt. Jetzt will er eine neue Arbeiterpartei gründen, also eine Partei seiner Objekte. Die Organisation müsse man von den Sozialdemokraten lernen und die besten Schlagworte von den verschiedenen Parteien übernehmen, denn im

46

übrigen heilige der Zweck die Mittel. Während Hanisch draußen herumläuft und Hitlers Zeichnungen zu verkaufen sucht,
sitzt dieser im Lesesaal des Männerheims und hält Vorträge.
Oder er beugt sich über eine Zeitung, zwei andere links und
rechts unter die Arme geklemmt. Wenn er wirklich einmal
zeichnet und jemand eine neue Zeitung mitbringt, läßt er sofort die Arbeit liegen und stürzt sich auf das Blatt. Oft nimmt
ihm Hanisch, wenn er abends nach Hause kommt, die Reiß-
schiene aus der Hand, die Hitler wild über dem Kopfe schwingt,
während er auf die Umsitzenden losdonnert; drückt ihn auf
die Bank und sagt: »Arbeite endlich!« Die andern rufen: »Arbeiten, Hitler, dein Chef kommt!« Manchmal freilich ist Hitler auch sehr niedergedrückt; er hat mit seinen Reden keinen
Eindruck gemacht, man hat ihn ausgelacht, einmal ihm ein
Spottplakat auf den Rücken geklebt, und Hanisch muß abends
das weinende Menschenkind trösten.

Die lauten Debatten im Männerheim steigern sich oft zu
wilden Lärmszenen. Dann rast der Verwalter herauf, um Ruhe
zu gebieten — und schon sieht man Hitler mit angezogenen
Armen am Tisch sitzen, bescheiden und musterhaft über seine
Zeichnung geduckt. Einmal haben Hanisch, Hitler und ein
dritter aus dem Männerheim beschlossen, einem verhaßten
Wachtmann im Prater einen Streich zu spielen: Hanisch will
ihm heimlich ein Plakat auf den Rücken kleben, die beiden
andern sollen den Wachtmann indessen von vorne beschäftigen.
Hanisch kommt von hinten an den Wachtmann heran und berührt ihn; in diesem Augenblick ist auf der andern Seite Hitler der erste, der erschrocken davonläuft. Der Aengstlichkeit
Hitlers schreibt Hanisch es auch zu, daß er bei den Frauen
kein Glück gehabt habe. Dagegen konnte Hitler mit leuchtenden Augen von den Bauernraufereien in seiner oberösterreichischen Heimat erzählen; ein älterer Freund habe ihm einmal
im Gerichtsgebäude zu Ried eine Sammlung von Mordinstru-
menten gezeigt, die raufenden Bauern abgenommen worden
waren; das sei für ihn als Knaben ein glücklicher Tag gewesen. Hanisch, der diesen Zug berichtet, fügt bieder hinzu: »Ob
derartige Instinkte im späteren Alter verschwinden, weiß ich
nicht. Ich bringe einfach als Erzähler meine Erfahrungen und
Erlebnisse mit Hitler, so wie ich alles von ihm selbst gehört
habe.«

Das Freundschafts- und Arbeitsverhältnis zwischen den beiden zerbröckelt langsam. Hanisch bringt von Bilderhändlern und Privaten Bestellungen, Hitler aber liest Zeitungen und ist nicht zum pünktlichen Arbeiten zu bewegen. Auch glaubt er nicht, daß seine Erzeugnisse nur bescheidene Qualität haben, sondern hält sich für einen großen Künstler — vor allem betont er, ein Künstler brauche Inspiration und könne doch nicht arbeiten wie ein Kuli. Hanisch antwortet aufgebracht: »Künstler — höchstens Hungerkünstler«, und im übrigen sei er ein Schmierant, daneben ein Faulpelz, der auch mit dem Geld nicht hauszuhalten wisse. Wenn er ein paar Kronen verdient hat, rührt er keine Arbeit an, sitzt tagelang in einem billigen Volkscafé und ißt vier bis fünf Schaumrollen hintereinander; allerdings gibt er fast kein Geld für Alkohol und gar keins für Tabak aus.

Bruch mit Reinhold Hanisch.

Der Aerger Hanischs über den faulen Kompagnon und dessen Ueberschätzung eigenen Könnens führen schließlich zum Bruch. Hanisch hat an sich selbst Zeichentalent entdeckt und liefert nun auf eigene Rechnung die Arbeiten, die Hitler verbummelt. Dieser hat in mehrtägiger Arbeit eine Zeichnung des Wiener Parlamentsgebäudes angefertigt, eine steife und recht nichtssagende Kopie, von der er aber glaubt, sie müsse ihm hundert Kronen einbringen. Hanisch sucht ihm das auszureden und bringt das Bild schließlich für etwa zehn Kronen an. Hitler rast, erklärt Hanisch für einen Betrüger, läßt ihn durch einen Bekannten verhaften und anzeigen. Es kommt zum Prozeß, Hitler bewertet seine Arbeit auf fünfzig Kronen; der Richter glaubt ihm. Hanisch, ohne Anwalt, verteidigt sich ungeschickt, in der Meinung, durch Nachgiebigkeit billig davonzukommen. Da er wirklich eine Untat auf dem Kerbholz hat, nämlich die Führung falscher Papiere, ist seine Lage erschwert, und er erhält wegen Veruntreuung sieben Tage Arrest. In der Kernfrage ist ihm zweifellos Unrecht geschehen; diese Kernfrage ist die Bewertung von Hitlers Kunsterzeugnis. Das Bild ist heute noch vorhanden, und es kann keine Rede davon sein, daß diese Pinselei auch nur die Hälfte von fünfzig Kronen wert wäre; nach Bekundung seiner Witwe dürfte der damalige Erwerber etwa zehn Kronen gezahlt haben.

Dieser Prozeß zeigt die Stärken und Schwächen von Hitlers Naturell in dichter Legierung. Er ist so überzeugt vom Wert der eigenen Person und des eigenen Könnens, daß er einen Mißerfolg sofort als Unrecht empfindet und ruhigen Gewissens sich mit Unrecht gegen andere zur Wehr setzt. Der Prozeß interessiert uns aber auch deshalb, weil er ein dokumentarischer Beweis für Hanischs Glaubwürdigkeit ist.

Ein jüdischer Insasse des Männerheims namens Löffner hat im Auftrage Hitlers Hanisch verhaften lassen. Löffners Aussage ist in den Akten noch vorhanden; die für uns wichtige Stelle lautet:

»Kais. Königl. Bezirks-Polizei-Commissariat Wieden.

Z 18 370   4. Aug. 1910

Reinhold Hanisch

Veruntreuung, Falschmeldung.

Siegfried Löffner, Platzagent, XX Meldemannstraße 27, gibt an:

Ich habe von einem Maler im Männerheim erfahren, daß der Arretierte diesem Bilder verkauft und das Geld veruntreut habe. Ich kenne den Maler nicht mit Namen, nur vom Männerheim her, wo er mit dem Arretierten immer beisammen saß...«

Also Hitler (der »Maler«) saß mit Hanisch (dem »Arretierten«) »immer beisammen«. Die enge Freundschaft, von der Hanisch spricht, ist keine Erfindung.

Nun ein anderes Blatt:

»K. K. Bezirks-Polizei-Commissariat

Brigittenau   5. Aug. 1910.

Adolf Hitler, Kunstmaler, 20./4. 1889, Braunau geb. Linz zust. kath. led. XX Meldemannstr. 27 wh. gibt an:

Es ist nicht richtig, daß ich dem Hanisch den Rat gegeben habe, er solle sich als Walter Fritz anmelden. Ich habe ihn überhaupt nur als Fritz Walter gekannt. Da er mittellos war, gab ich ihm die Bilder, die ich malte, damit er sie verkaufe. Vom Erlös erhielt er von mir regelmäßig 50 %. Seit ungefähr

zwei Wochen ist Hanisch ins Männerheim nicht mehr zurück-
gekehrt und hat mir das Parlamentsbild im Werte von fünfzig
Kronen und ein Aquarellbild im Werte von neun Kronen veruntreut. Als einziges Dokument habe ich von ihm bloß das
fragliche Arbeitsbuch auf den Namen Fritz Walter gesehen.
Ich kenne den Hanisch vom Asyl in Meidling, wo ich ihn einmal traf.
Kommissar
gez. Unterschrift.   gez. Adolf Hitler.«

Das Blatt trägt die Unterschrift, die wir auch auf vielen
seiner Bilder aus jener Zeit als Signatur finden. Hitler bestätigt hier, daß er Hanisch vom Obdachlosenasyl her kannte
und daß dieser seine Bilder verkaufte; die Behauptung, daß
er mit Hanischs Mittellosigkeit gewissermaßen Mitleid gehabt
habe, klingt im Munde eines Asylinsassen freilich ein bißchen
unernst. Hanisch hatte vor dem Polizeikommissar behauptet,
er habe sich auf Hitlers Rat falsch gemeldet; Hitler bestreitet
das, und die Wahrheit ist heute nicht mehr zu ermitteln. Da
die Bagatellen von damals uns nun einmal beschäftigen, muß
erwähnt werden, daß Adolf Hitler in der Gerichtsverhandlung
vom 11. August seine Aussage teilweise änderte und zugab, daß
er für das zweite, angeblich ebenfalls unterschlagene Bild von
Hanisch Geld bekommen habe.

So endet die Freundschaft Adolf Hitlers und Reinhold Hanischs. Das Erlebnis beschäftigte Hitler sehr; nach Jahren wird
er neuen Freunden in München erzählen, daß die Juden in
Wien ihn um die Früchte seiner künstlerischen Arbeit hätten
betrügen wollen. Hanisch stammte aus einer katholischen
sudetendeutschen Arbeiterfamilie.

Abschied von Wien.

Drei Jahre hat Hitler im Männerheim verbracht, »die
schwerste, wenn auch gründlichste Schule meines Lebens«;
doppelt hart und bitter nach der zugestandenermaßen sorg-
losen Jugend in Linz und Steyr. In diesen Jahren ist er nach
seiner Behauptung »ernst und still« geworden. Er ist in der Tat
jetzt oft deprimiert und in sich gekehrt. Ein fast schöner
Künstlerkopf mit ekstatisch brennenden Augen, mit breitem,

buschigem Schnurrbart; zarte Gestalt, hastiger, springender Gang. Führt oft Selbstgespräche. Ein Sonderling.

Ein künftiger Künstler. Das innere Erlebnis der politischen Berufung ist noch nicht da, wenn er auch schon vom Parteigründen gesprochen hat. Junge Menschen wollen gelegentlich alles.

Was treibt ihn von Wien fort? Nun, das elende Dasein im Asyl konnte ihn gewiß nicht halten. Den unmittelbaren Anstoß, der ihn wegbrachte, nennt er nicht. Er schreibt seinen Wiener Jahren folgendes Testament:

»Meine innere Abneigung dem habsburgischen Staat gegenüber wuchs in dieser Zeit immer mehr an.

Meine Ueberzeugung gewann Boden, daß dieses Staatsgebilde nur zum Unglück des deutschen Volkstums werden müßte.

Widerwärtig war mir das Rassenkonglomerat, das die Reichshauptstadt beherrschte; widerwärtig dieses ganze Völkergemisch von Tschechen, Polen, Ungarn, Ruthenen, Serben, Kroaten usw.; zwischen allem aber als ewiger Spaltpilz der Menschheit — Juden und wieder Juden.

Mir erschien die Riesenstadt als Verkörperung der Blutschande.«

Mit dieser erotisch getönten Haßerklärung schließt Adolf Hitler die Darstellung seiner Wiener Zeit. Ohne daß Einzelheiten greifbar werden, sagt er zwischen den Zeilen über die Ursache seines Weggangs viel.

Und dazwischen spricht das Gewissen immer: Hättest du deine Schule nicht verbummelt, dann wärst du heute ein fertiger Architekt, ein geachteter Bürger und ein gemachter Mann — du Vagabund!

3. Der Krieg als Erlöser

Das Münchner Sofa.

Im Frühsommer 1913 mietete ein junger Student der Technik aus Wien im Bahnhofsviertel in München ein Zimmer. Die Vermieterin sagte ihm, den bisherigen Mieter müsse sie hinaussetzen, weil er seine Miete seit längerer Zeit nicht mehr bezahlen könne. Während dieser Unterhaltung kommt der arme Hinausgesetzte hinzu; dies ist merkwürdigerweise auch ein junger Oesterreicher. Er faßt sich ein Herz und bittet den Landsmann um die Erlaubnis, doch wenigstens noch eine Nacht bei ihm auf dem Sofa schlafen zu dürfen. Der Neue ist ein gutherziger Mensch, nimmt den armen Teufel zum Bier mit, und sie verabreden, daß er in Gottesnamen vorerst umsonst da wohnen und auf dem Sofa schlafen solle, bis er Geld habe, um seinen Teil an dem Zimmer zu bezahlen. Dabei bleibt es, die beiden sind über ein Jahr lang Stubenkameraden: der junge Ingenieur aus Wien und sein Gast auf dem Sofa, der Reklamezeichner Adolf Hitler aus Linz.

Nach dem polizeilichen Melderegister hat Hitler Wien im Mai 1913 verlassen. Bis dahin hatte er in der österreichischen Hauptstadt immer noch vom Verkauf seiner Aquarelle kümmerlich gelebt. In München ging es ihm nicht viel besser; hier zeichnete er Plakatentwürfe für Firmen. Das Dasein ist äußerlich noch einsamer als in Wien, verkrochen und abseits mitten im Geräusch einer schönen, heiteren Stadt. Hager, kränklich, unfrisch, unsportlich wirkt der Vierundzwanzigjährige unter Gleichaltrigen. »Anfangs direkt unsympathisch, bei näherer Bekanntschaft netter« schildert ihn ein Beobachter dieser Zeit.

Am liebsten sitzt er mit den wenigen Bekannten, die er hat, abends in der »Schwemme« des Hofbräuhauses, ißt mit Vorliebe Weißwürste aus der Suppenschüssel, was dem österreichischen Freunde ein Greuel ist; wenn ein anderer es zahlt, trinkt er auch gern ein Bier. In sein Skizzenbuch zeichnet er Motive aus dem Bierdunst des menschenvollen Lokals. Zwei weitere Oesterreicher gehören noch zu der kleinen Gruppe, ein Architekt und ein Schriftsteller namens Lindmann.

Weiblichen Verkehr meidet er ganz. Der Stubenkamerad, ein lebenslustiger Mensch, hat mehrere »Bräute« und will einmal Hitler für den Sonntag eine »aufhängen«. Hitler braust auf, lehnt entschieden ab und macht dem Freunde heftige Vorwürfe: er dürfe doch den armen Mädchen den Kopf nicht verdrehen, denn die nähmen die Sache ernst und fühlten sich dann betrogen.

Aber vielleicht noch bezeichnender für den Charakter des jungen Mannes ist es: auch hier gewinnt er keinen nahen persönlichen Freund; so wenig wie in Wien. Immer mehr gerät er in Distanz zu den Menschen; sichtlich nicht aus Stolz, sondern aus Angst; nicht aus Hochmut, sondern aus Unvermögen.

Seine politischen Ansichten sind damals zum mindesten in der Richtung schon sehr entschieden. Man durfte in keine sozialdemokratische Versammlung mit ihm gehen, weil er sich dort vor Zwischenrufen nicht halten konnte. Sobald das Gespräch auf Politik kam, begann er zu schreien und endlose Reden zu halten, dabei fiel eine gewisse Präzision und Klarheit seiner Darstellung auf. Er liebte es, zu prophezeien und politische Entwicklungen vorauszusagen. Und wieder macht der österreichische Freund die traurige Beobachtung, die Hanischs alte Klagen bestätigen: sobald von Politik die Rede war, ließ Hitler jede Arbeit stehen und liegen, mochte sie auch noch so dringend sein. Dann setzte er sich in die Hofbräuhausschwemme, politisierte mit allen und hatte bald viele Zuhörer.

Dank für den Weltkrieg.

Sonderliches Vorwärtskommen kann man das nicht nennen. Noch immer kriecht der gescheiterte Realschüler tief unter der Stufe herum, die der Vater für ihn erträumte; von den eigenen hochfliegenden Künstlerplänen nicht zu reden. Grau liegt ein kleines, langweiliges Leben vor ihm; da greift der Himmel ein und läßt für ihn und für so viele andere ausweglose Existenzen den Weltkrieg ausbrechen. Wie Hitler diese Katastrophe erlebt, das ist fast ein Gleichnis: »Der Kampf des Jahres 1914 wurde den Massen, wahrhaftiger Gott, nicht aufgezwungen, sondern vom gesamten Volke selbst begehrt.« Vom gesamten Volke begehrt? Nein, aber von einer Schicht, die man die Hitler-Schicht nennen könnte: »Mir selber kamen die damaligen Stunden wie eine Erlösung aus den ärgerlichen Empfindungen der Jugend vor. Ich schäme mich auch heute nicht, es zu sagen, daß ich, überwältigt von stürmischer Begeisterung, in die Knie sank und dem Himmel aus übervollem Herzen dankte...«

Wofür dankte? Für den Krieg! Wie ein junger Achill oder Alexander hat er ihn sich — so schreibt er — als Junge gewünscht: »Warum konnte man denn nicht hundert Jahre früher geboren sein? Ich hatte mir über meine, wie mir vorkam, zu spät angetretene irdische Wanderschaft oft ärgerliche Gedanken gemacht und die mir bevorstehende Zeit der Ruhe und Ordnung als eine unverdiente Niedertracht des Schicksals angesehen.« Die Knabengelüste werden jetzt befriedigt.

Dabei ist er dem Militärdienst bisher sonderbarerweise ziemlich erfolgreich aus dem Wege gegangen. Bei den vorgeschriebenen Stellungen in Oesterreich war er weder 1910 noch 1911 noch 1912 erschienen. In der Stellungsliste wurde er als »illegal« bezeichnet, 1913 als »uneruierbar«. Am 5. Februar 1914 meldete er sich dann von München aus zur Nachstellung im nächsten österreichischen Grenzort, nämlich in Salzburg. Dort ergab die ärztliche Untersuchung das Urteil: »zum Waffen- und Hilfsdienst untauglich, zu schwach«; der Beschluß lautete auf »waffenunfähig«.

Der Krieg änderte natürlich vieles.

Auf dem österreichischen Konsulat stellt er sich. Aber irgend etwas paßt ihm dort nicht. Mit sprunghaftem Entschluß meldet er sich bei den Bayern als Freiwilliger. Ein Immediatgesuch an den König wird binnen vierundzwanzig Stunden angenommen. Beim 16. Bayrischen Reserve-Infanterie-Regiment tritt er als Freiwilliger ein. Dieses aus Reserve und Kriegsfreiwilligen neu gebildete, viele Akademiker zählende Regiment, nach seinem ersten Obersten Regiment List genannt, bringt infolge sinnloser Befehle von oben am ersten Gefechtstag November 1914 bei Ypern entsetzliche Blutopfer und erwirbt sich dadurch in Bayern eine schmerzliche Volkstümlichkeit. Im ganzen Krieg bleibt es an der Westfront, der schwersten von allen.

Das Eiserne Kreuz.

Ueber seine Kriegserlebnisse ist Hitler wieder wortkarg. Die ersten Sturmtage in Flandern beschreibt er dichterisch; es sind schöne Zeilen. Dabei macht er sich des falschen Berichtes schuldig; vielleicht harmlos, aber nicht ganz unwichtig. Vom ersten Kampftag sagt er:

»Aus der Ferne aber klangen die Klänge eines Liedes an unser Ohr und kamen immer näher und näher, sprangen über von Kompagnie zu Kompagnie, und da, als der Tod gerade geschäftig hineingriff in unsere Reihen, da erreichte das Lied auch uns, und wir gaben es nun wieder weiter: Deutschland, Deutschland über alles, über alles in der Welt!«

Der Herausgeber der »Geschichte des Regiments List«, Dr. Fridolin Solleder, sagt dazu: »Seit 1915 kehrt in fast allen Veröffentlichungen die Nachricht wieder, daß die Lister beim Sturm auf Ypern das Deutschlandlied sangen. Das ist ein geschichtlicher Irrtum. Die Lister sangen das alte deutsche Trutzlied »Die Wacht am Rhein«.

Auch ein Beitrag zur Psychologie der Zeugenaussage — zumal wenn der Zeuge Adolf Hitler heißt.

Hitler war Gefechtsordonnanz beim Regimentsstab, gehörte also nicht zur Grabenbesatzung. Er selbst erwähnt diese Art der Verwendung nicht. Der Regimentsstab des Regimentes List hat nach der eben zitierten offiziellen Quelle im Kriege nur einen Angehörigen verloren, nämlich den Obersten List, und zwar in den allerersten Kämpfen. Der Dienst beim Regimentsstab mag also im ganzen weniger gefährlich gewesen sein.

Hitlers Regimentsoberst von Baligand hat ihm bezeugt, daß er sich »der schweren Pflicht eines Meldegängers jederzeit nicht nur willig, sondern mit Auszeichnung unterzogen hat«. Die Auszeichnungen sind laut Militärpaß ein Regimentsdiplom für hervorragende Tapferkeit, das Militärverdienstkreuz Dritter Klasse, das schwarze Verwundetenabzeichen (er wurde 1916 durch einen Granatsplitter verwundet) und das Eiserne Kreuz I. Klasse, verliehen am 4. August 1918. Nach dem Zeugnis von Kameraden wurde ihm die Auszeichnung für eine außerordentlich glänzende Tat verliehen. Bei den Kämpfen um den Brückenkopf Montdidier soll Hitler während eines Meldeganges zusammen mit einem Kameraden plötzlich einen Trupp Franzosen im Graben überrascht haben; er habe das Gewehr angelegt, zwölf oder fünfzehn Franzosen zur Ergebung gezwungen und sie gefangen beim Regimentskommandeur Freiherrn von Tubeuf vorgeführt. Freiherr von

Tubeuf, der die Kämpfe bei Montdidier in der Geschichte des Regiments List persönlich schildert, erwähnt diese auffallende Tat nicht; andere Schilderungen verlegen die Tat um drei Jahre zurück. Sie wäre jedenfalls so bemerkenswert, daß die Regimentsgeschichte sie nicht gut übersehen könnte. Aber sie tut es. Dabei erzählt sie zwei andere Taten ganz ähnlicher Art. Die eine vollbrachte am 28. Mai 1918 an der Aisne der Leutnant Wimmer mit zwei Begleitern; die Regimentsgeschichte schildert: »Ein Offizier, ein Unteroffizier, ein Mann erobern zwei Geschütze, ein Maschinengewehr, erbeuten drei Lastwagen, ein Personenauto, zwei Munitionswagen, nehmen einen Offizier und einen ganzen Trupp Artilleristen und Kraftfahrer gefangen. So an zwanzig Mann. Das Husarenstücklein der drei Sechzehner macht die Runde im Bataillon, im Regiment, in der Division. Im ganzen Abschnitt.« Leutnant Wimmer erhält den Max-Josef-Orden und damit den persönlichen Adel. Am 12. Oktober erledigen der Offizierstellvertreter Reischl, der Unteroffizier Karpf und der Gefreite Ernst auf ähnliche Art einen ganzen Trupp Gegner: »Mit achtzehn Tommies treten die Unseren den Heimmarsch an, empfangen vom Jubel der Kompagnie. Hier in Commines finden die Engländer die Sprache wieder und geben ihrer Bewunderung über diese schneidige Tat lauten Ausdruck. Reischl erhält die goldene Tapferkeitsmedaille, Karpf und Ernst das Eiserne Kreuz I. Klasse.« In einem anderen Fall, den die Regimentsgeschichte ebenfalls anführt, erhielt der Schütze Tauscheck die Goldene Tapferkeitsmedaille, weil er allein zwölf Franzosen entgegentrat und fünf gefangen nahm.

Man fragt sich also, warum die Regimentsgeschichte, die solche Taten hervorhebt, eine gleichartige Hitlers verschweigen sollte. Dabei nimmt sie durchaus Notiz von ihm; bringt einmal eine Photographie, wie er in Gefechtsausrüstung, Pickelhaube, Gewehr umgehängt durch die Straße einer Ortschaft stürmt; sie erwähnt, daß er im schwersten Feuer seinen Kommandeur mit dem Leibe gedeckt und in ein schützendes Erdloch zurückgedrängt habe; in der Vorrede sagt der Herausgeber ausdrücklich: »Das Bild des Regimentes List wäre nicht vollständig ohne den Hinweis auf die geschichtliche Tatsache, daß in seinen Reihen der Kriegsfreiwillige Adolf Hitler

vier Jahre an der Westfront stand, der später der Gründer und
Führer einer der stärksten Parteien Deutschlands wurde.«
Aber nichts von fünfzehn gefangenen Franzosen.

Zusammengefaßt: die Verleihung des Eisernen Kreuzes
I. Klasse an Adolf Hitler sollte man nicht bezweifeln. Die fünfzehn Franzosen sehen stark nach Legende aus.

Der unerkannte Führer.

Bei den Kameraden ist er unbeliebt wegen seiner, wie es
ihnen scheint, streberhaften Willigkeit gegen die Vorgesetzten.
Wenn er vor den Kommandeur springt und ihn bittet, sein
Leben zu schonen, »das Regiment davor zu bewahren, in so
kurzer Zeit ein zweites Mal seinen Kommandeur zu verlieren«, so hat das einen leisen Hauch von vaterländischem Schul-
lesebuch. »Ich habe«, berichtet ein späterer Nationalsozialist,
»aus Hitlers Munde nie ein Murren oder Klagen gehört über
den sogenannten Schwindel. Wir alle schimpften auf ihn und
fanden es unerträglich, daß wir einen weißen Raben unter
uns hatten, der nicht auch mit einstimmte in die Schimpf-
kanonade.«

Er war ihnen unerträglich.

Auf den Photos in Gesellschaft der Kameraden sieht man
ihn mit starrem Blick abseits stehen oder sitzen. »Bescheiden
und schon deshalb nicht auffallend,« sagt ein Vorgesetzter.

Wenn an seiner Auszeichnung, seiner Hingabe und Dienst-
willigkeit nicht zu zweifeln ist, so erhebt sich die gewichtige
Frage: Warum ist dieser »Führer« vireinhalb Kriegsjahre
lang ewig nur Gefreiter geblieben? Es war Mangel an Unter-
offizieren; trotzdem sagte sein Kompagnieführer: »Diesen
Hysteriker mache ich niemals zum Unteroffizier!«

Die Subordination nimmt er bis in die Kleinigkeiten ernst:
»Den Vorgesetzten achten, niemandem widersprechen, blind-
lings sich fügen« ist sein Ideal, wie er 1924 in seinem Lebens-
bericht vor dem Richter sagt. »Ich bitte gehorsamst«, schreibt
der aus dem Lazarett entlassene Kriegsfreiwillige 1917 ans
Regiment, »mich sofort anzufordern, ich möchte wieder zum
Regiment.« Pflichteifer, der volle Anerkennung verdient. Aber
ein bißchen schielt er auch nach der Anerkennung; das

Schreiben beginnt: »Ich bin vom Lazarett seit zwei Tagen entlassen und beim Ersatzbataillon eingereiht. Ich bitte gehorsamst...« Der Regimentsadjutant soll wissen, daß es den Gefreiten Hitler schon nach zwei Tagen wieder an die Front zieht. Der Schlußsatz ist rührend: »Ich will nicht in München sein, wenn meine Kameraden am Feinde liegen.«

Die Front als Heimat.

Es zieht ihn zu den Kameraden, die auf ihn schimpfen und ihn für verrückt halten. Eine Tragödie. Denn die Front ist seine wahre Heimat. Deutschland, das Hinterland, die Etappe? »Adolf Hitler hat im ganzen Kriege niemals ein einziges Feldpostpaket von zu Hause erhalten«, sagt Josef Berchtold, einer seiner ältesten Parteigenossen. Das ist zwar wörtlich genommen falsch und läßt sich dokumentarisch widerlegen; aber in der Tat: »Liebesgaben« im eigentlichen Sinne, Geschenke von nahestehenden Menschen dürfte er kaum bekommen haben.

Denn der Musketier Adolf Hitler hat keine Mutter, keine mütterliche Freundin, keine Geliebte, keinen Freund zu Hause; ist ohne jeden persönlichen Zusammenhang mit dem Lande, für das er seine Meldegänge macht. Die Schwestern, die Tante Theresia Schmidt, Schwester seiner Mutter in Spital — sie wissen nichts von ihm. Seit fünf Jahren ist er für sie verschollen. Wenn die Kameraden ihre Briefe und Feldpostpakete öffnen, steht er wehmütig daneben: »Brandmoiri«, sagt er mit trübseligem Scherz, »i moin, iatz hat dir dei Trutschnelda wiedermal gschriebn.«

In der geliebten Stadt München ist er zu Hause wie in einem Museum bei freiem Eintritt; ein Zugelassener, nicht ein Zugehöriger. Als ihn im Oktober 1916 der Granatsplitter trifft und er nach langem Lazarettaufenthalt in Beelitz bei Berlin auf einige Tage nach München kommt, bricht ihm dort eine Welt zusammen. Diese Menschen lieben den Krieg ja nicht, sind nicht begeistert, sondern mindestens so erbittert wie die Kameraden im Graben. Sie schimpfen auf den »Schwindel«, zumal auf die »Preußen«, geben ihnen die Schuld an dem Grauen der Verlustlisten und Lazarette, am Verhungern ihrer Kinder. Diesen freudlosen Alleingänger wundert das; so wenig kennt er die Menschen wirklich. Wieder geht es ihm wie in Wien: wo er ist, sieht er Juden; in der judenarmen Stadt München schon ein Kunststück. Im Lazarett liest er ein militärwissenschaftliches Buch; der Arzt sagt: »Ich hätte Sie für vernünftiger gehalten.« Die Weltgeschichte enthüllt sich wieder einmal, denn der Arzt heißt Dr. Stettiner und ist Jude. Im März 1917 ist er wieder vorne.

Hitlers weltgeschichtlicher Irrtum.

Hier unter den Soldaten erlebt er zum zweitenmale die Volksgemeinschaft, die er bereits im Männerheim in verdorbener Art kennen gelernt hat. Und wieder ist es ihm unmöglich, sich von Mensch zu Mensch mitzuteilen, als einzelner mit einzelnen zu sprechen und sie zu überzeugen. »Von mir werdet ihr noch viel hören«, sagte er dann aufgebracht. »Wir lachten damals darüber«, sagt der nationalsozialistische Gewährsmann. Sein Mißerfolg im persönlichen Umgang verführt ihn immer mehr zur Menschenverachtung; sie steigert sich, je mehr er die Lenksamkeit dieser Menschen durch simple Tricks kennen lernt. Er beobachtet die Wirkung von Flugblättern, die der Feind bei der deutschen Truppe einschmuggelt; die gleichzeitige Unwirksamkeit der eigenen Propaganda bei den eigenen Leuten, das Verpuffen des »vaterländischen Unterrichts« kann ihm nicht entgehen. Es ist damals eine vielgehörte Phrase, daß Propaganda im Kriege so wichtig sei wie Munition; aber wie man Propaganda macht, weiß an Deutschlands verantwortlichen Stellen niemand. Diese Herren kennen das Volk nicht, das begreift der mit dem ganzen Spülwasser des Wiener Männerheims gewaschene Adolf Hitler blitzschnell. Aber warum kennen sie es nicht? Er sieht es nicht oder will es nicht sehen: weil Deutschland keine Demokratie ist, weil die Regierenden sich um das Volk und sein Parlament nie ernstlich bemühen mußten — darum fühlen sie auch heute nicht, wo dieses in den Schützengräben versammelte Volk eigentlich der Schuh drückt. Auch Hitler meint, diese Feldgrauen seien doch nicht etwa mit der Losung »Für das allgemeine, gleiche und geheime Wahlrecht!« in den Kampf gezogen. Doch, sie sind es im Grunde; sie kämpfen für ihre eigene Sache, nicht für die ihres

Kaisers. Ihr Unglück ist es, daß in der deutschen Geschichte die Demokratie noch nicht vorgekommen ist; es gibt kein demokratisches Vorbild, kein demokratisches Weltbild in Deutschland. Aber diese schimpfenden, ihre Pflicht tuenden, gegen ihre Offiziere aufsässigen, den servilen Hitler verachtenden Musketiere sind im Krieg alle Demokraten geworden. Das ist der Grund, warum die Propaganda der demokratischen Feinde zuletzt stärkeren Eindruck auf sie macht, als die der eigenen Heeresleitung; im übrigen dringt diese Propaganda viel spärlicher durch, als Hitler meint, und ist auch nicht notwendig, denn die unselige Politik der deutschen Führung treibt das deutsche Volk ganz von selbst von sich. Hitler vergleicht die ausgezeichnete politische Führung des Krieges auf der Gegenseite mit der Stümperei auf der eigenen; während die ganze Welt rot sieht vor Haß gegen die Deutschen, die in Belgien Kindern angeblich die Hände abgehackt haben sollen, tatsächlich leider Zivilisten als Geiseln getötet haben, spinnen deutsche Annexionisten den Plan, einen Prinzen aus Schwabenland als Herzog über ein großes Ostseereich zu setzen. Und mit solchen »Schnapsideen« will man beim eigenen Volke und gar bei fremden Völkern moralische Eroberungen machen!

Adolf Hitler hat ein wichtiges inneres Erlebnis. Er sieht, daß er etwas Wesentliches besser weiß als seine Führer, zu denen er aufzublicken gewohnt war. Es handelt sich nicht um Meinungsverschiedenheiten in der Sache, nicht um Gegensätze aus Weltanschauung. Es handelt sich nur darum, daß er sich seinen anerkannten Oberen überlegen fühlt. Aus einem Gehorsamen wird ein Besserwisser, aus einem Befehlsempfänger ein Besserkönner. Das arbeitet noch Jahre in ihm, aber hier fängt es an.

Hitler vergleicht, wie Wilson, Lloyd George und Clemenceau ihre Völker zum Kampf für die Kultur und gegen die Barbarei zu begeistern wissen. Nach Lueger, dem demokratischen Volksführer, werden diese drei großen Führer der westlichen Demokratien ihm zum beneideten Vorbild. Er beginnt die Mechanik der Demokratie zu verstehen, die Zauberwirkung der großen volksumspannenden Ideen, die in Deutschland niemand erfaßt hat, nicht einmal die Sozialdemokratie völlig. Aber dieser stets an der Außen- und Unterseite des Volkes herumgekrochene Mensch versteht das innere Wesen der Demokratie nicht: die Kraft, die in der Freiheit wohnt, die dem einzelnen Verantwortungsgefühl einprägt, die ein ganzes Volk sicherer führt, als irgendein Heldenkaiser oder Marschall-Präsident. Er glaubt große Führer zu sehen, wo große Systeme sind, die ihre Repräsentanten aus sich heraus schaffen: in normalen Zeiten normale, in großen große. Er lernt die Kniffe der Demokratie, ohne ihren Geist zu begreifen; dieser Irrtum ist der tragische Gewinn, den der wunderliche Kamerad aus dem Schützengraben nach Hause bringt. Unter den Kameraden, deren Schwächen er mit dem feinen Instinkt des Bösen wittert, ohne ihre wertvollen Seiten zu schätzen, hochmütig und zugleich scheu, wächst er seiner künftigen Bestimmung entgegen: eine gewaltige Figur der Demokratie zu werden, ohne Demokrat zu sein.

Darum begreift er die herankommende deutsche Revolution nicht. Er sieht nur das Zusammenbrechende. Er sieht nicht die Kräfte. Die Geschichte erteilt eine gewaltige Lehre. Hitler hört falsch zu.

Das Versäumnis von Pasewalk.

Im Oktober 1918 schießen die Feinde mit Gelbkreuzgas, mehrere der Kameraden sterben, einige werden blind. Auch Hitler verliert zunächst das Augenlicht. Er kommt ins Lazarett nach dem Städtchen Pasewalk in Pommern. Nach einigen Tagen kann er wieder sehen.

In der Nacht vom 5. zum 6. November kommen ein paar Matrosen ins Lazarett und machen Flüsterpropaganda. In Kiel und Wilhelmshaven ist auf den Schlachtschiffen die Revolution ausgebrochen. Hindenburg und Ludendorff haben bereits vor einem Monat einen neuen Reichskanzler eingesetzt, den Prinzen Max von Baden, der überstürzt um Waffenstillstand bitten mußte, da nach der Meinung der beiden Generäle die geschlagene Front nicht mehr zu halten war. Jetzt plant, mitten in den Waffenstillstands-Verhandlungen, die Flottenleitung einen Verzweiflungsstreich gegen die Kanalküsten; den Matrosen erscheint diese späte Aktivität nach vierjährigem Stilliegen, nach endgültig verlorenem Kriege sinnlos. Sie widersetzen sich. Aus dem Widerstand wird Revolution. Sie senden Delegierte ins Land hinaus. Mit einem Schlag steht überall das Soldatenvolk auf: gegen den sinnlos gewordenen Krieg, gegen den volksfremd gewordenen Kaiser.

Der Kaiser könnte jetzt zeigen, daß er Kaiser ist. Er könnte kämpfen, die Hitlers warten darauf. Statt dessen fährt er in Pension nach Holland; Hindenburg selbst hat ihn geschickt. Der Feldmarschall reicht der Revolution die Hand; niemand kämpft.

Das also waren die Führer des Reichs!

Auch zu Hitler kommen die Matrosen. Was müßte er jetzt tun? Er müßte seinem Vorgesetzten Meldung machen; dafür sorgen, daß sie an die Wand gestellt werden. Aber er tut es nicht: »Ich habe sie nicht angegeben, denn ich fühlte damals schon, daß der Zusammenbruch kommt.« In sein Buch schreibt er dies merkwürdige Geständnis nicht; es findet sich in seiner Verteidigungsrede von 1924.

Im Lazarett zu Pasewalk hat ein halbblinder Hysteriker vor den gewaltigen Ereignissen die Fassung verloren.

Zweiter Teil

DIE FLUCHT IN DIE LEGENDE

4. Umkehr in der Sackgasse

Nichtsnutziges Talent.

Eine Vorkriegsjugend ist zu Ende. In ihrer Ereignisarmut ist sie ein Rätsel, dessen Sinn weit übers Persönliche hinaus-reicht.

Das Rätsel dieser Jugend ist: wie kommt es, daß dem Mann, der heute wohl der berühmteste Mensch auf der Erde ist, bis zu seinem dreißigsten Lebensjahr auch nicht der bescheidenste Erfolg geglückt ist? Warum blieb dieser Menschenbezwinger im bürgerlichen Leben Bettler und im Krieg ein unbedeuten-der grauer Soldat?

Der junge Adolf Hitler ist ganz einfach der häufige Fall des jungen Mannes, der sich mit der bürgerlichen Welt nicht ab-findet und seine Tage in einem tiefen Pessimismus nutzlos ver-streichen läßt. Vor dem Kriege wurde so etwas Vagabund oder Bohemien oder harmloser Anarchist; nach dem Kriege haben Menschen dieser Art in Mitteleuropa aus den Ueberbleibseln der Weltkriegsheere eigenartige politische Organisationen ge-schaffen, die seitdem in verschiedenen Ländern zur Herrschaft gelangt sind. In einem anderen Zeitalter wäre Hitler vielleicht Bettelmönch geworden, in wieder einem anderen Seeräuber; für einen ungebärdigen österreichischen Gymnasiasten des Jahres 1905 hieß der Ausweg »Künstler« in der Dachstube mit dem Ausblick auf Paläste, des geistigen Ideals der Epoche ver-hungerter und verachteter Repräsentant, dessen Privileg seine »Unnützheit« und dessen Lohn ein besseres Almosen ist. Erst im Blutnebel des Jahres 1919 erglänzt eine neuartige Chance: politischer Bandenführer.

Die Welt von 1914 war eine Welt der Ordnung und des Frie-dens und konnte Abenteurer oder Kämpfer nicht gebrauchen. Was sie verlangte, waren Arbeiter. Für die bürgerliche Intelli-genz, der man Hitler zurechnen muß, bestand eine automaten-hafte Sicherheit. Gegen Ablieferung von Arbeit gab es Exi-stenz, für Kämpfer und Abenteurer dagegen gab es das Ge-fängnis. Wenn man den Unterschied von Talent und Genie darin sieht, daß das Talent sich brauchbar der Welt einfügt, das Genie sie aber nach seinen Bedürfnissen ändert, dann wird man Hitler im Jahre 1935 für ein Genie halten müssen; 1913 dagegen war er bestenfalls ein nichtsnutziges Talent.

Die Treppe ins Nichts.

Diese einem Hitler so feindliche Welt war gerade im Begriff, an ihrem inneren Widerspruch zugrundezugehen, der darin bestand, daß sie wie jede Gesellschaftsordnung zu beharren strebte und gleichzeitig durch einen noch nie dagewesenen technischen Fortschritt ihre materiellen Grundlagen dauernd änderte. Diese Gesellschaft hatte aus dem Lebensplan ihrer heranwachsenden Jugend den Begriff des Abenteuers fast völlig ausgeschaltet und ihn durch den Begriff der Karriere ersetzt: sie verbannte und verdammte das Unerwartete, das Außergewöhnliche und ersetzte es durch das Durchschnittliche und Berechenbare. So entstand der kulturelle Stumpfsinn der Vorkriegszeit, über den die europäische Intelligenz zu klagen nicht müde wird — wenig bekümmert freilich um das viel grausigere und hoffnungsärmere Los des Proletariers. Wir sahen, wie Adolf Hitler jahrelang im proletarischen Element gelebt hatte, ohne daß auch nur ein Tropfen an ihm hängen blieb; selbst in den ärmsten Umständen fühlte er sich nicht als Prolet, sondern als Bohemien. Es ist ein *bürgerliches* Schicksal, mit dem er ringt.

Hitler hat persönlich mit der bürgerlichen Karriere nichts anzufangen gewußt; sie ist für ihn nicht der Weg nach oben gewesen. Genügsam in kleinen, ausschweifend in großen Verhältnissen, träg im Beginnen, zäh im Verfolgen, Nachtwandler und Pläneschmied — so war er zu abenteuerlich gemischt für den Stumpfsinn, zu hochfahrend für das gesicherte Dasein und zu unzuverlässig für die Pflichten des Alltags. Er bleibt auf der untersten Stufe kleben — auf der Stufe einer im Nichts endenden Treppe. Ein Jahrzehnt später finden Hunderttausende, die an ihm und seinesgleichen behaglich vorbeigeklettert waren, plötzlich den Ausweg nach oben verstopft. Die Gesellschaft bricht langsam zusammen, die Ziele versinken, die Laufbahnen werden verschüttet. Bald heißt es Krise, bald Inflation, bald Deflation; in jedem Fall Arbeitslosigkeit, Abbau und Konkurs. Ein junger Chemiker, der Glück hat, findet nach siebenjährigem Studium eine Stelle mit 90 Mark Monatsgehalt, und ehemalige Offiziere werden Chauffeure. Es ist ein weltgeschichtlicher Vorgang, daß der jungen bürgerlichen Intelligenz mit einem Mal die bürgerliche Welt fragwürdig, feindlich und zuletzt hoffnungslos wird. Nicht mehr eine Minderzahl unruhiger Geister ist dieser überreichen Welt übersatt, sondern das große Heer der Durchschnittlichen hat Angst vor dem Hunger oder zumindest dem gesellschaftlichen Abstieg. Diese ganze Klasse, die bisher nach den Gesetzen der Erbfolge und des Aufstieges zur Herrschaft bestimmt schien, sieht sich jetzt plötzlich zu einem Klassenkampf um ihre Existenz genötigt. Der Begriff der persönlichen Karriere stirbt, und die Frage nach einer Reform der ganzen Gesellschaft taucht vor dieser bis jetzt tief konservativen Jugend auf. Der Typ Hitler, der kein für die frühere Gesellschaft brauchbares Talent war, hat jetzt die Chance, das Genie einer bürgerlichen Revolution zu werden.

Der Klassenkampf der Intellektuellen wird zum Motor des politischen Geschehens. Und während der Geist seine Interessen verteidigt, verrät er zugleich seine Aufgabe, vergißt seine Verantwortung und verliert seine bisherige gesellschaftliche Bedeutung.

Der Streik des Individuums.

Der einzelne lebt heute unter dem Alpdruck der riesigen Ausweitung der Welt, die sich im neunzehnten Jahrhundert vollzogen hat. Sie ist für das Individuum weder zu überblicken noch zu verstehen. Gewiß war der Mensch zu allen Zeiten von Geheimnissen umgeben. Aber die Mysterien früherer Zeiten hatten im Bewußtsein der Menschen ihren natürlichen und berechtigten Standort und machten das Weltbild verständlich, statt es zu verdunkeln. Im sechzehnten Jahrhundert zum Beispiel wußte jeder Mensch, daß es Hexen gab, und daß ihr Dasein vieles Unverständliche erklärte; aber er wußte auch, daß Hexerei ihn nichts angehe und daß es richtig sei, sie zu meiden. Der moderne Mensch weiß, daß es die Relativitätstheorie gibt, aber mit diesem Wissen verbindet sich das quälende Gefühl, daß er die geheimnisvolle Theorie eigentlich kennen müsse und doch nicht dazu imstande sei. Dies ist der unbehagliche Zwiespalt des Rationalismus, daß er die Welt für verstehbar erklärt und doch zur Folge hat, daß sie der großen Mehrzahl immer unverständlicher wird. Die Relativitätstheorie ist nur ein Beispiel von tausenden; man könnte ebenso gut die moderne Wirtschafts- und Kulturgeschichte nehmen, die die einstmals so einfache Geschichtswelt des einfachen Mannes, die Welt der Könige, Schlachten, Eroberungen und Friedensschlüsse in ein unbegreifliches Chaos verwandelt hat. Die Welt ist im neunzehnten Jahrhundert riesig und unübersehbar geworden, und die Leitung ihrer Geschäfte eine Aufgabe, vor der dem einzelnen immer mehr der Mut entsinkt.

Denn gleichzeitig mit der Kompliziertheit des Weltbildes wächst auch die Kompliziertheit des Staates und seiner Tätigkeit. Die Folgen einer politischen Handlung werden für den einzelnen immer schwerer übersehbar. Hitler hat das erkannt; er hat zugleich behauptet, diese Kompliziertheit des modernen Staates sei ein besonders bösartiger Kniff der geheimen Mächte, der Juden und Freimaurer:

»Unser ganzes öffentliches Leben unterläuft einem künstlichen Zersetzungsprozeß«, sagte er 1929 vor holsteinischen Bauern. »Es wird so künstlich kompliziert dargestellt, daß besonders die breite Masse eines Volkes gar keinen Einblick mehr erhalten kann. Planmäßige Verwirrung der Begriffe mit dem ausgesprochenen Zweck, dadurch Millionen Menschen das gesunde, natürliche Urteil zu verwirren.«

Das Gerede von der »Künstlichkeit« dieser Komplizierung ist natürlich ebenso unaufrichtig wie das Lob H. St. Chamberlains, der den Redner Hitler einen »genialen Vereinfacher« der politischen Probleme nennt, obwohl diese Vereinfachung naturgemäß eine Verfälschung ist.

Aber das ist richtig, daß für den modernen Staatsbürger die Welt zu groß, die Aufgaben zu viel und die Verantwortungen zu schwer geworden sind, und daß sich das Individuum, obwohl es immer noch zur Wahlurne geht, innerlich von der Verantwortung für den Staat immer mehr zurückzieht. Ja, der Gang zur Urne ist gewissermaßen nur noch eine Beruhigung für das schlechte Gewissen des Staatsbürgers, wie für laue Christen der einmalige jährliche Gang zum Abendmahl. Wie gewaltig der Abstand echter Demokratie von ihrem modernen Zerrbild ist, zeigt ein Vergleich zwischen dem Ernst einer »Landsgemeinde« im schweizerischen Appenzell und der Gleichgültigkeit, mit der ein moderner Großstadtwähler zwischen einem Mittagessen und einem Tanzvergnügen »seiner Bürgerpflicht genügt«.

Denn selbst der freieste Wähler der freiesten Republik hat

heute nur noch das Gefühl, Objekt des Staates zu sein. Er ist bereits in der geistigen Verfassung, die ihn zur Diktatur reif macht, und was dagegen vielleicht Widerstand leistet, sind Gefühle, die aus einer Tradition stammen. Praktisch streikt das Individuum vor der Politik, die ihm sinnlos geworden ist.

Oder glaubt jemand, daß die Völker heute auch nur die Außenpolitik ihrer Regierungen einigermaßen verstehen, also denjenigen Teil der Politik, der früher am meisten interessierte? Man braucht nur zu beobachten, wie schnell die meisten Leser die ersten Seiten der Zeitungen umschlagen, um zu wissen, was los ist. Die Politik kann dem Staatsbürger nicht mehr sinnvoll erscheinen, wenn er zum Beispiel hört, daß der Weltkrieg so ziemlich gegen den Willen aller Beteiligten ausgebrochen sei. Eine derart ohnmächtige und nutzlose Politik ist ihm der Mühe des Interesses ebenso wenig wert wie zum Beispiel eine Volkswirtschaftslehre, die nicht erkannt hat, daß die Zahlung der deutschen Reparationen oder der Kriegsschulden der Alliierten unmöglich sein werde.

Aber freilich ist hier mehr vorgegangen als eine bloße Ermüdung.

Die rationalistische moderne Technik, die das möglichst große Glück des Individuums durch Wasserleitung, elektrisches Licht, Konserven und Kino verbürgen soll, erschüttert zugleich die materiellen Grundlagen dieser individualistischen Gesellschaft durch ihre kollektivistische Betriebsform. Denn diese Technik beruht auf Kollektivleistung, nicht nur im Werkbetrieb, sondern auch in Erfindung und Planung. Das muß eine Gesellschaft verwirren, die den Begriff der freien Persönlichkeit irrigerweise an das Privateigentum geknüpft hat. Die Wahrheit ist, daß die fortschreitende Technisierung die bestehende gesellschaftliche Machtverteilung innerlich immer unmöglicher gemacht und die fortschreitende Volksbildung diese Unmöglichkeit immer besser erkennen gelehrt hat. Das zerstört die Denkvoraussetzungen des modernen Menschen, der in seiner Denkweise ein bürgerlicher Mensch ist — auch wenn er materiell Proletarier ist. Die immer zunehmende Kollektivierung des technischen Betriebes macht das Privateigentum an Produktionsmitteln immer fragwürdiger, die zunehmende Bildungsangleichung zwischen oben und unten (von den Spitzen der Forschung abgesehen), die Unterschiede in der Verteilung der materiellen Güter immer unbegreiflicher. Und die Entscheidung zwingt sich ihm auf: entweder diese Verhältnisse radikal zu ändern, oder sich keine Gedanken mehr über sie zu machen — d. h. sich von Staat und Gesellschaft, von der Politik abzuwenden.

Die Entwertung der Parteien.

Der Staat, von dem das Individuum sich abwendet, stirbt. Er war der Gott des neunzehnten Jahrhunderts gewesen. Noch sehen wir nicht genau, was an seine Stelle tritt. Anscheinend ist es abermals eine Idee der Gemeinschaft. Welche? Aus der Vergangenheit grüßt die Idee der Kirche; die Völker Mitteleuropas ringen mit dem Gedanken der Nation; in Deutschland ist eine wissenschaftliche Absurdität, der Begriff der Rasse, zum Sinnbild geworden, das mit der tieferen Vorstellung vom Volkstum im Kampf liegt. Mit dem Staat zerfallen seine Träger. Am schärfsten ausgeprägt ist der Vorgang in den mitteleuropäischen Ländern, die die heftigsten Erschütterungen durchmachen mußten. Kronen rollen aufs Pflaster, die politischen Parteien werden zum Gespött, nur die Armee hält sich, hat aber im Volksbewußtsein sichtlich nicht mehr den gleichen Rang wie früher. Für uns ist in diesem Zusammenhang die »Entwertung« der Parteien das interessanteste, denn sie ließ die breite Lücke aufklaffen, durch die Hitler eindringen konnte.

Betrachtet man die Innenpolitik vom Parteienstandpunkt, so gab es vor dem Weltkrieg in Deutschland ein großes, nie abreißendes, alles andere an Bedeutung übertreffendes Thema der innenpolitischen Auseinandersetzung, das die Existenz der Parteien rechtfertigte: der Streit um Verteidigung oder Umwälzung der bürgerlichen Gesellschaft. Auf der Seite der Verteidigung standen ausnahmslos alle bürgerlichen Parteien; ihre Unterschiede waren zwar von Interessen bedingt, konnten aber auch als Meinungsverschiedenheiten über die beste Methode der Verteidigung staatlicher Ordnung ausgegeben werden. Auf der Gegenseite, als Angreiferin und Umwälzerin, stand allein die Sozialdemokratie. Dieser Gegensatz wurde nach dem Krieg radikal aufgehoben, indem die Sozialdemokratie auf die Seite der Verteidiger hinübertrat. Als neuer Angreifer rückte der

Kommunismus nach. Diesen neuen Erschütterer konnte man entweder für ungefährlich halten; dann hatte das Gemenge der übrigen Parteien für den bürgerlichen Wähler jeden tieferen Sinn verloren. Aus dieser Auffassung ergab sich die Forderung nach der »Volksgemeinschaft«, die an die Stelle der Parteien treten sollte. Man sieht hier eine Ideologie am Werk, die die materiellen Interessengegensätze in der Gesellschaft übersieht oder zu übersehen vorgibt. Oder man konnte den Kommunismus für wirklich gefährlich halten: dann war das ganze bürgerliche Parteiengefüge einschließlich der Sozialdemokratie doch nicht die geeignete Macht zum Widerstand; dann waren brutalere Kräfte notwendig. Dann war dem Nationalsozialismus der Weg frei.

So mußte das Bürgertum die Zeitgeschichte nach dem Kriege sehen. Für die Arbeiterschaft dagegen war das entscheidende politische Erlebnis, daß die sozialistischen Parteien bei der Eroberung der Macht zur Schaffung des Sozialismus versagten, ja zum Teil diese Eroberung gar nicht mehr wollten. Die Folge mußte die Abwendung der Arbeiterschaft vom Marxismus sein — sollte man denken. Aber die Politik ist nicht so logisch. Bis zum letzten Tage der Republik, solange überhaupt noch ein halbwegs freies Wahlrecht bestand, haben 12 Millionen Wähler in Deutschland den marxistischen Parteien die Treue gehalten. Aber es war eine unfruchtbare Treue. Diese Anhänger haben noch gewählt, aber nicht mehr gekämpft, als die politische Entscheidung von der Wahlurne auf die Straße verlegt wurde. Auch hierin zeigt sich die Entwertung der Parteien, die auf der Linken und auf der Rechten verschiedene Ursachen, aber gleiche Folgen hatte; die Parteien bedeuteten dem Staatsbürger nichts mehr und waren politisch längst tot, als sie scheinbar noch regierten.

Hier ist von deutschen Vorgängen die Rede. Aber die Lage ist in den sogenannten großen Demokratien die gleiche. Wird man das auch dort erst einsehen, wenn die Leichen im Sarge liegen?

Gegen diese Herde von Parteien, deren Lebensgrundsatz die Verteilung der Macht untereinander war, tritt nun eine Partei auf, die die ganze Macht für sich allein beansprucht. Das war ein harmloses Vergnügen, solange die neue Partei noch ein winziges Grüppchen war; es mußte aber sofort auf die Wähler

Eindruck machen, sobald die Partei groß genug wurde, um nach dem herrschenden Schlüssel einen Fetzen Macht beanspruchen zu können, diesen Fetzen aber ablehnte und statt dessen die ganze Macht verlangte. Dieser Eindruck allein erklärt den schließlichen Erfolg natürlich nicht, aber er trug zu ihm bei.

Illusionen gegen Interessen.

Wenn man nun fragt, wie es möglich war, daß alle diese Parteien, die doch reale Interessen vertraten, einer einzigen, in ihren Interessenbindungen sehr unklaren Partei unterliegen konnten, so darf man sich nicht mit der Antwort begnügen, die alten Parteien hätten die Interessen ihrer Anhänger nicht gut genug vertreten. Gewiß machte die Krise es jeder einzelnen Gruppe schwierig, für sich und die ihren noch ein gleich großes Stück wie früher aus dem kleiner gewordenen Kuchen herauszuschneiden. Aber die Frage reicht tiefer. Die großen modernen Massenparteien, an ihrer Spitze die fascistischen, haben eine alte geschichtliche Wahrheit wieder entdeckt, die lange verschüttet schien: daß die Menschen oft nicht und die Massen fast nie ihren Interessen dienen, sondern ihren Illusionen. Diese Tatsache ist etwas Größeres und Gewaltigeres als bloße Torheit oder Blendung; sie beruht auf der tiefen Lust des Menschen an der Hingabe und dem Selbstopfer, die in der Geschichte eine ebenso große Rolle spielt wie Hunger und Liebe. Hitler lügt nicht, wenn er stolz erklärt, daß er von seinen Anhängern immer nur Opfer verlangt habe. Man verkleinert die Bedeutung dieses ebenso großartigen wie verderblichen Hanges der Menschenseele nicht durch den Hinweis, daß bei der Opferbereitschaft der SA natürlich die Eitelkeit auch ihre Rolle spielte.

Dieser Trieb zur Hingabe, zur Unterordnung und zum Gehorsam mußte mächtig erwachen, als unter dem bleiernen Druck der gewachsenen Welt und der gehäuften Aufgaben die Verantwortungsfreude in den Menschen schlafen ging. Die Menschen können oder wollen es einfach nicht wahrhaben, daß die Politik ihr Schicksal ist. Am Tage, als der Bundeskanzler Dollfuß ermordet und das Bundeskanzleramt für Stunden von den Nazis gestürmt wurde, strömten Scharen von Wienern auf einen Fußballplatz, wo eine italienische Mannschaft ein Gastspiel gab. Die Leidenschaft der modernen Masse für den Sport übertrifft das Interesse an der Politik um das Hundertfache.

Die Politik ist für die Massen »themenlos« geworden.

Seit die Völker sich aktiv an der Politik beteiligen, ist die Geschichte von einem großen Leitmotiv bewegt: dem Kampf um die Freiheit. Der Höhepunkt dieses Freiheitskampfes ist die sozialistische Arbeiterbewegung — kein noch so Liberaler sollte es bestreiten. Ein großartiges Schauspiel, in dem die ganze Menschheit um ihre Freiheit ringt — so sieht sich von diesem Standpunkt aus die Geschichte an — und der Erdball ist die Szene. Aber die zu hoch gestiegene Welle der marxistischen Arbeiterbewegung bricht, nein, senkt sich und fließt abwärts: das ist, von Rußland abgesehen, der Eindruck Europas in der Nachkriegszeit. Auf längere Sicht ist es wahrscheinlich nur ein Wellental. Aber die Menschen leben in der Gegenwart, und die Gegenwart zeigt ihnen im Kampf zwischen Herrschaft und Freiheit die Freiheit auf dem Rückzug. Die führende Gesellschaftsschicht, das bunt geschichtete, aber in seinem Liberalismus bisher ziemlich einige Bürgertum, nimmt die Drohung von unten ernst und schlägt sich auf die Seite der Autorität.

In Deutschland war die Arbeiterschaft und namentlich ihre Gewerkschafts-Bürokratie im Herzen niemals sehr liberal gewesen; nur aus reiner Hilflosigkeit stimmte sie nach dem Sturz des Kaisers und der Fürsten einer extrem demokratischen Verfassung zu, mit der sie garnichts anzufangen wußte. In Deutschland ereignete sich der für Europa einzigartige Fall, daß kurz nacheinander die beiden einheitlichsten Machtkörper der Gesellschaft zusammenbrachen: der preußische Militarismus und die sozialistische Arbeiterbewegung. Am Tage nach der Flucht des Kaisers konnte das deutsche Volk feststellen, daß die Armee Friedrichs des Großen und Wilhelms I. geschlagen und aufgelöst war, und daß aus der mächtigen Sozialdemokratie zwei, ja zeitweise drei gleich starke Parteien geworden waren, die sich bis aufs Messer bekämpften.

Das Versagen der Revolution.

In Berlin herrschte eine Regierung von sechs sozialistischen Führern mit dem Titel »Volksbeauftragte«. Der gemäßigte

Flügel unter Führung des Sozialdemokraten Ebert wollte die Revolution, von der er selbst überrascht und wider Willen hochgetragen war, möglichst rasch beenden; die linken Sozialisten wollten die Revolution weitertreiben, wußten aber meist nicht recht wie.

Das Versagen der deutschen Revolution war kein bloßes Versagen der in ihr zufällig leitenden Männer. Diese Männer, meist ehemalige Arbeiter oder Angestellte, zum weitaus kleineren Teil Intellektuelle im engeren Sinn, vollzogen mit ihrer Ziellosigkeit tatsächlich nur den Auftrag der Arbeiterklasse. Die Klasse war im Wesen nicht revolutionär, sondern »reformistisch«; sie gab dem Ausdruck durch ihre gewaltigste Schöpfung, die Gewerkschaftsbewegung mit ihrem ausgesprochenen Ziel, der Arbeiterschaft bessere Lebensbedingungen innerhalb des bestehenden Systems zu erkämpfen — nicht ein neues System zu schaffen. Der Arbeiter hatte seine wahren Ziele vom Bürgertum übernommen, sein Ziel war, bürgerlich zu werden, und das ihm von der Gesellschaft angetane Unrecht sah er darin, daß sie ihn nicht als Bürger gelten lassen wollte. Beseitigung des kapitalistischen Systems (vom Utopismus, der dieser Vorstellung oft anhaftet, ganz abgesehen) und Herstellung der klassenlosen Gesellschaft hätte ja Uebergang des abhängigen, aber unverantwortlichen Proletariats zur Unabhängigkeit, aber auch Verantwortung bedeutet; zu jener Verantwortung, vor der das ganze Zeitalter sich immer mehr drückt. Und die Klasse soll noch geboren werden, die nicht ihre Selbstdurchsetzung, sondern ihre Selbstaufhebung erstrebt. Die deutsche Arbeiterschaft von 1919 wollte nicht die Enteignung ihrer Enteigner, sondern nur die Ausbeutung ihrer Ausbeuter.

Die Revolution von 1919 hatte außerdem nur zum Teil soziale Ursachen und entsprang in der Hauptsache der Sehnsucht nach Frieden. Sie war eine pazifistische Volksbewegung, keine sozialistische. Freilich hätte sie noch immer Raum und Gelegenheit genug für die Initiative wirklicher Führer geboten. Solche Führer haben sich unter den »Volksbeauftragten« von 1919 nicht befunden; der spätere Reichspräsident Ebert hatte nicht den Mut zum revolutionären Handeln, sondern nur zu einer Handlung, die — bei subjektiv vielleicht bester Absicht — hart an Verrat grenzt. Er führte seine Genossen hinters Licht, ließ eine geheime Telephonleitung von seinem Schreibtisch in das der Revolution feindliche Große Hauptquartier des Generalfeldmarschalls von Hindenburg legen und stellte im Bunde mit diesem durch seinen Parteigenossen Noske aus beschäftigungslosen Offizieren und Soldaten Freikorps auf. Diese schlugen verschiedene Erhebungen der radikalen Arbeiter nieder. Die radikalen Führer Karl Liebknecht und Rosa Luxemburg wurden von Offizieren ermordet. Den schwersten Schlag führten Ebert und Noske zusammen mit den alten Generälen gegen die sozialistische bayrische Räterepublik in München am 2. Mai 1919. Unmittelbar nach diesen Kämpfen taucht an dieser Stelle Adolf Hitler zum erstenmal in der Politik auf.

Er findet ein Feld vor, reif zum Mähen; dies zu sehen, ist freilich schon eine politische Leistung. Die Arbeiterführer haben sich in dieser kurzen Periode durch ihre Ziellosigkeit entsetzlich kompromittiert. Die Generäle haben scheinbar wieder ein Stück Macht in die Hand bekommen, aber diese Macht ist nichts; sie ist nur der negative Ausdruck der vollkommenen Machtlosigkeit und Unfähigkeit der sozialdemokratischen Minister. Das Volk hat weder zu den Generälen noch zu den Arbeiterführern Vertrauen.

Friedrich Ebert, der hier erwähnte sozialdemokratische Führer, wurde 1919 zum Reichspräsidenten gewählt. Er hielt es für seine Pflicht, auch weiterhin sich auf die alten Mächte in Staat und Gesellschaft zu stützen. Sie dankten es ihm nicht, aber er ließ sich nicht beirren.

Bei einem Diner saß er neben der Gräfin Holtzendorff, der Frau des sächsischen Gesandten in Berlin. Die Gräfin erzählte, wie sie auf einem Ausflug einmal absichtlich in der Eisenbahn vierter Klasse gefahren sei; sie hielt das für ein köstliches Abenteuer. Ebert fragte: »Nun, Frau Gräfin, wie kamen Sie sich denn in der vierten Klasse unter den einfachen Leuten vor?« — Die Gräfin: »Herr Ebert, genau so wie Sie im Salonwagen!« Das proletarische Reichsoberhaupt steckte die Frechheit ein.

Die Autorität liegt auf der Straße. Wer sie aufhebt, hat die Macht.

5. Der Aufbruch

Dietrich Eckart sucht einen Führer.

Wer das historische Glück gehabt hat, an einem Sommer-
abend des Jahres 1919 die Weinstube »Brennessel« in dem
Münchner Künstlerquartier Schwabing zu betreten, der konnte
dort an einem Stammtisch der Erfindung Adolf Hitlers bei-
wohnen. Oder der Erfindung der Hitler-Legende.

In dem Schwabinger Weinlokal saß der Dichter Dietrich
Eckart. Er war ein mittelgroßer, dicker Mann mit einem ein-
drucksvollen Kahlkopf, etwas kleinen Augen, liebte einen
guten Tropfen, und sein drittes Wort war ein bekannter Kraft-
spruch, der in keiner Sprache so herzhaft klingt wie im bayrischen Dialekt. Dieser Dietrich Eckart war vor dem Kriege
eine Zeitlang Feuilleton-Redakteur an dem besonders kaiser-
treuen Berliner »Lokal-Anzeiger« gewesen, hatte es als geborener Bayer und geborener Bohemien nicht lange in Berlin aus-
gehalten und dann eine Reihe Dramen geschrieben, die meist
durchfielen oder gar nicht aufgeführt wurden. Dies Schicksal
erleben sie noch heute im nationalsozialistisch gewordenen
Deutschland. Unter anderem fertigte Eckart eine Uebersetzung
von Ibsens »Peer Gynt« an, die durch ihre sehr große »Freiheit« auffiel, aber angeblich den »nordischen« Geist des Ori-
ginals unvergleichlich traf. Dieser Lebenskünstler mit dem be-
neidenswert schönen Namen — er war echt — war wie viele
Literaten durch den Krieg politisch angeregt worden und
wollte nun eine Partei zur Bekämpfung der Juden und Bolschewiki gründen.

»Eine deutsche Bürgerpartei soll es sein«, erzählte er den
Künstlern und Studenten in der Brennessel. »Auch der Arbeiter ist Bürger, wenn er deutscher Volksgenosse ist. Und ist
denn jeder seßhafte Bürger oder Bauer schon ein Kapitalist
oder Faulenzer? Er muß doch auch arbeiten, um seinen Besitz zu erhalten. Es muß Schluß gemacht werden mit dem
Neid, aber es muß auch Schluß gemacht werden mit der
Protzerei. Wir müssen wieder einfach werden.«

Dann setzte er seine Pläne zur Organisation der neuen
Partei auseinander:

»Ein Kerl muß an die Spitze, der ein Maschinengewehr
hören kann. Das Pack muß Angst in die Hosen kriegen. Einen

Offizier kann ich nicht brauchen, vor denen hat das Volk keinen Respekt mehr. Am besten wäre ein Arbeiter, der das Maul auf dem richtigen Fleck hat. Herrgott, wenn Noske nicht solch ein« — hier kam wieder ein Kraftausdruck — »gewesen wäre ...! Verstand braucht er nicht viel, die Politik ist das dümmste Geschäft auf der Welt, und soviel wie die in Weimar weiß bei uns in München jedes Marktweib. Ein eitler Affe, der den Roten eine saftige Antwort geben kann und nicht vor jedem geschwungenen Stuhlbein davonläuft, ist mir lieber als ein Dutzend gelehrte Professoren, die zitternd auf dem feuchten Hosenboden der Tatsachen sitzen.«

Und als letzte Weisheit verkündete er: »Es muß ein Junggeselle sein! Dann kriegen wir die Weiber.«

Es leben noch viele Zeitgenossen, die sich an dieses prophetische Bild erinnern, das Dietrich Eckart in einer Schwabinger Weinkneipe von Adolf Hitler entwarf. Eckart ist der geistige Urheber des Führer-Mythos in der nationalsozialistischen Partei.

Er hat auch am schärfsten das Arier-Prinzip erfaßt, nämlich die Behauptung von der Existenz einer geheimnisvollen, höherwertigen arischen Rasse, die überall in der Welt seit Jahrtausenden auf einer Wanderung von Norden nach Süden begriffen sei, mit den minderwertigen Elementen der heißen Zone und namentlich vom Mittelmeer im Kampfe liege und zumal im Körper des deutschen Volkes, ja in dessen einzelnen Individuen selbst die ewige Schlacht mit der niedern Rasse führe. Der stärkste Ausdruck und verhängnisvollste Träger und Verbreiter der niedern Rasseelemente ist der Jude; er überträgt nicht nur durch Mischung sein »schlechtes« Blut, sondern auch durch sonstige Berührung seine Sitten, seine Denkweise, seine Weltanschauung — in Gestalt des Christentums. Eckart wird in dieser Gedankenrichtung, die auf den französischen Grafen Gobineau und den in Deutschland eingebürgerten Engländer Houston Stewart Chamberlain zurückgeht, namentlich durch einen russischen Freund, den Architekten Alfred Rosenberg aus Reval, bestärkt. Sie sind einander in der »Thule-Gesellschaft« begegnet, einem Verein, der die Lehre von der arischen Rasse verbreitet und sich nach dem sagenhaften Inselreich der nordgermanischen Sage nennt. Seitdem halten sie zusammen wie siamesische Zwillinge. Ge-

meinsam leiten sie Hitler, nicnt so sehr seine Schritte, als sein
Denken. Als Dietrich Eckart 1923 stirbt, tritt Rosenberg sein
Erbe als Hitlers Lehrer an.

Röhms eiserne Faust.

Etwa um dieselbe Zeit spielte im Café Fahrig am Karlstor
eine Musikkapelle alle Viertelstunden das sogenannte Flaggen-
lied, das jedes deutsche Schulkind kennt. Wenn der Refrain
geschmettert wurde, erinnerte sich jeder an den Text und
verstand die Bedeutung:
>>Ihr woll'n wir treu ergeben sein,
getreu bis in den Tod;
ihr woll'n wir unser Leben weih'n,
der Flagge schwarz-weiß-rot!<<
Alles stand auf. Wenn jemand sitzen blieb, pflanzte sich
alsbald eine schneidige Gestalt in Militäruniform vor ihm auf.
Ein stummer Blick genügte. Wehe dem Unseligen, der ihn
nicht sofort verstand! Er war unversehens vor die Tür gerissen
und wurde draußen fürchterlich verprügelt.

Auf diese Art verbreitete eine Vereinigung junger Offiziere,
die sich die >>Eiserne Faust<< nannte, den Patriotismus. Sie
zogen durch die Wirtshäuser und machten mit Singen, Auf-
stehen und Hurraschreien gewaltsam nationale Stimmung. In
aller Unschuld, möchte man sagen, entdeckten die Männer
von der >>Eisernen Faust<< das große Geheimnis des kommenden Nationalsozialismus, das darin besteht, daß alle Staatsbürger dieselbe Meinung haben müssen. In anderen Stunden
beschäftigte sich die >>Eiserne Faust<< mit Fememorden, das
heißt mit dem heimlichen Töten politischer Gegner.

An ihrer Spitze stand der damalige Reichswehrhauptmann
Ernst Röhm.

Diese Reichswehr hat am 2. Mai 1919 im Auftrag der Ber-
liner sozialdemokratischen Regierung, im Auftrag Eberts und
Noskes, die linksradikale Münchner Räterepublik im Blut er-
stickt. Grausig waren die Kämpfe, grausiger das Strafgericht.
Die Regierungstruppen haben auf ihrem Vormarsch einige
Sanitäter der roten Armee aufgegriffen und ohne Grund und
Erbarmen niedergeknallt. Dadurch zur Raserei getrieben,

statuieren die Münchner Räteleute ein schauriges Gegen-exempel. Sie verhaften eine Anzahl Mitglieder der erwähn-ten Thule-Gesellschaft, die gegenrevolutionäre Flugblätter verbreitet hatten; durch einen Zufall entgehen sowohl Alfred Rosenberg wie ein gewisser Rudolf Heß, der später als Freund und Stellvertreter Hitlers berühmt wird, der Verhaftung. In der allgemeinen Anarchie läßt ein Fanatiker auf untergeord-netem Posten eine Anzahl der Verhafteten als »Geiseln« im Keller des Luitpold-Gymnasiums erschießen. Dem Dichter Ernst Toller, Kommandant der Roten Armee, gelingt die Be-freiung eines Teils der Verhafteten; die Erschießung der übrigen kann er nicht mehr verhindern. Die Regierungstrup-pen, die am 2. Mai München besetzen, errichten nun ein Schreckensregiment und erschießen mehrere hundert Arbeiter, darunter viele Unschuldige, die sich überhaupt nicht am Auf-stand beteiligt hatten. Diese Reichswehr beherrscht seitdem München, wenn auch dem Namen nach eine bürgerlich-sozial-demokratische Regierung amtet. Der Führer der Münchener Reichswehr ist der Oberst und spätere General von Epp. Sein politischer Berater und der tatsächliche Kopf des Militär-regimes ist der Hauptmann Ernst Röhm. Röhm erklärt jeder-mann sehr bescheiden, er sei mit Leib und Seele Soldat und sonst nichts. In Wirklichkeit ist er ein ebenso leidenschaft-licher Politiker; Sinn und Ziel seiner Politik aber ist es, dem Soldaten die Herrschaft im Staate zu sichern:

»Der Primat im Staate gebührt dem Soldaten«, sagte er.

Das Mittel, um diesen Primat zu erringen, war der Friedens-vertrag von Versailles — so merkwürdig es klingt. Dieser Ver-trag, der das deutsche Heer auf hunderttausend Mann redu-zierte, machte 90 Prozent der deutschen Armeewaffen, In-fanteriegewehre, Karabiner, Handgranaten, Maschinengewehre und leichte Feldgeschütze überflüssig. Sie sollten zwar eigent-lich nach dem Wortlaut des Vertrages vernichtet werden, und Militärkommissionen der Alliierten versuchten die Vernich-tung zu erzwingen; in Wirklichkeit blieb der größte Teil der Waffen natürlich heil in seinen Verstecken, und wer über diese heimlichen Waffenlager verfügte, der beherrschte prak-tisch den Staat. Der konnte Truppen aufstellen, denn es gab ja genug Beschäftigungslose; der konnte diese Truppen auch mit Schuhen und Kleidern versehen, denn irgendein hilfsbereiter Industrieller war immer da, der das notwendige Geld gab; und wem die Waffen gehörten, der kommandierte. Wem gehörten sie aber? Praktisch zumeist einem schlauen und brutalen Major oder Oberstleutnant in einem höheren Stab. In Bayern und zumal in München war der Herr der heimlichen Waffenlager und damit der Freikorps Ernst Röhm. Er übte diese Herrschaft im Einverständnis mit einem Teil der englischen und italienischen Militärbehörde.

Das klingt sonderbar, ist aber Tatsache. Röhm erzählt in seiner Lebensgeschichte: »Es liegt auf der Hand, daß die Gegenarbeit (gegen die Entwaffnung), die im ganzen Lande geleistet wurde, den Organen der Entente mißfiel. Ohne die stillschweigende Duldung und Förderung von Ententeoffizieren, die als ritterliche Offiziere für unsere Lage Verständnis hatten und uns deshalb, weil wir ihnen entgegentraten, mit Achtung begegneten, wäre es wohl oft zu Skandalen gekommen. Insbesondere übten einige italienische Vertreter und auch manche englische Offiziere ihr Amt mit Würde und Takt aus. Ich kann es mir nicht versagen, den italienischen Major Grammacini hier als Vorbild des ritterlichen Gegners namentlich zu nennen.« Vergnügt und augenzwinkernd fährt Röhm fort: »Von Zeit zu Zeit, wenn an irgendeiner Stelle zu gründliche Gegenarbeit geleistet worden war, gingen geharnischte Noten des Vorsitzenden der Interalliierten Militärkontrollkommission München, des Obersten Pallieri, an den Leiter der deutschen Verbindungsstelle.«

Ganz merkwürdige Formen muß diese Zusammenarbeit gehabt haben: »Natürlich fehlte auch der Verrat nicht. Manche Berichte von Spitzeln und deutschen Ehrenmännern, die Waffenlager an die Entente verraten wollten, fanden jedoch den Weg gar nicht bis zu den Ententeoffizieren, sondern gingen bloß bis zu unsern Ueberwachungsorganen. Mancher treffliche Staatsbürger, der persönlich seinen Verrat an den Mann bringen wollte, schüttelte sein Herz einem falschen Ententeoffizier aus. Statt klingender Münze ward ihm sein Lohn hinter den Zuchthausmauern.«

Hier tun wir einen sehr tiefen Blick in die Grube, aus der die nationalsozialistische Partei hervorwuchs. Die Waffen, die die »ritterlichen« Offiziere der interalliierten Militärkommission dem Hauptmann Röhm stillschweigend und augenzwinkernd ließen, waren natürlich nicht mehr für den äußeren Krieg bestimmt; dafür waren sie zu wenig, bereits zu veraltet, mit jedem Jahr überholter und viel zu sehr der Gefahr des Verderbens ausgesetzt. Nein, Kriegswaffen hätten diese Ententeoffiziere dem deutschen Gegner sicher nicht gelassen. Es waren Waffen gegen den »inneren Feind«; für den Bürgerkrieg, den Röhm vorbereitete.

Sein Grundsatz war nämlich:

»Ich teile die Menschen in zwei Klassen ein, in solche, die Putsche machen, und in solche, die keine Putsche machen, d. h. auf Deutsch in Kerle und — sagen wir, um nicht das naheliegende Gegenwort zu gebrauchen, in solche, die keine Kerle sind. Es kann nicht geleugnet werden, daß die letztere Gattung überwiegt.«

Die »Brechung der Zinsknechtschaft«.

Eine dritte Figur aus diesem Kreise war der Ingenieur Gottfried Feder aus Bamberg, der Typ des verunglückten Erfinders und Pläneschmieds. Er hatte vor dem Krieg ein sogenanntes Betonschiff konstruiert, das in einem Mainhafen langsam zum Wrack wurde; im Krieg kam er dann auf die Idee, Deutschland müsse seine Kriegsschulden durch einen großen Staatsbankrott loswerden, und richtete an die bayrische Regierung eine Denkschrift, die höflich abgelehnt wurde. Dann entdeckte er, vielleicht in dem Programm der schon seit Jahrzehnten bestehenden nationalsozialistischen Partei Oesterreichs, eine grobschlächtige und volkstümliche Darstellung des Unterschiedes zwischen dem sogenannten produktiven oder Industriekapital und dem lediglich zinsfressenden Bankkapital; oder wie Feder sich ausdrückte, zwischen dem schaffenden und dem raffenden Kapital. Es fiel ihm auf, daß Karl Marx und seine Schüler vor allem das Industriekapital als Quelle der Ausbeutung angegriffen, dagegen das Finanzkapital fast nicht beachtet hätten; warum wohl? Feder hat eine unheimlich einfache Erklärung für diese übrigens falsche Feststellung: das Industriekapital sei in Händen von Christen, das Finanzkapital in denen von Juden; Karl Marx war auch Jude — also.

Die Formel vom »raffenden Kapital« wurde schnell volkstümlich dank dem merkwürdigen Zufall, daß ein jüdischer

Redakteur damals in der »Berliner Illustrierten Zeitung« den allgemein verhaßten Typ des Schiebers und Kriegsgewinnlers mit den schlechten Manieren und der angeschminkten Zehntelbildung als »Herrn Raffke« abkonterfeite. So wurde der Begriff des Raffers und des Raffens den Massen lebendig. Es war die gleiche Zeit, in der viele für den Begründer des Bolsche‧wismus einen gewissen Bolschew hielten, dessen Wahlspruch war: »Alles muß kaputt gemacht werden,« während Hitler die deutschfeindlichen englischen Zeitungskönige Lord North‧cliffe und Lord Rothermere ahnungslos für Juden erklärte. Der Jude Raffke, der Jude Rothermere und der Jude Bolschew stürzten sich auf die arischen Völker, vorab auf das wertvollste, das deutsche, um es zu vernichten; der erste legte es in die Fesseln des Finanzkapitals, der zweite hetzte die ahnungslosen Völker der ganzen Erde gegen Deutschland, und der dritte wühlte die proletarischen Massen gegen die arischen Staaten auf. »Der Jude hat von dem Sieg Frankreichs über Deutschland allein Vorteil gehabt« und »Während der Syndikus Moses Kohn den Nacken seiner Direktoren gegen die Forderungen der Arbeiter steift, hetzt sein Bruder Isaak Kohn diese Arbeiter im Fabrikhof auf — damit sie desto sicherer in die goldenen Fesseln der *Zinsknechtschaft* fallen« — so Hitler.

Die »Zinsknechtschaft« und ihre Brechung war Feders Zauberformel. Alle Ausbeutung in der Wirtschaft kam vom Zins. In ihrem ganzen wirtschaftlichen Unverstand wirkte diese Lehre bezaubernd auf viele kleine Leute, die mit ein bißchen fremdem Kapital arbeiteten: Hausbesitzer, Geschäftsinhaber, Gastwirte, Bauern.

Feder sucht Anschluß bei den Offizieren der Freikorps und damit der Reichswehr, die sich bisher um Volkswirtschaft kaum kümmerten, ihre Bedeutung aber nunmehr, wo sie sich mit den sozialistischen Forderungen der Arbeiterschaft und den Reparationsforderungen der Alliierten auseinandersetzen sollen, langsam ahnen. Sie wollen sich die Zusammenhänge nicht erarbeiten, sondern sie blendend erklärt haben — Aktivist und Spießer begegnen sich im Zeichen der Halbbildung.

6. Der Klassenkampf der Intellektuellen

Hitlers dunkler Beruf.

Aus dem Gewimmel dieser Soldaten, Bohemiens und Halbproleten, aus diesem Abfall aller Gesellschaftsklassen taucht vage und bescheiden die Gestalt Adolf Hitlers auf.

Im Lazarett von Pasewalk war er uns verloren gegangen, ein blinder unbekannter Soldat, den innere Stimmen quälten. Früher als die Kameraden von der Front ist er wieder in der bayrischen Heimat. Heimat? Weder Eltern noch Geschwister, weder Braut noch Freund erwarten ihn. Die Schwestern in Wien wissen nicht einmal, ob er noch lebt. Und doch ist dieses München, das einst dem von Wien Flüchtenden so warm und herrlich erschienen war, in dessen Bierstuben er seine spärlichen Freundschaften geschlossen hat, die Stadt, nach der er heim verlangt. Schon ist er so etwas wie ein Landsknecht geworden; da ihn kein häuslicher Herd empfängt, ersetzt ihm das Ersatzbataillon seines Regimentes in dem oberbayrischen Städtchen Traunstein Haus und Hof, Weib und Kind. Hier verbringt er die Wintermonate zusammen mit einem Freunde, einem gewissen Schmiedt.

In München tritt er während der Räterepublik bei seinen Kameraden für die sozialdemokratische Regierung ein und nimmt überhaupt in den erregten Diskussionen für die Sozialdemokratie und gegen die Kommunisten Partei. Darauf soll er verhaftet werden; er hält sich jedoch, wie er erzählt, das dreiköpfige Haftkommando mit dem Karabiner vom Leib. Nach dem Sturz der Räteregierung dringt eine »weiße« Truppe in die Kaserne ein, wo Hitler mit einer »wilden roten Rotte« (so drückt sich der Gewährsmann aus) in scheinbarer Eintracht lebt. Von den »Roten« wird jeder zehnte Mann an die Wand gestellt, Hitler jedoch von vornherein ausgenommen (Bericht eines Augenzeugen). Welche Rolle hat er bei dem grauenhaften Vorgang gespielt? In seiner Autobiographie geht er mit ein paar verlegenen Zeilen darüber hinweg:

»Wenige Tage nach der Befreiung Münchens wurde ich zur Untersuchungskommission über die Revolutionsvorgänge beim zweiten Infanterieregiment kommandiert. Dies war meine erste mehr oder weniger politische aktive Tätigkeit.«

Sehr knapp und nichtssagend. Etwas gesprächiger ist der Schriftsteller Adolf-Viktor von Koerber, der 1923 im Auftrag Hitlers eine biographische Skizze über ihn geschrieben hat:

»Zur Untersuchungskommission kommandiert, bringen seine Anklageschriften rücksichtslos Klarheit in die unsagbare Schändlichkeit militärischer Verrätereien der Judendiktatur der Rätezeit Münchens.«

Anklageschriften? Hat dieser Gefreite eine juristische Aufgabe, ist er Staatsanwalt bei den Militärgerichten? Nein. Sondern er gehört zum sogenannten Nachrichtendienst, was ein sympathischerer Ausdruck für Spionage jeder Art ist. Damals handelte es sich vor allem um politische Nachrichten, worunter man nicht große Politik verstehen muß, sondern das Aufstöbern von ehemaligen Anhängern der Räteregierung, die an die Wand gestellt werden sollten. Das war Adolf Hitlers Geschäft. Jetzt wissen wir also, was er während der Münchener Rätezeit war: Spitzel und Henker seiner Kameraden.

Grauen vor diesem Geschäft scheint er nicht zu kennen: »Ehe nicht die Laternenpfähle voll hängen, eher gibt es keine Ruhe im Land«, sagt er öfters.

Wer das unglückliche Leben dieses Einsamen kennt, der weiß, warum Haß und Verfolgungswut seine ersten politischen Schritte leiten. Er hat etwas gegen die Welt auf dem Herzen und läßt es an Schuldig und Unschuldig aus. In seiner Stimme krächzt, in seinem Gang federt, in seinen Gebärden schneidet der Haß; das spürt jeder, der ihn je sah.

Der »Illusionsbürger«.

Die große Sache der Stunde ist die Gegenrevolution. Die Revolution, vom Volke mit einem Gemisch von Furcht und Hoffnung mehr empfangen als gemacht, hat sich weder als großer Segen noch als großer Schrecken erwiesen; sie hat eine große seelische Leere hinterlassen, die jetzt die enttäuschten Gefühle stürmisch zurücksaugt. Aber was ist eigentlich Gegenrevolution?

Jedenfalls nicht Reaktion schlechtweg.

Gewiß: die Großindustriellen haben ihre Fabriken und ihre Villen auf den Hügeln an der Ruhr behalten, alte und neue

Bankiers machen an der Börse grade jetzt irrsinnige Geschäfte, die Junker im preußischen Osten sitzen fest auf ihren Gütern, füttern die Freikorpsleute und verstecken die Maschinengewehre, und die deutsche Republik bezahlt mehr Generäle als das ganze britische Weltreich. Aber wenn auch die Oberfläche gleich geblieben ist, so kann sich doch die Strömung geändert haben.

Ein kommunistischer deutscher Schriftsteller hat kurz vor Hitlers Machtantritt ein Buch geschrieben mit dem Titel »Der Kaiser ging, die Generäle blieben«. Das trifft die Situation nicht. Nicht die Generäle sprachen nach der Revolution das entscheidende Wort, sondern energische Hauptleute, Majore oder allenfalls Oberstleutnants, die die militärischen Stäbe tatsächlich dirigierten, von der Republik ein schmales Gehalt bekamen, in der dezimierten Armee keine Aussicht auf Avancement mehr hatten und nur bei einem nochmaligen Umsturz gewinnen konnten; im übrigen jung genug, um nicht grade an den versunkenen politischen Verhältnissen der Vorkriegszeit zu hängen. Vom Klassenkampf der Intellektuellen, der der Zeit das Gepräge gibt, war schon die Rede; in Deutschland ist einer seiner wichtigsten Teilabschnitte der Klassenkampf der Offiziere.

Dieser Klassenkampf der Offiziere richtete sich naturgemäß gegen die Republik, die mit der Annahme des Friedensvertrages und der daraus folgenden Verkleinerung der Reichswehr auf hunderttausend Mann für die Verstopfung der Offizierslaufbahn der nächste Verantwortliche war. Die Generäle, die in übermäßiger Zahl beibehalten wurden oder ihre Pensionen bekamen, konnten sich viel leichter abfinden.

Sie konnten sich ebenso mit der Republik abfinden wie die Großindustrie, die die verschiedenen Putsche nicht begünstigt und auch den Nationalsozialismus in ihrer Mehrzahl nicht gefördert hat — wie noch darzutun sein wird.

Ebensowenig wie die Industrie kann sich die Hochfinanz beklagen. Zwar haben in diesem Staat, in dem die Sozialdemokratie nunmehr regierungsfähige Partei ist, die Gewerkschaften Einfluß gewonnen; die Löhne sind gestiegen, die Arbeitszeit ist gesunken, und dies drückt auf die Profitrate. Aber dafür entschädigt lange Jahre das grandiose Geschäft des deutschen Wiederaufbaus nach den Zerstörungen des Krieges; die ungeheure Rationalisierung der gewerblichen Betriebe mit ihren Neuanschaffungen an Material und Maschinen. Die gewaltige Bautätigkeit der Gemeinden, die neuen Wohnhäuser, Sportplätze und öffentlichen Gebäude und die damit verbundenen riesigen Anleihetransaktionen (zumeist aus dem Ausland) geben den Fabriken wie den Banken glänzend zu verdienen. In der Inflation werden Industrie, Hausbesitz und Privatversicherung ihre Schulden los.

Den gleichen Vorteil hat die Landwirtschaft, deren Weg sich aber später von dem der übrigen Wirtschaft trennt. Der Sturz der Agrarpreise bringt die deutsche Landwirtschaft nach 1926, zu einer Zeit, als die übrige Wirtschaft noch prosperiert, in Not, zumal da sie sich leichtsinnig mit neuen Schulden nach der Inflation beladen hat. Namentlich die großen Grundbesitzer des Ostens, deren Hauptprodukte Roggen und Kartoffeln sind, leiden unter der Konkurrenz des amerikanischen Weizens, der beliebter und billiger ist als der preußische Roggen. Sie fordern einen irrsinnigen Zollschutz, gegen den die Industrie sich wehrt, weil er die Lebenshaltung verteuert und dadurch die Löhne höher treibt; so entsteht langsam ein Gegensatz, eine politische »Schere«, zwischen Industrie und Großlandwirtschaft, und während die »Schlotbarone« die Republik noch stützen, suchen die »Kartoffelbarone« sie bereits zu sprengen.

Ganz anders aber war das Schicksal der breiten Bürgerschicht, jener materiell vollkommen abhängigen, praktisch proletarisierten »Illusionsbürger«, die infolge ihrer geradezu schöpferischen Begabung zur Illusion die Träger der öffentlichen Meinung in der modernen Gesellschaft sind. Sie verloren in der Inflation von 1923 ihr Vermögen oder große Teile davon und in der Krise von 1930 ihre Geschäfte und ihre Berufsaussichten. In dieser zweiten Periode war ihr Schicksalsgenosse ein großer Teil des Proletariats, nämlich die Erwerbslosen — kein Wunder, daß die alten trennenden Klassenvorstellungen oder wenigstens die aus ihnen gezogenen politischen Folgerungen diesen vom gleichen Unheil Betroffenen verloren gingen! Die geistige Führung aber übernahm seitdem die Schicht mit der größeren Illusionskraft: das Kleinbürgertum.

Dieser kurze Vorausblick auf das kommende Jahrzehnt zeigt die Zeit in einer ungestümen Bewegung, die eine platte Wiederherstellung des Gewesenen ganz unmöglich macht. Freilich können die meisten Menschen, die gegen die Republik sind, als ihren Gegensatz sich nur die Monarchie vorstellen, und »Früher war's besser« lautete die volkstümliche Kritik am Gegenwärtigen. Aber ein gestaltender Politiker mußte weiter sehen, das Neue erkennen und sich mit ihm verbinden.

Das Neue, was ist es?

Wir werden ihm in der Geschichte Hitlers auf Schritt und Tritt begegnen, oft verzerrt und für dunkle Zwecke zurechtgemacht, aber stets als Mittel an wichtigster Stelle.

Der königlich bayrische Hauptmann Röhm schrieb, wegen Hochverrats im Gefängnis, sich dies vom Herzen:

»Nicht die Rückkehr zum Alten, nicht die Reaktion, nicht die verbrauchten Exzellenzen und Generäle können uns retten: helfen können uns nur die Tatmenschen aus allen Kreisen, hauptsächlich die Jungen ... Das neue Deutschland wird nicht von Geheimräten und Exzellenzen gezimmert werden. Daran werden sich auch die bürgerlichen Spießer gewöhnen müssen.«

Ein andermal sagt er:

»Der Krieg, in dem der geringste der Söhne Deutschlands mit mir das gleiche Schicksal teilte, mit mir Schulter an Schulter im Kampf stand und dem Tod ins Auge blickte, hat die Schranken, die die bürgerliche Gesellschaftsordnung zwischen ihm und mir einst aufgerichtet hatte, für immer niedergerissen.«

So bürgerfeindlich denkt einer der schneidigsten und erfolgreichsten jungen Reichswehroffiziere. Wie denkt Hitler?

Der »jüdische Marxismus«.

Hitler berichtet von sich, daß er als junger Mensch den damaligen Führer der österreichischen Antisemiten, den Wiener Bürgermeister Dr. Karl Lueger, »reaktionär« gefunden habe. Zwei Jahre habe er gebraucht, um sich innerlich zum Antisemiten zu bekehren; fünfzehn Jahre später ist das Weltbild so fertig, um — ein Beispiel außerordentlicher geistiger Konzentrationskraft — in einem einzigen Satz vollkommen ausgeschöpft zu werden:

»Die jüdische Lehre des Marxismus lehnt das aristokratische Prinzip der Natur ab und setzt an Stelle des ewigen Vorrechtes der Kraft und Stärke die Masse der Zahl und ihr totes Gewicht« (Mein Kampf, S. 69).

In diesen glänzend formulierten einunddreißig Worten ist schlechthin alles gesagt, was Hitler zu sagen hat:

In der Natur haben Kraft und Stärke das Vorrecht; dies ist ein aristokratisches Prinzip, d. h. die Auslese nach Kraft und Stärke bedeutet die Auslese der Besten.

Dieses Naturprinzip hat auch das Prinzip der gesellschaftlichen Auslese zu sein.

Es gibt auch ein anderes gesellschaftliches Ausleseprinzip, nämlich das nach der »Masse der Zahl«, d. h. Herrschaft der Mehrheit oder Demokratie.

Dies ist aber ein Prinzip des »toten Gewichts«, d. h. es zeugt nicht neues Leben und ist deshalb unnatürlich.

Die Verkörperung dieses Prinzips in Gesellschaftslehre und Politik ist der Marxismus.

Der Marxismus ist jüdisch. Das bedeutet: die naturfeindliche Gesellschaftslehre ist Erzeugnis und Eigentum einer bestimmten Rasse, die diese Lehre erfunden hat, um damit andere Rassen von ihrem natürlichen Wege abzubringen, dadurch zu schwächen und sich schließlich zu unterwerfen.

Hitler erläutert das: »Sie (d. h. die Lehre des Marxismus) leugnet so im Menschen den Wert der Person, bestreitet die Bedeutung von Volkstum und Rasse und entzieht der Menschheit damit die Voraussetzung ihres Bestehens und ihrer Kultur ... Siegt der Jude mit Hilfe seines marxistischen Glaubensbekenntnisses über die Völker dieser Welt, dann wird seine Krone der Totenkranz der Menschheit sein, dann wird dieser Planet wieder wie einst vor Jahrmillionen menschenleer durch den Aether ziehen.«

Diese grausige Fernsicht in die Jahrtausende macht das Ganze ein bißchen unseriös. So fanatisch Hitler gewiß von der Wahrheit seiner Einsichten überzeugt ist, so gewiß werden viele Leser nicht umhin können, folgende Ueberlegungen anzustellen:

Das »Vorrecht der Kraft und Stärke« in der Natur ist noch nicht erwiesenermaßen ein »aristokratisches« Prinzip, denn es führt zwar zur Auslese der Lebensfähigsten, aber nicht der »Besten«, die es in der nicht zweckbestimmten Natur auch gar nicht gibt, sondern nur dort, wo ein Zweck gesetzt ist, also z. B. in der Gesellschaft.

Wenn das Vorrecht von Kraft und Stärke auch Ausleseprinzip der Gesellschaft sein soll, so kehrt man zweckmäßiger zur Sitte des Faustrechts zurück und am besten zur Menschenfresserei.

Die Auslese nach der »Masse der Zahl« bedeutet, daß die Vorteile und Güter der Gesellschaft möglichst gleichmäßig allen oder zum mindesten einer möglichst großen Zahl zugute kommen sollen. Wer das nicht wünscht, täte besser, es ganz deutlich zu sagen.

Zweifellos ist der Marxismus eine Lehre vom Glück der Masse, aber das hat ihn nicht gehindert, eine sorgfältige und zweckmäßige Auslese seiner Funktionäre zu treffen und ihnen hohe Leistungen und Opfer zuzumuten.

Wer den Marxismus wegen der Person seines einen Begründers Karl Marx schlechtweg jüdisch nennt, unterschlägt die nicht unwesentliche Tatsache, daß die philosophischen Grundlehren des Marxismus von dem Nichtjuden Ludwig Feuerbach stammen, die meistgebrauchten Formulierungen von dem Nichtjuden Friedrich Engels und daß sie ihre moderne theoretische und praktische Weiterbildung von den Nichtjuden Plechanow und Lenin erhalten haben. Im übrigen war Karl Marx selbst Antisemit, d. h. Gegner des bürgerlichen Judentums; umgekehrt sind die weitaus meisten Juden Antimarxisten.

Aber wir wollen ja nicht wissen, ob Hitler recht oder unrecht hat, sondern wie er zu seinen Ideen kam und was er mit ihnen erreichte.

Die Entwicklung des Antisemitismus vom Gesellschaftsspiel zum Massenwahn.

Die antisemitische Bewegung hat vor dem Kriege in Deutschland politisch nichts bedeutet. Das Gefühl des Abstandes zwischen Juden und Nichtjuden, auf beiden Seiten gleich groß und bei den Juden ebenso ursprünglich wie bei der christlichen Umwelt, wuchs nur stellenweise und gelegentlich zu offener Feindschaft aus; keine Gesellschaftsschicht hatte als Ganzes schroffe Rassenvorurteile, dagegen gab es deutliche und präzise, meist mit Takt eingehaltene Vorbehalte gegenüber dem jüdischen Religionsbekenntnis. Dem ungetauften Nichtarier war die Laufbahn des Offiziers und Beamten verschlossen; umso freudiger und huldvoller förderten die Hohenzollern und die meisten kleineren Fürsten den Uebertritt gesellschaftlich hervorragender Juden zum Christentum. Die unentwegten Konservativen nannten Wilhelm II. geradezu den Judenkaiser, und das jüdische Bürgertum war überwiegend dynastisch und obrigkeitstreu; in seiner Mehrzahl hat das deutsche Judentum die Revolution von 1918 heftig abgelehnt, so z. B. sein glänzendster politischer Kopf Walther Rathenau, der später als Minister von unverständlichen Fanatikern ermordet wurde. Albert Ballin, Schöpfer der Hamburg-Amerika-Linie, eine Art persönlicher Freund Wilhelms II., beging am Tage der Revolution Selbstmord. Das sind Tatsachen, die von der nationalsozialistischen Geschichtslegende verschwiegen werden. Richtig ist freilich, daß den Arbeiterparteien die bürgerliche Intelligenz christlichen Bekenntnisses nur spärlich zur Verfügung stand, und daß sie sich daher gezwungenermaßen an Stellen, die Vorbildung erforderten, vielfach jüdischer Intellektueller bedienen mußten, die übrigens auch meist Außenseiter ihres bürgerlich-jüdischen Milieus waren.

Angesichts der milden Reserve, die das kaiserliche Deutschland gegen die Juden beobachtete, hatten alle Versuche zur Gründung antisemitischer Bewegungen auf die Dauer kein deutliches Objekt und keinen Widerhall; der ehemalige Hofprediger Adolf Stöcker in den neunziger Jahren, der bereits seine antisemitische Bewegung auf die Arbeiterschaft gründen und ganz wie Hitler mit ihr der Sozialdemokratie entgegentreten wollte, scheiterte schließlich ebenso wie der hessische Bauernagitator Böckel, der mit seiner judenfeindlichen Bewegung ein paar Jahre lang das Land Oberhessen beherrschte und zuletzt als stiller Angestellter starb.

Nach dem Kriege ist das mit einem Schlage anders. Der Antisemitismus ist sofort eine Massenbewegung, schon vor Hitler. Der preußische Kriegsminister General von Wrisberg veröffentlicht eine falsche Statistik, die beweisen soll, daß die deutschen Juden im Weltkrieg nicht ebensoviel Opfer gebracht hätten wie die andern Bevölkerungsschichten; geantwortet wird mit dem Nachweis, daß die deutschen Fürstenhäuser einen einzigen Prinzen verloren haben und gewisse feudale Regimenter auffallend geschont worden sind. Ueberall entstehen antisemitische Vereine, z. B. der das ganze Reich umspannende mächtige »Deutsch-Völkische Schutz- und Trutzbund«; als geistiger Schutzpatron der antisemitischen Bewegung tritt rasch General Ludendorff hervor, der tatsächliche Führer des Reiches während der beiden letzten Jahre des Weltkrieges und der militärisch Schuldige an der deutschen Niederlage. Ludendorff, der aus Furcht vor der militärischen Katastrophe an der Westfront die Reichsregierung wider deren bessere politische Ueberzeugung zu einer überstürzten Bitte um Waffenstillstand zwingt, hat die Stirn, später das Märchen von dem angeblichen Dolchstoß der Heimat in den Rücken der erfolgreichen Front in Umlauf zu setzen; sein tatsächlicher Untergebener, nominell aber sein Chef und Hauptverantwortlicher, der Feldmarschall von Hindenburg, übernimmt es, das Wort vor dem Untersuchungsausschuß des Reichstages hinauszuschmettern und damit geflügelt zu machen. Gemeint ist natürlich, daß jüdische Hand den Dolch geführt habe. Seit 1920 wohnt Ludendorff in Ludwigshöhe bei München, tritt damit in persönliche Berührung mit der bayrischen Gegenrevolution und mit den Münchner Antisemiten, deren hervorragendste Gruppe bald die Nationalsozialisten sein werden.

Alldeutsche und Vaterlandspartei.

Im Augenblick, als Hitler auftritt, ist bereits von andern der Beweis geliefert worden, daß, ebenso wie die Arbeiterschaft, auch das Bürgertum zu einer riesigen Massenorganisation zusammengefaßt werden kann. Mitten im Weltkrieg, im Jahr 1917, haben sich konservative und liberale Politiker unter Führung des Admirals von Tirpitz, gestützt von der Industrie, zusammengetan und eine »Vaterlandspartei« gegründet, die unter scheinbarem Verzicht auf innerpolitische Ziele die Nation zur nochmaligen Kraftanstrengung aufrufen und ein großes Programm von Landeroberungen für den Friedensschluß vorbereiten sollte. Die Vaterlandspartei war natürlich in Wahrheit eine Gegenbewegung gegen die pazifistische Sozialdemokratie und den sich ankündigenden Umsturz; sie erreichte weit über eine Million Mitglieder. In der Führung der

Vaterlandspartei fanden sich mit den Junkern liberale Bürgerliche zusammen, die dann den Weg zu den alten demokratischen Ueberzeugungen nicht mehr zurückfanden und unter dem Einfluß des Nationalismus endgültig auf die konservative und vielleicht später auf die antisemitische Seite getrieben wurden. Vor allem aber zeichnete die Vaterlandspartei sich durch einen großen Prozentsatz von Intellektuellen, Professoren, Schriftstellern, Künstlern, Journalisten aus; das waren nicht mehr die altgewohnten Berufspolitiker aus dem Reichstag, sondern hier fand plötzlich in der politischen Führerschicht des deutschen Bürgertums ein Generationswechsel in großer Breite statt. Diese neuen Männer haben dann ihren Weg in die bürgerlichen Rechtsparteien gemacht und ihnen einen gewissen Schwung gegeben, bis abermals eine neue Generation durch die nationalsozialistische Bewegung sich ihren Weg nach vorn bricht. Jedenfalls hat die von der Vaterlandspartei eingeleitete personelle Erneuerung der Rechten dieser einen Vorsprung vor der Sozialdemokratie gegeben, deren Führer, von keiner Palastrevolution bedroht, unerschütterlich bis zur Altersgrenze dienten und so allmählich die ältesten Männer im politischen Leben Deutschlands wurden.

Kurz vor dem Zusammenbruch der deutschen Sozialdemokratie im Jahre 1933 stellte das Mitglied des Parteivorstandes, Dittmann, in einem Zeitungsartikel ganz gerührt fest, daß die sozialdemokratische Reichstagsfraktion im Durchschnitt die ältesten Mitglieder des Reichstages habe; er hielt das für etwas Gutes.

Die Vaterlandspartei war nicht aus dem Nichts entsprungen. Sie war die Verkörperung des Dranges nach Weltherrschaft im deutschen Bürgertum; dieser Drang hatte sich bereits in den neunziger Jahren als scharfes Instrument den Alldeutschen Verband geschaffen, der unter Führung des Justizrats Heinrich Claß aus Mainz eine einflußreiche Schicht der deutschen Intellektuellen sammelte, von Teilen der Industrie unterstützt wurde und sogar den Kaiser wegen seines angeblich zu großen Pazifismus bekämpfte. Ein geistiger Vertreter dieser Richtung war der jüdische Journalist Maximilian Harden. Man kann den Geist des Nationalsozialismus nicht mit dem Geist des Alldeutschen Verbandes gleichsetzen; ein Menschenalter Abstand, indem eine Welt zugrunde ging, hat zu viele Voraussetzungen auf den Kopf gestellt; die Ideen und Zielrichtungen haben sich teilweise entscheidend geändert — man braucht nur die veränderte Stellung zu England zu betrachten. Aber die seelische Haltung und die Herkunft des geistigen Stroms sind einander noch so ähnlich, daß man sagen kann: der Drang des deutschen Bürgertums nach der Pairswürde einer eigenen, imperialistischen und dabei nichtdynastischen Außenpolitik hat im Alldeutschen Verband mit der Aktion begonnen, in der Vaterlandspartei zur Bewegung geführt und ist im Nationalsozialismus Geschichte geworden.

In der deutschen Niederlage und der Revolution geht die Vaterlandspartei unter. Aber ihr Geist lebt weiter. In München hat sich ihr ein kleiner Verein angeschlossen, ein »Freier Arbeiterausschuß für einen guten Frieden« d. h. einen Frieden mit möglichst vielen Eroberungen. Der Gründer dieses Ausschusses war Anton Drexler. Nach dem Kriege wandelte er ihn zusammen mit Karl Harrer in die »Deutsche Arbeiterpartei« um.

Die politische Organisierbarkeit des deutschen Bürgertums war eine der wichtigsten Erkenntnisse, die der Weltkrieg hinterlassen hatte. Zugleich war klargestellt, daß diese Organisierung nicht klassenmäßig erfolgen könne; eine sich ausdrücklich so nennende Bürgerpartei, die ausgesprochen bürgerliche Klasseninteressen im Gegensatz zu den Arbeiterinteressen vertreten hätte, konnte keinen Erfolg haben. Es sind zwar in den vierzehn Jahren der deutschen Republik genug derartige Versuche gemacht worden, bald unter dem Namen Bürgerrat, bald Wirtschaftspartei; sie hatten ebensowenig Erfolg wie die Bauern- und Landwirtsparteien. Die Ursache ist nicht ohne weiteres von der Oberfläche abzulesen: sie liegt beim Intellektuellen, der seinen Halt in der bürgerlichen Wirtschaft und damit das unbedingte Interesse an ihr verliert; der zwar eine privilegierte Stellung in der Gesellschaft fordert, aber den bisherigen Weg des friedlichen bürgerlichen Aufstiegs immer mehr als ungangbar erkennt.

Das Privileg der Rasse.

Der Klassenkampf der Intellektuellen bedarf eines neuen Ideals. Der Intellektuelle aber ist der neue Typ, in den das alte Bürgertum sich allmählich verwandelt. Die Zahl der Studenten, Akademiker aller Grade, Akademiker in freien und abhängigen Berufen verdoppelt sich gegenüber der Vorkriegszeit und hat zeitweise die Tendenz, sich zu verdreifachen; dazu kommt die Höherschraubung der Ansprüche in den andern Ausbildungszweigen, die Annäherung der gewerblichen Schulen, der künstlerischen Ausbildungsstätten, der Lehrerbildungsanstalten an die Universitäten in Lehrform und Lehrinhalt; ja, man darf auch nicht die gesteigerten Voraussetzungen an Allgemeinbildung vergessen, die heute an den gehobenen Facharbeiter gestellt werden und diesen in Denkweise und sozialer Selbsteinschätzung dem akademischen Intellektuellen näherrücken, ihn meist aus dem Proletariat geistig und gefühlsmäßig herausheben und einer andern Schicht zuführen. Dem Bürgertum? Man sagt oft so, aber in Wahrheit entsteht hier ein neuer Typ aus der Intellektualisierung des Bürgertums, eben der moderne Intellektuelle, keineswegs freischwebend, sondern zielbewußt nach einem neuen Standort suchend, und zwar möglichst weit oben.

»Im völkischen deutschen Studenten verkörpern sich,« sagt Hitler 1921, »diejenigen Energien, die das einzige wertvolle Kampfmittel gegen das Judentum sind.«

In Wahrheit verkörpert sich im deutschen Studenten oder besser Intellektuellen jene blind um sich beißende Energie, die das Alte nicht mehr will und zum Neuen nicht den Mut hat.

Dieser Intellektuelle hat tatsächlich den Weltkrieg geführt, um den Sieg gerungen und die Niederlage erlitten. Nicht der Kaiser, nicht der adlige Offizier, auch nicht der schwerverdienende Kriegslieferant, sondern der deutsche Reserveoberleutnant, im Zivilberuf Lehrer, Kaufmann oder Postdirektor, ist der gestaltende Typ dieser Zerstörung, und der bürgerliche General Ludendorff sein oberster Kriegsherr. Ludendorff hat während des Krieges die Erhebung in den Adelsstand, die der Kaiser ihm zudachte, brüsk abgelehnt.

Dieser Intellektuelle hätte die Revolution hingenommen, wenn sie ein vollwertiger Ersatz für den Sieg gewesen wäre; wenn sie an den Abschluß des vierjährigen Ringens eine neue Leistung gesetzt hätte. Er wäre einer echten revolutionären Energie zwar nicht begeistert gefolgt, aber er hätte ihr schweigend gehorcht; hat doch kein Offizier, kein Beamter am Tage der Revolution auch nur passive Resistenz, geschweige denn Widerstand gewagt. Die Männer der Revolution aber taten das Törichteste, was möglich war; statt erst den Staat in ihrem Sinne zu reorganisieren und dann das Volk zur demokratischen Abgabe seines Urteils über das Geleistete aufzurufen, taten sie nichts, sondern ließen eine Nationalversammlung wählen, ohne dem Wähler ein Programm zu geben. Da wurde klar, daß die Männer der Revolution kein Ziel hatten, und der Intellektuelle im Offiziersrock und im Fabrikkontor nahm ihnen die Entscheidung wieder aus der Hand.

Mit diesem Versagen erlosch der politische Nimbus der deutschen Arbeiterschaft. Das Bürgertum verlor seine jahrzehntelange Angst vor ihr; sein neuer Führer, der Intellektuelle, begann sich der bisher wegen ihrer Organisationskunst viel bewunderten Arbeiterschaft politisch überlegen zu fühlen.

Es ist ein seiner alten, bürgerlichen Klasse entfremdeter Typ; nicht einfach über Bord gegangen, sondern im Schiffbruch einer ganzen Schicht selbständig geworden. Seine Moral ist brüchig wie die aller Deklassierten, und er wird allmählich den Abfall aller Klassen um sich sammeln. Aber das ist ein späteres Kapitel.

Was wird Hitler diesem nunmehr ausschlaggebenden Typ sagen?

Erstens dies: Gräme dich nicht über die Niederlage im Weltkrieg. Du hast den Weltkrieg nicht verloren, sondern du hast ihn eigentlich gewonnen. Dein Unglück war, daß du das winzige Gift im eigenen Körper nicht erkannt hast, die Laus im Pelz, den tückischen Zwerg, der dich Ahnungslosen im Augenblick des Sieges über den ebenbürtigen Gegner mit der teuflischen List des Minderwertigen zu Fall brachte. Du hast dem Engländer standgehalten, den Russen zerschmettert und den Franzosen geschlagen, aber den winzigen Juden übersehen. Das war nicht fair play. Befreie dich vom Juden, und das nächstemal wirst du siegen.

Zweitens sagt er: Wenn du dein Vermögen verloren hast, deine Laufbahn versperrt siehst, als Akademiker das Leben eines Proletariers führen mußt, so laß nicht den Kopf hängen, sondern kämpfe für den nationalsozialistischen Staat, in dem all dies besser sein wird. Denn der nationalsozialistische Staat verteilt Führerstellen nicht nach Geburt, Besitz und bürgerlicher Stellung, sondern nach persönlichem Wert; dieser Wert wird heute unter Beweis gestellt durch rücksichtslosen Kampf für die Bewegung, und dieser Bewertungsmaßstab ist deshalb berechtigt, weil die rücksichtslosesten Kämpfer im allgemeinen die wertvollste Rasse haben, deren Erhaltung und Fortpflanzung der kommende Rassestaat naturgemäß begünstigen wird. Wer von wertvoller Rasse ist, hat ein adelsähnliches Privileg, nicht um seiner Person, sondern um seines Rassetypus willen, der in möglichst zahlreichen Exemplaren vererbt werden soll. Kampf, Selbsteinsatz, Treue zur Idee und zum Führer sind im Zweifel Kennzeichen der arischen Rasse, der wertvollsten der Welt, die nicht nur in Deutschland, sondern in allen europäischen Ländern wieder zur Vorherrschaft kommen und die »niederrassigen« Bestandteile zurückdrängen, in ungünstigere Lebensbedingungen versetzen und damit schließlich zum Aussterben bringen muß — wenn nötig, durch Eroberung und Ausrottung. Die gefährlichste dieser niedern Rassen aber, die überall eindringt und zersetzt, ist die jüdische.

Die Brüchigkeit dieser Lehre ist leicht nachzuweisen. Sie setzt die Existenz einer sogenannten arischen Rasse voraus, die der ernsten Wissenschaft unbekannt ist. Sie predigt ferner das Heil durch Rückkehr zu einem möglichst reinen sogenannten germanischen Rassetypus; der Staat soll eine künstliche Zuchtwahl vornehmen und dafür sorgen, daß möglichst »reinrassige« Paare heiraten. Tatsächlich sind alle hochstehenden modernen Völker aus sehr gründlicher Mischung vieler Stämme hervorgegangen, auch die Deutschen, und überall hat die mittelmeerische Rasse, die regelmäßig die Trägerin der älteren Kultur gegenüber nordischer Barbarei und Faulheit war, zu der Mischung Wertvollstes beigetragen. Stämme, die sich bisweilen verhältnismäßig rein erhielten, wie die Basken oder die Niedersachsen in Nordwestdeutschland, glänzen meist nicht durch starke schöpferische Leistungen. Es gibt kein Leben ohne Untergang und Wiedergeburt — das gilt auch für die »Rassen«.

Aber wiederum kommt es nicht auf den Wahrheitsgehalt der Lehre an, sondern auf die politische Kraft, die sie auslöst.

Es ist die richtige Lehre für die Intellektuellenschicht, die zwei Ideale hat: Privileg und Gehorsam.

Sie verlangt Vorrechte vor andern Schichten der Gesellschaft und erfährt nun, daß diese Vorrechte künftig durch zwei Merkmale erworben werden: Rasse und Parteizugehörigkeit; und daß diese Vorrechte sich im Grunde decken, sich gegenseitig beweisen, rechtfertigen und adeln. Die neue Rasselehre tritt an Stelle des alten Adelsdünkels und macht die Bevorrechtigung des Höherrassigen gewissermaßen zu einer Sache des göttlichen Ratschlusses. Hitler hat allen Ernstes behauptet, wenn ein Industrieller einen großen Konzern aufbaue, so beweise er durch diese Leistung seine höhere Rasse.

Die zweite Sehnsucht dieser Schicht ist der Gehorsam. Sie schreit nach der Diktatur. Dieses selbe Deutschland, das soeben erst unter der Führung des starken Mannes Ludendorff die schwerste Katastrophe seiner Geschichte erlebt hatte, hallt ein Jahr später wider von dem Ruf nach einem neuen starken Mann. So unerwünscht war ihm die Selbstregierung. Der starke Mann sollte möglichst auch ein Fachmann für Wirtschaft, Finanz und Verwaltung sein; der Wunsch nach ideenloser sachlicher Verwaltung verschmilzt mit der Sehnsucht nach Verantwortungslosigkeit allmählich zu dem neuen Führerideal. Ein drittes Element tritt hinzu: das Verlangen breiter Schichten nach einer tiefen moralischen Erneuerung ihres verworrenen, arm gewordenen Lebens; ein Verlangen, das die Kirche, zumal die protestantische, ungenügend befriedigte und das in der Entstehung zahlreicher, mächtiger Sekten und Reformbünde Ausdruck fand.

Einen Massenzulauf, der an die Anfänge der Hitlerbewegung erinnert, hatte in den Jahren 1920/22 der »Anthroposoph« Dr. Rudolf Steiner mit seinem Reformplan der »Dreigliederung des sozialen Organismus«; Mystik, Zeichendeuterei, Lebensreform und soziale Neugestaltung waren hier auf eine für ein breites Publikum sehr angenehme Art zu einem Ganzen verschmolzen; namentlich viele Intellektuelle liefen dem Dr. Steiner zu, der persönlich ein sehr gebildeter Mann war. Etwa seit 1930 hat ein gröberer Prophet namens Weißenberg, der Verstorbene zitiert und Krankheiten mit weißem Käse heilt, in und um Berlin einen Zulauf von Zehntausenden unter einfachen Leuten, gründet im Süden Berlins eine kleine Stadt und agitiert übrigens politisch gegen die Republik; er erklärt, dazu von dem Geist Bismarcks persönlich beauftragt zu sein, und die Zehntausende glauben es. Um die gleiche Zeit nehmen

Astrologie und Wahrsagerei überhand; es gibt zahlreiche sogenannte astrologische Zeitungen mit gewaltiger Auflage, die
meisten agitieren übrigens für Hitler, indem sie seine Machtergreifung »prophezeien« — wohl bemerkend, daß die Leser
grade dies lesen wollen. Die Massenbeschäftigung mit Psycho-
analyse und Couéscher Autosuggestion ist, in feinerer Form,
ein Ausdruck der gleichen Sehnsucht, wie sie in den theosophi-
schen Bünden, bei den ernsten Bibelforschern, den Mazdaznan-
und Yogha-Sekten zum Ausdruck kommt.

Das Wesen dieser Bünde ist, daß der Mensch in ihnen um
Gnade, Erleuchtung, Befreiung nicht ringt, sondern sie als
Gabe, Lehre, Hilfe erwartet. Der Ruf nach Rettung auf allen
Lebensgebieten wird zum Ausdruck verzweiflungsvoller Trägheit, müder Verantwortungslosigkeit. Die alte Hegemonie des
Korporalstocks, unter der eine fleißige Nation sich selbständig
und oft genug widerspenstig regte, macht dem Gedanken einer
suggestiven Diktatur Platz, die das ganze Leben durchdringt
und zwingt. Ludendorff tat den ersten, mißglückten Ansatz;
das bolschewistische Rußland wird ein erfolgreiches, öffentlich verlästertes, heimlich (zumal von der Reichswehr) be-
wundertes Vorbild; das faschistische Italien beweist die Möglichkeit der bürgerlichen Diktatur. An den unbekannten Führer der Zukunft ergeht der Ruf des bürgerlichen Intellektuellen:

»Rette und regiere uns!«

*

In der Münchner Universität steht ein Denkmal für die im
Weltkrieg gefallenen Studenten. Es ist eine Nachbildung des
»Speerträgers« des Polyklet. Darunter stehen die Worte:
»Invictis victi victuri.«
Uebersetzt: »Den Unbesiegten setzen dies Denkmal die
heute Besiegten, die morgen wieder siegen werden.«

Das Mitglied Nr. 7.

Adolf Hitler bekommt eine Chance. In einem »Bildungs-
kurs« — die Reichswehr sucht durch das Mittel sogenannter
Bildung die Soldaten gegen die Republik aufzuhetzen — hält
er eine heftige antisemitische Rede. Die Offiziere finden Gefallen an dem jungen Mann. Er darf nun selber bei der Truppe

Vorträge halten. Ein Major Giehrl begönnert ihn; nächst ihm ein Hauptmann Mayr, der die Nachrichten-Abteilung des Münchener Wehrkreiskommandos leitet. Von hier aus wird auch die Presse mit Artikeln und Notizen bombardiert, die »die Interessen der Wehrmacht gegenüber der Oeffentlichkeit vertreten« sollen, in Wirklichkeit natürlich gegen die Reichsregierung schüren. Die beste Feder in dieser Pressestelle führt ein junger Soldat von kaum zwanzig Jahren namens Hermann Esser. Hitler und Esser schließen Freundschaft.

Der Zufall will es, daß Feder seine Lehre, eingeführt von Offizieren, vor einer Schar Münchener Reichswehrsoldaten vorträgt. Unter den Zuhörern ist Adolf Hitler. Der fühlt sich wie vom Blitz getroffen; Feders Gallimathias erscheint ihm als blendende Wahrheit, die mit einem Schlag die verworrene Weltgeschichte erleuchtet. Während Gottfried Feder noch bei allen Parteien von links bis rechts seine Lehre vom Staatsbankrott und von der Brechung der Zinsknechtschaft erfolglos anbietet, bewegt Adolf Hitler sie tief in seinem Herzen.

Eines Tages drückt ein Offizier Hitler einen Zettel mit einer Adresse in die Hand. In einer winzigen Gastwirtschaft tagt eine sogenannte »Deutsche Arbeiterpartei«. Die politisch so neugierige Reichswehr möchte Genaueres über das Grüppchen wissen, das von »guter Gesinnung« zu sein scheint. Hitler geht hin. Es spricht Feder, der von ihm hochverehrte Brecher der Zinsknechtschaft; aber das besagt in diesem Falle wenig, Feder spricht ja überall. Dann steht ein Redner auf und erklärt, alles Unheil komme von den Preußen; von denen müsse Bayern sich trennen. Das erträgt Hitler nicht. Obgleich er eigentlich nur zuhören und berichten soll, meldet er sich zum Wort und hält eine halbstündige Rede über Großdeutschland, gegen den Egoismus der Länder und Stämme, gegen den Preußenhaß und für die Einigkeit. Dann geht er.

In diesem Augenblick läuft ihm der Vorsitzende nach und steckt ihm eine Broschüre zu mit der Bitte, sie doch ja zu lesen. Sie ist von ihm selbst verfaßt und trägt den Titel »Mein politisches Erwachen«. Da finden sich Sätze wie: »Am deutschen sozialistischen Wesen soll die Welt genesen ... Ich sehe auch im Arbeiter einen Bürger und im Offizier und Beamten noch keinen Bourgeois ... Armer, verhetzter Arbeiter! Mit dir hat man die Revolution zu einer noch nie gesehenen Lohnbewegung gemacht, die dir nichts einbrachte, wohl aber denen, die dich bisher ausbeuteten, die Tasche füllte und Deutschlands Konkurrenzfähigkeit vernichtete... Die Zukunft Deutschlands hängt davon ab, ob die geistige und wirtschaftliche Führerschicht des deutschen Volkes soviel soziales Gefühl aufbringt, wie notwendig ist, um das Vertrauen der verirrten Massen wieder zu gewinnen, und ob dem zum Internationalismus abgelenkten Volksgenossen völkisches Gefühl beigebracht werden kann.«

Wie heißt der Verfasser? Anton Drexler. Derselbe, der den »Freien Arbeiterausschuß für einen guten Frieden« im Rahmen der Vaterlandspartei gegründet hatte. Und die »Deutsche Arbeiterpartei« ist dasselbe wie dieser Arbeiterausschuß; nur der Name wurde nach dem Kriege geändert. Ein Journalist namens Karl Harrer ist hinzugekommen und führt den stolzen Titel eines »Reichsvorsitzenden«. Aber Drexler, der Werkzeugschlosser aus den Münchener Eisenbahnwerkstätten, ist die Seele des wunderlichen Unternehmens. Ein einfacher Mann, ein kenntnisloser Mann, ein kränklicher Mann (er war nicht im Kriege), sprachlich hilflos, bald jähzornig und bald verlegen. Und doch hat dieser Schlichte einen in seiner Art großen Gedanken. Drexler will den deutschen Arbeiter wieder für den nationalen Gedanken gewinnen.

Hitler las die Schrift, wie er sagt, »mit Interesse«. Dieser leutselige Ton ist gar nicht angebracht. Tatsächlich steckt in Drexlers dunklen Sätzen ein gutes Stück der Idee der nationalsozialistischen Bewegung. Aber das wird Hitler, ein sammelndes Talent, das gern originell sein möchte, nie zugeben. »Wollen Sie leugnen, daß ich der Schöpfer des Nationalsozialismus bin?« fragt er später hochfahrend. In »Mein Kampf« vergißt er vollständig, zu erwähnen, daß »Mein politisches Erwachen« von Drexler verfaßt ist, und nennt ihn beständig nur »ein Arbeiter«.

Einer der Gründer der Deutschen Arbeiterpartei ist ein entlassener Leutnant namens Josef Berchtold. Dieser Berchtold, ein Bayer, erinnert äußerlich wenig an den landläufigen Offizier; ein undurchsichtiger Mensch mit lauerndem Blick, der zu allem Guten und Schlimmen fähig erscheint. Er hat in der Straße »Im Tal« einen Zigarrenladen aufgemacht; Hitler, abgerissen und ohne rechte Tätigkeit, steht viel in dem Laden herum und unterhält sich. Berchtold vermag Hitler für seinen Verein zu interessieren, und eines Tages erhält dieser die Mitteilung, daß man ihn als Mitglied betrachte. Der Verein hatte etwa vierzig Mitglieder, darunter einen richtigen Oberregierungsrat. Hitler wurde sofort in den Ausschuß gewählt und bekam dort die Mitgliedernummer sieben.

Karl Harrer.

Der Verein ist furchtsam. Er hat kein Programm, er treibt keine Propaganda, er wagt sich nicht an die Oeffentlichkeit. Die Mitglieder kommen im schlecht beleuchteten Hinterzimmer einer Kneipe zusammen und unterhalten sich über Politik, die sie nicht verstehen. Sie schreiben Postkarten an befreundete Vereine in Lübeck oder Hannover, sie erhalten Antwort, und das Vereinsvermögen beträgt sieben Mark und fünfzig Pfennige. Nicht einmal einen Vereinsstempel haben sie. Im übrigen sagen sie, große Versammlungen seien ganz unmöglich, weil das die Gegner reizen würde. Vor den sozialdemokratischen und kommunistischen Arbeitern haben sie Angst.

Hitler spricht auf das verächtlichste von diesem Hinterzimmer-Verein. Die Leute begriffen nichts, wagten nichts, erreichten nichts. Er predigt ihnen, sie müßten an die Oeffentlichkeit gehen, sonst würden sie nicht bekannt; aber sie wollen gar nicht bekannt werden. Sie müßten für ihre Sache Propaganda machen, sonst sei der Verein überhaupt überflüssig; aber da sind sie nun ganz anderer Meinung. Sie wollen gar keine Partei, sondern eine Schule; sie wollen »sich klar werden«, wollen die Wahrheit gemeinsam feststellen und dann dem Volke verkünden, denn wenn man die Wahrheit erst einmal hat, dann verbreitet sie sich von selbst siegreich über die Erde. Das aber weiß Hitler nun wirklich besser. Zwischen Drexlers hoffnungsfroher Ueberzeugung vom »Sieg der Wahrheit« und Hitlers pessimistischem Wissen, daß mit tüchtiger Propaganda jede Lüge siegt, klafft der ganze Gegensatz von Taubenreinheit und Schlangenarglist.

Aber warum blieb er überhaupt in diesem unmöglichen Verein? Er behauptet, es sei viel guter Wille dagewesen, und tut so, als habe er diesen guten Willen aus Mitleid nicht im Stich lassen wollen. Die Wahrheit ist, daß er bei diesen Ungeschickten und Unwissenden leichteres Spiel hatte als irgendwo sonst; mit den dümmsten Tricks waren sie übers Ohr zu hauen. Ihm war wohl bei den Dummen, denn da war sich leicht durchsetzen.

Als Hitler nach monatelangen, aufreibenden, stumpfsinnigen Diskussionen die Genossen endlich soweit hat, daß sie eine etwas größere Versammlung wagen wollen, da verfallen sie auf einen grotesken Reklameeinfall: sie schreiben die Einladung auf kleine Zettel und werfen sie in irgendwelche Hausbriefkästen. Hitler läuft selbst mit achtzig Zetteln treppauf und treppab. Als der lang erwartete Abend anbricht, sind sieben Vereinsmitglieder gekommen — sonst keine Seele. Da gerät ein findiger Kopf auf die erschütternde Idee, ein Inserat in einem antisemitischen Wochenblättchen, dem »Münchener Beobachter«, aufzugeben. Und nun geschieht ein Wunder: achtzig Menschen kommen!

Es geht Hitler wie dem reichen Mann, der die ersten hundert Mark schwerer verdiente als später seine Millionen.

Und dieses ganze lahme Vorwärtskriechen ist deswegen besonders peinlich, weil Hitler die Politik nicht nur zum eigenen Vergnügen betreibt. Er widmet sich ihr mit Zustimmung und halb im Auftrage seiner Vorgesetzten im Wehrkreiskommando. Die Reichswehr sucht eine politische Partei, auf die sie sich verlassen kann. Hitler, seit langem überzeugt, daß die alten Parteien der Rechten keine Zukunft haben, vor allem aber einem unbekannten Anfänger wie ihm keine Karriere bieten, möchte seinen Offizieren mit seiner neuen Partei gern etwas Brauchbares bringen. So, wie es jetzt steht, sieht es schon fast nach einer Blamage aus.

Ein Widerstand sitzt in dem Verein, der nicht auf Beschränktheit beruht, sondern auf tiefem Gegensatz der Anschauungen. Der »Reichsvorsitzende« Karl Harrer ist Hitlers erbittertster Gegner.

Von Beruf Reporter bei der einst liberalen, jetzt deutschnationalen »München-Augsburger Abendzeitung«, ist er eine derbe, klumpfüßige Figur, proletarisch und schlecht gekleidet, ganz ohne Hitlers Drang zur guten Gesellschaft, dadurch unbefangener als dieser, und im Gegensatz zu dem stillen Drexler ein Polterer von vielen Worten. Im übrigen ist ihm sein Verein Herzenssache und nicht nur, wie für Hitler, Mittel zum Zweck.

Harrer ist, kurz gesagt, für die Wahrheit und gegen die Propaganda; Harrer ist gegen den Antisemitismus und polemisiert in Versammlungen, die er leitet, öffentlich gegen den Redner Hitler; Harrer findet, daß Hitler die Massen vor den Kopf stößt, statt sie für den nationalen Gedanken zu gewinnen — und was den Arbeiter betrifft, so wird er vierzehn Jahre lang recht behalten; Harrer ist für die Proleten und gegen die feinen Gönner, die Hitler allmählich mitbringt. Und wenn Hitler dem Verein morgen hunderttausend Mitglieder brächte, so will er Hitler nicht, denn sie haben verschiedene Gesinnungen und entgegengesetzte Ziele.

Dafür hält Drexler zu Hitler. Aber Drexler kann kaum reden und ist keine Stütze.

Der Zufall hilft ein Stück weiter.

Ein Vorgesetzter nimmt den verzweifelten Hitler eines Tages zu einer Versammlung der »Eisernen Faust« mit. Er lernt Röhm kennen, und die beiden finden Gefallen aneinander. Bei Röhm keimt so etwas wie eine echte Liebe für den seltsamen Soldaten, aber auch Hitler scheint in Röhms klarer, brutaler Energie eine Art glückseliger Geborgenheit zu empfinden. Röhm wird Mitglied bei der Partei des neuen Freundes. Aber was wichtiger ist: er treibt seine Soldaten und Offiziere hinein, mit guten und wenn nötig mit weniger guten Worten. Dadurch verwandelt sich die Partei fast über Nacht. Bisher war es ein Stammtisch von ausgesprochenen Zivilisten, Handwerkern, kleinen Kaufleuten — sehr kleinen Leuten, die von der Politik soviel wußten wie der Mann in der Straßenbahn von der Konstruktion des elektrischen Motors. Jetzt wurde die deutsche Arbeiterpartei mit einem Schlage zu einem Verein von Soldaten, die zwar von Politik auch nicht mehr verstanden, aber wenigstens nicht darüber debattierten, sondern wortlos gehorchten. Mit diesem Menschenmaterial konnte man das gefährliche Tier, die Oeffentlichkeit, getrost anfallen.

Aber immer noch steht Harrer als Hindernis dazwischen.

Dietrich Eckarts Ratschläge.

Da kommt nochmals ein Glücksfall, und diesmal der entscheidende: die Begegnung mit Dietrich Eckart.

Sie findet etwa um die gleiche Zeit statt. Eckart spricht einige Male in der Deutschen Arbeiterpartei und entdeckt hier — zwar nicht seine lang gesuchte neue Bewegung, wohl aber seinen »Führer«: den Proleten im Soldatenrock, der das Maul aufmachen kann und Maschinengewehrrattern verträgt, brennend vor Ehrgeiz und Eitelkeit — und sogar Junggeselle. Auch dumm? Das nicht, aber in gewissem Sinne naiv, ungebildet und belehrbar, wenn man sich in den Grundvorstellungen einig ist; saugt Weisheiten, die er brauchen kann, eilig und massenhaft auf wie ein trockener Schwamm das Wasser. Ein hervorragender praktischer Verstand, vor höherer Bildung ehrfürchtig, im Theoretischen leichtgläubig.

Dietrich Eckart übernimmt Adolf Hitlers geistige Führung. Hitler lernt von ihm schreiben und sogar sprechen, wenn man darunter nicht nur ein temperamentvolles Geheul, sondern das Formen von Sentenzen und den Aufbau von Gedankengängen versteht. Die Unterhaltungen, die Lehrer und Schüler miteinander führten, hat Eckart in einer merkwürdigen Broschüre aufgezeichnet: »Der Bolschewismus von Moses bis Lenin«. Beide hielten Lenin für einen Juden.

Dietrich Eckart gibt Hitler den wichtigen Rat, sich von den Genossen das Ressort Propaganda übertragen zu lassen, und gibt ihm darauf einen noch besseren Rat: er solle sich um Gotteswillen von niemanden in seine Propaganda hineinreden lassen, es dürfe keine Beratungen und Vereinsbeschlüsse darüber geben, sondern er müsse sie völlig nach seinem Kopfe machen. Hitler begriff, was Dietrich Eckart meinte: wer die Propaganda machte, dem gehörte das öffentliche Auftreten der Partei und damit über kurz oder lang die Partei selbst.

Dieser Rat ist der Funke. Die Zündschnur brennt.

Die Programm-Versammlung.

Propaganda muß einen Inhalt haben. Hitler erklärt, daß die Partei ohne Programm nicht länger leben kann; als Propagandachef muß er das wissen. Ohne Programm kann sie nicht an die breite Oeffentlichkeit, und dorthin muß sie. Ganz privat setzt er sich mit Eckart und Gottfried Feder im Dezember 1919 zusammen; sie überlegen ein Programm. Anton Drexler wird zugezogen — damit ist in die offizielle Parteiführung ein Keil getrieben, Harrer isoliert. Hitler steuert die These vom Zusammenschluß aller Deutschen zu einem Großdeutschland, von der Aufhebung der Friedensverträge, vom Volksheer und den merkwürdigen Satz vom »Zentralparlament« bei; Dietrich Eckart formuliert den antisemitischen Punkt vier und die Ausführungen über die Verpflichtung des Staatsbürgers zum Schaffen; auch die Formel »Gemeinnutz vor Eigennutz« geht auf ihn zurück, Feder bringt die »Brechung der Zinsknechtschaft« und die Mittelstandspolitik hinein; Drexler setzt die Verstaatlichung der Trusts und die Gewinnbeteiligung an den Großbetrieben durch. Mit vielen dieser Punkte legt Hitler sich ahnungslos eine Kette an den Fuß. Er schweigt später darüber, er sagt nichts gegen das Programm, erwähnt es nie, ignoriert es. Aber Goebbels verrät zehn Jahre später die heimlichen Gefühle des Führers, wenn er dem Leutnant Scheringer zuruft: »Wollte Gott, wir hätten von diesen unglückseligen fünfundzwanzig Punkten nie etwas gehört!«

Für Hitler ist das Programm überhaupt nur eine Frage der Propaganda. Die Vermietung der großen Warenhäuser an kleine Gewerbetreibende (das steht wörtlich drin) ist lächerlich, aber in dieser kleinbürgerlichen, unproletarischen Stadt München wirkt das magnetisch auf den meinungbildenden Kern der Bevölkerung. Die Gewinnbeteiligung der Arbeiter an den Großbetrieben und die Verstaatlichung der Trusts hat man nur hineingenommen, weil Drexler, der Werkzeugschlosser, für seine Kollegen in den Eisenbahnwerkstätten etwas Sozialistisches braucht. In bodenreformerischer Wut hat Eckart sogar in einem Satz des Programms die entschädigungslose Enteignung von Grund und Boden angekündigt — aber niemand hat an die Bauern gedacht. Ueber die deutsche Landwirtschaft und ihre Interessen steht kein Wort in den ganzen fünfundzwanzig Punkten! Und das in Bayern, einem Bauernstaat mit wenigen Städten; das in München, der Fürstenstadt auf Bauerngrund, wo jeder Einwohner mindestens einen Verwandten auf dem Lande wohnen hat, wo der Bürger in der bäuerlichen kurzen Lederhose herumläuft, wo die kleinen Ladengeschäfte vom Bauern leben, der hier sein Vieh zu Markt treibt und in den Bierstuben lärmt!! So eng war die Welt dieser Parteigründer!! Hitler sah vor dem geistigen Auge buchstäblich nur die paar hundert Besucher seiner Versammlun-

gen aus den ärmlichen Münchener Vorstädten, den sparsamer-
weise nur zu dreiviertel gefüllten Bierkrug auf dem Tisch, die
dünne lange Virginiazigarre im Mund, ein schlecht in Zei-
tungspapier gewickeltes Paket mit ergatterten Lebensmitteln
unterm Arm. Noch immer wirkte die vierjährige englische
Blockade über Deutschland nach, noch immer herrschte Hun-
gersnot, noch immer betrachteten diese ausgezehrten Städter
den mit Milch und Eiern versorgten Bauern als Lebensmittel-
wucherer. Für ihn hatten sie kein Wort übrig — das ist die
Lösung des Rätsels, warum im nationalsozialistischen Partei-
programm die Landwirtschaft völlig vergessen worden ist.

Es ist ein Programm für verhungerte Stadtbewohner. Es ist
ein Programm der Propaganda. In dieser Propaganda aber ist
Hitler wirklich ein Schöpfer, das heißt ein Mann, der von
niemandem lernt als von den Tatsachen selbst.

Und jetzt wird gesprengt. Am 24. Februar 1920 ist die erste
große Massenversammlung im Festsaal des Münchner Hofbräuhauses, wo Hitler das Programm vortragen wird.

Harrer, unerschütterlich davon überzeugt, daß Hitler die
Partei auf einen unheilvollen Weg drängt, daß seine Ideen
falsch, seine Programmsätze verlogen sind und die Arbeiter
von der Partei wegtreiben werden, zieht die Konsequenzen.
Man hat ihn überrumpelt, Drexler hat sich zu Hitler und
Eckart geschlagen, Harrer tut das einzig mögliche: er legt
den Vorsitz nieder und scheidet aus der Partei aus. Drexler
tritt an seine Stelle. Die Bahn ist frei.

Der Hauptredner der später legendenumsponnenen »Pro-
grammversammlung« vom 24. Februar 1920 ist nicht Hitler;
das hätte selbst Drexler, der nunmehrige erste Vorsitzende,
nicht zugelassen, daß sein Propagandachef als Hauptfigur vor
die Massen trete. Man hat sich darum auf einen bewährten
völkischen Vortragskünstler geeinigt, einen gewissen Dr. Dingfelder, seines Zeichens Arzt (Homöopath). Der Saal ist voll
— wie bei den Versammlungen aller völkischen Vereine —
Dingfelder macht seine Sache gut, die Hörer sind zufrieden.
Dann kommt Hitler, die Zuhörer werden unruhig, der Redner
gefällt nicht. Der geht schnell zum Programm über, und die
Aufmerksamkeit steigt. An verschiedenen Stellen gibt es Zustimmung. Als Hitler das Podium verläßt, glaubt er einen großen Erfolg davongetragen zu haben.

Er hat ihn auch, aber anders, als er denkt. Der Erfolg besteht darin, daß die Partei sich überhaupt an die Oeffentlichkeit gewagt hat, daß sie nunmehr in der Judenfrage festliegt, und daß Karl Harrer aus dem Wege geräumt ist.

Es ist schade, daß wir keinen sofort fixierten zeitgenössischen Bericht von dieser denkwürdigen Versammlung besitzen. Von hier ging immerhin die Gründung des nationalsozialistischen Staates aus. Aber die Zeitung, die berufen gewesen wäre, dieses denkwürdige Ereignis für die Nachwelt festzuhalten, der »Völkische Beobachter« nämlich — was tat sie? Sie berichtete ausführlich über den Vortrag Dingfelders und fuhr dann fort, daß Herr Hitler »einige treffende politische Bilder entwickelte«. Auch der Widerspruch wurde nicht vergessen. Weiter heißt es: »Dann gab er das Programm bekannt.« Das war alles.

Damals waren in Deutschland die Lebensmittel noch knapp, denn der Krieg wirkte nach. Die Gründungsversammlung der Deutschen Arbeiterpartei gipfelte darum in einer Entschließung, die gegen die Zuweisung von Weizenmehl an die jüdische Kultusgemeinde für das Backen von Mazzen protestierte.

Vier Zeilen in der Zeitung und ein Beschluß über Mazzen — das war der Eindruck, den die Gründung der nationalsozialistischen Partei in der Oeffentlichkeit hinterließ.

7. Propaganda und Organisation

Witz, Logik, Frechheit.

An einem Sommernachmittag des Jahres 1919 versammeln sich vor dem Treppenaufgang der Münchner Neuen Pinakothek ein paar Leute. Ein magerer, blasser, spitzbärtiger Mensch ist auf das Geländer gestiegen und redet: »Deutsche Volksgenossen ... namenlose Schmach des Vaterlandes ... Gift im Mark des Volkes ... Weltfeind«. Die Leute verlaufen sich, sie haben anderswo genug Reden gehört.

Anderthalb Jahre später steht derselbe Mann abermals auf einem Postament vor der Münchner Oeffentlichkeit. Den Bart hat er nicht mehr. Man kennt seinen Namen. Zehntausende sammeln sich vor der Feldherrnhalle, um gegen die Reparationsforderungen der Entente zu protestieren. Ein über Nacht berühmt gewordener Volksredner, ein gewisser Oberst von Xylander, findet packende Worte; er ruft zur nationalen Einigkeit auf. In der Menge ist eine Abteilung mit zwei Hakenkreuzfahnen. Da fällt ein Ruf: »Weg mit den Hakenkreuzen, die gehören nicht hierher!« Große Zustimmung, man will das Einigende, nicht das Trennende. Als der Oberst von Xylander geendet hat, drängt sich hastig der Blasse, Magere vor ihn und will sprechen. In diesem Augenblick fällt schmetternd die Militärmusik der Münchener vaterländischen Verbände ein, Adolf Hitler wird nicht gehört.

Er ist all die Jahre nur von einer Frage besessen: wie komme ich an die Masse heran, wie komme ich in die Gemüter hinein?

Mißerfolge schmerzen ihn tief, aber sie schrecken ihn nicht ab. Jedes Mittel ist ihm recht. Als der Hamburger Bürgermeister Petersen, ein sogenannter führender Mann Deutschlands, einen bedächtigen Vortrag im Münchener demokratischen Verein beendet hat, meldet sich zum Staunen der Versammlung der bekannte Agitator Adolf Hitler zum Wort. Er erhält es, denn man ist nicht umsonst in einer demokratischen Versammlung. Herausfordernd, beide Hände in den Hosentaschen, stellt er sich vor das Publikum. Ein Zuruf: »Nehmen Sie die Hände aus den Taschen!« Höhnisches Grinsen: »Meine Herren, *ich* gehöre nicht zu den Leuten, die mit den Händen reden!« Die Versammlung, in der viele Juden sind, schweigt betroffen; Adolf Hitler wird gehört.

Wie komme ich an die Masse heran, wie in die Gemüter hinein?

Ein paar Jahre später steht Hitler, schon eine weltpolitische Persönlichkeit, vor Gericht. Er hat einen Putsch gemacht, hat mit den ersten Staatsmännern und Feldherren Deutschlands um die Macht gespielt — und verloren, aber immerhin, er hat gespielt. Ein Zeuge berichtet über einen Kriegsrat zwischen Hitler, Ludendorff, Göring und anderen, dem er in der Putschnacht beigewohnt hat. »Was sagte denn Herr Hitler?« fragt der Vorsitzende. Antwort: »Herr Hitler rief immer nur: Propaganda, Propaganda, es kommt jetzt nur noch auf Propaganda an!«

Nur auf Propaganda kam es an. Das war das große geistige Erlebnis des werdenden Mannes Hitler. In seinem Buch »Mein Kampf« hat er 32 Seiten dem Weltkrieg gewidmet, davon beschäftigt er sich auf 20 nur mit Propaganda. »An der feindlichen Kriegspropaganda habe ich unendlich gelernt.« Es spricht für den Mann, daß sich überhaupt bei ihm öfters Sätze finden wie: »Am Gegner war unendlich viel zu lernen.« Er hat unbefangen auch von den Sozialisten gelernt, aber seine wichtigsten Lehrer waren offenbar Lord Northcliffe und Wickham Steed. Alles, was Hitler in seinem Buch über Propaganda sagt, ist meisterhaft, aber es ist eine Meisterschaft niederen Ranges. Die Erhöhung der Propaganda zur beherrschenden Form der Volkserziehung ist das Verbrecherische an dieser Geschicklichkeit, die ein ganzes Volk formt nach dem ruchlosen Satz: »Die Vorsicht bei der Vermeidung zu hoher geistiger Voraussetzungen kann garnicht groß genug sein.«

Man muß das Gemüt der Masse mit einer bestimmten, knalligen, aufpeitschenden Vorstellung derart füllen, daß daneben nichts anderes Platz hat. Man darf sie ja nicht zum Denken bringen, denn wenn die Gedanken erst einmal laufen, hat keine Propaganda sie mehr in der Hand. Vorstellungen, Bilder, Schlagworte, die wie Keile in den Denkapparat fahren und nicht mehr herauszubringen sind — darüber muß man verfügen. Auch wenn man scheinbar logisch spricht, Konsequenzen entwickelt, so darf das eben nur scheinbar sein; haften darf nur der eine Satz: der Jude ist an allem schuld.

Es gibt wohl nichts Meisterhafteres in dieser Art, als das folgende Stück aus einer Rede, die Hitler im Jahre 1922 gehalten hat:

»Der Jude ist nicht ärmer geworden. Er bläht sich allmählich auf, und wenn Sie das nicht glauben — ich bitte Sie, sehen Sie in unsere Kurorte. Da finden Sie heute zwei Kategorien von Menschen: den Deutschen, der hingeht, um nach langer Zeit vielleicht zum ersten Male wieder etwas frische Luft zu schöpfen und sich zu erholen; und den Juden, der hingeht, sein Fett zu verlieren. Und gehen Sie hinaus in unser Gebirge, wen finden Sie da, in funkelnagelneuen, gelben, prachtvollen Stiefeln, mit schönen Rucksäcken, in denen sich wahrhaftig meistens doch nichts Richtiges befindet? Und zu was auch! Sie gehen ja doch oben in das Hotel, meist bis dorthin, wo die Bergbahn hingeht, und wo die Bahn aufhört, da hören auch sie auf. Da sitzen sie herum in einem Kilometer Umkreis wie die Schmeißfliegen um einen Kadaver. Das sind wahrhaftig nicht unsere arbeitenden Klassen, weder die geistigen noch die körperlichen! Die finden Sie meist mit zerschlissenen Anzügen, seitwärts herumkraxelnd, schon aus dem Grunde, weil sie sich genieren müssen, mit ihrem Gewande von anno 1913 oder 1914 in diese parfümgedünstete Atmosphäre überhaupt hineinzukommen.«

Es wäre sinnlos, hier zu widerlegen; sinnlos, nachzuweisen, daß auch verfettete Arier in neuen gelben Stiefeln sich nicht gern aus dem Umkreis der Bergbahn entfernen und daß junge jüdische Bergsteiger in den Alpen Kletterrekorde aufgestellt haben. Es wäre sinnlos — denn die Widerlegung wird gehört, vielleicht geglaubt und bestimmt wieder vergessen. Aber das von Hitler mit grellem Meisterstrich gezeichnete Bild — die gelben Stiefel, der Bergbahnhof, die Juden mit den zum Schein umgehängten Rucksäcken und die verschüchterten arischen Kletterer, abseits im zerschlissenen Gewand — das haftet unauslöschlich. Wer es einmal gehört, vergißt es nie.

Ein andermal sitzt er im Gerichtssaal als Kläger einem sozialdemokratischen Redakteur gegenüber. Das sozialistische Blatt hat irgend etwas über seine Geldquellen behauptet. Sein Anwalt, Dr. Frank II begründet die Klage. Hitler selbst zeichnet mit gesenktem Kopf den Gegner, dessen Anwalt, den Vorsitzenden, den Gerichtsdiener und die anwesenden Journalisten auf ein Stück Papier. Der Gegner meint, Hitler solle sich doch selbst äußern. Der will nicht. Der Gegner wird dringender — ob der Herr Vorsitzende nicht auf Herrn Hitler einwirken wolle? »Wenn er net mog, i ko em net zwinga«, sagt der Richter in bestem Bayrisch. Der Gegner wird kühn: ob Herr Hitler Angst habe, die Oeffentlichkeit hören zu lassen, was er über seine Geldquellen zu sagen habe? Da fährt Hitler auf: »Sie werden meine Rede hören, wenn es mir paßt, und ich versichere Ihnen jetzt schon, Sie werden sie nicht mit Genuß hören.« Der Vorsitzende muß drohen, den Zuhörerraum wegen unpassender Heiterkeit zu räumen.

Einmal hat ein Münchener Freidenkerverein den Einfall gehabt, zu einer seiner Veranstaltungen auf einem Plakat mit riesigen Buchstaben Adolf Hitler einzuladen, damit man von ihm höre, was er über Freidenkerei zu sagen habe. Darauf ließ Hitler ein Gegenplakat mit folgendem Text anschlagen: »Die Münchener Freidenker, das heißt Nichtdenker, haben meinen Namen mißbraucht, um ihre Versammlung zu füllen. Ich fordere alle Nationalsozialisten auf, der Versammlung fernzubleiben und die Münchener Freidenker allein weiterdenken zu lassen.«

Zu den äußerlichen Mitteln seiner Redekunst gehört ferner eine eigentümliche Art von Logik. Begeisterte Anhänger rühmen an ihm eine zwingende Folgerichtigkeit. Es ist nicht die innere Konsequenz, die aus bestimmten Grundsätzen notwendige Schlußfolgerungen zieht und eine vernunftgemäße Haltung erzwingt — denn es gibt keine echte Logik ohne Aufrichtigkeit gegenüber den Tatsachen. Aber er versteht es, verstandesscharf Widersprüche des Gegners herauszuschälen und in knappster Form anschaulich zu machen. So zerpflückt er den Vorwurf der Republikaner gegen die Beamten, die von der Republik Geld nehmen und im Herzen Republikfeinde sind: »Entweder bezahlt der Staat die Beamten für ihre Leistungen, dann geht ihn ihre Gesinnung gar nichts an, oder er bezahlt sie für ihre Gesinnung — dann ist das die niederträchtigste Korruption.« Die republikfeindlichen Beamten werden das gerne gehört haben. Aber es bleibt freilich doch wahr, daß alle Staaten der Welt von ihren Beamten für Bezahlung Treue verlangen; auch der nationalsozialistische Staat tut das.

In seiner großen außenpolitischen Rede vom 21. Mai 1935 sagte er: »Ich wünsche Ruhe und Frieden. Wenn man aber sagt, daß das nur der Wunsch der Führung sei, so muß ich darauf folgende Antwort geben: wenn nur die Führer und Regierenden den Frieden wollen — die Völker selbst haben sich noch nie den Krieg gewünscht!« Das klingt »messerscharf«, ist aber nur eine plumpe Verdrehung, denn die Welt hat nicht gefürchtet, daß das deutsche Volk, sondern daß der Staatsmann Hitler den Krieg will.

Diese gefälschte messerscharfe Logik ist nichts als ein rednerisches Kunstmittel; eine neue Antwort auf die Frage: wie komme ich an die Massen heran, wie in die Gemüter hinein? Es schmeichelt der Masse immer, wenn an ihren Verstand appelliert wird; so sehr, daß sie ihn dann oft nicht mehr gebraucht.

Die widerlegten Fachleute.

Mit Unrecht halten viele Dr. Goebbels für den schöpferischen Geist der nationalsozialistischen Propaganda. Er ist nur Hitlers Musterschüler, in diesem wie in vielem anderen; ein zu Feinarbeit hoch begabtes Talent, das ausfeilt, wo das Genie mit der Axt zugeschlagen hat. Das Bewundernswerte, ja Ergreifende an Hitlers propagandistischer Leistung ist sein Sichemporwinden durch die allerprimitivsten Erfahrungen bis zur Gipfelhöhe bedeutenden Könnens. Er übernahm die Leitung einer Zeitung, ohne das geringste davon zu verstehen, und mußte bitteres Lehrgeld zahlen, wie er selbst schreibt: er arrangierte Versammlungen in einer unmöglichen Art und erlebte fürchterliche Reinfälle, über die er getreulich berichtet; er sprach über tausend Dinge, von denen er nichts verstand — heute hat er Routine genug, sie zu vermeiden.

Eines Tages entdeckt Hermann Esser, der zweitbeste Agitator der Partei, die Tatsache, daß die Reklameflächen der Stadt München gegen Geld zu jedem beliebigen Zweck vermietet werden. Warum soll man immer nur trockene Plakate anschlagen: Freitag, abends 8 Uhr, spricht Kunstmaler Adolf Hitler über das Thema: Die goldene Internationale der jüdischen Börsendiktatur und ihre marxistischen Henkersknechte!

Man kann vielmehr auf ein solches Plakat einen ganzen Leitartikel drucken; es kostet dasselbe, und da stehen die Schlagworte alle beisammen: Börsenhyänen, Leichenfledderer am deutschen Volke, Vampyr Alljuda, Novemberverbrecher, der Jude Genosse Parvus-Helphand besitzt bei Berlin ein Schloß im Werte von 12 Millionen Mark — deutsche Arbeiter, so sehen eure Führer aus! Wollt ihr die wahre Ursache eures Elends erfahren, dann erscheint in Massen Freitag abend um 8 Uhr im großen Festsaal des Hofbräuhauses. Es wird sprechen Herr Kunstmaler Adolf Hitler ... usw. Die Fachleute haben sich wieder einmal geirrt. Sie glaubten, Plakate mit langen Texten würden nicht gelesen. Diese nationalsozialistischen Anfänger beweisen das Gegenteil: in dicken Trauben hängen die Menschen vor den Schriftplakaten. Ein Jahr später verbietet die Polizei sie wegen Verkehrsstörung, aber da haben sie längst gewirkt.

Immer wieder ist die Erfahrung die beste Lehrmeisterin, aber der Schüler muß auch danach sein.

Man darf nicht glauben, eine nationalsozialistische Versammlung der ersten Stunde habe sich im äußeren wesentlich von einer anderen politischen Versammlung unterschieden. Hitler sprach; dann wurde eine Diskussion eröffnet, man durfte Widerspruch wagen, und Hitler widerlegte den Widerspruch geduldig. Einmal wagte der Rabbiner von München auf die Bühne zu steigen, um nachzuweisen, daß hier gegen die Juden Falsches vorgebracht werde. Das war für die Geduld doch zu viel, der Rabbiner mußte unter Tumult hinaus, und die Plakate Hitlers trugen seitdem den Vermerk: Juden haben keinen Zutritt. Da merkten die Münchener, daß es ihm mit seiner Judenfeindschaft Ernst war, besser als aus einem Dutzend Reden. Als ein gleichfalls beliebter Volksredner jener Tage, ein Ingenieur namens Ballerstedt, Hitler mit Zwischenrufen arg zusetzte, prügelten ihn wütende Nationalsozialisten aus dem Saal hinaus. Das Verfahren wurde ein paarmal wiederholt; bald wagte sich kein Zwischenrufer, kein Diskussionsredner mehr hervor, mit einem Zauberschlage wurde die Stimmung in Hitlers Versammlungen einheitlicher, einfacher, gläubiger — der neue Stil der politischen Massenkundgebung war durch Zufall entdeckt.

Die Symbole.

Jeder weiß, daß eine große politische Kundgebung heutzutage ohne Fahnen und Musik nicht möglich ist. Hitler hat frühzeitig Fahnen und Musik zu einem wesentlichen Bestandteil selbst der kleinsten Versammlung gemacht, und nicht nur der Versammlungen; möglichst überall, wo die Partei öffentlich auftritt, ist eine Fahne dabei. Hitler, der sich immer noch für einen heimlichen Künstler hält, entwirft selbst Fahne, Standarte und Parteiabzeichen. Es ist jedesmal eine rote Grundfläche, darauf eine weiße runde Scheibe, in der Mitte ein schwarzes Hakenkreuz. Schwarz, weiß und rot waren auch die Farben des alten Kaiserreichs, »der strahlendste Akkord, den es gibt«, sagt Hitler. Er will die alte schwarz-weiß-rote Fahne nicht wieder aufnehmen, sondern sie weiterbilden; »denn wir wollen ja nicht das alte, an seinen eigenen Fehlern zugrunde gegangene Reich wieder vom Tode erwecken, sondern einen neuen Staat erbauen«. Im Sommer 1920 erscheint die Fahne zum erstenmal in der Oeffentlichkeit und »wirkte wie eine Brandfackel«. Zwei Jahre später findet Hitler mit Recht, daß die Fahne in ihren Proportionen schlecht gebaut ist und selbst im größten Format etwas kümmerlich wirkt; darum entwirft er eine neue Form, die Standarte, den Kirchenfahnen nachgebildet; sie ist weit eindrucksvoller und wird das Zeichen der Sturmabteilung, der SA. Dagegen bleibt das im Knopfloch getragene Parteiabzeichen so, wie es im ersten Entwurf Hitlers aussah: ein geschmackloses rundes Blech.

Was bedeutet die Fahne? Was bedeutet das Hakenkreuz auf weißer Scheibe im roten Tuch?

»Im Rot sehen wir den sozialen Gedanken der Bewegung, im Weiß den nationalistischen, im Hakenkreuz die Mission des Kampfes für den Sieg des arischen Menschen und zugleich mit ihm auch den Sieg des Gedankens der schaffenden Arbeit, die selbst ewig antisemitisch war und antisemitisch sein wird.«

Vom sozialen Gedanken spricht der Führer der nationalsozialistischen Partei, nicht vom sozialistischen. Daß die schaffende Arbeit immer antisemitisch war und sein wird, mag manchem neu sein.

Aber ist eigentlich das Hakenkreuz ein arisches Zeichen? Wir wissen darüber so wenig Genaues wie überhaupt über die arische Rasse, die der Wissenschaft unbekannt ist. Jedenfalls findet es sich am häufigsten bei asiatischen Völkern. Dagegen wissen wir, wie es in seiner heutigen politischen Bedeutung nach Deutschland kam. Im Jahre 1918 schickte Ludendorff ein deutsches Heer unter dem Grafen von der Goltz nach Finnland, um die Bolschewiki von dort zu vertreiben. Nach der Revolution wurde diese Truppe in den Ostseeländern, im sogenannten Baltikum, gegen die vordringenden Bolschewiki eingesetzt. Auf beiden Schauplätzen focht sie im Bunde mit der nationalistischen Gegenrevolution dieser kleinen Länder, Finnland, Lettland, Estland, ferner zum Teil im Bunde mit der alten deutschen Oberschicht, die aus früheren Jahrhunderten dort ansässig ist, schließlich im Bunde mit Offizieren des ehemaligen russischen Zaren. Nach seiner Rückkehr in die deutsche Heimat war dieses Korps der militärische Kern der deutschen Gegenrevolution und auch der Träger des Kapp-Putsches. Es überlieferte das »Hakenkreuz am Stahlhelm«, weiter an die ganze antisemitische Bewegung Deutschlands. Wo hatte es das Zeichen her? Nun, aus Finnland, wo es staatliches Hoheitszeichen ist, ohne antisemitische Bedeutung zu haben. Woher aber haben es die Finnen? Wir können nur feststellen, daß das Hakenkreuz bei den mongolischen Völkern weit verbreitet und z. B. im modernen China staatlich verwendetes Abzeichen ist, und daß die Finnen zur finnisch-ugrischen, also mit den Mongolen verwandten Völkerfamilie gehören.

Es scheint also, daß das nationalsozialistische Deutschland ein mongolisches Abzeichen führt.

Für die Propaganda konnte dieses Zeichen nicht besser erfunden werden. Es hat etwas Drohendes, Starkes, Geheimnisvolles, ist dabei außerordentlich harmonisch, einprägsam und nicht zu verwechseln; vor allem ist es sehr leicht nachzuzeichnen, es reizt gradezu zum Schmieren. Bald ist es in Kreide an allen Hauswänden zu sehen.

Zum sichtbaren Zeichen kommt das hörbare. Die Antisemiten Oesterreichs haben seit Jahrzehnten den Gruß »Heil« bei sich eingeführt, der ein altgermanischer Gruß ist. Dann haben ihn die Bergsteiger in den ganzen Ostalpen übernommen, die meisten, ohne sich viel dabei zu denken; doch muß man wissen, daß der Alpinismus in Oesterreich immer ziemlich antisemitisch war. Von den Münchener bergsteigenden Studenten wandert der Heilgruß weiter zu den Nationalsozialisten, wohl auch erweitert zu »Heil Deutschland!« Erst viele Jahre später wird daraus »Siegheil!« und »Heil Hitler!«

Der Zuhörer als Mitarbeiter.

Zeichen, Fahne, Gruß und Lied werden so wichtige Hilfsmittel der nationalsozialistischen Propaganda. Hitler bietet etwas für Auge und Ohr, sagt man; er unterhält die Leute, das zieht. Aber damit erschöpft man das Wesen dieser Symbolik nicht. Das wesentliche ist, daß diese Zeichen mit den Menschen leben. Die Kapelle spielt, die Versammlung singt. Eine Fahnenabteilung marschiert ein: eine Gasse bildet sich, das Publikum ruft Heil, später lernt es die Hand heben. So vergeht eine Stunde nach dem festgesetzten Versammlungsbeginn; es vergehen anderthalb, vielleicht zwei. Die Stimmung wird fiebrig. Ein Funktionär steigt auf die Bühne und ruft, der Führer Adolf Hitler sei durch politische Besprechungen von großer Tragweite festgehalten, werde aber sofort kommen. Auf der Höhe seiner Erfolge hat Hitler einmal, kurz nach Eröffnung der Versammlung, einen amerikanischen Reporter in seinem Büro empfangen und ihm ein dreiviertelstündiges Interview gegeben; als er schätzen durfte, die Spannung sei nun auf dem Höhepunkt, brauste er samt dem Reporter im Wagen los, betrat den Saal, sprach sofort und hielt eine seiner besten Reden. Wenn der Führer durch die Tür kommt, steigt alles auf die Tische, die Versammlung ist ein einziges Heulen und wildes Gestikulieren. Hier sehen wir am deutlichsten das Geheimnis dieser Regie. Singen, Heilrufen, Armheben, auf die Tische steigen; das Gemeinsame und Wesentliche ist immer, daß das Publikum rastlos mitarbeitet, bis sich jener Zustand einstellt, den man innere Transpiration nennen kann: das vollkommene Durchdrungensein von dem Gefühl, daß man nur ein Stück einer einzigen, in eins zusammengeschweißten Willensgemeinschaft, Glaubensgemeinschaft und nötigenfalls Tatgemeinschaft ist. In den Versammlungen Hitlers gibt es keine Zuhörer mehr, sondern nur noch Mitwirkende — das ist das erste große Geheimnis seines Erfolges. Man muß es ausdrücklich das erste nennen, denn die Regie ist noch wichtiger als die Rede.

Dies, mehr als sonstige Aeußerlichkeiten, verbindet ihn mit dem Vorbild der Heilsarmee. Auch die Heilsarmee kennt den Kunstgriff, den Zuhörer aktiv zu machen, wenngleich sie ihn zu tieferen und reineren Zwecken benutzt. Der Ruf zur Buß-bank, das Hervortreten einzelner, das laute Sündenbekennt-nis des von der Gnade Erleuchteten, in dem das ganze Publi-kum sich dargestellt sieht — diesen Zauber hat Hitler, ver-flacht und den Umständen entsprechend verwandelt, in die politische Versammlung übernommen.

Der Redekünstler.

Und nun steht er oben auf dem Podium. Zuweilen benimmt er sich meisterhaft. Die Versammlung ruft und winkt an-dauernd; ein Begleiter reicht ihm einen Steinkrug mit Bier. Hitler behauptet, er sei kein Alkoholiker, aber den Krug hebt er wie ein alter Bräuhausstammgast gegen das Publikum, ruft grinsend »Prost!« und trinkt einen mächtigen Respektschluck. Wenn die Münchener einen Bier trinken sehen, sind sie vor Jubel fassungslos. Das Heilrufen hört jetzt überhaupt nicht mehr auf. Indessen, Hitler hat heute wenig Zeit. Er hebt beide Hände wie ein Dirigent und winkt scherzhaft ab; mit gespitz-tem Munde ruft er: »Pst, pst, pst ...« immer leiser, mit den Händen langsam nach abwärts, bis im Saale völlige Stille ist. Dann beginnt er:

»Meine lieben Volksgenossen, es sind vielleicht viele unter euch, die nennen sich internationale Sozialisten. Was heißt eigentlich international? Ja, ich weiß natürlich, der deutsche Arbeiter, das ist der internationale Bruder des chinesischen Kulis, des malaiischen Schiffsheizers, des analphabetischen russischen Holzflößers; alle diese Leute stehen ihm natürlich näher als sein Arbeitgeber, der ja auch bloß ein Deutscher ist. Mein lieber Freund, widersprich mir nicht, denn das hat man euch tatsächlich jahrzehntelang vorgegaukelt, und ihr habt es geglaubt. In Wirklichkeit aber gibt es nur eine einzige Inter-nationale, und die kann deshalb existieren, weil sie in Wahr-heit auf nationaler Grundlage beruht: das ist die Internatio-nale der jüdischen Börsendiktatur. Die ist die Angelegenheit eines einzigen Volkes; das hat eine gemeinsame Abstammung,

eine gemeinsame Religion und eine gemeinsame Sprache —
nämlich mit de Händ...«

Alles lacht, Hitler am meisten. Er kann heiter sein, tänzelt
auf der Bühne herum, winkt und lacht nach allen Seiten. Ein
andermal hat er eine große, schwere Rede mit politischem Inhalt vor; da steht er ernst in seinem schwarzen Gehrock, den
Blick fest auf den Boden geheftet; wie träumend geht er auf
den Tisch zu, auf den er seine Manuskriptblätter legt, faßt
zögernd den Tisch an den Kanten, hebt ihn ein wenig vom
Boden ab, schiebt ihn nach vorn, dann wieder zurück — wahrhaftig, vor achttausend Menschen, die staunend dem größten
Redner Deutschlands zusehen, trägt er spielerisch den Tisch
über die Bühne. Er findet den Anfang nicht, er findet die
Haltung nicht, er kann sich nicht zum Reden entschließen. Bis
er mit einem Ruck die Nervosität abwirft, grade steht und mit
tiefer, fester Stimme beginnt: »Deutsche Volksgenossen! Eine
große Trostlosigkeit und Erbitterung hat unser deutsches Volk
erfaßt...«

Ueber seine Stimme gibt es die verschiedensten Urteile. Die
einen finden sie faszinierend, die anderen abscheulich. Sicher
ist, daß die außerordentliche Kraft dieses Organs, die auch
in der heulenden Höhenlage wenig abnimmt und nur in erregten Augenblicken in ein fanatisches Krähen übergeht, auf
viele suggestiv wirkt. Ton und Haltung des Redners bei Beginn machen den Eindruck von starkem Ernst und Verantwortungsgefühl, umso erregender wirkt später das hemmungslose
Schreien; wenn dieser Kraftvolle, so empfindet der Hörer unbewußt, wie ein wahnsinniges Weib kreischt, dann müssen
wirklich fürchterliche Dinge passiert sein. Der sogenannte
Zauber einer Persönlichkeit ist im letzten nicht zu enträtseln,
aber der Mechanismus ist in diesem Falle ganz primitiv und
deutlich: das jähe Wechseln zwischen ausdrucksstarkem Ernst
und ausdrucksstarker Hysterie. Oft ist die Frage nach seiner
Ehrlichkeit gestellt worden, von der später noch zu reden sein
wird. Sicher ist: der Redner Hitler lebt sich selbst einen ehrlichen Mann vor. Er ist auf den Höhepunkten seiner Rede ein
von sich selbst Verführter, und mag er lautere Wahrheit oder
die dickste Lüge sagen, so ist jedenfalls das, was er gerade sagt,
in dem betreffenden Augenblick so vollständig der Ausdruck
seines Wesens, seiner Stimmung und seiner Ueberzeugung von

der tiefen Notwendigkeit seines ganzen Tuns, daß selbst von der Lüge noch ein Fluidum von Echtheit auf den Besucher überströmt. Die Einheit von Mann und Wort ist das zweite Geheimnis seines Erfolges.

Den Künstler der Formulierung muß jeder bewundern, der mit dem Ausdruck und seiner widerspenstigen Kraft jemals gerungen hat. »Was nicht Rasse ist, ist Spreu,« ist in seiner klingenden Kürze vollendet; übrigens falsch. »Die Erde ist nicht da für feige Völker,« kommt ihm nahe. »So wenig eine Hyäne vom Aase läßt, so wenig ein Marxist vom Vaterlandsverrat,« ist ein sehr kurzbeiniger Gedanke, aber eine unübertroffene Beschimpfung; von gleicher Kraft »Pazifistenspülwasser«. Mit den Waffen, die einem »nationalen Volk aus der Faust herausquellen« würden, kommt er der bewußten Unwahrheit schon sehr nahe. Einen Satz wie »Die braune Garde grüßt das Schicksal,« würde man kitschig nennen, wenn in diesem Schlamm-Meer kunstvoller Lüge noch ein trockener Fleck Raum für den guten Geschmack übrig wäre.

»Hitler sagt immer dasselbe . . .«

Kritische Hörer in den ersten Jahren und kritische Leser von »Mein Kampf« in der späteren Zeit haben ihn einen beschränkten und langweiligen Kopf genannt, der immer dasselbe sage. Nun ist das nicht einmal wörtlich richtig. Der Redner wie der Schriftsteller Hitler hat sich vielmehr kühn angemaßt, so ziemlich über den ganzen Inhalt des Universums sein Wort zu sagen; die Zahl seiner Themen ist unendlich. Allerdings — und das haben jene Kritiker wohl gemeint — führen alle seine Betrachtungen immer zu demselben Ergebnis, nämlich, volkstümlich gesprochen, daß der Jude an allem schuld sei; allenfalls daß im Völkerleben eine Auslese der Kraft regiere und daß das Treffen dieser Auslese der wahre Inhalt der Staatskunst sei. Zunächst könnte Hitler seinen Kritikern entgegenhalten, daß die Wahrheit nicht oft genug gesagt werden kann. Aber der Propagandist Hitler weiß noch mehr: die beständige Wiederholung desselben ist nämlich das dritte große Geheimnis des Erfolges. Wie kräftig und richtig sagt er den »Blasierten« Bescheid:

»Diesen Leuten wird in kurzer Zeit alles überdrüssig; sie wünschen Abwechslung und verstehen niemals, sich in die Bedürfnisse ihrer noch nicht so abgebrühten Mitwelt hineinzuversetzen oder diese gar zu begreifen. Propaganda ist jedoch nicht dazu da, blasierten Herrchen laufend interessante Abwechslung zu schaffen, sondern zu überzeugen, und zwar die Masse zu überzeugen. Diese aber braucht in ihrer Schwerfälligkeit immer eine bestimmte Zeit, ehe sie auch nur von einer Sache Kenntnis zu nehmen bereit ist, und nur einer tausendfachen Wiederholung einfachster Begriffe wird sie endlich ihr Gedächtnis schenken. Jede Abwechslung darf nie den Inhalt des durch die Propaganda zu Bringenden verändern, sondern muß stets zum Schlusse das gleiche besagen. Dann aber wird man mit Staunen feststellen können, zu welch ungeheuren, kaum verständlichen Ergebnissen solch eine Beharrlichkeit führt. Jede Reklame, mag sie auf dem Gebiet des Geschäftes oder der Politik liegen, trägt den Erfolg in der Dauer und gleichmäßigen Einheitlichkeit ihrer Anwendung. So muß das Schlagwort wohl von verschiedenen Seiten aus beleuchtet werden, allein das Ende jeder Betrachtung hat immer von neuem beim Schlagwort selber zu liegen.«

So selbstverständlich diese Grundsätze sind, so selten werden sie in der politischen Praxis angewandt. Von der Grundwahrheit, daß das Einfache immer wiederholt werden und das Wiederholte immer einfach sein müsse, wurde meist nur die Hälfte begriffen. Wenn beispielsweise die Kommunisten »hämmern«, dann hämmern sie ihren Zuhörern etwa einen so schwierigen Begriff wie »Klassenfeind« ein, der ohne Vorkenntnisse und Nachdenken gar nicht zu verstehen ist. Hitler sagt »Jude« — und jeder versteht. Immer wieder wird die Wahrheit vergessen, daß die Masse — zu der bekanntlich jeder, selbst der Gebildetste gehört, wenn er unter Tausenden steckt — erlogene Tatsachen lieber hört, als wahre Begründungen. Und daß sie eine erlogene Tatsache, die mehrmals wiederholt wird, schließlich bedingungslos glaubt — ein »ungeheures, kaum verständliches Ergebnis«, das selbst ein Hitler »mit Staunen« feststellt.

Ja, das tätige Nachspüren hinter der Frage: wie komme ich an die Massen heran, wie in die Gemüter hinein? hat ihn zu erstaunlichen Ergebnissen und schwindelnden Höhen geführt.

Aber mag moralisch die Lehre Hitlers noch so verurteilens-
wert sein; seine Leistung ist eine Bestätigung des alten Satzes,
daß Genie Fleiß ist. Durch seine Unermüdlichkeit hat er seine
Gegner geschlagen.

Aktivierung der Masse, Hingabe an die Rede und Rastlosig-
keit im Wirken sind die drei Schlüssel seines Erfolges.

Man hat die Nationalsozialisten scherzweise die Odol-Partei
genannt. Odol ist ein in Deutschland viel gebrauchtes Mund-
wasser, das durch Reklame sehr berühmt wurde. Sein Her-
steller war ein Kommerzienrat Lingner. Von diesem Lingner
wird folgende gut erfundene Geschichte erzählt:

Er führt einen Besucher durch seine gewaltigen Fabrik-
anlagen bei Dresden.

»In diesem Gebäude rechts«, sagt er mit großer Hand-
bewegung, »machen wir nichts als unsere Flaschenverschlüsse.
In dem großen Trakt in der Mitte die Flaschen. Der ganze
Flügel dort hinten dient allein zur Herstellung der Etiketten
und Reklameprospekte.«

»Und der niedrige Schuppen hier vorn?«

»Das Häuschen, na, irgendwo müssen wir doch auch das
Odol machen!«

Das Führerprinzip.

Die einzigartigen Leistungen Hitlers als Propagandist und
Organisator beruhen nicht auf einem ausgeklügelten Plan, sondern auf Experiment und Glück, raschem Zugriff und manchem Fehlgriff. Er ist den Ereignissen ohne viel Vorbereitung,
aber mit gesundem Menschenverstand entgegengetreten; so
wurde ihre Lehre ihm heilsam und selbst der Irrtum nicht auf
die Dauer verderblich. Indem er im einzelnen Fall meistens
das Zweckmäßige richtig herausfand, entstand aus tausend
Fällen und ihrer Bemeisterung mit der Zeit ein System.

Die zufällige Notwendigkeit, den nach außen glanzvollsten
Posten einer unscheinbaren Partei zu übernehmen, erweckte
aus ihm den ersten Propagandisten Deutschlands. Das Bedürfnis, sich bei seiner Propaganda nicht von Kameraden dreinreden zu lassen, trieb ihn bereits hier, im engsten Kreise, auf
das Führerprinzip los.

Der Aufbau, den Adolf Hitler seiner Bewegung gibt und

dessen spätere Entfaltung hier ein für allemal skizziert sei, ist lediglich ein Unterbau für den Thron des Führers. Die Bewegung ist durch die schöpferische Tat eines einzelnen entstanden, dieser einzelne bestimmt selbstherrlich, unkontrolliert und verantwortungsfrei die Politik, ruft Unterorganisationen ins Leben und setzt die Führer ein. Wahlen oder Beschlüsse der Mitglieder kommen nur auf besonderen Wunsch des Führers oder der von ihm eingesetzten Unterführer vor.

Hitlers Grundsätze für die Organisation der Bewegung gehören zum Klügsten, was über dieses Thema überhaupt gesagt werden kann. Sie lauten:

»a) Konzentration der gesamten Arbeit zunächst auf einen einzigen Ort: München. Heranbildung einer Gemeinde von unbedingt verläßlichen Anhängern und Ausbildung einer Schule für die spätere Verbreitung der Idee. Gewinnung der notwendigen Autorität für später durch möglichst große sichtbare Erfolge an diesem einen Ort...

b) Bildung von Ortsgruppen erst dann, wenn die Autorität der Zentralleitung in München als unbedingt anerkannt gelten darf.

c) Die Bildung von Bezirks-, Gau- oder Landesverbänden erfolgt ebenfalls nicht nur nach dem Bedarf an sich, sondern nach Erreichung der Sicherheit einer bedingungslosen Anerkennung der Zentrale...

Die Führung der Bewegung muß große Gebiete unter Umständen brachliegen lassen, sofern sich nicht unter den Anhängern ein Kopf herausschält, fähig und gewillt, sich der Leitung zur Verfügung zu stellen und die Bewegung in dem betreffenden Gebiete zu organisieren und zu führen ... Immer ist und bleibt die Voraussetzung für die Bildung einer organisatorischen Form der zu ihrer Führung fähige Kopf.«

Das Führerprinzip durchläuft die Partei von oben bis unten. Grundsätzlich wird keine Organisation, keine Gliederung, keine Gruppe ins Leben gerufen, bevor ein geeigneter Mann als Führer vorhanden ist. Fehlt er, so bleiben die bereits vorhandenen Parteianhänger eben vorläufig unorganisiert.

Das ist in den Augen Hitlers kein Unglück. Nach seiner Ansicht soll die Partei klein sein. Denn er unterscheidet zwischen Mitgliedern und Anhängern; die Mitglieder sind die Erprobten, Zuverlässigen, blind Gehorchenden, und zehn Gehorsame sind selbstverständlich wertvoller als hundert Unberechenbare. Die Anhänger dagegen füllen die Versammlungssäle, wo sie durch ihre Anwesenheit nützen und im übrigen keinen Schaden stiften.

Denn Hitler hat mit teuflischem Scharfsinn begriffen, was andere Parteien (es ehrt sie) nicht gesehen haben: »daß die Stärke einer politischen Partei keineswegs in einer möglichst großen und selbständigen Geistigkeit der einzelnen Mitglieder liegt, als vielmehr im disziplinierten Gehorsam, mit dem ihre Mitglieder der geistigen Führung Gefolgschaft leisten.« Denn derjenige siegt, »der die überlegenste Führung und zugleich die diszipliniertteste, blind gehorsame, best gedrillte Truppe hat ... eine Kompagnie von 200 geistig ganz gleich fähigen Menschen wäre auf die Dauer schwerer zu disziplinieren, als eine solche von 190 geistig weniger Fähigen und 10 höher Gebildeten«.

Eine hohe Meinung von seinen Anhängern hat Hitler jedenfalls nicht und kann er nicht haben. Denn — das ist die unausgesprochene Voraussetzung seiner Führerauslese — er kann natürlich nur solche Menschen brauchen, mit denen er selbst geistig fertig zu werden vermag. Und so hoch man die politische Klugheit des Mannes, der diese Organisationsgrundsätze ersann und anwandte, schätzen muß, so eng sind, wie wir noch sehen werden, ihre Grenzen in der echten Auseinandersetzung, wo er einen echten Gegner aus Fleisch und Blut und nicht einen zusammenphantasierten Feind vor sich hat, wirkliche Gegengründe und nicht eigens zur Widerlegung erfundene Widersprüche beantworten soll und Beweise statt wirksamer Behauptungen vorbringen muß. Diese Eigenschaften Hitlers ziehen dem Niveau der Anhänger nach oben eine sichere Grenze.

So erklärt sich auch die Gelassenheit, mit der er dem Theorienstreit innerhalb seiner Partei zusieht, wo radikale Sozialisten und radikale Kapitalisten miteinander im ewig unentschiedenen Kampf liegen. Eine derart auf Stumpfsinn ausgesuchte Gefolgschaft wird durch den im engen Zirkel tobenden Streit der Privatmeinungen in ihrem Gehorsam nicht beunruhigt — und darauf kommt es allein an.

Der frühere Nationalsozialist Bodo Uhse erzählt in seinen Erinnerungen eine bezeichnende Geschichte. Auf einem Parteitag haben sich einige Parteigenossen zusammengesetzt und die Gründung nationalsozialistischer Gewerkschaften gefordert. Aus Rücksicht auf die Unternehmer lehnt Hitler das ab und beauftragt seinen Vertrauensmann Dr. Ley, den Parteigenossen ihren Plan auszureden. Ley geht in die Sitzung und erklärt, Gewerkschaften kämen nicht in Frage, so etwas sei marxistisch. Gemurmel, Widerspruch, erhobene Hände, mehrere wollen Ley antworten. Darauf ruft er:

»Ich weiß nicht, wozu Sie sich zum Worte melden, Parteigenossen! Sie haben vollkommen irrige Vorstellungen über den Sinn dieser Beratungen und über die Aufgaben des Parteitages! Wir sind doch nicht in einer parlamentarischen Schwatzbude mit Diskussion, Abstimmung und Geschäftsordnung. Sie können hier doch nicht Beschlüsse fassen. Sie sind hier, um die Meinung des Führers zu hören; die habe ich Ihnen mitgeteilt. Nun richten Sie sich danach!«

Das Prinzip der möglichst kleinen Partei ist in der Praxis nicht eingehalten worden, und zwar gegen den Willen Hitlers. Die Partei gliedert sich seit Anbeginn in zwei große Gruppen: die (zivile) politische Organisation und die (militärähnliche) SA; ehrgeizige und machtlüsterne Unterführer, nämlich Gregor Straßer in der politischen Organisation und Ernst Röhm in der SA, haben in beiden Gliederungen ein Wettrennen nach hohen Mitgliederzahlen veranstaltet. Die Partei wurde so zu einem viel bewunderten Riesenwalfisch, innerlich jedoch zu einem schauerlichen Sammelsurium von Mittelmäßigkeit, Intrige und stumpfsinnigem Gamaschendienst; durch das Bekenntnis zum Führer zusammengehalten, durch Schwerfälligkeit seinen Platz behauptend und durch seine innere Leere allmählich jeder politischen Bedeutung beraubt. Nach mehreren heftigen Krisen ist Hitler schließlich dazu übergegangen, die politische Organisation und die SA radikal zu verkleinern, nicht um sie zu vernichten, sondern um sie brauchbar zu machen.

Erst der Führer, dann die Truppe; kleiner Kern, breite Masse; Verantwortung nach oben, Autorität nach unten; absolute Befehlsgewalt der Zentrale über das Ganze, absolute Befehlsgewalt der Unterführer in ihrem Bereich; Ausschaltung der Debatte aus dem Parteileben und Konzentration der Mitglieder auf die einzige große technische Aufgabe, nämlich auf die Propaganda zur Erringung der Macht; immer schärferer Schliff der Partei zur furchtbaren Waffe des Machtkampfes, Zurückdrängung aller menschlichen Werte, die diesem Machtkampf nicht dienen, Pflege des gehorsamen Mittelmaßes, Verkümmerung persönlicher Eigenart, Herdenzucht — dank solchen Prinzipien erringt Hitler mit seiner Partei die Macht über ein großes, geistig reiches Volk.

Er hat das deutsche Volk meisterhaft verdorben.

8. Der Weg in die Gesellschaft

Wovon lebt er eigentlich?

Die Partei wird zum Heer werden, die Propaganda zur Legende, und vor den Augen der Zeitgenossen baut sich die Kolossalfigur des Tribunen Adolf Hitler auf, in der der Mensch Adolf Hitler verschwindet. Bevor er dort sich selbst und uns verloren geht, versuchen wir noch einmal seine Gestalt in ihrem verschwimmenden Naturzustande festzuhalten.

Der schmächtige Ansichtskarten-Zeichner von 1913 ist seitdem ein harter Berufssoldat geworden. Seit sechs Jahren trägt er die Uniform. Er ist schon längst ein bekannter »Hetzer und Volksaufwiegler«, ein Wühler gegen Staat und Regierung, aber die Reichswehr besoldet ihn immer noch. Erst am 1. Mai 1920 scheidet er aus; die Vorgesetzten müssen ihn fallen lassen, weil nach dem mißglückten Kapp-Putsch die hervorstechendsten politischen Gestalten nicht mehr in der Truppe zu halten sind. Das ändert im übrigen an den guten Beziehungen zu Ernst Röhm, dem Duzfreund, und zu dem General von Epp nichts. Die rebellierende Münchner Reichswehr hat sich die nationalsozialistische Partei aufgebaut, die Reichswehr hat ihr in Hitler den Führer gegeben, die Reichswehr wird sich von der Partei nicht trennen.

Aber ein lustiges Landsknechtsleben mit Suff und Fraß, mit Rotwein als Gurgelwasser, mit Mädchen und seidenen Betten ist das Dasein an der Spitze·dieser entstehenden Partei vorläufig nicht. Die Industrie wirft ihr Geld nicht dem ersten besten Abenteurer mit gutem Mundwerk nach; bevor sie einen großen Betrag für die reichlich abenteuerliche Vernichtung des Marxismus anlegt, probiert sie es noch lange, ob eine Verständigung mit dem Marxismus nicht doch billiger kommt.

Hitler muß zusehen, wie er sich durchs Leben schlägt. »Was glauben Sie«, sagt er später zu Gregor Straßer, »was für ein Problem es damals für mich war, die Fahrkarte zu kaufen, wenn ich in Nürnberg eine Rede halten wollte!«

Alter Gewohnheit treu, wohnt er auch hier wieder im Männerheim der Barmherzigen Brüder in der Lothstraße.

Den Parteigenossen ist sein bürgerliches Dasein ein Rätsel. Niemand weiß, wovon er lebt. Sie wagen schon gar nicht zu fragen. Was sie als Menschen vor sich sehen, ist ein Bohemien der ungezügeltsten Sorte. Er hat kein Geld, aber er gibt es aus, und die Widersprüche sind peinlich. Hier der mündliche Bericht eines seiner Geschäftsfreunde aus dem Jahre 1923: »Glauben Sie mir, Hitler ist persönlich der bescheidenste Mensch auf der Welt und für die kleinste Wohltat dankbar. Ich habe ihm einmal einen alten blauen Rock von mir geschenkt, da hat er meine Hand mit beiden Händen ergriffen und Tränen sind ihm aus den Augen gestürzt. Der arme Mensch hat es gewiß schwer im Leben gehabt, und die Menschen müssen gar nicht gut zu ihm gewesen sein.« Ueberzeugt fügte der Sprecher hinzu: »Den Hitler hätten sie am 9. November 1923 an der Feldherrnhalle auf den Kopf stellen können, da wäre ihm noch kein Zehnerl aus der Tasche gefallen.«

Aber kurz zuvor hat sein Mitkämpfer Heinrich Dolle, Apostel einer strengen Lebensführung mit einer Vorliebe für altertümliches Deutsch, einen später veröffentlichten Brief an ihn geschrieben, in dem es heißt: »Ihr sitzt zu viel mit Dietrich Eckart in der Fledermaus-Bar, das ist nicht gut für Euch.«

Unzufriedene Parteimitglieder verbreiten im Juli 1921 ein Flugblatt gegen ihn, in dem es heißt: »Auf Fragen seitens einzelner Mitglieder, von was er denn eigentlich lebe und welchen Beruf er früher gehabt habe, geriet er jedesmal in Zorn und Erregung. Eine Beantwortung dieser Fragen ist bis heute noch nicht erfolgt. Sein Gewissen kann also nicht rein sein, zumal sein übermäßiger Damenverkehr, bei denen er sich des öfteren schon als »König von München« bezeichnete, sehr viel Geld kostet.« Die tatsächlichen Angaben des Flugblattes gehen auf Anton Drexler zurück.

Wegen dieses Flugblattes kommt es zu einem Beleidigungsprozeß. Hitler wird vor Gericht aufgefordert, nun doch einmal frei herauszusagen, wovon er eigentlich lebe. Bekomme er für seine Versammlungsreden Geld? Das sei doch nichts Unehrenhaftes. Antwort: »Wenn ich für die nationalsozialistische Partei spreche, dann nehme ich kein Geld für mich. Aber ich spreche auch als Redner in anderen Organisationen, zum Beispiel im Deutsch-völkischen Schutz- und Trutzbund. Dann nehme ich natürlich Honorar.« — »Und reicht das aus?« — »Ich esse auch abwechselnd bei einzelnen Parteigenossen zu Mittag. Außerdem werde ich von einigen Parteigenossen in bescheidener Weise unterstützt.«

Damals richtete Rudolf Heß, der persönliche Freund, später Privatsekretär und Stellvertreter einen offenen Brief an den »Völkischen Beobachter«, in dem er versicherte, er sei mit Hitler seit anderthalb Jahren fast täglich zusammen und könne sagen: »Tief zu bedauern ist, daß die Bewegung nicht in der Lage ist, für den Unterhalt des Führers zu sorgen — nach Verdienst kann sie ihn nie lohnen. Es ist begreiflich, daß er nicht geneigt ist, jedermann Auskunft über seine eigensten Verhältnisse zu geben. Ich weiß aber gewiß: auch diese Seite ist rein.«

Das strenge Prinzip, für Reden in Parteiversammlungen nichts zu nehmen, hat Hitler jedenfalls nicht immer beibehalten. Darüber hat der frühere Propagandaleiter des »Völkischen Beobachter«, May, einiges in einem Brief an Hitler ausgeplaudert, den er später veröffentlichte. Er schildert da, wie 1926 nach einer Rede Hitlers in Nürnberg Julius Streicher seinem Führer ein Kuvert in die Hand drückt und, o Schrecken, es waren nur 500 Mark darin. Dafür versprach Streicher, es würden das nächste Mal 1000 sein. Entrüstet sagt May (und glaubt damit offenbar, auch die Meinung Hitlers zu treffen), das Ganze sei doch ein des Führers recht unwürdiges Verfahren; Streicher spiele sich auf, als ob er Hitler ein außerordentlich vornehmes Geschenk mache, dabei seien die 1000 Mark noch nicht einmal ein Viertel dessen, was Streicher bei dem Geschäft einnehme.

Sicherlich haben alle diejenigen geirrt, die den Hitler der ersten Jahre wegen seines chronischen Geldmangels für einen armen Teufel hielten. Sein Bedürfnis nach sprunghaftem Wechsel zwischen tiefer Einsamkeit und wimmelnder Gesellschaft führt bei nicht eben unbeschränkten Mitteln zu bescheidener Wohnung und großem Wirtshausgelage. Dabei hält er sich wahrscheinlich ganz ehrlich für ein »armes Luder«, das kaum ein anständiges Dach über dem Kopf hat, denn so haben die Menschen noch immer ihre Genies behandelt. In Wirklichkeit kann Hitler ganz einfach nicht mit Geld umgehen; so wenig wie er mit seiner Zeit umgehen, mit seiner Kraft haushalten, sein Personal ökonomisch verwenden oder Schrift und Rede architektonisch gliedern kann. Er ist ein zügelloser Mensch, gegen Mühen und Schmerzen bisweilen wie in einem Rauschzustand unempfindlich und dadurch zu bewundernswerten Kraftleistungen fähig; auf lange Dauer jedoch zur Selbstdisziplin nicht imstande.

»Im Kreise schöner Frauen.«

Im Sommer 1923 entdecken die Freunde Dietrich Eckart und Hermann Esser ein ländliches Asyl bei Berchtesgaden, den Platterhof. Ein reicher junger Verehrer Hitlers, Ernst Hanfstaengl, ist eine willkommene Ergänzung der Gesellschaft, zu der auch Max Amann, der damalige Geschäftsführer der Partei, gehört. In dieser fidelen Bande wußte Hitler die Grenzen nicht zu finden. Unzufriedene Parteigenossen wollten durch einen feierlichen Schritt dem Treiben ein Ende machen. Sie hatten ihren Sammelpunkt in der Dienstwohnung eines hohen Eisenbahnbeamten, des Oberregierungsrats Lauboeck, der im Gebäude des Münchner Ostbahnhofs wohnte. Dort versammelten sich Gottfried Feder, ferner der damalige zweite Parteivorsitzende Jacob, der Parteigründer Oskar Körner und andere. Besonderen Anstoß bei diesen Gutgesinnten erregte es, daß Frau Hermann Esser während einer Festlichkeit in seidenen Breeches-Hosen herumgelaufen sei. Gottfried Feder las einen Brief vor, den er an Hitler gerichtet hatte und in dem es hieß:
»Mit wachsender Sorge sehen wir den unhaltbaren Zuständen zu. Wir verkennen es nicht, daß es dem Führer, dessen ganze Kraft in der Bewegung aufgeht und der als künstlerische Natur nicht mit kleinlichem Maßstab gemessen werden darf, vergönnt sein muß, im Kreise schöner Frauen Erholung zu finden und neuen geistigen Antrieb zu schöpfen. Aber wir sehen mit wachsender Sorge, daß der Führer, dem wir als Gleichberechtigte — nicht Untergebene — freudig dienen, in einen Kreis von Menschen hineingeraten ist, der alles andere denn als fördernd bezeichnet werden kann. Der Führer muß sich bewußt sein, daß er mit seinem ganzen Tun und Lassen im öffentlichen Leben steht und daß man nach seinem Verhalten den idealen und sozialen Wert der Partei beurteilt.«
Feder sagte ferner noch, man müsse Hitler zu einer geordneten Arbeitsweise erziehen. Er hatte zu diesem Zweck einen Offizier ausgesucht, der Hitler als Sekretär beigegeben werde,

die Tagesarbeit nach der Uhr festlegen und überhaupt in die Tätigkeit des Führers Ordnung und Programm hineinbringen sollte. Als Hitler das hörte, schlug er mit der Faust auf den Tisch und schrie: »Was bilden sich die Kerle ein? Ich gehe meinen Weg, wie ich ihn für richtig halte.« Den Sekretär nahm er aber doch.

Der Kampf um die Salons.

Man muß nicht glauben, daß dieser unbeherrschte Mensch mit den schlechten Manieren ein beliebter Tafelaufsatz der Münchner Gesellschaft gewesen sei. Er wurde wenig eingeladen, die Salons hielten bis 1923 einen fast nirgends durchbrochenen Boykott gegen ihn durch. Ein schüchterner und linkischer Mensch, auffallend durch seine hastige Gier beim Essen und seine übertriebenen Verbeugungen, wurde er aus der Nähe schnell uninteressant. Nicht ärmlich, aber ohne jedes Zeichen persönlichen Geschmacks gekleidet, den Scheitel fast in der Mitte des geölten Haares, die Schnurrbartborste als unverständlicher Akzent im sonst weichlichen Antlitz — so wirkte der ganze Mann wie die schlechte Nachahmung eines nur in der Phantasie existierenden Idealtypus. Wenn das allgemeine Urteil ihn mit einem Kellner oder Friseur verglich, so war das nicht als Kränkung dieser Stände gemeint, denn kein Kellner oder Friseur hat je so ausgesehen, wie der Adolf Hitler von 1923; man dachte nur an die fade Idealschönheit, der Hitler damals zustrebte.

Eine Art Heim fand Hitler damals bei einer einfachen Dame, Frau Carola Hofmann, der Witwe eines Gymnasialdirektors. Sie wohnte in dem Villenvorort Solln bei München. 1920 hört sie Hitler zum erstenmal sprechen und schließt ihn sofort tief ins Herz. Die Einundsechzigjährige wird dem dreißigjährigen Bohemien die Mutter, die er in seinem ganzen Leben entbehrt und selbst in der leiblichen Mutter nicht gefunden hat. Das Landhaus Carola wird zeitweise ein inoffizielles Zentrum der Partei; die alte Frau hat die Saalschlachten der Bewegung mitgemacht und in ihrem Ort selbst eine Ortsgruppe gegründet. Immer muß Hitler ihr sein neuestes Bild schicken; dann schreibt er zum Beispiel darauf: »Meinem lieben, treuen Mütterchen, Weihnachten 1925, in Verehrung Adolf Hitler.«

Die Sprödigkeit der sogenannten guten Gesellschaft verletzt Hitler tief. »Was haben sie gegen mich?« ruft er. »Daß ich keinen Titel habe, daß ich nicht Doktor oder Oberleutnant bin! Das verzeihen sie mir nie.« Ein anderesmal behauptet er, man nähme ihm seine ganze Politik nicht halb so übel wie die Tatsache, daß er ein armer Teufel sei und sich doch erlaube, den Mund aufzumachen. Auf dem ersten großen Höhepunkt seiner Laufbahn im Jahre 1923 glaubt er noch redlich an die Komödie vom armen Führer, die er sich selbst vorspielt und seufzt: »Ich möchte ja nur, daß die Bewegung steht und daß ich mein Auskommen als Chef des »Völkischen Beobachters« habe.«

Das ganze Leben Hitlers ist eine einzige unglückliche Liebe zur guten bürgerlichen Gesellschaft.

Er wurde nicht in sie hineingeboren. Das läßt sich reparieren. Zielsicher betrat er den richtigen Weg, auf dem ein zum Glücklichsein Begabter Hätschelkind der Gesellschaft werden kann: er wollte Maler werden. Wir sahen, wie und warum er scheiterte. Seitdem ist sein Verhältnis zur Gesellschaft mit dem Fluch des bösen Gewissens belastet, mit dem ewigen Selbstvorwurf, zu träg zum kecken Griff nach dem Glück gewesen zu sein. Wenn er sich dann in Anklagen gegen diese Gesellschaft ergießt, die den Proletarier nicht bürgerlich genug behandelt, so tönt daraus doch nur die verschmähte Liebe und die Verzweiflung über das selbst verschuldete Mißgeschick.

Das erste Haus größeren Stils, das sich Hitler zu freundschaftlichem Verkehr auftut, befindet sich nicht in München, sondern in Berlin. Es ist das des Klavierfabrikanten Bechstein. Die Bechsteins sind alte Freunde von Dietrich Eckart; der führt seinen Schützling dort ein. Frau Helene Bechstein faßt eine warme Zuneigung zu Adolf Hitler. »Ich wollte, er wäre mein Sohn« sagt sie. Um ihn später in der Festungshaft besuchen zu können, gibt sie sich als seine Adoptivmutter aus. Hitler benutzt die Freundschaft der Bechsteins ohne zarte Bedenken; er bettelt immer wieder um Geld. Wenn Frau Bechstein kein bares Geld flüssig hat, schenkt sie ihm eins ihrer wertvollen Bilder — von seiner Wiener Zeit her weiß Hitler ja, wie man Bilder verwertet.

In München ist es zuerst das Haus Hanfstaengl, das sich ihm 1923 auf Wunsch des Sohnes Ernst öffnet. Die Hanfstaengls besitzen einen großen Kunstverlag, haben ausländisches Geld und gehören zu den in München verhältnismäßig seltenen reichen Leuten. Das Oberhaupt des Hauses, Frau Hanfstaengl, eine geborene Sedgwick-Heine aus New York, ist von Herkunft Amerikanerin, politisch durchaus international gesonnen und hat während des Krieges in ihrem Münchener Bekanntenkreis gegen die Vaterlandspartei agitiert, die man eine Vorläuferin des Nationalsozialismus nennen kann. Es ist bezeichnend, daß gerade diese Amerikanerin in der Münchener Gesellschaft als erste das allgemeine Vorurteil gegen den »Bierkeller-Redner« durchbricht; sie ist stolz darauf, ein so berühmtes Ungeheuer in ihrem Salon zu haben. Im Sommer 1923 findet Hitler auch durch Alfred Rosenberg und Dietrich Eckart Zutritt zum Hause Richard Wagners in Bayreuth. Im Hause Wahnfried lernt er nicht nur den Sohn des Meisters Siegfried und dessen Gattin Winnifred kennen, sondern auch den blinden Kulturphilosophen Houston Stewart Chamberlain, den in Deutschland eingebürgerten Engländer, der in seinen »Grundlagen des 20. Jahrhunderts« eine viel gelesene Philosophie der Rassenlehre und des Antisemitismus geschrieben hat. Chamberlain ist von Hitler begeistert; er gehört zu den ganz frühen »Erkennern« und sieht schon 1923 in dem Volksredner nicht nur den »Trommler« und die Begleitfigur für einen Größeren, sondern die entscheidende Gestalt der deutschen Gegenrevolution. Ekstatisch schreibt er an ihn bereits 1923: »Daß Deutschland in der Stunde seiner höchsten Not einen Hitler gebiert, das bezeugt seine Lebendigkeit. Daß der großartige Ludendorff sich Ihnen anschließt, welch herrliche Bestätigung!« Geringere Sympathie findet Hitler bei Frau Cosima Wagner, der Witwe des Meisters und eigentlichen »Herrin von Bayreuth«; die alte Dame, die noch Lassalle erlebt hat, legt die Maßstäbe einer vergangenen Zeit an und begreift weder Hitler noch ihre Schwiegertochter Winnifred, die für einen solchen Menschen Sympathie haben kann. Uebrigens ist auch Siegfried Wagner von dem Gast wenig entzückt und niemals Mitglied der NSDAP geworden.

Andere Bekanntschaften reichen zwar gleichfalls in die Luxussphäre, bleiben aber doch im Bereich dieses Landsknechtstums, das man vielleicht besser eine bewaffnete Boheme nennen würde. Da ist der neue Freund, der ehemalige Fliegerhauptmann Göring, zur Zeit ein etwas später Student der Universität München, der mit seiner jungen schwedischen Frau Karin eine elegante Wohnung in dem Villenvorort Gern hat. Es sind zwei exaltierte Menschen, und ihre Gesellschaften haben etwas Burschikoses und Fieberhaftes. Eine ähnliche Figur ist der baltische Abenteurer Richter, der sich Dr. Max Erwin von Scheubner-Richter nennt; von Haus aus Ostpreuße, nach Rußland verschlagen, in der Revolution 1905 Soldat in einer gegenrevolutionären Miliztruppe, heiratete er die Tochter eines Fabrikanten, dessen Villa er bewachte; im Kriege politischer Agent in Konstantinopel, landet er 1921 als Sendling der weiß-russischen und ukrainischen Emigranten bei den Münchner Rechtsverbänden. Glänzend im Auftreten, besticht er Hitler völlig — durch seine Person so gut wie durch Geld, das er ihm bringt; er gewinnt einen politischen Einfluß auf ihn, der bis zum Verhängnis geht.

Die Münchner Polizei fand 1923 unter den beschlagnahmten Akten der Partei ein sogenanntes Protokollbuch der Vaterländischen Verbände. Das war eine Gruppe bewaffneter Organisationen, zu denen auch die NSDAP gehörte; als deren Vertreter kam Hitler oft zu den gemeinsamen Sitzungen. Die Anwesenheitsliste lautet gewöhnlich: Röhm, Kriebel, Zeller, Heiß (alles Freikorpsführer jener Zeit) ... später Hitler. Oder im Sitzungsbericht steht plötzlich: dann erscheint Hitler. Oder: gegen Schluß der Sitzung Hitler. Jedesmal kommt er als letzter; in all dem liegt System.

Nie verläßt ihn, der als Fünfzehnjähriger scheiterte, das Gefühl, er werde nicht voll genommen in dem Kreise, den er erst als Dreißigjähriger betritt. Er ist ein Arrivist, der nicht den Wunsch hat, angenehm zu sein, sondern den Mut, aufzufallen. Dafür gibt es drei goldene Regeln, die er nicht als erster erfunden hat; man kommt grundsätzlich zu spät, dann wird man beachtet; man beteiligt sich nicht an der Unterhaltung, denn damit macht man sich höchstens angenehm, fällt aber nicht weiter auf; dann redet man plötzlich wie ein Irrsinniger, daß alle schweigen müssen, denn damit erzwingt man die Aufmerksamkeit; schließlich geht man vor dem allgemeinen Aufbruch weg, denn dann können die Zurückbleibenden noch über einen reden, was den Eindruck vertieft. Angenehm ist ein Mitmensch mit solchen Methoden freilich nicht.

*

Still und unauffällig zwischen all dem eine Begegnung, bei der das Herz lauter spricht. Im Jahre 1921 war er zum erstenmal seit langen Jahren wieder in Wien und hielt Vorträge. Er sah die Schwester Angela wieder, verehelichte Raubal; sie bringt sich als Köchin durch. Neun Jahre lang haben die Angehörigen nicht einmal gewußt, ob er überhaupt noch lebt; Angela Raubal nicht, die Schwester Paula nicht, die alte Tante Theresia Schmidt in Spital nicht. Das war eine Sache des Stolzes; neun Jahre lang war er nichts, nun ist er etwas geworden. Auch der Vater Alois Hitler hatte sich, wie der Sohn schreibt, »einst gelobt, nicht eher in das liebe väterliche Dorf zurückzukehren, als bis er etwas geworden wäre.«

*

Im Jahre 1922 fragte der »Simplizissimus« seine Leser, wie Adolf Hitler eigentlich aussehe. Der »Simplizissimus« war damals Deutschlands bestes Witzblatt, und Hitler war bereits Deutschlands bester Redner. Trotzdem wußten tatsächlich nur ein paar Dutzend Leute, wie er aussah, und die Frage des »Simplizissimus« traf ins Schwarze.

Adolf Hitler hatte verboten, daß man ihn photographierte. In seinen Versammlungen verstand er es, durch raffinierte Beleuchtungstricks halb unsichtbar zu bleiben. Wenn er den Saal betrat, ging er rasch durch eine von SA gebildete Gasse und blieb für die meisten Besucher ein hastig vorüberwehender, sofort verwischter Eindruck. Stand er erst einmal oben, dann gewahrte man durch das rauchige fahle Licht eine hagere, oft nach vornüber schnellende Gestalt im schwarzen Gehrock gestikulieren; das Gesicht war durch einen dunkelblonden Bart halb verhüllt. Er wollte draußen nicht erkannt werden.

Nur die wenigsten wußten, daß man die schwarze Gestalt häufig in einer kleinen Weinkneipe antreffen konnte, in der »Osteria Bavaria« im Malerviertel Schwabing, oder auch im Café Heck am Hofgarten. Dort spreizte er den kleinen Finger weg, wenn er die Gabel oder das Glas anfaßte, und beim Reden fielen seine vielen Verbeugungen und sein etwas unnatürliches höfliches Lächeln auf. Auch wer ihn hier sah, hatte es nicht leicht, einen Eindruck von ihm festzuhalten, so sehr sah er nach nichts aus mit seinem glatten, brillantinierten Haar, den Scheitel fast in der Mitte, der korrekten Nase, dem korrekten Schnurrbart, dem korrekten Schlips — ein Mann, wie von der Stange gekauft. Als ein fremder Journalist einmal etwas phantasievoll schilderte, wie er Adolf Hitler in einer abenteuerlichen Uniform inmitten seiner »Unterführer« beim Kriegsrat erwischt habe, schrieb der »Völkische Beobachter« voll mitleidiger Verachtung: »Dabei ist es bekannt, daß Adolf Hitler stets lange Hosen trägt.«

Von all dem wußte der »Simplizissimus« nichts, obwohl seine Zeichner oft Tisch an Tisch neben dem unbekannten Adolf Hitler in der »Osteria Bavaria« saßen. So entwarfen sie, fröhlich und unbekümmert, eine Reihe von Zeichnungen, wie Hitler wohl aussehen könnte; drückte sich eine gewaltige Energie vielleicht in übermäßigem Kinnladen, aber geringer Stirn aus? Oder besaß er, als schöpferischer Geist, gerade umgekehrt einen gewaltigen Schädel? Glich er Napoleon oder Bismarck? So stocherten die Zeichner ratlos an der Physiognomie des Mannes herum, über den bereits die ganze Oeffentlichkeit stritt, ob er ein genialer oder ein lächerlicher Politiker sei, und über den sie jedenfalls einig war, daß er ein unterhaltsamer Politiker war. Der Zeichner entschied sich schließlich dafür, einen Wirtshaustisch mit einem Bierkrug, einer Wurst und einem Rettich zu malen; drüberhin zog eine schwarze Wolke, aus der Blitze zuckten, und darunter stand: Wir haben festgestellt, daß Adolf Hitler überhaupt kein Mensch ist, sondern ein Zustand. Gemeint war: der rasende deutsche Spießbürger, bayrische Ausgabe.

Und daran bleibt für alle Zeiten etwas Wahres. Hitler ist ein deutscher Zustand.

9. Stufen zur Macht

Die bayrische Fronde.

Hitlers kleines Fahrzeug schwimmt auf dem großen Strom der deutschen Gegenrevolution.

Die Gegenrevolution überflutet 1919 ganz Deutschland. Fast die ganze organisierte Macht des Landes ist gegen die Revolution gewendet. Die Unternehmer sind selbstverständlich gegen sie, die Großgrundbesitzer und Bauern sind selbstverständlich gegen sie, die Reichswehr ist selbstverständlich gegen sie, die Kirche ist selbstverständlich gegen sie. In den Kartoffelgruben der schlesischen und pommerschen Landgüter, in den Kellern und Speichern bayrischer Klöster lagern die versteckten Waffen der Reichswehr und der Freikorps. Die sozialistischen Gewerkschaften haben der Revolution Halt geboten, indem sie durch ihren Führer Legien mit den Unternehmern Frieden geschlossen und die sogenannte Zentralarbeitsgemeinschaft begründet haben. Die Sozialdemokratie unter Führung Eberts, Noskes und Hermann Müllers tritt auf die gleiche Linie. Die grundsätzlich revolutionäre, aber schwankende Partei der Unabhängigen Sozialisten zerbricht, auf Befehl Lenins, unter dem Ansturm der Kommunisten. Diese allein sind zu schwach zur erfolgreichen Aktion und werden, obwohl sie Mitglieder gewinnen, in allen Kämpfen gegen die Staatsgewalt mit tragischer Regelmäßigkeit geschlagen. Sie beteiligen sich an den Wahlen und sinken allmählich zu einer scheinrevolutionären, durchaus parlamentarischen Partei herab.

Eine besondere Bewegung entsteht in dem von den Alliierten militärisch besetzten Rheinland und in Bayern, also an der deutschen West- und Südgrenze. Hier planen bürgerliche, meist katholische Kreise verstohlen eine Trennung vom Reich, angeblich vorübergehend, praktisch natürlich für dauernd. Auch solche bayrischen Kreise, die die förmliche Trennung nicht wollen, verlangen doch eine stärkere Selbständigkeit des Landes, ausgedrückt durch Wiederherstellung des Königtums unter dem Prinzen Rupprecht, dem Sohn des letzten Königs. Man nannte dies nach den bayrischen Landesfarben die weißblaue oder föderalistische Richtung; sie begründete ihren Separatismus mit der angeblichen Sorge vor dem Bolschewismus, der demnächst in Berlin zur Macht kommen werde und nicht auch Bayern überfluten dürfe. Zwischen den bayrischen Separatisten und den rheinländischen, die mit der französischen Besatzungsbehörde zusammenarbeiten, werden Fäden gesponnen.

Die bayrischen Föderalisten sind gegen Berlin, gegen die Revolution, gegen die Republik, und für eine bayrische Monarchie. Daneben gibt es im Bürgertum die deutschnationale Richtung, die auch unter den schlimmsten Umständen keine Trennung von Berlin will, und die eine Konsolidierung Bayerns, während der Norden im Bolschewismus versinkt, für unmöglich hält.

Aber man darf sich diese beiden Gruppen nicht als zwei scharf geschiedene Lager vorstellen; vor allem die Massen der Anhänger, der Bürger und Bauern merkten von dem Gegensatz nicht viel, sondern folgten fröhlich der Parole: gegen Berlin, gegen Preußen, gegen die Republik, gegen die Juden! Die Bürokratie, die Reichswehr, die stärksten Parteien und die Kirche standen hinter diesen Losungen, und erst im Lauf der Jahre, als man sich der Unterschiede stärker bewußt wurde, lockerten sich die Bande und rissen schließlich. Dazu hat Hitler sehr wesentlich beigetragen. Er gehörte zu dem Flügel, der scharf gegen die Republik, aber bedingungslos für die Einheit des Reiches und eine starke Zentralgewalt in Berlin eintrat, und wurde schließlich dessen mächtigster Wortführer. Als österreichischer Deutscher, der gegen die »volksfremde« Dynastie Habsburg gekämpft, der Auflösung der aus vielen Völkerschaften gebildeten Donaumonarchie ersehnt und von einem Anschluß der deutschen Teile Oesterreichs an das deutsche Volk geträumt hatte, hielt er ein starkes, einheitliches und absolut zentral regiertes Großdeutschland für eine Voraussetzung jeder deutschen Machtpolitik.

Kapp-Putsch.

Am nächsten von allen Machtfaktoren steht ihm die Reichswehr, denn die deutsche Arbeiterpartei ist mit der Reichswehr geradezu identisch. Ihre Mitglieder sind Reichswehrsoldaten, die Röhm in die Partei hineingeschickt hat; die erste Schutztruppe wird von einer Minenwerferkompagnie der Münchener Reichswehr gebildet; der Führer ist Reichswehrsoldat und wird von der Reichswehr bezahlt, handelt im Auftrag Röhms und macht Politik für den General von Epp.

Im März 1920 erheben sich Teile der Reichswehr in offenem Aufstand gegen die Republik und wollen die Regierung samt dem Reichspräsidenten Ebert stürzen. Die Führer des Unternehmens sind der General von Lüttwitz und der Kapitän Ehrhardt in Berlin; sie stellen einen bisher wenig hervorgetretenen Politiker, einen ostpreußischen Generallandschaftsdirektor namens Kapp, als Reichskanzler auf, und das Abenteuer erhält nach ihm den Namen Kapp-Putsch, als welches es eine der wichtigsten Episoden in der Geschichte der deutschen Republik bleibt. Ein paar Tage beherrschen die Aufständigen Berlin; dann ringt die Reichsregierung in einem großen Generalstreik der Arbeiter und Angestellten, einer gewaltigen Kraftäußerung des republikanischen Massenwillens, den Putsch ohne große Mühe nieder. Die Reichswehr in den übrigen Landesteilen hat eine Beteiligung an dem Aufstand nicht gewagt. Nur in Bayern macht sie einen kleinen Sonderputsch. Zunächst werden Verbindungsleute nach Berlin gesandt, die über die dortigen Vorgänge nach München berichten und ein gemeinsames Vorgehen vorbereiten sollen; vor allem Epp und Röhm drängen darauf. Hitler meldet sich für die Aufgabe. Zusammen mit Dietrich Eckart fliegt er in einem Flugzeug, das ein Militärflieger steuert, nach Norden. In Jüterbog müssen sie eine Zwischenlandung machen. Der Flugplatz ist von streikenden Arbeitern besetzt; wenn die drei erkannt werden, sind sie verloren. Da zieht Dietrich Eckart die breite Reisemütze in die Stirn, und die Hände in den Manteltaschen, fragt er nach dem schnellsten Weg zu einer großen Druckereifirma, mit der er ein Papiergeschäft abschließen wolle; er sei nämlich Papierhändler. Bescheiden steht Hitler mit seinem Spitzbart als Buchhalter daneben. Sie kommen durch und heil nach Berlin.

An der Tür der Reichskanzlei begegnet ihnen ein kleiner, dunkeläugiger Mann: »Was suchen Sie hier? Wollen Sie verhaftet werden? Fliegen Sie schnell nach München zurück. Kapp ist geflohen...« Der Dunkeläugige ist der Abenteurer Trebitsch-Lincoln, von Geburt ungarischer Jude, dann englischer Reverend, sogar Unterhausabgeordneter, später Spion, augenblicklich gewesener Pressereferent Kapps, morgen Berater Ludendorffs in München, einige Jahre darauf buddhistischer Mönch ... Von dem ungarischen Juden gewarnt, bringen Hitler und Eckart sich in Sicherheit.

Inzwischen hatte die Münchner Reichswehr auf eigene Faust immerhin etwas getan; sie hat die dem Namen nach immer noch amtende sozialdemokratische Scheinregierung gestürzt und durch eine bürgerliche Rechtsregierung unter dem Ministerpräsidenten Gustav von Kahr ersetzt. Da der Reichsregierung Ebert formell Gehorsam gelobt wird, findet sie sich mit dem bayrischen Sonderputsch ab. Außerdem verwandelt tragische Verkettung der Umstände den Sieg über Kapp wenige Tage später in eine Niederlage des republikanischen Gedankens. Kommunisten und Unabhängige Sozialisten versuchen in verschiedenen Landesteilen aus dem Generalstreik einen revolutionären Aufstand zu machen in der richtigen Erkenntnis, daß ein vorzeitiger Friedensschluß mit dem Militär das Verspielen einer nie wiederkehrenden Gelegenheit zur radikalen Niederkämpfung der gegenrevolutionären Mächte und zur Aufrichtung einer wirklich republikanischen Reichskraft wäre. Die Reichsregierung unter Ebert ist schwach genug, sich auf die Seite der eben noch unter schwersten Treubruch rebellierenden Reichswehr zu schlagen; ja, sie gibt diesen eben erst geschlagenen Militärrebellen den Auftrag, die republikanischen Arbeiter am Rhein und in Mitteldeutschland zusammenzuschießen. Wenige Tage nach dieser Niederlage ist die Reichswehr schon wieder Herr über das Reich. Sie erdrückt die Arbeiterheere mit überlegener Waffengewalt; Hitlers politische Auftraggeber haben daran einen hervorragenden Anteil. Denn die Münchener Reichswehr unter Epp und Röhm wird im Industrierevier an der Ruhr eingesetzt; dort zieht sich eine so starke Militärmacht zusammen, daß Röhm auf den Gedanken kommt, man könne doch noch einmal den Marsch auf Berlin wagen und den verfehlten Kapp-Putsch noch nachträglich in einen Sieg verwandeln. Aber Epps norddeutscher Kollege, der General von Watter, findet den Mut nicht, und der Plan bleibt Plan.

Für Hitler ist das Ergebnis dieser Märztage ein ungeheurer, vom Glück geschenkter Gewinn. Ueber Bayern gebietet plötzlich eine Regierung, die die Rechtsparteien und darunter auch das noch fast unbekannte Grüppchen der Deutschen Arbeiterpartei zügellos gewähren läßt; die Polizei wird von neuen

Männern geführt, die mit größter Schärfe die Sozialisten niederhalten, dagegen die Rechtsradikalen in jeder Weise er-
muntern. Der neue Münchener Polizeipräsident ist Pöhner, ein
Bürokrat ungewöhnlichen Formats, kalter Teufel, Menschen-
verächter, scharfer Verstand. Er mißbraucht sein Amt bewußt,
um die Republik, der er den Diensteid geschworen, zu sabo-
tieren. Denn, so sagt er, die höhere Pflicht gegen das Vaterland verlange das. »Ich habe als Beamter fünf Jahre lang
Hochverrat getrieben«, erklärt er kurz vor seinem Tode. Während Pöhners Sympathien ziemlich gleichmäßig allen Rechtsparteien gelten, wendet sein wichtigster Gehilfe Dr. Frick die
seinen vor allem den Nationalsozialisten zu. Frick ist im Verhältnis der beiden zueinander ganz und gar Untergebener und
Befehlsempfänger; mürrisch, verbittert, beschränkt, ein Mann
der langsamen Karriere, die unter normalen Umständen nicht
hochführen wird, dabei mit einem Geschmack an der Politik,
der bei ihm die Form der Tücke annahm: ein Feuer unter
sehr viel Asche. »Es war selbstverständlich, daß ich ganz auf
der Seite meines hochverehrten Vorgesetzten, Herrn Präsidenten Pöhner stand«, sagte er als Angeklagter, um seine Haltung
im Hitlerputsch zu erklären. Die von Frick geleitete politische
Polizei zensuriert Plakate, kontrolliert Zeitungen und überwacht Versammlungen; Polizeibeamte in Zivil gesellen sich
zum Publikum, helfen Zwischenrufer verprügeln und verwandeln sich dann plötzlich in Hüter des Gesetzes, die den Ver-
prügelten in Schutzhaft nehmen. Sie spielen also eine entscheidende Rolle bei der großen dramatischen Versammlungs-
reform Hitlers, bei dem stufenweisen Uebergang vom brüllen-
den, tausendköpfigen Debattierklub zur theaterhaften, musik-
umrauschten Massenkundgebung.

Von der ersten Stunde an genoß also die Nationalsozialistische Bewegung den umfassendsten Schutz der Behörde. Und
bis zur letzten Stunde, bis zum Endsieg hat Hitler immer
wieder den Weg zur Staatsgewalt gesucht, um in ihrem Schutz
seine sogenannte Revolution zu machen.

Er selber sagt, sein Kampf sei kühn gewesen. Die Geschichte
wird ihm bezeugen, daß er sehr fleißig gewesen ist. Vierzehn
Jahre lang hat er sich durch die Weltgeschichte redlich em-
porgedient, immer den Weg des geringsten Widerstandes und
der größten Sicherheit wählend.

Der Unermüdliche.

Jede Woche ist Versammlung. Jedes Mal sind etwa 2000 Menschen da — ein treuer Stamm, von dem immer einige Hundert wechseln. Drei Tage vor jeder Versammlung kleben die knallroten Plakate mit den aufreizenden Artikeln an den Säulen. Jedesmal sagt Hitler so ziemlich dasselbe, obwohl das Thema bald »Triumph der Börsendiktatur«, bald »Freistaat oder Sklaventum?«, bald »Die Urschuldigen am Weltkriege« lautet. Jedes Mal hat er aber neue Bilder, neue Witze und neue Schimpfworte gegen Berlin und gegen die Juden. So wird es für die Zweitausend nicht langweilig. Und doch setzen sich die einfachen Gedanken binnen drei Versammlungen so tief in den Köpfen fest, daß der Hörer beim vierten Mal schon meint, der Redner sage nur dasselbe, was er selbst seit jeher gedacht habe. Binnen vier Wochen erzieht der Redner Hitler sich eine Zuhörerschaft, über der ein Fluidum von Zustimmung liegt, und wer neu in diese Versammlungen kommt, wird allein davon gepackt und mitgehoben. Der Ruhm dieser Redekunst geht in die Lande und schafft auch draußen in den Landstädten, später in den benachbarten Großstädten eine erwartungsvolle Stimmung, die dem Redner den Sieg von vornherein sichert.

Neben Hitler zeichnet sich ein zweiter Agitator aus, der gerade zwanzigjährige Hermann Esser. Er hat nicht Hitlers Pathos, aber er kann sich mit zweitausend Menschen unterhalten, als wären es zwei. Er wirkt ein bißchen schmierig und bald sickern Geschichten durch, die auf seine private Moral ein bedenkliches Licht werfen. Aber seine »Revolverschnauze« ist unbezahlbar. Mit Hitler verbindet ihn eine Haßliebe; bald beneidet er ihn, dann siegt wieder in dem um zehn Jahre Jüngeren die Bewunderung. Er ist der erste, der Hitler in öffentlicher Versammlung als »den Führer« begrüßt.

Ein dritter mächtiger Redner ist ein gewisser Max Weber, literarisch und schneidend, im Aeußern und im Ton Goebbels ähnlich. 1923 verschwindet er plötzlich und taucht nie mehr auf, eine Anzeige wegen Meineids ist das letzte, was von ihm gehört wird.

Nachdem die Partei an die Oeffentlichkeit getreten ist, beginnt ein Streit um ihren Namen. Hitler möchte sie »Sozialrevolutionäre Partei« nennen; er denkt an die russischen Sozialrevolutionäre, die Sozialisten, jedoch Antimarxisten und Antibolschewisten waren. Aber »revolutionär« paßt Dietrich Eckart nicht. Da erscheinen in München Emissäre einer alten antisemitischen Partei aus Oesterreich, die dort seit zwanzig Jahren mit wechselndem Glück kämpft und Abgeordnete in den Parlamenten hat. Es sind der Ingenieur Rudolf Jung aus Prag, der jetzt in der Tschechoslowakei die Reste der Partei weiterführt, und Dr. Schillings aus Wien. Sie laden die Münchner ein, sich mit der österreichischen und der tschechoslowakischen Gruppe zu einem Bund zusammenzuschließen, denn man wolle doch dasselbe; Beweis das Münchner Programm, das in der Tat in vielem wie eine geistige Anleihe von den Oesterreichern aussieht. Der Bund kommt in loser Form zustande und die Deutsche Arbeiterpartei in München nimmt den Namen der österreichischen Bruderparteien in den ihren auf. Sie heißt seit April 1920: Nationalsozialistische Deutsche Arbeiterpartei.

Im Februar 1921 verlangen die Alliierten von Deutschland 132 Milliarden Goldmark an Reparationen. Die großen Parteien und Verbände veranstalten eine mächtige Kundgebung auf dem größten Platz der Stadt, vor der Feldherrnhalle. Hier ist es, wo Hitler sich gegen die Musik nicht vorstellen kann. Ergrimmt wagt er einen großen Wurf und ruft zum erstenmal eine Versammlung in den größten Saal der Stadt, in das leerstehende Gebäude des Zirkus Krone. Achttausend Menschen sind nötig, um diesen Saal zu füllen. Ein gefährliches Wagnis — und das Wagnis mißlingt. Nur viertausend sind gekommen.

Ein klatschender Mißerfolg. Aber Hitler verzieht keine Miene, sondern ruft mit noch dickeren Lettern, auf noch größeren Plakaten eine zweite und noch eine dritte Versammlung in den gleichen Saal. Und beim dritten Mal sind es achttausend. Die nationalsozialistische Geschichtslegende aber wird später dreist behaupten, die bürgerlichen Parteien hätten sich damals gegen die blutsaugerischen Forderungen des Feindbundes überhaupt nicht gerührt, Hitler allein habe das Gewissen der Nation wachgerufen. Zäh in der Lüge, zäh in der Tat, zäh im Mißerfolg und zäh noch im Triumph — mit konsequenter Beharrlichkeit unter schweren Schlägen wie auf der steilen Leiter des Erfolgs: so dringt Hitler nach oben, durch keine Niederlage abgeschreckt, durch keinen Sieg zufriedengestellt.

Dadurch unterscheidet er sich von allen Gegnern und Rivalen. Wo andere nach einer Niederlage entmutigt nach Hause gegangen wären, mit dem philosophischen Trost, daß gegen schlechte Konjunktur eben nichts zu machen sei, da greift Hitler in verbissenem Trotz zum zweiten und zum dritten Mal an. Wo andere nach einem Erfolg vorsichtig geworden wären, weil sie das Glück nicht zu oft auf die Probe stellen und auch nicht abnutzen dürfen, da bleibt Hitler beharrlich und fordert vom Schicksal mit jedem Wurf noch Größeres. Zu denen, die sich durch gelegentlichen Mißerfolg haben entmutigen lassen, gehört die bayrische Sozialdemokratie, Hitlers einzige wesentliche Gegnerin; im Sommer des Jahres 1923, in dem Hitler durchschnittlich jede Woche zweimal zu den Massen spricht, hält sein sozialdemokratischer Gegenspieler Auer buchstäblich keine einzige Versammlung ab. Schnell befriedigt und vor Uebersättigung träge, sind dagegen Hitlers Konkurrenten, die verschiedenen sogenannten vaterländischen Verbände, der Deutsch-Völkische Trutz- und Schutzbund, der Ordnungsblock und wie sie alle heißen. Sie hatten es leichter, ihre Führer waren bekannte Männer, in Staat und Wirtschaft angesehen; ihre Säle waren übervoll und der Beifall, sobald ein Wort gegen die Juden oder die Preußen fiel, fanatisch. Aber die Veranstalter waren nicht fanatisch, sondern träges Fleisch. Rauschende Versammlungserfolge und Massenbeifall waren schließlich doch nichts reales; davon werden weder die Franzosen vom Rhein verjagt, noch die Arbeiterlöhne gesenkt. Erst ein Hitler, der sein Leben arm und unbeachtet gegangen, und dem der Beifall der Massen süße Bestätigung des persönlichen Aufstieges ist, wird es diesen Herren vorexerzieren, wie man durch vierzehnjähriges »leeres Reden« zuletzt siegt.

Genie ist Fleiß plus Glück. Man darf nie vergessen, welch glückliche Umstände Hitler zu nutzen wußte.

Die Reichswehr! Sie kauft ihm sogar eine Zeitung. Der »Völkische Beobachter«, bisher Winkelblättchen und Privatunternehmen, ist in finanzielle Schwierigkeiten geraten. Vierzig Jahre lang ist das Blatt ein bescheidenes und unpolitisches Münchner Skandalorgan gewesen, welcher Tatsache es auch den eigentümlichen Namen Beobachter verdankt; erst vor

einem Jahr ist es zu der langsam volkstümlich werdenden antisemitischen Richtung abgeschwenkt und hat seinem Titel das
Wort »völkisch« hinzugefügt. Mit Hitler und seiner Partei lag
es aus Eifersucht oft in Fehde. Jetzt ist es mitsamt seinen
Schulden für wenig Geld zu haben. Wieder bewährt sich
Röhm. Er stellt seinem Chef, dem General von Epp, vor, daß
die Reichswehr ihrer Partei auch ein Zeitungsorgan verschaffen müsse. Der General, der seit den Münchner Räte-
unruhen den Titel des »Befreiers von München« nicht ganz
zu Recht spazieren trägt, kann mit wenigen Worten von
einigen Gönnern die notwendige Summe haben. 60 000 Mark
stellt er Dietrich Eckart zur Verfügung, und das Blatt wird
für die nationalsozialistische Partei gekauft.

Die Entstehung des »Führers«.

Aber der Glanz all dieser Erfolge wirft hinter Hitler einen
Schatten auf die Bewegung. Diese zerfällt immer deutlicher
in zwei Schichten. Da sind erstens die alten Parteigründer,
die Drexler, Körner, Berchtold; da ist zweitens der Kreis um
Hitler: Dietrich Eckart, Feder, Alfred Rosenberg, der junge
Student Rudolf Heß. Zwischen beiden pendelt Hermann Esser
hin und her, der unmögliche Jüngling mit dem schlechten
Ruf, aber nach Hitler der beste Redner der Bewegung.

Hitler hält hochmütigen Abstand von dem Kreis der Gründer, die samt und sonders proletarisierte Existenzen sind, aber
Bürger sein wollen und die Kameradschaft mit den feinen
Leuten um Hitler sehr ernst nehmen. Sie haben einen Stammtisch in einem Bierrestaurant am Isartor, dem sogenannten
Torbräu. Einmal in der Woche tut Hitler ihnen den Gefallen,
dort mitzuessen; er wählt dann ein billiges Gericht und behauptet, seine Mittel erlaubten es ihm nicht, regelmäßig im
Wirtshaus zu speisen. Aber das glauben sie ihm nicht. Erlauben seine Mittel ihm denn nicht, immer wieder nach Berlin zu reisen? Erlauben sie ihm nicht, bei einem Berliner
Schauspieler Sprachunterricht zu nehmen? Ist die Gesellschaft
mit Dietrich Eckart, dem Liebhaber von Burgunder, mit Alfred Rosenberg oder das tägliche Zusammensein mit Rudolf
Heß etwa billiger? Man muß verstehen, daß alle diese Unzufriedenen ursprünglich von Hitler fasziniert sind, daß eine
innere Beziehung, wenn man will, ein Stück Liebe da ist,

das nicht genügend erwidert wird. Hinein mischt sich aber auch Eifersucht auf den Erfolgreichen und schließlich, doch wohl ganz zuletzt, das eine oder andere politische Bedenken. Namentlich halten Männer wie Drexler oder Körner Hitler für viel zu waghalsig und sind überzeugt, daß das Ganze eines Tages auf eine recht banale Weise zusammenbrechen, und daß dann auf dem Verein Deutsche Arbeiterpartei eine Schuldenlast liegen werde, die alle Mitglieder zusammen im Leben nicht bezahlen können.

Zu den Unzufriedenen gehört auch Hermann Esser. Er fühlt, daß Hitler ihn trotz seiner rednerischen Leistungen nicht für voll nimmt, daß Dietrich Eckart und Rosenberg ihn als unsauberen Gesellen verachten, daß Feder ihn am liebsten aus der Partei draußen haben möchte, und ein nach seiner Meinung so unbedeutendes Männlein wie Rudolf Heß, der vor einem Dutzend Menschen keinen zusammenhängenden Satz sagen kann, sich anmaßt, ihn über die Schulter anzusehen. Er beginnt, Anton Drexler Vorträge zu halten, daß doch er der Gründer und Vorsitzende der Partei sei; wie könne er es sich gefallen lassen, daß er immer in kleinen Provinzversammlungen sprechen müsse, während Hitler Triumphe im Zirkus Krone feiere?

Es gibt noch gefährlichere Gegner. Von Anbeginn existiert neben der NSDAP in Deutschland eine ganz ähnliche Bewegung, die Deutsch-Sozialistische Partei. Ihr aktivster Führer ist der Lehrer Julius Streicher in Nürnberg. Auch Streicher muß sich in seiner Gruppe gegen heimliche und offene Gegner wehren, und da er kein Heimlichtuer wie Hitler ist, sondern ein wenig feines Privatleben in geradezu gesuchter Oeffentlichkeit führt, bietet er mehr Angriffsfläche. Sein Selbstbewußtsein weicht dem Hitlers nicht im geringsten; beide denken zwar noch nicht daran, die Diktatoren Deutschlands zu werden, aber jeder von ihnen möchte gern der Führer der Antisemiten Bayerns sein. Die Gegensätze in der Münchener Partei sind ihm nicht entgangen, und zusammen mit Drexler, den er als Puppe zu benutzen gedenkt, versucht er Hitler zu stürzen. Hermann Esser, mit Streicher befreundet, weiß zumindest von der Intrige, ohne ihr zu widersprechen. Er spielt in diesem Konflikt eine ganz ähnliche Rolle wie später in gleichartigen, aber größeren Konflikten Goebbels sie spielen wird, mit dem

Esser überhaupt manches Verwandte hat. Als vierter Bundesgenosse taucht ein Dr. Dickel auf, der in Augsburg als Unterführer Streichers wirkt; hier berühren sich die beiden winzigen Machtbereiche geographisch. Dickel ist es, der das Angriffssignal gibt.

Hitler ist im Juli 1921 in Berlin, wohnt bei Bechsteins, nimmt Sprachstunden, besucht den Nationalen Klub und wird von dem Grafen Yorck von Wertenberg aufgefordert, seine Bewegung nach Berlin zu verlegen. Zufall oder Zusammenhang — zur gleichen Zeit arbeiten auch in München Leute daran, die Bewegung nach Norden zu verschieben. Im Auftrag Julius Streichers verabredet Dickel mit Anton Drexler, daß die zentrale Leitung der Partei nach Berlin übersiedeln solle. Unter der zentralen Leitung ist Drexler selbst verstanden; Hitler mag in München weiter agitieren. Aber Dietrich Eckart bekommt von dem Plan Wind und ruft Hitler durch ein Telegramm von Berlin zurück.

Nun wird es dramatisch. Hitler zeigt den erschütterten Parteigenossen, wie man eine Krise niederkämpft. Die Fronten sind geschieden; auf der einen Seite Drexler, Körner und die ganze Schar der kleinen Gründungsmitglieder, auf der anderen Hitler mit den Kavalieren der Partei, mit Eckart, Rosenberg, Feder und dem Freunde Heß. Der ergreift zum erstenmal öffentlich das Wort: »Seid Ihr wirklich blind dagegen«, schreibt er in dem erwähnten Brief an den »Völkischen Beobachter«, »daß dieser Mann die Führerpersönlichkeit ist, die allein den Kampf durchzuführen vermag?« Zwischen den Gruppen steht Hermann Esser. Man könnte sagen, daß der Kampf um seine Seele geht. Esser hat sich früher eng an Hitler herangemacht. Dann aber hat er erfahren, daß der Führer zu Dritten äußerte: »Ich weiß, daß Esser ein Lump ist, und ich brauche ihn nur, so lange ich ihn für meine Zwecke nötig habe.« Das ist der Ton in der Partei; zu Drexler sagte Hitler, als er zornerfüllt von Berlin zurückkam: »Dreckiger Hund, gemeiner Lump, größter Idiot aller Zeiten ...« Dabei ist Drexler ein Ehrenmann, Esser aber das Gegenteil. Aber Hitler kennt jetzt nur Freund oder Feind. Er erklärt jetzt seinen Austritt aus der Partei.

Das ist Blitz und Donner zugleich, damit gewinnt Hitler den Kampf, bevor der Gegner überhaupt zur Besinnung kommt.

Denn Hitler ist bereits die Macht, das Ansehen und das Vermögen der Partei, er braucht sich nur halb abzuwenden, und den Genossen wird seine Unersetzlichkeit sofort klar. Bei Hitler steht Dietrich Eckart, dem der »Völkische Beobachter« gehört, bei ihm steht die Reichswehr, bei ihm die Polizei. Epp, Röhm, Pöhner, Frick entscheiden aus der Ferne den Kampf. Ohne Hitler ist die Partei nur ein zusammensinkender Sandhaufen. Esser sieht, was gespielt wird und schlägt sich auf die Seite der stärkeren Bataillone, Drexler bleibt isoliert. Es ist nichts mehr zu tun, als sich mit Anstand zu unterwerfen. In zwei Mitgliederversammlungen am 26. und 29. Juli 1921 diktiert Hitler die Friedensbedingungen. Anton Drexler wird als Ehrenvorsitzender kaltgestellt, Hitler zum ersten Vorsitzenden der Partei mit unbeschränkten Vollmachten gewählt; seitdem gibt es keine Ausschüsse und beratende Körperschaften in der Partei mehr, sondern nur »Referenten«, die dem Führer Bericht erstatten und seine Befehle empfangen. Ein Teil der Parteigründer tritt aus. Gegen einige von ihnen strengt Hitler einen Beleidigungsprozeß an, weil sie ein schmähendes Flugblatt gegen ihn verbreitet haben sollen. In dem Prozeß muß er auf die verfängliche Frage antworten, ob sein Mitkämpfer Hermann Esser wirklich ein Lump sei. »Lieber Gott«, sagt er, »er ist halt noch ein sehr junger Mann. Ich stehe ja auf dem Standpunkt, daß man vor dem dreißigsten Lebensjahr sich überhaupt nicht mit Politik befassen sollte.«

Julius Streicher aber zieht sich still nach Nürnberg zurück. Der Traum, Hitler zu stürzen, ist ausgeträumt. Noch möchte er den Schein der Gleichberechtigung und Unabhängigkeit aufrechterhalten; ein Jahr später unterwirft er sich. Hitler drückt über das Vergangene ein Auge zu.

Seit dem 29. Juli 1921 ist Hitler der »Führer« der nationalsozialistischen Bewegung in der ganzen Bedeutung, die wir heute kennen. Er befestigt diese Herrschaft sofort, indem er seinen persönlichen Freund Max Amann als Geschäftsführer der Partei einsetzt.

Ferner verkündet er, daß München für immer das Zentrum der Bewegung bleiben werde; nie werde er nach dem Norden gehen. Denn jede Verlegung von München weg wäre vorläufig noch eine Bedrohung seiner persönlichen Herrschaft über die Partei. Im übrigen könnte er München gar nicht verlassen, selbst wenn er wollte. Denn die Grundlage der Bewegung ist die Münchener Reichswehr, die man nicht mitnehmen kann.

Die Anfänge der SA.

Diese Freundschaft mit der Reichswehr erleidet nunmehr eine scharfe Probe.

Ohne alle Mühe hat Hitler aus den ersten Erfahrungen mit der Oeffentlichkeit gelernt, daß das Reden in den Versammlungen nicht das einzige, ja kaum das wichtigste ist. Die Versammlungen müssen leben, in Bewegung sein, Schwung und Ziel haben.

Das kommt nicht von selber; das muß gemacht werden. Eine Schar von Männern zieht sich in vielfacher Kette durch den Versammlungssaal. Sie geben das Zeichen zum Beifall, sie beginnen den Gesang, sie bilden dem Führer die Gasse, sie stürzen sich mit Uebermacht auf den Zwischenrufer und schlagen ihn zu Boden. Sie lernen es allmählich all das auf Kommando zu machen. Aber der Stolz des »politischen Soldaten« auf seine Partei, seinen Redner, seinen Führer und das daraus entspringende Ueberlegenheitsgefühl gegenüber dem gewöhnlichen Versammlungsbesucher reißt ihn ganz von selbst auch ohne Kommando zu herrisch forderndem Beifall hin, den er der übrigen Versammlung aufzwingt. Ganz von selbst treten nach der Versammlung die Kolonnen auf der Straße zusammen und marschieren durch die Stadt, Lieder singend, wie:

Schmeißt sie raus, die ganze Judenbande,
Schmeißt sie raus aus unserm deutschen Lande!
Schickt sie wieder nach Jerusalem,
Da sind sie wieder unter sich bei ihrem Stamme Sem!

oder:

Und wenn sie uns mit Kaviar die Stiefelsohlen schmieren,
Wir lassen uns, wir lassen uns von Ebert nicht regieren!

Das Gefühl, mit dem Marsch ein Polizeiverbot zu übertreten, erhöht den Stolz, und das Bewußtsein, daß die Polizei beide Augen zudrückt, hebt die Zuversicht. Wehe dem »Marxisten«, wehe dem Juden, der dem Zug in die Quere kommt. Rasch springt — der Nationalsozialist Czech-Jochberg hat das in seiner Hitler-Biographie stolz geschildert — ein halbes Dutzend flinker Kerle aus der Kolonne, und der Unglückliche

148

liegt am Boden unter den Stiefeln der wütend trampelnden Nationalsozialisten. Stundenlang schwärmen die kleinen Ueberfalltrupps durch die Stadt, an ihrer Spitze der Uhrmacher Emil Maurice oder der Pferdehändler Christian Weber. Sie machen Judenjagd. Einmal fällt ihnen ein adlernasiger, dunkelhäutiger, sehr eleganter Herr in die Hände, der wütend protestiert: er sei kein Jude, sondern der Konsul einer großen südamerikanischen Republik. Da drängen sie ihn in eine dunkle Ecke und untersuchen jene diskrete Körperstelle, an der sich die Beschnittenen von den Unbeschnittenen unterscheiden. Ihr Grundsatz ist, immer in geschlossenen Trupps aufzutreten, um immer die Ueberlegenen zu sein. So errichten sie eine rohe und eindrucksvolle Herrschaft über die Straße. Die Polizei hilft, indem sie gewähren läßt.

Das waren die Anfänge der SA.

Aber diese Anfänge, wie überhaupt der ganze Anfang der Partei, sind nicht von Ernst Röhm zu trennen. Und Röhm hat die Partei nicht nur deshalb geschaffen, damit sie Juden verprügelt, oder die Bürger von den Straßen scheucht. Röhm will eine heimliche Armee, die die vom Friedensvertrag zugelassenen hunderttausend Mann vervielfachen sollen; Röhm hat Waffen gesammelt und versteckt, Röhm sucht Menschen für seine Waffen. Freikorps entstehen und vergehen; eine Bürgerwehr, riesig an Zahl, unbehilflich in der Bewegung, wächst aus der von oberbayrischen Bauern gebildeten Einwohnerwehr heraus und breitet sich unter dem Namen »Orgesch« (so genannt nach ihrem Führer, dem bayrischen Forstrat Escherich) über ganz Deutschland aus, bis auf Verlangen der Alliierten die bayrische Regierung die Organisation auflöst. Wieder sind Waffen überzählig, für die Menschen gesucht werden. Auch Führer werden durch ein Mißgeschick geliefert, das sich zuletzt als Glück herausstellt. Die Brigade des Kapitänleutnants Ehrhardt, Seele und Kern des Kapp-Putsches, ist von der Reichsregierung aufgelöst worden; Ehrhardt findet Zuflucht in Bayern, wo Pöhner und Röhm mit Wissen der Regierung ihn vor dem Zugriff des Reichsgerichtes verstecken. Seine Offiziere, eine auf ihren Führer blind eingeschworene Kameradschaft, sind beschäftigungslos; sie kommen gerade recht, um die SA so aufzubauen, wie Röhm sie haben will.

Er will sie anders als Hitler. Dieser hat keine Lust, von den

Offizieren aus seiner SA eine heimliche Reichswehr machen zu lassen, die ihm praktisch aus den Händen gleiten wird. Er widersetzt sich, es kommt zum Streit mit Röhm. So stehen sich die Argumente gegenüber:

Hitler: Die Sturmabteilung der nationalsozialistischen Partei hat wichtigere Aufgaben als eine militärische Ausbildung, die unter den heutigen Umständen doch nur unzulänglich sein kann. Sie soll durch ihr öffentliches Auftreten die Partei machtvoll repräsentieren und die Propaganda des Wortes durch die Propaganda der Tat ergänzen.

Röhm: Die Menschen in der Sturmabteilung sind für die militärische Ausbildung unentbehrlich, da sie die zuverlässigsten und geeignetsten sind. Außerdem müssen sie militärisch ausgebildet sein für einen etwaigen Endkampf gegen den Kommunismus.

Hitler: Für den Endkampf gegen den Kommunismus bedürfen sie vor allem der politischen Schulung und erst in zweiter Linie der militärischen.

Röhm: Die freiwilligen Wehrverbände sind heute die einzige Möglichkeit, einen Ersatz für das ehemalige Heer zu schaffen. Die SA kann sich der Pflicht nicht entziehen, an diesem Ersatz mitzuwirken.

Hitler: Freiwillige Wehrverbände wöchentlich mit ein paar Stunden Ausbildung sind militärisch wertlos. Sie müssen außerdem wertlos bleiben, solange der Staat nicht den Willen zum Neuaufbau eines Heeres hat.

Röhm: Wenn der Staat, das heißt die Regierung, kein Heer will, so müssen entschlossene Männer an den militärisch entscheidenden Posten eben gegen den Willen der Regierung das Heer aufbauen, um dereinst mit dieser Macht die Regierung zu beseitigen und dann das Heer gegen den äußeren Feind zu führen.

Hitler: Zur Beseitigung der Regierung ist eine politische Bewegung nötig; das Heer ohne politische Führung wird versagen wie im Kapp-Putsch. Im übrigen kann man keine Truppe militärisch erziehen, wenn man sie nicht durch absolute Strafgewalt in Disziplin halten kann, und absolute Strafgewalt ist auf Grund der Gesetze bei den Wehrverbänden nicht möglich.

So etwa verläuft die Auseinandersetzung, die von Hitler schon ziemlich gereizt geführt wird, während Röhm sich trotz der Meinungsverschiedenheiten in seiner Treue zu dem geliebten Freunde nicht irremachen läßt. Dieser Streit hat die beiden zeitweilig auseinandergerissen, er hat nicht verhindert, daß sie sich dann doch wieder fanden; er hat ihr ganzes Verhältnis durchzogen bis zum grauenhaften Abschluß, dessen tiefste Ursache er im Grunde gewesen ist.

Terror.

Der Druck Röhms auf die Partei war noch aus einem anderen Grunde lästig, ja gefährlich.

Es war die Zeit der politischen Morde in Deutschland. Auf offener Straße hatte ein junger bayrischer Student, Graf Arco-Valley, am 21. Februar 1919 den sozialistischen bayrischen Ministerpräsidenten Kurt Eisner niedergeschossen. Es war immerhin noch die mutigste aller derartigen politischen Mordtaten in Deutschland, denn Arco schoß vor den Augen der Leibwache Eisners, die ihn sofort zu Boden streckte. Zwei Jahre später schossen zwei Meuchelmörder, Schulz und Tillessen, aus dem Hinterhalt den Minister Erzberger nieder; am 24. Juni 1922 tötete eine ganze Kolonne nach raffiniert ausgeklügeltem Plan den bedeutenden Minister Rathenau vom fahrenden Auto aus und floh dann in alle Winde. Aus dem Hinterhalt wurde in dunkler Nacht in München der sozialistische Abgeordnete Gareis niedergeschossen; niemals fand die bayrische Justiz den Täter, obwohl sie ihn zwei Jahre lang in den Händen gehabt hat. Denn noch zahlreiche andere Morde fielen in jener Zeit vor, zumeist an armen Teufeln, die einem der heimlichen Wehrverbände angehört hatten und denen man nicht mehr traute. Ein fanatischer antisemitischer Professor namens Arnold Ruge erfand für dieses Morden den zynischen Ausdruck »Umlegen«. Gelegentlich wurden der Tat dringend Verdächtige verhaftet, aber regelmäßig wieder freigesprochen; die bayrische Justizbehörde, an deren Spitze der spätere Reichsjustizminister Gürtner stand, fand nie genügend Beweise. Und immer gehörten die Verdächtigen zu dem Kreise um Röhm; oft waren sie, wie der erwiesene Mörder Heines, wie die Leutnants Neunzert und Bally, seine engen persönlichen Freunde. Die Offiziere, die aus der Brigade Ehrhardt zur SA hinüberwechseln, sind tief in den politischen Mord hinein verstrickt. Der älteste Führer der SA, ein Leutnant Klintzsch, wird unter dem Verdacht verhaftet, bei der Ermordung Rathenaus geholfen zu haben, aber die Anklagebehörde findet angeblich nicht genug Material gegen ihn. Als er wieder freikommt, ruft Hitler zu seinen Ehren die Partei zusammen und erklärt schäumend: Der Vorwurf, Rathenau ermordet zu haben, werde die SA nur noch fester an Klintzsch binden.

Mit dieser Truppe erobert Hitler München. Seine später — auch in »Mein Kampf« — aufgestellte Behauptung, es sei nur eine Truppe für Schutz und Verteidigung gewesen, ist einfach lächerlich. Er hat am 4. Januar 1921 öffentlich erklärt: »Die nationalsozialistische Bewegung in München wird in Zukunft rücksichtslos alle Veranstaltungen und Vorträge verhindern — wenn es sein muß, mit Gewalt — die geeignet sind, zersetzend auf unsere ohnehin schon kranken Volksgenossen einzuwirken« (zitiert nach dem »Völkischen Beobachter« Nr. 3, 1921). Hitler hat also den Angriff angekündigt und ausgeführt, und wenn die Partei heute von ihren Toten spricht, so muß der Geschichtsschreiber hinzufügen, daß diese Toten, historisch gesehen, als Angreifer gefallen und in Notwehr erschlagen worden sind.

Hitler zieht auch hinaus in die kleinen Städte, nach Ingolstadt, nach Koburg. Wenn er in Ueberzahl den Gegner anfällt, steht die Polizei mit verschränkten Armen daneben, oder ist überhaupt nicht zu sehen; wird er aber selbst angefallen, dann erscheint sie, räumt das Schlachtfeld, trennt die Kämpfer und verhaftet die »Roten«. An der Spitze einer mit schweren Eichenstöcken bewaffneten Bande dringt er in die Versammlung eines Rivalen um die Volksgunst, eines gewissen Ballerstedt, ein. Hitler und Esser stürmen mit geschwungenem Spazierstock das Podium, und auf Ballerstedt hagelt es Schläge. Die Polizei kapituliert wieder einmal; der arme Wachtmeister weiß, daß Hitler bei seinen eigenen Vorgesetzten tausendmal mehr gilt als er und bittet schüchtern: »Herr Hitler, Sie sehen selbst, hier gibt es ja Tote, bringen Sie doch Ihre Leute zur Räson!« Hitler wirft einen Siegerblick über das Schlachtfeld und sagt gnädig: »Schön, der Zweck ist ja erreicht, Ballerstedt spricht heute nicht mehr!« Dann zieht er mit den Seinen ab. Aber Ballerstedt steckt die Prügel nicht schweigend ein; zwar geht ein halbes Jahr ins Land, aber schließlich muß die bayrische Justiz Hitler doch zur Rechenschaft ziehen und verurteilt ihn zu drei Monaten Gefängnis. Zwar werden ihm zwei Monate sofort mittels der sogenannten Bewährungsfrist erlassen, d. h. er braucht die zwei Monate nicht abzusitzen, wenn er sich fünf Jahre lang wohlverhält — was wir uns sehr genau merken müssen, denn diese zwei Monate werden Weltgeschichte machen; zwar verstreicht nochmals ein halbes Jahr, aber dann können auch die mächtigsten Freunde ihn vor den vier Wochen Gefängnis nicht mehr retten.

Aber das Gefängnis ist ein Erfolg, denn er kommt als Märtyrer heraus; die Saalschlachten sind Erfolge, denn e r beendet sie als Sieger, die ganze SA ist ein Erfolg, denn er steht vor ihr als »der Führer«. Schon ist er im bayrischen Lande der beste Redner, der gefährlichste Kämpfer, der interessanteste Politiker, den es gibt; immer dicht am Publikum, ein Gesprächsstoff des einfachen Mannes und der Aerger seiner Feinde, die ihn verachten und doch hassen und über den eigenen Haß wütend sind. Als er mit dem Reden begann, lernten die Anhänger beteuern: »Hitler hat mit allem recht!« Seitdem er auf die Straße geht und prügelt, beginnen Freund und Feind sich die Frage vorzulegen: »Was wird Hitler tun?« Noch ist die Partei klein, wenn sie auch die Säle ohne Mühe füllt; aber schon erscheint sie der Oeffentlichkeit handlungsfähig, denn es rückt wieder eine Zeit heran, in der ein Entschlossener mit sechs Mann den Staat umstürzen kann.

Schwarze Reichswehr.

Schuld daran ist der »Ruhrkrieg«, der im Januar 1923 ausbricht.

Deutschland hat die ihm obliegenden Sachlieferungen aus dem Friedensvertrag nicht pünktlich geleistet; Frankreich benutzt die Gelegenheit, das Ruhrgebiet, Deutschlands größtes Kohlenbecken und reichstes Industrierevier militärisch zu besetzen. Das Reich, ohne Waffen und Soldaten, ruft zum »passiven Widerstand« auf; keine Hand arbeitet mehr im Ruhrgebiet, die Bahnen stehen still, die Kohlenzechen arbeiten nicht mehr, die Fabriken veröden. Es ist der Krieg eines wehrlosen Landes; er kostet, von einigen Zwischenfällen abgesehen, keine Toten, es wird nicht geschossen, und doch leidet Deutschland unter einer ungeheuren Kraftanstrengung. Die streikenden Arbeiter müssen bezahlt werden, die Ruhrindustriellen fordern Entschädigung für die Stillegung ihrer Betriebe, die Franzosen locken die Bevölkerung mit der hochwertigen Frankenwährung und begünstigen eine aus den Winkeln hervorsteigende separatistische Bewegung; der Widerstand dagegen muß von Berlin aus mit Geld gesteift werden. Die Reichsbank unter dem Präsidenten Havenstein treibt schon seit Jahren bewußte Katastrophenpolitik; sie will die Mark in den Abgrund reißen, um auf diese Weise der Welt die Unmöglichkeit der deutschen Reparationszahlungen zu beweisen. Jetzt, nach Ausbruch des Ruhrkrieges, speit die Notenpresse Tag und Nacht die Millionenscheine; immer tiefer rutscht die Mark, aus den Millionen werden Milliarden, und im November 1923 ist eine Goldmark eine Billion Papiermark; mit rotem Stempel wird auf die Milliardenscheine das Wort Billion schräg überdruckt, denn die Notenpresse kommt dem rasenden Währungssturz nicht mehr nach. Wer eine Fabrik, einen Bauernhof oder auch nur einen kleinen Laden hat, wer Aktien oder ausländische Valuta besitzt, ist reich, denn die »Sachwerte« behalten nicht nur ihren Wert, sondern manche von ihnen steigen noch schneller als die allgemeine Entwertung. Wer Lohn oder Gehalt empfängt, kann sich für den am Samstag ausgezahlten Verdienst einer Woche am Montag vielleicht nur noch ein paar Schuhriemen kaufen; bald werden die Gehälter täglich ausgezahlt, um mit der Geldentwertung im Schritt zu bleiben. Wer aber Vermögen in Mark besitzt, wer ein Sparkassenbuch hat und die Zeit nicht versteht, wessen Geld da in Hypotheken oder Pfandbriefen festliegt, der verarmt in ein paar Wochen rettungslos. Verkäuferinnen, Dienstmädchen, alte Mütterchen spekulieren an der Börse, und das Ergebnis ist meistens natürlich schwerer Verlust. Hitler aber ruft immer wieder in die Massen, daß die jüdische Börsendiktatur das Volk ausplündert und nur die Brechung der Zinsknechtschaft Rettung bringt. Wie sollen die Verkäuferinnen, die Dienstmädchen, die alten Mütterchen, die alten Rentner und Sparer ihm nicht glauben?

Aber er ruft auch, daß der ganze Ruhrkrieg nur ein Raubzug des Börsenjuden gegen das deutsche Volk ist. Hier sagt er die Unwahrheit. Denn der Gewinner am Ruhrkrieg ist die Schwerindustrie, die Subventionen schluckt und dank der deutschen Inflation billig exportieren kann. Der Ruhrkrieg ist ein Betrug, sagt Hitler, denn er ist gar kein Krieg, sondern nur ein Geschäft: »Einen Feind wie die Franzosen kann man nicht totbeten und nicht totarbeiten, am wenigsten aber totfaulenzen. Man muß mit der Waffe kämpfen.«

Mit welcher Waffe? Deutschland ist doch waffenlos!

»Wenn sechzig Millionen Menschen nur den einen Willen hätten, fanatisch national eingestellt zu sein — aus der Faust würden die Waffen herausquellen!«

Harmlose hielten solches Gerede für reinen Irrsinn, aber Hitler wußte, was er sagte. Er meinte die Waffen, die die Reichswehr versteckt hatte. Er wußte freilich auch, daß diese Waffen allmählich rosteten und auf keinen Fall für einen Krieg genügten, aber er wußte drittens auch, daß er doch nie beim Wort genommen werden würde. Ihm kam es auf eine wirksame Phrase für den innerpolitischen Kampf an; für einen Kampf, den er plötzlich gegen eine ganz neue Front führen mußte.

Die Reichswehr macht jetzt Ernst mit ihrer heimlichen Armee, ruft »Zeitfreiwillige« zu den Waffen, bildet eine »schwarze« Reichswehr, bereitet sich auf den Krieg vor. Die Wehrverbände sind der Kern dieses neuen Heeres, und die SA muß mitmachen, ob Hitler will oder nicht.

Diese SA wird erst jetzt ihren Namen rechtfertigen.

Denn was bedeutet SA? Als sie 1921 entsteht, heißt sie harmlos »Turn- und Sportabteilung«. Nach einer siegreichen Saalschlacht gibt Hitler ihr den Namen »Sturmabteilung«. Trotzdem schwört er acht Jahre später vor Gericht einen Eid, SA bedeute nichts als »Schutzabteilung«. In Wirklichkeit sollte sie natürlich nicht schützen, sondern stürmen, denn »im Angriff liegt die beste Verteidigung«, prägte Hitler ihr ein.

Jetzt will die Reichswehr die SA in den Kampf gegen die Franzosen werfen. Zwar die Regierung will es nicht, der Reichswehrminister will es nicht, aber die Offiziere wollen es. Man spricht zunächst von einem Krieg gegen Polen, ist sich aber klar, daß das auch den Krieg gegen Frankreich bedeutet. In Bayern ist wieder Röhm die Seele des Unternehmens. Hitler muß sich von ihm die SA aus der Hand nehmen lassen, und es hilft ihm nichts, daß er ihr inzwischen einen Führer von glänzendem militärischen Ruf gegeben hat, auf den er große Stücke setzt: den Fliegerhauptmann Göring. Röhm

bringt die SA im Laufe des Jahres in Bayern auf rund zehntausend Mann und exerziert sie wie eine Division ein.

Kann Hitler eigentlich dagegen sein? Er hat doch selbst
gesagt, daß man mit der Waffe kämpfen muß.

Jawohl, aber nicht, solange im Innern der »Feind« von
links, der Marxist, der Jude, der Pazifist noch den Dolchstoß
führen kann. Dieses »Gesindel« muß erst an die Wand gestellt
sein. Er nennt sie, die im November 1918 ihre Revolution gemacht haben, die »Novemberverbrecher« und ruft seine maß-
lose Parole ins Volk:

»Nicht nieder mit Frankreich, nein, nieder mit den Novemberverbrechern muß es heißen!«

Das ganze deutsche Volk lebte damals in einem einheit-
lichen patriotischen Aufschwung, die sozialistischen Gewerkschaften führten den Streikkampf an der Ruhr, und sozialistische Arbeiter unter ihren alten Führern schlugen im
Rheinland die Separatisten in blutigen Kämpfen nieder. In
diesem Augenblick rief Hitler: »Nicht nieder mit Frankreich,
nein, nieder mit den Novemberverbrechern!« Von den eigenen Freunden begriffen ihn nur wenige.

Ehrenwort und Fahnenweihe.

Selbst die Behörde macht Schwierigkeiten. Pöhner, der
schützende Polizeipräsident, hat wegen einer politischen Krise
seinen Posten verlassen, der Innenminister Dr. Schweyer ist
ein ordnungsliebender Beamter und zeigt Hitler gelegentlich
die starke Hand. Im Januar 1923 verbietet er einen großen
Parteitag der NSDAP, weil er fürchtet, daß Hitler einen
Putsch machen wird. Schon ein paar Monate vorher hat er
den Parteiführer zu sich kommen lassen und ihn trocken gewarnt, keine Dummheiten zu machen; er werde sich die Nase
verbrennen. Da ist Hitler aufgesprungen, hat sich mit der
Hand an die Brust geschlagen und gerufen: »Herr Minister,
ich gebe Ihnen mein Ehrenwort, ich werde nie im Leben einen
Putsch machen! Herr Minister, mein Ehrenwort, nie im Leben
einen Putsch!« Aber Schweyer traut nicht, das Zusammen-
strömen von Tausenden von SA-Leuten in München beunruhigt
ihn, der Parteitag wird verboten. Da stürmt Hitler zu dem

neuen Polizeipräsidenten Nortz und macht eine Szene, wie dieser Beamte sie nie erlebt hat; er bittet, er droht, er weint, und schließlich sinkt er in die Knie, breitet die Arme aus und ruft: »Herr Polizeipräsident, lassen Sie mich marschieren, ich garantiere Ihnen, es wird nichts geschehen!« Auch der Kniefall nützt nichts. Wenn der Parteitag verboten bleibt, ist Hitler bei seinen Leuten erledigt. Da faßt Röhm sich ein Herz, geht zu seinem Vorgesetzten, dem General von Epp, und beschwört ihn, einzugreifen. Epp geht noch eine Stufe höher, nämlich zu dem Kommandeur der bayrischen Reichswehrdivision, dem General von Lossow, und trägt ihm den Fall vor. Röhm sitzt im Vorzimmer. Plötzlich tritt Lossow aus der Tür: »Können Sie Hitler herbeischaffen?« »Selbstverständlich!« Röhm schafft Hitler herbei, und der trägt dem General seine Sache vor. »Es war ein herzlich unbedeutender Fall und Herr Hitler machte keinen besonderen Eindruck auf mich,« so hat Lossow die Szene später geschildert. Aber er findet Hitler ungefährlich, und das ist die Hauptsache. Immerhin: »Der Minister Schweyer traut dem Frieden nicht. Sie könnten sich vielleicht ehrenwörtlich verpflichten, daß Sie für Ruhe und Ordnung garantieren.«

Aber das ist zuviel für Hitlers vorbereitete Selbstbeherrschung. Er hat doch vor zwei Monaten dem Minister schon einmal solch ein Ehrenwort gegeben. Hat man das schon vergessen?

»Dem Minister Schweyer gebe ich überhaupt kein Ehrenwort mehr!« brüllt er, »aber ich versichere Eure Exzellenz« — immer brüllend — »mit meinem Wort, daß ich am 26. Januar keinen Putsch mache. Ich werde mich am 28. Januar wieder bei Exzellenz melden.«

Der General ist belustigt. Wenn dem General von Epp soviel an diesem entflammten Spießer liegt, so kann man ihm ruhig den Gefallen tun und sich für ihn einsetzen. Lossow bittet also die bayrische Regierung, den Parteitag Hitlers, wenn auch mit ein paar Einschränkungen, zu gestatten; und wenn ein Reichswehrgeneral bittet, gehorcht die Zivilbehörde. Der Parteitag findet statt und bleibt eine harmlose Fahnenweihe; nichts von Putsch, nicht einmal Prügeleien. Hitler steht, sozusagen Sieger über die Regierung, mit voller Autorität vor seinen Leuten und benutzt sie. Er setzt den zweiten

Vorsitzenden Körner ab, eines der unzufriedenen Gründungsmitglieder. Für diese Kleinen ist das Ganze furchtbar aufregend; als Drexler, der Ehrenvorsitzende, den Parteitag begrüßt, sinkt er vor den Tausenden ohnmächtig zu Boden.

Hitler aber wird nicht vergessen, daß Röhm wieder einmal Schicksal gespielt und ihn gerettet hat.

Die Partei wird jetzt groß. Am 8. Februar 1923 erscheint der »Völkische Beobachter« zum ersten Mal als Tageszeitung. Hitler geht persönlich mit Max Amann in ein großes Geschäft in der Münchner Altstadt und kauft dort Büromöbel. Vor den Augen des Prokuristen zieht er die Brieftasche heraus, die dick mit tschechischen Banknoten gefüllt ist. Der Prokurist macht große Augen; Hitler bemerkt es: »Die Ratsch-Kathel am Altheimer Eck,« sagt er, »will immer wissen, woher wir unser Geld haben,« — die Ratsch-Kathel, das ist der Schimpfname für die sozialdemokratische »Münchener Post« — »sehen Sie, da haben wir es her: die Auslandsdeutschen in der ganzen Welt schicken uns Valuta, weil sie wieder eine Hoffnung auf Deutschland haben, seit wir da sind.«

Einen Monat später übernimmt er auf Empfehlung Dietrich Eckarts Alfred Rosenberg als Chefredakteur. Noch zeichnet Eckart als Herausgeber des Blattes; noch repräsentiert er das Geld, das einst der General von Epp gegeben. Die Mittel einer baltischen Dame, Frau Gertrud von Seidlitz, sowie ein Darlehen des Freundes Hanfstaengl setzen aber Hitler instand, das Blatt selbst zu übernehmen. Im Sommer tritt Eckart als Herausgeber zurück. Zufällig wird Hitler eine amerikanische Rotationsmaschine mit riesigem Format zum Kauf angeboten; er nimmt sie, und seitdem ist der »Völkische Beobachter« die im Format größte Zeitung Deutschlands.

Mit dem Geschäft wachsen die Sorgen. Der Betrag, den Hanfstaengl geliehen hat, sind tausend Dollar, für jene Inflationszeit ein Riesenvermögen. Hitler hat das ganze Inventar des »Völkischen Beobachters« dafür verpfänden müssen. Schon am 1. Mai sollte er das Geld eigentlich zurückzahlen; natürlich kann er nicht. Hanfstaengl muß bis zum 1. Januar 1924 verlängern. Da er das Geld selber braucht, verkauft er die Forderung an Christian Weber, den Pferdehändler und Sturmtruppführer. Weber preßt Hitler mit allen Schikanen der Zinsknechtschaft, läßt sich die Autos des Verlags ver pfänden und benimmt sich »schlimmer als ein Jude«. Das sind Sorgen, über denen man zuweilen sogar die Politik vergessen kann. Dann sagt Hitler seufzend zu einem Geschäftsfreund, der nicht der Partei angehört: »Ich möchte ja nur, daß die Bewegung steht, daß das Geschäft endlich einmal gesund ist, und ich mein Auskommen als Chef des »Völkischen Beobachters« habe.«

Eines eigentümlichen Geldgebers muß hier noch gedacht werden. Es ist der jüdische Schriftsteller Arthur Trebitsch aus Wien. Trebitsch war glühender Antisemit, glaubte wörtlich an die Protokolle der Weisen von Zion und versicherte jedermann, niemand kenne so wie er die Verderblichkeit der jüdischen Rasse, denn er gehöre ihr selber an. In Büchern und Aufsätzen kämpfte er gegen das Judentum. Er schrieb im »Völkischen Beobachter« und schlief in den letzten Lebensjahren fast jede Nacht wo anders, weil die Weisen von Zion ihm angeblich nach dem Leben trachteten. Trebitsch war von Hause aus sehr reich, er entstammte einer Familie von Wiener Seidenindustriellen. Im Jahre 1921 übergab er Hitler einen größeren Geldbetrag, der auf 30 000 Mark beziffert wird. Als er einsam und halb irrsinnig in einem Dorf bei Graz starb, widmete der »Völkische Beobachter« diesem jüdischen Sonderfall einen Nachruf.

Bruch mit der Reichswehr.

Nicht immer kann Röhm rennen und retten. Am 1. Mai 1923 wagt Hitler sich zuweit vor. Die Sozialdemokraten und Kommunisten begehen an diesem Tag ihren Weltfeiertag des Proletariats. Hitler will an der Spitze seiner SA und einiger anderer Militärverbände die rote Demonstration mit Gewalt auseinanderschlagen. Er betrachtet das gewissermaßen als sein gutes Recht, als eine Gegenleistung für sein sonstiges Entgegenkommen, daß man ihm das gestattet. Er hat die SA der Reichswehr zur Ausbildung überlassen, obwohl ihm das nicht paßt, hat sie der Propaganda entzogen und dem militärischen Drill übergeben. Nun fordert er dagegen, daß die Reichswehr ihm für einen Tag die Waffen überläßt, die ursprünglich für den äußeren Feind bestimmt waren. Lossow hat früher einmal etwas Aehnliches versprochen. Hitler geht zu ihm und fordert die Waffen. Lossow erwidert zynisch: »Sie können mich ruhig einen Meineidbauern nennen, die Waffen gebe ich nicht heraus.« Er warnt Hitler, etwas gegen die Sozialisten zu unternehmen, denn dann werde die Staatsgewalt mitleidlos gegen ihn zuschlagen.

Hitler schäumt. So geht das also zu: Wort gegen Wort und Wortbruch gegen Wortbruch. Er gibt nicht nach. Er läßt Flugblätter verbreiten: Frauen und Kinder, morgen weg von der Straße! Und das Wort zirkuliert, man werde die Roten niederschießen wie tolle Hunde. Röhm meutert, er läßt die Kasernen öffnen, Hitler schickt seine Leute hin, sie holen die Waffen gegen Lossows Verbot. Die Untergebenen Röhms in den Kasernen hindern es nicht. Am Morgen des 1. Mai stehen ein paar Tausend SA-Leute unter Waffen.

Aber jetzt verläßt Hitler der Mut. Er wagt den Streich nicht, sondern zieht sich mit seinen Schwerbewaffneten vor die Stadt zurück, so weit wie möglich von den sozialistischen Gegnern entfernt. Dort bewegt er sich, einen Stahlhelm auf dem Kopf, ziemlich ratlos mit seinem militärischen Berater Kriebel, mit Göring und dem Unterführer Brückner zwischen den Seinen. Aber Lossow, erbittert über den Waffenraub, erbittert über einen unzuverlässigen Untergebenen wie Röhm, statuiert jetzt ein Exempel. Er läßt Hitler von Reichswehr umzingeln und zwingt ihn, die Waffen wieder in die Kaserne zurückzubringen. Es ist eine glatte Kapitulation, kein Röhm verhindert sie diesmal.

*

Um die gefährliche Bedeutung dieser Kapitulation zu begreifen, muß man das Wesen der faschistischen Revolution kennen. Es gibt von ihr eine glänzende Selbstdarstellung; sie findet sich in einem Bericht über den erwähnten Münchener Putsch, durch den Kahr und Pöhner an die Macht kamen. Der Bericht stammt von den Urhebern dieses Putsches und ist von Röhm in seiner Autobiographie abgedruckt worden. Zunächst wird geschildert, wie die Münchener Reichswehroffiziere und die zu ihnen (als sogenannte Zeitfreiwillige) haltenden Studenten durch die Nachricht vom Berliner Kapp-Putsch in »größte Erregung« gerieten. Dann heißt es weiter:

»Die Erregung steigerte sich noch, als abends die Meldung

kam, die bayrische Staatsregierung habe eine sozialistische und kommunistische Massenversammlung im Zirkus Krone nicht nur nicht verboten, sondern genehmigt und auch nicht verhindert, daß der bekannte Agitator Abgeordneter Geyer aus Sachsen zureiste ... Die Reichswehrleute und die Zeitfreiwilligen waren empört, daß, während sie sich mit ihrer Person zur Aufrechterhaltung der Ruhe, Ordnung und Arbeit einzusetzen gewillt waren, die Regierung den Generalaufmarsch derjenigen Elemente duldete, welche die Gegner der zu den Waffen Gerufenen waren ...« Die Militärverbände machen ihren Putsch immer nur »zur Aufrechterhaltung der Ruhe, Ordnung und Arbeit«. Sie drängen sich der legalen Regierung als Hüter der Ordnung auf und werden von ihr »zu den Waffen gerufen«. Das System hat in Deutschland den Namen »Hilfspolizei« erhalten; mit ihm haben die Nationalsozialisten sogar eine vom Völkerbund eingesetzte Regierung, nämlich bei der Saar-Abstimmung am 13. Januar 1935, überrumpelt und so das Spiel gewonnen.

Aber sie handeln nie offen gegen die Inhaber der Staatsgewalt. In Bayern verlangten sie Uebergabe der Macht an den Militärkommandeur. Wie macht man das streng legal? »Um den Anschein jeglicher Disziplinlosigkeit zu vermeiden, wurde eine Deputation zur Leitung der Einwohnerwehr (des größten, halboffiziellen Wehrverbandes) entsandt und der Landeshauptmann im Einverständnis mit dem Brigadekommandeur (Epp) ersucht, im Hinblick auf den Ernst der Lage die Bitte der Deputation zu seiner eigenen zu machen und bei Herrn General von Möhl zu vertreten ...« Es ist die schwerste Disziplinlosigkeit, wenn eine Truppe ihre Regierung absetzt, auf die sie vereidigt ist; aber der Anschein muß vermieden werden:

»Der Landeshauptmann entschloß sich, *nachdem er sich der Erlaubnis des Regierungspräsidenten von Oberbayern und der Polizeidirektion* München, die in der Beurteilung der Lage mit ihm und der Deputation einig gingen, *versichert hatte,* dem Ersuchen der Deputation stattzugeben ...« Er ging zum General, der General ging zum Ministerpräsidenten, und der Ministerpräsident wich der militärischen Gewalt. Am nächsten Tag hatte Bayern statt einer sozialistisch-gemäßigten eine Rechtsregierung.

Das war die Revolution »mit Erlaubnis des Herrn Präsidenten«, das Urbild jeder Revolution von rechts. Hitler wird nie eine andere machen. Am 1. Mai 1923 indessen hat er sich infolge falscher Einschätzung der Lage gegen den Präsidenten, d. h. die Reichswehr, erhoben. Schuld daran war im Grunde die veränderte politische Stellung der Reichswehr während des Ruhrkampfes, die Einheitsfront der Generäle und Gewerkschaftsführer gegen die Franzosen, der opfervolle persönliche Einsatz der rheinischen Sozialdemokraten gegen die Separatisten, das Bündnis zwischen Seeckt und Severing, zwischen dem Führer der Reichswehr und dem sozialdemokratischen Innenminister Preußens.

Der Herr Präsident steht vorübergehend links.

10. Der Putsch

Der Generalstaatskommissar.

Der Widerspruch zwischen Röhms militärischem Denken und Hitlers politischen Zielen, den Hitler von Anfang an sah, hat sich zur Katastrophe entwickelt. Für Röhm ist das ein edler Seelenschmerz, aber Hitler muß seine Politik neu überdenken. Er hat gegen besseres Wissen nachgegeben und trägt jetzt die Folgen; er hat entscheidende Vorteile von dem Bündnis mit der Reichswehr (das ja Blutverwandtschaft ist) gehabt, aber wenn sich ein solcher Schlag wie dieser 1. Mai wiederholt, dann splittert es in der Partei. Ein gefährlicher Schritt wird getan: Hitler bricht die Beziehungen zur Reichswehr ab. Noch hält er ein paar Versammlungen, dann zieht er sich nach Berchtesgaden zurück, ertränkt die Sorgen zeitweise in lustiger Gesellschaft und nimmt sich im übrigen Zeit, viel nachzudenken. Die ersten Ergebnisse dieses Denkens bringt er zu Papier; sie sind der Anfang des Buches, das er später unter dem Titel »Mein Kampf« herausgeben wird.

Da fällt mit einem Schlage das ganze politische Theater um. Die Reichsregierung Cuno, die Regierung des Ruhrkrieges, wird im August 1923 gestürzt. Der Ruhrkrieg ist verloren, die Währung zerstört, die Wirtschaft im Sterben und das Reich im Zerfall. Eine neue Reichsregierung wird gebildet unter Dr. Stresemann, dem Führer der rechtsstehenden deutschen Volkspartei, der sich aber persönlich im Lauf seines Lebens immer mehr nach links entwickelt, für Demokratie und Frieden kämpft. Die Sozialdemokraten, Hitlers Todfeinde, nehmen an dieser Regierung teil, die den Ruhrkrieg liquidieren soll. Von nun ab ist Stresemann der von Hitler am stärksten gehaßte und verfolgte politische Typ: der Parlamentarier, der nach seiner Auffassung das Bürgertum an den Marxismus ausliefert und Deutschland freiwillig seinen Feinden unterwirft.

Nach langer Stille erscheint Hitler Anfang September wieder in der Oeffentlichkeit. Die verschiedenen vaterländischen Verbände, mit denen Hitler in einem losen Bundesverhältnis steht, veranstalten am 2. September einen großen Aufmarsch in Nürnberg; es ist der Jahrestag der Schlacht bei Sedan, der dann später als Datum der nationalsozialistischen Parteitage beibehalten wird. Die Tagung beherrscht der General Ludendorff, der Feldherr des Weltkrieges und Abgott der patriotischen Jugend. Ludendorff greift von diesem Tage ab wieder aktiv in die deutsche Politik ein. Finster steht Hitler neben dem General, ohne eine rechte Rolle spielen zu können. Die Hunderttausend freilich, die an ihm vorbeimarschieren, glauben ein Bündnis Hitler-Ludendorff zu sehen.

Aber die Entwicklung arbeitet jetzt für Hitler.

Am 24. September 1923 bricht die Reichsregierung den Ruhrkrieg ab.

Am 25. September treten in höchster Erregung die Führer des sogenannten Deutschen Kampfbundes in München zusammen; dies ist ein am 2. September in Nürnberg geschlossenes Kartell, dem auch die NSDAP angehört. Neben ihr ist der Bund Oberland durch seinen Führer, den Tierarzt Dr. Friedrich Weber, vertreten; ein dritter, sehr starker Verband ist die Reichsflagge unter dem Hauptmann Heiß, der aber bald mit Hitler bricht. Auch Röhm und Göring sind da, und dann noch Scheubner-Richter, der dunkle Abenteurer aus dem Osten, auf den Hitler neuerdings große Stücke hält und von dem er sich oft politisch beraten läßt. Die Zusammenkunft ist von Röhm vorbereitet, ihr Programm von Röhm entworfen, das Ziel von Röhm festgelegt. Nun tritt Hitler in Szene. Er ist wirklich ein großer Redner. Volle zweieinhalb Stunden spricht er auf die Kameraden ein und bittet sie schließlich alle, ihn zu ihrem politischen Führer zu wählen. Da springt Heiß auf und streckt ihm, Tränen in den Augen, die Hand hin; auch Röhm weint. Selbst der kühle Dr. Weber ist bewegt. Hitler ist politischer Führer des deutschen Kampfbundes; gestern noch der Redner einer Lärmpartei, heute Herr der stärksten Wehrverbände in Bayern. Es ist ein Ereignis und hat sofort seine Folgen.

Am 26. September verhängt die bayrische Regierung, die einen Putsch Hitlers befürchtet, den Ausnahmezustand und setzt einen Diktator über das Land, den Generalstaatskommissar Dr. von Kahr. Dieser, ehemals Ministerpräsident und sehr volkstümlich, soll die Gemüter von Hitler ablenken und ihm notfalls mit Gewalt entgegentreten; er erweist sich aber bald als ganz unfähig. Seine erste Tat ist ein Schlag gegen Hitler, der diesen heftig verdrießt: Kahr verbietet vierzehn große Versammlungen, die Hitler an einem Abend gleichzeitig in München abhalten wollte. Durch dieses Kunststück, mit einem Schlage vierzehn Säle zu füllen und dann im Wagen von Saal zu Saal zu fahren, hat Hitler schon öfters die Oeffentlichkeit verblüfft. Hitler ist ungeheuer erregt, daß er nicht reden darf: »Vierzehn Versammlungen,« schreit er; »wegen vierzehn Versammlungen geraten die Herrschaften schon in Aufregung! Was werden die erst sagen, wenn wir einmal die ersten vierzehnhundert, nein, die ersten vierzehntausend an die Laternenpfähle hängen!« Einem Mitarbeiter setzt er auseinander: »Kennen Sie die römische Geschichte? Ich bin Marius, und Kahr ist Sulla; ich bin der Führer des Volkes, er aber vertritt die herrschende Schicht, aber diesmal wird Marius siegen, verlassen Sie sich darauf!« Da aber Sulla der Stärkere war, mußte Marius wohl oder übel sich mit ihm verständigen.

Revolte gegen Berlin.

Der Streit um die SA war ja liquidiert. Hitler hatte recht behalten, der Ruhrkrieg war verloren gegangen. Das Bürgertum, das im Januar die Einheitsfront aller Deutschen gewollt hatte, wandte sich jetzt wieder gegen den »inneren Feind«, gegen den Marxismus. Sogar Stresemann drängte Anfang November die Sozialdemokraten aus der Reichsregierung hinaus. In Bayern aber wurde der Kampf gegen Berlin die große Sache. Viele Monate lang hatte die Reichswehr ihre Zeitfreiwilligen, ihre Verbände, ihre SA gegen den äußeren Feind einexerziert; nun sollten sie zunächst gegen den »inneren Feind« aufgeboten werden. Auch die Kommunisten rüsteten zum Kampf; in letzter Minute bliesen sie zwar das Aufstandssignal ab, aber ihre Hamburger Gruppe schlug trotzdem aus Versehen los, und es gab drei Tage Straßenkampf. In Sachsen und Thüringen beteiligten die Kommunisten sich an der Regierung. All das gab der Reichswehr Gelegenheit, als Hüterin der Ordnung den Schlag gegen links zu führen. Das Reich verhängte unmittelbar nach Bayern den Ausnahmezustand, die Generäle erhielten dadurch die bürgerlich vollziehende Gewalt; sie setzten in Sachsen die sozialistische Regierung ab, unternahmen aber nichts gegen Bayern, das unter dem Einfluß der Rechtsradikalen offen meuterte. Kahr hatte nämlich den bayrischen Reichswehrgeneral von Lossow beredet, offen von Berlin abzufallen und seine Division auf die bayrische Regierung zu verpflichten. Der Anlaß war tragikomischer Weise eine Gefälligkeit gegen Hitler; die Reichsregierung hatte den »Völkischen Beobachter« verboten, Lossow hätte als Inhaber der vollziehenden Gewalt auf Grund des Ausnahmezustandes das Verbot durchführen müssen, weigerte sich aber — die Folge war der Konflikt, den Kahr sofort auf die äußerste Spitze trieb. Dadurch wurde Lossow, von Haus aus ein ganz unpolitischer Mensch, an die Seite des Generalstaatskommissars gedrängt. Kahr, Lossow und der Führer der Landespolizei, Oberst von Seißer, bildeten seitdem ein Triumvirat, das praktisch Bayern beherrschte.

Die Lage vom 1. Mai 1923 ist auf den Kopf gestellt. Die Einheitsfront von Hitlers Gegnern ist zersprengt. Die ganze bayrische Staatsautorität samt der bayrischen Reichswehrdivision ist in hellem Aufruhr gegen Berlin. Hitler ist wieder dicht am Herrn Präsidenten.

Er machte jetzt Lossow kurz hintereinander mehrere Besuche und söhnte sich mit ihm aus. Frühere Gegensätze müßten vergessen werden, denn sie hätten jetzt gemeinsame Interessen und gemeinsame Gefahren. Lossow müsse konsequent sein und den politischen Kampf gegen die Reichsregierung, gegen den Präsidenten Ebert, gegen Stresemann, gegen die Marxisten und gegen die Juden mit allem Einsatz von Person und Kraft führen, sonst sei er nach seinem Bruch mit Berlin ein verlorener Mann. »Ein militärischer Führer mit so weitgehenden Rechten«, sagte er, »der sich gegen seinen Chef aufbäumt, muß entschlossen sein, entweder zum Letzten zu schreiten, oder er ist ein gewöhnlicher Meuterer und Rebell und muß fallen.« Eine unanfechtbare Logik, die die Ereignisse dann bestätigten.

Ueberall im Reich flackert die Militärrevolution auf. Ueberall fordern die Führer der schwarzen Reichswehr von den Generälen das Losschlagen, den Marsch nach Berlin, die Verhaftung der Regierung. Vor dem Palais des Reichspräsidenten stehen zwei Soldaten im Stahlhelm Posten. Erst Jahre später erfährt man zufällig, daß diese Posten von der schwarzen Reichswehr, also den revolutionären Feinden der Regierung gestellt worden sind; daß der Reichspräsident ahnungslos bereits der Gefangene der Rebellen war. Aber die kommandierenden Generäle zaudern; der General von Seeckt, der Führer des Heeres, genannt die »Sphinx«, läßt keinen Entschluß erkennen.

Hitler sieht ganz groß Gelegenheiten reifen. Wenn Kahr, Lossow und Seißer Mut haben, kann von Bayern aus die Militärrevolution beginnen. Ob er sich einbilde, daß die Generäle in Preußen mit den bayrischen Rebellen gemeinsame Sache machen würden, fragt Lossow. Aber Hitler hat ein völlig sicheres Rezept: man muß Ludendorff an die Spitze stellen, ihm liegt die Reichswehr zu Füßen. Nicht die verantwortlichen Führer, sagt Lossow, die gehorchen den verfassungsmäßigen Vorgesetzten. »Möglich«, ist Hitlers Antwort, »die Generäle, die Obersten, die ganzen alten Knacker hängen wahrscheinlich an der Freßkrippe und haben Angst. Aber die Offiziere vom Major abwärts und die Soldaten werden keinen Schuß tun, wenn Ludendorff ihnen entgegentritt. Das ist wie Napoleon bei Grenoble.«

Wahrlich, Hitler hat den Klassenkampf der Offiziere gut begriffen!

Er wollte Ludendorff benutzen, wie er Kahr und Lossow benutzen wollte. In dem Kampf, den er vorhatte, mußten alle Wagnisse von Anfang an ausgeschaltet sein, alle Autoritäten von vornherein auf seiner Seite stehen. Immer die Gunst der Herrschenden haben, war seine Methode, und die Revolution »mit Erlaubnis des Herrn Präsidenten«, sein Ziel.

Aber dieser Präsident, nämlich Kahr, dachte gar nicht daran, sich von Hitler als Werkzeug benutzen zu lassen. Ganz Deutschland blickte damals nach Bayern, wo sich Rätselhaftes vorbereitete. Kahr spielte mit dem Gedanken, selbst deutscher Diktator zu werden.

Freilich, auch er hat das Bedürfnis, sich an Autorität anzulehnen. Sie führt in den Gesprächen jener Wochen den belustigenden Namen »die Herren aus dem Norden«; gemeint sind Generäle, konservative Politiker und sogenannte Wirtschaftsführer aus Berlin.

Die Herren im Norden sind Gespenster, sagt Hitler. Der Norden wartet auf uns; wenn wir nicht zupacken, packt keiner zu.

Hitler war vor Ekstase halb aberwitzig geworden — so kam es wenigstens dem General von Lossow vor, wenn er sich vor dessen Ohren mit Gambetta und selbstverständlich auch mit Mussolini verglich. Zu Lossows Mitarbeiter, dem Oberstleutnant Freiherr von Berchem, sagte er: »Ich fühle in mir den Beruf, Deutschland zu retten.« — Berchem: »Zusammen mit Ludendorff? Exzellenz Ludendorff dürfte außenpolitisch nicht tragbar sein.« — Hitler: »Bah, Ludendorff hat lediglich militärische Aufgaben. Ihn brauche ich zur Gewinnung der Reichswehr. In der Politik wird er mir nicht das mindeste dreinreden — ich bin kein Bethmann-Hollweg.« — Pause. Dann: »Wissen Sie, daß auch Napoleon bei Bildung seines Konsulats sich nur mit unbedeutenden Männern umgeben hat?«

Uebrigens schlief die Gegenrevolution im Norden keineswegs. Die »Schwarze Reichswehr«, organisiert von dem Oberleutnant Schulz und geführt von dem Major Buchdrucker, wollte in der ersten Oktoberhälfte losschlagen. Der Plan wurde aber »verpfiffen«; in Eile und Zeitnot improvisierte Buchdrucker am 1. Oktober eine Meuterei in Küstrin. Schulz war gerade in Berlin und schlief ahnungslos im Reichswehrministerium, während seine Leute gegen dieses Ministerium putschten. Am nächsten Morgen wird er geweckt: »In Küstrin ist Putsch!« — »Das müßte ich doch zuerst wissen!« — »Bitte, hier sind die Meldungen.« Der Putsch wurde schnell unterdrückt; viele Jahre später erzählt Buchdrucker im Gespräch: »Ich dachte, jetzt werden sie mir wohl den Kopf abnehmen, aber die dachten gar nicht daran — so war die Republik!« Die Leute der Schwarzen Reichswehr aber behaupten später, der Plan zum Putsch sei auf Veranlassung Hitlers an die Regierung verraten worden, weil Hitler eifersüchtig auf die Norddeutschen gewesen sei.

In einer Besprechung des Kampfbundes am 23. Oktober gab Göring Befehle aus, die alle späteren Greuelberichte des Jahres 1933 verständlich machen und ihre Ableugnung Lügen strafen. Er sagte — und hierüber besitzen wir Zeugenaussagen vor dem Untersuchungsrichter: »Wer nach der Machtergreifung die geringste Schwierigkeit macht, ist zu erschießen. Es ist notwendig, daß die Führer sich jetzt schon die Persönlichkeiten heraussuchen, die beseitigt werden müssen. Mindestens einer (gemeint ist offenbar: in jedem Ort) muß zum Abschrecken nach dem Umsturz sofort erschossen werden.«

Das war echte Revolutionsstimmung, aber für einen Mann wie Kahr viel zu greulich. Er beschloß, die Mitkämpfer zu sieben und alles, was dabei über den Rand sprang, zu vernichten. Zu dem Zweck rief er am 6. November die Führer der Wehrverbände zusammen und hielt ihnen gemeinsam mit Lossow eine Standpauke, die darauf hinauslief, daß er jeden Staatsstreich verbiete außer dem, den er selbst vorbereite: »Erst wenn alles bereit ist, beginnt die Tat. Den Befehl dazu gebe ich.«

Und Lossow rief, von den Kampfbundführern am Portepee gefaßt, verzweifelt sein berühmt gewordenes Wort:
»Ich will ja marschieren, Herrgott, ich will ja marschieren, aber nur, wenn ich einundfünfzig Prozent Wahrscheinlichkeit habe.«

Hitlers Torschlußpanik.

Kahrs Aeußerung überzeugte Hitler und Scheubner-Richter, daß der bayrische Diktator einen eigenen Putsch plane, bei dem die Nationalsozialisten samt Ludendorff ausgeschaltet werden sollten. Sie beschlossen, Kahr zuvorzukommen.

Kriebel mußte ins Land hinaustelegraphieren und die Anhänger zu den Waffen rufen. Ein Scheinmanöver sollte den Staatsstreich einleiten. Man wollte mit den bewaffneten und in höchster Stärke konzentrierten Truppen des Kampfbundes in der Nacht vom 10. zum 11. November eine große Nachtübung auf der Fröttmaninger Heide im Norden Münchens veranstalten — wie das damals bei den bewaffneten Privatarmeen üblich war und mit fröhlicher Zustimmung von Regierung und Reichswehr oft geschah. Am Morgen des 11. November wollte man dann mit Tausenden von Bewaffneten die Hauptstadt München überfluten — alles unter dem Anschein eines Parademarsches —, dort die nationale Regierung ausrufen und Kahr und Lossow vor die vollendete Tatsache stellen. Daß diese dann, halb geschoben, halb gezogen, mitmachen und so die Revolte legalisieren würden, daran wurde nicht gezweifelt.

Der 10. November war also der Stichtag, auf den die militärische Uhr eingestellt war. Aber in unbegreiflichem Leichtsinn riß Hitler zwei Tage vorher plötzlich den ganzen Plan auseinander, wagte eine tolle Improvisation — und scheiterte.

Am 8. November besuchte Graf Helldorf den General von Lossow. Der Graf ist später berühmt geworden, weil er in der Affäre des Reichstagsbrandes stark belastet wurde. Damals aber war er noch kein Nationalsozialist, sondern Mitglied des etwas gemäßigteren, zu jener Zeit übrigens auch bedeutenderen Wehrverbandes »Stahlhelm«, und zwar diente er dem zweiten Bundesführer Duesterberg als Adjutant. Helldorf kam aus Mitteldeutschland und brachte schlechte Nachrichten; man war dort noch nicht zum Losschlagen bereit. Da verlor Lossow die Selbstbeherrschung:

»Wenn in Berlin lauter Eunuchen und Kastraten sind«, rief er, »die zu feig sind, irgend einen Entschluß zu fassen, kann Deutschland von Bayern allein aus nicht gerettet werden.« Hinter diesem Gepolter lauerte die geheime Hoffnung, daß aus dem ganzen Staatsstreich zuletzt nichts werden würde; das wäre dem im Grunde ganz unpolitischen General, der die Verschwörerei schon bis obenhin satt hatte, sicherlich das liebste gewesen. Aber dann machte er eine Andeutung, die er vielleicht in ihrer ganzen Tragweite nicht erfaßte: »Hat der Norden keinen Willen zum Leben, so muß das schließlich, ob wir wollen oder nicht, zu einer Art von Separation führen.«

Als Lossow später vor Gericht diese Szene schilderte, fügte er mit grimmiger Genugtuung hinzu: »Graf Helldorf verließ ziemlich begossen das Lokal.« Er begriff anscheinend gar nicht, was er angerichtet hatte.

Der Graf fuhr bestürzt zu Scheubner-Richter und erzählte: die Bayern drohen mit Separation. Der Abfall des größten Landes vom Reich steht bevor.

Scheubner, der damals Hitlers politische Schritte leitete, scheint darauf tatsächlich einen nahen separatistischen Putsch in Bayern befürchtet zu haben und glaubte für die völkische Bewegung den geschichtlichen Augenblick gekommen, Deutschland vor Zerfall, katholischer Donaumonarchie und Jesuitengefahr zu retten. Jetzt war offenbar keine Stunde mehr zu verlieren. Der ganze Fahrplan der Revolution wurde umgeworfen, der Putsch um zwei Tage vorverlegt, die Konzentration der Truppen nicht abgewartet, auf fast jede militärische Sicherung verzichtet. Statt einer soliden politischen Schlacht veranstaltete Hitler einen Kroatenüberfall.

Der Zufall bot für den Ueberfall eine wunderbare Gelegenheit. Herr von Kahr hielt auf Bitten einiger Wirtschaftsorganisationen am Abend des 8. November eine große Programmrede im Bürgerbräukeller, einem etwa 3000 Personen fassenden Saal in einer östlichen Vorstadt Münchens. Die sogenannte Programmrede, deren Text erhalten ist, obwohl sie gar nicht gehalten wurde, war eine Sammlung allgemeiner Phrasen und keineswegs ein Signal zum Losschlagen. Die Versammelten waren harmlose Bürger und keine Revolutionäre. Gerade darum hoffte Hitler, mit den paar hundert Bewaffneten, die er in der Eile für den Abend zusammenbrachte, gegen die Versammlung leichtes Spiel zu haben. Außer den engeren Mitarbeitern war sein einziger Mitwisser Pöhner; er hatte den ehemaligen Polizeipräsidenten, den er persönlich gar nicht kannte, vormittags besucht und gesagt: Ich mache jetzt meinen Putsch, machen Sie mit? — und Pöhner, von soviel Unbekümmertheit hingerissen, machte sofort mit.

Hitler zog am 8. November seinen besten Anzug an, einen langen Gehrock, heftete das Eiserne Kreuz drauf und rief den Kommerzienrat Zentz, den Veranstalter der Kundgebung an, er möge doch mit dem Versammlungsbeginn bis zu seiner Ankunft warten. Denn er gedachte, Kahr vor seiner Rede hinauszubitten, ihm den von SA eingekreisten Bürgerbräukeller zu zeigen und den Ausbruch der nationalen Revolution mitzuteilen. Kahr würde sich ins Unvermeidliche fügen, die ihm von verschiedenen Mitarbeitern aufgesetzte Rede in die Tasche stecken und statt dessen zusammen mit Hitler die neue Regierung auszurufen.

Aber Kahr war indigniert, daß Hitler ihn zu warten bat. »Für Herrn Hitler wird sich noch ein Platz finden«, sagte er zu Zentz. »Wir können seinetwegen nicht dreitausend Leute warten lassen.« Und er begann seine Rede.

Währenddessen fuhr Hitler durch die Stadt. Neben ihm im Wagen saß Anton Drexler, der harmlos glaubte, man fahre zu einer Versammlung aufs Land. Plötzlich wandte Hitler sich zu seinem Ehrenvorsitzenden: »Toni«, sagte er, »kannst du schweigen? Also, wir fahren heute nicht nach Freising. Um halb neun Uhr schlage ich los.« Drexler, überrumpelt, verstand die De-

mütigung. Er erwiderte trocken: »Ich wünsche dir Glück.«
Im Bürgerbräukeller drückte Hitler sich zunächst wenig beachtet im Saal herum; es gelang ihm nicht, sich zu Kahr durch-
zuzwängen. Auch die Vorhalle war schwarz von Menschen, der
Eingang von Hunderten belagert — und hier sollten die Sturm-
truppen durchbrechen? Das mußte eine Panik mit Toten geben. In dieser Not verfiel Hitler auf einen Streich, würdig des
Hauptmanns von Köpenik. Er ging, der Zivilist im schwarzen
Rock, zu dem diensttuenden Polizeibeamten und befahl ihm,
die Vorhalle und die Straße zu räumen, weil sonst im Saal
Unruhe entstehen könnte. Und siehe, der Beamte klappte die
Hacken zusammen und ließ räumen. Die Polizei hat auf Hit-
lers Befehl den Weg für Hitlers Putsch freigemacht.

Jetzt setzte Scheubner-Richter sich in ein Auto und fuhr
nach Ludwigshöhe, um Ludendorff zu holen. Auch der war
ahnungslos und wurde von Hitler vor fertige Tatsachen gestellt.

Der Schuß im Bürgerbräu.

Als Kahr etwa eine halbe Stunde gesprochen hatte, fuhren
die Sturmabteilungen vor dem Lokal an. Es war der »Stoßtrupp Hitler«. Ohne Widerstand besetzten die Leute die von
der Polizei so sorgfältig geräumte Vorhalle und brachten ein
paar Maschinengewehre in Stellung. Drinnen spricht Kahr, der
Diktator, drinnen sind dreitausend ahnungslos; draußen bilden sechshundert Sperrketten. Das Ganze ist ein Werk von
drei Minuten. In diesen drei Minuten wird Geschichte. Diese
drei Minuten machen Hitler aus einer Münchner Sehenswür-
digkeit zu einer weltpolitischen Figur.

Die Polizei aber sah zu. Ihr ratloser Führer rief im Polizeipräsidium bei seinem diensthabenden Vorgesetzten an und bat
um Verhaltungsmaßregeln. Der Vorgesetzte sagte nicht: Verhaften Sie Herrn Hitler; er sagte nicht: Schützen Sie den
obersten Beamten des Landes vor den Maschinengewehren. Er
sagte: Halten Sie die Ordnung — auf der Straße aufrecht und
warten Sie im übrigen ab; man weiß ja noch nicht, was los
ist. Dieser pflichtbewußte Vorgesetzte war der damalige Ober-
amtmann und spätere Reichsinnenminister Dr. Frick. Eine
Stunde später hatte Hitler ihn zum Polizeipräsidenten von
München ernannt.

Denn inzwischen, es war etwa dreiviertel neun Uhr, hatte Hitler mit seinen Bewaffneten geräuschvoll den Saal betreten. Mit einer Pistole in der Hand raste er auf das Podium los, wo Kahr stand. Wie ein Augenzeuge, Graf Soden, später vor Gericht sagte, machte er den Eindruck eines völlig Irrsinnigen. Seine Leute postierten am Saaleingang ein Maschinengewehr. Hitler selbst sprang, seiner Sinne kaum noch mächtig, auf einen Stuhl, feuerte einen Pistolenschuß zur Decke, sprang wieder herab und stürmte weiter durch den plötzlich totenstill gewordenen Saal nach dem Podium. Ein pflichttreuer Polizeimajor trat ihm entgegen, die Hand in der Tasche. Hitler fürchtete eine versteckte Schußwaffe, setzte dem Major blitzschnell die Pistole auf die Stirn und schrie wie im Kriminalroman: »Hände aus den Taschen!« Ein andrer Beamter griff rasch von der Seite zu und riß Hitlers Arm weg. Der angegriffene Polizeimajor ist zehn Jahre später im Konzentrationslager Dachau ermordet worden.

Hitler stieg jetzt auf das Podium, auf dem Herr von Kahr, blaß und verwirrt, einige Schritte zurückgetreten war, und schrie:

»Die nationale Revolution ist ausgebrochen. Der Saal ist von sechshundert Schwerbewaffneten besetzt. Niemand darf den Saal verlassen. Wenn nicht sofort Ruhe ist, werde ich ein Maschinengewehr auf die Galerie stellen lassen. Die Kasernen der Reichswehr und Landespolizei sind besetzt — dies war falsch — Reichswehr und Landespolizei rücken bereits unter den Hakenkreuzfahnen heran.«

Dann rief er Kahr sowie Lossow und Seißer, die in der Nähe saßen, in gebieterischem Tone zu, sie sollten ihm folgen. Unter einer SA-Eskorte transportierte Hitler die drei Machthaber Bayerns aus dem Saal. Ein Zuruf fiel: »Seid nicht wieder solche Feiglinge wie 1918! Schießt!« Aber die drei Männer hatten nichts zum Schießen. Lossow konnte nur Seißer zuflüstern: »Komödie spielen!« Seißer flüsterte die Worte an Kahr weiter. Unter diesem Geflüster verschwanden sie nach draußen.

Der Saal begann wieder aufzubrausen. Die abscheuliche Pistolenszene hatte die ganze Versammlung gegen Hitler empört. Die Stimmung wurde so bedrohlich, daß Göring aufs Podium stieg und mit Donnerstimme versicherte, der Anschlag solle kein feindseliger Akt sein, sondern der Beginn der nationalen Erhebung. Die bayrische und die Reichsregierung seien abgesetzt, eine neue Regierung werde jetzt da draußen gebildet. Er schloß:

»Im übrigen können Sie zufrieden sein, Sie haben ja hier Ihr Bier!«

»Morgen Sieger oder tot.«

Inzwischen begann Hitler in einem Nebenzimmer die Verhandlungen mit den Worten: »Niemand verläßt lebend das Zimmer ohne meine Erlaubnis!« Dann redete er auf die kalt Abgeschreckten glühend los: »Meine Herren, die Reichsregierung ist bereits gebildet und die bayrische Regierung ist abgesetzt. Bayern wird das Sprungbrett für die Reichsregierung, in Bayern muß ein Landesverweser sein. Pöhner wird Ministerpräsident mit diktatorischen Vollmachten, und Sie, Herr von Kahr, werden Landesverweser.« Dann stieß er kurz und fetzenweise hervor: »Reichsregierung Hitler, nationale Armee Ludendorff, Seißer Polizeiminister.« Der »Trommler« hatte die Maske abgeworfen.

Als er keine Antwort bekam, hob er die Pistole und rief leidenschaftlich:

»Ich weiß, daß den Herren das schwer fällt. Der Schritt muß aber gemacht werden. Ich will den Herren ja nur erleichtern, den Absprung zu finden. Jeder von Ihnen muß den Platz einnehmen, auf den er gestellt wird; tut er das nicht, so hat er keine Daseinsberechtigung!« Als die drei in finsterem Schweigen verharrten, fingen seine Nerven an, zu zappeln: »Sie müssen, verstehen Sie, Sie müssen einfach mit mir kämpfen, mit mir siegen oder mit mir sterben, wenn die Sache schief geht. Vier Schuß habe ich in meiner Pistole, drei für meine Mitarbeiter, wenn sie mich verlassen, die letzte Kugel für mich.«

Er setzte sich die Pistole an die Schläfe und sprach feierlich: »Wenn ich nicht morgen nachmittag Sieger bin, bin ich ein toter Mann.«

Es war eine wahre Römerrede. So sagt der edle Brutus bei Shakespeare: »Wie ich meinen besten Freund für das Wohl Roms erschlug, so habe ich denselben Dolch für mich selbst,

wenn es dem Vaterlande gefällt, meinen Tod zu bedürfen.«
Diese Worte sind die Erfindung eines Dichters; die Reden
Hitlers dagegen sind durch beschworene Zeugenaussagen vor
Gericht und teilweise durch das Geständnis des Sprechers
selbst belegt.

Herr von Kahr war der Situation gewachsen. Er faßte Hitlers Drohung als richtiggehenden Mordanschlag auf und sagte
das Anständigste, was in diesem Augenblick gesagt werden
konnte: »Herr Hitler, Sie können mich totschießen lassen,
Sie können mich selber totschießen. Aber sterben oder nicht
sterben ist für mich bedeutungslos« — er wollte sagen, daß er
sich nicht durch die Drohung mit der Kugel einen politischen
Entschluß abzwingen lasse.

Vor diesem Mißerfolg versagten Hitlers Nerven einen Augenblick, und das Ergebnis war eine subalterne Taktlosigkeit.
Während Kahr vom Sterben und Nichtsterben sprach, brüllte
er plötzlich seinen Begleiter Graf an: »Maßkrug her!« Er hat
später erklärt, er sei durstig gewesen, und in einem Bierkeller
trinke man eben Bier. Graf selbst schildert die Szene als
Zeuge vor Gericht indirekt: »Hitler hatte mich um Bier geschickt. Ich habe einen Maßkrug geholt, weil es keine Halbe-
krügeln gab. Infolge der Gasvergiftung muß Hitler, wenn er
länger spricht, öfter trinken; er trinkt übrigens fast nichts.«

So kam man nicht weiter. Der, auf den es Hitler eigentlich
abgesehen hatte, der General von Lossow, schwieg. Aber Seißer redete jetzt. Er warf Hitler vor, daß er sein Ehrenwort gebrochen habe.

Schon wieder eins von dem halben Dutzend Ehrenwör-
tern! In der Tat, Hitler hatte Seißer öfters versprochen, er
werde keinen Putsch gegen die Polizei machen. In einem Zorn-
anfall — man hatte ihm ein paar Versammlungen verboten —
nahm er das Versprechen Ende Oktober wieder zurück. Dann
nahm er Lossow gegenüber auch die Zurücknahme wieder zurück; zu Seißer sagte er allerdings: »es sei denn, daß man
ihn in eine Zwangslage versetze.«

Jetzt aber sagte er zu ihm:

»Ja, das tat ich, verzeihen Sie mir; ich habe um des Vaterlandes willen so handeln müssen!»

Doch das vertrieb die häßliche Stimmung nicht aus dem
Zimmer. Bald sprach Hitler vom Vaterlande, bald rief er wie

ein Gefängnisaufseher: »Halt, die Herren dürfen ohne meine Erlaubnis nicht miteinander sprechen!« An Tür und Fenster standen schwerbewaffnete Posten und drohten zuweilen mit ihren Gewehren.

Der Marsch nach Babel.

Als er mit den dreien nicht weiterkam, kehrte Hitler in den Saal zurück und hielt dort eine kurze, meisterhafte Rede. Er wendete, wie ein Zeuge sagt, die Stimmung der anfangs feindseligen Versammlung »wie einen Handschuh um«. Knapp und kurz begann er: »Das Kabinett Knilling (die bayrische Regierung) ist abgesetzt. Die Regierung der Novemberverbrecher in Berlin wird für abgesetzt erklärt. Ebert (der sozialdemokratische Reichspräsident) wird für abgesetzt erklärt. Eine neue deutsche nationale Regierung wird in Bayern, hier in München, heute noch ernannt. Es wird sofort gebildet eine deutsche nationale Armee.« Schlag auf Schlag, Tatsache auf Tatsache, im befehlenden Ton.

Aber dann wurde er plötzlich geschmeidig, und jeder Satz begann nun mit den Worten: »Ich schlage vor.« Also: »Ich schlage vor: eine bayrische Regierung wird gebildet aus einem Landesverweser und einem mit diktatorischen Vollmachten ausgestatteten Ministerpräsidenten. Ich schlage als Landesverweser Herrn von Kahr vor, als Ministerpräsidenten Pöhner. Ich schlage vor: bis zum Ende der Abrechnung mit den Verbrechern, die heute Deutschland zugrunde richten, übernehme die Leitung der Politik der provisorischen nationalen Regierung ich. Exzellenz Ludendorff übernimmt die Leitung der deutschen nationalen Armee. General von Lossow wird deutscher Reichswehrminister, Oberst von Seißer wird deutscher Reichspolizeiminister. Die Aufgabe der provisorischen deutschen nationalen Regierung ist, mit der ganzen Kraft dieses Landes und der herbeigezogenen Kraft aller deutschen Gaue den Vormarsch anzutreten in das Sündenbabel Berlin, das deutsche Volk zu retten.

Ich frage Sie nun: draußen sind drei Männer: Kahr, Lossow und Seißer. Bitter schwer fiel ihnen der Entschluß. Sind Sie einverstanden mit dieser Lösung der deutschen Frage? Sie sehen, was uns führt, ist nicht Eigendünkel und Eigennutz, sondern den Kampf wollen wir aufnehmen in zwölfter Stunde für unser deutsches Vaterland. Aufbauen wollen wir einen Bundesstaat föderativer Art, in dem Bayern das erhält, was ihm gebührt. Der Morgen findet entweder in Deutschland eine deutsche nationale Regierung oder uns tot!«

Es war eine echt Hitlersche Rede, voll redlicher Leidenschaft und doch mit einem unangenehmen Trick. Er machte den Hörern nämlich, der Wahrheit zuwider, vor, daß die drei Männer bereits mit ihm einig seien. Das war eine Erlösung für die Versammlung, die plötzlich von der Ablehnung zum Jubel überging, Die Frucht einer glänzenden Strategie auf der inneren Linie, die Hitler befolgt hatte. Er hatte die Versammlung und die drei Diktatoren von einander getrennt und beherrschte selbst ausschließlich die Kommunikationslinien; so konnte er die einen über die Stimmung der andern irreführen. Im übrigen gewann er die Herzen dadurch, daß er den kernigen Bayern einen Straffeldzug nach Berlin, den Triumph über die große apokalyptische Hure, und vielleicht auch ein wenig Freuden mit ihr, in Aussicht stellte.

Jedenfalls konnte er wieder in das Nebenzimmer zurückgehen und dem niedergedrückten Kahr mitteilen, man würde ihn draußen vor Begeisterung auf die Schultern heben.

Seiner Majestät hochseliger Vater.

Gleichzeitig betrat auch Ludendorff mit Scheubner-Richter das Zimmer; er sah sich nicht um, fragte nach nichts, sondern begann zu reden: er sei ebenso überrascht wie alle, aber es handle sich um eine große nationale, völkische Sache, und er könne den drei Herren nur raten, mitzutun. Sie möchten in seine Hand einschlagen. All das kostete Ludendorff einige Ueberwindung; er zürnte wegen Hitlers eigenmächtiger Aemterverteilung, bei der er selbst nicht Reichsdiktator — man erinnere sich an Göring —, sondern nur Armeeführer werden sollte. Er hat dafür Hitler, wie dieser selbst später bekundete, an dem ganzen Abend geschnitten und keine fünf Worte mit ihm gewechselt. Zunächst merkte Hitler in seiner selbstbewußten Aufgeregtheit gar nichts. Er rief, als Ludendorff geendet hatte: »Es gibt kein Zurück mehr, die Sache ist bereits weltgeschichtliches Ereignis.«

Als erster überwand sich Lossow. Er konnte den Feldherrn des Weltkriegs schließlich nicht mit ausgestreckter Hand stehen lassen. Das verbot schon die Subordination, die für einen deutschen General weit vor aller Politik kommt; Ludendorff war in der Nähe, und der Vorgesetzte in Berlin war fern. Mit einem trockenen »Gut« ergriff er Ludendorffs Hand; ihm folgte Seißer. Kahr rang noch immer mit sich; er sei doch Monarchist, bei solch einer Art Erhebung könne er nicht mitmachen. Er fühle sich als Vertreter seines Königs. Der »König« war Kronprinz Rupprecht, bayrischer Thronprätendent, den seine Anhänger nach dem Tode des letzten Königs Ludwig III. gern König nannten.

Da beschloß Hitler, um diesen Königstreuen zu betölpeln, die Sprache der Höfe zu reden. Er raffte alle brauchbaren Vokabeln zusammen, die er im Gedächtnis hatte, faltete die Hände und rief salbungsvoll wie ein Kammerherr: »Jawohl, Exzellenz, gerade an dem Königtum, das in so schamloser Weise dem Novemberverbrechen von 1918 zum Opfer gefallen ist, gilt es, ein schweres Unrecht wieder gutzumachen. Wenn Exzellenz gestatten, werde ich selbst unmittelbar von der Versammlung weg zu Seiner Majestät (dem in Berchtesgaden weilenden Prinzen Rupprecht) fahren und ihm mitteilen, daß durch die deutsche Erhebung das Unrecht, das Seiner Majestät Hochseligem Vater widerfahren ist, wieder gutgemacht ist.«

Wörtlich so: »...wenn Exzellenz gestatten ... Majestät ... Hochseliger Vater ...« Man spürt, wie der ehemalige Gefreite in den vornehmen Ausdrücken angenehm badet. Ein erstklassiger Zeuge, Pöhner, ehemaliger Polizeipräsident und damals einer der höchsten bayrischen Richter, hat in seiner Aussage vor Gericht den barocken Ausspruch wieder erzählt, der einen tiefen Blick in Hitlers Seele tun läßt. Pöhner war, als einer der wenigen Mitwisser von Hitlers Verschwörung und vorgesehener Diktator von Bayern, inzwischen gleichfalls in das Zimmer gekommen und redete auf Kahr ein.

Der fand jetzt die Wendung und sagte eisig: »Gut, ich sehe, wir sind doch schließlich hier alle Monarchisten. Ich übernehme die Landesverweserschaft nur als Stellvertreter des Königs.«

Mit dem Namen seines Königs auf den Lippen ging der bayrische Diktator in den fiebernden Saal zurück. Er betrat ihn
mit starrer Miene — die maskenhafte Unbeweglichkeit seines
Gesichts ist vielen aufgefallen. Ludendorff war totenbleich;
wie vom Tode gezeichnet, fand ihn ein Beobachter: »Als am
Tage darauf«, sagt dieser Beobachter, der Historiker Karl
Alexander von Müller, »die irrtümliche Nachricht kam, er sei
getötet worden, sagte ich, genau so hat er gestern ausgesehen.«
Nur Hitler war fröhlich, nach Aussage des gleichen Zeugen
vergnügt wie ein Kind — »leuchtend vor Freude, selig, daß
es ihm gelungen war; es war ein kindlicher, offener Ausdruck von Freude, den ich nie vergessen werde.« Er war der
einzig Vergnügte von allen und baute mit wenigen Griffen
eine große historische Szene auf. Alle mußten reden, alle
mußten sich die Hände schütteln. Er selbst sagte:

»Ich will jetzt erfüllen, was ich mir heute vor fünf Jahren
als blinder Krüppel im Lazarett gelobte: nicht zu ruhen und
zu rasten, bis die Novemberverbrecher zu Boden geworfen
sind, bis auf den Trümmern des heutigen jammervollen
Deutschland wieder auferstanden sein wird ein Deutschland
der Macht und der Größe, der Freiheit und der Herrlichkeit.
Amen!«

Kein Instinkt warnte das fröhliche Kind in diesem Augenblick. Herrlichkeit und Amen! Er hörte die Zweideutigkeit in
Kahrs Stimme nicht: »In des Vaterlandes schwerster Not übernehme ich die Leitung der Geschicke Bayerns als Statthalter
der Monarchie, die vor fünf Jahren von frevelnder Hand zerschlagen worden ist. Ich tue das schweren Herzens und, wie
ich hoffe, zum Segen unserer bayrischen Heimat und unseres
großen deutschen Vaterlandes.«

Schweren Herzens tat der Diktator mit. Aber Kahrs Herz-
beschwerden waren Hitler in diesem Augenblick ebenso gleichgültig wie Ludendorffs Grimm, der finster sprach: »Ergriffen
von der Größe des Augenblicks und überrascht stelle ich mich
kraft eigenen Rechts der deutschen Nationalregierung zur
Verfügung.« Als ihn später der Staatsanwalt fragte, was »kraft
eigenen Rechts« bedeute, antwortete der General: »Die Versammlung konnte glauben, ich wäre ein physischer Gefolgs-

mann Hitlers. Ich wollte sagen: ich handle nicht auf Befehl Hitlers, sondern aus eigener Kraft.«

Dann sprach Pöhner. Lossow tat es erst, als Hitler ihn aufforderte, und den Polizeiobersten von Seißer mußte er sogar durch einen Stoß ins Kreuz nach vorn befördern. Beide gaben ziemlich nichtssagende Erklärungen ab. Kahr dagegen rang mit sich und scheint sich zeitweise nicht klar gewesen zu sein, ob er nun wirklich Komödie oder Weltgeschichte spiele. Hitler ergriff der Reihe nach ihn und die andern Männer bei den Händen und schüttelte sie jedesmal lange und eindringlich; dabei sah er ihnen starr in die Augen; verschiedene Zeugen berichten von Tränen. Zu Kahr sagte Hitler: »Exzellenz, ich werde treu hinter Ihnen stehen wie ein Hund!«

Die Bedeutung, die die Szene im Plane Hitlers hatte, hat der schon erwähnte Professor von Müller gut erfaßt: »Ich sagte mehreren Herren in meiner Umgebung: wenn jetzt ein französisches Ultimatum kommt, wenn die Mainlinie besetzt wird, wenn die ersten Bedrückungen einer überlegenen Gewalt auftreten, wie werden sich dann die Leute, die jetzt jubeln, benehmen? Aber wenn diese Herren morgen zur Mitarbeit aufrufen, bleibt nichts anderes übrig, als mitzutun, auch wenn man die Sache für verhängnisvoll und unberechenbar hält.«

Wenn die »Herren« aufrufen, dann tritt der Bürger, auch gegen die Stimme des eigenen Gewissens, auf den Boden der Tatsachen. Aber die Herren selbst? Wie benehmen Herren sich in einer revolutionären Situation? Noch in derselben Nacht telephonierte der Polizeioberst von Seißer mit seiner Frau und sagte ergrimmt: »Mich haben sie zum Reichspolizeiminister gemacht. Eine Verrücktheit— so etwas gibt's doch gar nicht!«

Das Ehrenwort.

Und nun muß Hitler noch eine peinliche Szene über sich ergehen lassen — schon die dritte dieser Art an diesem einen Abend. Unter den dreitausend Gästen ist auch der Innenminister Dr. Schweyer. Der tritt auf Hitler zu und spricht — aber das lassen wir ihn besser mit seinen eigenen Worten sagen, so wie er sie als Zeuge vor dem Staatsanwalt gesprochen hat; der Untersuchungsausschuß des bayrischen Landtags hat im April 1928 diese Aussage aus den Akten ans Licht gezogen. Schweyer berichtet:

»Mich würdigte Hitler keines Blickes. Ich trat daraufhin auf ihn zu, klopfte ihm mit meinem Finger auf die Brust und sagte in nachdrucksamem Ton: »Jetzt will ich Ihnen aber etwas sagen, Herr Hitler. Erinnern Sie sich noch, was Sie im Sommer vorigen Jahres in meinem Büro aus freien Stücken erklärt haben? Wissen Sie es noch?« Darauf geriet Hitler in eine gewisse Verlegenheit, ohne eine Antwort zu geben.«

Ein tapferer Mann, dieser graubärtige, leicht schwäbelnde Dr. Schweyer. Er meinte natürlich das berühmte Ehrenwort, keinen Putsch zu machen. Ringsum sind sechshundert Begeisterte, er aber klopft dem Sieger des Abends wie ein zorniger Schulmeister auf die Brust und sagt ihm ins Gesicht, daß sein Sieg nur ein Wortbruch ist. Das Ganze aber ist tief sinnbildlich. Hitler bedeutet in jeder Form den Untergang dieser verwehenden Schicht von Reserveoffizieren und Korpsstudenten. Er stellt, der Halbprolet, durch seinen Aufstieg ihre gesellschaftliche Hierarchie auf den Kopf, zerstört die Sicherheit ihres Eigentums und macht ihre Ehrenwörter lächerlich, indem er sie rücksichtslos als Mittel benutzte, um seinen Prozeß gegen die bürgerliche Gesellschaft zu gewinnen.

Aber diesmal fand er Gegenspieler, die auf Wortbruch mit Wortbruch antworteten und das Spiel gewannen.

Kurz nach der großen Einigungsszene im Saal kam Nachricht, daß in einer Kaserne die Reichswehrsoldaten eine Abteilung des Bundes Oberland entwaffneten. Also war es nicht wahr, daß die Soldaten Hitlers und die Soldaten Lossows sich verbrüdert hätten; also war es nicht wahr, daß die Kasernen und die sonstigen militärischen Gebäude unter dem Schein der »Verbrüderung« von Hitlers Leuten bereits erobert seien; also war es auch nicht wahr, daß Reichswehr und Landespolizei bereits unter den Hakenkreuzfahnen heranrückten. Nein, es war nicht wahr, es war aber auch keine Lüge; es war einfach eine Selbsttäuschung. Die mangelhafte Vorbereitung des Putsches, das Fallenlassen des ursprünglichen Planes, das Improvisieren rächten sich jetzt. Hitler hatte in der Stadt nur ein paar hundert Mann zur Verfügung, wenn auch vom Lande Hilfstruppen heranrückten, aber kein einziger militärisch wichtiger Punkt war bis jetzt in seiner Hand; er hatte eine zweideutige Zusage Lossows und sonst gar nichts. Zu weit klafften Hitlers und Scheubner-Richters politische Hast und Kriebels militärische Vorbereitungen auseinander.

Hitler fuhr zur Kaserne hinaus, um Ordnung zu stiften. Er glaubte, bei seiner Rückkehr Ludendorff zusammen mit Lossow im eifrigen Kriegsrat für den Marsch auf Berlin vorzufinden — dies schien ihm eine Selbstverständlichkeit. Aber mit der gleichen Selbstverständlichkeit sagten Lossow, Kahr und Seißer, sobald Hitler draußen war, zu Ludendorff adieu, und für diesen war es wiederum eine Selbstverständlichkeit, die Herren gehen zu lassen, wenn sie glaubten, daß ihre Anwesenheit anderswo notwendiger sei. Als Scheubner-Richter einen bescheidenen Einwand wagte, fuhr der General ihn an: er verbitte sich jeden Zweifel am Ehrenwort eines deutschen Offiziers.

Hitler kam zurück und fand die Vögel ausgeflogen. Gebrochen sank er auf einen Stuhl. Stumme Szene zwischen ihm und Ludendorff. Der Feldherr des Weltkrieges war in der Tat der einzige, der die Ehrenwörter dieses Abends ernst nahm. Hitler hat später immer und immer wieder erklärt, es sei ihm ganz unfaßbar gewesen, daß deutsche Offiziere ihr Ehrenwort brechen könnten. In Wirklichkeit war es ihm durchaus faßbar, er hatte seine Maßnahmen entsprechend getroffen, seine Schuld war es nicht. »Ich habe zu Herrn von Kahr,« rief er vor Gericht, »noch gesagt: Exzellenz, ich werde treu hinter Ihnen stehen wie ein Hund!« Wenn auch seine Ausdrucksweise im Ueberschwang rasch etwas Serviles bekam, so war die Sache doch der reine Hohn; denn gerade Kahr war durch Hitlers Aemterverteilung zu einem Landesverweser ohne Einfluß, zu einem reinen Dekorationsstück, einer Puppe in der Hand Pöhners herabgedrückt worden. Dieser Puppe versprach er Treue — und schäumte später, weil Kahr lieber ein echter Machthaber als eine treue Puppe sein wollte.

»So etwas macht man nicht!«

Inzwischen ging die Weltgeschichte weiter. Als Kahr, Lossow und Seißer erst einmal den Bürgerbräukeller verlassen hatten, war Hitler die Initiative entrissen.

Vielleicht hätte Kahr, wenn es gelang, Hitler den Putsch aus der Hand zu nehmen, noch versucht, ihn selbständig weiterzuführen und ihm irgendein Gesicht zu geben — vielleicht? Als der Generalstaatskommissar eine halbe Stunde später im Gedränge den Bürgerbräukeller verließ, wurde er von einem Oberregierungsrat aus dem Gefolge des schattenhaften Ministerpräsidenten von Knilling angesprochen. Dem sagte er leise: »Herr Kollega, ich bin tieftraurig. Sie haben ja selbst gesehen, daß ich nur gezwungen worden bin zum Jasagen. So etwas macht man nicht!« Das war in drei Sätzen der ganze Herr Präsident der Kreisregierung von Oberbayern, mit dessen Erlaubnis Hitler Revolution machen wollte.

Wütende Generäle.

Die weitläufige Entstehungsgeschichte von Kahrs und Lossows Gegenaktion soll hier nicht erzählt werden. Erwähnt sei nur, daß die von den Nationalsozialisten behaupteten Eingriffe des Prinzen Rupprecht und des Kardinals von Faulhaber Legende sind. Wenn etwas den noch schwankenden Widerstandswillen der Triumvirn in jener Nacht gesteift hat, so war es zunächst die Haltung der nicht an den Ereignissen beteiligten Münchner Reichswehrgeneräle. Namentlich der Stadtkommandant, Generalleutnant von Danner, beschimpfte Lossow Dritten gegenüber auf gut bayrisch als »trauriges Mannsbild«, und empfing den rückkehrenden General mit der scharfen Frage: »Exzellenz, das war doch hoffentlich alles nur Bluff?« Der ganze Zorn der Offiziere gegen die Freischärler brach jetzt los; die Generäle empfanden die Bürgerbräuszene einfach als Schmach der Armee. Seit der Pistolenszene war Hitler nach herkömmlichem militärischem Ehrbegriff ein Mann, den man mit dem Seitengewehr niederstechen mußte. Das hatte der ehemalige Gefreite nicht bedacht.

Noch bevor sie sich mit Lossow verständigen konnten, waren Danner, General Kreß von Kressenstein und Major von Leeb zusammengetreten und hatten dafür gesorgt, daß die Truppen abwehrbereit standen. Sie hätten sie wahrscheinlich sogar gegen Lossow marschieren lassen, wenn dieser sich nicht fügte. Aber inzwischen war außerhalb Bayerns etwas geschehen, wovor der ganze Spuk aus dem Bürgerbräu zerstob. Es wurde nämlich bekannt, daß der Reichspräsident Ebert dem General von Seeckt die ganze vollziehende Gewalt im Reich übertragen hatte. Seeckt ließ in München telegraphisch wissen, daß er den Putsch niederschlagen lassen werde. Zwar auch im Norden glimmte es, auch dort standen Wehrverbände bereit, auch dort war die Reichswehr keineswegs in allen Teilen sicher. Aber auch dort herrschte der Gegensatz zwischen der ordentlichen Reichswehr und den illegalen Formationen, und Hitlers Handstreich machte im ersten Augenblick den Eindruck einer »besoffenen Geschichte«. Die Eifersucht der norddeutschen Führer auf den sonderbaren Rasenden in München erleichterte Seeckts Spiel. Wütende Generäle beherrschten die Lage.

Kurz, das Triumvirat hatte tausend gute Gründe, schnell wieder zur Besinnung zu kommen, nachdem zum mindesten Kahr sie einen Augenblick verloren hatte. Als aber der schwere Entschluß einmal gefaßt war, haben Kahr, Lossow und Seißer in der folgenden Nacht und in den folgenden Wochen das Unvermeidliche nicht ohne Würde getragen und verhindert, daß aus ihren gefährlichen Anschlägen ein gefährlicher Unfug gemacht wurde.

Die fehlenden vierundzwanzig Stunden.

In der Nacht zum 9. November ging Hitler durch ein Dampfbad von Jubel, Verzweiflung, Trotz und Hoffnung. »Nun wird eine bessere Zeit kommen,« sagte er glückstrahlend zu Röhm und umarmte den Freund; »wir alle wollen Tag und Nacht arbeiten für das große Ziel, Deutschland aus Not und Schmach zu retten.« Eine Stunde später meinte er finster, wenn man durchkomme, sei es gut, wenn nicht, müsse man sich aufhängen. Dann wieder herrschte er Pöhner an: »Herr Ministerpräsident,« sagte er großartig, etwa wie Napoleon zu einem Marschall »Herzog von Tarent« gesagt haben würde, »wir haben Ihnen die Macht gegeben, nun nützen Sie sie auch aus! Wir müssen jetzt die Initiative ergreifen. Wenn unsere Patrouillen die Stadt durchziehen und rufen: Fahnen heraus! dann wollen wir doch sehen, ob wir nicht eine Begeisterung bekommen!«

Der Vorschlag war übrigens ausgezeichnet. Tatsächlich hätten auch die Revolutionäre trotz des politischen Fehlschlages das Kriegsglück noch wenden können, wären sie nur etwas besser vorbereitet gewesen. Die achthundert Mann, die sie am Abend hatten, wuchsen in der Nacht erheblich an. Was an den verschiedenen Enden der Stadt biwakierte, auf den Landstraßen marschierte, auf Lastautos heranfuhr, waren mehrere Tausend. Zahlenmäßig war die Truppenmacht des Kampfbundes an der entscheidenden Stelle weit stärker als die des Staates. Dem Kampfbund fehlten auch nicht Maschinengewehre und Kanonen, sondern vierundzwanzig kostbare Stunden. Darum hatte er die Kasernen nicht besetzen, die Bahnhöfe nicht absperren, die Telegraphenämter nicht unter Kontrolle nehmen können, obwohl für all das genaue Pläne ausgearbeitet waren.

Welche Möglichkeiten hier versäumt wurden, erlebten Kahr und Lossow noch in der Nacht in der Infanteriekaserne, wo sie ihr Hauptquartier aufschlugen. Dort mußten sie aus einer Baracke in die andere umziehen, um vor Ueberraschungen ihrer treuen Soldaten sicher zu sein. Bei einem Bataillon weigerten sich am nächsten Tage die Offiziere zweier Kompagnien, zu marschieren; der Führer der dritten Kompagnie stellte sich »schweren Herzens auf den militärischen Standpunkt«. Einmal so weit, gab sich dieser Führer freilich auch dem ganzen Haß des Offiziers gegen die Miliz hin: »Diese Hunde«, sagte er kurz vor dem Gefecht, »schieße ich zusammen mit lächelndem Gesicht.«

Im ganzen ging tatsächlich ein Stimmungsriß zwischen den höheren und niederen Offizieren hindurch, und er lief etwa beim Major. Die Lage erschien zeitweise so zweifelhaft, daß Lossow die Demütigung hinnahm und Seeckt am nächsten Nachmittag noch um drei Bataillone und drei Batterien bat. Sie brauchten allerdings nicht mehr einzugreifen. Der General konnte sich davon überzeugen, daß der Putsch wider Erwarten bereits erloschen war.

Zauderer Ludendorff.

Den einzigen militärischen Erfolg, den der Kampfbund bei dem ganzen Putsch errang, verdankte er Röhm. Der hatte mit seiner »Reichsflagge« im Löwenbräukeller unter dem Vorwand einer kameradschaftlichen Feier bereitgestanden — angeblich ahnungslos — und hatte dann auf Befehl Kriebels das Wehrkreiskommando, seine alte Arbeitsstelle, besetzt. Ludendorff, der den Handstreich angeregt hatte, nannte das: Lossow eine Ehrenwache stellen. Die Ehrenwache zog Drahtverhaue um das Gebäude und stellte Maschinengewehre in die Fenster. Das Wehrkreiskommando war dann in der Nacht eine Zeitlang das Hauptquartier der Aufständischen.

Sehr bald stieg den neuen Herren des Wehrkreiskommandos der Verdacht auf, daß irgend etwas nicht in Ordnung sei. Es kamen keine Nachrichten von Kahr und Lossow. Ludendorff kalkulierte, daß die beiden von ihren Generälen gefangen worden seien und traf damit nicht einmal so weit an der Wahrheit vorbei. Nachrichtenoffizier auf Nachrichtenoffizier, die er mit der Bitte um Aufklärung in die Infanteriekaserne sandte, wurden dort auf Befehl Lossows verhaftet. Einen von ihnen, der darum bat, daß man doch wenigstens Ludendorff nicht ohne Antwort lasse, fuhr Lossow an: »Auf Rebellen wird geschossen!«

Gegen die Energie und Zielsicherheit der Generäle stach die Weichmut der Gegner hoffnungslos ab. Ein Leutnant des Wehrkreiskommandos erklärte unter allen Zeichen des Respekts dem General Ludendorff, wenn es zum Kampf komme, werde die Reichswehr ihre Kasernen bis zur letzten Patrone verteidigen. Und Ludendorff antwortete nicht, wie ein Revolutionär das getan hätte: dann werdet ihr eben spätestens nach Verschießen der letzten Patrone fallen, sondern sagte wehmütig und kameradschaftlich: »Ich fühle mich mit Ihnen in voller Uebereinstimmung. Ich werde nie die Kasernen angreifen, auch nicht die Reichswehr.«

Da empfand Hitler doch anders. Als er zum erstenmale von einem Widerstand in der Infanteriekaserne hörte, rief er wütend: »Da kommen zwei Kanonen hin, und fest hineingesetzt, und wenn die ganze Kaserne zum Teufel geht!«

Um fünf Uhr früh wußten die Aufständischen endgültig, woran sie waren. Hitler wußte jetzt, daß seine große Szene im Bürgerbräu mißlungen war. Der Oberst Leupold von der Infanterieschule teilte mit, daß Lossow schießen würde. Dagegen schießen? Viele wollten es, und viele haben es auch getan. Aber Ludendorff, der Führer, sah jetzt seine große Stunde gekommen, er wollte vor die Gewehrläufe treten und sie zum freiwilligen Sinken bringen.

Der Marsch zur Feldherrnhalle.

Der Vormittag wurde noch damit zugebracht, die Isarufer — der Bürgerbräukeller liegt auf der »Kleinseite« von München — in Verteidigungszustand zu setzen. Da und dort wurden sogar ein paar Kanonen aufgefahren; Gregor Straßer, der noch unbekannte SA-Führer von Niederbayern, befehligte einen solchen Posten.

Gegen elf Uhr traten Hitler und Ludendorff mit mehreren tausend Leuten ihren »Erkundungsmarsch« in die Stadt an. Um besser erkunden zu können, trug man Gewehre über der Schulter, zum Teil mit aufgepflanztem Bajonett; hinter den ersten Reihen fuhr ein Auto mit Maschinengewehren. Der Plan des Zuges war in erster Linie, die Stadt moralisch zu erobern und die Gegner in die Winkel zu scheuchen; jedoch war man auch auf Kampf gefaßt.

Falls die Revolutionäre ganz genau wissen wollten, was die Regierung beabsichtigte, hätten sie ihren Erkundungsmarsch nicht mehr zu machen brauchen. Denn an den Häuserwänden klebten Plakate:

»Trug und Wortbruch ehrgeiziger Gesellen haben aus einer Kundgebung für nationales Wiedererwachen eine Szene widerwärtiger Vergewaltigung gemacht. Die mir, General von Lossow und Oberst Seißer mit vorgehaltenem Revolver abgepreßten Erklärungen sind null und nichtig. Die Nationalsozialistische Deutsche Arbeiterpartei sowie die Kampfverbände »Oberland« und »Reichsflagge« sind aufgelöst.

von Kahr,

Generalstaatskommissar.«

An der Spitze des Zuges gingen Hitler, Ludendorff, Dr. Weber, Scheubner-Richter und Kriebel; in der zweiten Reihe Göring. Etwas weiter hinten marschierte mit düsterer Miene auch der völkische Führer aus Norddeutschland, Albrecht von Graefe. Er war erst am selben Morgen auf Ludendorffs Ruf nach München gekommen — der einzige »Herr aus dem Norden.«

Der Zug traf an der Isarbrücke auf Sperrketten der Landespolizei. Die senkten die Gewehrläufe nicht; würden sie schießen? Da trat Göring aus den Reihen nach vorn, legte die Hand an die Mütze und sagte: »Der erste Tote oder Verwundete auf unserer Seite bedeutet Erschießung sämtlicher Geiseln, die wir in Händen haben.« So berichtet der Oberleutnant der Landespolizei von Hengel; Hitlers Begleiter Ulrich Graf hat den Ausspruch so im Gedächtnis: »Sobald die ersten Leute da drüben auf dem Pflaster liegen, werden die Geiseln, die wir haben, sämtlich erschossen.«

Die Polizisten schossen nicht. Im Nu waren sie entwaffnet, bespuckt und geohrfeigt.

Der Zug marschiert dann durch die innere Stadt. Die Stimmung der Bevölkerung war gedrückt. An den Mauern klebte der Aufruf Kahrs; daneben klebte ein anderer des Kultusministers Matt, der den verhafteten Ministerpräsidenten vertrat. Er warnte von Regensburg aus, wo die Rumpfregierung tagte, seine Bayern vor dem »Preußen Ludendorff«.

Am Marienplatz, vor dem Münchener Rathause, stand eine große Menschenmenge. In der Mitte, auf erhöhtem Posten, stand Julius Streicher und hielt eine Ansprache. Er war auf die Nachricht von dem Putsch, die ihn überrascht hatte, sofort von Nürnberg nach München gefahren. Als der Zug vorbeikam, stieg er herab und trat unmittelbar hinter Hitler und Ludendorff ins zweite Glied. Er sollte, nur zehn Minuten später, noch eine merkwürdige, vielleicht die verhängnisvollste Rolle des Tages spielen.

Ludendorff führte, wie er später angab, ohne bestimmten Plan; nur die allgemeine Richtung schwebte ihm vor. Auch die Schlacht bei Tannenberg, meinte er, habe er zuerst geschlagen und sich nachträglich die strategischen Gründe zurechtgelegt. So kam der Zug nach einigem planlosen Schwenken durch die schluchtartige enge Residenzstraße an die Stelle, wo diese Straße zwischen dem Schmuckbau der Feldherrnhalle und der Residenz auf den weiten Odeonsplatz mündet. Dort stand abermals eine Sperrkette Landespolizei, zahlenmäßig den Heranmarschierenden bei weitem nicht gewachsen. Wenn die Polizei den Zug aufhalten wollte, konnte es nur in diesem Engpaß geschehen; einmal auf dem Odeonsplatz, hätten die Revolutionäre mit ihrer Ueberzahl das Feld beherrscht.

Wie es zur Schießerei kam, das wurde später selbstverständlich eine heftige Streitfrage der Beteiligten. Der Oberland-führer Dr. Weber meinte, ein Mann des Kampfbundes habe nach dem vorgehaltenen Karabiner eines Polizisten gegriffen, und beim Ringen sei der erste Schuß losgegangen. So wäre die Schuld immerhin gleichmäßig auf beide Seiten verteilt. Jeden-falls haben sich danach beide Parteien ein richtiges Feuer-gefecht geliefert. Eine Sekunde vor dem Feuer sprang aus den Reihen des Kampfbundes ein Mann nach vorn und rief der Polizei zu:

»Nicht schießen, Exzellenz, Ludendorff kommt!« Dann brach er zusammen. Es war eine Sekunde auf Leben und Tod, aber das »Exzellenz« hatte der Unglückliche auch in diesem Augenblick pflichtschuldigst nicht vergessen. Hatte doch selbst Kriebels Angriffsbefehl vom Morgen mit den Worten begon-nen: »Exzellenz von Lossow hat sein Ehrenwort gebrochen ...«

Streicher greift ein.

Hitler schritt zwischen Ludendorff und Scheubner-Richter, dessen Arm er untergefaßt hatte. In der rechten Hand hielt er eine Pistole und rief, unmittelbar vor dem Schießen, den Polizisten zu: »Ergebt euch!« In diesem Augenblick ... Aber hier sollen die Augenzeugen sprechen.

Der Zeuge Friedrich, der den Zug als Zuschauer begleitete, sah folgendes: »Hitler trug in der rechten Hand eine Pistole offen und schußbereit. Ein Nationalsozialist, der in der Hand ebenfalls eine schußbereite Pistole trug, sprang aus der Um-gebung Hitlers vor den Zug, ging zu einem Beamten der Landespolizei und sprach kurz mit ihm. In diesem Augenblick fiel ein Schuß. Da dieser Nationalsozialist und Hitler eine Pistole schußbereit in der Hand trugen, nehme ich an, daß der erste Schuß entweder von Hitler oder von dem vorge-sprungenen Nationalsozialisten abgegeben wurde.«

Hier beginnt eine Kette merkwürdiger, ja unheimlicher Vermutungen.

Sollte also tatsächlich Hitler oder jener Nationalsozialist zu-erst geschossen haben? Friedrich glaubte es, denn: »Der erste Schuß war bestimmt ein Pistolen- oder Revolverschuß« — die Landespolizei aber hatte Karabiner.

Ein Stück weit führt die Kette ziemlich sicher. Daß ein Nationalsozialist vorsprang, auf einen Beamten losging, daß dabei der Karabiner in Bewegung kam, und daß dann der erste Schuß ertönte, steht auf jeden Fall ziemlich fest; Dr. Weber und der Zeuge Friedrich haben beide von verschiedenen Punkten aus dasselbe gesehen. Aber noch ein dritter Zeuge sah es, und dieser weiß auch, wer der Nationalsozialist war. Der Zugsteilnehmer Robert Kuhn berichtet:

»*Streicher* sprang einige Schritte vor und sprach mit einem Beamten. Dieser winkte aber ab. Streicher wurde von einem Beamten der Karabiner auf die Brust gesetzt. Dann krachte ein Schuß...«

Also darum ist Streicher von seiner Rednerhöhe herabgestiegen, darum ist er ins zweite Glied hinter Hitler eingetreten — um jetzt vorzuspringen und im Auftrage des Schicksals den Finger an den tödlichen Abzug zu legen!

Völlig sicher kennen wir trotz dieser verschiedenen Angaben den Unglücksschützen nicht. Aber die Verantwortung scheint sich ziemlich gleichmäßig zwischen Hitler, Streicher und dem Beamten, der Streicher den Karabiner auf die Brust setzte, zu verteilen. Und falls dieser Beamte als erster geschossen haben sollte, so hätte er jedenfalls — nach Dr. Weber — nicht geschossen, wenn Streicher nicht versucht hätte, ihm den Karabiner zu entreißen. Und wenn dieser erste Schuß nicht losgegangen wäre — vielleicht wäre es abermals geglückt, die Polizisten kampflos zu überrennen, wie an der Isarbrücke?

Wer trägt also durch seine Nervosität die Schuld an dem Feuergefecht und damit an der Niederlage des Kampfbundes vor der Feldherrnhalle?

Kein Zufall in Gestalt eines unbekannten SA-Manns. Keine Nebenfigur. Der Strahl der Verantwortung trifft niemanden mit voller Entschiedenheit, aber die Wolke des Verdachts sammelt sich am dichtesten über zwei Häuptern: Hitler und Streicher.

Eine völlig unbestrittene Zeugenaussage über einen so aufregenden Vorgang wie den Feuerkampf an der Feldherrnhalle gibt es nicht und kann es nicht geben. Aber wir sehen hier eine Wahrscheinlichkeit, die der Wahrheit sehr nahe kommt.

Hitler behält von diesem Tage her ein Gefühl der tragischen Verbundenheit mit Streicher. Zwei Jahre später bestätigt er den in der Partei heftig Umstrittenen als Gauleiter von Franken und sagt dabei: »Vielleicht, daß dem einen oder andern die Nase des Parteigenossen Streicher nicht gefällt. Aber als er damals an der Feldherrnhalle neben mir auf dem Pflaster lag, damals habe ich mir gelobt, ihn nie zu verlassen, solange er mich nicht verläßt.«

Der Zusammenbruch.

Nun rollten die Salven von beiden Seiten. Als erster auf der Seite des Kampfbundes wurde Scheubner-Richter tödlich getroffen; stürzend renkte er Hitlers Arm aus. Auch Hitler lag auf der Erde; ob von Scheubner mitgerissen, ob nach Soldatengewohnheit Deckung suchend, wird er selbst kaum zuverlässig angeben können. Wer die Gegner moralisch entwaffnen wollte, hätte freilich stehen bleiben müssen; hatte doch Hitler auch vor diesem Marsche wieder versichert, er sei bereit, sich erschießen zu lassen. Indessen: Vorwürfe möge ihm machen, wer mit gutem Gewissen von sich behaupten kann, daß er stehen geblieben wäre.

Aber wenige Minuten später wird Hitler sich wirklich so benehmen, daß er Vorwürfe verdient.

Verschiedene Zeugen geben an, nach der ersten Salve habe sich alles ohne Ausnahme hingeworfen, auch Ludendorff. Dieser selbst behauptet das Gegenteil. Jedenfalls ist Ludendorff nicht nach rückwärts geflohen. Er ging, zusammen mit dem Major a. D. Streck vom Kampfbund, zwischen den Gewehrläufen hindurch auf den Odeonsplatz. Wären ihm fünfzig, vielleicht nur fünfundzwanzig Mann gefolgt: der Tag hätte anders geendet. Jetzt war Ludendorff nur ein einzelner Gefangener. Bei seiner Verhaftung erklärte er, ungeheuer erregt, er kenne von diesem Tage ab keine deutschen Offiziere mehr und werde keine Offiziersuniform mehr tragen.

Der Feuerhagel hatte in der engen Straße entsetzlich gewirkt. Vierzehn Tote lagen auf dem Pflaster. Unter ihnen war Oskar Körner, der ehemalige zweite Vorsitzende der Partei, der den Tod des unbekannten Soldaten starb. Ferner der Oberlandsgerichtsrat von der Pfordten. Scheubner-Richters Tod war eine Art tragischer Erfüllung. Der Putsch, der an der Feldherrnhalle zusammenbrach, war sein geistiges Werk gewesen.

Hitlers Flucht.

Und dann schweigt das Feuer. Da erhebt sich ein Mann... Aber wiederum sollen die Augenzeugen das Wort haben.

Der praktische Arzt Dr. Walter Schulz, Nationalsozialist, Teilnehmer am Zuge, der mit den andern auf der Erde lag, sagte in der Voruntersuchung aus:

»Ich nahm wahr, daß Hitler der erste war, der aufstand und sich, scheinbar am Arm verwundet, nach rückwärts begab. Ich eilte sofort Hitler nach und holte eines unserer am Zugende nachfahrenden Autos auf dem Max-Joseph-Platz. In dieses Auto wurde Hitler gebracht.«

Auch der zweite Zeuge ist Arzt, Dr. Karl Gebhard. Er berichtet:

»Beim Schießen fuhr plötzlich in die Menge hinein ein gelbes Automobil, auf dem ein Nationalsozialist stand und rief: Wo ist Hitler? Dr. Schulz, der direkt in dem Haufen lag, anscheinend neben Hitler, rief: Hier ist er!! und schon war Hitler in dem Automobil, das mit ihm und Dr. Schulz davon fuhr.«

Zwei unanfechtbare Zeugnisse: »... der erste nach rückwärts... schon war er im Auto... fuhr davon.« Die Kameraden blieben unterdessen, teils tot, teils verwundet, auf dem Pflaster liegen.

Die Aussagen decken sich bis auf eine Geringfügigkeit. Dr. Schulz behauptet, er habe das Auto erst geholt, Dr. Gebhard meint, das Auto habe eher ihn geholt. Es handelt sich um ein Straßenstück von wenigen Metern Länge, und man kann das Heranwinken eines langsam fahrenden Wagens so oder so darstellen. In allem übrigen Uebereinstimmung: daß Hitler als erster aufstand, nach rückwärts lief und davonfuhr, während Hunderte seiner Kameraden noch auf der Erde lagen. Sie lagen dort nicht wehrlos, sie hatten geschossen. Der Kampf war nicht entschieden. Da verließ der Führer als erster das Schlachtfeld und gab das Zeichen zur Flucht.

Der Wagen Hitlers fuhr sofort stadtauswärts und wurde unterwegs mehrmals beschossen. Hitler litt starke Schmerzen;

das Schultergelenk war ausgerenkt, einen Schuß hatte er nicht. Er fuhr nach dem sechzig Kilometer entfernten Uffing am Staffelsee, wo die ihm befreundete Familie Hanfstaengl eine Villa besaß. Frau Hanfstaengl, die Mutter seines späteren Auslands-Pressechefs, und dessen Schwester Erna pflegten ihn. Ein Roman spann sich an.

Am 11. November wurde Hitler in Uffing verhaftet.

Fünf Jahre später hat Hitler über diese Flucht eine merkwürdige Geschichte erzählt. Er erschien auf dem Podium des Münchner Löwenbräukellers mit einem Knaben an der Hand und behauptete: diesen Knaben habe er am 9. November 1923 an der Feldherrnhalle gefunden, unter den Arm genommen und aus dem Feuerbereich getragen. Mit einem ausgerenkten Arm! Man wird einwenden können, daß Hitler bei aller Kinderliebe doch lieber an der Spitze seiner Leute hätte bleiben und den Kampf durchfechten sollen. Wenn er noch imstande war, Kinder unterm Arm davonzutragen, dann mußte er auch imstande sein, auf dem Pflaster auszuharren. Im übrigen muß festgestellt werden, daß weder Dr. Schulz noch Dr. Gebhard noch ein sonstiger Augenzeuge von diesem rätselhaften Knaben etwas weiß.

Zwei Stunden nach den Salven an der Feldherrnhalle kapitulierte Röhm im Wehrkreiskommando und zwar auf Zureden des Generals von Epp, der als »Neutraler« vermittelte. Röhm hatte zwei Tote; insgesamt verloren also sechzehn Mitglieder des Kampfbundes ihr Leben. Von der Landespolizei fielen vier.

Durfte Hitler fliehen?

Das Gesamturteil über Hitlers Putsch muß lauten: gutes Spiel und schlechte Arbeit. Der erste Fehler war das Losschlagen ohne genügende militärische Vorbereitung, der zweite die psychologische Fehlbehandlung des Reichswehrkommandeurs, der dritte der mangelnde Mut am 9. November. Selbst ein so tapferer Soldat wie Röhm ließ sich vom Gegner einkreisen, weil er es nicht übers Herz brachte, den ehemaligen Kameraden mit Maschinengewehren zu drohen. Ludendorff wollte überhaupt nicht kämpfen, sondern zaubern. Als sogar Hitler vor dem Zug zaghaft wurde: »Man wird auf uns schießen«, wußte Ludendorff bloß eine heroische und gedankenlose Antwort: »Wir marschieren!«

Die bürgerliche Bevölkerung der bayrischen Hauptstadt hat nach dem Putsch bewiesen, daß sie bereit gewesen wäre, auf die Straße zu gehen. Zwei Tage lang wogten die Massen aufgeregt durch die Stadt, bespuckten die Reichswehrsoldaten, bedrohten Kahrs Dienstgebäude, warfen gemäßigten bürgerlichen Zeitungen die Fenster ein und schrien: »Nieder mit den Verrätern!« Die Polizei mochte dazwischenreiten und mit Gummiknüppeln schlagen, es half nichts. Die Studenten rotteten sich in der Universität zu Tausenden zusammen, tobten gegen Kahr, wollten den beschwichtigenden Rektor von der Galerie hinabwerfen und pfiffen sogar den einst so angebeteten Kapitän Ehrhardt aus, der ihnen gut zuredete.

Mit einer solchen fanatisierten Bevölkerung im Rücken wäre noch Großes zu erreichen gewesen. Aber dann hätte der Kampfbund seinem Namen Ehre machen müssen, statt nach den ersten Salven zu fliehen. Jede gewonnene Stunde hätte die Stellung der Regierung inmitten einer feindselig aufgewühlten Bevölkerung weiter unterhöhlt. Diese Bevölkerung hat noch tapfer und zwecklos zwei Tage demonstriert, während die Führer sich in Sicherheit brachten.

Wie ganz anders haben aufständische Kommunisten in Hamburg, Berlin, München und Mitteldeutschland gekämpft! Die Kampfbundleute dagegen haben ihren Führer Ludendorff, der richtig und zielbewußt zwischen den Gewehrläufen hindurchging, im Stich gelassen. Dr. Weber, der Führer von Oberland, bekam einen stundenlangen Weinkrampf, und Hitler floh als erster im Wagen, ohne sich um seine Leute zu kümmern.

Zur Entschuldigung der Besiegten mag dienen, daß die meisten Ludendorff für tot hielten. Das brach ihre Stimmung, rechtfertigt aber noch immer nicht die rasche Entfernung Hitlers, der sich sagen mußte, daß er jetzt erst recht der einzige Führer war.

Später haben die Führer des Kampfbundes zu ihrer Rechtfertigung immer wieder versichert, es sei für sie unfaßbar gewesen, daß Deutsche auf Deutsche schießen konnten. Aber im Ruhrgebiet oder bei der Niederwerfung der Münchener Räterepublik haben sie das Unfaßbare sehr gut gekonnt, selbst gegenüber Waffenlosen. Was sie tatsächlich sagen wollten, vermochten sie in ihrer Sprache nicht hinreichend auszudrücken: daß revolutionärer Kampf nur zwischen Klassen möglich ist. Unter den an der Feldherrnhalle Gefallenen waren ein Schlosser, ein Hutmacher, ein Oberkellner und ein Diener; die übrigen Offiziere a. D., »Kaufleute« und »Bankbeamte«, d. h. ebenfalls meist junge Kriegsoffiziere, vorübergehend im bürgerlichen Beruf.

Für die NSDAP ist der blutige Tag trotz allem ein Segen gewesen. Er schnitt sie endgültig aus dem Leibe der Reichswehr heraus. So wurde der 9. November 1923 ihr eigentlicher Geburtstag.

11. Die Rückkehr zum Herrn Präsidenten.

Ein Selbstmordversuch.

»Mit bleichem, abgehetztem Gesicht, in das eine wirre Haar-
strähne fällt«, so wird nach Schilderung eines Augenzeugen
Adolf Hitler am späten Abend des 11. November 1923 in die
Festungsanstalt Landsberg am Lech eingeliefert. Der linke
Arm ruht in der Binde, über der Schulter hängt ein brauner
Gummimantel, die Brust schmückt das Eiserne Kreuz erster
Klasse. Der einzige Insasse des Haftgebäudes ist bisher jener
Graf Arco-Valley, der den Ministerpräsidenten Eisner er-
schoß; er wird aus dem Schlaf gerüttelt und eiligst wegge-
schafft, um Hitler Platz zu machen. Der ist völlig erschöpft,
kann kaum sprechen, muß vom Wärter ausgezogen werden.
Ob er etwas essen wolle? Nein. Zu trinken? Lassen Sie mich
in Ruhe! Auf dem Korridor sitzen und liegen Soldaten, rauchen, schwatzen, Handgranaten stehen bereit, Maschinengewehre sind in Stellung; man befürchtet einen gewaltsamen
Befreiungsversuch. Hitler liegt zusammengebrochen in seinem
Zimmer.

Auch am nächsten Tag will er nichts essen. Jeder Besuch
erschüttert ihn furchtbar. Frau von Scheubner-Richter, die
Witwe des gefallenen Gefährten, kommt tief verschleiert. Um
sechzehn tote Kameraden trauern die Witwen, die Mütter, die
Bräute, die Schwestern. Sechzehnfacher Jammer lastet auf
seinem Gewissen. Er ist diesen Toten vorangegangen, er hat
sie ins Feuer geführt, er hat sie als erster im Stich gelassen.
Unvergeßlich und quälend steht das Bild in der Erinnerung
— zwei Führer, zwei Gesinnungen, zwei Richtungen: Ludendorff, der auf die Gewehrläufe zugeht; Hitler, der im Auto
nach rückwärts flieht. Der Gefangene kann nur ahnen, was die
Gefährten, die Gegner, was die ganze Welt über sein Verhalten
denkt. Und er beschließt, sich durch einen Verzweiflungsakt
zu rehabilitieren.

Einige Jahre zuvor war die Welt durch den Heldentod Te-
rence Mc Swineys, des Bürgermeisters von Cork in Irland, erschüttert worden. Mc Swiney war als irischer Aufständischer
von den Engländern verhaftet worden, in den Hungerstreik
getreten und nach 91 Tagen standhaften Hungerns gestorben.

Sein Tod hatte die Begeisterung der Aufständischen zu höchster Kraft entflammt und nicht wenig zum endgültigen Erfolg beigetragen. Hitler erklärt, er wolle das Beispiel des Bürgermeisters von Cork nachahmen und freiwillig Hungers sterben. Er sagt das dem Parteiältesten Anton Drexler, der, obwohl am Putsch schuldlos wie ein Kind, seine Haft teilt. Der rät heftig ab; wenn man Führer sein wolle, könne man nicht Märtyrer sein. Auch der nationalsozialistische Journalist Klotz sucht ihm den Selbstmordgedanken auszureden. Hitler hat wahrscheinlich nichts anderes gewünscht, als daß man ihn bestürme und ihm abrate; sonst hätte er zu dritten kaum von dem Plan gesprochen. Er gibt ihn rasch auf, und die Parteigeschichte breitet allgemeines Schweigen über diese Episode. Nur vor Gericht hat Hitler sie mit einem kurzen Satz angedeutet: »In dieser Zeit wollte ich nichts mehr wissen von dieser verlogenen Welt.«

Zu den sechzehn Toten vom 9. November kommt ein siebzehnter; Hitler der teuerste. Am 23. Dezember stirbt auf dem Platterhofe Dietrich Eckart. Aber da ist Hitler schon wieder in fester Stimmung.

Justizkomödie.

Als er erfährt, daß es zum ordentlichen Prozeßverfahren in der breitesten Oeffentlichkeit kommen wird, erkennt er sofort die große Gelegenheit zum Beginn neuen Spiels. Dieser Prozeß bedeutet eine Propaganda, wie sie noch nicht da war. Hitler, Ludendorff. Dr. Weber, Pöhner und Frick, Röhm, Kriebel, Hitlers späterer Adjutant Brückner, der spätere Reichsstatthalter von Baden, Robert Wagner und Ludendorffs Stiefsohn Pernet werden als Angeklagte vor dem Richter stehen. Als Angeklagte? Sie werden selbst anklagen. Sie werden Kahr, Lossow und Seißer beschuldigen, daß sie Bayern vom Reich hätten losreißen wollen; sie werden sich rühmen, durch ihr Dazwischentreten die Sprengung des Reiches verhindert zu haben. Wenn die Taktik gelingt, verlassen sie als die Retter Deutschlands den Gerichtssaal. Die Vorbedingungen sind günstig. Politisch sind Kahr, Lossow und Seißer bereits geopferte Männer; die normale bürgerliche Staatsgewalt, die nach dem Putsch überall in Deutschland wieder die Macht hat, der die Stabilisierung der Währung und die Rettung des

Rheinlandes für das Reich gelungen ist, hat auch in Bayern die Zügel wieder ergriffen. Kahr und Lossow sind abgesetzte Privatleute, Seißer ist beurlaubt. Aber die »alten Mächte«, die jetzt wieder unbeschränkt regieren, müssen einen rückhaltlos geführten Prozeß scheuen; sie haben sich selbst zu sehr durch das Spiel mit Putsch und Diktatur kompromittiert. Hitler und Ludendorff drohen mit Enthüllungen; sie wollen weder den Prinzen Rupprecht noch den Kardinal Faulhaber schonen, von dem Ministerpräsidenten von Knilling und kleineren Größen gar nicht zu reden. Die bayrische Justiz gab sich dazu her, durch eine Vereinbarung zwischen beiden Seiten die Verschleierung der Wahrheit zu ermöglichen. Noch sind die ganzen Fäden dieser Intrige nicht aufgedeckt; beteiligt war jedenfalls die Person des Staatsrats Schäffer, auch Röhm deutet in seinen Erinnerungen einiges an. Kahr, Lossow und Seißer wurden den Angeklagten als Beute hingeworfen, die sie nach Herzenslust zerreißen durften; dafür schwiegen sie über andere Dinge, sprachen nie über die Person des Prinzen oder über die Politik der klerikalen Bayrischen Volkspartei, die wieder zur wirklichen Machthaberin im Lande geworden war. Der heimliche Spielleiter dieser Justizkomödie war der bayrische Justizminister Gürtner.

Hitler stand vor Richtern, die in Wirklichkeit Komplizen waren. Hinter ihm saßen auf endlosen Bankreihen hundert Zeitungsvertreter aus fünf Erdteilen. Er hatte unbeschränkte Redefreiheit und seine Worte gingen um den Erdball. Dieser Prozeß war für die Angeklagten kein Kampf; sie waren keinen Augenblick in Gefahr, und sie wußten es.

Die Richter ließen es zu, daß Kahr, Lossow und Seißer von den acht auf der Anklagebank sitzenden Männern und elf Anwälten als die eigentlichen Angeklagten behandelt wurden. Kahr war hilflos, saß als gebrochener Mann auf dem Stuhl und stammelte immer nur, daß er sich an nichts erinnern könne, während Hitler oder Pöhner ihn mit Fragen zerfleischten. Lossow dagegen wehrte sich wie ein in die Enge getriebener Löwe; schilderte ausführlich und Punkt für Punkt die verschiedenen Ehrenwortbrüche Hitlers und brachte diesen in Raserei. Er erstattete ein psychologisches Gutachten über den berühmten Volksredner, gewonnen durch Beobachtung am lebenden Objekt; schilderte Hitler als taktlos, beschränkt, langweilig, bald brutal, bald sentimental und jedenfalls als minderwertig. Hitler habe sein Wort gegeben, keinen Putsch zu machen; habe das Wort gebrochen, habe sein Unrecht eingestanden und den Obersten von Seißer um Verzeihung gebeten. »Und wenn Herr Hitler noch so oft sagt, es ist unwahr — so ist es doch so, wie es war!«

Hitler kann sich nicht mehr halten. Lodernd vor gekränkter Eitelkeit fragt er: »War das der sentimentale oder der brutale Hitler, der um Verzeihung gebeten hat?«

Lossow: »Das war weder der sentimentale noch der brutale Hitler, sondern der Hitler mit dem schlechten Gewissen.«

Hitler (schreiend, aber nicht Lossow, sondern den Vorsitzenden ansehend): »Das schlechte Gewissen brauche ich mir von Herrn von Lossow nicht vorwerfen zu lassen, umso weniger, als der einzige Ehrenwortbruch, von dem hier gesprochen werden kann, begangen wurde von Generalleutnant von Lossow am 1. Mai 1923.« Das war eine Anspielung auf die Verweigerung der Waffen durch Lossow für den Putsch, den Hitler an jenem Tage versuchte.

Vorsitzender: »Herr Hitler, das ist unstatthaft und unerhört!«

Lossow (sieht den Vorsitzenden einen Augenblick an, ob das alles ist; dann verläßt er schweigend den Gerichtssaal).

Vorsitzender: »Herr Hitler, das war doch unerhört, ich verstehe Sie gar nicht, der Zeuge hat doch in aller Ruhe ganz sachliche Angaben gemacht.«

Ueber Mittag scheint der Vorsitzende gemerkt zu haben, daß er sich etwas schwach benommen hat. Er verkündet in der nächsten Sitzung: »Das Gericht hat in Erwägung gezogen, ob nicht gegen Herrn Hitler eine Ungebührstrafe zu verhängen ist. Es ist selbstverständlich, daß bei der Schwere des Vorwurfs lediglich von einer Freiheitsstrafe die Rede sein kann. Nachdem Herr Hitler in Untersuchungshaft ist, hätte eine solche Strafe nur geringen praktischen Wert. Ich möchte deshalb Herrn Hitler ermahnen, sich doch Mäßigung aufzuerlegen.«

Hitler und Dimitroff.

So geht es in diesem Prozeß dauernd zu.

Man vergleiche damit die Rolle Dimitroffs im Prozeß um den Reichstagsbrand 1933! Wenn der Angeklagte Dimitroff

dem Zeugen Göring gegenübersteht, so ist das fast dasselbe
Verhältnis wie zwischen Hitler und Lossow: der Angeklagte,
eines politischen Verbrechens beschuldigt, will nachweisen,
daß der Zeuge der wahre Verbrecher ist. Nur hatte Hitler es
mit einem abgesetzten machtlosen Gegner zu tun; er genoß
nicht nur alle normalen Rechtsgarantien, sondern darüber hinaus, rechtswidrig, die unbeschränkte Gunst des Gerichts; des
praktischen Freispruchs durfte er sicher sein, obwohl er über-
führter Hochverräter war. Dimitroff dagegen, erwiesenermaßen unschuldig, hatte nicht einmal den Schutz der einfachsten Rechtsgarantien; war in der Untersuchungshaft
monatelang gefesselt, hatte einen feindseligen Richter vor sich,
und der Zeuge Göring, den er angriff, war Herr über Leben
und Tod in Deutschland. Und diesen Allmächtigen, den Dimitroffs Angriffe verwirren, wagt er zu fragen: »Sie haben wohl
Angst vor meinen Fragen, Herr Ministerpräsident?«

Worauf Göring unbeherrscht losbrüllt: »Sie werden noch
Angst vor mir bekommen, wenn Sie erst hier herauskommen,
Sie Gauner!«

Der Vorsitzende läßt Dimitroff abführen. Aber es ist zu
spät. Der knappe Dialog hat bereits seine weltpolitische Wirkung getan; die willkürliche Beseitigung aller Rechtsgarantien in Deutschland ist von dem aufs höchste gereizten, seiner
selbst nicht mehr mächtigen Göring bestätigt worden. Diese
Wirkung, trotz Aussicht auf jähen gewaltsamen Tod oder
ewigen Kerker und furchtbare Mißhandlungen zu erzwingen,
war wahrlich eine andere Leistung des Mutes und der Strategie, als das leichte Spiel mit verteilten Rollen, das Hitler vor
dem Münchener Volksgericht aufführte.

Denn dieser Prozeß sieht ihn schon wieder ganz auf der
alten Bahn. Von neuem knüpft er die sichernden Fäden zum
»Herrn Präsidenten«. Die unbesonnene Minute, in der er sich
von der Staatsautorität losriß, bereut er bereits tief. Sicherlich hat er auf dem Marsch zur Feldherrnhalle nicht mit
Feuer und Toten gerechnet; noch unterm Blinken der Karabiner und Maschinengewehre wollte er die Staatsgewalt nicht
bekämpfen, sondern verführen.

»Ich glaube«, sagte er in seiner Schlußrede vor Gericht,
»daß die Stunde kommen wird, da die Massen, die heute mit
unserer Hakenkreuzfahne auf der Straße stehen, sich ver-

einen werden mit denen, die am 9. November auf uns geschossen haben. Ich glaube daran, daß das Blut nicht ewig
uns trennen wird. Als ich erfuhr, daß die grüne Polizei es
war, die geschossen hat, hatte ich das glückliche Gefühl:
wenigstens nicht das Reichsheer war es. Einmal wird die
Stunde kommen, daß die Reichswehr an unserer Seite stehen
wird.«

Hier ist bereits der Kampfplan für die nächsten Jahre. Anlage, Verlauf und Ausgang des Prozesses legen ihn fest und
realisieren schon ein Stück von ihm.

Trennung von Ludendorff.

Der Buchstabe des Gesetzes macht eine Verurteilung unver-
meidlich; sie trifft alle Angeklagten außer Ludendorff. Der
General hat sich in seiner Verteidigung von Hitler getrennt;
hat betont, daß er von Hitler genau so wie Kahr oder Lossow
überrumpelt worden sei; hat behauptet, er habe von den hoch-
verräterischen Erklärungen im Bürgerbräu nichts gehört; hat
versichert und sogar ziemlich glaubwürdig bewiesen, daß er
keinen Kampf mit der Waffe gegen die Staatsmacht wollte.
Hitler, Pöhner, Frick sehen in ihm einen Feigling und Verräter; Röhm hat Verständnis, denn er weiß, daß Ludendorff
selbst sich verraten fühlen muß. Der General war der einzige,
der unter Einsatz seines Lebens den Gedanken des Marsches
an die Feldherrnhalle folgerichtig zu Ende führte; und während er auf die feuernden Gewehrläufe zuging, floh Hitler im
Wagen. Alle Komplimente, die die Angeklagten vor Gericht
aneinander austeilen, ändern daran nichts. Wenn Hitler versichert, er selbst habe zwar die Führung des politischen
Kampfes in die Faust bekommen wollen, denn ein echter Politiker, der zum Diktator geboren sei, dränge sich vor, und das
sei nicht unbescheiden; auch der Vogel müsse singen, weil er
Vogel sei, aber andererseits habe die Führung der Organisation der Held Ludendorff bekommen sollen, der in den Augen
des ganzen jungen Deutschland hierzu berufen sei — wenn
wiederum Ludendorff bekennt, er habe Hitler wie einen Sohn
geliebt, und dieser könne die politische Situation so wunder-
voll und ergreifend darlegen, wie er es selbst niemals ver-
möchte — all das verdeckt doch nur den tiefen Zwiespalt und
den herben Groll zwischen Hitler und Ludendorff, deren

Wege sich von nun an trennen. Hinzu kommt ein unbesonnener Angriff Ludendorffs auf die katholische Kirche, auf den Kardinal Faulhaber, die Jesuiten, den Papst, kurz auf alles, was zumal in Bayern den breiten Volksmassen heilig ist. Ludendorff ist auf diese Ideen durch seine spätere zweite Gattin, Dr. Mathilde von Kemnitz, gekommen. Genährt wurden sie in einem Zirkel, dem auch Scheubner-Richter und Alfred Rosenberg angehörten; geteilt werden sie innerlich auch von Hitler, und in der Form, die Rosenberg ihnen gibt, sieht er sogar die philosophische Grundlage der nationalsozialistischen Bewegung. Er sorgt für ihre weiteste Verbreitung, gibt Rosenberg freie Bahn für die antichristliche Propaganda, stellt ihm den Parteiapparat hierzu zur Verfügung. Und doch behauptet er, nicht offiziell, aber so laut, daß jeder es hören kann: die Romfeindschaft des General Ludendorff mißbilligte er heftig, und ihretwegen habe er sich von ihm getrennt. In Wirklichkeit trennte er sich von ihm, als er an der Feldherrnhalle davonstob.

Ludendorff hat den Kampf mit den großen Mächten aufgenommen, die er für »geheime, überstaatliche Mächte« erklärt. Hitler hat schon zu Prozeßbeginn seinen Frieden mit ihnen gemacht und rechnet auf Freispruch.

Gürtner rettet Hitler.

Aber der Buchstabe des Gesetzes bringt ihm am 1. April 1924 die Verurteilung zu fünf Jahren Festungshaft. Die gleiche Strafe trifft Pöhner, Weber und Kriebel; Röhm, Frick und Oberleutnant Brückner sowie Leutnant Wagner erhalten fünfviertel Jahre.

Fünf Jahre Festung! Fünf Jahre Ausschaltung aus der Politik! Das ist die Vernichtung der Hitlerbewegung. Die Laienrichter, die das Urteil mit unterzeichnen mußten, haben das erkannt; sie haben sich geweigert, dem Gesetz Genüge zu tun. Da versichert ihnen der Vorsitzende, sie dürften sich beruhigen; das Urteil werde ja doch nicht vollstreckt. Hitler werde sicher begnadigt.

Der Vorsitzende weiß, was er sagt. Es gibt zwar keine gesetzliche Möglichkeit für die Begnadigung; dafür hat Hitler zuviel klare, lauter erwiesene Straftaten auf dem Kerbholz.

Aber die Versöhnung mit der Staatsmacht bricht die Macht des Gesetzes. Das Urteil, das die fünf Jahre Festung ausspricht, sagt zugleich: wenn von den fünf Jahren nur sechs Monate verbüßt sind, wird Hitler und seinen Genossen Bewährungsfrist in Aussicht gestellt.

Dabei hat Hitler schon einmal eine solche Bewährungsfrist mißbraucht. Als er seinen Rivalen Ballerstedt verprügelte, hatte die Justiz ihm ebenfalls zwei Monate Gefängnis unter Bewährungsfrist geschenkt. Als er am 1. Mai 1923 unter Bruch der Bewährungsfrist seinen Putsch versuchte und damals zum ersten Mal sich an der Hoheit der Reichswehr vergriff, begann die Justiz von neuem gegen ihn zu funktionieren; da er sich dann jedoch der Staatsmacht von neuem näherte, unterdrückte der Justizminister Gürtner eigenmächtig das Verfahren. Jetzt aber, nach dem Putsch vom 9. November, hätte man alle Schlupflöcher für endgültig verschüttet halten sollen; nach der Absetzung der Reichsregierung, nach der Verhaftung der bayrischen Minister, nach der Vergewaltigung des gesetzlichen Inhabers der vollziehenden Gewalt mit der Pistole; nach zwanzig Toten war schlechterdings nicht mehr zu verstehen, wie dieser vielfache Gesetzesbrecher sich künftig noch »bewähren« solle. Gegen die abermalige Bewährungsfrist und die damit verbundene Freilassung erhob daher der Staatsanwalt die begründete Beschwerde; hatte Hitler doch sogar im Gefängnis konspiriert und durch Röhm abermals eine bewaffnete Organisation aufstellen lassen. Es war schon grotesk, daß der Staat einen Menschen, der die oberste Regierungsgewalt absetzte, verhaftete, vergewaltigte, der die Straßen mit Feuergefechten füllte und zwanzig Tote auf dem Gewissen hatte, nur auf fünf Jahre in leichte und ehrenvolle Haft schicken wollte; daß vollends dieser Mensch von der milden Strafe nur den zehnten Teil abbüßen sollte, war der helle Hohn auf Recht und Staatsautorität. Und doch hinderte das den Justizminister Gürtner nicht, abermals gegen das Recht und für den Verbrecher Partei zu nehmen. Er sandte seinen Schwager, den Ministerialrat Dürr, zu dem Staatsanwalt und befahl ihm, seine Beschwerde gegen die Bewährungsfrist zurückzuziehen. Die Folge war, daß Hitler, wenn auch mit einiger Verzögerung, nämlich nach neun Monaten, der Freiheit und seinem neuen Kampf gegen den Staat zurückgegeben wurde.

In einer öffentlichen Rede sagte dieser Justizminister: »Wir müssen zu den Nationalsozialisten halten. Sie sind Fleisch von unserm Fleische.«

Die Revolution mit Erlaubnis des Herrn Präsidenten nahm aufs neue ihren Lauf.

Hinter behaglichen Mauern.

Dazwischen aber lagen neun Monate Ruhe und Nachdenken hinter den behaglichen Mauern der Festung Landsberg. Unter den vielen Glücksfällen von Hitlers politischer Laufbahn sind diese neun Monate Ungestörtheit eines der wertvollsten Geschenke.

In einem wundervollen, hoch überm Lechfluß aufgebauten altbayrischen Barockstädtchen liegt ein großer Baumgarten; in dem Garten steht ein modernes, blitzblankes, mit allem Komfort der Neuzeit ausgestattetes — Sanatorium würde man sagen, wenn es nicht offiziell Festungshaftanstalt hieße; im ersten Stock dieses Gebäudes ist ein großes zweifenstriges Zimmer mit weitem Blick übers Land, mit Bett, Stuhl, Schrank und breitem Arbeitstisch — in diese Klause hat sich der Schriftsteller Adolf Hitler zurückgezogen, um das Buch »Mein Kampf« zu schreiben. Gesellschaft hat er so viel, so fröhlich und so laut, daß er sich mit Gewalt Ruhe schaffen muß; Besuch darf er so viel empfangen, daß er zwei Zimmer dafür braucht und ihm zuletzt nichts übrig bleibt, als die Gäste abzuweisen; mit Geschenken wird er so überhäuft, daß er sie an die Wachtsoldaten verteilt. In kurzer Lederhose, mit gestickten grünen Hosenträgern, jedoch sorgfältig in Kragen und Krawatte auf städtische Art — niemals hat ihn jemand mit bloßem Hals gesehen — so liegt er, Zeitung lesend, im Rohrsessel, vor sich Kaffeetasse und Zuckerdose, hinter sich an der Wand einen von Verehrern gestifteten Lorbeerkranz. Er bekommt das gleiche Essen wie die Anstaltsbeamten; er darf nachts Licht brennen und arbeiten, solange er will; wenn er wollte, dürfte er Bier und Wein trinken; an seinem Geburtstag sammelt sich, wie ein Augenzeuge berichtet, in den Räumen der Anstalt ein Berg von Paketen an: »Hitlers Stube und der Tagesraum glichen einem Wald von Blumen. Es duftete wie in einem Treibhaus.«

Das war Adolf Hitlers Kerker.

Etwa vierzig nationalsozialistische Gefangene hausten in dem
Bau. Die Bewohner des ersten Stocks galten als Oberschicht;
es waren außer Hitler noch Dr. Weber, Kriebel und später
Rudolf Heß, dazu als eine Art Diener Emil Maurice. Bei den
im Parterre wohnenden übrigen Gefangenen hieß diese Gruppe »die Feldherren«.

Zerfall der Bewegung.

Von diesem Luginsland aus verfolgt Hitler den Weg der
politischen Lawine, die er ins Rollen gebracht hat.

Denn der 9. November 1923 erwies sich gar nicht als ein Zusammenbruch, sondern als der Beginn eines jähen Aufstiegs
der Bewegung. Das gab ihm zunächst seine gute Laune wieder.
Er hoffte, mit stillschweigender Genehmigung des Herrn Präsidenten von der Festung aus seine Partei in ähnlicher Form
neu aufbauen zu können, auch wenn sie dem Namen nach vorläufig verboten blieb. Zu seiner namenlosen Enttäuschung erwies sich seine Autorität hierfür als nicht groß genug. Allerlei
unbekannte antisemitische Größen aus allen vier Winden
tauchten auf, die sich auf ihre jahrzehntelangen Verdienste
um den völkischen Gedanken beriefen und die Führung der
Bewegung beanspruchten; Studienräte, Apotheker, Zahnärzte,
Kaufleute, Amtsrichter; meist wohlbestallt, selten deklassiert.
Es sind die alten »völkischen Wanderscholaren«, die »Stillen
im Lande«, die faulen Nutznießer fremder Taten, die Hitler
jetzt ingrimmig hassen lernt. Sie haben keine Lust zum Aufbauen und Organisieren, wie Hitler es will; sie sind heimlich
froh, daß dieser Unbequeme hinter den Mauern festgehalten
ist; sie wollen Karriere machen, und deshalb wollen sie vor
allem ins Parlament. Hier sind sie in ihrem persönlichen
Egoismus unbewußt weitschauender als der Gefangene von
Landsberg, der sich heftig gegen die Beteiligung an den Wahlen ausspricht. Denn diese Wahlen sind für die Bewegung ein
großer Erfolg und werden später zur Grundlage von Hitlers
ganzer Strategie. Im bayrischen Landtag gibt der durch den
großen Prozeß aufgepeitschte Wähler der Bewegung ein Fünf-
tel aller Sitze, sie wird mit einem Schlag die zweitstärkste Partei; im Reichstag erobert sie zweiunddreißig Mandate. Die
Erkenntnis seiner Ohnmacht und der Triumph, den die Bewegung ohne und gegen ihn errang, verstörten Hitler völlig.

Besucher erkannten ihn nicht wieder; sie fanden, daß er wie ein Rohr hin und her schwanke, verwirrte Antworten gebe, sich zu nichts entschließen könne und etwaige Zusagen nach vierundzwanzig Stunden widerrufe.

In einem erbitterten Briefe legte Hitler am 8. Juli die Führung der Bewegung nieder. Ludendorff ergriff sie, trotz seiner beginnenden Wunderlichkeit noch immer die größte Autorität der ganzen Richtung; seine politische Unfähigkeit spürend, berief er als eigentlichen politischen Leiter einen unbekannten Nationalsozialisten, den Apotheker Gregor Straßer aus Niederbayern. Der Griff war gut, Straßer war ein Redner und Organisator großen Formats und konnte daran denken, Hitlers Nachfolger zu sein. Diesem blieb nur noch ein kleines Grüppchen wirklich treu, das aber unter sich uneins war; auf der einen Seite standen da Esser und Streicher, auf der anderen Rosenberg, der die beiden als schmierige Burschen verachtete. Straßer indessen schaltete die Vertrauensleute Hitlers systematisch aus, so Göring, der ins Ausland geflohen war und durch eine Wahl in den Reichstag gegen den Zugriff des Staatsanwalts hätte gesichert werden können; aber Straßer setzte ihn nicht auf die Liste. Mit Mühe erreichte Hitler die Wahl Streichers in den bayrischen Landtag. Als Ludendorff und Straßer sich zum Besuch in Landsberg anmeldeten, empfing Hitler sie nicht.

Aber das Schicksal gab ihm schnell Revanche. Nach dem Hitlerputsch festigten sich Politik und Wirtschaft in Deutschland fast über Nacht. Es gab plötzlich wieder eine stabile Mark; die Franzosen räumten das Ruhrgebiet; die internationalen Bankiers unter Führung des amerikanischen »Generals« Dawes nahmen den Politikern die Regelung der Reparationsfrage aus der Hand. Sie setzten einen Zahlungsplan fest, verwandelten durch ein ausgeklügeltes System die ganze deutsche Wirtschaft in ein solides handelsmäßiges Pfand für die deutschen Zahlungen, machten damit den endlosen politischen Erpressungen, zu denen die Reparationsfrage bisher gedient hatte, ein Ende und schufen so den Wiederaufbau der deutschen Wirtschaft zu einem lockenden Geschäft für die internationalen Geldgeber um. Das ausländische Kapital, namentlich das amerikanische, strömte wie ein befruchtender Regen auf die deutsche Wirtschaft herein; die Unternehmer rationalisierten mit dem fremden Gelde ihre Betriebe, kauften Maschinen und vermehrten zunächst ihr Personal; die Länder und namentlich die Gemeinden bauten mit dem fremden Gelde Wohnhäuser, Straßen, Sportplätze, Theater, Schwimmbäder, Krankenhäuser und Flugplätze; der Steuerertrag wuchs dank dem fremden Gelde, und der Staat erhöhte mit dem fremden Gelde die Besoldung seiner Beamten. Das Land blühte wirtschaftlich auf, die breiten Massen vergaßen die Wunden der Inflation, die an ihrem Vermögen Geschädigten waren doch meist alte Leute. Wenn jemand unzufrieden sein konnte, so waren es die Arbeiter, deren Löhne trotz der Belebung vorläufig nicht stiegen. Der natürliche Weg dieser Unzufriedenen ging zu den Kommunisten. Die völkische Bewegung aber sank jäh zusammen, und der Führerstreit verwandelte das Sinken in Stürzen. Kurz vor Hitlers Freilassung fand abermals eine Reichstagswahl statt, und von den zweiunddreißig völkischen Abgeordneten kehrten nur vierzehn zurück.

»Mein Kampf« entsteht.

Hitler aber sitzt in Landsberg, hat vor sich das angefangene Manuskript seines Buches und diktiert die Fortsetzung seinem Kameraden Emil Maurice. Im Erdgeschoß veranstaltet der lärmende Parteigenosse Heines mit den Kameraden »Schinkenklopfen« und andere Spiele; bei einem Turnfest der Gefangenen erringt der Freund Rudolf Heß, sehnig und sprungsicher, den ersten Preis; indessen, mit großen Schritten durchs Zimmer eilend, bald stockend, bald sprudelnd, diktiert Hitler dem gehorsamen Maurice, der in den Pausen sehnsüchtig durchs Fenster nach einem schwarzen Lockenkopf starrt, der der Tochter eines Beamten gehört.

Unter diesem Diktieren verschiebt sich Hitler das Weltbild. Bisher war der Leitgedanke: Niederwerfung des inneren Feindes, dann Revanche an Frankreich. Die Niederwerfung war als blutiges Strafgericht gedacht, die Revanche als siegreicher Krieg mit Einzug unterm Arc de Triomphe. Eine erlesene Minderheit, verkörpert in der nationalsozialistischen Bewegung und eng verbunden mit der realen Staatsgewalt, sollte die Diktatur über Deutschland in die harten Fäuste nehmen, das Land als Waffenschmiede und das Volk als Kriegsmaschine organisieren. Nun erteilen die Tatsachen neue Lehren. Die ursprüngliche Ueberzeugung, daß man die breiten Massen doch nicht gewinnen könne, war offenbar ein Irrtum; die widerwillig gebilligten Parlamentswahlen haben die Anfänge einer breiten Massenerfassung gezeitigt. Das »Volk« ist nicht identisch mit dem »Arbeiter«, der doch als klassenbewußte Gruppe nur eine Minderheit ist; das Volk ist größer, ist unbestimmter und bereit, großen und unbestimmten Schlagworten zu folgen. Der Weg über die Parlamente ist nicht *der* Weg zur Macht, aber doch ein Stück davon; man kann an eine künftige Mehrheit im Reichstag denken. Nicht auf Programme kommt es an, denn das Volk kann Pläne doch nicht verstehen, und an Versprechungen glaubt es ohnedies nicht mehr; aber man kann es mit Ideen, Vorstellungen, Losungsworten und Bildern durchdringen, daß es schließlich folgt wie ein dressiertes Tier auf den gewohnten Zuruf. Kurz, Hitler macht in Landsberg den bedeutungsvollen Schritt vom Gedanken einer Unterwerfung der Deutschen zur Gewinnung der Deutschen — natürlich bedeutet das eine wie das andere Beherrschung der Deutschen.

Zugleich tut er gewissermaßen über Deutschland hinweg den großen Schritt von Westen nach Osten. Ein Lehrer gibt den Anstoß.

Vom Sommer ab teilt der bewunderte und bewundernde Freund Rudolf Heß seine Haft. Heß ist akademischer Assistent des Münchner Professors Karl Haushofer und mit diesem befreundet. Haushofer, ein ehemaliger General, hat ein neues Lehrfach eingeführt, das er Geopolitik nennt und das nichts anderes als eine Theorie des gegenwärtig ohnmächtigen deutschen Imperialismus ist. Als Kenner und Liebhaber Ostasiens denkt Haushofer politisch in großen Räumen und predigt eine deutsche Weltraumpolitik, die weit von den Ufern des Rheins wegführt. Auf den Raum im Osten hatte schon Alfred Rosenberg Hitlers Blick gelenkt; der Rachedurst eines vertriebenen Russen bürgerlicher Schichtung war ein Bestandteil der nationalsozialistischen Außenpolitik geworden. Nun liefert die Raumlehre Karl Haushofers für diese Außenpolitik die wissenschaftliche Begründung. Viele Stunden verbringt der ehemalige General in Landsberg bei Heß und Hitler; wenn er fort ist, setzt Heß sich an die Maschine und schreibt zusammen mit dem Führer an dessen Buch. Maurice ist zum Stiefelputzer und Küchengehilfen degradiert. Hitler und Heß gießen die Theorie Haushofers mit den Wünschen Rosenbergs zu neuen politischen Formeln zusammen: »Mit England gegen Rußland ... Die Erde ist nicht da für feige Völker ... Wenn diese Erde wirklich für alle Raum zum Leben hat, dann möge man uns also den uns zum Leben nötigen Raum geben; und was der Güte verweigert wird, hat eben die Faust sich zu nehmen.«

So wird die Ausdehnung nach dem Osten zum Herzstück der neuen Gewaltpolitik und verdrängt leise, kaum bemerkt, die Sehnsucht nach Revanche an Frankreich. Noch jahrelang wird die SA singen: »Siegreich woll'n wir Frankreich schlagen«, aber der Führer wird immer hinzusetzen: »Jawohl, erst Frankreich schlagen, aber dann: Nach Ostland woll'n wir reiten!«

Ein Buch entsteht. Die Bewegung zerfällt. Hitler sagt zu Heß: »Wenn ich hier wieder herauskomme, brauche ich fünf Jahre, bis ich die Geschichte wieder hochbringe.«

Das erste Braunhemd.

Der Führerstreit schält im ganzen Reich die Mitläuferschaft vom Kern der Bewegung ab. Was zurückbleibt, ist fest. Das sind keine Anhänger Ludendorffs, die schwören nicht auf Straßer, die interessieren sich weder für den völkischen Führer Albrecht von Graefe aus Mecklenburg noch für Julius Streicher oder Hermann Esser; die sehen nur nach Landsberg, die warten nur auf einen einzigen Führer, die hoffen nur auf Hitler. Die schreiben Gedichte mit dem Reim: »Hitler, Schüttler, Seelenrüttler, unseres Volkstums wahrer Mittler ...«, und in der völkischen Presse erscheint folgendes Inserat: »Den Nationalsozialisten erkennt man am braunen Hemd! Jeder muß das braune Hemd tragen! Adolf Hitler trägt das braune Hemd bereits in Landsberg. Zu bestellen bei ...«

Eine Partei, die es gar nicht mehr gibt, eine Bewegung in voller Auflösung schafft sich so ihre Uniform. Sie ist wie jede volkstümliche Schöpfung ein Ergebnis des Zufalls. Die ersten Sturmabteilungen des Bundes Oberland, der mit der SA rivalisierenden Kampforganisation, hatten sich als wichtigstes und zunächst einziges Uniformstück die blaue norwegische Skimütze zugelegt, die jedes Münchner Sportgeschäft in beliebiger Anzahl liefern konnte. Die nationalsozialistische SA mußte sich von den blauen Oberländern unterscheiden; also wählte sie statt der blauen Baumwollmütze eine aus grüngelbem Segeltuch. So wurde, vom Kopf her, das Braungelb die Farbe der SA.

Der Oberleutnant Gerhard Roßbach, alter norddeutscher Freikorpsführer, seit Anfang 1923 Chef einer auf ihn persönlich eingeschworenen Truppe innerhalb der SA, gibt während Hitlers Haft den Befehl zur Einführung des braunen Hemds. Göring ist nach dem Putsch verwundet ins Ausland geflohen. Röhm versucht die SA wieder aufzubauen und mit andern Verbänden zu einem »Frontbann« zusammenzuschmelzen, Roßbach ist sein Stabschef. Röhm, Roßbach, der Leutnant Heines und der durch Bewährungsfrist wieder freigekommene Brückner legen in dieser Zeit den Grund zu einer neuen SA.

Die Freilassung.

Aber man täuscht sich, wenn man glaubt, daß die Gedanken an den Reichstag, an den Raum im Osten, an die SA oder das braune Hemd Hitlers Hauptbeschäftigung gewesen wären. Ihn quälten andere Sorgen: wann komme ich wieder aus der Festung, darf ich dann wieder reden und schreiben, werde ich nicht nach Oesterreich ausgewiesen? Wie kann ich die Ausweisung vermeiden? Wie weit muß ich der Staatsgewalt Zugeständnisse machen? Muß ich über das politisch Zweckmäßige noch hinausgehen um der persönlichen Sicherheit willen?

Diese Aengste waren ein Hauptgrund dafür gewesen, daß er die Führung der ganzen Bewegung niederlegte. Kein Innenminister sollte ihm nachsagen können, er habe vom Gefängnis aus konspiriert. Vermutlich hat ihm der Justizminister Gürtner selbst diese Vorsicht nahelegen lassen.

Es ist Winter geworden. Auf die Freilassung nach sechs Monaten hatte Hitler vergeblich gehofft. Sie war zunächst durch den Einspruch der Staatsanwaltschaft verzögert worden, bis schließlich Gürtner eingriff. Aber Hitler wußte nicht, wie schnell die Schale der Justiz hochgehen würde, wenn Gürtner die Gewichte herausnahm. Gabentische werden in den Zimmern von Landsberg aufgestellt, ein Tannenbaum steht in der Ecke, es duftet nach Weihnachtsabend. Da kommt am 20. Dezember mittags um halb eins ein Telegramm der Staatsanwaltschaft an den Direktor: ».. . Bewährungsfrist für Adolf Hitler u. Hermann Kriebel rechtskräftig bewilligt. Ersuche Hitler u. Kriebel verständigen u. sofort aus Haft entlassen.« Der Direktor beeilt sich. Die Freunde in München wissen schon Bescheid, das Auto steht vor dem Tor. Aus diesem Tor tritt im braunen Gummimantel, mit welligem Haar, den Scheitel fast in der Mitte, und so dick geworden, daß der Mantel in der Taille schnürt, Adolf Hitler.

Was nun?

»Friede mit Rom.«

Vor allen Dingen und um beinahe jeden Preis muß man sich mit dem Herrn Präsidenten schleunigst wieder auf guten Fuß stellen. Hitlers erster Gang aus dem Gefängnis führt zu dem Mann, der trotz allem zur Staatsgewalt noch die besten Beziehungen hat: zu dem Freunde Pöhner.

Die Lage in Deutschland wie in Bayern hat sich seit einem Jahr gewaltig verändert. Pöhner beschreibt sie: die verfassungsmäßige parlamentarische Staatsgewalt hat das Heft wieder in der Hand. Die Reichswehr ist in die Kulisse zurückgetreten, widmet sich ihrem technischen Aufbau und kümmert sich um Politik nur, soweit sie ihre unmittelbaren Interessen angeht. Das Lebenselement der bisherigen Militärpolitik, die Freikorps und Wehrverbände, sind wie Schaum zerstoben, seitdem die Mark stabilisiert ist und man nicht mehr mit ein paar Dollars ein ganzes Regiment unterhalten kann. Aus dem Schleier dieser Dunstgebilde sind wieder die niedrigen, festen Umrisse der alten Parteien hervorgetreten; die Reaktion in Deutschland wird nicht mehr von der Schwarzen Reichswehr, sondern von der Deutschnationalen Partei getragen, die sogar ein paar Jahre maßvoll mitregieren wird, ohne an den republikanischen Zuständen etwas zu ändern; in Bayern aber herrscht, wie schon seit Jahrzehnten, die katholische Bayrische Volkspartei, und der Inhaber der Gewalt ist nicht mehr ein ungesetzlicher Generalstaatskommissar, sondern, als Ministerpräsident, der langbewährte Parteiführer Dr. Heinrich Held. Wenn man mit dem Herrn Präsidenten Frieden haben will, muß man mit Held Frieden haben. Er kann darüber entscheiden, ob die nationalsozialistische Partei wieder erlaubt wird;

er kann darüber entscheiden, ob Hitler überhaupt in Deutschland bleiben darf. Wenn man ihn ausweist, so wird das gar keine Schwierigkeiten machen. Hitler hat noch ganze viertausend Anhänger; die reichen gerade zu einer Protestversammlung.

Hitler muß zu Held. Es ist ein Canossagang in jeder Hinsicht; denn Held ist nach nationalsozialistischer Auffassung der Statthalter des Papstes in Bayern, der Steigbügelhalter der politischen Priesterherrschaft; als glühender bayrischer Föderalist ist er für Hitler geradezu ein Reichsfeind und Volksverderber. Der Papst und die Jesuiten sinnen ja nur darauf, wie sie im Bunde mit den Juden Deutschland, das Land Luthers, Kants und Goethes, die Heimat des Protestantismus, des Idealismus und überhaupt aller kühnen und freien Ideen zerstückeln und kastrieren können; das weiß Hitler so sicher wie Rosenberg oder Ludendorff. Dieser Ministerpräsident Held verkörpert alles, wogegen Hitler am 8. November 1923 seinen Putsch gemacht hat. Trotzdem geht er jetzt zu ihm und bietet ihm ein Bündnis an. Es ist der 4. Januar 1925; wir werden noch sehen, warum das Datum merkwürdig ist.

Der Putsch sei ein Fehler gewesen, sagt Hitler. Er sehe ein, daß die Staatsgewalt sich konsolidieren müsse; er wolle ihr gern dabei helfen, wenn sie nur den Marxismus bekämpfe. Mir helfen, fragt Held, mir ... ich bin doch ein Angehöriger der verderblichen römischen Kirche! Das mit der römischen Kirche ist eine reine Angelegenheit des Generals Ludendorff, antwortet Hitler lebhaft; bitte nichts zu verwechseln! Dem General stehe ich durchaus kühl gegenüber, zumal seitdem er in dem Prozeß wegen eines jämmerlichen Freispruchs sich von uns getrennt hat. Ebenso beurteilt ihn mein Kamerad Pöhner. Ich bitte übrigens, diesem die Abbüßung der ihm zudiktierten Haftstrafe zu erlassen.

Held erwiderte: Er freue sich, daß Hitler die Staatsautorität respektieren wolle. Wenn er sie übrigens nicht respektieren würde, so wäre das gleichgültig; er, der Ministerpräsident, werde die Staatsautorität gegen jedermann durchsetzen, und niemand möge sich einbilden, daß jemals wieder Zustände wie vor dem 9. November 1923 möglich sein würden, als kein anständiger Mensch in Bayern seines Lebens sicher war. Wenn Pöhner die Staatsautorität achten wolle, so möge er das dadurch beweisen, daß er wie jeder andere die gesetzliche Strafe auf sich nehme.

Hitler: Der Ministerpräsident möge doch überzeugt sein, daß sein, Hitlers, Kampf sich niemals gegen eine bürgerliche Partei richten werde, sondern nur gegen den Marxismus. Sicherlich wolle doch auch Held als bürgerlicher Patriot den Marxismus bekämpfen, und wenn er das tue, stehe er, Hitler, ihm zur Verfügung. Natürlich könne er das nur, wenn seine Partei wieder erlaubt werde.

Diesen Gefallen kann man ihm ja tun, denkt Held. Gefährlich wird dieser Schreier, der da jetzt winselt, doch nicht mehr. Außerdem ist Hitlers Beschützer, der Justizminister Gürtner, Helds persönlicher Freund. Held sagt die Aufhebung des Parteiverbots zu.

»Uebrigens, was das zur Verfügung stehen betrifft, Herr Hitler, so habe ich Ihrer Partei ja die Möglichkeit dazu gegeben. Die Herrschaften hätten sogar einen Ministerposten haben können, aber sie haben ja nicht gewollt.«

Die Nilpferdpeitsche.

Hitler merkt sich diese Worte. Natürlich hätte der Ministerposten bittere Zugeständnisse gekostet, aber was hätte man nicht dafür haben können: seine sofortige Freilassung, großartigste Propaganda im Lande und die sichere Aussicht, mit dieser Propaganda sich so tief in die Staatsgewalt hineinzufressen, daß man sie eines Tages sprengen und die Trümmer an sich reißen konnte. Er wird das den Kameraden gründlich sagen. Die Landtagsfraktion versammelt sich ein paar Tage später, um ihn feierlich zu empfangen. Es ist gegen Abend, das Landtagsgebäude liegt wie ausgestorben. Fast unbemerkt und ganz allein betritt Hitler den Bau, fragt sich über verwinkelte Treppen und Gänge in den zweiten Stock hoch und steht im Fraktionszimmer. Die Begrüßung ist kühl. In der rechten Hand trägt er die gewohnte Peitsche aus Nilpferdhaut. »Wenn ich die Peitsche gesehen hätte, hätte ich ihn sofort hinausgeschmissen,« sagt einer der Abgeordneten später vor Gericht. Jetzt wird sie am Garderobenhaken aufgehängt, aber die nun folgende Auseinandersetzung ist trotzdem ein Wechsel von beiderseitigen Peitschenhieben. Man hat Ihnen

die Regierungsbeteiligung angeboten, schreit Hitler, und Sie
haben abgelehnt; gut, dann hätten Sie gegen die Regierung
kämpfen müssen, aber das haben Sie auch nicht getan; natürlich wäre es das Richtigste gewesen, Sie hätten den Ministerposten genommen. Wahnsinn! ist die Antwort; einen Ministerposten in dieser Jesuiten-Regierung? Das wäre die Preisgabe
aller Grundsätze und die Vernichtung der völkischen Bewegung gewesen. Die völkische Bewegung, erwidert Hitler,
haben Sie durch Ihre jämmerliche Führung auch ohne die
Regierungsbeteiligung vernichtet, meine Herren; sehen Sie
sich doch im Lande um, alles ist kaputt, Ihre glorreiche
Reichstagsfraktion auf weniger als die Hälfte zusammenge-
schmolzen. Es gibt Grundsätze, sagt ein anderer, an denen ein
anständiger Mensch festhält, ohne nach dem Erfolg zu fragen;
man kann nicht gestern die Bayrische Volkspartei als Feindin
des deutschen Volkes bekämpfen und heute mit ihr eine Regierung bilden. Selbst dann nicht, wenn der Preis Ihre Freilassung ist, Herr Hitler, was Ihnen wahrscheinlich die Hauptsache war. Hitler antwortet verächtlich: wäre ich früher frei-
gekommen, so wäre das für die Bewegung tausendmal segens-
reicher und wichtiger gewesen, als wenn zwei Dutzend völkische Parlamentarier ihre Grundsätze wahren.

Das Ergebnis dieser Auseinandersetzung ist, daß von den
ursprünglich 24 völkischen Abgeordneten des bayrischen Landtags sechs Hitler treu bleiben; die andern laufen nach und
nach zu allen möglichen anderen Parteien über. Der Wichtigste dieser sechs Getreuen ist Julius Streicher aus Nürnberg.

Von den vierzehn, die noch im Reichstag sitzen, halten nur
vier zu Hitler. Und selbst diese vier zögern. Sie weigern sich
nicht, ihm den Titel des Parteiführers zu lassen, aber die
Alleinherrschaft über die Partei gestehen sie ihm nicht zu.
Sie fordern die Trennung Hitlers von Streicher und Hermann
Esser, den unsaubern Karrieremachern mit ihrer schmierigen
Treue. Aber Hitler begreift, daß er den Herren sofort und
gründlich die Lust, ihm Vorschriften zu machen, verderben
muß; sonst bleibt er ewig ihr Gefangener. Erbittert hält er an
Streicher, dem ehemaligen Rivalen, und Esser, dem unzuverlässigen Intriganten, fest. Die Männer aus dem Reichstag geben
nach langem Kampf nach.

An ihrer Spitze stehen Frick und Gregor Straßer. Straßer

erklärt in einer Konferenz seiner Unterführer stolz und herausfordernd: »Ueber allem die Idee! Darum habe ich mich Herrn Hitler zur Mitarbeit zur Verfügung gestellt.« Mitarbeiter und Mitarbeiter — nicht Führer und Gefolgsmann!

Neugründung.

In diesen Strudel von Eifersucht und Streberei wirft Hitler eine Sondernummer des Völkischen Beobachters hinein, die die Neugründung der alten nationalsozialistischen Partei ankündigt. Zu einem täglich erscheinenden Blatt fehlt noch das Geld. Am 24. Februar 1925, genau fünf Jahre nach der ersten Parteigründung, sollte die zweite Gründungsversammlung stattfinden. Aber der 24. Februar war Faschings-Dienstag, und mit dem Prinzen Karneval konnte selbst ein Hitler den Kampf nicht wagen. Daher verlegte er die Kundgebung auf den 27. Statt des kleinen Hofbräuhaus-Festsaales wählte er den größeren Bürgerbräukeller, die Stätte seines mißglückten Putsches. Etwa 4000 Menschen kamen. Als er den Saal betrat, erkannten viele ihn kaum wieder, so dick war er geworden. Die Menschen stiegen auf die Tische, schwenkten die steinernen Bierkrüge, schrien, viele umarmten sich vor Glück. Max Amann leitete die Versammlung.

Hitler war ungeheuer erregt, mehr vor Zorn als vor Freude. Damals hatte sich Gregor Straßer noch nicht für ihn entschieden; er war nicht im Saale. Tags zuvor hatte Hitler mit Drexler telephoniert und ihn gebeten, die Versammlung zu leiten. Drexler erwiderte: »Nur wenn du den Esser fallen läßt.« Hitler hatte zurückgeschrien: »Geh zum Teufel!« und eingehängt. Darum sagte er in seiner Gründungsrede: »Wenn jemand kommt und mir Bedingungen stellen will, dann sage ich ihm: Freundchen, warte erst einmal ab, welche Bedingungen ich dir stelle. Ich buhle ja nicht um die große Masse. Nach einem Jahr sollen Sie urteilen, meine Parteigenossen; habe ich recht gehandelt, dann ist es gut; habe ich nicht recht gehandelt, dann lege ich mein Amt in Ihre Hände zurück. Bis dahin aber gilt: ich führe die Bewegung allein, und Bedingungen stellt mir niemand, solange ich persönlich die Verantwortung trage. Und ich trage die Verantwortung wieder restlos für alles, was in der Bewegung vorfällt.«

Weiter sagt er: »Entweder der Feind geht über unsere Leichen, oder wir gehen über die seine.« Schließlich erklärte er, der Streit in der Bewegung müsse ein Ende haben, es dürfe keine Gegner und Rivalen mehr geben, Vergangenes müsse vergessen sein. Die Zuhörer jubelten. Dann trat Max Amann vor und wiederholte: der Streit müsse ein Ende haben, alles zu Hitler! Und plötzlich stehen auf der Tribüne die alten intimen Parteifeinde einander gegenüber: da steht Julius Streicher vor Gottfried Feder, da geht Hermann Esser auf den Dr. Frick zu, und der thüringische Gauleiter Dr. Dinter ergreift die Hände des bayrischen Fraktionsführers Dr. Buttmann. Während sie sich an den Händen halten, Versöhnung in den Mienen, Falschheit im Herzen, tritt Hitler nochmals vor und fordert alle auf, sich an diesen vorbildlichen Parteigenossen ein Beispiel zu nehmen. Buttmann spricht: er sei noch mit Bedenken in den Saal gekommen und habe nicht recht gewußt, wie er sich verhalten sollte (als Hitler die Landtagsfraktion abkanzelte, hatte er ihm fast höhnisch widersprochen); aber: »Alle Bedenken schmolzen in mir weg, als der Führer sprach.« Das Wort »der Führer« macht Eindruck; es wird von diesem Tage ab in der Partei geflügelt. Die Szene ist bezeichnend für die oft beobachtete Unfähigkeit Hitlers, sich im kleinen Kreise durchzusetzen, und für seine Meisterschaft, eine durch Reklame und Regie präparierte Masse mitzureißen und mit ihrer Hilfe dann auch über den kleinen Kreis zu siegen. Nach Buttmann hielt Streicher eine wirre, fetzenhafte Rede: »Hitler ist wieder da ... Deutsches Volk, das ist ein Gottesgeschick. Wenn du Hitler ein Opfer bringst, so bringst du's dir selber!«

Rosenberg hatte die Versöhnungsszene nicht mitgemacht. Aber er hielt zu Hitler.

Adolf Müller, der unbekannteste SA-Mann.

Unter denen, die heftig klatschten und Hitler begeistert die Hand schüttelten, war ein kurzer, dicker, schwarzhaariger, den meisten Parteigenossen unbekannter Mann. Auf diesem Unbekannten aber ruht die ganze Neugründung. Es ist der fast taube Druckereibesitzer Adolf Müller, dem die Rotationsmaschine des Völkischen Beobachters gehört. Er ist nicht Nationalsozialist, sondern Mitglied der Bayrischen Volkspartei, aber er hat bis 1923 mit Hitler gute Geschäfte gemacht und vertraut auf dessen Stern. Er und Max Amann sind sich darüber einig, daß die Neugründung der Partei ja eine ganz schöne Sache ist, vor allem, was die Reklame betrifft; aber der Kern des Geschäfts muß der Völkische Beobachter sein. Versammlungserfolge sind kurzlebige Springfluten; die Zeitungsauflage ist der einzige reale Gradmesser des Erfolges, denn nur sie macht die Partei und namentlich ihren Führer finanziell unabhängig. Es mögen viele kommen, die sich Nationalsozialisten nennen und im Norden oder Westen des Reichs Gruppen bilden; aber der Führer muß eine finanzielle Hausmacht haben. Max Amann, der ehemalige Geschäftsführer der Partei, übernimmt die Geschäftsführung des Völkischen Beobachters; Adolf Müller gibt Kredit, schießt die Setzerlöhne vor und pumpt das Papier. Ein paar Probenummern werden hinausgeworfen und bringen so viel Abonnements ein, daß man das Unternehmen bei großer Sparsamkeit und zumal bei miserabelster Bezahlung der Redakteure für gesund halten kann. Eigentümer und Herausgeber des Blattes wird Adolf Hitler; zwei Jahre lang wird er die beste Kraft der Partei zur Reklame für sein Blatt einsetzen. Vom 1. April 1925 ab erscheint es täglich. Alfred Rosenberg ist Chefredakteur.

Erster Bruch mit Röhm.

Es ist ein sehr bescheidenes Personal, das sich jetzt wieder um Hitler schart.

Der Kreis der engsten Freunde hat nur mittelbar mit Politik zu tun. Dietrich Eckart ist tot. Helene Bechstein und Carola Hofmann sind »Mütter«, die Partei weiß wenig von ihnen. Rudolf Heß, der intime Freund, wird offiziell sein Privatsekretär, gehört aber nicht zum Parteiapparat, tritt öffentlich nicht hervor, ist kein Führer, sondern nur der Schatten des obersten Führers. Ernst Hanfstaengl hat sich ganz zurückgezogen, arbeitet im väterlichen Kunstverlag und macht Weltreisen.

Dann sind da die politischen Kumpane aus der allerersten Zeit der Bewegung, die Kutscher, Schlosser, Viehhändler, die viel Bier trinken und die Politik entweder als Mordsspaß oder als Geschäft auffassen. In ihrem Kreis ist Hitler der ehemalige Bauarbeiter und Anstreicher mit dem gut beschlagenen bayrisch-österreichischen Maulwerk. Da sind Hermann Esser und Christian Weber, der Sturmtruppführer Josef Berchtold, der Photograph Heinrich Hoffmann und vor allem natürlich Max Amann. Später tritt der Reichsschatzmeister Schwarz hinzu. Wenn Hermann Esser in diesem Kreise erzählt, der General Ludendorff habe geäußert, Hitler liege in den Schlingen der Jesuiten, dann erwidert der Führer im schönsten Heimatdialekt: »Das kostet mich einen Lacher!« Diese Kameraden duzen ihn und nennen ihn Ade.

Menschlich etwas weiter entfernt, aber politisch treu sind Rosenberg, Frick und Streicher.

Dieser ganze Kreis ist bereit, seine Kraft für das nächste große Ziel einzusetzen. Das Ziel aber ist praktisch: ». . . daß die Bewegung steht und ich mein Auskommen als Chef des Völkischen Beobachters habe.«

Ganz andere Ziele verfolgt Gregor Straßer. Erst zwei Wochen nach der Gründungsversammlung gibt er seine gepreßte Erklärung ab, daß er Hitlers Mitarbeiter sein wolle. Er geht nach Berlin und gründet in Norddeutschland die Straßer-Bewegung — so muß man diesen Flügel der nationalsozialistischen Partei schon nennen, denn er erkennt zwar Hitler als Führer an, hat aber organisatorisch mit der Münchner Partei fast nichts zu tun. Er hat auch eine eigene Presse, unabhängig vom Völkischen Beobachter.

Einer aber fehlt: Ernst Röhm; der Mann, der die alte Deutsche Arbeiterpartei wirklich gebaut hatte. Röhm war mit Hitler, an dem er schwärmend hing, wegen der Neugründung der SA in schweren Streit geraten. Hitler wollte wieder eine SA, aber weniger als je wollte er eine heimliche Armee. Dem Ministerpräsidenten Held hatte er versprochen, nicht mehr zu putschen, und diesmal war es ihm ernst. Ein heimliches Hilfsheer aber für die Reichswehr heranzuziehen, für diese Reichswehr, die ihn am 9. November zusammengeschossen hatte und seitdem widerspruchslos der Republik diente — das durfte man ihm keinesfalls zumuten. Röhm aber wollte gerade dies. Er wollte erstens die SA straff militärisch aufbauen und Hitler zwar den Titel eines politischen, aber nicht die Rechte eines militärischen Führers zugestehen; er wollte ferner die SA einem größeren Verband, dem »Frontbann«, eingliedern und in eine Art Unterstellungsverhältnis zu Ludendorff bringen, und er wollte drittens das Ganze in Fühlung mit der Reichswehr machen. Alle drei Forderungen empfand Hitler als schwere Kränkung; mit der dritten aber war Röhm sicherlich politisch weitsichtiger als er selbst. Eine Unterredung der beiden Mitte April wurde so stürmisch, daß Röhm sie abbrach. Am nächsten Tag schrieb er an Hitler, daß er die Führung der SA niederlege. Eine Antwort kam nicht. Zwei Wochen wartete Röhm; Hitler ließ nichts von sich hören. Die Folge war, daß er am 1. Mai in seinem eigenen »Völkischen Beobachter« eine knappe Erklärung Röhms lesen mußte, der seinen Rücktritt aus dem politischen Leben mitteilte und die Führung der SA niederlegte; Anfragen seien an den Grafen Helldorf, Wolmirstedt, Thüringen, zu richten. Gleichzeitig bekam Hitler von Röhm einen Brief, der besagte: da Hitler nicht antworte, werde er wohl nichts dagegen haben, wenn Röhm seinen Rücktritt öffentlich mitteile. Dann hieß es:

»Ich benütze die Gelegenheit, in Erinnerung an schöne und schwere Stunden, die wir mitsammen verlebt haben, Dir für Deine Kameradschaft herzlich zu danken und Dich zu bitten, mir Deine persönliche Freundschaft nicht zu entziehen.«

Auch darauf gab Hitler keine Antwort.

Röhm aber notierte in sein Tagebuch ein paar Sätze, die er in der ersten Auflage seiner Autobiographie abgedruckt, später indessen gestrichen hat:

»Ich weiß, daß viele Menschen Mahner und Warner nicht ertragen können; ich nehme immer den entgegengesetzten Standpunkt ein. Mit Hitler verband mich aufrichtige Freundschaft; gerade weil ich sah, daß sich Schmeichler an ihn drängten, die ihn bedingungslos anbeteten und kein Wort des Widerspruchs wagten, hielt ich mich für verpflichtet, als getreuer Kamerad zum Freunde offen zu reden.«

Was Röhm dem Kameraden in aller Offenheit gesagt hat, wissen wir nicht. Es ist aber auffallend, daß er, trotz größter Freundschaft, in seiner Lebensbeschreibung niemals ein Urteil über Hitler als Gesamtpersönlichkeit fällt; Hitler erwähnt Röhm in »Mein Kampf« überhaupt nicht. Dritten gegenüber hat Röhm sich beklagt, daß Hitler ein Mensch sei, der im tiefsten Grunde nicht wisse, was er wolle; ihm fehle alles militärische Denken, das auf dem Grundsatze beruhe: Wer das Ziel will, muß auch die Mittel wollen.

So verläßt ihn die bedeutendste Figur seines Kreises. Mit Röhm scheidet auch Brückner vorläufig aus der Partei. Die einzige wesentliche Persönlichkeit, die jetzt der Partei außer Hitler noch verbleibt, ist ein Mann, für den er nie »Mein Führer«, sondern immer nur »Herr Hitler« sein wird. Es ist Gregor Straßer.

Die neue Bewegung fängt verhängnisvoll an.

Hindenburg taucht auf.

Aber ohne ihr Zutun schreibt das Schicksal ihr eben in diesen Tagen einen Gewinn auf das Konto, der sich nach vollen sieben Jahren als ein riesig angewachsenes politisches Kapital erweisen wird. Der sozialdemokratische Reichspräsident Ebert starb, ein neuer Präsident mußte gewählt werden. Auf Verlangen Straßers stellten die Nationalsozialisten den General Ludendorff als Kandidaten auf; er erhielt nur zweihunderttausend Stimmen, es war eine furchtbare Niederlage. Im übrigen blieb der erste Wahlgang unentschieden; im zweiten einigten sich die Rechtsparteien (einschließlich Stresemanns) auf den alten Feldmarschall von Hindenburg; Sozialdemokraten und Katholiken präsentierten den Katholikenführer Dr. Marx, die Kommunisten ihren Parteiführer Thälmann. Der alte Feldmarschall erhielt nicht soviel Stimmen wie Marx und Thälmann zusammen, hatte also nicht die Hälfte der Wähler hinter sich; da er aber mehr Stimmen als jeder einzelne seiner Gegner hatte, galt er als gewählt.

Hitler hatte im zweiten Wahlgang seine Anhänger aufgefordert, für Hindenburg zu stimmen, den Mann, »in dem sich der Freiheitswille unseres Volkes mit der Rechtlichkeit und Redlichkeit der größten Vorbilder unserer Geschichte paart«.

Hitler, Hindenburg — Freiheit, Rechtlichkeit, Redlichkeit ...!

Diese Wahl war noch kein Bündnis; Hitler mit seinen zweihunderttausend Stimmen war damals überhaupt nicht bündnisfähig. Aber Hitler wußte und tat mit seiner Wahlentschei-

dung kund, daß er das Heil fortan wie einst von den Präsidenten und Feldmarschällen erwartete. Mit der Wahl Hindenburgs, der als Präsident auch Oberbefehlshaber der Wehrmacht ist, wird die Herrschaft der Reichswehr im Staate endgültig. Der alte Präsident, sagenumwoben und gefürchtet, entzieht die Reichswehr praktisch der Einmischung von Parlament und Regierung. Ein Staat im Staate bildet sich; es
dauert noch Jahre, aber zuletzt ist es soweit, daß hier die
wirkliche Politik gemacht wird. Eine großartige, langjährige
politische Spekulation hebt für Hitler mit der Wahl Hindenburgs an. Er, der eben noch mit Röhm wegen der Reichswehr
gebrochen hat, kommt doch nicht von ihr los. Der ganze politische Lebensweg des alten Militärspions, des Schützlings von
Röhm und Epp, verläuft unter dem Gesetz: »Von der Reichswehr bist du genommen, zu Reichswehr sollst du wieder
werden!«

12. Sieben Jahre auf dem Zauberberg

Der Schriftsteller in Haus Wachenfeld.

Bei Berchtesgaden, an der äußersten Südostecke Bayerns, erhebt sich der Obersalzberg. Hier steht der Platterhof, auf dem einst Hitler, Hanfstaengl, Esser und Eckart ihre vielgetadelten Zechgelage feierten. Nahebei, mitten in Berchtesgaden, befindet sich die weitläufige Sommerresidenz des Prinzen Rupprecht, des ehemaligen bayrischen Kronerben und ewigen Prätendenten. Neben dem Platterhof liegt das Landhaus eines Hamburger Großkaufmanns, Haus Wachenfeld genannt; es ist zu vermieten. Hitler greift zu; seitdem ist der Obersalzberg seine regelmäßige Wohnung.

Warum gerade diese ferne, selbst von München aus schwer zu erreichende Ecke? Ist das die Kriegslist eines berühmten Mannes, der sich von den Bewunderern und Geschäftemachern möglichst weit zurückzieht? Nein, sondern der Obersalzberg ist der strategische Punkt einer Staatsstreichpartei; Hermann Esser und Dietrich Eckart haben ihn ausgesucht, weil man von hier aus schnell und unauffällig nach Oesterreich entwischen kann. Von Oesterreich aber geht der Weg ins befreundete Italien oder ins noch befreundetere Ungarn. Jetzt siedelt Hitler sich für dauernd vor diesem Schlupfloch an. Der politische Apparat bleibt in München; er wird natürlich nicht nach Berlin verlegt, wo er ganz unter die Kontrolle Gregor Straßers käme; er ist aber auch nur in loser Fühlung mit Haus Wachenfeld, wo Hitler und Heß ihr Buch schreiben. Gelegentlich verläßt der Schriftsteller Adolf Hitler sein Idyll, um als Parteiführer auf einem Kongreß zu reden oder eine Besprechung mit Menschen zu führen, denen man die Reise nach Berchtesgaden nicht zumuten kann. Dann flieht er eilig zurück an die Schreibmaschine und diktiert weiter. Freund Müller und Freund Amann übernehmen es, aus dem unbändigen Manuskript ein Buch zu machen, nachdem Rudolf Heß Ueberschriften und Seitentitel angefertigt und der Redakteur Josef Stolzing-Cerny das Deutsch etwas verbessert hat. Cerny, alter Oesterreicher, schien besonders geeignet, weil er die Donaumonarchie gut kannte; so vermochte er Hitlers Behauptungen dort zu korrigieren, wo den Verfasser sein vielgerühmtes Gedächtnis im Stich ließ.

Im Herbst 1925 erscheint dann der lang erwartete erste Band, vierhundert Seiten stark, kostet nicht weniger als zwölf Mark. Das ist unheimlich teuer, aber Hitler will verdienen. Bei den Lesern gibt es eine ungeheure Enttäuschung; sie hatten Enthüllungen erwartet, zum mindesten aber eine Lebensgeschichte des Autors und eine Geschichte der Bewegung. Statt dessen wurden ihnen die politischen Meinungen Adolf Hitlers über alle möglichen Zeitfragen vorgesetzt, die man doch aus seinen Reden schon zu kennen glaubte. Daß Hitler über solche Themen wie Propaganda und Organisation Gehaltvolles zu sagen hatte, beachteten die meisten nicht, weil sie es nicht begriffen. Die disziplinlose Schreibweise, die bei keinem Gegenstand verweilen konnte, sondern dauernd abschweifte und von einem Thema zum andern sprang, trug ihr Teil zur Abschreckung der Leser bei. So wurde das Buch auf Jahre hinaus ein regelrechter Mißerfolg.

Das Witzblatt »Simplizissimus« brachte damals ein Titelbild, auf dem Hitler als Hausierer zu sehen ist, der in den Wirtschaften herumgeht und mit trauriger Miene das Buch »Mein Kampf« anbietet. Ein dicker Spießbürger, den Maßkrug in der Hand, sagt mit einem geringschätzigen Blick über die Schulter: »A bißl teuer is des Buch, Herr Nachbar! Habens keine Streichhölzeln?«

Aber Hitler ließ sich durch die Gleichgültigkeit seiner Leser nicht abschrecken. Er blieb auf dem Obersalzberg und schrieb den zweiten Teil.

Er ist äußerlich ein Bürger mit behaglicher Lebensführung geworden. In der Redaktion des »Beobachters« laufen die Redakteure mit zerrissenen Jacken herum.

Seinen Haushalt leitet seine ältere Stiefschwester, Frau Angela Raubal aus Wien. Seit seinem achtzehnten Lebensjahr hat er sie vierzehn Jahre lang nicht mehr gesehen. Neun Jahre hat er erst in Wien, dann in München, im Schützengraben und wieder in München verbracht, ohne auch nur mit einer Zeile den Geschwistern Nachricht von sich zu geben; eine Zeitlang bettelte er noch um Geld, dann verstummte er ganz. Nun ist die Stiefschwester Hausfrau auf dem Obersalzberg. Mit ihr kam ihre Tochter Angela, genannt Geli, ein siebzehnjähriges Mädchen, das Sängerin werden will; das junge Geschöpf nimmt Hitler stark gefangen, ein Verhältnis von Mann und Weib beginnt, das tragisch enden wird — aber davon später.

Die Fronde Straßer-Goebbels.

Wenn er in dieser Zeit an die Partei denkt, dann meint er den »Völkischen Beobachter«. Heinrich Hoffmann, der Leibphotograph und nahe Freund, drängt auf Propaganda durch Bilder. Man muß Ansichtskarten verkaufen; die Versammlungen müssen photographiert werden, Bilder können noch wichtiger sein als Rede und Schrift. Im Juli 1926 wagt Hitler, einen Parteitag in Weimar zusammenzurufen, wo eine rechtsstehende Regierung Demonstrationsfreiheit gibt. Fünftausend Mann marschieren an ihm vorbei; er steht im Wagen, zum ersten Mal grüßt er seine Männer nach dem Vorbild Mussolinis mit schräg erhobenem Arm. Das Ganze eine sehr dürftige Kundgebung; in einer Führersitzung sagt ein Deprimierter, man möge sich nicht täuschen, der Nationalsozialismus sei ja tot. Aber Heinrich Hoffmann photographiert diesen Leichnam so wunderbar, daß es auf den Ansichtskarten wie der Aufmarsch einer gewaltigen Bewegung aussieht. Die Redakteure des »Völkischen Beobachters« toben über das Riesenformat des Blattes hinweg vor Begeisterung. In hunderttausend Exemplaren geht die Sondernummer ins Land, und wer nicht dabei war, muß den Parteitag von Weimar für eine mächtige Sache halten, wenn er liest und sieht.

Während Hitler auf dem Obersalzberg träumt, entsteht aus der Straßer-Bewegung in Norddeutschland langsam eine neue Partei. Gregor Straßer hat zusammen mit seinem Bruder Otto sein bißchen Privatvermögen zusammengekratzt, einen bankerotten völkischen Zeitungsverlag aufgekauft, wirft ein Dutzend Kopfblätter übers Land, deren Hauptorgan Otto Straßers »Berliner Arbeiterzeitung« ist. Gregor liegt Tag und Nacht auf der Bahn, spricht buchstäblich jeden zweiten Abend, bald in Essen, bald in Halle; jetzt in Heidelberg, morgen in Chemnitz. Ueberall ruft er Führerkonferenzen zusammen und gründet Parteigaue; er setzt eigenmächtig die Gauleiter ein und ist in der Auswahl nicht so vorsichtig und weise wie Hitler; diese Männer sind Straßer nicht immer bis zum letzten treu und manchmal für ihren Posten überhaupt wenig geeignet. Aber nicht zu bestreiten ist: die Bewegung erobert Norddeutschland dank Gregor Straßer, der norddeutsche Flügel erlangt in der Partei weitaus das Uebergewicht dank Gregor Straßer, die Partei wird geradezu eine Partei Gregor Straßers. Einer der feurigsten Streiter für den neuen Mann ist dessen Privatsekretär, der junge Dr. Paul Joseph Goebbels, der bisher ein kleines Blättchen in Elberfeld redigierte. Die Brüder Straßer und Dr. Goebbels schaffen sich, um die ganze Partei geistig unter ihre Führung zu bringen, ein Geheimorgan, die unter Ausschluß der Oeffentlichkeit erscheinenden »Nationalsozialistischen Briefe«, in denen sie, unter dem Anschein von Attacken gegen Feder oder Streicher, Hitler selbst angreifen. Ja, sie wagen es, einen norddeutschen Parteikongreß nach Hannover zu rufen, um der Partei ein neues Programm zu geben; der spätere Reichserziehungsminister Rust, der spätere Reichsstatthalter von Hamburg, Kaufmann, der spätere Oberpräsident von Ostpreußen, Koch, nehmen an dieser Verschwörersitzung teil. Hitler hat als Beobachter Gottfried Feder entsendet; schäumend ruft Goebbels, man solle diesen Idioten aus dem Saal weisen. Die Männer von Hannover sagen, man müsse Hitler von seiner blamablen Umgebung befreien; nicht nur Esser und Streicher wollen sie weg haben, sondern auch Rosenberg und Max Amann — die übrigens selbst untereinander wieder Feinde sind. Nur einer der Versammelten wagt offen für Hitler und seinen Kreis einzutreten: der Kölner Gauleiter Dr. Robert Ley. Er setzt auch die Zulassung Feders durch. Aber er verhindert nicht die Annahme eines neuen Parteiprogramms, das der Straßer-Kreis dem Führer aufzwingen will. Feder und Ley berichten in München; besonders schlecht waren ihre Eindrücke von Goebbels. »Er ist der Mephisto der Partei«, sagt Max Amann. Rosenberg und Amann wittern Gefahr und sind für die Entfernung des Gefährlichen. Aber hier erweist sich Hitler als der überlegene Menschenkenner und Menschenfänger. Er hat sich nie gescheut, Talente zu verwerfen, die ihm unbequem sein konnten; in Goebbels wittert er nicht das unbequeme, sondern nur das unbefriedigte Talent, das man durch richtige Behandlung, durch Bestechung und notfalls Bewachung erziehen kann.

Krawalle und Prozesse.

Adolf Hitler steht vor einer Aufgabe, die hohes politisches Können erfordert; er muß seine Diktatur über die Partei erkämpfen, ohne dabei die Partei zu vernichten. Denn diese unzuverlässigen Unterführer, diese Straßer und Goebbels sind glänzende Agitatoren; also: wie kann man ihre Auflehnung brechen, ohne sie von sich zu treiben? So wenig wie er auf Straßer und Goebbels verzichten kann, so wenig kann er Max Amann oder Hermann Esser entbehren; schließlich gibt es auch so etwas wie persönliche Freundschaft. Die Verhältnisse in der Partei sind winzig, der Freundeskreis ist zusammen-geschmolzen; während sich 1923 Menschen aus fünf Erdteilen um Hitler drängten, sind sein Umgang jetzt Knaben, Studen-ten, unzulängliche und unbefriedigende Menschen. Verdrossen läuft er mit seiner Nilpferdpeitsche durch die Straßen, oft unbegleitet; dann sieht man ihn wieder mit dem Ehepaar Esser vor den Schaufenstern stehen, und geduldig läßt sich der Führer von Frau Esser die Vorzüge eines Seidenkostüms oder Pelzmantels erläutern. Kaum wagen es die beiden Männer, der Dame zu sagen, daß dies ein jüdisches Geschäft und die ganze Mode überhaupt ein jüdischer Trick zur Umgarnung des deutschen Weibes sei; Hermann Esser findet so etwas übrigens selbst verstiegen. Die Leute auf der Straße aber sehen sich kaum nach den Dreien um, Adolf Hitler interessiert nicht mehr. Begeisterte Anhänger von früher erklären jetzt, sie seien ja wohl selbst verrückt gewesen, 1923 war eben eine ver-worrene Zeit. Eine ganze Kohorte von solchen Abtrünnigen, Friedrich Plümer, Otto May, E. Schubert, Otto Weberstedt veröffentlichen Broschüren gegen Hitler, die bald zart an-deutend »Adolf Hitler und sein Kreis«, bald grob »Adolf Hit-ler und seine Kanaille« heißen. Anton Drexler führt mit einer eigenen kleinen Partei einen erbitterten Kampf gegen ihn; sein Berliner Genosse Graf Reventlow kommt zusammen mit Albrecht von Graefe nach München, um Hitler durch öffent-liche Enthüllungen zu vernichten. Ein alter Freund wie Röhm glaubt nicht mehr an ihn; Göring lebt in Italien, von dortigen Freunden unterstützt; Kriebel hat sich als Landwirt im öster-reichischen Kärnten niedergelassen und empfindet Hitlers heimlichen Besuch als lästig; Pöhner ist bei einem Autounfall gestorben, Rosenberg zum deprimierten Pessimisten geworden und verkriecht sich starr in seine Arbeit.

Bis in den Gerichtssaal hinein verfolgen die Gegner sich. Hitler verklagt Anton Drexler wegen Beleidigung; die beiden stehen sich vor dem Richter gegenüber. Die kleine Partei, der Drexler zusammen mit Graefe, Reventlow und einigen anderen angehört, ist bereits im Niedergang, aber mit Hitler sieht es nicht viel besser aus. Es wird in dem Prozeß darum gestritten, ob Hitler »romhörig« ist oder nicht; seine Unterhaltung mit Held wird enthüllt, seine Beziehungen zum italienischen Faschismus kommen zur Sprache. Hitler hat durch Göring, der in Italien lebt, Verbindung zu Mussolini bekommen; einem Untergebenen, dem württembergischen Gauleiter Munder hat er erzählt: »Mussolini hat mich zu sich eingeladen.« — »Da würde ich doch sofort fahren,« hat Munder erwidert. Hitler sagt: »Ich kann nicht. Ich bin der Führer derjenigen deutschen Bewegung, die für unser Land dasselbe bedeutet wie der Faschismus für Italien. Ich muß Mussolini als Gleicher gegenübertreten, dazu brauche ich aber zum Beispiel mindestens drei Autos. Die kann ich mir heute noch nicht leisten.«

Zur gleichen Zeit aber schreibt Rosenberg im »Völkischen Beobachter« skeptische Artikel über den Faschismus. Das italienische System kranke daran, daß es die Judenfrage nicht erkannt habe. Mussolini stehe unter dem Einfluß des Bankjuden Toeplitz.

Drexlers Parteigenosse aber, der alte Amtsrichter Doerfler aus Ansbach, ruft Hitler in seinem Schlußwort vor dem Richter zu: »Lassen Sie mich Ihnen sagen, Herr Hitler, daß Sie mit Ihren heutigen Methoden auf die Dauer kein Glück haben werden. Sie mögen auf die Massen noch eine Zeitlang wirken, aber dann werden Sie mit Ihrer Bewegung den gleichen Weg nach unten gehen wie wir, und Sie werden noch sehr traurig enden!«

Goebbels' Abfall von Straßer.

Doerfler sagt, was alle denken, weil alle Tatsachen es bestätigen. Verzweifelt lauert Hitler auf eine Gelegenheit, seine zu Boden liegende Autorität wieder aufzurichten. Ganze Parteigaue fallen ab, so Württemberg. Straßer und Goebbels verschwören sich heimlich mit Reventlow in Berlin, um gleichzeitig von innen und außen her Hitler zu entthronen. Der Einsiedler auf dem Obersalzberg soll als Ehrenvorsitzender der völkischen Gesamtbewegung seine Villa weiter bewohnen, die tatsächliche Parteiführung aber an Straßer abgeben, der dann mit Reventlow die zahllosen völkischen Gruppen Norddeutschlands zu einer großen Bewegung zusammenfassen will. Hitler weiß von diesem Plan; ohne ihn zu erwähnen, widmet er ihm im »Mein Kampf« die bitteren Sätze über den Unwert solcher Bündnisse und Zusammenlegungen.

Da gibt der Gegner sich Anfang 1926 eine Blöße. Die sozialistischen Parteien haben damals einen Volksentscheid beantragt, durch den festgestellt werden soll, daß den ehemaligen deutschen Fürsten ihr 1918 beschlagnahmtes Vermögen (fast durchweg früheres Staatsgut) nicht zurückgegeben werden dürfe. Dieser Volksentscheid führt zu einer gewaltigen Volksbewegung; nicht nur die Arbeiter, sondern auch Millionen bürgerlicher Menschen, die in Krieg und Inflation alles verloren hatten, empörten sich dagegen, daß allein die Fürsten alles wieder bekommen sollten. So war die Stimmung im enteigneten Bürgertum; das noch besitzende Bürgertum indessen fürchtete, wenn man mit der Enteignung bei den Fürsten beginne, werde sie eines Tages bei den Bürgern enden. Alte und scheinbar feste politische Zusammenhänge zerrissen über dieser Entscheidung; der Reichsbankpräsident Dr. Schacht, damals noch Mitglied der linksstehenden demokratischen Partei, trat aus dieser aus, weil sie nicht eindeutig gegen das Volksbegehren Stellung nahm. Unter den Nationalsozialisten war die Meinung geteilt; die Anhänger waren wohl meist gegen die Fürsten und ihren »Raubzug auf das Volksvermögen«; für die meisten Führer aber war der Gedanke unerträglich, mit den »Marxisten« in einer Front stehen zu sollen. Goebbels und die Straßers waren nicht so empfindlich; Otto Straßer erließ einen Aufruf gegen die Fürsten und für den Volksentscheid. Jetzt schlug Hitler zu.

Er begann um jene Zeit einen planmäßigen Feldzug zur Gewinnung des Großunternehmertums. Im Jahre 1925 hatte er fast immer Mißerfolge gehabt, so oft er bei dieser Seite anklopfte; man sagte ihm, die Verhältnisse hätten sich geändert, der Staat sei solide geworden, ein Kampf gegen die gefestigte Macht der Republik sei sinnlos und bringe niemandem Vorteile; die Parole heiße: loyale Mitarbeit. Jetzt wird Hitler diesen Zweiflern beweisen, daß seine Partei doch Vorteile bringt. Sie wird den »Angriff auf das Eigentum« abwehren. Der Aufruf Otto Straßers droht, diese ganze Politik zu zerstören. Da ruft Hitler Februar 1926 eine Führertagung nach Bamberg; der Ort ist klug gewählt, denn die meisten norddeutschen Gauleiter haben einfach nicht das Geld, um die Reise nach Bamberg zu machen. Die Bessergestellten kommen; diejenigen, die infolge ihrer eigenen sozialen Lage bürgerlich denken, darunter in großer Zahl Hitlers zuverlässiger bayrischer Anhang. Hitler weist die Brüder Straßer scharf in ihre Schranken, spricht von verlogener Taktik, nennt den Plan, mit den Marxisten in eine Front zu gehen, infam. Der Beifall der Süddeutschen wächst von Absatz zu Absatz.

Goebbels windet sich in größter Verlegenheit. Er ist gekommen, um mit den Straßers gegen die Fürsten zu stimmen; jetzt sieht er erst, daß die beiden in diesem Kreise eine verlorene Opposition sind. Er vergleicht das äußere Auftreten, den Apparat, den Wohlstand um Hitler mit der materiellen Armseligkeit des Straßer-Kreises; er sieht, wo der Erfolg, er begreift, wo sein Platz ist. Er steht auf und sagt, der Führer habe in allem recht; er habe so grundlegend neue Wege gewiesen, daß es kein Damaskus sei, ihm zu folgen. Damit ist Hitler der Sieger über die Partei-Opposition, diese ist zersprengt, ihre nächst Straßer beste Kraft zu Hitler übergegangen. Am Abend des Tages tritt der SA-Führer Pfeffer von Salomon zu Goebbels und sagt: »Hören Sie, ich bin ja kein Sozialist, aber was Sie heute gemacht haben, war ein unerhörter Verrat an Ihren Freunden!«

Die Partei lehnt den Volksentscheid ab. Er wird trotzdem ein ungeheurer Erfolg; die eigentümliche Abstimmungsordnung der deutschen Verfassung verhindert freilich, daß der offenbar überwiegende Volkswille Gesetz wird. Hitler aber reist nunmehr nach Rheinland und Westfalen, lädt die kleinen und die großen Unternehmer zu Vorträgen im geschlossenen Kreise ein; sie kommen zu Hunderten, erst nach Königswinter, dann nach Essen, und ihr Organ, die »Rheinisch-Westfälische Zeitung«, schreibt, Hitler verlange ja nichts, was den Arbeitgebern unmöglich wäre.

Im selben Jahre ernannte Hitler Goebbels zum Gauleiter von Berlin, »mir allein verantwortlich«. Straßer, der im übrigen Reichsorganisationsleiter der Partei ist, hat Goebbels nichts mehr zu befehlen. Ein Jahr später bat Graf Reventlow

Hitler demütig um Aufnahme in die Partei, entschuldigte sich für seine früheren Angriffe und widerrief öffentlich, daß Hitler »romhörig« sei. Die norddeutsche Opposition war vorläufig zersprengt.

Damit sank auch ihr Programm von Hannover in Vergessenheit. Um aber allen Gelüsten nach geistiger Erneuerung der Partei für dauernd ein Ende zu machen, ließ Hitler durch eine Generalmitgliederversammlung im Mai 1926 beschließen, daß das alte Programm der 25 Punkte unabänderlich sei — das Programm, das Hitler selbst längst in seinen Reden zerfetzt und verflüchtigt hatte. Noch wichtiger war der Kernsatz der neuen Parteisatzung: daß der Träger der Partei der kleine Nationalsozialistische Deutsche Arbeiterverein in München sei. Die Beschlüsse der paar tausend Münchner Mitglieder waren also fortan für die ganze Partei bindend. Nur dieser kleine Verein darf laut Satzung Hitler zur Verantwortung ziehen; da Hitler seine Münchner unbedingt in der Tasche hat, bedeutet das praktisch seine absolute und verantwortungslose Herrschaft über die Partei. Außerdem wurde zur Kontrolle der Parteimitglieder und zur Schlichtung von Streitigkeiten ein Untersuchungs- und Schlichtungsausschuß (Uschla) gebildet, dessen Mitglieder Hitler satzungsgemäß ernennt; er bestimmte den Major a. D. Walter Buch, seinen Rechtsanwalt Dr. Frank und seinen Diener Graf. Der »Uschla« ist Hitlers schwarzes Polizeikabinett in der Partei.

Blutfahne und Inserate.

Völlig Herr über die Partei ist er damit immer noch nicht. Da ist zum Beispiel die SA, die ihm der alte Freikorpsführer Pfeffer von Salomon aufbaut. Pfeffer ist mindestens ebenso widerspenstig wie Röhm, dabei noch viel respektloser. Auch er kann die Militärspielerei nicht lassen, das steckt den Offizieren nun einmal im Blut. Wenn Hitler sagt, die SA solle vor allem Propaganda machen, antwortet Pfeffer, er führe keine Klebekolonne. Hitler und Pfeffer veröffentlichen abwechselnd im »Völkischen Beobachter« Erlasse, in denen der eine die Befehle des anderen widerruft; Pfeffer ordnet Geländeübungen an, Hitler verbietet sie. Zum Schluß, 1929, machen beide vor dem Gericht in Schweidnitz Aussagen über den Zweck und Aufbau der SA unter feierlichen Eiden, von denen der eine genau das Gegenteil des anderen besagt; »die SA ist nur eine Schutzabteilung«, schwört Hitler; »sie ist eine Sturmabteilung«, schwört Pfeffer. Pfeffer bildet die SA nach dem alten Vorbild der schwarzen Reichswehr aus, lehnt sie an die Reichswehr an, und indem er so die Vorbedingungen für den Krieg schafft, glaubt er auch die für den Putsch zu schaffen. Hitler verabscheut dies System nach den schlechten Erfahrungen von 1923 mehr als je. Er überschüttet Pfeffer mit Vorwürfen; mit unbewegtem, maskenhaftem Gesicht hinter seinem Kneifer hört Pfeffer sich das an. »Für Ihre Militärspielerei übernehme ich die Verantwortung nicht!« schreit Hitler. »Ich übernehme sie«, antwortet Pfeffer. Er ist nach Titel und Vollmacht Oberster SA-Führer (Osaf); Hitler ist zwar der Führer der Gesamtpartei, aber Pfeffer erkennt ihn gewissermaßen nur als politischen Minister, nicht als militärischen Vorgesetzten an. »Von diesem schlappen Oesterreicher lasse ich mir doch nicht imponieren«, sagt er nach einer solchen Unterredung.

Wie haben die Zeiten sich geändert!! Um das recht zu begreifen, muß man sich den eigentlichen geheimen Zweck der alten SA vor 1923 klarmachen. Sie war die Waffe, mit der Hitler die Partei eroberte, mit der er die zweiten Vorsitzenden, Ortsgruppenleiter, Schriftführer und Kassierer praktisch ausschaltete. Diese SA war seine Hausmacht. Als 1923 Röhm ihm die Hausmacht aus der Hand nahm, organisierte er schnell als Ersatz eine gegen tausend Mann starke Leibwache, die sich »Stoßtrupp Hitler« nannte und unter Führung jenes Leutnants a. D. und Zigarrenhändlers Berchtold stand. Jetzt ist ihm die SA abermals aus der Hand geglitten, abermals muß ein »Hausmachtersatz« geschaffen werden und abermals ist Berchtold der Mann. Diese Truppe muß das blind ergebene Werkzeug des Führers sein; nur auserlesene Leute sind zu brauchen; die Richtlinien für die Aufnahme sind streng, die zahlenmäßige Stärke ist begrenzt; die Truppe muß sich unbedingt als Elite fühlen, und zumal als Parteiadel gegenüber dem plebejischen Haufen der SA. Ihr wird die Blutfahne anvertraut, das ist die Fahne, die 1923 an der Feldherrnhalle dabei war. Mit dieser Fahne wird ein mystischer Kult getrieben; wenn Hitler eine neue Standarte weiht, dann wird

die »Blutfahne« herbeigebracht; mit der linken Hand ergreift
er das Tuch der neuen Standarte, mit der rechten faßt er
einen Zipfel der »Blutfahne«; Mystiker, der er ist, glaubt er
vielleicht wirklich an die Ueberleitung von etwas Immateriel-
len aus dem alten in das neue Tuch. Dabei sagt er z. B. zu
einem Bannerträger aus Wien: »Sie übernehmen diese Standarte zum Zeichen der Untrennbarkeit unserer Bewegung, bis
die Schandverträge von Versailles und St. Germain zerbrochen
sind.« Die Trägerin dieses heiligen Symbols war die neue Leibwache. Ihre Uniform war schwarz, ihr Abzeichen ein Totenkopf; auf dem Koppelschloß stehen die Worte: »Meine Ehre
ist Treue.« Die Ergebenheit gegen den Führer war also ober-
stes Gesetz. Der Name lautete Schutzstaffel, abgekürzt SS.

Was hatten diese Treuen unter der Blutfahne zu tun? Der
Gründungsaufruf sagt: »Bezieher und Anzeigen für den Völkischen Beobachter zu werben und der Partei Mitglieder zu-
zuführen.« Also ein Parteiadel fürs Annoncengeschäft, oder,
um mit Hitler zu sprechen: »... damit die Bewegung steht
und ich mein Auskommen als Chef des Völkischen Beobachters habe.«

Es war fast selbstverständlich, daß Berchtold bald in Streit
mit Pfeffer geriet; er wurde ihm geopfert. Dann führte die
Werbekolonne mit dem Totenkopf eine Zeitlang ein gewisser
Heiden; schließlich verschaffte Gregor Straßer den Posten
seinem Freunde und Privatsekretär Heinrich Himmler.

Die Homosexuellen.

Der Aerger mit Pfeffer hört nicht auf und wird schließlich
so groß, daß Hitler verzweifelt wieder zu Röhm kommt. Er
ist bereit, zu vergessen und zu verzeihen; ob Röhm nicht doch
die Führung der SA wieder übernehmen wolle? Röhm würde
es tun, da bricht neuer Zwist aus. Diesmal ist es ein Mensch,
um den es geht; es ist einer der besten Freunde Röhms, der
Leutnant a. D. Edmund Heines.

Dieser Heines ist eine der abscheulichsten Figuren der ganzen Bewegung, und Hitler weiß das; Röhm aber hängt an
dem jungen Menschen mit aller Kraft einer unnatürlichen
Liebe. Hier hebt eines der dunkelsten Kapitel der Parteigeschichte an, ein menschlicher Sumpf, in dem anscheinend
fast alle diese Führer zum mindesten mit einem Fuß einmal

gesteckt haben. Heines ist das Urbild des verdorbenen Kriegsfreiwilligen, den das Waffenhandwerk zum Mörder gemacht
hat; kein hemmungslos vertierter Verbrecher von Haus aus,
sondern zwischen Gut und Böse unterscheidend und bewußt
wählend. Obwohl groß und ungeschlacht von Figur, hat der
damals Dreißigjährige im Gesicht und in der hellen Stimme
etwas ewig Primanerhaftes, ein nie alternder Jüngling. Als er
1923 an der Spitze einer Rotte das Hotel Grünwald in München stürmt, um dort wohnende Entente-Offiziere herauszu-
holen und zu verprügeln, kommt er einem Augenzeugen »wie
ein verkleidetes Mädchen« vor. Heines gehört zu dem Mörder-
zirkel, der sich um Röhm gruppiert, zu den Neunzert, Bally,
Schweikhart. Aber nur ein Mord aus einer noch früheren Zeit
wird ihm vor Gericht nachgewiesen; als Freikorpsoffizier auf
allen Schauplätzen des deutschen Bürgerkrieges hat er 1920
in Pommern einen Kameraden ermordet, weil er angeblich
Waffen an die Schutzpolizei verraten habe. Das Urteil schildert die Tat so: »Während des Marsches befahl Heines dem
Bär, den Schmidt zu erschießen. Als dieser sich weigerte,
preßte Heines dem Schmidt die Pistole ins Gesicht und
drückte zweimal los.« Diese deutlich gierige Art des Tötens
kennzeichnet den Menschen; die Lust am Widernatürlichen,
ob Mord, ob Liebe, ist sein Wesen. Heines gehört zum Freikorps des Oberleutnants Gerhard Roßbach, den man vielleicht
den Propheten der Homosexualität in der nationalsozialistischen Partei nennen darf.

Die widernatürliche Unzucht galt im Ausland von jeher als
»deutsches Laster«, wohl mit Unrecht; dagegen scheint sie ein
engeres Verhältnis zur deutschen Oberschicht zu haben, wie
sie überhaupt als Merkmal einer entartenden, aber oft noch
kraftvollen Herrenkaste beobachtet wird. Die Verehrung des
körperlich betonten höheren Rassetypus mit ihrem unver-
kennbaren sexuellen Beigeschmack, die dem völkischen Gedanken zu Grunde liegt, mußte geradezu notwendig die Gefühle in die Richtung der Krankheit treiben; da wird für
den wohlgestalteten Jüngling als die Vorstufe zum männlichen Helden und als Wahrer und Ueberlieferer hohen Rasse-
gutes geschwärmt. Nach dem nationalsozialistischen Umsturz
machten die Nationalsozialisten einen Mann namens Alfred
Baeumler sofort zum ordentlichen Professor an der Berliner

Universität, und Baeumler gab eiligst eine Sammlung seiner Vorlesungen unter dem kennzeichnenden Titel »Männerbund und Wissenschaft« heraus. Das ganze Buch ist ein Hymnus auf den »heroischen Jüngling«; da heißt es: »Bei uns wendet der heroisch veranlagte Jüngling sich ab von der Gesellschaft, er sucht den gleichaltrigen und älteren Freund, er sucht den Kameraden und den Führer, den Meister und das Vorbild, er sucht den Bund.« Dann die Klage: »Ueberall verkümmert das Verhältnis zwischen Mann und Mann. Wie locker ist das Verhältnis zwischen Schüler und Lehrer, wie unglaublich locker und oberflächlich insbesonders das zwischen Hochschüler und Hochschullehrer. Wie verkümmert ist heute das Verhältnis der Freundschaft! Es gibt heute tausend Stätten, wo Mann und Weib sich treffen können. Aber es gibt nicht eine Stelle, wo Mann neben Mann steht, wo Männer zusammenkommen, die Jungen mit den Jungen, oder die Jungen mit den Aelteren zu keinem anderen Zweck, als weil das so sein muß... Die moderne Welt ist eine Welt ohne Freundschaft. Als was tritt dem jungen Mann der andere Mann entgegen? Als Mittel zum Zweck, als Geschäftsfreund, als Kollege — also als etwas Gleichgültiges, oder als Rivale im Wettstreit um ein Weib. Dieser Wettstreit hat die Eigentümlichkeit, daß stets *beide* unterliegen, denn der Sieger verliert ebenso wie der Besiegte — seine Zeit. Schwache Naturen werden durch die Erotik aus der Welt der männlichen Beziehungen gänzlich abgedrängt. Sie verschwinden vom Schauplatz, nachdem sie geheiratet haben, oder sie gehen unter in erotischen Beziehungen. Das erotische Verhältnis tritt an die Stelle des Freundschaftsverhältnisses. Das Freundschaftsverhältnis hat eine Beziehung zum Staate, das erotische Verhältnis nicht. In seiner Rede über die deutsche Republik hat Thomas Mann die Demokratie als eine erotische Angelegenheit definiert. Sie kann sich in der Tat nur da erhalten, wo das Weib und die Beziehung zum Weibe vorherrschend ist, niemals da, wo die Freundschaft herrscht. Weil der Deutsche wesentlich kriegerischer Natur ist, weil er Mann ist, weil er für die Freundschaft geboren ist, deshalb kann die Demokratie, die in ihrer letzten Konsequenz dazu führt, daß Weiber über Männer richten dürfen, niemals in Deutschland gedeihen.«

Das ist alles ziemlich flach. Nietzsche oder Stefan George

haben über das Thema viel Tieferes gesagt. Aber Baeumler hat den Vorzug einer gefühlvollen Deutlichkeit, und daß gerade er der nationalsozialistische Philosoph der Berliner Universität wurde, gehört unverlöschbar in die Geschichte des National-sozialismus. Ueber die schwüle Erotik des Kadettenkorps ist viel gesagt und geschrieben worden; die Zusammenballung der Männermasse im Kriege, noch mehr aber die verhängnisvolle, von Mord und Zuchtlosigkeit umwitterte Kameradschaft auf Tod und Leben in den Freikorps der Nachkriegszeit hat das Entstehen einer homosexuellen Atmosphäre ungeheuer begün-stigt. Das Schwärmen für den treuen Freund, aber auch für den brutalen und dann wieder gütigen Vorgesetzten kann durch-aus rein sein, aber zum mindesten die Ansteckungsgefahr er-höhen. Gerade diese Soldaten sehen in ihrer Veranlagung etwas besonders Ideales; die erotische Männerfreundschaft ist ihnen die Grundlage des Staates, und sie berufen sich auf die Män-nerbünde und die Knabenliebe der Antike. Der Begründer die-ser Lehre, der aus der ganzen Sache kein Hehl machende Hans Blüher hat in der deutschen Jugendbewegung den An-fang einer solchen erneuerten männlichen Erotik gesehen; der Geist und die Taten der Freikorps und der SA könnten ihm fast Recht geben. Die Männerfreundschaft wird da zum Vor-recht der höheren Rasse. Der Jude erscheint als Vertreter einer niedrigen und einseitigen Sexualität; die ganze Propaganda des (übrigens normal empfindenden) Julius Streicher beruht auf diesem Gedanken, und Hitler sagt in einer früheren Rede: »Der Jude kennt keine Liebe, er kennt nur den Leib. Er will schänden« — übrigens ein dem jüdischen und trotzdem anti-semitischen Philosophen Weininger entlehnter Gedanke. Die Frauenfeindschaft der nationalsozialistischen Partei ist eine einfach nicht zu bestreitende Tatsache. Schon 1922 beschließt eine Generalmitgliederversammlung in München, daß niemals eine Frau in der Partei ein Amt haben darf. So sehr ein Mann wie Frick sich später bemüht, diese Tendenz zu mildern und den Frauen in der Bewegung Raum und Wirksamkeit zu ver-schaffen; so sehr Goebbels die Weiberfeindschaft der Partei umzudeuten und als tiefes Verständnis für die wahre Natur des Weibes auszulegen versucht — der Kern der Partei denkt sicher noch wie Röhm es einst niederschrieb: »Mit bisheriger Ausnahme der NSDAP entsenden alle Parteien Frauen als

Volksvertreter in die Parlamente. Das mulier taceat — die Frau schweige — hat heute keine Geltung mehr; die Frauen reden überall mit, die Männer ordnen sich ihnen unter. Zeiten staatlicher Macht und Größe, Zeitläufe des Kampfes, haben nie eine überragende Stellung des weiblichen Geschlechts geduldet. Daß ein Alexander der Große oder Friedrich der Große, ein Cäsar oder Napoleon, ein Prinz Eugen oder Karl der Zwölfte von Schweden sich weibischen Einflüssen gebeugt hätten, ist nicht gut vorzustellen.«

Wenn man dann, wieder von Hitler, hört, daß ein nordischer Rassetypus über Deutschland herrschen müsse nach dem Vorbild der dorisch-nordischen Herrenrasse im alten Griechenland, und wenn man sich an die erotischen Gewohnheiten dieser knabenliebenden Dorer erinnert, dann ist das Ziel dieses Weges zu sehen.

Heines' Ausschluß.

In dieser Umwelt der Rassenerotik und Mordkameradschaft kam nun, was kommen mußte — und was durch Massenerschießungen nicht ausgerottet werden wird.

Gerhard Roßbach kommt 1923 nach München und trifft hier seinen Freund Heines wieder. Sie bilden mit Gleichgesinnten einen Stammtisch in der Gastwirtschaft »Zum Bratwurstglöckl« neben der Münchner Frauenkirche. Zu diesem Kreise gehört auch der Freikorpsmann Albert Leo Schlageter, eine zum mindesten schillernde Natur mit nicht immer ganz durchsichtiger politischer Tätigkeit; wohl ein Patriot, gewiß aber auch ein Glückssoldat, der es fertiggebracht hat, Kameraden dem Feinde zu verraten. Im Ruhrkampf vom französischen Militär wegen einer Sprengung standrechtlich erschossen, wird er von der nationalsozialistischen Legende zu einem Heldenbild erhöht, das seinem wirklichen Bild sicher nicht entspricht. Eine seiner letzten Aeußerungen ist ein Kartengruß an die Freunde im Bratwurstglöckl, mit denen er gern nochmal »ein Töpfchen heben« möchte.

Roßbach und Heines treten erst nach dem Hitlerputsch Röhm freundschaftlich näher. Er macht Roßbach zu seinem Stabschef bei dem versuchten Wiederaufbau der SA; von Heines schwärmt er: »Einer der markantesten Feuergeister

in der jungen völkischen Bewegung. Dem Führer blind er-
geben, seinen Leuten ein leuchtendes Vorbild, der Typ jener
Freikorps-Offiziere, die Deutschland so oft gerettet haben.
Gefahren, Rücksichten kannte der ewig junge Offizier nicht.
Seine Treue werde ich ihm stets mit Treue entgelten.«

Heines sammelt in München nach dem Hitlerputsch die
versprengten Mitglieder der Roßbach-Truppe um sich; er
nennt sie erst nach dem unglücklichen preußischen Freiheits-
helden des Jahres 1809 »Freischar Schill«, dann »Schill-Jugend«. Im Café Innsbruck, in der Nähe der Münchner Technischen Hochschule sitzen sie beisammen und brüten darüber,
wie man Alfred Rosenberg verprügeln könne, einen ihrer
schärfsten Gegner in der Partei. In der SA bilden sie eine
besondere Gruppe. Roßbach selbst hat die Politik vorläufig
aufgegeben; 1926 durch eine Amnestie begnadigt, sammelt er
andere junge Leute um sich und zieht mit ihnen theaterspie-
lend durch Deutschland; »Spielschar Eckehard« nennt sich
dieser ziemlich eindeutige Verein. Ein Erbe aber hat Roßbach
der Bewegung hinterlassen: sein braunes Hemd, für dessen
Verbreitung Heines sorgt. Der lebt davon; er gründet ein Hem-
dengeschäft, nennt es »Sportversand Schill« und hat eine Zeitlang die offizielle Lieferung des Braunhemds für die Partei;
er liefert natürlich auch Koppelschlösser, Totschläger und
Brownings. Es ist schwer zu begreifen, warum gerade dieses
helle, gelbgemischte Braun, wohl die häßlichste Farbe der
ganzen Skala, zum Zeichen der Bewegung gewählt wurde;
es ist nicht Khaki, nicht Maikäfer- noch Kaffeefarbe. Verfiel
Roßbach nur aus reiner Zweckmäßigkeit nach der braungelben
Mütze auf das braungelbe Hemd und schließlich die braungelbe Hose? Der Gedanke liegt nahe, daß bei der Wahl dieser
grellen Schmutzfarbe ungesundes Empfinden mitsprach.

1924 ist Röhm mit Heines näher bekannt geworden; 1924
erwacht in ihm auch zuerst das Bewußtsein seiner unglücklichen Veranlagung, mit der er selbst übrigens sehr zufrieden
ist. Die Sache wird bald ruchbar, aber Hitler weigert sich,
davon Kenntnis zu nehmen. Der Bruch mit Röhm 1925 hat
mit diesem Punkt nichts zu tun. Außerdem hält Röhm sich
nach außen einigermaßen zurück; aber wie so oft verdirbt der
jüngere Liebling durch seine Zügellosigkeit, was der Aeltere
durch Reserve noch einigermaßen gutmacht. Heines miß-

braucht die Jungen seiner »Schilljugend« auf verbrecherische
Art, seine Autorität ausnützend. In dem fränkischen Städtchen
Uffenheim wohnt ein Zeitungsverleger H., dessen Sohn sich der
»Schill-Jugend« angeschlossen hat. Heines zwingt den Jungen,
zunächst wider dessen Willen, sich ihm hinzugeben. Vater H.
erzwingt im Frühjahr 1927 eine Audienz bei Hitler und macht
ihm heftige Vorwürfe: »Haben nicht Sie, Herr Hitler, selbst
gesagt, daß Sie die Verantwortung für alles tragen, was in der
Bewegung vorfällt?« Hitler erwidert: »Mein lieber Herr H.,
ich weiß das alles, aber was soll ich machen? Die jungen Leute
müssen reif genug sein, um selbst zu wissen, was sie tun, die
SA ist kein Kindergarten. Wo ich irgendwie kann, trete ich den
Schweinereien sowieso entgegen.« Etwa zur gleichen Zeit geht
im Auftrage Ludendorffs eine Delegation unter Führung des
Grafen Reventlow zu Hitler, um den Ausschluß von Röhm und
Heines aus der Partei zu verlangen. Eine solche Forderung
bringt Hitler zur Raserei, zumal wenn sie von Ludendorff
inspiriert ist und durch einen Grafen Reventlow vorgetragen
wird. Er sagt verächtlich zu dem Grafen: »Mir ist das ganz
wurst, ob einer von vorn oder von hinten —« nun kommt ein
nicht wiederzugebendes Wort.

Der Skandal war aber doch zu groß, Heines konnte nicht
mehr gehalten werden. Bezeichnend indes: zum Eingreifen
entschloß Hitler sich erst, als Heines sich gegen ihn persönlich
auflehnte; in einer Versammlung der SA im Hirschbräukeller
griff der Führer der »Schill-Jugend« Hitler wegen dessen un-
militärischer SA-Politik an; das war ein Grund zum feierlichen
Ausschluß, den der »Völkische Beobachter« am 31. Mai 1927
mitteilt. Ein Jahr darauf wurde Heines, dessen Mordtat von
1920 inzwischen aufgedeckt worden war, in Stettin zu fünf
Jahren Gefängnis verurteilt; bereits nach anderthalb Jahren
ließ die seltsame deutsche Justiz ihn gegen eine Kaution von
fünftausend Mark frei.

Der Ausschluß von Heines aber vertiefte den Bruch mit
Röhm neuerdings. Röhm hatte in der Partei einen erbitterten
Kampf für den Liebling geführt. Wenn man seine besten
Freunde so behandelte, übernahm er die Führung der SA keines-
falls. Hitler mußte sich weiter mit Pfeffer behelfen. Während
Goebbels seinen ebenso eitlen wie giftigen Kampf um Berlin
führte und Gregor Straßer mit seinem Bruder sich von neuem

in der Partei breitmachte, verbrachte der Führer immer noch seine beste Zeit auf dem Zauberberg.

Der Schrecken der Büros.

Wenn er gelegentlich nach München ins Parteibüro hinabsteigt, flüchtet jeder, der es irgendwie kann. Stundenlang ist dann an ein geregeltes Arbeiten nicht zu denken; der Chef nimmt jeden für jede Laune in Anspruch, und unaufschiebbare Aufgaben sind keine Entschuldigung. »Was geht mich Ihr Mist an?« schreit er. »Tun Sie, was ich Ihnen sage!« Ein besonders Geduldiger findet sich schließlich, der es fertig bringt, durch Schweigen und Nachgiebigkeit den Führer einzuwickeln und abzulenken: der junge Geschäftsführer der Reichsparteileitung, Philipp Bouhler. Die Angestellten der Druckerei Müller & Sohn im Hintergebäude haben ihren lustigen Tag, wenn Hitler im vorderen Flügel tätig ist. Einen ganzen Nachmittag lang hört man ununterbrochen seine Stimme über den Hof schallen; jetzt hält er wieder einmal Reden, heißt es. Man darf ihn wegen nichts ansprechen, will man nicht Gefahr laufen, eine halbe Stunde lang einen Vortrag über das Hitler gerade beschäftigende Problem zu hören: »Warum kommen Sie damit zu mir? Sie haben sich damit an Herrn Gengler zu wenden. In meinem Betrieb muß jeder wissen, wem er unmittelbar verantwortlich ist. Glauben Sie, ein Fridericus wäre jemals der Held von Leuthen geworden, wenn er sich um jeden Gamaschenknopf gekümmert hätte? Ich lasse mir nicht mit jedem Mist kommen. Wir müssen vom Vorbild des preußischen Generalstabs lernen, wo jeder genau seine Funktion zu kennen hatte...« — so geht das eine gute Weile fort, der unglückliche Fragesteller wünscht sich weit weg. Im Betriebe wird es allmählich zu einer vielgeübten Kunst, den Führer auf möglichst gute Art von den Arbeitsräumen fernzuhalten. Der Verlag fühlt sich etwas entlastet, als das Parteibüro vom »Beobachter« getrennt wird und sich schräg gegenüber, Schellingstraße 50, in den Ateliers Heinrich Hoffmanns ansiedelt.

Ein besonders erregter Tag ist es, als die bayrische Regierung im März 1927 Hitler wieder das öffentliche Reden erlaubt. Als Gegenleistung erklärt er zum soundsovielten Male feierlich, daß er keine gesetzwidrigen Ziele verfolge und keine gesetzwidrigen Mittel anwenden wolle. Die erste große Rede nach zwei Jahren im Zirkus Krone erstaunt die Zuhörer etwas. Das ist ja nicht mehr Politik, das ist so salbungsvoll und getragen wie eine Predigt; nichts mehr von den blitzenden Angriffen auf tausend Gegner; keine jüdischen Witze, er ahmt nicht mehr wie einst das Mauscheln der verhaßten Rasse nach, er droht und gewittert nicht. An versteckter Stelle eine kurze Anspielung auf »den verhängnisvollen Weg, den der Jude über die Erde dahinschreitet«. Am nächsten Tage bringt der »Völkische Beobachter« nur ein paar sonderbare Fetzen der Rede, aus dem Zusammenhang gerissene Aphorismen, die niemanden klug machen. Die Leser wissen freilich nicht, was sich in der Nacht Schreckliches zugetragen hat. Die Stenographin, die Hitlers Rede nachschrieb, hat ihre Blätter verloren. Hitler gerät völlig aus der Fassung, sieht dahinter einen feindlichen Anschlag, der Gegner hat also seine Spitzel im eigenen Betrieb. Schon längst wütet er, daß die meisten Angestellten im Parteibüro und im Verlag keine Nationalsozialisten sind; die Arbeiter von Müller & Sohn sind organisierte Sozialdemokraten und wählen jahraus, jahrein ihren roten Betriebsrat. Wenn man Adolf Müller Vorhaltungen macht, erwidert er: »Schicken Sie mir ein paar Nazi, die setzen können; ich will sie gern beschäftigen.« Dann treibt Amann mit Mühe und Not den einen oder anderen nationalsozialistischen Setzer auf; nach vier Wochen aber spürt die Redaktion selbst, daß im Betrieb etwas nicht klappt, der neue Mann kann meist nichts, und wenn er etwas kann, machen die Kollegen ihm das Arbeiten unmöglich. Der fressende Grimm macht sich jetzt Luft. Hitler läßt den Redakteur kommen, den er für verantwortlich hält, überschüttet ihn mit Schimpfworten, brüllt, er fühle sich von Verrätern umgeben, und als der Unglückliche antworten will, geht Hitler auf ihn zu und gibt ihm eine klatschende Ohrfeige.

Nach solchen Szenen wird er wieder für einige Wochen unsichtbar. Die Opfer trösten sich philosophisch mit der Ueberzeugung, daß der Mann eben nicht ganz normal sei. Er verkriecht sich wieder auf dem Obersalzberg und ist für niemanden zu sprechen. Der »Völkische Beobachter« muß ihm irgendwie verleidet sein; er schreibt überhaupt nicht darin. Um den führenden Leitartikel streiten sich Rosenberg und Gregor Straßer, der durch seine unheimliche Aktivität wieder der mächtigste Mann in der Partei geworden ist. Hitler selbst braucht seinen ganzen Eifer für einen Plan, den der Freund Heinrich Hoffmann ersonnen hat: ein illustriertes Blatt der Partei. Es heißt »Illustrierter Beobachter«, imitiert äußerlich das große Bilderblatt des »jüdischen« Ullsteinverlages, erscheint zunächst nur alle vierzehn Tage und wird von Hermann Esser redigiert. Heinrich Hoffmann hat darin natürlich das Monopol für seine Photographien. Für jede Nummer schreibt Hitler einen Artikel; in der Partei gehen die märchenhaftesten Gerüchte über die Höhe des Honorars um, und als er einmal gefragt wird, sagt er: »Natürlich lasse ich mich für meine Arbeiten bezahlen, und sogar gut bezahlen; schließlich bin ich nicht der Angestellte des Unternehmens, sondern der Gründer.«

Gregor Straßer, immer ruhelos darauf sinnend, eine im ganzen Volk zündende Parole zu finden — sie fehlt in jenen Jahren vollständig —, beginnt für eine Erhöhung der Arbeiterlöhne zu agitieren. Aber da erwacht Hitler. Er erläßt eine öffentliche Botschaft und nennt jeden Befürworter einer Lohnerhöhung einen »Betrüger der öffentlichen Meinung«; das sei man nämlich, wenn man einem versklavten Volke ein höheres Einkommen verspreche. In solchen Fällen ist es schwer, sich mit Gregor Straßer zu einigen, der auf seiner Meinung beharrt und gute Gründe für sie hat: wir sind erstens eine Arbeiterpartei und zweitens Sozialisten; aber drittens werden wir bei der Masse nie Erfolg haben, wenn sie nicht sieht, daß wir etwas für ihre Interessen tun. Mit dem letzten hat Straßer sicher recht, das erkennt sogar Hitler an; eben weil Straßer so schöne soziale Töne für die Arbeiter hat, weil er es verstanden hat, an der Ruhr und in Mitteldeutschland dem Industrieproletariat die NSDAP als eine wirkliche Arbeiterpartei hinzustellen, ist er ja so wertvoll und wird trotz aller persönlichen Abneigung von Hitler gehalten. Aber Hitler hat freilich für seine Taktik ebenfalls gute Gründe; wenn die Partei für Lohnerhöhungen eintreten würde, bekäme sie von der Großindustrie niemals einen roten Pfennig. Das kann man einem Mann wie Straßer freilich nicht sagen.

Wenn eine Verständigung ganz unmöglich ist, hilft man sich, so gut es geht. Einmal sind die beiden zu einer Besprechung über eine kitzlige Sache in Leipzig verabredet. Hitler weiß, daß Straßer einen ganzen Sack voll Beschwerden mitbringt. Sie treffen einander im Restaurant. Hitler entschuldigt sich, er müsse noch einmal auf die Toilette, geht — und kommt nicht wieder. Nach einer Weile schöpft Straßer Verdacht, geht hinaus, findet seinen Führer nicht und erfährt schließlich, daß Herr Hitler durch den Seitenausgang das Lokal verlassen hat und im Wagen davongefahren ist. Auf so genial einfache Weise löst der Führer politische Fragen; nach der alten Regel, daß es keine noch so wichtige Angelegenheit gibt, die nicht durch Liegenlassen noch wichtiger würde.

Ein deutliches Ziel ist vorerst nicht zu sehen. Hitler wartet auf das Schicksal; dieses Warten ist seine Stärke, sein Selbstvertrauen ist das Geheimnis des Sieges. »Vielleicht«, sagt er Mitte 1927, »hat das Schicksal uns nur die Rolle eines Friedrich Wilhelm I. (Vater Friedrichs des Großen) bestimmt; wir bauen nicht für uns, sondern für die Zukunft.« Ein andermal meint er: »Es mögen noch zwanzig oder hundert Jahre vergehen, ehe unsere Idee siegreich ist. Es mögen die, die heute an die Idee glauben, sterben — was bedeutet ein Mensch in der Entwicklung des Volks, der Menschheit?«

Wie das Bürgertum kapituliert.

Und doch waren sogar in dieser allertrübsten Zeit der Bewegung im deutschen Volke bereits die Voraussetzungen für den Sieg des Nationalsozialismus vorhanden; nur sahen die meisten sie noch nicht.

Im April 1928 hielt Dr. Gustav Stresemann, Deutschlands Außenminister, im Münchner Bürgerbräukeller eine Wahlrede, die letzte seines Lebens. Stresemann war der bedeutendste Staatsmann, der Deutschland seit Bismarck geführt hat.

Als er im Münchner Bürgerbräukeller sprach, lieferten die Münchner Nationalsozialisten ein propagandistisches Meisterstück.

Sie schickten fünfhundert junge Leute hin, die sich die Haare mit silberglänzendem Stanniolpapier beklebt hatten. Das Stanniol sollte »Silberstreifen« bedeuten; Stresemann hatte mitten in Deutschlands trübster Nachkriegszeit hoffnungsvoll von einem »Silberstreifen am Horizont« gesprochen und hieß seitdem bei den Nazis der »Silberstreifen-Stresemann«. Die fünfhundert Stanniolglänzenden, geführt von Hermann Esser, grölten beständig: »Juda, verrecke!« und »Wo bleibt der Silberstreifen, Herr Stresemann?« oder »Jetzt kommt der Geist von Locarno!« Die braven bürgerlichen Leiter der Versammlung, darunter ein General a. D., waren gegen die Rotte hilflos. Trotzdem setzte Stresemann mit seinen schlagfertigen Antworten sich allmählich durch, und die Störung drohte zu mißlingen. Da standen die fünfhundert Stanniolköpfe auf und begannen die Nationalhymne »Deutschland, Deutschland über alles!« zu singen.

Am Vorstandstisch Unruhe. Plötzlich steht der General a. D. auf und singt mit. Neben ihm der Versammlungsleiter, ein Rechtsanwalt, singt auch. Und die andern Mitglieder des Vorstandes singen ebenfalls.

Das Lied hat nur den Zweck, ihre eigene Versammlung kaputt zu machen — sie singen. Es soll die Kandidatur ihres Parteifreundes Stresemann zu Fall bringen — sie singen. Es ist ein frecher Mißbrauch der Nationalhymne und ein einziger Hohn auf sie selbst — sie singen trotzdem. Sie singen ihre Versammlung zu Tode, sie singen ihre Wahlkandidatur zu Grabe, sie singen ihren Außenminister nieder.

Stresemann umklammert das Rednerpult, weiß vor Wut über die Feigheit seiner Parteifreunde. Noch am gleichen Abend erlitt er einen neuen Anfall seines Nierenleidens und siechte seitdem dauernd. Im nächsten Jahre starb er.

Die Versammlung war gesprengt — dank dem feigen Kuschen der Veranstalter vor dem zum nationalen Gassenhauer erniedrigten Liede. Als Stresemann sie nachher zur Rede stellte, antwortete einer: »Herr Minister, man mußte diesen Burschen zeigen, daß wir ebenso gute Deutsche sind wie sie!« Statt ihnen zu zeigen, wo die Tür war. Aus Angst, von irgend einem Lümmel als nicht genügend »national« erklärt zu werden, gaben sie sich, ihren Führer, ihre Sache und ihre Würde preis.

Bleibt jetzt noch etwas zu erklären?

So wird Hitler zur Macht kommen.

13. Der große Minderwertige

Aus dem Leben eines Taugenichts.

Wir nähern uns dem Zeitpunkt, der Hitler und seine Partei mit einem Schlag weltberühmt macht. Unerhörte Wahlsiege, gewaltige Aufmärsche lösen fast über Nacht die Periode der Unbeachtetheit ab. Die nationalsozialistische Partei scheint wie eine Dampfwalze über die deutsche Politik hinzufahren, die dünnen Gerüste der Staatsmacht und der Parteien brechen wie unter dem Druck einer Naturkraft zusammen. Das ist das äußere Bild; die wirkliche Politik jener Jahre aber ist ein feines und erbittertes diplomatisches Ringen zwischen Hitler und seinen Gegenspielern.

Wie sieht eigentlich die Kraft aus, auf die er sich stützt?

Hier ein paar Lebensläufe hervorragender nationalsozialistischer Unterführer, von ihnen selbst erzählt; die mit » « versehenen Stellen sind Zitate aus dem Reichstagshandbuch.

Karl Ernst, zuletzt Gruppenführer der Berliner SA, hat dadurch mit 30 Jahren Generalsrang, ist in seinem jungen Leben nacheinander »Angestellter, Einkäufer, Reisender, Hilfssportlehrer, Verwalter, Heimleiter«, dann Adjunkt von Heines, später des Grafen Helldorf, hält nirgends lange aus, gehört zur Röhm-Heines-Clique, wird von Hitler als »lächerlicher Affe« bezeichnet, am 30. Juni 1934 erschossen.

Gottfried Feder, verunglückter Erfinder, konstruiert ein unbrauchbares »Betonschiff«, später einen unbrauchbaren Plan zum Staatsbankrott, schließlich die in der eigenen Partei nicht ernst genommene Lehre von der Brechung der Zinsknechtschaft. Ein Leben voller materieller und geistiger Mißerfolge, aber offizieller Theoretiker der Partei.

Hans Hayn, im Krieg Leutnant der Reserve, dann kaufmännischer Volontär, dann beim Grenzschutz in Oberschlesien, später Mitglied des Schlagerterschen Sabotagetrupps im Ruhrgebiet, am Küstriner Putsch beteiligt, in einen Fememordprozeß verwickelt, schließlich Gruppenführer der SA in Schlesien, am 30. Juni 1934 erschossen.

Edmund Heines, Kriegsleutnant, später beim Freikorps Roßbach in Pommern und Oberschlesien, dann SA-Führer in München, zeitweise Kaufmann, dann wegen Fememords anderthalb Jahre im Gefängnis, nach Haftentlassung einige Monate Student, zuletzt Obergruppenführer der SA in Schlesien, am 30. Juni 1934 erschossen.

Heinrich Himmler, im Kriege Fahnenjunker, dann drei Jahre Student, darauf ein Jahr Kaufmann, dann wieder Student, danach Privatsekretär, schließlich Besitzer einer kleinen Geflügelfarm bei München, außerdem Reichsführer der nationalsozialistischen Schutzstaffeln.

Siegfried Kasche, erzogen beim Kadettenkorps in Lichterfelde, dann: »Teilnahme an den Kämpfen in Berlin und 1919 im Baltikum. Zuletzt Fähnrich und Kompagnieführer. 1920/21 Arbeitsgemeinschaftsdienst in Pommern. Beruflich je etwa zwei Jahre in Landwirtschaft, Großbank, Glasindustrie und Textilhandel. Januar 1926 Eintritt in die NSDAP.« 30. Juni 1934 als Brigadeführer der SA abgesetzt.

Karl Kaufmann, Oberrealschüler mit Einjährig-Freiwilligen-Zeugnis, zwei Jahre landwirtschaftliche Ausbildung, dann Kriegsfreiwilliger. »1920 Mitglied des Selbstschutzes Oberschlesien, Sturmkompagnie von Killinger, beteiligte sich an der Niederwerfung des Polen-Aufstandes. Während des Ruhrabwehrkampfes in führender Stellung des Sabotage-Kommandos. In den Jahren 1922/1924 als Bauhilfsarbeiter, Holzarbeiter, Verladearbeiter tätig. Seit 1921 Mitglied der NSDAP.« Der offizielle Untersuchungsausschuß der Partei, Bezirk Bergisch-Land-Niederrhein fällte am 22. Juli 1922 in einem Ehrenverfahren gegen Kaufmann ein Urteil, in dem es u. a. heißt: »Kaufmann hat acht Jahre lang seinem großen politischen Bekanntenkreis wahrheitswidrig vorgelogen, er sei alter Frontsoldat. Um diese Lüge glaubhaft zu machen, hat er sowohl mit dem E. K. II (Eisernes Kreuz) als auch mit dem Offiziersflieger-Beobachtungsabzeichen Ordensschwindel getrieben und diese Auszeichnungen, deren letztere nur für Tapferkeit vor dem Feinde verliehen wurde, getragen. Dieses bis in die letzten Jahre hinein.« Der Ausschuß kam zu dem Ergebnis: »Ordensschwindel, Urkundenfälschung, doppelter Ehrenwortbruch ... Tatsachen, die durch die Unterlagen für den Untersuchungs- und Schlichtungsausschuß als erwiesen gelten, zwingen letzteren dazu, Kaufmann die Honorigkeit abzusprechen.« Kaufmann wurde später Reichsstatthalter in Hamburg.

Manfred Freiherr von Killinger, Berufsoffizier, im Krieg

Kapitänleutnant: »Nach dem Kriege Führer des Sturmbataillons im Freikorps Ehrhardt. Nach Auflösung Leiter der militärischen Abteilung des Geheimbundes OC (Organisation Consul). 1921 Führer der Ehrhardt-Leute im polnischen Aufstand in Oberschlesien. 1921/22 in Untersuchungshaft wegen Erzberger-Attentat. Nach Freispruch Führer des Wiking-Bundes in Sachsen. 1928 Uebertritt zur NSDAP.« 1933 sächsicher Ministerpräsident, 30. Juni 1934 abgesetzt.

Kurt Gruber, Gründer und langjähriger Führer der Hitler-Jugend, Referendar, Berufsredner. Beschwerden seiner Untergebenen an die Reichsleitung der Partei nannten ihn unehrlich, verlogen, minderwertig. Gruber wurde als Reichsjugendführer 1931 still durch Baldur von Schirach ersetzt.

Graf Helldorf, Gutsbesitzer in Wolmirstedt, Thüringen. Mußte das väterliche Gut wegen wirtschaftlichen Schwierigkeiten aufgeben. Beruflicher »politischer Soldat«, SA-Führer von Berlin, erklärte öfters, daß er diese Tätigkeit nur wegen des Geldverdienens übernommen habe. 1925 vom »Völkischen Beobachter« als »Konjunkturritter« gebrandmarkt, 1935 Polizeipräsident von Berlin.

Das sind ein paar typische Führer mit dem unruhigen und ungefestigten bürgerlichen Dasein und dem Knacks in der Berufslaufbahn; zum kleineren Teil Idealisten auf der Suche nach Deutschland, meist jedoch Zerbrochene auf der Uebergangsstelle vom Abenteurer zum Verbrecher. Die Liste läßt sich beliebig verlängern und würde endlos werden, wollte man bei allen, die eine kaufmännische Tätigkeit »bis dann und dann« ausgeübt haben, nach den Gründen für das Ende dieser Tätigkeit forschen. Es sind alles Menschen, die die Geschichte der NSDAP stark beeinflußt haben.

Die Qualität dieser Menschensorte beleuchtet eine Notiz des von Dr. Goebbels herausgegebenen »Angriff«. Sie betrifft den am 30. Juni 1934 erschossenen Standartenführer Uhl und läßt, ob man ihr nun wörtlich glaubt oder nicht, erkennen, was diese Führer einander zutrauen:

»Unter seinen (Uhls) Papieren fand man eine Photographie, die ihn in der Pose des Mörders zeigt. Er hatte sich bei einer früheren Untat photographieren lassen, seinen Fuß auf die Brust eines erschossenen SA-Mannes gesetzt, die Pistole in der Faust, hohnvoll grinsend.«

Und nun noch einer: Realschüler, verläßt die Schule aus Trägheit vor dem Examen, an der Kunstakademie und der Architekturschule, abgewiesen, nacheinander Gelegenheitsarbeiter, Kofferträger, Bettler, Ansichtskartenzeichner und Plakatmaler, mehrere Jahre lang Insasse eines Männerasyls, 1914 bis 1920 Soldat, dann ohne Beruf, von Freunden unterstützt, politischer Agitator — dieses Lebensbild Adolf Hitlers ist geradezu Krone und Vorbild für die Lebensläufe all dieser Deklassierten, die als sogenannte Führer der nationalsozialistischen Partei Unterschlupf gefunden haben.

Zusammenbrechende Klassen.

Aber dieses menschliche Bild der Bewegung war auch zugleich ein konzentriertes Bild breiter deutscher Volksschichten im Todeshauch der gesellschaftlichen Zersetzung. Das ist ein Weltuntergang, größer als die ganze Hitlerbewegung: das Ende des Kapitalismus. Der Absturz des Welthandels, der 1935 auf ein Drittel der Ziffer von 1928 gesunken ist, ist der schwerste Flügelschlag des Todesengels, der über diese Welt hinzieht; der englische Pfundsturz, der »neue Plan« Roosevelts in Amerika, die französische Deflationspolitik, alle in der Methode einander zuwiderlaufend und dadurch die Weltkrise notwendigerweise verschärfend, sind Kampferspritzen und als solche das sicherste Zeichen des Sterbens.

Deutschland war in einer Sonderlage. Seine Opfer an Blut und Sachwerten im Weltkrieg und seiner Verlängerung, dem sogenannten Frieden seit 1919, waren die schwersten gewesen. Es hatte dann im Jahresdurchschnitt zwei Milliarden Mark an Reparationen zahlen müssen, die es nur in gepumptem Auslandsgeld übertragen konnte; als das Ausland 1930 in gewaltigen Stößen das geliehene Geld zurückzog, fielen die Reparationen in sich zusammen, endeten praktisch 1931 und wurden 1932 durch Beschluß von Gläubiger und Schuldner beseitigt. Politisch war dies das Werk des Reichskanzlers Dr. Brüning, der sich vorgenommen hatte, die Unmöglichkeit der Reparationszahlungen praktisch zu beweisen; er drückte die Löhne herab, suchte auch die Preise etwas abzubauen und senkte allgemein die Lebenshaltung. Dadurch verschärfte er die in Deutschland wie anderswo bereits wütende Krise; 1931 brachen die deutschen Großbanken zusammen, eine von ihnen stellte formell ihre Zahlungen ein, die andern hatten das Glück, sich vom Staat zum Schalterschluß zwingen lassen zu können. Zwei Großbanken gingen in Staatsbesitz über, die übrigen wurden tatsächlich von der öffentlichen Hand abhängig; auch der größte deutsche Industriekonzern, der Stahlverein, konnte vor dem Sturz nur durch Verkauf an den Staat gerettet werden. Manche nannten dies Sozialismus; es war in Wirklichkeit eine Ausplünderung des Staates und damit des Steuerzahlers durch die Kapitalisten kurz vor deren Rückzug ins Privatleben.

All diese Rettungsversuche steigerten praktisch das Elend und verschärften die Erbitterung. Das Proletariat spaltete sich in zwei Klassen: die Inhaber von Arbeitsplätzen und die Inhaber von »Stempelkarten«, d. h. Erwerbslose, die, um staatliche Unterstützung zu empfangen, täglich auf den Arbeitsämtern ihre Ausweise abstempeln lassen mußten; die deutsche Sprache wurde um das Wort »stempeln gehen«, einen Ausdruck von bitterer Volkstümlichkeit, bereichert. Das gleiche Los traf große Teile der Angestellten, die aber trotz der Gleichheit der äußeren Existenzbedingungen zäh an der Ueberzeugung festhielten, sie seien etwas Besseres als die Arbeiter. In der Gesinnung diesen nahe verwandt waren die selbständigen kleinen Gewerbetreibenden, Bäcker, Schneider, Friseure, Gastwirte, Ladeninhaber. Diese Schicht geriet in Feindschaft zum Großkapital wie zum Staat, zur »öffentlichen Hand«. Einmal waren die Kleinen alle mehr oder minder abhängig von den Banken, unter denen selbst wiederum die Großbanken die alten lokalen Kleinbanken immer mehr aufzehrten; diese Abhängigkeit bedeutete bei der allgemeinen Kapitalunsicherheit für die kleinen Gewerbetreibenden Zahlung riesiger Zinsen. Sodann machte das Großkapital durch Schaffung immer neuer Großbetriebe, wie Waren- und Kaufhäuser, mammuthafter Vergnügungsetablissements usw. den kleinen Gewerbetreibenden starke Konkurrenz. Hinzu trat aber der Wettbewerb von Betrieben der öffentlichen Hand, Sportplätze, Riesenbäder usw.; es kam vor, daß Stadtgemeinden große Hotels betrieben.

In dem Konkurrenzkampf zwischen den Großen unter sich, der Großen mit dem Staat und schließlich der Großen gegen die Kleinen blieb tatsächlich ein Teil des Mittelstandes auf der Strecke. Viele stießen zum Heer der Erwerbslosen, noch mehr aber führten in ihren verödeten Gastwirtschaften, in den Schreibwarengeschäften ohne Kunden, den Friseurgeschäften mit dauernd leerstehenden Stühlen eine proletarische oder noch unterproletarische Existenz.

Die Entheiligung des Eigentums.

Merkwürdig war das Schicksal des Kapitalisten mit der Couponschere. Es war von jeher das Schicksal des kleinen Aktionärs, von den Gründern und Unternehmern seiner Gesellschaft mißhandelt zu werden; in der deutschen Nachkriegszeit wurde daraus unter dem Namen »Selbstfinanzierung« ein besonders raffiniertes System gemacht. Die Direktoren der Gesellschaften schütteten nur einen kleinen Anteil der Gewinne als Dividenden aus, den größeren Teil benutzten sie, um ihr Betriebskapital zu erhöhen, das dann in Gestalt von Vorzugsaktien in den Besitz der Werkleitung überging. So wurde der kleine Aktionär um einen Teil seiner Einnahme gebracht und verlor völlig den Einfluß auf die Firma, von der er doch auch ein Miteigentümer war. Diese kleinen Kapitalbesitzer hatten in der Inflation von 1923 schon einmal heftig geblutet; nach dem großen Bankenkrach von 1931 stürzten die deutschen Aktien bis auf ein Sechstel, ja ein Zehntel ihrer Parität hinab, darunter solche von Firmen allergrößten Ausmaßes, die dank staatlichen Subventionen nicht einmal ihren Betrieb einzustellen brauchten. In diesen Firmen behielten die leitenden Männer der Verwaltung ihre Posten und — ein besonderer Skandal — dank den Zuschüssen der Staatskasse ihre Riesengehälter mit sechsstelligen Zahlen; der Aktionär aber hatte bis zu neun Zehnteln seines Besitzes verloren.

Zerstörung in vielen Gestalten hat seit dem Weltkrieg das mittlere und kleine Eigentum entwertet und entheiligt; das große hat sich oft mit Hilfe des von ihm beeinflußten Staates gerettet und unter dem Namen »nationale Wirtschaftsinteressen« befestigt. Nicht nur in Deutschland, sondern überall.

Am tiefsten und entschlossensten, dabei im gewissen Sinne am unberechtigsten, war die Erbitterung der Landwirtschaft. Die deutsche Landwirtschaft ist nach ihrer Natur der dürrste

Zweig der deutschen Wirtschaft; sie ist, zumal östlich der Elbe, auf meist arme Böden angewiesen, muß zum Teil weniger wertvolle Früchte erzeugen, wie z. B. Roggen und Kartoffeln, hat nach Flächeneinheiten geringere Erträge als die fruchtbaren Böden Amerikas oder Südost-Europas und versorgt daher das deutsche Volk teurer und schlechter mit Nahrung, als das bei freiem Bezug aus dem Auslande möglich wäre. Seit 1925 hatte sie einen Zollschutz für ihre Produkte durchgesetzt und ihn unablässig erhöht; er genügte aber nicht, um ihr den deutschen Verbraucher konkurrenzlos auszuliefern. Die Folge war eine wirkliche Not zum mindesten bei Teilen der deutschen Landwirtschaft, die bei vollen Scheunen kein bares Geld hatte; der Staat trieb trotzdem seine Steuern ein, pfändete die Kuh im Stall, das Korn auf dem Acker. Es kam zu Bauernaufständen in Norddeutschland, zu Winzerunruhen am Rhein, auf Finanzämter wurden Bomben geworfen; die Führer bei diesen Abenteuern waren allerdings oftmals keine Bauern, sondern versprengte Intellektuelle, ehemalige Offiziere, Abenteurer, eben jener Typ, der auch den Kern der nationalsozialistischen Bewegung bildet. Auch die Bauern waren zum Teil inmitten ihres Eigentums mit einem Schlage arme Leute.

Im Winter 1932 hat Deutschland sieben bis acht Millionen Arbeitslose; von der übrigen Bevölkerung schleppt sich ein großer Teil in fast gleichem Elend hin. Was bedeutet das politisch?

Die reaktionäre Revolution.

Von allen Klassen der Gesellschaft lösen sich große Schichten von Deklassierten ab. Sie behalten ihre alten gesellschaftlichen Ansprüche und Ideale, kommen aber angesichts des Versagens des gegenwärtigen Staates notwendigerweise zur Ueberzeugung, daß nur eine Umwälzung ihre Forderungen erfüllen kann. Der deklassierte Arbeiter will Arbeit; der deklassierte Angestellte will standesgemäßes Auskommen; der deklassierte Gewerbetreibende will Aufwertung seines durch Zinslast, Konkurrenz und Steuerdruck entwerteten Besitzes, also Senkung von Zinsen und Steuern und Beseitigung der Großbetriebe; der deklassierte Fabrikant wie der deklassierte Aktionär wünschen staatliche Aufträge, der deklassierte Landwirt fordert staatliche Mindestpreise. Bunt und schillernd zieht der Umsturz heran.

Das Wesen dieses Umsturzes ist, daß niemand von ihm etwas eigentlich Neues erwartet, sondern nur das, was man früher schon hatte. Das gilt selbst und sogar in erster Linie für den deklassierten Arbeiter, den angeblichen Träger der sozialistischen Idee. Gerade er denkt in seiner Verzweiflung längst nicht mehr an Sozialismus und Gesellschaftsumbau, sondern an Arbeit und sonst gar nichts; und auch die Inhaber von Arbeitsplätzen (die die kommunistische Agitation zum Unterschied vom Erwerbslosen »Betriebsarbeiter« nennt) wünschen tatsächlich nur eine Wiederbelebung des kranken kapitalistischen Systems, damit Löhne und Arbeitsbedingungen besser werden können. Die politisch bewußten Sozialisten sind auf dieser Arbeitermasse eine hauchdünne Oberschicht, die sich unter günstigeren Voraussetzungen und bei besserer Führung gewiß zu einer handlungsfähigen Avantgarde zusammenziehen könnte, heute aber mehr und mehr sich in ohnmächtige Tröpfchen auflöst. Jedenfalls: alle, die den Umsturz wollen, wollen dabei das Alte, nicht das Neue.

So zieht die Revolution zur Erhaltung des Bestehenden heran.

Ein gewaltiger Zug der Deklassierung geht durch das deutsche Volk. Alle, die von ihr erfaßt oder auch nur bedroht sind, wehren sich; jeder auf andere Art und mit seinem besonderen Ziel, aber einig im Willen zur Reaktion und überwiegend bereit zur Reaktion mit revolutionären Methoden. Ein entscheidender Träger dieser Reaktion aber wird die Arbeiterschaft.

Dann gibt es noch eine Schicht, die auf ihre besondere Art in die Deklassierung hineingerät: die Jugend. Die Sechzehn- bis Fünfundzwanzigjährigen haben zum großen Teil nichts verloren, sondern nie etwas gehabt; sie haben überhaupt keine Arbeit bekommen, sie haben zu Hause das Elend der Arbeitslosigkeit beim Vater sehen müssen oder von der anspruchsvollen Bürgerlichkeit ihrer Familie nur den Jammer des verlorenen Vermögens erlebt; sie sind von Beruf Erwerbslose, Hoffnungslose, Zukunftslose. Diese Jugend wird eine Art Klasse für sich und Trägerin der stärksten Unzufriedenheit.

Die Unzufriedenheit der Deklassierten braucht einen Führer. Sie hat ihn sofort. Es ist der Intellektuelle.

Von der politischen Bedeutung des Intellektuellen, die gar nicht hoch genug geschätzt werden kann, war schon die Rede. Er entwirft jetzt Zukunftsbilder; er allein versucht der kommenden Revolution einen positiven Sinn zu geben, ein Bild der kommenden »revolutionären Reaktion« zu zeichnen. Ein Zirkel junger Leute bildet sich um die Monatsschrift »Die Tat«; einer der ihren, ein junger Journalist mit dem Pseudonym Ferdinand Fried, verbreitet mit einem Buch »Das Ende des Kapitalismus« viel Unruhe unter den Führenden Deutschlands. Im Elend der allgemeinen Deklassierung errichten diese Intellektuellen das Zukunftsbild einer korporativen Gesellschaftsordnung, in der jeder Stand seine besondere Aufgabe, seine besondere Geltung und seine besondere Ehre haben soll. Das Standesbewußtsein wird der Deklassierung als rettendes Ideal entgegengesetzt. Andererseits geben diese Intellektuellen sich von den unheilbaren Ursachen der deutschen Not Rechenschaft; sie erkennen, daß bei der gegenwärtigen Verteilung von Macht und Besitz auf dem Erdball Deutschland von den Rohstoffquellen abgeschnitten ist und nicht mehr wie vor dem Kriege für seine auf Export berechnete Industrie Abnehmer und Bezahler erhoffen darf. Sie nehmen die Absperrung der Nationen von einander, noch mehr aber das Selbständigwerden großer Kontinentalreiche als unabänderliche Tatsache hin und predigen als Gegenhilfe die Aufrichtung eines deutschen Kontinentalreichs in Mittel- und Osteuropa. Selbstversorgung oder Autarkie heißt das Schlagwort, von der Industrie abgelehnt, von der Landwirtschaft begrüßt. Ein Abklatsch dieser Ideen findet sich in »Mein Kampf«, getrübt und verdorben durch die heimatlichen Rachegelüste des Deutschrussen Alfred Rosenberg. Aber für den Machtkampf in und um Deutschland ist das Wichtigste das Problem der Stände.

Die Gliederung des Volkes in Stände, so sehr sie mit ihrem reaktionären Charakter dem praktischen Bedürfnis aller Schichten entgegenzukommen scheint, ermangelt ganz eines unmittelbaren revolutionären Motivs, ohne das ein Umsturz unmöglich ist. Der Ständestaat ist ein Plan, der erst durch seine Realisierung den Massen etwas sagen könnte; er ist kein Antrieb, der unmittelbares Handeln erzeugt. Diese Triebkraft legt erst der Nationalsozialismus in den Ständeplan hinein, und zwar mittelst eines skrupellosen Tricks.

Er sagt nämlich jedem einzelnen Stande, daß er der Beherrscher oder besser der oberste Nutznießer des kommenden Staates sein werde. Hitler, der seit 1930 seine Agitation auf das deutsche Bauerntum konzentriert, formuliert das 1933 so: »Das Bauerntum ist die Grundlage des Volkes. Das deutsche Volk kann ohne Städte leben; ohne Bauern kann es nicht leben.« Goebbels dagegen, der Agitator unter den Berliner Arbeitern, ruft diesen zu: »Steht auf, ihr jungen Aristokraten eines neuen Arbeitertums! Ihr seid der Adel des dritten Reichs!« Der Gründer der nationalsozialistischen Gewerkschaftsbewegung, Reinhold Muchow, will »die Arbeiter zur herrschenden Schicht des neuen Staates machen.« In einem Gespräch mit Otto Straßer aber sagt Hitler, was er dann in jeder geschlossenen Versammlung vor den Unternehmern wiederholt: »Unsere großen Unternehmer haben sich auf Grund ihrer Tüchtigkeit an die Spitze gearbeitet. Auf Grund dieser Auslese, die nur ihre höhere Rasse beweist, haben sie ein Recht zu führen.«

Das ist die Erweiterung des Ständegedankens durch das Führerprinzip. Es bedeutet für jedermann Entlastung von Verantwortung durch eine absolute oberste Autorität, also Sicherheit und moralische Bequemlichkeit; es bedeutet aber auch für jeden die theoretische Möglichkeit, selbst an irgend einer Stelle Führer zu werden und ein Teil der Autorität ohne Verantwortung mitzugenießen. So wenig das Individuum sich mehr verantwortlich fühlt und fühlen will für seinen Staat, so wenig ist der Führer tatsächlich verantwortlich; denn wenn die Verantwortung nach unten, gegenüber den Massen, aufgehoben ist, dann ist sie überhaupt aufgehoben. Verantwortung nach oben nämlich — Hitlers Lieblingsidee — gibt es praktisch nur, wenn der Druck von unten, der auf die höchste Stelle geübt wird, dazu zwingt; sonst erstickt das System der unkontrollierten, nur ihrem sogenannten Gewissen verantwortlichen Autorität in Despotismus, Kreaturen- und Günstlingswirtschaft. Der absolute oberste Führer, der angeblich die ganze Verantwortung allein auf sich nimmt, nimmt praktisch gar keine auf sich, denn niemand kann ihn zur Verantwortung ziehen. So entsteht ein Herrschaftssystem, in dem es nur ein Risiko gibt, nämlich den Kampf um die Gunst des Höheren, und ein sicheres Mittel, dieses Risiko auf Null zu reduzieren, nämlich die absolute Willfährigkeit nach oben.

Diese Willfährigkeit erhält offiziell den Titel »Dienst an der Nation«, wie denn überhaupt die herrschende Clique Volk, der Despotismus Dienst am Ganzen, die Beute Opfer und die Privilegien erhöhte Pflichten genannt werden.

»Wir sind mehr als andere, darum haben wir auch mehr Pflichten als andere« — heißt es in der SA. »Wir sammeln bei uns die 6—800,000 Kämpfer, die der Kern der Nation, die Majorität der Kraft und des Willens sind; die andern sind bloße Nummern«, sagt Hitler. Nur blindeste Naivität kann hier die erhöhten Rechte nicht sehen, auch wenn von erhöhten Pflichten gesprochen wird; noch jedes Privileg in der Weltgeschichte ist mit besondern Leistungen für die Gesellschaft gerechtfertigt worden. »Die Hunderttausende, die das Vaterland mehr lieben als alles andere, muß auch das Vaterland mehr lieben als die andern« — ein Ausspruch Hitlers aus der offiziellen Sammlung seiner Reden von 1923. Besser könnte es kein Pharisäer begründen; Patriotismus gegen Entgelt, die Revolution wird zur Plünderung.

So zeigt bereits die Analyse der Propaganda, wie die Praxis aus dem Ständestaat einen Privilegienstaat machen wird, und es ist bezeichnend, daß in der Tat die einzige Frucht des ganzen Geredes vom Ständestaat im nationalsozialistischen Deutschland von 1933 eine Unzahl von wirtschaftlichen Kartellen zur Hochhaltung der Preise war.

Der Abfall aller Klassen.

Für das Verständnis der Bewegung war es wichtig, zu wissen, wem die Privilegien versprochen wurden: allen. Der Aufbau des Staates verlangt zu wissen, wer sie erhielt. Das waren diejenigen, die mit echter Münze dafür zahlten, nämlich mit blindem Gehorsam.

Wir haben sie gesehen, die Menschen, die trotz Vorbildung und guter Herkunft aus eigener Kraft sich kein Leben aufbauen konnten, dauernd den Beruf wechseln, das väterliche Vermögen verschleudern, nirgends Erfolg haben und schließlich bei den Nationalsozialisten als Gauleiter oder SA-Führer unterkriechen. Zum unterwürfigsten Byzantinismus sind sie

nicht zu stolz, und die vollständige Unterdrückung der eigenen
Meinung ist überflüssig, weil sie keine haben. Gerade wer die
politische Kunst Hitlers hoch einschätzt, muß sich klar machen, was für Material er formt und mit welchem Werkzeug
er arbeitet.

Die Deklassierten aller Klassen, repräsentiert in den sieben
bis acht Millionen Erwerbsloser, sind sein Meer, und eine Hand-
voll unheimlicher Freibeuter die Besatzung seines Schiffes.

An die Verzweifeltsten der Gesellschaft richtete sich auch die
kommunistische Propaganda, und es wird immer eine geschichtliche Haupt- und Kernfrage bleiben, warum in Deutschland
und auch anderswo in einer nach allen äußern Merkmalen revolutionären Situation der Radikalismus von links durch den
Radikalismus von rechts geschlagen wurde. Darauf gibt es zwei
Antworten: die Kommunisten wandten sich mit allen Lehren,
Begriffen und Schlagworten nur an die Deklassierten des Proletariats, die Nationalsozialisten an die Deklassierten aller Klassen; sie brachten einfach dadurch mehr Menschen hinter sich.
Zweitens aber wandten sich die Nationalsozialisten auch beim
Proletariat an die reaktionären Instinkte, die Kommunisten
aber an die revolutionären; die Nationalsozialisten machten es
den Deklassierten bequem, die Kommunisten verlangten Aktion von ihnen. Optimistisch ausgedrückt: die Kommunisten
verlangten Tatkraft, Hitler Gehorsam; pessimistisch: die Kommunisten appellierten an den Neid, Hitler an die Faulheit;
jene versprechen mehr Lebensgenuß, dieser Sicherheit. »Ihr
kennt das Volk nicht,« sagt Hitler 1927 auf dem Nürnberger
Parteitag. »Das Volk wünscht nicht, in Majoritäten hineinge-
zerrt zu werden; es wünscht nicht mit Plänen belästigt zu werden; es wünscht eine Führung, an die es glauben kann, und
weiter gar nichts!«

Die Deklassierten sind der Kern der Bewegung. Ihre Kraft
entnimmt sie dem Heer der am stärksten Benachteiligten, der
Erwerbslosen. Unter diesen sind gewiß auch viele wertvolle
Menschen, schuldlos Verelendete. Unter ihnen aber sind es
wieder die Asozialen, die Abenteurer, die bürgerlich Unbrauchbaren, die Saalschlachthelden, die Schlagringgewohnten,
die Fememörder, die zu natürlichen Führern dieser ausge-
stoßenen Schicht werden, »fähig und gewillt, sich der Leitung
zur Verfügung zu stellen« und »blind diszipliniert, wenn auch

geistig durchschnittlich,« wie Hitler sagt. Die Esser, Streicher, Kaufmann, Heines, Ernst, Graf Helldorf und Göring, darüber geistig Goebbels und Hitler—das ist die zusammengeschweißte Clique von Nichtsnutzigkeit und Talent; die jungen Kuckucke, die das Nest erobern und die andern hinauswerfen.

In den sogenannten »normalen« Zeiten findet diese Schicht in den Poren der Gesellschaft mehr oder minder Unterschlupf und verschwindet; heute wird sie durch den Zerfall des gesellschaftlichen Gewebes in Mengen freigesetzt. Die wahnsinnige Militarisierung des Lebens weist ihnen den Weg zu einer rauhen Organisationsform von großer Stärke. Eine früher am Rande der Gesellschaft dahinlebende Spreu ballt sich zur Masse. Als echte Raubritter nehmen sie jedes Wappen und jedes Schlagwort an, das im Augenblick ihren Zwecken dient; heute nennen sie sich Partei der anständigen Leute, morgen Partei der Unterdrückten; heute treten sie schützend vor das Eigentum, morgen fordern sie stürmisch den Sozialismus. Mit jeder dieser Losungen locken sie wertvolle Elemente aus den verschiedensten Schichten an, die sie dann — oft ganz buchstäblich — als politischen Kugelfang vor sich hertreiben. Karl Marx hat in seinem »Achtzehnten Brumaire« die entsprechende Clique geschildert, die Napoleon III. umgab: »An den Hof, in die Ministerien, an die Spitze der Verwaltung und Armee drängt sich ein Haufen von Kerlen, von deren Bestem zu sagen ist, daß man nicht weiß, von wannen er kommt, eine geräuschvolle, anrüchige, plünderungslustige Boheme.« Und Marx betont, daß diese Schicht, in diesem Buch bewaffnete Boheme genannt, den Diktaturstaat regiert, nicht die Großbourgeoisie.

Der Abfall aller Klassen sammelt sich als Kern der Bewegung und erhebt sich zum Herrn des Staates.

Der große Minderwertige reißt die Herrschaft an sich.

Die Gangster kommen.

Hitlers reifes Feld.

Den Innungsmeister der Friseure einer mitteldeutschen Stadt sucht im Februar 1933 nach Hitlers Machtantritt ein Berufskollege auf und sagt: »Ich möchte Ihnen mitteilen, daß ich mein Geschäft aufgebe. Ich kann den Laden nicht mehr durchhalten.«

»Es ist traurig,« sagt der Innungsmeister, »wie so vielen Kollegen jetzt der Atem ausgeht; das kommt, weil die Arbeiter
nichts mehr verdienen, da lassen sie die Haare lieber wachsen.
Und was werden Sie denn jetzt machen?« »Ich habe schon
etwas.« — »Mensch«, sagt der Innungsmeister, »glauben Sie
wirklich, Sie kommen jetzt noch durch Ihre Partei zu etwas?«
— Der andere, argwöhnisch: »Von was für einer Partei reden
Sie, welche meinen Sie?« — »Nun, das weiß man doch im ganzen Verband, daß Sie Kommunist sind.« — Der andere,
schreiend: »Das habe ich gewußt, das habe ich gedacht, daß
Sie das sagen würden! Nein« — klappt den Rockaufschlag
hoch, ein verborgenes Hakenkreuz wird sichtbar — »ich kriege
durch die Nazis einen Posten beim städtischen Wohlfahrtsamt!«

Das Hakenkreuz unterm Rockaufschlag, nach außen »Marxist«, in jeder Schublade ein anderes Parteibuch! So gab es
Zehntausende . . .

Die Regierungen aber merkten überhaupt nicht, was vorging.
Der sozialdemokratische Reichstagspräsident Löbe schreibt
1928 dem sozialdemokratischen Innenminister von Preußen,
Grzesinski, fortwährend Briefe: man könne doch Hitler nicht
länger mehr das öffentliche Reden verbieten, wie man das seit
Jahren tue; Hitler sei zwar formell Ausländer, aber deutscher
Frontsoldat gewesen, und man habe einen demokratischen
Staat. Grzesinski schreibt bei einem dieser Briefe an den Rand:
»Der Polizeiabteilung. Ich ersuche, mir nunmehr die Erteilung
der Redeerlaubnis für Hitler vorzulegen. Es läßt sich in einem
demokratischen Staat nicht verantworten, daß sie ihm vorenthalten wird.« Der zuständige Referent schreibt darunter:
»Herrn Minister zurückgereicht. Ich bitte, die Anweisung zurückzunehmen. Wir haben genug Idioten im eigenen Lande
und brauchen sie uns nicht von auswärts zu importieren!«

Aber es half nicht. Der demokratische Staat gibt Hitler im
Jahre 1928 die Erlaubnis, das Volk von neuem durch Reden
gegen ihn aufzuwühlen.

Etwa zwei Jahre später fand in der Garnisonskirche zu
Königsberg in Ostpreußen eine Trauung statt. Der Divisionsgeistliche selbst segnete das Paar ein. Dann hielt er ihm eine
Ansprache: zweierlei Treue sollten sie sich fürs Leben vornehmen: erstens die Treue gegeneinander, zweitens die Treue
zu ihrem selbstgewählten Führer Adolf Hitler. Dann spielt die

Orgel der Militärkirche das Horst-Wessel-Lied, die Sturm-Hymne des Nationalsozialismus. Die preußische Regierung erfuhr von dem Vorgang und beschwerte sich beim Reichswehrminister über diesen sonderbaren Militärpfarrer; der Minister tat aber nichts gegen ihn.

Der Divisionspfarrer hieß Ludwig Müller; wir werden noch von ihm hören.

Und damit das Bild vollkommen sei:

Der preußische Innenminister Severing ließ es sich einmal einfallen, die staatsfeindliche »Deutsche Zeitung«, ein Blatt des Alldeutschen Verbandes, zu verbieten. Die »Deutsche Zeitung« war in Ton und Kampfesweise eine Vorläuferin und Bundesgenossin der nationalsozialistischen Presse. Darauf ging eine Journalisten-Delegation zu Severing, geführt von Georg Bernhard, dem demokratischen Chefredakteur. Bernhard setzte Severing auseinander, daß das Verbot unsozial sei, denn der Verleger werde natürlich den Redakteur, der ihm das Verbot eingetragen habe, entlassen. Man möge daher das Verbot des staatsfeindlichen Blattes wieder aufheben.

So liebten die Republikaner ihre Feinde.

14. Die diplomatische Periode

Göring kehrt heim.

Auf Wunsch Hindenburgs wird 1926 eine politische Amnestie erlassen. Göring kehrt ein Jahr später nach Deutschland
zurück. Gerührtes Wiedersehen mit Hitler; aber vorläufig
keine Politik. Göring muß Geld verdienen; er tut es durch Geschäfte mit der Flugzeug-Motoren-Industrie, mit den Firmen
Heinkel und Bayrische Motorenwerke. Erst 1928 tritt er nach
vorn. Hitler kann den Freund nicht anders unterstützen, als
durch ein Reichstagsmandat, das sechshundert Mark monat-
liche Diäten einbringt. 1928 wird gewählt, die Nationalsozialisten bekommen ganze zwölf Mann in den Reichstag, 1924 waren es erst zweiunddreißig und dann immer noch vierzehn; es
ist ein Schlag. Aber unter den Zwölfen ist Göring. Der verlegt
seinen Wohnsitz nach Berlin, führt ein elegantes Leben mit
Schulden, schließt enge Freundschaft mit Goebbels und beginnt mit diesem zusammen eine systematische Minierarbeit
gegen Gregor Straßer und seinen Kreis. Er ist also eine wertvolle Waffe Hitlers im Machtkampf um die Parteiherrschaft.

Otto Dietrichs Sendung.

Vielleicht im Augenblick noch wichtiger ist ein zweiter Zuwachs.

Im Jahre 1928 tritt in die Deutschnationale »München-Augsburger Abendzeitung« ein junger Handelsredakteur ein. Er
war vorher Syndikus beim Rheinischen Stahlwaren-Syndikat,
dann Handelsredakteur der »Essener Allgemeinen Zeitung« gewesen; vor allem aber ist er Schwiegersohn des Dr. Reismann-
Grone in Essen, und dieser Reismann-Grone ist erstens der for-
melle Besitzer der von der Schwerindustrie ausgehaltenen
»Rheinisch-Westfälischen Zeitung«, zweitens ein wichtiger
Geldvermittler des Alldeutschen Verbandes, und drittens ist er
das alles, weil er einer der politischen Berater des Bergbaulichen Vereins, eines der geldschwersten und politisch interes-
siertesten Unternehmerverbände ist. Der junge Redakteur mit
diesen märchenhaften Familienbeziehungen heißt Dr. Otto
Dietrich. Obwohl er bei den Deutschnationalen sein Geld ver-

dient, ist der damals Einunddreißigjährige heimlicher Nationalsozialist und bei Hitler ein mit Respekt aufgenommener
Gast. Mit Hilfe seines Schwiegervaters vermittelt Dietrich eine
Begegnung zwischen Hitler und dem greisen Großindustriellen
Emil Kirdorf, Hauptaktionär der Gelsenkirchener Bergwerks-
gesellschaft und Gründer des Ruhrkohlensyndikats. Er verwal-
tet die zur politischen Beeinflussung bestimmten Gelder des
Bergbaulichen Vereins und des Verbandes »Eisen Nordwest«,
den sogenannten »Ruhrschatz«. Kirdorf gehört in der deutschen Wirtschaftsgeschichte zu den berüchtigten unsozialen
»Scharfmachern« der Vorkriegszeit, zu den bei der Arbeiterschaft verhaßtesten Unternehmertypen; im übrigen ein wirtschaftlicher Organisator von Format. Dieser klassische Trust-
magnat, mächtiger Greis von zweiundachtzig Jahren, macht
auf Hitler einen starken Eindruck; seine Gestalt ist es, die in
ihm die Ueberzeugung weckt, der deutsche Großindustrielle
beweise durch den Erfolg seine höhere Rasse und sei deswegen
zur Führung berufen. Der alte Kirdorf nimmt als Ehrengast
am Nürnberger Parteitag 1929 teil und schreibt danach an Hitler einen begeisterten Brief, den der »Völkische Beobachter«
auf Dietrichs Rat in großer Aufmachung und im Wortlaut veröffentlicht. Die großen Industriellen an Rhein und Ruhr sind
gegen so etwas nicht gleichgültig; von nun ab erhält die nationalsozialistische Partei regelmäßige Subventionen aus dem
Ruhrschatz, die erst 1932 vorübergehend gestoppt werden.

Ein interner Parteiumbau, kurz nach Dietrichs erstem Auftreten in der Partei, paßt so merkwürdig und haarscharf in
diese ganzen Vorgänge hinein, daß er kein bloßer Zufall sein
kann. Gregor Straßer hatte sich im Wirtschaftsgebiet Kirdorfs
eine mächtige Organisation aufgebaut, den Gau »Ruhr« der
nationalsozialistischen Partei; seine Unterführer waren Karl
Kaufmann und Erich Koch, zwar untereinander verfeindet,
aber ebenso wie Straßer Männer des radikalen, unternehmer-
feindlichen Tons. Der Gau Ruhr bestand aus einer ungebärdigen Arbeitermasse; Hitler hatte es möglichst vermieden, sich
dort zu zeigen. Im Oktober 1928 löste er den Ruhrgau auf, zer-
schlug damit Straßers Machtposition, verbannte Erich Koch als
Gauleiter nach Ostpreußen und ließ den durch Skandalge-
schichten belasteten Kaufmann ein Jahr lang im Dunkeln, bis
er ihn als Gauleiter nach Hamburg überführte. Der Ruhrgau

wurde in zwei selbständige Abschnitte zerlegt; die neuen Gauleiter Florian und Terboven waren gehorsam und stifteten keinen Schaden.

Hitler läßt den Punkt 13 des Parteiprogramms, die Sozialisierung der Trusts, still fallen. Im übrigen sehen wir, daß es nicht nur geistige Bande sind, die ihn an den Alldeutschen Verband knüpfen.

Otto Dietrich aber verfolgt seine Rolle in der Partei weiter. Um seinen Proleten an der Ruhr den letzten Zahn herauszubrechen, ernennt Hitler den Schwiegersohn der Schwerindustrie anfang 1931 zum stellvertretenden Chefredakteur der »Essener Nationalzeitung«, damit zugleich zu seinem Gesandten im Industrierevier. Aber nicht genug. Am 1. August desselben Jahres steigt Dietrich zum Reichspressechef der gesamten Partei in München auf. Der junge Industriesyndikus überwacht fortan die ganze Parteipresse. Die Ueberwachung ist streng. Ein Chefredakteur in Hamburg, der die Reichswehr angreift, wird kurzerhand hinausgeworfen.

Zweifellos ist Dietrich ein Stück Geldmacht, das in die Partei hineinragt. Wie steht es überhaupt zwischen Geld und Nationalsozialismus?

Alle Beobachter Hitlers bezeugen sein rastloses Interesse für die Geldfrage. Er bohrt jeden an, bei dem er etwas vermutet, und nimmt in den ersten Jahren auch die kleinsten Beträge, sogar als die Bewegung schon berühmt ist. Das finanzielle Rückgrat der Partei, wenigstens ihrer Gaue und Ortsgruppen, sind von 1924 bis 1929 sicherlich Mitgliedsbeiträge und Einzelspenden; jeder Nationalsozialist soll monatlich eine Mark zahlen. Wer mehr spendet, gehört zum »Opferring« und bekommt einen Logenplatz, wenn Hitler spricht. Aber von diesen regelmäßigen Beiträgen erhält die Reichsleitung nur zehn Prozent; das genügt bei weitem nicht. 1923 gibt die Partei unverzinsliche Schuldscheine aus; auf ihnen steht zu lesen, die Schuldscheine würden nicht eingelöst werden, wenn ein Jude sie präsentiere.

Dietrich Eckart rühmt sich 1922 im »Beobachter«: »Was Hitler zur Ausgestaltung der Partei an Geld zufloß, ging auf mich zurück. Woher ich selbst die Mittel hatte, geht die Sozialdemokraten einen Dreck an...« Eckart bekam sein Geld zum Teil von dem General von Epp, der einen Kreis kapitalkräftiger Leute in Bayern zur Finanzierung einer nationalen Presse zusammengebracht hatte; mit diesem Geld ist der »Völkische Beobachter« für die Partei gekauft worden. Der Bayrische Industriellenverband gab 1923 Geld, nachdem sein Vorsitzender, Geheimrat Aust, von dem Führer im kleinen Kreise »über die bis dahin noch nicht veröffentlichten Ziele Hitlers auf wirtschaftlichem Gebiet« (Aussage Austs vor dem Staatsanwalt) aufgeklärt worden war. Zur gleichen Zeit wurde Hitler von dem Vorsitzenden der Vereinigung Deutscher Arbeitgeberverbände, Ernst von Borsig, finanziert, der Hitler 1922 im Berliner »Nationalen Club« kennen gelernt hatte (Zuschrift Borsigs an das »Berliner Tageblatt« 1926). Andere Geldgeber waren die Industriellen Grandel in Augsburg und Becker in Geislingen. Im ganzen hat man den Eindruck: die Industrie ließ sich in jenen Jahren anbetteln, warf aber Hitler das Geld nicht nach; treue Zahler waren meist einzelne Freunde. Zu diesen gehörten ferner das Ehepaar Bechstein, der Verleger Hugo Bruckmann und seine Frau Elsa, eine geborene Prinzessin Cantacuzene, von Nationalität Rumänin und schwärmerische Verehrerin Hitlers; sodann das Haus Hanfstaengl, deren weibliches Oberhaupt von Nationalität Anglo-Amerikanerin ist; schließlich Frau Gertrud von Seidlitz, eine Deutschrussin, die Geld aus Finnland brachte. Sie sagte, von der Polizei vernommen: »Daß Beträge aus Finnland öfters eingegangen sind, habe ich durch Amann und andere Persönlichkeiten erfahren. Aus diesen Quellen weiß ich auch, daß im Laufe des Jahres 1923 Finnländer und andere Ausländer gelegentlich ihres Aufenthaltes in Deutschland Geldbeträge gestiftet haben.«

Ausländisches Geld.

Finnländer und andere Ausländer! Hitler hat viel ausländisches Geld genommen. Scheubner-Richter brachte es fertig, die weißrussischen Emigranten, unter dem General Biskupski, anzuboren, die ihr Geld vermutlich wieder aus englischer Quelle hatten; diese Weißrussen spielen in der Bewegung eine beträchtliche Rolle, schreiben andauernd im »Völkischen Beobachter«, so Dr. von Nemirowitsch-Dantschenko, ehemaliger Beamter der bolschewikenfeindlichen ukrainischen Regierung; ein weißrussischer Agitator, Professor Gregor, reist 1926 von Parteigau zu Parteigau und spricht in riesig aufgemachten nationalsozialistischen Versammlungen über die »bolschewistische Hölle«. Die Häupter dieser Russen-Clique in der Partei sind Scheubner-Richter und Rosenberg.

Der Kapitänleutnant a. D. Richard Wenig, Leiter einer deutsch-amerikanischen Industriefirma, berichtete 1924 dem Staatsanwalt: »Ich wurde von Hitler gebeten, meine amerikanischen Verbindungen zum Zwecke der Geldbeschaffung für seine Ziele in Anspruch zu nehmen. Ich habe das als unmöglich abgelehnt.« Trotzdem kam Geld aus Amerika. Daß Henry Ford, der berühmte Automobilfabrikant, direkt oder indirekt Geld an die Nationalsozialisten gegeben hat, ist nie bestritten worden; Ford ist Antisemit, unter seinem Namen erschien ein Buch »Der internationale Jude«. Ein nationalsozialistischer Agent namens Lüdecke reiste 1925 nach Amerika, um von Ford Geld zu holen. Dieser Lüdecke muß eigentümliche Geldquellen gehabt haben; er übergab einmal Max Amann einen Betrag in französischen Franken, was Amann stutzig machte.

Amann wurde bedenklich, als Lüdecke ihm französisches Geld gab. Aber war es das erste französische Geld, das die Bewegung bekam?

Im Jahre 1921 herrschte in der Partei ein merkwürdig franzosenfreundlicher und zugleich englandfeindlicher Ton. Hitler tobt in seiner ersten Massenversammlung im Zirkus Krone gegen »dieses England, das in planmäßiger Teufelei, in ewigen Revolutionen Irlands Volk zu Tode hetzt, den alten Kulturstaat Indien ausgegaunert hat und einem der größten Kulturvölker dieser Erde, Deutschland, den letzten Rest von Freiheit raubt.« Zur gleichen Zeit bemitleidet der »Völkische Beobachter« das französische Volk, weil seine Regierung aus »Prokuristen der angelsächsischen Weltfirma« bestehe; das werde erst anders werden, und ein europäischer Völkerfrühling werde kommen, »wenn das französische Volk, dessen edlen Kern wir neidlos anerkennen und ehrlich schätzen, zur Erkenntnis kommt ...« Zu welcher Erkenntnis? Hitler 1922: »In Frankreich wurde mit allen Mitteln glühender Haß gegen Deutschland hochgezogen. Den Konflikt zu suchen und auszunützen, ist auch hier wieder das klar erkennbare Bestreben des Juden.« Darum ist es geradezu logisch, wenn Hitler 1923 ausruft: »Nicht nieder mit Frankreich, sondern nieder mit den deutschen

Novemberverbrechern muß es heißen!« Rosenberg prophezeit das Heraufkommen des französischen Nationalsozialismus und Hitler ruft: »Antisemiten aller Länder, vereinigt euch!«

Sind das alles nur zufällige Töne? Oder gibt es eine Verbindung?

Redakteur des »Völkischen Beobachters« in dessen »französischer« Periode war Hugo Machhaus. Dieser Machhaus versuchte anfang 1923 zusammen mit zwei Freunden, einem Professor Fuchs und einem Münchner städtischen Beamten namens Kühles, mit französischer Hilfe Bayern von Deutschland abzutrennen; ein Beamter des französischen 2. Büros, der Oberstleutnant Richert in Saarbrücken, wurde in das Unternehmen hineingezogen und kam nach München. Private Gegenspionage deckte das Komplott auf, die Verschwörer wurden verhaftet, Richert entkam. Bevor der Prozeß begann, wurde Machhaus, der ehemalige Redakteur des »Beobachters«, am eigenen Hosengurt erhängt in seiner Zelle aufgefunden. Ein sonderbarer Selbstmord; warum hatte man dem Verhafteten den Hosengurt überhaupt gelassen, was doch sonst nicht üblich ist?

Und nun ein Indiz von ganz anderer Seite. Im Oktober 1923 besuchte der sozialistische englische Unterhausabgeordnete E. D. Morel den Generalstaatskommissar Kahr in München und sagte ihm: »Ich möchte Ihnen mitteilen, daß meine in hohen Stellen befindlichen Pariser Freunde mir aufs bestimmteste erklärt haben, daß ein großer Teil des Geldes, das Hitler erhält, aus französischer Quelle stammt.« Kahr antwortete, er müsse sich gegen diese Behauptung verwahren; zwar stimme er mit Hitler nicht in allem überein, aber dieser sei jedenfalls ein Ehrenmann. Darauf Morel: »Einer meiner Gewährsmänner ist ein französisches Kabinettsmitglied. Das Geld geht durch acht bis neun Stellen über das besetzte Gebiet.« Diese Unterredung ist von dem schon genannten Kapitänleutnant a. D. Wenig, der als Dolmetscher dabei war, in einem Prozeß im Februar 1925 mitgeteilt worden.

Also Hitler an Frankreich verkauft? Dafür gibt es keinen Beweis und auch keine Wahrscheinlichkeit. Das Zeugnis Morels wiegt gewiß schwer, läßt aber die Möglichkeit offen, daß Hitler ahnungslos Geld aus irgend einer französischen Quelle erhielt. Ob Hugo Machhaus ebenso ahnungslos war, ist eine andere Frage. Er verließ 1922 den »Beobachter«. Hat er, der separatistische Verschwörer und Mitarbeiter des Obersten Richert, seinem Führer französisches Geld zugeleitet? Hat dieser nichts gemerkt — oder hat er etwas gemerkt und Machhaus deshalb hinausgeworfen? Hat er nichts geahnt oder nichts ahnen wollen? Es ist sehr unwahrscheinlich, daß Hitler für französisches Geld französische Politik gemacht hat; aber es ist möglich, daß eine goldgeränderte Umgebung ihn beeinflußte.

Die schwere Industrie.

Nach der Neugründung der Partei 1925 hält die deutsche Industrie die Taschen zu. Hitler hat auf dem Nürnberger Parteitag 1927 darüber geklagt, wie verständnislos die Leute von der Wirtschaft auf einmal seien. Die Bewegung braucht jetzt viel mehr Geld als früher; zehn Dollar sind kein Riesenvermögen mehr, sondern eben zweiundvierzig Mark. Borsig gibt nichts mehr, Ernst Hanfstaengl hat nichts mehr, die großen Spender und die kleinen Freunde versagen. Planmäßig wirbt Hitler jetzt um das Geld; seine meisten Reisen und Konferenzen dienen der Finanzierung. Er gibt sein Manifest gegen Lohnerhöhung aus; er preist in den Reden vor den Unternehmern das Privateigentum als Grundlage aller Kultur und läßt seine Anhänger gegen die Enteignung der Fürsten stimmen. Der »Völkische Beobachter« beginnt Mitte 1928 einen Feldzug gegen die Tariflöhne und läßt sich entsprechende Aufsätze von einem Professor Jahn aus Düsseldorf schreiben. 1927 heben im »Beobachter« zwei merkwürdig sachverständige Artikelreihen über die deutsche Braunkohlenwirtschaft und über internationale Oelprobleme an. Die Braunkohlen-Artikel sind ein fortgesetzter Angriff auf den jüdischen Konzerninhaber Petschek, einen tschechoslowakischen Staatsangehörigen; sie sind so genau fundiert, daß sofort auf Hintermänner getippt wird, bis Hitler im November 1929 entschieden jede finanzielle Verbindung zum Ostelbischen Braunkohlensyndikat abstreitet. Dagegen nicht dementiert wurden direkte oder indirekte finanzielle Beziehungen zu Sir Henry Deterding, dem Leiter des Koninklijke-Shell-Oelkonzerns, dem Besitzer der von den Bolschewiki beschlagnahmten russischen Oelquellen, dem großen Inspirator und Geldgeber antibolschewistischer Kampagnen.

Kennzeichnend ist bis 1930 Hitlers weitgehende finanzielle Abhängigkeit von politischen Mittelsmännern und sogar Nebenbuhlern. Hier beginnt der Fall Hugenberg.

Ehemals preußischer Siedlungskommissar im Osten, scharfer Kämpfer gegen das Polentum auf deutschem Boden, dann Direktor einer landwirtschaftlichen Genossenschaft in Posen und damit finanzieller Berater eines Teils der ostdeutschen Landwirtschaft, schließlich Vorsitzender des Direktoriums der Firma Krupp und seit dem politischer Vertrauensmann der deutschen Schwerindustrie: das ist Alfred Hugenberg, Geheimrat, dreiundsechzigjährig, schnurrbärtig und borstenhaarig, genannt der »Silberfuchs«. Bisher ein mächtiger »Mann im Dunkeln«, wird er 1928 durch die brutale Macht des Kassenschranks politischer Führer der Deutschnationalen Partei. Ein glänzender Eroberer; er erobert nicht nur die Partei, er eroberte schon vorher — immer mit dem Gelde der Industrie — den größten Zeitungskonzern und Nachrichtenapparat Deutschlands (Scherl-Verlag, Telegraphen-Union, Ala-Annoncenverlag), er eroberte den größten Filmtrust, die Ufa. Und er benutzt das alles nicht in erster Linie zum Geldverdienen, sondern wirft diesen Apparat mit Rädern und mit Schrauben in den politischen Kampf, dessen Ziel ist: Sturz der Republik, Zerreißung der Versailler Verträge, Zerschlagung der Gewerkschaften, Zerbrechung der Sozialdemokratie, Zerschmetterung der Kommunisten. Das äußere Ziel ist dem Hitlers überraschend ähnlich, vielleicht das Antisemitische etwas schwächer betont. Wunderbar geschickt hat Hugenberg seine politische Maschine organisiert. Er beherrscht die deutsche Presse in ihrer großen Masse; er beherrscht den Film; durch den von ihm namentlich finanziell beeinflußten Landbund beherrscht er die Landwirtschaft vom Großgrundbesitzer bis zum Kleinbauern. Seit 1915 hat er, von Haus aus kein sehr reicher Mann, diese Macht aufgebaut. Als er 1928 offiziell die Führung der Deutschnationalen Partei übernimmt, ein monarchistischer Parteiführer, sich gegenüber einem monarchistischen Reichspräsidenten und eine zum mindesten nicht demokratische Reichswehr, da hat die Reaktion tatsächlich in Deutschland die Hand bereits an den meisten Hebeln.

Es fehlt der Mann, der das Kommando gibt: »Zieht!«
Wenn in den vorigen Kapiteln die jähen Bergrutsche in der
Gesellschaft, der eigentümliche blinde Nebel über der Volksseele geschildert wurden, so wurde damit schon eine Antwort
auf die naheliegende Frage versucht: Warum ist die deutsche
Reaktion nicht von einem Prinzen, einem General, einem Gelehrten, irgend einem Mann der oberen Schicht zum Siege geführt worden? Ein Blick auf das politische Deutschland von
1930 zeigt etwas Merkwürdiges: überall stehen an der Spitze
der neuen politischen Großverbände unbekannte Leute von
unten. Da ist der Stahlhelm, mächtigster aller Wehrbünde,
350 000 schlagkräftige Männer stark; ihn führt ein Sodawas-
serfabrikant aus Magdeburg, Franz Seldte. Sein Vorläufer war
die Organisation Escherich, so genannt nach ihrem Gründer
und Führer, einem Forstrat aus Oberbayern. Der Jungdeutsche
Orden gehorcht dem unbekannten Oberleutnant a. D. Arthur
Mahraun. Der tatkräftigste aller Putschführer der Rechten ist
der junge Kapitän Ehrhardt, ein bürgerlicher Mann. Die Führer des republikanischen Reichsbanners Schwarz-Rot-Gold, der
Grobschmied Hörsing und der Buchdrucker Höltermann, verdienen deswegen Erwähnung, weil beide nicht zum engeren
Kreis der sozialdemokratischen Parteiführer gehörten. Wenn
der Stahlhelm mit seinem Likörfabrikanten die prunkenden
»Vereinigten Vaterländischen Verbände«, geführt von einem
echten preußischen General a. D. und Grafen von der Goltz,
völlig aus dem Felde schlug, so war das ein Zeichen.

All diese Rechtsverbände waren finanziert von der Industrie
und begönnert von der Reichswehr; aber ihr kleinbürgerliches
Menschenmaterial schuf sich das Gegenbild einer kleinbürgerlichen Führung.

Unter den intimen Gegenspielern Hugenbergs traten zwei
hervor: der Reichsaußenminister Dr. Gustav Stresemann und
der Reichsbankpräsident Dr. Hjalmar Schacht; jener schon
vom Tode gezeichnet, dem er im Oktober 1929 erliegt, dieser
damals gerade aus seiner Wirtschaftskulisse auf die politische
Bühne hinaustretend. Stresemann und namentlich Schacht betrieben die Konsolidierung der deutschen Reparationsver-
pflichtungen. Die Konferenz der Gläubiger und Schuldner

unter dem Vorsitz des Amerikaners Owen D. Young gibt den deutschen Zahlungen 1929 in Paris eine neue Form, die unter dem Namen Young-Plan bekannt ist. Sie setzt Zahl und Dauer der deutschen Zahlungen fest, aber in unerträglicher Höhe. Da rebelliert die deutsche Industrie. Ihr Bevollmächtigter, der Generaldirektor des Stahlvereins, Dr. Albert Vögler, der eine der beiden deutschen Hauptdelegierten, verläßt die Konferenz. Aber Schacht, der andere Delegierte, bleibt. Er verteidigt den Plan, die Reichsregierung nimmt ihn an, Hindenburg unterschreibt ihn.

Aber vorher hat sich die deutsche Industrie noch einmal zum Sturm erhoben. Sie sieht in den zwei Milliarden jährlicher Reparationslasten einen tödlichen Ausfuhrzoll auf ihre Produkte. Hugenberg schreibt einen vervielfältigten Brief an dreitausend amerikanische Geschäftsleute, in dem er sie vor Kredithergabe an ein Deutschland warnt, das diese Last freiwillig auf sich nehmen würde. Die Kirdorf, Vögler, Springorum, der »junge« Fritz Thyssen, der Freiherr von Loewenstein wollen einen Proteststurm entfachen, und der Entfacher wird natürlich Hugenberg sein. Aber jetzt zeigt sich, daß der großartigen Propagandamaschine dieses Zauberkünstlers eine Kleinigkeit fehlt: das Volk.

Man kann die Presse haben, den Film haben, die Parteien haben, und doch das Volk nicht haben. Hugenberg muß versuchen, die in verschiedenen Bahnen dahinlaufende große Rechtsbewegung zu ergreifen und zu organisieren. In Betracht kommen außer seinen Deutschnationalen, die als Wähler zahlreich, als Partei aber elend organisiert sind, der Stahlhelm und die Nationalsozialisten. Der Stahlhelm, von organisatorisch begabten Soldaten und politisch unfähigen Literaten gesteuert, gibt sich willig und billig her. Was tut Hitler?

Er liefert ein glänzendes Beispiel, wie man sich teuer verkauft und Karriere macht.

Der Magnet vor dem Misthaufen.

Schon seit einigen Jahren hat er enge Freundschaft mit einem geschäftigen politischen Geldmann geschlossen, dem Oberfinanzrat Bang aus Dresden. Dieser Bang ist sein Leben lang nie Nationalsozialist gewesen, ist engster Vertrauensmann

Hugenbergs; trotzdem geht er bei Hitler ein und aus, unterrichtet ihn über die politischen Vorgänge in hohen Regionen, kommt Woche um Woche mit einem Leitartikel im »Völkischen Beobachter« nieder. Als Gregor Straßer einmal mit Hitler über Vorgänge im Reichstag sprechen will, sagt der Führer: »Sie brauchen mir nichts zu erzählen, Herr Bang hat mich schon unterrichtet.«

Bang war ein Führer des Alldeutschen Verbandes und zugleich Mitglied des Reichsverbandes der Deutschen Industrie. Vergeblich hatte er versucht, diesen Verband auf die rechtsradikale Seite zu ziehen; die Nationalsozialisten haben mindestens bis 1930 aus seinen Wahlfonds nie einen Pfennig erhalten. Bang gründete einen Gegenverein, die »Deutsche Industrielle Vereinigung«, brachte auch einige Mitglieder des Reichsverbandes zum Uebertritt, aber die Masse der Unternehmer kam nicht; so fehlte Ernst von Borsig, der Führer der Arbeitgeberverbände. Dieser verunglückte Versuch Bangs zur Radikalisierung des Unternehmertums kennzeichnet grell und scharf dessen politische Haltung bis 1930; sie war richtig und zweckmäßig, denn die Rechte beherrschte den Staat auch ohne Radikalismus immer mehr. Erst das politische Auftreten Hugenbergs kündigt mit der heraufziehenden Wirtschaftskrise einen neuen Rutsch nach rechts an.

Aus diesem Rutsch hoffte Hitler mit Hilfe des Oberfinanzrats Bang viel fruchtbare Gartenerde aufzufangen. Immer wieder erbt er bei den Alldeutschen!

Von den Nationalsozialisten ruft zuerst der Straßerflügel zum wilden Sturm gegen den Young-Plan auf; Straßendemonstrationen, Tumulte, Streiks will er entfachen. Der deutsche Kapitalismus soll als der eigentliche Schuldige am Young-Plan getroffen werden. Die Brüder Straßer geben die Parole aus: Katastrophen-Politik! Und das, während Hitler von diesen Kapitalisten Geld verlangt!

Um diese Zeit wollten die Führer des Stahlhelms ein Volksbegehren machen, durch das der Reichspräsident mehr verfassungsmäßige Macht bekommen sollte. Hitler fand den Einfall närrisch, Hugenberg aber hatte eine Idee: Volksbegehren — sehr gut; nur nicht für Verfassungskram, den kein Mensch versteht, sondern gegen den Young-Plan! Alles, was gegen den

Young-Plan sei, müsse jetzt zusammen marschieren. Bang kam zu Hitler und forderte ihn auf, mitzutun.

Hitler erwiderte, es sei zweckmäßiger, wenn jede Partei für sich vorgehe, denn die Nationalsozialisten seien für manche Deutschnationale und die Deutschnationalen für viele Nationalsozialisten eine Belastung. Siehe die Straßers!

Bang: Gerade die Straßers seien ein bedenklicher Punkt. Das sei ja der reine Kommunismus, ihr Kampf richte sich gar nicht mehr gegen die Bedrücker von außen, sondern gegen die deutsche Wirtschaft.

Hitler: Wenn die deutsche Wirtschaft ihre Pflicht tue und nicht für ihre Sonderinteressen, sondern für die Interessen des ganzen deutschen Volkes den nationalen Kampf gegen den Druck von außen und den Verrat im Innern führe, dann werde er, Hitler, sie restlos unterstützen.

Bang sagte, gerade das wolle und vollbringe doch Hugenberg soeben. Die führenden Wirtschaftskreise seien überzeugt, daß nur gemeinsames einheitliches Vorgehen zu einem Erfolge führen könne; für Sonderaktionen hätten sie kein Verständnis und befürchteten von ihnen nur das Abbiegen des Kampfes in eine falsche Richtung.

Hitler beginnt einzusehen, daß er in diesem Kampf, wenn er auf getrenntem Marschieren besteht, ohne Mittel sein wird. Er fährt nach Berlin, trifft Hugenberg in den Räumen des »Deutschen Ordens«, einer Art nationaler Loge. Wieder kommt der Fall Straßer zur Sprache. Auch von Gottfried Feder ist die Rede; Hitler selbst beginnt in jener Zeit seinen Wirtschaftspropheten für einen Dilettanten zu halten, was ein Mann wie Goebbels schon immer getan hat. Hitler verspricht, daß Angriffe auf die »Wirtschaft« künftig unterbleiben würden, wenn die Wirtschaft für den nationalen Befreiungskampf eintrete. Nun, das tut sie doch im Augenblick sicherlich; Hugenberg sitzt ja als Verkörperung des neuen politischen Willens der Wirtschaft hier. Hitler will das glauben und diesen Glauben durch seinen Eintritt in Hugenbergs Aktionsausschuß bekräftigen. Bedingung ist jedoch, daß seine Partei nach außen völlig selbständig auftritt und den Kampf für das gemeinsame Ziel mit den ihr eigenen Methoden führt. Daß ihr hierfür von den bereitgestellten Geldmitteln ein sehr großer Teil überlassen werden muß, ist selbstverständlich; damit gerade diese Bedingung in aller Schärfe durchgeführt wird, wird niemand anders als Gregor Straßer nationalsozialistisches Mitglied im Finanzausschuß des Unternehmens sein. Hugenberg wundert sich, daß es gerade Gregor Straßer ist, aber Hitler ist seines Unterführers sicher.

Gregor hat sich schon seit einigen Monaten von seinem Bruder innerlich entfernt. Mancher wilde Artikel, der in früheren Jahren unter dem Namen Gregor Straßers erschienen war, war von Otto geschrieben worden. Otto Straßer hatte seinem Bruder dabei mancherlei zugemutet, Lobpreisungen der großartigen, von ihren Führern leider verratenen deutschen Sozialdemokratie der Vorkriegszeit, literarische Betrachtungen über Strindberg, Dostojewski und Tolstoi oder leise Bewunderung für die Sowjetunion; wenn auch Gregor die Linie im großen ganzen billigte, so lagen ihm doch Ton und Einzelheiten gar nicht und waren ihm manchmal peinlich. Wenn sein Bruder ihn gegen Hitler scharfmachen wollte, sagte Gregor: »Ich habe 1925 meine Drogerie verkauft und das Geld in unseren Zeitungsladen gesteckt. Jetzt bin ich ganz von Hitler abhängig; wenn er mir mein Mandat nimmt, ist alles aus.«

Während fast niemand in der Partei etwas ahnt, erscheint Hitler überraschend in Berlin und spricht auf einer Kundgebung im engeren Kreise, die Hugenberg gegen den Young-Plan einberufen hat. Die nationalsozialistische Reichstagsfraktion erfährt es erst von den deutschnationalen Kollegen: euer Chef ist da und zeigt sich Arm in Arm mit Hugenberg dem Volke. Sie stürmen in den Versammlungssaal im ehemaligen Herrenhaus und hören noch gerade den Schluß von Hitlers Rede. Große Verblüffung bei den meisten; endlich sagt der Abgeordnete Lohse: »Man muß hoffen, daß der Führer schon weiß, wie er den Hugenberg hereinlegen wird.«

Der Führer weiß es. Er erläßt eine Anordnung an die Partei: Das Endziel der Partei bleibe unberührt. Nur Anordnungen der Parteileitung seien gültig; gemeinsame Kundgebungen mit anderen Verbänden müßten ausdrücklich von der Parteileitung gestattet sein. Später würde sich doch »im freien Spiel der Kräfte die klarste und kühnste deutsche Bewegung zum endgültigen Sieg durcharbeiten.«

So schließt Hitler Bündnisse. Nun will er den Deutschnationalen zeigen, wie man Propaganda macht! Der ganze Feldzug

gegen den Young-Plan wird von den Nationalsozialisten völlig
beherrscht; Hugenbergs Nachrichtenbüros müssen die Reden
Hitlers groß bringen, denn die nach jedem Winde sich drehen-
den Zeitungen im Lande verlangen es; seine eigenen Zeitungen
müssen es ebenfalls, denn die Leser fordern es. Und all das muß
Hugenberg bezahlen. Hitler hat den Arm tief in Hugenbergs
Kasse und schöpft, daß er sich noch Reserven für die nächsten
Wahlkämpfe zurücklegen kann.

Den immer noch unzufriedenen Genossen aber sagt er ver-
traulich: »Das versteht ihr nicht! Jetzt wird einfach ein Magnet an einem Misthaufen vorbeigezogen, und nachher werden
wir sehen, wieviel Eisen in dem Misthaufen war und an dem
Magnet hängen geblieben ist.« Mit dem Misthaufen meint er
das deutsche Volk.

Es bleiben nur sechs Millionen Eisenfeilspäne oder Stimmen
hängen; mit andern Worten: der Volksentscheid fällt rasselnd
durch. Die Stimme des Volkes ist klar für den Young-Plan.
Aber der Geschlagene ist Hugenberg. Hitler hat das Geld im
Kasten und weiß: von den sechs Millionen sind rund drei, die
vor einem Jahre noch für Hugenberg stimmten, heute für die
Nationalsozialisten gewonnen.

Der Bruch mit Otto Straßer.

Aber diese aufsteigende Partei kann nicht ewig von dem
gesparten Kriegsschatz leben, sie braucht immer wieder Geld.
Das wird sie nicht bekommen, wenn ihr der Ruf des »Bolschewismus« anhaftet. »Otto Straßer hat uns unendlich geschadet«,
notiert Goebbels noch zwei Jahre später in seinem Tagebuch;
er meint: bei den Geldgebern. Bereits ist der Keil zwischen die
Brüder Straßer getrieben; nun verlangt Hitler von Otto Straßer, daß er seine Tageszeitung samt den Wochenzeitungen an
Max Amann und den Eher-Verlag ausliefere; außerdem soll
er als Reichspressechef in München unter Hitlers Aufsicht
kommen. Otto Straßer will nicht. In Hitlers Berliner Absteige-
quartier, einem bescheidenen kleinen Hotel in der Linkstraße,
Sanssouci, kommt es zu einer siebenstündigen Auseinandersetzung, die ungemein aufschlußreich für Hitlers Denkweise
ist. Man sprach über alles und jedes; begann mit Kunst, ging

dann zum Sozialismus über, zum Führertum, zur Rassenfrage.
Otto Straßer hatte seinen Bruder Gregor, Hitler Max Amann
als Zeugen mitgebracht.

»Alles, was Sie sagen, beweist nur, daß Sie keine Ahnung
von Kunst haben«, schulmeisterte Hitler. »Es gibt nur eine
ewige Kunst, die griechisch-nordische. Holländische, italienische, deutsche Kunst, Gotik — das ist Irreführung. Was überhaupt auf den Namen Kunst Anspruch erhebt, kann immer nur
nordisch-griechisch sein!«

Dann sprach man vom Sozialismus. Hitler entwickelte erschütternde Auffassungen: »Die große Masse der Arbeiter will
nichts anderes als Brot und Spiele. Die hat kein Verständnis
für irgend welche Ideale. Wir werden nie damit rechnen können, die Arbeiter in erheblichem Maße zu gewinnen. Nein:
wir wollen eine Auslese einer neuen Herrenschicht, die nicht
von irgend einer Mitleidsmoral getrieben wird, sondern sich
darüber klar ist, daß sie auf Grund ihrer besseren Rasse das
Recht hat, zu herrschen; und die diese Herrschaft über die
breite Masse rücksichtslos aufrecht erhält und sichert.«

Dann erwärmte Hitler sich für den Fortschritt der Menschheit, von der Steinzeit bis zu den heutigen Wunderwerken der
Technik. Straßer bezweifelte den Wert des »sogenannten Fort-
schritts«, Hitler nannte ihn das Verdienst großer Einzelpersön-
lichkeiten. Straßer zweifelt auch an den großen Einzelpersön-
lichkeiten. Darauf wird Hitler grimmig: »Wollen Sie leugnen,
daß ich der Schöpfer des Nationalsozialismus bin?« Straßer
leugnet; gewiß spiele Hitler eine bedeutende Rolle, aber nur
als Träger einer Idee, die im Verlauf der Geschichte »am Zuge
sei«, nämlich der Idee des Sozialismus. Hier fiel Hitler ein und
rief, dieser angebliche Sozialismus sei der reine Marxismus.
Ueberhaupt gebe es gar kein kapitalistisches System, sei doch
der Besitzer einer Fabrik von seinen Arbeitern abhängig. Indessen — Hitler wandte sich an den danebensitzenden Amann:
»Mit welchem Recht verlangen diese Leute Anteil am Besitz
oder gar an der Leitung? Herr Amann würden Sie es sich gefallen lassen, wenn plötzlich Ihre Stenotypistinnen Ihnen dreinreden würden? Der Unternehmer, der die Verantwortung für
die Produktion trägt, der schafft auch den Arbeitern Brot.
Gerade unseren großen Unternehmern kommt es nicht auf das
Zusammenraffen von Geld an, nicht auf Wohlleben, sondern

denen ist die Verantwortung und die Macht das Wichtigste. Sie haben sich auf Grund ihrer Tüchtigkeit an die Spitze gearbeitet. Und auf Grund dieser Auslese, die wiederum nur die höhere Rasse beweist, haben sie ein Recht zu führen.«

Dann sagte er, die weiße Rasse habe die ganze Weltwirtschaft planmäßig zu organisieren: »Der ganze Nationalsozialismus wäre nichts wert, wenn er sich nur auf Deutschland beschränkte; wenn er nicht mindestens ein- bis zweitausend Jahre lang die Herrschaft der hochwertigen Rasse über die ganze Welt besiegelte.« Als hier Gregor Straßer widersprach, lenkte Hitler ein und gab zu, daß man vielleicht an eine Herauslösung Deutschlands aus der Weltwirtschaft in immerhin hundert Jahren denken könne.

Otto Straßer sprach nochmals von Sozialismus und erinnerte an das sozialistische Programm der fünfundzwanzig Punkte. Darauf Hitler: »Der Ausdruck Sozialismus ist an sich schlecht. Aber vor allem heißt er nicht, daß die Betriebe sozialisiert werden müssen, sondern daß sie sozialisiert werden können, nämlich wenn sie gegen das Interesse der Nation verstoßen. So lange sie das nicht tun, wäre es einfach ein Verbrechen, die Wirtschaft zu zerstören.«

Außerdem habe man ein Vorbild, das man ohne weiteres annehmen könne: den Korporativstaat Mussolinis. Verantwortung nach oben, Herr nach unten!

Straßer: »Also Herr im Haus?«

Hitler: »Dieses System ist durchaus richtig, und es kann gar kein anderes geben. Nur fehlt dem heutigen System eben jene letzte Verantwortlichkeit gegenüber der Nation. Mitbesitz und also Mitbestimmung der Arbeiter, das ist ja eben Marxismus, während ich nur dem von einer höheren Schicht geleiteten Staat das Recht dieser Einflußnahme gebe.«

Das war das letzte, was Otto Straßer von dem Freunde Emil Kirdorfs und Bundesgenossen Hugenbergs hörte.

Der Verlauf des Gesprächs mit Otto Straßer hatte Hitler tief beleidigt. Es kam selten vor, daß ihm ein verhältnismäßig so untergeordnetes Parteimitglied derart offen widersprach, ihm gar Widersprüche nachwies; er sah darin einen Mangel an Respekt, schon Röhm hatte es erfahren müssen. Hitler schrieb an seinen Berliner Gauleiter Dr. Goebbels einen von gekränkter Eitelkeit strotzenden Brief, in dem er ihm befahl, Straßer und seinen Anhang schmachvoll aus der Partei zu jagen. In dem erregt hingefetzten Brief hieß es, in ungeheuerlichem Deutsch:

»Unter der Maske, für den Sozialismus kämpfen zu wollen, wird eine Politik zu vertreten versucht, die vollkommen der Politik unserer jüdisch-liberal-marxistischen Gegner entspricht. Ich halte es nunmehr für notwendig, diese destruktiven Elemente rücksichtslos und ausnahmslos aus der Partei hinauszuwerfen. Den Wesensinhalt unserer Bewegung haben w i r geformt und bestimmt, die wir diese Bewegung gründeten und die wir für sie kämpften, für sie in den Gefängnissen litten, und die wir sie aus dem Zusammenbruch auch wieder zu ihrer heutigen Höhe emporgeführt haben. Wem dieser von uns und in erster Linie von mir der Bewegung zugrunde gelegte Wesensinhalt nicht paßt, soll in die Bewegung nicht kommen oder hat sie wieder zu verlassen. Die Nationalsozialistische Partei wird, so lange ich sie führe, kein Debattierklub wurzelloser Literaten oder chaotischer Salonbolschewisten werden, sondern sie wird bleiben, was sie heute ist: eine Organisation der Disziplin, die nicht für doktrinäre Narreteien politischer Wandervögel geschaffen wurde, sondern zum Kampf für eine Zukunft Deutschlands, in der die Klassenbegriffe zerbrochen sein werden ...«. Dann eine Schmeichelei an Goebbels, auf dessen Ergebenheit Hitler sich in dieser Sache verlassen muß: »Ich habe Sie, lieber Herr Dr. Goebbels, vor Jahren auf den schwersten Platz des Reiches gestellt, in der Hoffnung, daß es Ihrer Energie und Tatkraft gelingen werde, aus dem Durcheinander nationalsozialistischer Bestrebungen in Berlin eine einheitliche, straffe Organisation zu bilden. Sie haben diese Aufgabe in einer Weise gelöst, daß Ihnen der Dank der Bewegung und vor allem meine eigene höchste Anerkennung sicher ist. Ich muß Sie nun bitten ...«

Der Bitte, die am 30. Juni ausgesprochen wurde, folgte die Erfüllung auf dem Fuß. Goebbels trommelte am 1. Juli die Mitglieder des Berliner Gaus in der »Neuen Welt« im Berliner Osten zusammen und erklärte: »Wer sich nicht einordnet in den gewaltigen Organismus der Bewegung Adolf Hitlers, der wird hinausgefeuert.« Und so geschah es. Otto Straßer und eine Anzahl seiner Anhänger wurden ausgeschlossen. Sie sagten: Die Sozialisten verlassen die NSDAP. Ihr Apparat zerbrach, ihre Tageszeitungen wurden zu Wochenblättern. Otto Straßer gründete eine eigene Partei, erst »Revolutionäre Nationalsozialisten«, dann »Schwarze Front« genannt; die Mitglieder reden sich »Kampfgenossen« an. Nach Hitlers Machtantritt ging Otto Straßer in die Emigration; erst seitdem hat seine bis dahin unbedeutende Bewegung, illegal arbeitend, Einfluß namentlich auf die SA erlangt.

Gregor Straßer aber sagt sich öffentlich in scharfer Form von dem Bruder los. Er stehe in vollster Loyalität »hinter Herrn Adolf Hitler«. Wieder der geschäftskühle Ton; nicht »mein Führer«. Aber immerhin, er unterwirft sich.

Pfeffers Sturz.

Das Aufräumen geht weiter. Goebbels hat über seinen Todfeind triumphiert, über den Rivalen, der mit seiner Tageszeitung das nationalsozialistische Norddeutschland beherrschte und Goebbels Wochenblatt »Angriff« nicht aufkommen ließ. Jetzt bekommt auch Göring seine Genugtuung. Der von ihm ingrimmig gehaßte oberste SA-Führer Pfeffer fällt, der Mann, der sich auf Görings ehemaligem Posten breitgemacht hat.

Pfeffer begeht die Unvorsichtigkeit, mit den Homosexuellen in der SA anzubinden. Er und sein Berliner Unterführer, Hauptmann a. D. Stennes, beginnen einen Kampf gegen die »Clique«. Darauf werden von München die Gehälter für die Berliner Führer und die sonstigen Zuwendungen gesperrt. Die Folge ist offene Meuterei der Berliner SA. Goebbels, der seinem Freunde Göring den Posten des obersten SA-Führers verschaffen möchte, hat beim Kampf gegen die Homosexuellen mitgewirkt, den offenen Kampf gegen München jedoch nicht gewagt. Auch gegen ihn richtet sich jetzt der Zorn der SA-Männer. Der Schutz der Gauleitung muß der SS übertragen werden; die SA stürmt die Geschäftsstelle, das schwarze Korps telephoniert nach dem Ueberfallkommando der Polizei. Hitler legt sofort der Partei eine Sondersteuer zugunsten der SA auf und stürzt nach Berlin. Dort fährt er von Kneipe zu Kneipe, wo die SA ihre Stammtische und Wachtstuben hat; er sagt ihnen, daß sie Geld bekommen werden; sagt, die Partei stehe dicht vor großen Siegen und einer herrlichen Zukunft. Der Gausturmführer Wetzel begleitet ihn. Hitler spielt vor den rauhen Kämpfern den Gerührten, greift an die Herzen, vergießt Tränen. »Herr Hitler«, sagt Wetzel kalt, »so macht man das nicht. Weinen hat keinen Zweck, die Kerle muß man anbrüllen.« Hitler wirft ihm einen schrägen Blick zu, als wolle er sagen: Meinen Sie? und antwortet nichts. Aber im nächsten Lokal gibt es keine Tränen mehr; da brüllt er. Die SA-Männer nehmen Anschnauzer, Geld und Vernunft an, die Revolte legt sich.

Die Meuterei kostet Pfeffer den Kopf; aber da er nicht offen gegen den Parteiführer rebelliert hat und die von ihm gerügten Mißstände nicht bestritten werden können, geht er in hohen Ehren; Dienstanzug des Osaf, das SA-Zivilabzeichen in Gold und ein Reichstagsmandat mit Diäten sind der Abschiedslohn.

Göring aber wird um seine Hoffnungen betrogen. Hitler übernimmt selbst die oberste SA-Führung; der eigentliche Führer der Truppe hat nur noch den Titel eines Stabchefs. Der Posten wird vorläufig nicht besetzt, denn der Mann, der ihn erhalten soll, ist nicht in Europa.

Die »wehrpolitische Vereinigung«.

Schon im Prozeß von 1924 hat Hitler gesagt, er hoffe, eines Tages mit der Reichswehr wieder gut Freund zu sein. Nur wollte er sich teuer verkaufen, nicht so billig wie Röhm oder gar Pfeffer. Doch die Reichswehr war lange spröde. Das Reichswehrministerium verbot 1927, daß in den Betrieben und Werkstätten des Heeres Nationalsozialisten beschäftigt würden, denn die Partei sei staatsfeindlich; in den Fememordprozessen gegen Heines und den Oberleutnant Schulz verleugnen die Vertreter des Reichswehrministeriums feierlich die schwarze Reichswehr.

Dagegen aber regt sich bei den jüngeren Offizieren eine Gegenströmung. Der Heines-Prozeß veranlaßt ferner eine Anzahl inaktiver, aber trotzdem einflußreicher Offiziere, die der Bewegung bisher freundlich abwartend gegenüberstanden, sich zu ihr zu bekennen. Es sind: der General von Epp, der Oberst Hierl, der Oberstleutnant Haselmayer und — Röhm.

Zum erstenmal nach dreijährigem Schweigen ergreift Röhm im Mai 1928 wieder das Wort, zunächst mit der Feder. Hitler gibt ihm im »Völkischen Beobachter« Platz, um ein Bekenntnis zu dem verurteilten Heines abzulegen; das Blatt selbst nennt Heines eine Landsknechtnatur, die überall dabei war, wo es galt, für das Vaterland zu fechten; stets in vorderster Front der nationalen und völkischen Bewegung. Also eine Rehabilitierung des Hinausgeworfenen; sie war der Preis für Röhms neue Wirksamkeit in der Bewegung. Röhm selbst nannte die Verurteilung von Heines wegen Mordes einen »Eingriff der formalen Justiz in das Notwehrrecht der Soldaten«.

Genau zur gleichen Zeit erklärt der General von Epp, Röhms alter Vorgesetzter und Freund, nunmehr außer Dienst, seinen Beitritt zur Partei; er wird sofort Reichstagsabgeordneter. Epp hatte 1924 wie alle Offiziere den Ehrenwortbruch Hitlers getadelt; jetzt meint er in einer öffentlichen Erklärung, der deswegen entstandene Groll sei doch »schnell wieder abgezogen«.

Um dieselbe Zeit übernimmt Konstantin Hierl, Oberst a. D., bisher Führer in dem von Ludendorff gegründeten »Tannenbergbund«, die Leitung der Militärbeilage des »Völkischen Beobachters«. Der Partei selbst tritt er erst ein Jahr später bei und entwirft seitdem für Hitler persönlich Pläne zur künftigen Verschmelzung der Partei mit dem Staate; eine Frucht dieser Arbeit, die er als »Organisationsleiter II« der Partei ausführt, ist der spätere Arbeitsdienst, gedacht als Vorschule der Wehrpflicht. Die Herstellung des Zusammenhangs zwischen Partei und Reichswehr ist seine Spezialität. Hierl führt einen gelehrten militärpolitischen Kampf gegen den Schöpfer der Reichswehr, den General von Seeckt. Dieser hält eine kleine, gutgeschulte Berufsarmee für den entscheidenden Heerestyp der Zukunft, Hierl dagegen verlangt die allgemeine Wehrpflicht, wenn auch in moralisch etwas veränderter Form: nicht mehr wahllose Wehrpflicht schlechthin, sondern Wehrrecht für die Vollbürger — was in der militärischen Wirkung ziemlich dasselbe ist. In dieser Auffassung begegnet Hierl sich mit dem Oberstleutnant Haselmayer, im Freundeskreise »Haselmaus« genannt, — und mit Röhm.

Unter Führung Röhms gründen die vier Männer, scheinbar abseits von der NSDAP, eine »Wehrpolitische Vereinigung«, die im stillen eine Art privater Generalstabsarbeit für die kommende deutsche Wiederaufrüstung zu leisten sucht. Hitler ist Mitglied. In der Oeffentlichkeit wird von dieser Vereinigung wenig gesprochen. Aber mit Denkschriften, Entwürfen, Programmen und durch persönliche Verbindung mit den Men-

schen der Reichswehr wird von hier aus die erste Brücke geschlagen. Röhm reist im Lande bei den Ortsgruppen umher,
versammelt die zahlreichen ihm bekannten Reichswehroffiziere der Garnisonen im vertrauten Kreise, hält militärische
Besprechungen ab und führt bei alldem den Titel »Beauftragter Adolf Hitlers«. Zu Freunden sagt er in dieser Zeit: »Hitler
ist unbedingt der kommende Mann, und ich mache ihm seine
Armee.«

Aber ehe diese Saat reift, verläßt Röhm den Schauplatz abermals. Grund war anscheinend ein Streit mit seinem ehemaligen
Freunde Neunzert; Röhm fürchtete eine Anzeige Neunzerts
beim Staatsanwalt wegen seines Privatlebens. Darum nahm er
ohne Zaudern ein plötzliches Angebot der Regierung von Bolivien an, das ihn als Instruktionsoffizier nach Südamerika
rief. Erst vor kurzem ist der Kamerad Kriebel, der militärische
Führer des Putsches 1923, als Lehroffizier nach China gegangen. Binnen drei Tagen ist Röhm — Anfang 1929 — auf dem
Schiff.

Werben um die Reichswehr.

Aber die von ihm begonnene Reichswehrpolitik der Partei
wird fortgesetzt. Wenn die Reichswehr Rekruten aufnimmt,
holt sie sie beharrlich aus den regierungsfeindlichen Wehrverbänden, denn dort kommandieren die alten Kameraden, die
Offiziere a. D., mit denen man nach wie vor die besten Beziehungen hat und die natürlich ihre eigenen Zöglinge empfeh-
len. Die Nationalsozialisten sollen nach dem Willen des Mini-
steriums von dieser sonderbaren Kameradschaft eigentlich ausgeschlossen sein, aber die örtlichen Befehlshaber legen die
Berliner Befehle je nach Neigung auf ihre Weise aus. So kommen SA-Leute ins Heer; sie müssen formell aus der Partei aus-
treten. Aber die Münchner Leitung befiehlt ihren Ortsgruppen,
die Adressen solcher ehemaliger Parteigenossen in der Reichswehr zu sammeln, ihnen Liebesgabenpakete zu schicken, Broschüren und Flugblätter zuzustecken; sie sollen mit ihnen
Zusammenkünfte abhalten und über jeden Mann nach München berichten, am besten gleich eine Erklärung des alten
Parteigenossen und jetzigen Soldaten selbst beilegen.

Die Reichswehrleitung hat sich — mit Zustimmung des
Reichspräsidenten von Hindenburg — ein kaltschnäuziges und

bequemes Verhältnis zum Staat aufgebaut. Sie sieht in der Wehrkraft einen der wenigen politischen Werte, die dem deutschen Volk überhaupt noch geblieben seien; aller andere politische Kram ist daneben unbedeutend. Jeder Staat und jede Staatsform, die der Reichswehr Raum, Unkontrolliertheit und vor allem Geld für ihre militärischen Zwecke läßt, wird von ihr beschützt, ob Republik oder Monarchie, ob Demokratie oder Diktatur. Hier wächst eine autonome Macht im Staate heran, die nur sich selbst lebt und in sich den obersten Zweck sieht. Es ist falsch, sie für eine Verteidigerin des Kapitalismus, der Monarchie oder der Feudalität zu halten; das alles hängt als Schlacke der Vergangenheit noch an, zerbröckelt aber schon. In die großen, halbpolitischen Wehrverbände dringt diese Gesinnung mit den Jahren ein. Sie werden von der Industrie finanziert, weil sie eine Schutzwehr gegen den Kommunismus sind und gegen die Gewerkschaften kämpfen; aber mit der Industrie und der Reichswehr einigt sich namentlich Franz Seldtes Stahlhelm dahin, daß es keinen Zweck habe, die Republik anzutasten und dadurch mit breiten Volksmassen in Kampf zu geraten. Wichtige Posten hat man ohnedies schon besetzt; es genügt, wenn zunächst die Vollmachten des Reichspräsidenten von Hindenburg zu einer Art Diktatur erweitert werden. »Mehr Macht dem Reichspräsidenten!« lautete ja das Volksbegehren des Stahlhelms.

Hitler ist diesem Volksbegehren entgegengetreten, weil er überhaupt diese ganze Hindenburg- und Reichswehrpolitik verdammt, die darauf hinausläuft, sich im demokratischen Staat behaglich einzurichten und dadurch diesen Staat selbst zu konservieren. Er muß die Reichswehr überzeugen, daß ihr Weg falsch ist; so falsch, daß Hitler immer wieder seine SA von den Uebungsplätzen dieser Reichswehr zurückgepfiffen hat. Ja, er hat 1928 verkündet, daß er nicht einmal gegen den äußeren Feind die Weimarer Republik verteidigen werde: »Der Nationalsozialist hat keine Veranlassung, für den heutigen Staat auch nur einen Finger zu rühren. Nur das neue Reich, um das wir ringen, verpflichtet uns zum Einsatz unserer Persönlichkeit.« Also Drohung mit Fahnenflucht.

Den Frontangriff auf die Seele der Reichswehr eröffnet Hitler im März 1929 mit einer Rede in München. Er ruft der selbstgefälligen Spitze der Nation zu:

»Wir Nationalsozialisten sehen in der Reichswehr nur ein Mittel zum Zweck. Wir fragen nicht: Nützt oder schadet dies oder jenes der Reichswehr, sondern nützt oder schadet es unserm Volk? Denn für uns steht der Begriff Volk noch höher als der Begriff Staat. Wenn es so weitergeht, wie jetzt, wird die Reichswehr eine innerlich vollkommen lebensfremde, tote Organisation, ein Machtinstrument in den Händen aller, die bereit sind, dieses Machtinstrument um seiner selbst willen zu erhalten.« Wahrhaftig prophetische Worte! »Die Herren Reichswehrgeneräle«, fährt Hitler erregt fort, »mögen sich folgendes vor Augen halten: es liegt zum Teil in der Hand der Armee, welche Richtung in Deutschland siegen wird, der Marxismus oder wir. Siegt die linke Seite durch Ihr geniales unpolitisches Verhalten, dann schreiben Sie getrost über Ihr Ministerium: Das Ende der deutschen Reichswehr. Dann wird man Ihnen die rote Jakobinermütze über den Kopf ziehen, dann wird auch bei uns eine Armee entstehen, ähnlich der russischen Henkerarmee, die nur die eine Aufgabe hat: das eigene Volk dem Juden fügsam zu machen. Heute ist bei uns jeder Offizier noch übersonnt von dem Ruhm einer dreihundertjährigen ehrenvollen Tradition. Aber sechzig Jahre einer antinationalen Heeresorganisation genügen, um den Offizier aus seiner früheren Stellung zu beseitigen und hinunterzuziehen zum Polizeiwachtmeister. Und wenn Sie dann nicht funktionieren, meine Herren, werden Weib und Kind hinter Schloß und Riegel gesetzt, und Sie fliegen hinaus und werden vielleicht an die Wand gestellt!«

107 Parlamentarier.

Wenn Hitler zur Reichswehr sagt: mit deiner Hilfe könnte ich siegen — so gehört im März 1929 noch ein unerhörtes Selbstbewußtsein dazu. Die Partei sah wenig siegreich aus mit ihren achthunderttausend Wählern.

Sie veranstaltete September 1929 einen Parteitag in Nürnberg; die Zuschauer staunten, als sie die SA viele Stunden lang vorbeimarschieren sahen. Sie merkten nicht, daß dieselben Abteilungen drei- und viermal daherzogen. Das waren die kleinen Kunststücke Pfeffers. Etwa um dieselbe Zeit warf Rosenberg eigenhändig den späteren bayrischen Innenminister Adolf

Wagner zur Tür des »Völkischen Beobachters« hinaus, weil er mit seinem ewigen Bitten um zehn Mark Vorschuß für einen Artikel lästig wurde.

Aber gerade in dieser äußerlich so beengten Zeit beginnen alle jene Umstände und Voraussetzungen, die bisher im stillen wuchsen und in früheren Kapiteln geschildert wurden, ans Licht zu treten und für den zu wirken, der sie mit Meisterschaft ergriff. Die Zahl der Arbeitslosen stieg 1930 auf die bis dahin ungeahnte Höhe von drei Millionen. Die Wirtschaftskrise mähte die Existenzen. Breite Volksmassen begannen am System zu zweifeln, von den bürgerlichen Parteien aber griff keine das System so schonungslos an wie Hitler; die Agitation der Kommunisten erfaßte nur die Proletarier. Unter der Regierung eines sozialdemokratischen Kanzlers, Hermann Müller, fiel Deutschland in die Krise. Auf Veranlassung Groeners und Schleichers, der beiden Reichswehrführer, entzog Hindenburg dem Sozialdemokraten Müller sein Vertrauen und berief den Führer des katholischen Zentrums, Dr. Brüning. Dieser fand keine Mehrheit im Reichstag und errichtete eine Art Halbdiktatur, gestützt auf die Autorität des alten Hindenburg; er löste den Reichstag auf und hoffte, seine neue schneidige Führung werde den Wählern imponieren und den Parteien, die ihn als Kanzler stützten, viele Stimmen bringen. Aber die Wähler sahen nur Brünings Energie, ohne sie zu verstehen; der Kanzler selbst blieb dem Volke fremd, ein halber Diktator und gar kein Volksmann. Wer konnte von dieser Situation profitieren? Jetzt rächte es sich an Hugenberg, daß er mit seinem ganzen stolzen Apparat nur den Nebenbuhler Hitler groß gemacht hatte. Das entscheidende Merkmal der Reichstagswahl, die am 14. September 1930 stattfand, war aber das Auftreten von 4,6 Millionen neuer Wähler, die bisher noch nie an die Urne gegangen waren; zum kleineren Teil Jugendliche, vor allem aber unpolitische Menschen, die die Krise aus ihrer bisherigen Bequemlichkeit herausgeschüttelt hatte.

Die Verantwortungslosen kamen.

Das gebrechliche Klassenbewußtsein der Deklassierten bildet Masse. Die Frage der Deklassierten, in Wahrheit eine Frage nach der Vernünftigkeit des bestehenden Gesellschaftssystems, wird zur nationalen Sache schlechthin. Diese Klasse, ein Sammelbecken der hochmütigsten bis zu den bescheidensten

Ansprüchen, aber ohne Selbstvertrauen, wendet sich an die Nation als letzte Quelle aller Hilfe, der man unerhörte Kräfte und eine geheimnisvolle Produktivität zutraut. Und sie reicht ihre Hand dem Manne, der so ganz zu ihr gehört; der aus dem Männerasyl kam, in seiner bürgerlichen Laufbahn gescheitert ist, erst durch Berührung mit den staatlichen Dingen groß wurde und nun seine Klassengenossen auf friedlichem, gefahrlosem Wege in die Obhut der Nation und ihres Präsidenten führen wird.

In der Nacht vom 14. zum 15. September 1930 stand gegen drei Uhr morgens die verblüffende Tatsache fest, daß Hitler binnen zwei Jahren von 800,000 auf 6½ Millionen Wähler gewachsen war und daß die Nationalsozialisten mit nunmehr 107 Reichstagsabgeordneten über Nacht die zweitstärkste deutsche Partei geworden waren.

In der Presseabteilung der Reichsregierung konnte ein Minister, der sich vor Zorn und Enttäuschung betrunken hatte, nur mit Mühe von einer aufgelösten Ansprache an die Journalisten abgehalten werden.

Ein paar Tage später faßten die Geschlagenen sich wieder. Die Losung hieß jetzt: Ein Ueberraschungssieg, die Welle hat sich überschlagen, sie wird bald zurücksinken. Brüning beschloß, nun erst recht, mit moralischer Deckung des Reichspräsidenten, zu regieren. Die eben erst hinausgeworfene Sozialdemokratie flüchtete zu ihm und tat alles, was er verlangte; er hatte so im Parlament noch eine schwache Mehrheit.

Aber die Welle rollte nicht zurück. Denn die Deklassierung schritt fort; aus den drei Millionen Erwerbslosen wurden zwei Jahre später siebeneinhalb, die Trümmer des bürgerlichen Kapitalismus wurden Bausteine des Nationalsozialismus. In jeder örtlichen Wahl stiegen Hitlers Stimmen.

Drei Gegenspieler hatte er: Hindenburg mit der Reichswehr, Hugenberg mit der Industrie, schließlich die Parteien. Hindenburg hatte die Waffe, Hugenberg das Geld, die Parteien die Masse. Nach fünfjähriger Arbeit war Hitler jetzt so weit, den Parteien die Masse zu entführen, und zwar den bürgerlichen. Die zweite Aufgabe war es, Hugenberg das Geld abzunehmen. Aber alles überschattete die dritte Notwendigkeit: sich mit den Trägern der Waffe zu verständigen. Denn bei der Waffe lag in dieser zersetzten Zeit die Entscheidung; das Geld folgte ihr, nicht umgekehrt. Lueger, das Vorbild: sich »die mächtigen Einrichtungen geneigt machen!« Die Revolution mit Erlaubnis des Herrn Präsidenten wird ernst.

Der Kampf um die Reichswehr geht weiter.

Im Frühjahr 1930 waren drei junge Reichswehroffiziere, Scheringer, Ludin und Wendt, wegen nationalsozialistischer Agitation im Heere verhaftet worden. Der Prozeß fand kurz nach der Septemberwahl vor dem Reichsgericht statt. Hitler erschien als Zeuge und schwor, daß er Umtriebe seiner Partei mißbillige. Er schwor, daß er keinen Putsch wolle; er schwor, daß sein Weg streng legal sei. Weder die eigenen Anhänger noch die Gegner glaubten ihm den Eid; wir aber wissen, daß er es ernst meinte und nur einer siebenjährigen Taktik treu blieb. Noch zwei oder drei Wahlen, dann habe er die Mehrheit im Reichstag. Dann werde er legal die Macht ergreifen, dann werde er legal seine Gegner ausrotten: »Dann wird ein nationalsozialistischer Staatsgerichtshof kommen, dann wird der November 1918 seine Sühne finden, dann werden Köpfe rollen!« Aber nur legal! Denn »die Verfassung schreibt nur den Weg vor, nicht das Ziel.«

Der Reichswehr hat er mit diesem grauenhaften Schwur gesagt: Du hast die Waffen, ich habe das Volk. Ich brauche dich, das gebe ich zu; aber du kannst ohne mich nicht sein, erkenne das!

15. Der Einbruch in den Staat

Röhms Rückkehr.

Persönlich mit der Reichswehr zu spielen, ist Hitlers Sache nicht; dazu ist ein Feinerer notwendig. Röhm wird schleunigst aus Bolivien zurückgerufen und an die Spitze der SA gestellt. Er macht aus ihr binnen Jahresfrist ein bewundernswertes Heer von 600,000 Mann; es gehört zu den ganz großen organisatorischen Leistungen der Neuzeit. Er ist der alte eigensinnige Kopf geblieben, der trotz aller Reden und Ermahnungen seines Führers wieder eine zum Bürgerkrieg tüchtige und zum äußeren Krieg vorbereitete Armee erzieht; der ewige Zwiespalt zwischen der politischen und der militärischen Führung der Partei, verbildlicht in den Gegenspielern Hitler und Röhm, schließt sich auch jetzt nicht, verkrustet und verhärtet sich eher. Aber Röhms politische Bedeutung für die Partei liegt noch nicht einmal zur Hälfte im Aufbau der SA; seine entscheidende Leistung ist das Bündnis mit der Reichswehr, die er durch das lockende Angebot seines 600,000 Mann starken Heeresersatzes politisch zu bestechen und zu kaufen sucht.

Noch einmal flackert die Revolte gegen die Homosexuellen auf. Der Berliner SA-Führer Stennes nimmt Röhm und seine Clique als Vorwand, um gegen die »Münchner Operettendiva« selbst zu rebellieren. Den Spitznamen »Operettendiva« hat Goebbels in einem Augenblick übler Laune gegen Hitler in Umlauf gesetzt. Aber er hat nicht an ernstliche Unbotmäßigkeit gegen Hitler selbst gedacht; Stennes fühlt sich von ihm verraten. In den oberen Regionen ist großer Szenenwechsel, von dem Stennes nur die Geräusche hört. An die Seite Gregor Straßers ist ein neuer Mitarbeiter getreten: der Oberleutnant Schulz, einstiger Organisator der Schwarzen Reichswehr. Schulz hätte selbst Lust, die SA zu führen. Gegen diesen neuen Gegner allgemeines Bündnis der alten Kumpane, Goebbels schlägt sich zu Röhm, dieser behauptet seinen Posten. Ein paar zu kompromittierte Freunde muß er fallen lassen; hohe SA-Führer beschimpfen in homosexuellen Lokalen einander als Strichjungen und ohrfeigen sich. Aber Hitler vertuscht den Skandal und hält Röhm; die Heines, Ernst, von Fichte bleiben, Graf Helldorf wird an Stelle von Stennes SA-

Führer von Berlin. Hitler weiß, was Ernst, Heines, Graf Helldorf für Menschen sind; er weiß, wie Röhm die ganze SA mit
seinen Freunden verseucht. Was tut er? Er gibt einen Erlaß
heraus, in dem er verbietet, über das Privatleben dieser Leute
Beschwerde zu führen; er wisse, daß die SA nicht aus »höheren Töchtern« bestehe, er wolle »rauhe Kämpfer«.

Stennes wird aus der Partei ausgestoßen. Röhm hat die
Hände frei für sein Spiel mit der Reichswehr.

Die Reichswehr hat eine abergläubische Hochachtung vor der
Masse; das muß man wissen, um alles folgende zu verstehen.
Das ist die Gemütswunde, die ihr die Revolution von 1918 hinterlassen hat, dieser übermächtige graue Schrecken, fremdartig
und den Generälen unbegreiflich, hervorgestiegen aus dem zum
Heere gewordenen Volk. Seitdem wurde es Lehrsatz, daß der
Feldherr Psychologe sein müsse; daß im Volksheer noch ganz
andere Kräfte wirksam seien als Gehorsam, und daß die Reichswehr nie gegen das Volk sein dürfe. Von allen im Staat herrschenden Mächten ist daher die Reichswehr am wenigsten kom-
munistenfeindlich; sie hat das politische Bündnis der deutschen Republik mit der Sowjetunion gegen die Westmächte er-
zwungen, hat Instruktionsoffiziere in die Sowjetarmee geschickt und in Rußland Granaten fabrizieren lassen. Der Chef
der Heeresleitung, General von Hammerstein, schwärmte für
die militärische Leistung des Roten Frontkämpferbundes, und
Röhm schrieb: »Lieber Spießer, nun falle nicht in Ohnmacht!
Ich behaupte, daß unter den Kommunisten, insbesondere unter den Angehörigen des Roten Frontkämpferbundes, viele
ganz ausgezeichnete Soldaten sind!« So denkt ein Soldat, nicht
ein nationalsozialistischer Parteiführer. Dieser Soldat aber vertritt vor den Reichswehrgenerälen die nationalsozialistische
Volksbewegung; in der Gesinnung mit ihnen im wesentlichen
einig, bringt er ihnen die Masse.

So entsteht Röhms entscheidende Rolle im Ringen der Partei
um die Gunst des Herrn Präsidenten. Der Verlauf dieses
Kampfes wird zur Bestätigung für den Satz: Das Geld folgt der
Waffe.

Zum Gelde hat Hitler nach der Septemberwahl eine neue, an
sich ausgezeichnete Beziehung erhalten. Der Reichsbankpräsident Dr. Hjalmar Schacht ist mit der Regierung in Streit geraten und seines Amtes entsetzt worden. Durch Hitlers und

Hugenbergs Volksbegehren erschreckt, wittert er kommende Unpopularität, verleugnet schleunigst sein Werk, den Young-Plan, und schlägt sich rechtzeitig auf die Seite der wachsenden Bataillone. Er geht nicht zu Hugenberg, sondern gleich zu Hitler und erklärt im Dezember 1930, es sei unmöglich, einer so starken Partei, wie den Nationalsozialisten, die Macht zu verweigern. Vor ihrem Wirtschaftsprogramm brauche man keine Angst zu haben, denn das werde ja doch nicht ernst genommen. Schacht erschließt Hitler neue Geldquellen bei den Großbanken.

Nichts ist umsonst. Als Gegenleistung bricht Hitler endgültig mit Gottfried Feder und entfernt die »Brechung der Zinsknechtschaft« praktisch aus dem Programm. Feder hat kurz nach den Septemberwahlen die Reichstagsfraktion zu einem maßlosen Gesetzesantrag angestiftet, der die entschädigungslose Enteignung des »gesamten Vermögens der Bank- und Börsenfürsten«, sowie praktisch aller nach 1914 begründeten Vermögen fordert; Großbanken sollen sofort verstaatlicht werden, der Höchstzins vier Prozent betragen. Tobend zwingt Hitler die Fraktion, diesen Antrag zurückzuziehen, unbekümmert darum, daß der ganze Reichstag lacht. Als Feder es fertig bringt, vor dem öffentlichen Rundfunk mit einem politischen Gegner über das nationalsozialistische Programm debattieren zu dürfen, verbietet der Parteiführer ihm das Reden. Er selbst erhält jetzt wirtschaftlichen Unterricht durch einen von Schacht empfohlenen Lehrer, den Wirtschaftsjournalisten Dr. Walther Funk, einen Mann der Schwerindustrie. Mit leichtem Schmunzeln erzählt Funk im Kollegenkreise. Adolf Hitler fasse gut und schnell auf und habe auch für neue Anschauungen viel Verständnis und guten Willen.

Aber noch immer hält die Schwerindustrie überwiegend zu Hugenberg, und dies ist wohl die tiefste Ursache dafür, daß Hitler fast ein volles Jahr nach seinem Wahlsieg aus der Gefolgschaft des scheinbar viel schwächeren Geheimrats nicht herauskommt. Unter härtester Selbstüberwindung muß er sich dazu verstehen, im Oktober 1931 mit Hugenberg und dem Stahlhelm Franz Seldtes eine Einheitsfront zu schließen: ihre Truppen marschieren gemeinsam in dem Städtchen Harzburg auf, man fordert den Sturz Brünings. Vor Grimm und Fassungslosigkeit kann Hitler kaum sprechen. Er weigert sich, eine gemeinsame Kundgebung zu unterzeichnen; er verliest stockend und schluckend mit allen Zeichen des Widerstrebens eine eigene Erklärung, die SA macht ihre eigene Parade, und bei dem gemeinsamen Mittagessen der Prominenten fehlt Hitler. Nachher schreibt er den andern einen Brief, seine SA passe nun einmal nicht zum Stahlhelm, und an dem Mittagessen habe er nicht teilnehmen können, weil er wisse, daß vielen seiner Leute unterdessen der Magen knurre.

Der »böhmische Gefreite«.

Inzwischen ist Röhm tätig gewesen.

Er hat die alten Beziehungen zum Reichswehrministerium wieder angeknüpft und dort den einstmals gleichgestellten Kameraden aus Schwarzen Reichswehrzeiten als allmächtigen Berater und Beherrscher des Ministers wieder gefunden: den einstigen Major und nunmehrigen General von Schleicher. Schleicher kann bei Hindenburg alles, und Röhm kann bei Schleicher vieles. Schleicher empfiehlt dem Reichspräsidenten, Hitler einmal still und unauffällig zu empfangen. Hitler bekommt eine Einladung ins Palais.

Er verständigt den Mann, mit dem er in den letzten Jahren alles Politische, namentlich die diplomatische Seite der Politik, bespricht: Göring. Dieser ist in Stockholm am Sterbelager seiner Frau Karin. Nichts hindert Göring, in den letzten Stunden bei seiner sterbenden Frau zu sein; aber er erträgt den Gedanken nicht, daß sein Nebenbuhler Röhm mit Hitler vor dem Feldmarschall erscheinen könnte. Er rast nach Berlin, seine Frau sieht er lebend nicht wieder. Einen Tag vor der Harzburger Kundgebung treten die beiden vor Hindenburg an. Die nationalsozialistischen Darstellungen sind sehr schweigsam über diese Begegnung, die ein schwerer Mißerfolg von Hitlers Verhandlungskunst ist. Offenbar hat er vergessen, daß ein alter Soldat nur auf die Fragen seines Feldmarschalls antwortet; er kommt nach seiner Gewohnheit ins unendliche Reden und wird dem alten Herrn lästig. Nach der Begegnung sagt der Präsident zu Schleicher, er habe ihm da einen sonderbaren Kerl geschickt; dieser böhmische Gefreite wolle Reichskanzler werden? Niemals! »Höchstens Postminister.«

Röhm repariert den Unglücksfall. Hitler besucht zweimal
den General von Schleicher. Der General setzt dem Parteiführer die Notwendigkeit einer vorläufigen Aufrechterhaltung des
Kabinetts Brüning auseinander, das gerade dabei ist, die Streichung der Reparationen zu erzwingen. Die Großbanken sind
im Juni dieses Jahres zusammengebrochen, die Sparkassen
haben lange Zeit ihre Schalter schließen müssen, die Zahlungen stocken, Gehälter und Löhne fließen nur tropfenweise,
aber durch diesen wirtschaftlichen Selbstmord entflieht das
Reich dem Tode der Reparationen. Jetzt muß deren Ende
diplomatisch besiegelt werden; das dauert noch etwas, aber
dann ist der Weg für neue Entschlüsse und neue Männer frei.
Hitler befriedigen diese Gespräche sehr. Brüning ist ein wunderbarer Vorläufer, der für den kommenden Hitler die unangenehmsten Aufgaben vorweg löst: Er verschärft durch seine
Deflationspolitik die Wirtschaftskrise und steigert so die Unzufriedenheit; er handelt dem Ausland die Streichung der Reparationen ab, die sonst die erste gefährliche Aufgabe des Kabinetts Hitler wäre. Und vor allem zerstört Brüning die Demokratie, ohne selbst eine haltbare Diktatur zu schaffen. Ein
Pfadfinder und Wegebahner für seinen Feind.

Hitlers Lieblingswort ist »organisch wachsen lassen«. Das
heißt in diesem Fall: agitieren, wählen, Stimmen häufen. Seit
Sommer 1931 hält er überall im Reich vertrauliche Besprechungen mit Fabrikanten, Verbandsvorsitzenden, Geistlichen,
Lehrern und — Offizieren ab. Otto Dietrich erzählt darüber:
»Im Sommer 1931 faßte der Führer in München plötzlich den
Entschluß, die im Zentrum des Widerstandes stehenden maßgebenden Persönlichkeiten der Wirtschaft und der von ihnen
getragenen bürgerlichen Mittelparteien systematisch zu bearbeiten, um hier Stein für Stein aus dem Regierungsgebäude
herauszubrechen. In den folgenden Monaten durchquerte der
Führer mit seinem Mercedes-Kompressor ganz Deutschland.
Ueberall tauchte er auf zu vertraulichen Besprechungen mit
führenden Persönlichkeiten. Ueberall wurden sie arrangiert,
ob in der Reichshauptstadt oder Provinz, im Hotel Kaiserhof
oder auf einsamen Waldwiesen in Gottes freier Natur. Die Wirkung blieb nicht aus. Es begann im Regierungsgebälk zu kni-

stern. Unheimlich, unsichtbar, unfaßbar.« Goebbels berichtet in seinem sogenannten Tagebuch, als ob das ganz selbstverständlich wäre: »Nach Wilhelmshaven. Dort liegen Kreuzer und Torpedoboote. Die »Köln« wird eingehend besichtigt. Wir durchstöbern unter der fachmännischen Führung einiger Offiziere das ganze Schiff. Die Marine ist fabelhaft in Form. Alles liest den »Völkischen Beobachter« und den »Angriff«. Von der »Schlesien« kommt ein Offizier und lädt uns zum Abendessen ein. Dabei wird eifrig diskutiert. Die Leutnants sind fabelhafte, schlanke Jungens, wahre Bilder von soldatischen Männern. Und alle treten für uns ein. Ein paar Offiziere fahren in Zivil mit uns in die Versammlungen. Armes System!«

Hitlers Forderungen an die Regierung waren in diesem Zeitpunkt: Bahn frei! Den Gegner unterdrücken, die Kommunisten auflösen, die Sozialdemokraten aus der Regierung Preußens, die sie noch immer haben, davonjagen, die Polizei dadurch aus den Händen der Feinde in die von Freunden Hitlers bringen, die republikanische Presse knebeln, dem Nationalsozialismus dadurch ein tatsächliches Monopol auf die politische Agitation im Lande geben und dann wählen, wählen, so lange wählen, bis »der Reichstag braun schimmern wird«.

Also vorläufig noch keine direkte Beteiligung an der Macht.

Uneinige Gegner.

Die Methoden der Unterführer weichen davon ab. Sie haben dabei alle eins gemeinsam: sie setzen die Eroberung der Macht bereits vor die Eroberung der Parlamentsmehrheit, sonst aber sind sie untereinander ganz verschieden. Und merkwürdig sind die Rollen verteilt.

Röhm, der eigentliche Bandenführer, betreibt Kabinettspolitik. Er will zusammen mit Schleicher durch dessen mächtige Einflüsse an die Macht; sich mit jedermann verständigen, der dabei hilft.

Göring, der »Diplomat Hitlers«, und Goebbels, der Mann der anfeuernden Rede aus sicherer Entfernung, sind für das »revolutionäre« Verfahren. Sie wollen Straßenaufstände, Steigerung der öffentlichen Unruhe durch die SA, dadurch Verwirrung und Spaltung der innerlich ohnedies uneinigen Regierungsmächte: Hindenburgs samt der Reichswehr, des Zen-

trums samt Brünings, der Sozialdemokratie samt der preußischen Regierung.

Sie haben die Zermürbtheit ihrer Gegner wohl erkannt. Im
November 1931 kommen die maßgebenden Persönlichkeiten
der Reichsregierung und Preußens zu einer Besprechung über
die nationalsozialistische Gefahr zusammen. Da sitzen in einem
Saal des Reichsministeriums des Innern am Platz der Republik der Minister Groener, zugleich Reichsinnen- und Reichswehrminister; sein Berater General von Schleicher; der Staatssekretär Zweigert vom Reichsinnenministerium; der preußische Innenminister Severing, Sozialdemokrat, ehemaliger Metallarbeiter, intelligent, aber fälschlich als starker Mann geachtet, mit seinem Staatssekretär Dr. Abegg. Die Preußen wollen Groener und Schleicher auf die braune Gefahr hinweisen.

Schleicher erzählt von seinen Unterredungen mit Hitler:
»Der Mann ist einfach verrückt, man kann kein Wort mit ihm
reden. Er nimmt Ihnen den Satz aus dem Munde und redet dann
wie ein Gießbach. Sie fragen mich nach meinen Unterhaltungen
mit ihm? Was heißt hier Unterhaltung, das waren Monologe.«

Severing blickt in seine Papiere: »Da wird mir gemeldet,
daß beim Landesschutz in Fraustadt ein Nazi namens X. eine
führende Rolle spielt. Das geht doch wirklich nicht.« Der
Landesschutz ist eine freiwillige Grenztruppe im Osten, die
unter Umgehung des Versailler Vertrags heimlich aufgezogen
worden ist.

Bevor Groener antworten kann, ruft Schleicher im herzlich-
sten Ton: »Aber bitte, Herr Minister, selbstverständlich wird
das abgestellt. Den feuern wir hinaus! Wie heißt das Schwein?
Bitte, bitte, unterrichten Sie mich doch immer, wenn Ihnen
solche Dinge bekannt werden!«

Staatssekretär Abegg: »Wir sind doch eigentlich hier, um
überhaupt einmal grundsätzlich über die Gefahr der SA zu
sprechen. Das geht doch nicht, daß ein Privatmann sich eine
Armee hält. Das muß ja zur Revolution führen, die Arbeiter
werden sich das nicht gefallen lassen, das gibt dann Generalstreik und Bürgerkrieg.«

Severing: »Generalstreik kommt ja gar nicht in Frage.«
Blättert wieder in seinen Papieren: »Da wird uns auch aus
dem Kreis Tilsit gemeldet, da ist auch so ein Nazi beim Landesschutz . . .«

Schleicher (wie vorher): »Aber selbstverständlich, Herr Minister, wo sitzt der Kerl? Der wird postwendend hinausgeschmissen! Haben Sie noch andere Fälle?«

Staatssekretär Abegg: »Ich muß doch nochmals auf den ganzen Komplex SA kommen. Es geht hier nicht um Einzelfälle, die Frage muß im ganzen Umfang gelöst werden.«

Schleicher: »Herr Staatssekretär, was wollen Sie eigentlich? Die Partei verbieten? Die SA auflösen? Dazu sind wir nicht mehr stark genug. Wenn wir das probieren, dann werden wir einfach weggefegt!«

Hier offenbart sich ein besonders tiefer Riß in den Reihen von Hitlers Gegnern: die Spaltung der Gewalten zwischen der Reichsregierung auf der einen Seite, und der Regierung Preußens, des größten Landes, auf der andern Seite. Preußen hatte dabei die Unterstützung der meisten übrigen Länder, namentlich Bayerns. Die Länder verfügten über die Polizei, das Reich über die Reichswehr; die bewaffnete Macht war also geteilt.

Die Zerspaltenheit der Gegner wollte der nach außen am mächtigsten und selbständigsten hervortretende Unterführer, Gregor Straßer, durch ein drittes Verfahren ausnützen. Der einstige »Katastrophenpolitiker« hatte jetzt folgenden sehr legalen Plan: Je tiefer die Sozialdemokratie durch die Erfolge der Nationalsozialisten und Kommunisten ins Hintertreffen geriet, desto radikaler mußte sie aus Angst um ihre Wahlstimmen werben. Dann werde sie das Bündnis mit Brüning lösen müssen, und Brüning werde sich dann notgedrungen im Reichstag eine Mehrheit bei den Nationalsozialisten suchen. Bei diesem Hinüberwälzen der Macht würden aber die Parteien zerreißen; ein Teil der sozialistischen Gewerkschaften werde den Weg zu den Kommunisten nicht mitmachen und eher noch mit den Nationalsozialisten gehen, wenn bei diesen der »soziale« Flügel das Uebergewicht habe; auch die Arbeiterorganisationen des Zentrums würden diese neue Gruppierung kitten helfen. Wer wird diese neue Regierung der Volksgemeinschaft führen? Hitler? Straßer!

Hitler vertraut indessen auf Röhm und die Reichswehr, und mit Recht. Der Reichswehrminister Groener läßt Ende Dezember einen hohen preußischen Beamten zu sich bitten und sagt: »Ich höre, Sie unterstützen den Hauptmann Stennes.« Stennes, der von Hitler abgefallene SA-Führer, hatte ebenso wie Stra-ßer eine kleine politische Gruppe aufgezogen.

»Ich unterstütze ihn leider nicht, weil ich keine Mittel habe. Aber man sollte es wirklich tun.«

Groener: »Das ist ganz falsch. Stennes arbeitet ja gegen Hitler!«

Antwort »? ? ?«

Groener: »Hitler ist der Mann der Legalität, der geschworen hat, daß er die Verfassung achten wird. Man muß ihn stützen; gegen die anderen, die alles wilde Kerle sind.«

»Und Sie glauben Hitler ein Wort? Sie glauben, daß er seinen Eid halten wird?«

Groener: »Er wird ihn bestimmt halten. Er ist legal. Man darf nichts gegen ihn tun. Man muß ihn stützen!«

Dann ließ Groener durchblicken, daß der Reichskanzler Dr. Brüning derselben Meinung sei.

Der Scheinkampf gegen Hindenburg

Er war es tatsächlich. Er lud den Mann, der »am Rande des Wahnsinns dahinwankte«, Anfang Januar 1932 zu einer Unter-haltung über die kommende Uebergabe der Macht an den Nationalsozialismus ein. Der Vorwand war das bevorstehende Ende der Amtszeit des Reichspräsidenten von Hindenburg.

Am 6. Januar erhält Hitler in München ein von Groener unterzeichnetes Telegramm, das ihn zu Verhandlungen mit Brüning nach Berlin bittet. Heß, Rosenberg, dessen Stellver-treter Hauptmann a. D. Weiß sind grade bei ihm. Er liest es hastig, hält es mit wilder Freude jedem der Anwesenden zum Durchfliegen unter die Nase, blickt ihnen vorgeschobenen Kopfes raubtierhaft in die Augen, schlägt mit der Hand auf das Papier und stößt es wie ein Beutestück in die Tasche:

»Jetzt habe ich sie«, ruft er, »in der Tasche! Sie haben mich als Verhandlungspartner anerkannt.«

Die Freude war sehr begründet. Diese Anerkennung be-deutete für die NSDAP. als geschäftliches Unternehmen den Kredit, dessen sie auf Leben und Tod bedurfte. In den näch-sten Monaten wird die SA. neu eingekleidet, werden überall im Lande braune Häuser gebaut, und all das schwebt auf einem Fundament frevelhafter Riesenschulden, kontrahiert in der Hoffnung auf baldige Teilhaberschaft an der Macht,

d. h. an der Staatskasse. Gegen Ende 1931 hat Hitler erkennen müssen, daß ihm bei seinem bedächtigen Marsch zur Macht der Atem ausgehen könne; die Riesenpartei wird mit ihrem Wachsen nicht mächtiger, sondern eher machtbedürftiger. Wenn Hitler einen Artikel oder offenen Brief für den »Völkischen Beobachter« schreibt, feilt er tagelang an ihm herum, läßt den festgesetzten Ablieferungstermin mehrmals verstreichen; ist das Schrifstück endlich gesetzt, dann kauert sich der Verfasser mit den Druckfahnen in einen Winkel der Redaktion und liest, mit dem Finger Zeile für Zeile entlang fahrend; Heß liest mit — und dann wird das Ganze mitgenommen und zu Hause nochmals umgearbeitet. Um ihm mehr Schlagkraft, Schwung und Durchdachtheit zu geben? Nein, sondern um auch die letzte Kleinigkeit auszumerzen, die etwa der Regierung einen Anlaß zum Verbot des »Beobachters« geben könnte. Denn ein mehrwöchiges Verbot des ziemlich gewinnreichen Zentralorgans der Bewegung könnte diese in den finanziellen Ruin treiben. So sah es mit der inneren Kraft der Partei aus, von der der General von Schleicher fürchtete, sie könne ihn hinwegfegen.

Die Vorschläge, die Brüning in der Unterredung Hitler unterbreitete, bewegten sich im Rahmen dieser negativen Illusionen.

Hitler sollte im Reichstag dafür eintreten, daß Hindenburgs Amtszeit durch einen so gut wie einstimmigen Beschluß verlängert werde; als Gegenleistung wird Brüning ihm nach Erledigung der Reparationsfrage den Platz räumen. Hitler gibt seine Antwort brieflich; er ist grundsätzlich einverstanden. Brüning hat den Brief niemals der Oeffentlichkeit mitgeteilt.

Sofort fallen Göring und Goebbels über den Führer her. Das hieße ja Brüning ungeheuer stärken, ihm die Dankbarkeit des »Alten« auf Lebenszeit sichern, Kirchhofsruhe über das Land breiten statt der Katastrophenstimmung, in der der Gegner schmilzt und der eigene Sieg heranglüht.

Direkt kann Hitler den Vorschlag Brünings nicht mehr ablehnen; also muß er nachträglich eine Gegenforderung stellen: Brüning soll nicht erst später, sondern sofort zurücktreten. Das geht aber wegen der Reparationsverhandlungen nicht; dem alten Hindenburg wird von seiner Umgebung beigebracht, eine solche Bedingung dürfe ein preußischer Feldmarschall sich von dem böhmischen Gefreiten nicht stellen lassen. Lieber stellt Hindenburg sich zum offenen Wahlkampf mit Hitler, und gegen den ehrwürdigen »Sieger von Tannenberg« ist Hitler immer noch der Schwächere. Goebbels dagegen, der den Alten als traurige Puppe öffentlich verspottet und deswegen schon Gefängnis bekommen hat, verrechnet sich und hält einen Sieg für möglich. Wochenlang drängt er Hitler verzweifelt, doch seine Kandidatur für die Reichspräsidentschaft anzumelden. Sein »Tagebuch« spiegelt die Unentschlossenheit des Führers:

»19. Januar. Mit dem Führer die Präsidentschaftsfrage durchgesprochen. Noch ist keine Entscheidung gefallen. Ich plädiere stark für seine eigene Kandidatur. Es kommt wohl im Ernst auch nichts anderes mehr in Frage. 21. Januar. Es bleibt in dieser Situation gar nichts anderes übrig, als daß wir unseren eigenen Kandidaten aufstellen. — 27. Januar. Jetzt müssen wir mit unserem Kandidaten heraus. Diese Frage ist entschieden. — 29. Januar. Wir müssen jetzt Farbe bekennen. — 31. Januar. Die Entscheidung des Führers fällt am Mittwoch. Sie kann nicht mehr zweifelhaft sein. — 2. Februar. Der Führer entschließt sich, selbst die Kandidatur zu übernehmen. Aber zuerst muß die Gegenseite festgelegt sein. — 3. Februar. Die Gauleiter warten auf die Verkündigung des Entschlusses für die Präsidentschaftskandidatur. Sie warten vergebens. — 9. Februar. Der Führer ist wieder in Berlin. Im Kaiserhof aufs neue Debatte über die Präsidentenwahl. Alles bleibt noch in der Schwebe. — 12. Februar. Ich kalkuliere mit dem Führer im Kaiserhof noch einmal alle Zahlen durch. Die Entscheidung ist nun gefallen... Der Führer ist wieder in München; die offene Entscheidung um einige Tage vertagt. — 13. Februar. In dieser Woche soll nun die öffentliche Entscheidung über die Präsidentschaftsfrage gefällt werden. — 15. Februar. Nun brauchen wir mit unserer Entscheidung nicht mehr hinterm Berge zu halten. — 16. Februar. Ich arbeite so, als wäre der Wahlkampf schon im Gange. Das bereitet einige Schwierigkeiten, da der Führer noch nicht offiziell als Kandidat proklamiert ist. — 18. Februar. Zum Kaiserhof. Der Führer ist angekommen... Wir müssen den Mut haben, gefährlich zu leben! — 19. Februar. Beim Führer im Kaiserhof. Ich sprach mit ihm lange unter vier Augen. Die Entscheidung ist gefallen. — 21.

Februar. Wir haben beim Führer im Kaiserhof mit einigen italienischen Faschisten zusammengesessen. Fragen der Plutokratie und des Antisemitismus durchgesprochen... Das ewige Warten wirkt fast zermürbend. — 22. Februar. Der Führer gibt mir die Erlaubnis, am Abend im Sportpalast vorzuprellen. Gott sei Dank!... Spät abends ruft der Führer noch an. Ich gebe ihm Bericht, und er kommt dann noch zu uns nach Hause. Er freut sich, daß die Proklamierung seiner Kandidatur so gut eingeschlagen hat. Er ist und bleibt doch unser Führer!«

Die letzten sieben Worte verraten alles, was Goebbels sich in den zermürbenden Wochen, als immer wieder die Entscheidung »nunmehr endgültig gefallen« war, über seinen Führer gedacht haben mag. Nachdem Hitler gemerkt hat, daß wenigstens die eigenen Leute mit seiner Kandidatur zufrieden sind, kommt er wieder in Laune: »Der Führer erzählt uns lange aus seinen Kriegszeiten. Dann ist er ganz groß und hinreißend. Als er geht, herrscht unter uns wenigen eine fast feierliche Stimmung.«

Hitler hat nicht umsonst gebangt und gezaudert. Das war ja der offene Kampf gegen den Präsidenten, um dessen Gunst doch der Kampf seines Lebens ging. Er bat Hindenburg öffentlich, man möge ritterlich miteinander fechten, das heißt: die Sache nicht ernst nehmen. Dann sagte er wieder: »Geh beiseite, alter Mann, denn wir wollen nicht dich treffen, sondern die, die sich hinter dir verstecken!«

Der erste Wahlgang wird eine saftige Niederlage. Hitler hat elf Millionen Stimmen, Hindenburg achtzehn; das ist fast die absolute Mehrheit. Die Partei ist vor Entsetzen gelähmt. Goebbels verliert den Kopf, rast in die Reichskanzlei und sondiert bereits bei Brünings Berater, dem Staatssekretär Pünder, was nun werden solle. Diese Niederlage ist sein eigenstes Werk. Abends ruft er verzweifelt in München an, ob man nicht am besten den Kampf gegen Hindenburg aufgebe und sich auf die nächste Parlamentswahl vorbereite? Aber nun zeigt sich Hitler. Otto Dietrich, der in der Nacht der Niederlage bei ihm ist, beschreibt das: »Nach Vorliegen der ersten, das Ergebnis endgültig bestimmenden Wahlziffern ergriff tiefe Niedergeschlagenheit jene, deren Hoffnungen sich begreiflicherweise in der Hitze des Kampfes allzu sehr an ihren Wünschen orientiert hatten. Schon wurden Stimmen laut, den Präsidentenkampf als aussichtslos aufzugeben. Sofort witterte der Führer die Gefahr. Keine Minute war zu verlieren. Es war Mitternacht, die Extra-Ausgaben der Blätter standen vor Redaktionsschluß. Gleichzeitig mit dem zahlenmäßigen Ergebnis der Wahl mußte die Oeffentlichkeit, mußte die Bewegung wissen, daß Adolf Hitler nicht geschlagen war. Blitzschnell diktierte der Führer: »Der Angriff muß sofort in der schärfsten Form erneut aufgenommen werden. Der Nationalsozialist, der seine Gegner erkannt hat, läßt sie in seinem Angriff nicht mehr los, bis sie zuletzt doch noch zusammenbrechen. Ich fordere euch auf, augenblicklich den Kampf für die zweite Wahl aufzunehmen. Der erste Wahlkampf ist beendet, der zweite hat mit dem heutigen Tage begonnen. Ich werde auch ihn mit meiner Person führen.«

Auch den zweiten Wahlgang verlor Hitler. Immerhin erreichte er dreizehn Millionen Stimmen, an sich eine riesige Zahl. Doch Hindenburg blieb der Herr Präsident.

Die Reservearmee der Junker.

Aber dem Präsidenten ist nicht wohl. Wer hat ihn eigentlich gewählt? Die Arbeiter, die Sozialdemokraten, das Zentrum, die Juden. Wer hat seine Wahl bezahlt? Die Banken, die Großindustrie, der Geheimrat Duisberg von der I. G. Farben. Und wo waren seine Bauern, wo seine Bürger in Stadt und Land, seine Wähler von 1925? Wo waren vor allem seine pommerschen und ostpreußischen Junker? Alle bei dem böhmischen Gefreiten.

Der böhmische Gefreite ist binnen anderthalb Jahren, seit seinem Wahlsieg vom 14. September 1930, der berühmteste Mann Deutschlands, von dem alle viel erwarten, Herrliches oder Fürchterliches. Ob er ein kleines Mädchen liebkoste und Ansichtskarten dabei verbreiten läßt; ob er in der Volksversammlung dem Kanzler Brüning zuruft: »Und wenn ihr hundertmal erklärt: wir bleiben um jeden Preis — so antworte ich: wir stürzen euch auf alle Fälle« — immer wieder trifft er die Haltung, das Wort, die Tat, die Aufsehen machen. Die Partei hat Anfang 1932 achthunderttausend Mitglieder; die SA steigt auf sechshunderttausend. Goebbels, seit 1929 der Leiter der Propaganda, macht aus den Reisen des Führers Triumphfeste.

Aber die besten Einfälle hat doch Hitler selbst. Beim zweiten Gang der Präsidentenwahl mietet er ein Flugzeug und fliegt von Versammlung zu Versammlung, spricht bisweilen dreimal täglich vor hunderttausend Menschen. »Hitler über Deutschland« sagen die Nationalsozialisten. Ein Jahr zuvor ist Brüning mit einigen Ministern durch den deutschen Osten gereist. In einer schlesischen Stadt haben Nationalsozialisten einen Stein nach ihm geworfen; Hugenbergs Nachrichtenbüro, das die ganze Presse beherrscht, berichtet: »Das Volk empfängt Brüning mit Steinen«, und nachts seien die Minister in der Eisenbahn aus Angst hinter verhängten Fenstern durchs Land gereist. Als Hitler im Präsidentenkampf nach Ostpreußen kommt, werfen sich Menschen buchstäblich vor seinen Wagen vor Begeisterung. Wenn alle Begriffe zerbrechen, alle Werte zerschmelzen, ein Kaiser Privatmann wird, die Mark nicht mehr gleich Mark ist, und ein Acker voller Korn Geld kostet, statt welches einzubringen — dann werden die Wunder und die Propheten mächtig. Einmal hat Hitler beim Flug zu einer Versammlung nach Stralsund Pech und verspätet sich. Um acht Uhr wollte er dort sein, um halb drei Uhr nachts kam er an. 40 000 Menschen hatten sieben Stunden ausgeharrt, dann sprach Hitler anderthalb Stunden lang, bis in den grauenden Tag hinein. Die Vierzigtausend standen; im Morgenlicht sangen sie »Deutschland über alles!«

Am schmerzlichsten war Hindenburg der Uebertritt der Agrarier zu Hitler. Wenn es in der sich auflösenden deutschen Gesellschaft noch eine klassenbewußte Klasse gab, dann waren es die junkerlichen Großgrundbesitzer Preußens. Der Präsident war selbst einer von ihnen. Er stammte aus besitzlosem Offiziersadel; da war 1927 der ostpreußische alte Freiherr von Oldenburg-Januschau auf den Gedanken gekommen, Hindenburg durch Geschenk eines Landgutes an den ostpreußischen Grundbesitz zu fesseln. Die Industrie mußte die Mittel aufbringen; das in fremden Besitz übergegangene alte Stammgut der Hindenburgs, Neudeck in Ostpreußen, wurde gekauft; der Stahlhelm erhielt den Auftrag, dem ehrwürdigsten Soldaten des Reichs den schönen Besitz als Geschenk zu übergeben. Formeller Eigentümer wurde Oskar von Hindenburg, so prellte man bei dem demnächst zu erwartenden Tod des alten Herrn den Staat um die Erbschaftssteuer. Als oberster Junker des

Reichs setzte Hindenburg sich natürlich für die Interessen seiner Standesgenossen ein oder, wie es offiziell hieß, für den »entscheidenden Osten«. Milliardenbeträge flossen unter dem Namen »Osthilfe« nach dem Osten; die baren Zuwendungen wurden noch weit übertroffen durch Steuernachlässe, durch Zölle und namentlich durch den Kaufpreis für den wertlosen Kartoffelsprit, den das Reich den Schnapsbrennern im Osten abkaufte und nutzlos einlagerte. Die großen Güter im Osten machten aus ihren für die deutsche Ernährung überschüssigen Kartoffeln alle Schnaps, und zwar mit einem lächerlich hohen Kostenaufwand; einer der schlagendsten Beweise für die wirtschaftliche Unfähigkeit dieser Agrarier, die dann ihre Verluste aus der Staatskasse deckten. »Es ist ja nicht schön, daß man es sagt«, erklärte ein Großgrundbesitzer, »aber wenn das deutsche Volk nur mehr saufen würde!« Nicht daß der Landwirtschaft geholfen wurde, war das Schimpfliche, sondern die Art, wie die Spitzenbeträge von den Spitzenpersönlichkeiten gerafft wurden. 1932 erhielten 12,000 Bauerngüter neunundsechzig Millionen Mark, dagegen 722 Großgrundbesitzer sechzig Millionen! Es gab Großgrundbesitzer, die sich von den Osthilfegeldern Autos kauften und Reisen an die Riviera machten. Hermine, die Gattin Wilhelms II., eine der reichsten Frauen Deutschlands, schämte sich nicht, für ihren Grundbesitz Osthilfe zu verlangen, während sie auf der anderen Seite als Kurgast in Berchtesgaden große Summen dem Nachbar Adolf Hitler überbrachte. Der alte Oldenburg-Januschau, des Präsidenten Freund, steckte 621,000 Mark ein und kaufte sich, bereits dreifacher Gutsbesitzer, flugs ein viertes dazu — von dem Gelde für Notleidende! Als der Skandal aufkam, übergab er der Presse einen entrüsteten Rechtfertigungsartikel, der mit den Worten begann: »Da sprach der alte Pelikan: jetzt, Kinder, laßt mich auch mal ran!«

Das war die Osthilfe. Es gab eine Not der Landwirtschaft; aber sie wurde vermehrt durch die wirtschaftliche Unfähigkeit jener Großgrundbesitzer, die nicht von dem Platz weichen wollten, den sie nicht mehr ausfüllen konnten; statt dessen zwangen sie durch ihre mächtigen Einflüsse den Staat zu einer verhängnisvollen Landwirtschaftspolitik, die mit Zöllen zugunsten der Großen die Not der mittleren und kleineren Landwirte noch verschärfte. Die Interessen von 13,000 Junkern beherrschten weitgehend den Staat. Brüning erkannte das. Er und einige seiner Ministerkollegen planten die Aufteilung lebensunfähiger Großgüter zu Bauernhöfen ; der Minister Schlange-Schöningen, selbst ein Großgrundbesitzer, arbeitete einen ausgezeichneten Plan aus. Er wurde bekannt; helle Empörung bei den Großagrariern. Das waren also die Minister Hindenburgs! Hitler dagegen hatte in seinem Buch geschrieben, Siedlung auf deutschem Boden sei Unsinn und Feigheit; es gelte vielmehr, für die deutschen Bauern Boden im Osten zu erobern. Aus seinem Programm hatte er den gedankenlos hingeschriebenen Satz von der unentgeltlichen Enteignung des Bodens gestrichen, und einem preußischen Großgrundbesitzer, dem Fürsten Eulenburg, hatte er die Schonung des »nationalen« Großgrundbesitzes ausdrücklich versprochen. Darum gingen die Junker plötzlich als unerwartete Reservearmee zu Hitler über und stellten ihm eine der bestgefüllten politischen Kassen Deutschlands, die des Reichs-Landbundes, zur Verfügung.

Wie Röhm Brüning stürzte.

Stimmungsumschwung bei dem alten Herrn. Schleicher fühlt ihn. Jetzt ist es Zeit, mit Hitler zu verhandeln. Schleicher beschließt, ihn großartig hereinzulegen. Neue Konferenzen mit Röhm.

Eine Intrige beginnt, deren Anfänge dunkel sind. Schleicher spricht davon, daß man die SA verbieten müsse. Auf einmal diese Sinneswandlung! Es sind Pläne zu einer Einkreisung Berlins beschlagnahmt worden. Röhm meint bieder, das gehe doch nur gegen die Kommunisten, im Notfall. Dann sind aber auch Befehle von SA-Führern zur Sabotage des Grenzschutzes im Osten gefunden worden. Hierüber ist Hindenburg ehrlich erbittert. Groener und Brüning setzen bei ihm das Verbot der SA durch. In diesem Augenblick erklärt Schleicher plötzlich, das Verbot sei ein Fehler, und verläßt brüsk die Kabinettssitzung. Durch eine Dame läßt er an Goebbels telephonieren, daß er das Verbot heftig mißbillige und möglicherweise zurücktreten werde. Mit dieser jähen Wendung schließt der erste Akt der Intrige.

Schleicher verhandelt mit Röhm weiter. Er ist bereit, Groener und Brüning zu stürzen; aber was dann? Den böhmischen Gefreiten wird der alte Herr nun einmal nicht zum Kanzler machen. Röhm beruhigt ihn: Hitler wolle nur die Freiheit für die Agitation, natürlich auch volle Freiheit für das Auftreten der SA. Dann ist es gut. Schleicher hat bereits seinen Kandidaten für den Kanzlerposten, den preußischen Landtagsabgeordneten Franz von Papen, ein bisher wenig ernst genommenes Mitglied der Zentrumspartei. Ein Lebemann aus altem Adel, durch Einheirat in die halbfranzösische Industriefamilie Boch im Saargebiet frisch vergoldet; Berufsdiplomat mit ungeschickter Hand, die er im Kriege als Attaché in den Vereinigten Staaten bewiesen hat. Schleicher hat Papen aus dem Dunkeln geholt, weil er einen Dummen sucht, durch den er unsichtbar regieren kann; dabei unterschätzt er sowohl Papens Ehrgeiz wie seine Fähigkeit zu skrupelloser Intrige. Röhm ist mit Papen einverstanden; dieser wird den Reichstag nach Hause jagen, denn er bekommt dort doch keine Mehrheit, Hitler wird dann im nächsten Reichstag über eine Riesenfraktion verfügen und das Kabinett Papen unterstützen, wie bisher die Sozialdemokratie das Kabinett Brüning unterstützt hat. Sehr gut, aber das muß Hitler selbst versprechen. Am 8. Mai kommt der nationalsozialistische Parteiführer in Schleichers Wohnung mit Oskar von Hindenburg und dem Berater des alten Herrn, dem Staatssekretär Meißner, zusammen. Er wiederholt Röhms Versprechen, daß er das Kabinett Papen tolerieren werde. Damit ist Brünings Sturz beschlossen. Goebbels notiert in sein Tagebuch: »Wenn's gelingt, dann haben unsere Unterhändler, an ihrer Spitze Stabschef Röhm, ein Meisterstück gemacht.« Der zweite Akt ist zu Ende.

Nun springen die Minen. Dem Reichspräsidenten wird Material zugesteckt über das verfassungstreue »Reichsbanner Schwarz-Rot-Gold«, das ebenso bewaffnet sein soll wie die verfassungsfeindliche SA. Hindenburg sieht da keinen Unterschied; warum das Reichsbanner nicht auch verbieten? Er fühlt sich von Groener falsch unterrichtet. Der alte Herr hat sich über seinen Minister schon seit einiger Zeit geärgert. Groener hat mit 62 Jahren geheiratet; fünf Monate nach Eheschluß kam ein Sohn. Hindenburg und Schleicher sprechen über den Fall; Schleicher sagt, in der Armee nenne man den eiligen Kleinen Nurmi, nach dem berühmten finnischen Schnelläufer. Hindenburg findet Minister, über deren Familie man Witze macht, skandalös; so etwas habe früher nicht einmal einem Unteroffizier passieren dürfen. Dazu bekennt Groener sich noch trotzig zu seinem Familienglück und läßt sich photographieren, wie er auf der Straße den Kinderwagen schiebt; die Ullstein-Presse verbreitet das Bild eilig. Vor Aerger über das Geflüster um ihn wird er schließlich krank; als er, ermattet von einem heftigen Disput mit Goebbels und Göring über das Verbot der SA, sich auf der Ministerbank im Reichstag niederläßt, erscheint Schleicher neben ihm und sagt liebenswürdig, in der Armee halte man seinen Rücktritt für angezeigt. Groener, wie vom Blitz getroffen, leistet keinen Widerstand; Schleicher ist sein Nachfolger. Brüning hofft immer noch, sich zu halten, ja er glaubt, durch die Verpflanzung von Groener ins Innenministerium und das Aufrücken von Schleicher zum Wehrminister sein Kabinett verstärkt zu haben. Die unsichtbaren Intriganten verhöhnt er: sie sollten nicht wähnen, ihn aufhalten zu können, jetzt, hundert Meter vor dem Ziel! Er hat Nachricht bekommen, daß die Reparationsfrage vor ihrer Lösung steht. Damit schließt der dritte Akt der Intrige.

Der vierte spielt in Ostpreußen auf dem Gut Neudeck, wo Hindenburg Pfingstferien macht. Um ihn die Junker aus der Nachbarschaft, der alte Januschauer, der siebzigjährige Herr von der Osten-Warnitz. Sie kennen die Siedlungspläne Brünings und Schlange-Schöningens; sie nennen das Agrarbolschewismus. Der fünfundachtzigjährige Präsident findet Angriffe auf Familien, deren Namen in der preußischen Geschichte geglänzt haben, einfach unerhört; außerdem versteht er vor allem das Wort Bolschewismus. Sein Staatssekretär Meißner kommt, derselbe, der schon dem republikanischen Reichspräsidenten Ebert gedient hat, und bringt in seiner Aktenmappe das fertige Kabinett Papen samt der Unterschrift Hitlers mit. Den alten Herrn dünkt diese Lösung klassisch; ein adliger Herr aus bestem Stall, ein reicher Weltmann, der auch die umlaufenden Gerüchte von Hindenburgs Katholikenfeindschaft zum Verstummen bringen wird, denn Papen ist selber ein prominenter Katholik; dazu ein Innenminister aus Hindenburgs ostpreußischer Clique, der alte Freiherr von Gayl; schließlich Hitlers Unterstützung — so etwas nannte man auf der Kriegsschule eine »Patentlösung«.

Der fünfte Akt spielt am 29. und 30. Mai zu Berlin in Hindenburgs Amtszimmer. Brüning, dessen Sturz beschlossen ist, muß antreten. Ganz klar kann der Alte seine Gedanken nicht mehr im Kopf behalten; so hat er sich das, was er sagen will, mit zollhohen Buchstaben auf verschiedenen Zetteln aufgeschrieben und liest sie nacheinander durch die Brille ab: »Sie sollen Minister mit bolschewistischen Plänen im Kabinett haben, das geht ja nicht.« »Ich ersuche Sie, mir keine Notverordnungen mehr zur Unterschrift vorzulegen!« Das bedeutet die Entlassung. Brüning, der im Reichstag immer noch eine Mehrheit hat, kann und will gegen Hindenburg und die Reichswehr nicht regieren. Am folgenden Tag, 30. Mai 1932, mittags fünf Minuten vor zwölf, erklärt er dem alten Herrn seinen Rücktritt.

Und nun das Nachspiel, nachmittags vier Uhr. Goebbels hat sofort nach Mecklenburg telephoniert, wo Hitler sich versteckt hat, um nicht durch seine Anwesenheit in Berlin Brüning argwöhnisch zu machen. Er fährt mit Göring dem Führer entgegen; Göring berichtet, daß Hindenburg den böhmischen Gefreiten noch an diesem Nachmittag erwartet. Hitler und Göring sind um vier Uhr im Palais. Der alte Herr teilte ihnen mit, daß er Brüning davongejagt hat und daß Papen Reichskanzler wird. Er hat gehört, Hitler werde das Kabinett Papen tolerieren? Jawohl. Dann gut. Der Reichstag wird aufgelöst, die SA wieder zugelassen. Händedruck. Hitler hat fast nichts gesagt.

Ein paar Tage später besuchte Hitler nochmals den General von Schleicher auf dem Gut Fürstenberg in Mecklenburg. Alle Abmachungen werden bestätigt; Hitler betrachtet sich als kommenden Reichskanzler. Er ist lustig und guter Dinge. Man sollte an dem Hause eine Tafel anbringen lassen, meint er zu Schleicher, auf der stehe: »Hier fand die denkwürdige Unterredung zwischen Adolf Hitler und dem General Kurt von Schleicher statt, durch die...«

16. Der Wettlauf mit der Katastrophe

Verfall der Sozialdemokratie.

Im Januar 1932 kam zum Leiter des preußischen Polizeiinstituts für Technik und Verkehr ein Untergebener und sagte: »Ich muß Ihnen etwas mitteilen, was mich bedrückt. Herr Ministerpräsident Braun hat bei mir Fahrunterricht. Er hat zu mir gesagt: Die nächsten Wahlen werden schlecht. Mit dem deutschen Volk ist das jetzt so wie mit einem Hund, der eine Wunde hat: der kratzt sich eben, dagegen kann man nichts machen, und die Wunde wird nur schlimmer. Ich lerne jetzt fahren, baue mir ein Häuschen bei Ascona und fahre hin.« Der Leiter des Instituts war bestürzt, daß Preußens höchster Beamter so etwas zu einem einfachen Wachtmeister gesagt haben sollte; aber der Mann blieb dabei.

So dachte, so sprach und so handelte indessen tatsächlich der Ministerpräsident, der Preußen wie ein Fürst regierte und wegen seiner Grobheit für stark galt.

Dieser Sozialdemokrat mußte mit seiner Regierung fallen, als Brüning gefallen war. Otto Braun hatte sich früher viel auf gewisse persönliche Beziehungen zu dem alten Reichspräsidenten zugute getan; auf gemeinsames Interesse für Jagd, gemeinsames Interesse für Ostpreußen — Braun war von Hause aus ostpreußischer Landarbeiter. Zwischen den beiden Männern war eine derbe Herzlichkeit wie zwischen einem alten Oberst und einem alten Feldwebel bei der Wiedersehensfeier des Regiments; die Verehrung der Unterklasse für die herrschende begegnet hier dem geheimen Grauen, das die herrschende immer vor der breiten Masse hat. Die Freundschaft Hindenburgs kühlte ab, als er die schwach werdende Sozialdemokratie nicht mehr fürchtete und darum nicht mehr achtete: Sommer 1930. »Worauf Sie sich sicher verlassen können, das ist die Untreue des alten Herrn«, pflegte Groener zu sagen.

Als Hitler, der neue Mann der Masse, am 8. Mai mit Handschlag die Unterstützung der Regierung Papen versprach, war diese Untreue besiegelt.

Fehler der Kommunisten.

Der Vorwand kam bald. In Preußen wird Ende April ein neuer Landtag gewählt, die Nationalsozialisten haben 160 Mandate. Aber es reicht nicht zum Sturz der Regierung Braun-Severing, wenn — die Kommunisten nicht wollen; wenn sie damals schon die Parole befolgen würden, selbst die letzten Reste demokratischer Freiheit gegen den Ansturm des Faschismus zu verteidigen. Doch so weit sind sie noch nicht. Zusammen mit den Nationalsozialisten haben sie die Mehrheit, zusammen mit ihnen stürzen sie durch Mißtrauensvotum die Regierung Braun-Severing. Zum Dank dafür stürzt die braune Fraktion mit doppelter Uebermacht auf die kommunistische Fraktion und prügelt sie zum Saal hinaus. Goebbels eilt ans Telephon, sagt es dem Führer nach München durch; der tanzt am Apparat vor Freude.

Die Preußen-Regierung ist gefallen, aber die Nazis und Kommunisten können zusammen natürlich keine Regierung bilden; das Zentrum, durch Brünings schmähliche Behandlung und durch die Felonie des Parteigenossen von Papen aufgebracht, hält zur Sozialdemokratie. Die Regierung Braun-Severing, obwohl gestürzt, regiert »technisch« weiter. Aber ohne ihren Ministerpräsidenten. Braun hat alles satt, sieht politisch schwarz, träumt von Ascona und pflegt seine kranke Frau. Dieser starke Mann denkt im entscheidenden Augenblick seiner politischen Laufbahn an sein Privatleben; er will nicht kämpfen. Da seine Partei seinen Rücktritt ablehnt, stellt er sich krank, setzt sich in sein Häuschen nach Zehlendorf und liest Zeitungen.

Severing und der Zentrumsminister Hirtsiefer als stellvertretender Ministerpräsident regieren also allein weiter. Diese Regierung braucht Stützen. Der Staatssekretär Abegg im Innenministerium läßt den kommunistischen Abgeordneten Torgler zu sich bitten; Torgler kommt mit seinem Parteigenossen Kasper. Abegg sucht ihm klar zu machen, daß es doch töricht von den Kommunisten sei, durch den Sturz Severings Hitler den Weg frei zu machen. Torgler hört interessiert zu. Aber der Verräter sitzt schon mit am Tisch: der Ministerialrat Diehls, den Abegg als Zeugen zugezogen hat. Diehls verrät das Gespräch an Papen. Jetzt ist für den der Vorwand zum Eingreifen fertig: Severing verbündet sich mit dem Bolschewismus!

Dabei waren die persönlichen Beziehungen zwischen diesen auf der Höhe des Staates wandelnden Feinden immer noch manierlich, ja herzlich. Wenn Schleicher, der witzige, in dreißig Jahren Offizierskasino geschliffene Unterhalter, mit Severing zu tun hatte, sagte er z. B.: »Herr Minister, wenn ich so bedenke, daß Sie als junger Mensch über die Landstraße gewalzt sind, das Ränzel auf dem Rücken, einfacher Metalldreher — nicht wahr, Sie waren doch Metalldreher? — und heute diese staatsmännische Leistung: bitte zeigen Sie mir den preußischen General, der sich dann neben Sie stellen darf!«

Der ehemalige Metallarbeiter hat sich, durch persönlichen Aufstieg verwirrt, politisch nicht mehr zurechtgefunden. Er traute den freundlichen Feinden; konnte sich offenbar nicht vorstellen, daß jemand, mit dem man Hörnchen aß, einen trotzdem verhaften lassen würde. Diese gemütlichen Kaffee-Nachmittage mit Groener bei Hundekehle! Der Reichsminister des Innern, Freiherr von Gayl, berät mit Severing ganz ruhig, was wir denn am besten mit Preußen anfangen sollen; Severing sagt dem Freiherrn, er wisse ja selbst, daß der Reichskommissar kommen werde.

Ende Juni kamen die Ministerpräsidenten von Bayern, Württemberg und Hamburg bei Severing zusammen und beratschlagten, was man gegen den drohenden Gewaltstreich Papens tun solle; die Bayern sagten: wenn Papen uns einen Kommissar hinabschickt, verhaften wir ihn. Severing war für Verständigung mit Papen; es kam zu keinem Beschluß. Nachher standen verschiedene Minister beisammen; man sprach davon, daß Papen den Ausnahmezustand durch Hindenburg verhängen lassen werde. Der württembergische Ministerpräsident Bolz meinte, der Ausnahmezustand wäre vielleicht nicht so schlimm, nach dem, was Schleicher ihm gesagt habe; aber freilich... Bolz stockte. Darauf Stützel, der bayrische Innenminister: »Sprechen Sie es nur aus; Sie meinen, Schleicher lügt.« Abegg sagte zu Stützel: »Sie müssen Hitler in München verhaften; wir verhängen dann in Berlin den Ausnahmezustand, nehmen Papen und zwei andere Reichsminister fest und verbieten die Nazis. In vier Wochen sind wir den Spuk los.«

Drei Tage später steht diese Unterhaltung in einer süddeutschen Zeitung. Abegg geht zu Severing und fragt, ob ihm diese Indiskretion peinlich sei. Severing erwidert: »Auf diese Dinge kommt es ja jetzt gar nicht mehr an, jetzt geht es um mehr. Ich weiß auch, was ich im entscheidenden Augenblick tun werde, aber ich sage es keinem.« In Wirklichkeit wußte er nichts, wie sich zeigte.

Am 20. Juli, vormittags 10 Uhr, bat der Reichskanzler von Papen den stellvertretenden Ministerpräsidenten Hirtsiefer, dazu Severing und den Finanzminister Klepper zu sich in die Reichskanzlei. Er sagte ihnen, daß er den Ausnahmezustand verhängt habe; die drei Herren hätten sich als Abgesetzte zu betrachten; er, Papen, werde selbst als Reichskommissar die Macht in Preußen übernehmen. Die drei erwiderten so gut wie nichts; nur beim Hinausgehen meinte Severing philosophisch: »Von diesem Augenblick an wird Weltgeschichte gemacht.« Als er wieder im Ministerium an seinem Schreibtisch saß, kam ein telephonischer Anruf des Oberbürgermeisters Dr. Bracht von Essen, den Papen als Kommissar und Nachfolger Severings ausersehen hatte. Bracht sagte, er werde den Herrn Minister um zwölf Uhr besuchen. Er kam auf einem Motorrad, Severing empfing ihn unter vier Augen. Er sagte: er sei von Rechts wegen preußischer Innenminister, es gehe hier um das Recht; er werde nur der Gewalt weichen. Bracht fragte, wie Severing sich das vorstelle; Bürgerkrieg? Man einigte sich auf einen Polizeiakt; die Gewalt wurde auf abends acht Uhr verabredet.

Am Nachmittag im Hause der freien Gewerkschaften in der Inselstraße fieberhafte Beratungen der sozialdemokratischen Partei, der Gewerkschaften, des Reichsbanners Schwarz-Rot-Gold: ob man Widerstand leisten solle. Die Kommunisten riefen zum Generalstreik auf; in der Inselstraße entschied man sich für Nachgeben, um die auf den 31. Juli angesetzten Reichstagswahlen nicht zu gefährden. Der von Bracht herbeigerufene kommissarische Polizeipräsident Melcher, bisher Polizeipräsident in Essen, besetzte indessen mit einer Abteilung Reichswehr das Polizeipräsidium und verhaftete den Polizeipräsidenten Grzesinski, den Vizepräsidenten Dr. Weiß und den Kommandeur Heimannsberg. Augenzeugen berichten, die Reichswehrsoldaten Melchers seien schneeweiß im Gesicht gewesen aus Angst vor dem anscheinend bevorstehenden Kampf; die Polizisten des Präsidiums hoben, als Grzesinski und seine Mitarbeiter abgeführt wurden, die Faust und riefen »Freiheit!« Die Verhafteten aber unterschrieben am nächsten Tag einen Revers, in dem sie ihre Absetzung anerkannten; darauf wurden sie freigelassen.

Am Abend des 20. Juli saß Severing wieder in seinem Amtszimmer und wartete auf die Gewalt. Bracht kam, wie verabredet, mit Melcher und zwei Polizeioffizieren. Sie lassen sich bei Severing melden; er empfängt sie. Melcher geht treuherzig auf Severing, seinen höchsten Vorgesetzten zu und will ihm die Hand geben; Severing hält stolz die Hand auf den Rücken. Dann rollt die historische Szene ab. Bracht eröffnet Severing seine Absetzung. Severing wiederholt, daß er der Gewalt weiche, erhebt sich und geht durch die Tür in seine anstoßenden Privaträume.

Spät abends sitzen die sozialdemokratischen Führer niedergeschlagen in den Räumen des Parteivorstandes in der Lindenstraße. Der Parteivorsitzende, Otto Wels, sagt nachdenklich, er wisse doch nicht recht, ob man heute ganz richtig gehandelt habe; darauf beruhigt ihn ein Genosse, man möge erst einmal die Wirkung der Flugblätter am nächsten Tage abwarten, man habe doch jetzt eine großartige Wahlparole.

Die Bahn für Hitler ist frei.

Der Schlag mit dem Krückstock.

Am 31. Juli wird gewählt. Triumph! Hitler hat 230 Reichstagsabgeordnete. Das ist weniger als die Hälfte, aber mehr als ein Drittel; die Nazis sind die weitaus stärkste Partei.

Und auf diesem Höhepunkt des Erfolges begeht Hitler eine Serie unverzeihlicher Fehler.

Die Strategie mit der Legalität gerät in eine verhängnisvolle Krise. Er hat die stärkste Partei; gut. Hindenburg müßte ihn nach den parlamentarischen Spielregeln zum Kanzler machen; zweifellos. Wenn er es aber einfach nicht tut? Dann ist der Führer mit seiner Legalität vor der ganzen Partei blamiert, vor dem Volke aber der Ruf seiner Unwiderstehlichkeit dahin.

Er besucht Schleicher; meldet offiziell seinen Anspruch an: er will Kanzler werden. Schleicher sagt nicht nein. Hitler fährt zurück nach dem Obersalzberg; zuversichtlich. Entwirft dort mit Goebbels Pläne, wie man regieren wird. Tags darauf — 9. August — kalte Dusche. Straßer und Frick sind da, dazu der Wirtschaftsberater Funk. Sie reißen Hitler aus seinen Illusionen, er hat sich offenbar irreführen lassen; allzusehr vertraut er auf die Allmacht und den guten Willen Schleichers. Papen, an dem der alte Herr »einen Narren gefressen« hat, will nicht weichen. Nun begeht Hitler den ersten großen Fehler.

Von Goebbels und Göring beredet, mobilisiert er die SA. Rings um Berlin wird sie konzentrisch zusammengezogen. Hitler droht mit einem Blutbad unter den Marxisten. In Ostpreußen und Schlesien beginnen die Nazis ihre politischen Gegner systematisch zu ermorden. Rund ein Dutzend solcher Fälle wird gemeldet.

Darauf völliger Stimmungsumschwung in Berlin. Schleicher läßt den Grafen Helldorf kommen, den Führer der Berliner SA, und pfeift ihn scharf an: wenn der Unfug nicht aufhöre, werde die Reichswehr schießen. Papen läßt das Standrecht verkünden, droht den Unruhestiftern mit Tod und Zuchthaus. Von Hitler ist gar nicht mehr die Rede.

In der Not packt dieser den Stier bei den Hörnern und fährt nach Berlin. Unterwegs versammelt er in einer Gartenwirtschaft am Chiemsee nochmals seine Leute um sich; von einem großen Eierkuchen essend, verspricht er ihnen, daß man auf das Blutbad mit den Marxisten nicht verzichten werde; lieber verzichte er auf die Macht. Gregor Straßer hat das Gefühl, daß Hitler die Nerven verloren hat.

Am 12. August ist Hitler in Berlin und läßt sich bei Hindenburg für den 13. melden. Am Vormittag dieses Tages zuerst Gespräch mit Schleicher und Papen in der Reichskanzlei. Sie bestätigen seine trübe Ahnung: Hindenburg will ihn nicht als Kanzler; höchstens Vizekanzler. Das ist eine Beleidigung. Hitler versucht Papen erregt klarzumachen, daß man es doch ruhig mit ihm probieren könne; er sei besser als sein Ruf. Er wolle keine Diktatur, sondern nur eine ganz legale Machtstellung, wie sie auch Mussolini anfangs als Ministerpräsident gehabt habe. Wie naiv; Mussolini wurde ja gerade auf diese Weise Diktator! Hitler fühlt sich immer noch unverstanden, es geht doch gegen die Marxisten, die Volksverderber! Er will sie »niedermähen«, fordert: »Drei Tage Straße frei für die

SA!« Er soll auch das Wort »Bartholomäusnacht« gebraucht
haben. Schleicher berichtet: »Er heftete die Augen an die
Decke und redete, redete, redete . . .« Papen, resigniert: »Sprechen Sie mit dem alten Herrn selber!«

Hitler fährt zornig zu Goebbels in die Wohnung. Auch Göring ist dort. Diese beiden wittern sofort die Lage: Hitlers Ablehnung ist beschlossen. Papen schickt ihn nur deshalb zum
alten Herrn, damit er sich die Ohrfeige persönlich holt. Also
eine Falle! In diesem Augenblick ruft der Staatssekretär
Planck aus der Reichskanzlei an; Frick geht ans Telephon.
Planck sagt: »Der Herr Reichspräsident erwartet Herrn Hitler
um vier Uhr fünfzehn in seinem Palais.« Antwort: »Die Entscheidung ist ja schon gefallen, es hat keinen Zweck mehr.«
Rückantwort: »Nein, die Entscheidung ist noch ganz offen;
sie hängt völlig von dem Gespräch mit dem Herrn Reichspräsidenten ab.« Planck ist der intime Vertrauensmann Schleichers, er wird wissen, was er sagt. Schweren Herzens fährt
Hitler jetzt doch zum alten Herrn; Röhm und Frick sind
bei ihm.

Der alte Herr verabscheut Röhm, den Skandalhauptmann,
den Homosexuellen; ist beleidigt, bietet den dreien keinen
Stuhl an. Der Sohn Oskar und der Staatssekretär Meißner,
ferner Papen und Schleicher sind zugegen. Stehend muß Hitler eine Ansprache des Alten über sich ergehen lassen. Hindenburg, ebenfalls stehend, auf den Krückstock gestützt, liest ihm
seine Pläne für ein Kabinett — Papen vor. Das ist der Genick-
stoß; es kann einem schwarz vor den Augen werden. Hindenburg fragt den nationalsozialistischen Parteiführer streng, ob
er mitarbeiten wolle? Zwischen seinen Paladinen stehend,
murmelt der erschöpft, er habe seine Bedingungen den Herren
von Papen und von Schleicher bereits mitgeteilt. Hindenburg,
fast erfreut daß alles so ist, wie er sich's dachte: »Sie wollen
also die ganze Macht?« Hitler möchte erläutern: er wolle
Kanzler werden aber nur wie Mussolini . . . Hindenburg,
triumphierend: Aber das sei doch die ganze Regierungsgewalt! Das könne er vor seinem Gewissen und seinen Pflichten
dem Vaterland gegenüber nicht verantworten, denn Hitler
werde diese Macht einseitig anwenden. Wenn der Kampf also
weitergehen müsse, was er persönlich bedaure, so möge Herr
Hitler ihn wenigstens in Zukunft ritterlich führen. Er bedaure

übrigens auch, daß Herr Hitler sich anscheinend nicht in der Lage sehe, ein von seinem, Hindenburgs, Vertrauen getragenes Kabinett zu unterstützen, wie er ihm das vor den Wahlen persönlich versprochen habe. Will sagen: du Wortbrüchiger! Das Ganze hat sieben, acht Minuten gedauert, im Stehen. Welch furchtbarer Hinauswurf! Papen sorgt dafür, daß alles breit in die Presse kommt, zumal die Sache mit dem Wortbruch.

Vor den Augen des ganzen deutschen Volkes ist Hitler die Treppe zur Macht hinaufgegangen; vor den Augen des Volkes ist er sie hinuntergeflogen. Hilflos vor dem Krückstock des fünfundachtzigjährigen Greises, er, der »Führer«! Spielzeug in den Händen von ein paar Kabinetts-Günstlingen, der »starke« Adolf Hitler! Der Ruf der Unwiderstehlichkeit wankt, der Nimbus hat Flecke.

Seit dem 9. November 1923 ist er dem »Herrn Präsidenten« nicht mehr so nahe gekommen wie diesmal. Wieder ist das Ergebnis ein Schlag blitzend und treffend wie das Mündungsfeuer der Karabiner an der Feldherrnhalle. Damals hatte er den General von Lossow vor die Pistole gestellt, diesmal Hindenburg mit dem SA-Ring um Berlin bedroht. Der böhmische Gefreite versteht sich sichtlich nicht auf die Behandlung der Generäle und Feldmarschälle.

Abstieg.

Auf dem Obersalzberg sitzt er, brütet Rache — und begeht den zweiten Fehler. Papens Standgerichte verurteilen fünf Nationalsozialisten zum Tode, die in dem oberschlesischen Dorf Potempa einen Arbeiter viehisch ermordet haben. Ein klarer, brutaler Mord. Hitler, aber telegraphiert den verurteilten Mördern, nennt sie »meine Kameraden«, verspricht ihnen, daß ihre Befreiung eine Frage der nationalsozialistischen Ehre sein werde. Ein Schrei der Empörung geht durch die Oeffentlichkeit. Das war zuviel! Papen erklärt, der Mann, der die Mörder Kameraden nannte, habe den Anspruch auf die Regierung verwirkt. In diesem Augenblick meldet sich Dr. Hjalmar Schacht mit einer vertraulichen Botschaft. Er versichert Hitler erneut seine Sympathie; meint salbungsvoll, er glaube nicht, daß Hitler des Trostes bedürfe, denn die Macht müsse ihm ja eines Tages so oder so zufallen; er, Schacht, wolle ihm nur sagen, daß er für Hitlers Handlungsweise volles Verständnis habe. Nebenbei eine Bitte: Hitler möge sich ja nicht auf ein detailliertes Wirtschaftsprogramm festlegen! Wirtschaftsprogramme zögen ja sowieso keine Massen an, sondern nur die Interessenten der verschiedensten Richtungen. Dieser leise Wink Schachts hatte große Bedeutung. Er veranlaßte Hitler, das gerade entstehende Wirtschaftsprogramm Papens — von dem Hitler behauptete, es sei ihm gestohlen — nicht durch eigene Pläne zu durchkreuzen. Zwar Gregor Straßer war gerade dabei, ein Wirtschaftsprogramm der Partei mit sozialistischem Beigeschmack zu entwerfen; die spätere Regierung Hitler aber hat tatsächlich nur den Plan Papens aufgenommen und fortgeführt. Als echter Zwischenträger und Vermittler schloß Schacht: es könne sein, daß Hitler ihn, Schacht, in nächster Zeit einmal »innerhalb der Festung« sehen werde; er hatte Hoffnungen auf Posten. Seine, Schachts Sympathie gehöre aber trotzdem Hitler; er werde ihm helfen, wo er könne.

Schacht versprach nicht zuviel. Das Urteil gegen die Mörder von Potempa wurde nicht vollstreckt. Die Regierung Papen zeigte sich in diesem Punkt schwach, damit wurde Hitlers Fehler doch noch ein Erfolg.

Aber Hitler bleibt blind vor Haß gegen Papen und — Hindenburg. Der Oberleutnant Schulz, Gregor Straßers rechte Hand, macht auf eine Möglichkeit aufmerksam: man hat doch zusammen mit dem Zentrum die Mehrheit im Reichstag! Hitler trifft in Berlin mit Brüning zusammen. In seiner Wut macht er unmögliche Vorschläge. Papen absetzen? Viel zu wenig: Hindenburg durch Reichstagsbeschluß absetzen! Wahrlich, er ist kein Diplomat. Brüning läßt sich auf das unmögliche Spiel nicht ein, sorgt aber dafür, daß an die Oeffentlichkeit etwas durchsickert. Darauf erklärt Hitler öffentlich: er sei sehr gesund und Hindenburg sehr alt; er könne warten. Diese deutliche Anspielung auf Hindenburgs baldigen Tod vermehrt die allgemeine Entrüstung und läßt viele am Verstande des Führers zweifeln. Sie ist der dritte Fehler.

Im übrigen haben Schachts Warnungen vor wirtschaftlichen Experimenten gewirkt. Hitler wirft gerade jetzt, wie Goebbels in seinem »Tagebuch« bezeugt, wieder ein mißtrauisches Auge auf Gregor Straßer. Dieser, der die Niederlage des 13. August schneller im vollen Umfang erfaßt als Hitler und Göring, warnt heftig vor Reichstagsauflösung und neuen Wahlen; sie bedeuten sicher eine abermalige schwere Niederlage.

Aber Hitler sieht rot und begeht den vierten Fehler. Als am 12. September der Reichstag zusammentritt, sitzt er nebenan im Palais des Reichstagspräsidenten, über das Göring als Vertreter der stärksten Fraktion seit ein paar Tagen gebietet. Von dort aus befiehlt er seinen Leuten, Papen um jeden Preis zu stürzen. Dramatischer Zusammenstoß zwischen Göring, dem Präsidenten, und Papen, dem Kanzler. Während Göring die Stimmen der Nationalsozialisten und des Zentrums zusammenzählt und den Sturz Papens verkündet, legt dieser vor Göring einen Zettel auf den Tisch, auf dem Hindenburg mit zitternden Buchstaben die Auflösung des Reichstages erklärt; Meißner hat das kostbare Papier vor ein paar Tagen im Flugzeug aus Neudeck geholt. Und am 6. November wird erbarmungslos gewählt; am Eingang eines grauen Elendwinters; sieben Millionen Erwerbslose; Streiks, bei denen Nationalsozialisten und Kommunisten zusammengehen. Dieses Volk müßte jetzt nach Hitler schreien. Aber seit dem 13. August haben viele das frühere Zutrauen nicht mehr. Er schafft es doch nicht, hieß es; er ist doch nur ein verrannter Fanatiker, nimmt sich zuviel vor und erreicht gar nichts. Ein stürzender Komet im Novembernebel. Zwei Millionen, die ihn im Juli gewählt haben, zweifeln im November bereits an ihm; er verliert am 6. zwei Millionen Stimmen. Die Partei ist bestürzt. »Auf dem Berliner Gau herrscht eine sehr gedrückte Stimmung. Unter der Wählerschaft herrscht vielfach Verzweiflung,« schreibt Goebbels am 7. November in sein »Tagebuch«. Die Zahlungen stocken. Die Gläubiger drängen. Der Parteikassierer ist ratlos, wie er zwölf Millionen Schulden decken soll. SA-Führer kommen scharenweise zu den »Judengazetten« gelaufen und verkaufen Parteigeheimnisse für ein paar Mark. Zeichen beginnender Auflösung.

Anfangs 1932 hatte Hitler in weiser Voraussicht besondere Anstrengungen zur Erschließung neuer Geldquellen gemacht. Fritz Thyssen, neben Kirdorf sein stärkster Bewunderer in der Schwerindustrie, hatte am 27. Januar die Industriellen von Rheinland und Westfalen in Essen zusammengetrommelt. Hitler sagte launig, er selbst sei einer der größten deutschen

Wirtschaftsführer; Partei und SA hatten, Uniformlieferungen und Vorschüsse eingerechnet, tatsächlich einen Jahresetat von 70 bis 90 Millionen Mark. Sozialisierung sei Unsinn, der Staat habe politische, keine wirtschaftlichen Aufgaben; was er verlange und erzwingen werde, sei Verantwortung des Wirtschaftsführers gegen die Nation. Das Ergebnis der Rede, sagt ein Teilnehmer, war zu einem Drittel Zustimmung, einem Drittel Schwanken, einem Drittel Ablehnung. Thyssens Schlußwort »Heil, Herr Hitler!« fand nur ein halbes Echo. Während Hitler zu den Industriellen sprach, hielt Gregor Straßer »sozialistische« Reden. Im Reichstag sagte er, 95 % des deutschen Volkes seien erfüllt von einer »antikapitalistischen Sehnsucht«. Darauf sperrte der Bergbauliche Verein die Zuschüsse. Hitlers Kampf um die Macht spitzte sich im Herbst zu einem auf Leben und Tod geführten Kampf um die Staatskasse zu.

In Schleichers Zange.

Schleicher glaubte Hitler jetzt allmählich auf den Knien zu haben; hoffte ihn kaufen zu können.

Außerdem sagte er einem Ministerkollegen, er besitze noch ein weiteres Druckmittel. Röhm habe ihm persönliche Geheimnisse Hitlers anvertraut, die peinlich seien. Hitler trieb selbst Politik mit fremden Geheimnissen; einige Jahre zuvor hatte er die Sammlung eines Münchner Sonderlings namens Rehse gekauft, der seit elf Jahren alle erreichbaren politischen Dokumente, Plakate, Artikel, Briefe usw. sammelte; manches Stück hellte die vergessene politische Vergangenheit dieses oder jenes Parteigenossen auf und konnte als Druckmittel benutzt werden. Die Sammlung Rehse wurde Hitlers Privatarchiv. Die eigenen Geheimnisse der Partei lagerten selbstverständlich nicht in der Parteizentrale, im »Braunen Haus« an der Briener Straße, sondern befanden sich verteilt in fünf Dörfern um das Städtchen Schongau, südwestlich von München.

In seiner trüben, fast verzweifelten Lage ist Hitler plötzlich besonnen genug, einen fünften Fehler zu vermeiden. Schleicher stellt eine Falle. Er drängt Papen zum Rücktritt und läßt Hitler durch Hindenburg auffordern, nun wirklich als Kanzler die Macht zu übernehmen. Aber — unerläßliche Bedingung — er muß Hindenburg eine Mehrheit im Reichstag bringen. Der alte Herr empfängt ihn diesmal viel manierlicher als im August, spricht mit ihm unter vier Augen, hört anderthalb Stunden seinem Redestrom geduldig zu. Aber von seiner Bedingung geht er nicht ab. Das ist reine Tücke, Hitler würde zum Gefangenen Brünings und Hugenbergs, vielleicht zu ihrem Opfer, wenn es einem der beiden beliebte, ihn irgendwann plötzlich zu stürzen. Hitler sitzt im Hotel »Kaiserhof«, schräg gegenüber von Hindenburgs Palais, nur hundert Meter entfernt; sucht den Präsidenten durch lange Briefe zu erweichen. Aber der alte Herr gibt nicht nach. Eine neue Niederlage ist in Sicht; da ruft Dr. Dietrich die Presse zusammen, übergibt ihr den Wortlaut des Briefwechsels zwischen Hitler und Hindenburg, erst in diesem Augenblick trifft die Absage Hitlers bei dem alten Herrn ein. Damit hat er dem Abbruch der Verhandlungen Stimmung und Note gegeben, ist der Gegenseite zuvorgekommen; von ihm empfängt die Presse heute das entscheidende Communiqué. Es ist auch diesmal ein Mißerfolg, aber die Oeffentlichkeit merkt es nicht so deutlich wie im August.

Doch Hitlers Lage ist schon so bedrängt, daß er einen Fehler nur durch einen andern vermeiden kann. In Schleichers Falle ist er nicht gegangen. Die Folge aber ist: Bruch mit Schleicher, Kampf mit der Reichswehr. Ein trauriges Ergebnis des jahrelangen höflichen Leisetretens vor der »bestehenden mächtigsten Einrichtung« dem wahren »Herrn Präsidenten«. Eine furchtbare Aussicht für die wunde Partei.

Schleicher meint, er kann Hitler jetzt in Stücke schneiden. Er übernimmt selbst die Kanzlerschaft, ruft Gregor Straßer zu sich und sagt ihm, er plane ein überparteiliches Kabinett, von den »vernünftigen« Nationalsozialisten bis zu den »vernünftigen« Sozialdemokraten. Ob Straßer Vizekanzler werden wolle? Straßer fragt Hitler. Der schwankt wie immer. Denn Straßer als Vizekanzler wäre, nachdem Hindenburg den Führer selbst als Kanzler nun einmal nicht will, ein Ausweg aus der Parteikrise. Auch Frick und Gottfried Feder sind für den Plan.

Göring und Goebbels sind selbstverständlich dagegen. Ein Hin und Her von Intrigen, Angebereien, Beschimpfungen, Betrug. Die Partei war in sich nie sehr einig, immer ein brodelnder Topf von Neid und Streberei, immer alle gegen alle. Erst

Straßer gegen Hitler, Goebbels gegen Hitler; dann plötzlich Goebbels für Hitler und gegen Straßer; Straßer gegen Röhm; Göring gegen Röhm und Straßer; Frick und Feder gegen Goebbels und Göring; Amann gegen Straßer, Goebbels und Göring; Rosenberg gegen Amann, Göring, Straßer und Goebbels — und das alles nicht etwa verschluckter Aerger, sondern feuerspeiende Wut, aufgebrachte Vorträge bei Hitler, Anzeigen an die Untersuchungs- und Schlichtungsausschüsse. Die Partei war so sehr aufs Persönliche gestellt, daß aus Meinungsfragen immer gleich Personenfragen wurden.

Das besondere Unglück war die Unentschlossenheit der obersten Person vor schwierigen Entscheidungen. Auch in der Frage Straßer-Schleicher fand Hitler keinen Entschluß.

Gregor Straßers letzter Kampf.

Da trat am 3. Dezember eine Katastrophe ein. Die Partei verlor bei Wahlen in Thüringen fast die Hälfte der Stimmen. Der Komet war im Stürzen.

Straßer stellte Hitler jetzt ein Ultimatum: Schleichers Angebot, ja oder nein?

Das ist für die Partei ein geschichtliches Ereignis. Straßer ist nach Hitler unbestritten der Führer der Partei. Er ist seit 1925 ihr Organisator. Mehr: er ist der eigentliche Gründer der Partei in Norddeutschland, Norddeutschland aber ist heute ihre Basis, längst nicht mehr Bayern. In den Jahren 1925 bis 1928 hat Gregor Straßer, unterstützt von seinem Bruder Otto, sekundiert von Goebbels, die nationalsozialistische Partei in ihrer neuen Form für Hitler geschaffen.

Im Jahre 1932 hat er dann zusammen mit Feder durch ein Wirtschaftsprogramm von genialer Skrupellosigkeit Millionen von Verzweifelten, Leichtgläubigen für die Partei gewonnen. Er hat die tollsten Versprechungen mit dem tiefsten Ernst vorgetragen, das Unmögliche als selbstverständlich hingestellt. »Jedem Deutschen sein Eigenheim«, schrieb Feder; Straßer aber versprach der deutschen Landwirtschaft eine Unterstützung von zehn Milliarden. Den Arbeitern versprach er die Zertrümmerung des Kapitalismus, und er war im Begriff, die freien Gewerkschafter von der Sozialdemokratie loszusprengen.

Wenn ihm das Kunststück gelang, dann war er eine größere politische Figur als Hitler; der Vizekanzler, vielleicht gar der künftige Kanzler Gregor Straßer, Führer der deutschen Volksgemeinschaft »von Straßer bis Severing«, war das neue, große, ruhige Gestirn über dem Horizont, hinter dem der irre Komet Hitler eben niederstürzte.

Darum konnte Hitler Straßers Ultimatum nicht annehmen.

Nun gab Straßer sich einer verhängnisvollen Gemütswallung hin. Er setzte sich am Vormittag des 8. Dezember auf sein Zimmer im Hotel »Excelsior« und schrieb an Hitler einen großen Absagebrief, zählte alle Fehler auf, die die Partei nach seiner Meinung beging, schalt namentlich auf Goebbels und Göring, sagte, daß der Weg Hitlers ins Chaos, in einen deutschen Trümmerhaufen führe. Sämtliche Parteiämter warf er dem Führer vor die Füße. Dann bezahlte er sein Zimmer, gab sein Köfferchen bei der Gepäckaufbewahrung im Anhalter Bahnhof ab und verschwand.

Mittags trifft der Brief im »Kaiserhof« ein. Hitler ist zerschmettert; Straßers Rücktritt kann der Anfang vom Ende sein. Die ganze Partei, die Inspekteure, die SA-Führer, die Abgeordneten sehen seit Tagen in Straßer den Retter. Die Partei kann den Angestellten die Gehälter nicht mehr zahlen. Die SA-Leute stehen mit Sammelbüchsen auf der Straße und betteln: »Für die bösen Nazis!«

Max Amann kämpft täglich am Telephon verzweifelt mit seinem Drucker Adolf Müller, weil dieser den Druck des »Völkischen Beobachters« von einem Tag auf den andern einstellen will, wenn er nicht endlich bezahlt wird; Müller, selbst Herausgeber einer Anzahl von Provinzblättern, weigert sich in dieser seiner einflußreichen Lokalpresse für den anscheinend untergehenden Hitler einzutreten, denn der Kardinal könne, sagt er, ihm den Druck des Kirchenzettels entziehen! der Geschäftsmann mit der Rotationsmaschine setzte auf den Kardinal und gab Hitler preis — so stand es. Fritz Thyssen, sonst letzte finanzielle Hilfe in der Not, erklärte sich am Ende seiner Kraft; für die Novemberwahlen bestellte er noch bei Müller einen Waggon mit Drucksachen — dann dürfe man auf ihn nicht mehr zählen.

Wenn jetzt Schleicher den Reichstag abermals auflöst, kann ein Drittel, kann die Hälfte der Abgeordneten Hitlers die Mandate verlieren; das bedeutet kahl und nackt: Hunger. Nur Straßer kann durch eine Verständigung mit Schleicher die Katastrophe abwenden.

Unmöglich, zu übersehen, wie groß der Anhang Straßers in diesem Augenblick ist. Da ist nicht nur seine alte Garde, die Frick, Feder, Koch, Kaufmann, Kube, Reventlow, Stöhr, Brückner; nein, die halbe, um ihre Mandate zitternde Fraktion muß man ihm zurechnen. Frick geht zu Hitler, redet mit ihm energisch wie nie; auf keinen Fall dürfe jetzt mit Straßer gebrochen werden, der Brief sei ein Unglück, das sich reparieren lasse, sachlich habe Straßer in vielem recht. Hitler ist eingeschüchtert, erklärt sich zu einer nochmaligen Aussprache mit Straßer bereit, will den Bruch wieder einrenken.

Das geplante Kabinett Schleicher-Straßer hat in diesen Nachmittagsstunden des 8. Dezember nochmals eine Chance.

Aber wo ist Straßer? Im Hotel »Excelsior« weiß man es nicht. Ein Handkoffer steht auf dem Bahnhof, sein Eigentümer ist irgendwo in Berlin. Wo? Es gibt tragikomische Verkettungen. Gregor Straßer ist im Grunde ein bequemer Mensch, der Ruhe, einen guten Tropfen, Vergessen der Geschäfte in unbedeutender Gesellschaft liebt. Während Frick ihn sucht, sitzt er schimpfend, sein Herz erleichternd, trinkend zusammen mit einem guten Freund, dem ehemaligen Militärbeamten Moritz, den die Oeffentlichkeit unter dem Namen Gottfried Zarnow als Enthüller von allerlei Justizskandalen kennt. Im »Kaiserhof« wartet Hitler vergeblich auf seinen abtrünnigen Unterführer. Ahnt Straßer gar nichts? Es sieht gerade so aus, als ob er sich versteckt. Er hat seinen Brief geschrieben, jetzt ist er fertig mit Hitler, jetzt will er von nichts mehr wissen, jetzt will er nichts als seine Ruhe. Merkwürdig, wie dieses wilde Jahr 1932 die an den entscheidenden Stellen stehenden Menschen durch Müdigkeit bezwingt und niederwirft! So hatte Otto Braun, wurstig und des Aergers satt, den Kram einfach liegen lassen und war an den Lago Maggiore gefahren; so hatte Severing mit matter Geste sich in seine Privatgemächer zurückgezogen, das liebe, kleine Haus bei Bielefeld am Fuße des Teutoburger Waldes vor Augen. So verschwatzte jetzt Gregor Straßer mit Moritz den Nachmittag, bestieg abends den Zug nach München und fuhr dann mit Weib und Kind in den sonnigen Süden, nach Bozen.

Unverzeihlicher Fehler! Wenn Straßer wüßte, wie die ganze Partei auf ihn wartet, wie Hitler untätig, ratlos im Hotelzimmer auf- und niederrennt und auf ein Wunder wartet — er wäre vielleicht doch in Berlin geblieben. Denn während er nach Süden fährt, sagt Hitler verzweifelt zu Goebbels:

»Wenn die Partei zerfällt, mache ich in drei Minuten mit der Pistole Schluß!«

Am nächsten Morgen erlösende Botschaft. Straßer ist fort, verzichtet auf Kampf wie Verständigung. Hitler atmet auf. Straßers Anhänger sind führerlos. Ihnen allen wird eine schriftliche Erklärung, die Straßer scharf verurteilt, zur Unterschrift vorgelegt. Hart und bitter für viele; es sind Männer, die Straßer, der allmächtige Organisationsleiter, an die wichtigsten Parteiposten gesetzt hat. Dieser Apparat Straßers wird jetzt hastig zerschlagen, Straßers Gehilfe, der Oberleutnant Schulz, entfernt, die Organisationsleitung aufgeteilt. Den unbedeutenden Rest erhält ein unbedeutender Mensch, der Kölner Gauleiter Dr. Ley; er hat sich in dieser Krise, wie einst schon vor sieben Jahren in Hannover, durch Treue zu Hitler ausgezeichnet; hat für ihn unter den Unterführern herumgehorcht, ihn telephonisch auf dem Laufenden gehalten, Stimmung gemacht. Die eigentliche politische Ueberwachung der Partei vertraut Hitler Rudolf Heß an.

Unter denen, die das Verdammungsurteil gegen Straßer nicht unterzeichnen wollen, ist Gottfried Feder. »Entweder du unterschreibst, oder du fliegst aus der Partei«, schreit Hitler ihn an. Feder unterschreibt.

Der Höhepunkt dieser Reinigungskampagne war eine Versammlung der nationalsozialistischen Führer im Palais Görings. Hitler sprach herzbewegend: wie er Straßer immer die Treue gehalten, wie Straßer sie ihm gebrochen habe; wie die Partei jetzt in einer schwierigen Lage, aber nahe vor dem Siege sei und welches Verbrechen Straßer mit seinem Abfall gerade in diesem Augenblick begehe. »Nie hätte ich Straßer das zugetraut«, rief er und legte schluchzend den Kopf auf die Tischplatte. Vielen Anwesenden stiegen die Tränen in die Augen, als sie den Führer sich vorweinen sahen; Julius Streicher, der von Straßer seit Jahren Geduckte, rief von seinem bescheidenen Platz im Hintergrunde: »Empörend, daß Straßer unserm Führer so etwas antun konnte!«

Mit diesen Tränen war aber die Parteikrise nicht beschworen, Sie ergab sich aus den dauernden Niederlagen und aus der anscheinenden Aussichtslosigkeit von Hitlers Taktik. Goebbels notiert in seinem »Tagebuch«:

»5. Dezember. Um sich greifende Kompromißsucht. — 6. Dezember. Die Lage im Reich ist katastrophal. — 8. Dezember. In der Organisation herrscht schwere Depression. Die Geldsorgen machen jede zielbewußte Arbeit unmöglich. Alle sind in sehr gedrückter Stimmung. Man ist innerlich so wund, daß man nichts sehnlicher wünscht, als für ein paar Wochen aus all diesem Getriebe zu entfliehen. — 10. Dezember (nach Hitlers Tränenrede). Die Finanzlage des Gaues Berlin ist trostlos. Die Stimmung in der Parteigenossenschaft ist noch geteilt. — 15. Dezember. Es kostet große Mühe, die SA und die Parteiamtswalterschaft in klarem Kurs zu halten. Es wird höchste Zeit, daß wir an die Macht kommen. Wenn es gelingt, die Bewegung zu halten, dann gelingt es auch, die Situation zu retten. — 20. Dezember. Wir müssen alle Kraft zusammennehmen, um die Organisation noch einmal herauszupauken. — 21. Dezember. In der Partei ist sehr viel Stunk und Mißhelligkeit auszuräumen. Die Geldkalamität dauert an. — 22. Dezember. Wir müssen die Gehälter im Gau abbauen, da wir sonst finanziell nicht durchkommen. — 23. Dezember. Die furchtbarste Einsamkeit fällt wie eine dumpfe Trostlosigkeit über mich herein.« Die Partei kämpft mit dem Zusammenbruch.

Müdes Proletariat.

Aber das ist es gerade, was Deutschland nicht will. Deutschland will diese Partei.

Wir leben im Zeitalter der Verantwortungslosigkeit; im Zeitalter Otto Brauns, Karl Severings, Gregor Straßers. Deutschland sucht einen, auf den es die ganze Last seiner Sünden werfen kann. Hitler darf nicht untergehen.

Alle Schichten wollen ihn, auch wenn sie es nicht wissen.

Die Arbeiterschaft will ihn mit der ganzen Kraft ihrer Hoffnungslosigkeit. Sie trägt schwer an dem geheimen Bewußtsein, den Sozialismus nicht zu wollen, weil sie die Verantwortung nicht will. Der Wille einer Elite ist nicht der Wille der Masse, aber selbst der Wille der Elite spiegelt schillernd und gebrochen die innere Ziellosigkeit der Gefolgschaft. Die beiden sich bekämpfenden Arbeiterparteien drücken die Sehnsucht nach Verantwortungslosigkeit durch zwei scheinbar entgegengesetzte Taktiken aus. Aber sie erreichen tatsächlich genau dasselbe — und das sagt mehr als alle Programme. Die Sozialdemokratie setzt ihre Kraft an die Verbesserung, damit an die Erhöhung der Lebensfähigkeit und die Erhaltung des kapitalistischen Systems; Arzt am Krankenbett des Kapitalismus will sie sein, es der Arbeiterschaft in der kapitalistischen Welt behaglich einrichten. Der Kommunismus scheint das System stürzen zu wollen, aber er scheint es auch nur. Er konzentriert seine Hauptkraft gegen die Sozialdemokratie, die er als »Hauptfeind« bezeichnet; stürzt im preußischen Landtag zusammen mit den Nazis die Regierung Braun-Severing — und will sie ein paar Monate später durch einen Generalstreik verteidigen; noch nach Hitlers Machtantritt wird ein maßgebender kommunistischer Führer diese Taktik preisen. Der Kommunismus schiebt also vor der Nation die Verantwortung für die Erreichung des Sozialismus der sozialdemokratischen Bruderpartei zu, kämpft listig in deren Schatten, statt durch Angriff auf das gesamte System ins helle Licht der Verantwortung zu treten. Er hätte von Hitler lernen können, daß man einen Nebenbuhler nicht mit Geschrei zum Mittelpunkt des Kampfes macht, sondern ihn durch den größeren Elan gegen den gemeinsamen Hauptfeind schweigend überrundet. Die müde Sozialdemokratie, ein soziales Mosaik, von gehobenen, bürgerlich denkenden Arbeitern, Angestellten und Beamten geführt und großenteils aus ihnen bestehend — der lebendige Kommunismus, innerlich hoch gespannt, mit einer stark wechselnden Masse reinen Proletariats und einer oft aus idealistischen, weltfremden Intellektuellen bestehenden Führung: sie zeigen durch ihren Bruderkampf um zweitrangige Fragen die Tatsache an, daß die Arbeiterschaft nach fünfzigjährigem Kampf keine politische Macht ist. Eine Partei mit drei Millionen Wählern, von denen im entscheidenden Augenblick nur fünfzigtausend das Gewehr in die Hand nehmen (Wien, Februar 1934), muß von einer Partei mit nur einer Million Wählern, von denen aber eine halbe Million kämpft, mathematisch sicher geschlagen werden.

Die deutsche Arbeiterschaft gab ihren beiden Parteien bis zuletzt unerschüttert zwölf Millionen Stimmen. Aber die zwölf Millionen waren in ihrer überwiegenden Masse nicht bereit zu kämpfen; aus Skepsis gegen sich selbst, nicht nur gegen ihre Parteien. Das muß einmal ausgesprochen werden: die Heraufführung der klassenlosen Gesellschaft wird das Werk einer schöpferischen Bewegung sein, die die Klassenlosigkeit bereits in sich selbst durchgeführt hat. Hier erheben sich neue große Probleme; hier entsteht — vom Menschen, nicht vom Apparat her — das Bild einer Zukunftsgesellschaft, die bereits heute von den Massen in ihrem Verhältnis zur kulturellen Ueberlieferung, zur Natur, zum sportlichen Wettkampf geahnt wird; hier kündet sich der kommende Triumph über den entwerteten Menschen dieser Krisenzeit, über Deklassierung und rauschhafte Unterwerfung an. Hier wird die Verantwortung vor der Geschichte erlebt werden; erst von wenigen, dann von vielen. Das deutsche Proletariat von 1932 liegt unter den Rädern der Geschichte, aber der Gedanke der Freiheit wird aus zerbrochenen Klassen neue Menschen und frische Kämpfer wecken.

Die große Krise des Kapitalismus hat 1932 am schwersten jenen Teil des kapitalistischen Systems getroffen, der von der Arbeiterschaft gebildet wird. Sieben Millionen Erwerbslose und eine Million SA-Männer machen einen politischen Generalstreik — nach dem Beispiel von 1920 — aussichtslos. Diese Arbeiterschaft wartet auf etwas Neues, nämlich auf ihre eigene Erneuerung; das Neue aber aus den alten sozialistischen Ideen herauszuschöpfen, ist eine Frage der geistigen Unabhängigkeit, des Mutes, der Willensbildung und jedenfalls der Zeit. Die alten Parteien kommen nicht mehr dazu und können das auch gar nicht. Es bleibt im Augenblick nur der Ersatz: Hitler. Eine Arbeiterschaft ohne Selbstvertrauen erwartet ihn.

Und die andere Seite?

Müder Kapitalismus.

Nach einer bekannten Legende haben die deutschen Großindustriellen Krupp, Thyssen und Vögler zusammen mit den ostelbischen Junkern den kleinen Gefreiten Hitler zum Prokuristen der Firma Deutschland gemacht, damit er es in ihrem

Auftrag regiere, was er nun seit drei Jahren tut. Oder: wie der kleine Moritz sich die Weltgeschichte vorstellt.

Die deutschen Großindustriellen dieser Zeit sind kein sehr imponierendes Geschlecht. Ueberragende Schöpferkraft hat sich seit dem Tode von Hugo Stinnes (1924) fast nirgends gezeigt. Die Maßgebenden sind meist Söhne oder Enkel, die das Erbe größerer Väter verwalten. Der Aufbau des größten Konzerns der Schwerindustrie, des »Stahlvereins«, durch Vögler und Thyssen war eine traurige Fehlleistung infolge unzähmbarer Profitgier der Partner. Es ist lächerlich, zu glauben, so gerissene Erfolgsjäger wie Hitler oder Goebbels ließen sich von Vögler oder Thyssen in die Tasche stecken. Gewiß schließen sie mit ihnen Bündnisse; gewiß ist bei diesen Bündnissen die eine Seite der Dumme — aber das werden bestimmt nicht Hitler oder Goebbels sein; es handelt sich hier um Politik, um Benutzung der öffentlichen Meinung, um Ausspielen der Masse, worin sie diesen Händlern mit Aktienpaketen weit überlegen sind. Die drei Großindustriellen übrigens, die sich der solidesten und mächtigsten Leistung der Nachkriegszeit rühmen können, Carl Duisberg und Carl Bosch von der I. G. Farbenindustrie und Carl Friedrich von Siemens, Leiter des gleichnamigen Konzerns, haben Hitler nicht unterstützt, sondern ihn bekämpft. Seine Gönner und Geldgeber war die Gruppe der »Notleidenden«, der Kohlenbergbau und die Eisenhütten; Gruppen, die auf nationalsozialistische Staatsaufträge spekulierten; ja, wie der Fall des Stahlvereins gezeigt hatte, mit dem Gedanken spielten, ihre unrentablen Betriebe für teures Geld an den Staat zu verkaufen. Nein, dieser müde Kapitalismus, der das Erbe der Väter um guten Preis loszuschlagen bereit war, wollte gewiß nicht den Staat regieren; er wollte gern auf jede Art regiert werden, wenn das Geschäft sich nur etwas besserte. Politische Verantwortungsfreude war in dieser »Wirtschaft« so wenig wie in der Arbeiterschaft. Kurz vor der Machtübernahme sagte Hitler in einem Gespräch geradezu mahnend: »Die Politik werden wir machen; aber die Wirtschaft, meine Herren, müssen natürlich Sie machen.«

Eine bleierne Müdigkeit verwischt die Probleme und macht die Ideale stumpf. Es gibt nur noch ein Ideal: das nationale Deutschland »besinnt sich auf sich selbst«.

Was heißt das eigentlich? Die nationale Bindung ist die selbstverständlichste, gewisseste und gegenwärtigste, die es zur Zeit gibt. Sie ist die politische Existenzform der Völker seit Beginn des neunzehnten Jahrhunderts, das Bekenntnis zur Nation ist ein Bekenntnis zum Gegebenen, Seienden, Gegenwärtigen; je ausschließlicher es abgelegt wird, desto mehr verdrängt es den Willen zum Werdenden, Zukünftigen, zu neuen Idealen und neuen Gesellschaftsformen. Ein Volk, das seinen ganzen Willen auf die Ausbildung seines Nationalcharakters richtet, drückt damit eine tiefe Abneigung gegen Fortschritt und Erneuerung aus. »Wir wollen wieder deutsch werden!« heißt praktisch: »Ich wünsche meine Ruhe zu haben,« und »Deutscher, besinne dich auf dich selbst!« bedeutet: »Ueberlaß die schwierigen Fragen mir, deinem Führer!«

Das deutsche Volk wünscht sich nichts Besseres. Dies mit der Feinfühligkeit eines Erdbebenmessers noch am Rande der Katastrophe und unter unzähligen Fehlern zu erkennen, war Hitlers Stärke.

Das Bündnis von Köln.

Die große Politik um die Jahreswende 1932/33 war ein Duell zwischen Schleicher und Papen. Schleicher hatte Papen gestürzt, Papen wollte ihn wieder stürzen.

Den Zerfall des Nationalsozialismus setzten beide als feste Tatsache in ihre Rechnung. Es kam darauf an, diese Tatsache möglichst geschickt zu benutzen. Schleicher wollte mit Hilfe Gregor Straßers möglichst große Reste der Partei an sich ziehen. Papen dachte dasselbe mit Hitler zu erreichen. Beide glaubten, die Nazis seien durch viel Unglück mürbe gemacht und gefügig. Papen schluckt den Groll vieler Monate hinunter, Hitler tat dasselbe. Die Versöhnung dieser Feinde und ihr Bündnis gegen Schleicher ist das große Ereignis des beginnenden Jahres.

In der nun anhebenden Intrige ist Hitler der freiwillige Geschobene. Papen kämpft für ihn, rettet ihn, siegt für ihn. Am Abend des 3. Januar trifft Gregor Straßer aus seinem Urlaub wieder in Berlin ein, erholt, nochmals zum Kampf entschlossen. Am gleichen Abend verläßt Hitler mit seiner gewohnten Eskorte München, angeblich, um zu einer Wahlversammlung in das Ländchen Lippe-Detmold zu fahren. Zum Erstaunen der Begleiter nimmt man jedoch nicht den Zug nach Hannover, sondern den nach Köln. Hitler schweigt geheimnisvoll.

»Am frühen Morgen«, schreibt Dr. Otto Dietrich, »steigen wir alle in Bonn aus. Dort steht Schreck mit des Führers Wagen am Bahnhof, um uns im ersten Morgengrauen nach Godesberg zu fahren. Kurze Frühstückspause. Ein geschlossener Wagen fährt vor. Der Führer steigt ein. Fährt ab. Das Ziel dieser Fahrt ist uns unbekannt.

Uns aber hatte zuvor der Führer die Weisung gegeben, in seinem Wagen, ohne ihn die Fahrt fortzusetzen in Richtung Köln. Drei Kilometer hinter Köln, auf der Straße nach Düsseldorf, sollten wir anhalten und warten.

Wir erreichen gegen Mittag den vereinbarten Treffpunkt. Das Wetter war kalt und feucht. Wir warten. Auf der nassen Landstraße gehen wir auf und ab. Gespräche mit Vermutungen aller Art, wo wohl der Führer sein könne, verkürzen uns die Zeit. Niemand weiß einen Anhaltspunkt, niemand hat eine Ahnung von der Bedeutung dieser Trennung.

Nach zwei Stunden fährt der geschlossene Wagen von Bonn bei uns auf. Hält an. Der Führer steigt aus, steigt um, zu uns in seinen Wagen. Der geschlossene Wagen macht Kehrt, verschwindet in Richtung Köln.

Bei der Weiterfahrt nach Düsseldorf macht der Führer Andeutungen, denen wir entnahmen, daß er eine Unterredung mit einer politischen Persönlichkeit hatte. Auch spürte ich irgendwie, daß er mit dem Erfolg seines geheimnisvollen Abstechers außerordentlich zufrieden war.«

Hitler hatte sich an diesem bedeutungsvollen 4. Januar mit Papen getroffen. Es ist genau acht Jahre her, seitdem er in seinem Gespräch mit dem Ministerpräsidenten Held die Beziehungen zu dem Herrn Präsidenten neu zu knüpfen suchte. Die Kölner Begegnung findet im Hause eines Parteigenossen, des Bankiers von Schröder statt. Feierliche Versöhnung zwischen Hitler und Papen. Das Telegramm von Potempa ist vergessen. Hitler erkennt an, daß nur über Papen der Weg zu Hindenburg geht. Papen ist bereit, dem alten Herrn seinen Widerwillen gegen den böhmischen Gefreiten auszureden; Hitler verzichtet dafür ausdrücklich auf die »Bartholomäusnacht«. Nichts mehr von »Straße frei für die SA!«

Zunächst muß Hitler finanziell gerettet werden. Ein Konsortium bildet sich, geführt von den Generaldirektoren Vögler und Springorum; die dringendsten Schulden werden bezahlt.

Dann wird in der Presse das Stichwort ausgegeben: die nationalsozialistische Partei darf nicht zugrunde gehen. Sie ist die letzte Hoffnung breiter Massen; zerfällt sie, dann haben wir zehn Millionen Kommunisten mehr.

Der drohende Untergang des Nationalsozialismus verbreitet Untergangsstimmung im Bürgertum. Ein Gespenst geht um in Deutschland, das Gespenst des Kommunismus. Hitler spielt Selbstmord, und alles ruft erschreckt: rettet den Retter!

Minen und Gegenminen.

So denkt auch Schleicher. Man mache also Gregor Straßer zum Vizekanzler, er wird die besten Teile der Partei retten.

Hindenburg, das heißt praktisch der Sohn Oskar und der Staatssekretär Meißner, hat zu wählen zwischen dem Rezept Schleicher und dem Rezept Papen. Das Rezept Schleicher: Starke Teile der NSDAP unterstützen die Regierung. Teile der Sozialdemokratie stoßen dazu, dafür wird Straßer Vizekanzler. Dann wird der Reichstag aufgelöst und Hitler in der Wahl zerrieben.

Das Rezept Papen: Die ganze NSDAP unterstützt die Regierung, auf die Sozialdemokratie wird verzichtet, der Reichstag wird nicht aufgelöst. Dafür muß Hitler freilich Kanzler werden.

Wer hat nun mehr das Ohr des alten Herrn? Die Weltgeschichte ist manchmal doch so, wie der kleine Moritz sie sich vorstellt. Papen, der Strohwitwer, hat, als er im vorhergehenden November als Reichskanzler abdankte, sich keine neue Wohnung gesucht; er wohnt fröhlich in der Dienstwohnung in der Reichskanzlei weiter. Das sind die kleinen Gefälligkeiten der großen Herren untereinander. Hindenburg haust sonst nebenan in einem ziemlich baufälligen kleinen Palais. Das wird gerade in diesem Winter umgebaut; der alte Herr bezieht eine Notwohnung gleichfalls in der Reichskanzlei. Er wird also Papens Wohnungsnachbar. Papen, Meißner, Oskar und der Greis leben in enger Hausgemeinschaft.

Die Hausgemeinschaft prüft das Papensche und das Schlei-
chersche Rezept. Schleicher ist auf jeden Fall in mißlicher
Lage, denn als Kanzler ist er der von Hindenburg Abhängige,
und mit zunehmendem Alter wächst die Tücke. Dieses hohe,
weiße Borstenhaar, diese tiefe Knarrstimme, diese lauernden
Augen — das alles ist nicht so leicht zu lenken; man muß
dem greisenhaften Eigensinn immer von weither beikommen.
Am leichtesten hat man ihn, wenn man sagt, irgend eine Maßnahme sei gut für die Kriegsbeschädigten oder die Landwirtschaft.

Es werden wieder einmal romantische Kabalen im ver-
schwiegenen Kabinett ausgeheckt. Die Skandale bei der Osthilfe werden ruchbar. Die Linksparteien stürmen gegen die
Junker los, ein Reichstagsausschuß prüft; die vier Rittergüter
des Januschauers, des alten Pelikans, die raffenden Hände der
Kaisergattin Hermine, die mit dem Geld des Steuerzahlers
gekauften Luxusautos werden sichtbar. Es sind erst ein paar
kleinere Bomben, Schleicher läßt sie zur Einschüchterung
knallen.

Aber er erreicht das Gegenteil. Der alte Herr ist tief beleidigt. Vielleicht wird man auch noch die Nase nach Neudeck
stecken? Er hat keine Osthilfe genommen, privat ist für ihn
Geld gesammelt worden. Soll er gezwungen werden, das zu
seiner Rechtfertigung bekanntzugeben?

Indessen ist dieser Skandal doch nur eine Welle im Strom.
Gewaltig wogt der Kampf seit einem Jahr zwischen der Industrie und der Landwirtschaft.

Die Industrie hatte 1930 die Zuschüsse an den Osten gut-
geheißen, weil sie eine Hebung der landwirtschaftlichen Kauf-
kraft und damit besseren Absatz ihrer Produkte erhoffte. 1931
erkannte sie die Bodenlosigkeit des Lochs im Osten, in dem
die Milliarden verschwanden. Nun hieß es: Fort mit dem Groß-
grundbesitz, soweit er nicht lebensfähig ist; her mit gesunden
Bauernsiedlungen im deutschen Osten; Schluß mit den Zoll-
erhöhungen, die uns vom Weltmarkt abtreiben; das Interesse
der Volkswirtschaft steht über dem Interesse von 13,000 Groß-
grundbesitzern!

Dieser Kampf tobte innerhalb aller Kabinette, denn immer
war ein Vertreter der Industrie Wirtschaftsminister, immer
einer der Großagrarier Landwirtschaftsminister. Schleicher,

sachlich ahnungslos, neigte aus gesundem Menschenverstand etwas auf die Seite der Industrie, sprach sich für Siedlung und gegen die Großgüter aus. Sein Unglück war es aber, daß gerade die Großagrarier das Ohr ihres hohen Kollegen im Präsidentenpalais hatten. Obendrein war Schleicher so unvorsichtig, eine wenig beachtete Tatsache endlich einmal öffentlich festzustellen: daß nämlich die Reichswehr mit dem kapitalistischen System keineswegs auf Tod und Leben verbunden sei. Großes Geschrei: ein bolschewistischer General und Kanzler...!

Schleichers Sturz.

Nun konnte noch alles gut gehen, wenn die Herren in Berlin nicht auf einen Bluff Hitlers hereinfielen. In dem Ländchen Lippe wurde der Landtag neu gewählt; Hitler konzentrierte die ganze Kraft seiner Partei, um durch einen örtlichen Erfolg zu beweisen, daß er noch nicht tot war. Er zog von Dorf zu Dorf, sprach manchmal vor ein paar hundert Bauern. Die Bauern waren über das persönliche Auftreten des berühmten Mannes sehr gerührt; wie die Kellnerin in der »Osteria Bavaria« wählten sie Herrn Hitler, weil er solch ein braver Mensch war und soviel Freude daran hatte. Zudem hetzte der Reichslandbund sie gerade jetzt in einem wütenden Manifest gegen die »Geldbeutelinteressen« der Industrie auf. So stiegen Hitlers Stimmen in dem Bauernländchen wieder um zwanzig Prozent. Schleicher ließ sich von diesem Scheinerfolg imponieren. Eben wollte er noch Gregor Straßer als Vizekanzler ins Kabinett nehmen, den Reichstag auflösen, Hitler zerschmettern. Straßer hatte seine Minierarbeit in der Partei fortgesetzt; konnte, wenn er mit einer neuen, nationalsozialistischen Partei hervortrat, auf eine große Anzahl führender Parteigenossen rechnen — da entsinkt Schleicher der Mut. Er läßt Straßer fallen. Der fühlt sich betrogen und sucht wieder Anschluß bei Hitler. Als dieser Ende Januar nach Berlin kommt, steht Straßer am Bahnsteig; Hitler geht an ihm vorbei.

Indem er Straßer fallen ließ, hat Schleicher sich selbst aufgegeben. Das Papensche Rezept wird im Palais endgültig akzeptiert. Hitler kann jetzt fordern. Noch möchte der alte Herr am liebsten Papen selbst als Kanzler, aber Papen selbst rät ihm zu Hitler; es werde ja in der Sache dasselbe sein. Hoffnungs-

volle Toren! Sie bewilligen Hitler sogar die Reichstagsauflösung; glauben vielleicht, als Reichskanzler werde Hitler
nochmals Stimmen verlieren nach der dummen demokratischen Legende, daß der Regierende immer unpopulär sei. Sie
liefern ihm die preußische Polizei aus und glauben sich sicher
und geborgen, da sie ihm die Reichswehr verweigern — diese
Reichswehr, die immer nur aus der Ferne regiert und geschreckt
hatte, nie zum Eingreifen auf der Straße den Mut besaß, jetzt
gerade in der Person Schleichers zur demütigsten Kapitulation gezwungen wird.

Dann am 28. Januar sieht Schleicher sich jäh und unerwartet
gestürzt. Er bat Hindenburg um Vollmacht zur Reichstagsauflösung. Es war ihm wohl nicht einmal ernst; er wollte Hitler bloß wieder einmal schrecken. Aber er kommt zu spät.
Einen Tag zuvor hat Papen dem alten Herrn gesagt, er »habe«
den Hitler jetzt. Das ist anscheinend bequemer und sicherer;
man fängt den böhmischen Gefreiten im Korb, Kampf ist ganz
überflüssig. Darum verweigert der Alte Schleicher die Auf-
lösungsorder. Das bedeutet: Entlassung.

Jetzt muß Papen sein Kabinett in vierundzwanzig Stunden
fertig haben.

Am Ziel.

Noch zögert Hitler; da zieht Papen eine falsche Karte aus
dem Aermel. Im Reichswehrministerium hat jemand vom Ausnahmezustand gesprochen; wohl mehr Gerede als Plan. Da
erscheint am Nachmittag des 29. Januar Werner von Alvensleben, ein viel benutzter Agent Papens und Hitlers, bei Goebbels in der Wohnung am Reichskanzlerplatz mit der Sensa-
tion: die Garnison von Potsdam ist aufgeboten; man will euch
alle, Hitler, Papen, sogar Hindenburg verhaften. Die gleiche
Botschaft sprengt Alvensleben in der Reichskanzlei bei Oskar
und Meißner aus. Jetzt heißt es schnell handeln.

Wir erinnern uns des Divisionspfarrers Ludwig Müller in
Königsberg, der das Horst-Wessel-Lied auf der Orgel spielen
ließ. Im Sommer des Jahres 1932 hat dieser Pfarrer Müller
seinen Führer mit seinem Vorgesetzten zusammengebracht;
Adolf Hitler mit dem Wehrkreiskommandeur von Blomberg.
Blomberg galt bis dahin als der demokratischste aller Kom-

mandeure in der Reichswehr, der Republik unbedingt ergeben; der Mann, auf den man im Notfall zählte. Jetzt entpuppt er sich als Anhänger, nein, Verehrer Hitlers. Im Flugzeug wird er herbeigeholt; er muß sofort das Reichswehrministerium übernehmen, sofort wird die neue Regierung gebildet.

Sofort? Hugenberg, der alte Silberfuchs, erhebt sich, ohne den es keine Regierung gibt, weil der Reichspräsident unbedingt ein Kabinett der »Nationalen Konzentration« wünscht, in dem noch andere Parteien außer den Nazis sitzen. Hugenberg sagt, er könne die Reichstagsauflösung nicht bewilligen. Hugenberg sieht klarer als Papen und Meißner. Die Stahlhelmführer Seldte und Duesterberg stimmen ihm zu. Da Hitler: »Ich gebe Ihnen mein Ehrenwort, daß ungeachtet des kommenden Wahlausgangs alle in diesem Kabinett tätigen Minister auch nach dem 5. März bleiben werden!«

Seldte ist von diesem Ehrenwort gerührt; Hugenberg gibt widerwillig nach.

Am 30. Januar, mittags zwölf Uhr, stehen Hitler und Papen vor dem alten Herrn. Papen meldet dem Alten die nationale Konzentration als gelungen. Die beiden verstehen sich wortlos. Papen ist zwar nur Vizekanzler, aber er soll in Wahrheit regieren. Ein schöner Traum! Hitler legt seine Hand in die Hindenburgs und schwört seinen Eid.

Im »Kaiserhof« steht Röhm am Fenster und späht mit dem Fernglas nach der Reichskanzlei hinüber. Wenn Hitler aus der Tür tritt, wird man seinem Gesicht ansehen, ob es gut gegangen ist.

Hitler kommt heraus. Sein Gesicht ist ernst. Er fährt die hundert Meter von der Reichskanzlei zum »Kaiserhof« im Wagen. Als er zu Röhm, Goebbels und Göring ins Zimmer tritt, laufen ihm die Tränen herunter.

Seine erste Regierungstätigkeit ist eine Besprechung mit dem General von Blomberg. Abends großer Fackelzug vor der Reichskanzlei. Hindenburg, am Fenster, schlägt mit dem Stock den Takt zur Musik der Militärmärsche. Hitler lacht, springt vor Freude, grüßt und winkt zu den Massen hinunter. Als alles vorbei ist, als die Fenster geschlossen sind legt er Goebbels beide Hände auf die Schultern, sieht ihm tief in die Augen, spricht kein Wort.

Am folgenden Tag aber schreibt Goebbels in sein Tagebuch:

»In einer Unterredung mit dem Führer legen wir die Richtlinien im Kampf gegen den roten Terror fest.

Vorläufig wollen wir von direkten Gegenmaßnahmen ab-
sehen.

Der bolschewistische Revolutionsversuch *muß* zuerst einmal
aufflammen.

Im geeigneten Moment werden wir dann zuschlagen.«

Der unverstandene Kamerad aus dem Männerheim und dem
Unterstand hat sich hoch hinaufgeholfen. So weit brachte es
keiner der andern. So weit wollte auch keiner. Vor den Menschen floh er zum Volke und aus einem armen Menschen
wurde eine Legende. Vier Wochen später beleuchteten die von
Goebbels vorausgesehenen Flammen der Reichstagskuppel ein
Dämonenbild: Hitler über Deutschland.

Dritter Teil

EIN DEUTSCHER DÄMON

17. Die beiden Hitler

Egoist oder Altruist.

Ein paar Tage nach der Machtergreifung ließ die Umgebung Adolf Hitlers verlauten, der »Volkskanzler« habe auf sein Gehalt verzichtet. Ein großer Teil des deutschen Volkes war gerührt. Er raucht nicht, hieß es, er trinkt keinen Tropfen Alkohol, er ißt kein Fleisch und lebt in einem bescheidenen Häuschen in den Bergen; trägt fast immer das schlichte braune Hemd, sitzt nicht bei Festmählern und ist zeitlebens der schlichte Mann aus dem Arbeiterstande geblieben. Hitler wird dem deutschen Volke und vielleicht auch sich selbst zur Legende.

1923 sagte er zu einem Freunde: »Es ist doch ein erhabenes Gefühl, wenn man durch solch eine jubelnde Volksmenge geht. Man wird ein anderer Mensch dabei.«

Ein anderer Mensch...

Nach vierzehnjährigem Marsch zwischen jubelnden Menschenmauern — was kann von Ohm Paul Krüger im langen Frack aus dem Wiener Männerheim noch übrig geblieben sein?

Alles. Er wurde im steilen Aufstieg nur, was er wirklich war und wozu die Natur ihn gestempelt hat: ein Herrscher mit Bettlerinstinkten. Er konnte von Haus aus nur absolut sein, sei es Fürst oder Vagabund. Er kann nicht leben, ohne tun zu dürfen, was er will; aber er muß das Gefühl haben, daß alle es ihm erlauben. In seinem tiefsten Empfinden kein Herr, sondern eben ein »Führer«; geht nur voran, wenn er weiß, daß andere folgen. In der Einsamkeit ein Hocker und Träumer, vor der Masse ein gewaltiger Streber. Kein Alleingänger, sondern ein Alleinsitzer. Es ist Deutschlands Tragik in dieser zwielichtigen Epoche seiner Geschichte, daß sechs Jahrzehnte Kaiserreich es an Gehorsam gewöhnten, aber keinen echten Herrn hervorbrachten. Darum das Zeitalter der dämonischen Hanswürste.

Es gehört immer ein Stück Angst vor Einsamkeit dazu, wenn man Politiker werden will. Aus der Einsamkeit seiner Münchner Jahre trieb es den jungen Adolf Hitler in den Weltkrieg; selbst bei den Kameraden heimatlos, floh er auf die Tribüne. Bedrückt von der eigenen Unfähigkeit, mit Menschen umzugehen, erlebt er es wie eine Erlösung, daß die Masse auf ihn horcht. Dieser Ungewöhnliche hat den Menschen nicht als Menschen erlebt, sondern als Masse.

»Gleich dem Weibe liebt die Masse mehr den Herrscher als den Bittenden,« sagt er. Ein äußerlich gescheites Wort, dessen tiefe Unwahrhaftigkeit gerade in seinem Munde uns in den nächsten Kapiteln noch klar werden soll. Der Redner Hitler ist kein Massenbeherrscher, sondern ein Massenumschmeichler und Massenergötzer.

In ruhigen Stunden, wenn diese Masse sich verlaufen hat, steigt aus jedem Volk an jeden Führer die Frage auf: Was willst du eigentlich? Willst du uns beherrschen oder glücklich machen — geht es dir um deinen Ehrgeiz oder um dein Volk?

Eine echte Volksfrage, die scharf zwischen gut und böse, Selbstsucht und Selbstlosigkeit unterscheidet. Das eigentümliche Wesen des Volksführers erfaßt sie nicht. Was ist Ehrgeiz, Macht und Ruhm? Für jeden Menschen etwas anderes; wie wenige Menschen wären überhaupt imstande, sich bei Macht und Ruhm wohlzufühlen, wenn sie ihnen jemals zufielen! Unser durchgefallener Realschüler aus Linz ist auf einer nie endenden Jagd nach Anerkennung. Das ist keine kalte Herrschgier, nicht das Kraftgefühl des Reitens und Zähmens. Das ist die ewige Streberei nach der guten Note, die beständige Wiederholung des einmal verbummelten Examens. Als 1931 die SA-Führer unter Stennes gegen den böhmischen Gefreiten meutern, schreibt er an die Partei einen weinerlichen offenen Brief, in dem er sich als Opfer des Klassenhochmuts seiner Widersacher hinstellt:

»Ich war ja nicht das Kind vermögender Eltern, nicht auf Universitäten vorgebildet, sondern durch die härteste Schule des Lebens gezogen worden, durch Not und Elend. Die oberflächliche Welt fragt ja nie nach dem, was einer gelernt hat, und am wenigsten nach dem, was er wirklich kann, sondern leider meist nur nach dem, was er durch Zeugnis zu belegen vermag. Daß ich mehr gelernt hatte als Zehntausende unserer Intellektuellen, wurde nie geachtet, sondern nur darauf gesehen, daß mir Zeugnisse fehlten.«

Das ist die Gemütswunde, die das Leben täglich aufreißt. Ja, was wäre wohl aus ihm geworden, hätte er nicht den Beruf ergriffen, wo kein Zeugnis und Examen gilt: die Politik!

336

Hitler, der Privatmensch, ist der recht alltägliche Taugenichts mit den ewigen hochfliegenden Plänen, der nie fünfzig Pfennig in der Tasche hat, weil er grundsätzlich nur Millionengeschäfte macht. Hitler, der Politiker, ist ein unwahrscheinlicher Romanheld: der Taugenichts, der die Millionengeschäfte tatsächlich macht.

Der größte Massenerschütterer der Geschichte, wenn man die reinen Zahlen sprechen läßt. Nicht Mohammed, nicht Dschingiskhan, nicht Peter von Amiens haben so viel Menschen entfesselt, wie Hitler bei einer einzigen Maifeier aufbietet und rasen läßt. Brennstoff genug für den lodernsten Ehrgeiz. Bei Hitler ist der Ehrgeiz kein Luxusgefühl, sondern Wesenskern und Lebensnotwendigkeit. Wenn dieser durch die Irrungen seiner Jugend gestörte Charakter im Gleichgewicht bleiben soll, muß an die Schale seiner zentnerschweren Minderwertigkeitsgefühle eine ebenso schwere Schale voll Anerkennung und Bestätigung angehängt sein, deren flüchtiger Inhalt dauernder Nachfüllung bedarf.

Es ist also falsch, zu fragen: Kämpft er für seinen Ehrgeiz oder für sein Volk? Er kämpft für seinen Ehrgeiz um sein Volk. Er formt es mit gewaltiger Suggestionskraft nach dem Vorbilde der eigenen verletzten Eitelkeit, füllt es mit hysterisch übersteigerten Vorstellungen von Ehre, Macht und Ueberlegenheit, füllt es mit allen Irrtümern und Vorurteilen eines Zukurzgekommenen. Die nicht bestandene Prüfung auf der Realschule und die nicht bestandene Prüfung des Weltkrieges; die Wiener Elendsjahre und das nationale Elend der Nachkriegszeit; der vergebliche Kampf um die Anerkennung der Kameraden und das unverstandene Bemühen um eine Anerkennung durch die europäischen Völker — das sind starke Parallelen, wenn auch im Maßstab 1 zu 60.000.000. Die moralische Verfassung des im Weltkrieg geschlagenen Deutschlands und des am Beginn des Lebens gescheiterten Hitler sind nahe verwandt. Beide Male das Verlangen nach einer Ideologie der Rechtfertigung. Wenn Hitler sagt: »Ich wäre ein guter Architekt geworden, aber ich hatte aus Trotz mein Examen versäumt« und »Niemals sind wir in unserer Geschichte durch die Kraft unserer Gegner besiegt worden, sondern immer nur durch unsere eigenen Laster und durch die Feinde in unserem eigenen Lager« (Mein Kampf, S. 775), so entspringt beides dem Geisteszustand des schlechten Verlierers. Ein gescheiterter Mann und ein gescheitertes Volk verbinden sich. Hitlers Ehrgeiz ist der Ehrgeiz des deutschen Volkes.

Das Pathologische.

Eine ungeheure Spannung zwischen Ehrgeiz und Befriedigung. Oft gestellte Frage: ist er krank? Sehr wenige Fachleute haben ihn lange genug aus der Nähe beobachtet. Zu Beginn der Landsberger Festungshaft erstattete der Haus- und Bezirksarzt, Obermedizinalrat Dr. Brinsteiner, folgendes Gutachten:

»Bei Beurteilung des psychischen Zustandes und des psychischen Verhaltens des Adolf Hitler hat sich ergeben, daß derselbe weder durch seine Abstammung noch durch seine Erziehung und sein Vorleben belastet ist.

Sein Putsch am 8. November 1923, der vielfach als Narretei und Wahnsinnstat bezeichnet wird, konnte aber leicht die Meinung erwecken, daß Hitler infolge eines krankhaften geistigen Zustandes diesen Putsch und die Vorbereitung hierfür unternommen hat. Wenn man aber die Beweggründe und die Erklärungen Hitlers zu dieser Putschgeschichte von ihm selbst hört, kommt man zu der bestimmten Anschauung, daß Hitler stets Herr seiner freien Selbst- und Willensbestimmung war und in seiner Geistestätigkeit nicht krankhaft beeinflußt war, auch wenn die Voraussetzungen und die Beweggründe zu diesem Putsch als fehlerhaft angesehen werden. Die inneren und äußeren Einflüsse, die auf Hitler dabei eingewirkt haben, waren unzweifelhaft in hohem Grade mitbestimmend für die Handlungsweise desselben, haben aber sicher keinen krankhaften Zwang auf dessen Willensbestimmung ausgeübt. Auch die starke Reaktion mit ihrer vorübergehend krankhaften Gemütsdepression, welche nach dem Putsch für kurze Zeit bei Hitler eingetreten ist, läßt keinen Rückschluß auf eine krankhafte Veranlagung Hitlers zu.

Hitler ist in großer Begeisterung beseelt von dem Gedanken an ein großes, geeinigtes Deutschland und von sehr lebhaftem Temperament. Er besitzt eine hervorragende Rednergabe und weit über das Durchschnittsmaß hinausgehende

politische und namentlich geschichtliche Kenntnisse. Diese
guten Eigenschaften Hitlers wurden von den maßgebenden
politischen Persönlichkeiten richtig erkannt und waren Veranlassung, daß Hitler als öffentlicher Redner zur Weckung des
vaterländischen Gedankens vielfach berufen wurde. Nach Gründung der nationalsozialistischen Partei hat Hitler auf eigene
Verantwortung den völkischen großdeutschen Gedanken mit
Erfolg in die breiten Volksschichten hineingetragen. Durch
seine faszinierende Persönlichkeit, durch sein suggestives Rednertalent hat er auf die einzelnen Personen und die großen
Massen eingewirkt und nach und nach alles vorbereitet, was
zum Putsch vom 8. November geführt hat. Diese Vorgänge
sind, wie bei vielen anderen großen Ereignissen (Erweckung
der Kriegsbegeisterung), im normalen psychischen Wesen der
Einzelpersonen und insbesondere der großen Massen begründet. Vor einer nachherigen vorurteilslosen Kritik kann allerdings dieses teilweise auf suggestivem und autosuggestivem
Wege hervorgerufene Denken und Handeln nicht immer bestehen, braucht aber deswegen nicht immer krankhaft zu sein.
Ob und wie weit Hitler für die von ihm unternommene Handlungsweise verantwortlich ist, dies zu beurteilen, dürfte nicht
Sache des Arztes sein.

Bei dem Putsch am 8. November hat Hitler eine Luxation
der linken Schulter mit Bruch des Oberarmkopfes und einer
nachfolgenden sehr schmerzhaften traumatischen Neurose erlitten. Hitler steht jetzt noch in ständiger ärztlicher Behandlung und wird wahrscheinlich eine teilweise Versteifung und
schmerzhafte Affektion der linken Schulter bleibend davon-
tragen. Seine Verhandlungsfähigkeit ist aber dadurch nicht
beeinträchtigt.«

Hier wird krankhafte Veranlagung rundweg bestritten; nicht
bestritten werden krankhafte Erscheinungen. Der Beurteiler
ist offenkundig von Hitler fasziniert. Was ist krankhaft? In
diesem Zusammenhang geradezu eine Frage des Werturteils.
Auch Dr. Brinsteiner stellt bei seinem Patienten ein »teilweise auf autosuggestivem Wege hervorgerufenes Denken und
Handeln« fest — also logisch unzurechnungsfähiges Denken
und Handeln. In der Formulierung viel kritischer ist die
Aeußerung einer bedeutenden Autorität. Max von Gruber,
Ordinarius an der Universität in München, führender Rasse-

hygieniker Deutschlands, hat Hitler allerdings nur einige Stunden lang beobachtet. Als Zeuge erklärt er später vor dem Staatsanwalt (1923): »Zum ersten Male sah ich Hitler in der Nähe. Gesicht und Kopf schlechte Rasse, Mischling. Niedere, fliehende Stirn, unschöne Nase, breite Backenknochen, kleine Augen, dunkles Haar; Gesichtsausdruck nicht eines in voller Selbstbeherrschung Gebietenden, sondern eines wahnwitzig Erregten. Zum Schluß der Ausdruck beglückten Selbstgefühls.«

Nahe Beobachter versichern, von einer akuten Erkrankung könne keine Rede sein. In zwei Berichten des Gefängnisdirektors Leybold von Landsberg heißt es geradezu begeistert:

»Hitler zeigt sich als ein Mann der Ordnung, der Disziplin nicht nur in bezug auf seine eigene Person, sondern auch in bezug seiner Haftgenossen. Er ist genügsam, bescheiden und gefällig. Macht keinerlei Ansprüche, ist ruhig und verständig, ernst und ohne jede Auffälligkeit, peinlich bemüht, sich den Einschränkungen des Strafvollzugs zu fügen. Er ist ein Mann ohne persönliche Eitelkeit, ist zufrieden mit der Anstaltsverpflegung, raucht und trinkt nicht, und weiß sich bei aller Kameradschaftlichkeit seinen Haftgenossen gegenüber eine gewisse Autorität zu sichern ... Er ist in den zehn Monaten der Untersuchungs- und Strafhaft ohne Zweifel reifer und ruhiger geworden, als er war ... Hitler ist ohne Zweifel ein vielseitiger, politisch selbständiger Kopf mit außerordentlicher Willenskraft und anständigen Gedankengängen.«

Um dieses Gutachten ganz zu verstehen, muß man bedenken, daß Hitler unbedingt durch korrekte Führung in der Haft seine Freiheit wieder erreichen wollte. Wer von zahlreichen anderen Beobachtungen her Hitler für einen Hysteriker hält, wird gerade in dieser zielbewußten, gebändigten Führung eine Bestätigung sehen. Die feineren Merkmale der Unausgeglichenheit sind noch allen kritischen Beobachtern aufgefallen: der unnatürliche Wechsel zwischen fast steinerner Selbstbeherrschung und flatternder Wut; die einstudierte Imperatorenhaltung vor der Front und das verdöste Dahocken bei großen Feiern; der krampfige Schritt bei der Parade und das duselige, krumme Hinschlendern im Hausgarten, bei dem nur noch der Regenschirm unterm Arm fehlt. Und zwischen diesen unvereinbaren Posen immer wieder der jähe, zuckende

Uebergang, der verwirrte Sprung von der wahren zur künstlichen Natur. Er kann weinen, wann er will, und lachen, wann er will, kann Ergriffenheit spielen und Wutausbrüche fabrizieren; kann sich künstlich heizen und künstlich starr werden. Obwohl er Tränen bei jeder Gelegenheit hervorbringt, rühmt er sich heiteren Mutes, er habe jahrelang nicht geweint. Bei starrer äußerer Ruhe läßt er im Innern einen Tobsuchtsanfall wohlberechnet hochsteigen, bis er gewissermaßen aus der Röhre schießt.

In einem Beleidigungsprozeß zu München plädiert der Gegner: »Herr Hitler wird ja nicht bestreiten, daß er große Geldsummen von ausländischen Kapitalisten erhalten hat, z. B. aus der Tschechoslowakei...« Ein kurzes, bellendes Auflachen des Angegriffenen, dann ein höflicher Schrägblick zum Richter. »...es sind Zeugen dafür vorhanden; so hat ein gewisser Lüdecke...« Wieder das gleiche Lachen, und abermals der Blick zum Richter, etwa besagend: da sehen Herr Vorsitzender selbst, mit solchem Geschwätz muß ein ernsthafter Mann seine Zeit verbringen! »...ich richte an Herrn Hitler die Frage, ob ihm ein Major X bekannt ist...« Jetzt springt er auf, schreit: »Der Herr Rechtsanwalt wagt es, Bestechung durch das Ausland einer Partei vorzuwerfen, die vom ersten Tage ihres Bestehens an kein anderes Ziel gekannt hat, als mit glühendem Fanatismus für Deutschland zu kämpfen. Der Herr Rechtsanwalt vertritt eine Partei, nach deren Geldgebern man nicht zu fragen braucht, denn sie sind bekannt. Es sind die edlen Volksgenossen Barmat, Kutisker und Rosenfeld, und sie sind es mit vollem Recht, denn diese Partei vertritt tatsächlich die Interessen ihres Volkes, nämlich des jüdischen. Wenn aber eine solche Partei nun außerdem noch die Unverschämtheit besitzt...« so tobt er minutenlang fort. »Aber Herr Hitler!« ruft der Vorsitzende mehrmals mahnend dazwischen; vergeblich. Danach erhebt sich sein Anwalt Dr. Frank und bittet um eine kurze Verhandlungspause. Nach der Pause ist Hitler verschwunden.

Seine Disziplinlosigkeit steigert sich bisweilen zu Anfällen von Gestörtheit. Schon als junger Mensch hatte er in Beratung bei Ludendorff mit den Fingern auf den Tisch getrommelt und war dann fast ohne Entschuldigung davongestürzt. Jetzt ist es noch viel schlimmer. Im Frühjahr 1932, ein Jahr vor der Machtergreifung, hält er vor dem Verband bayrischer Industrieller einen Vortrag. Die Atmosphäre ist hier noch ungünstiger als bei den Rheinländern in Düsseldorf; die Bayern kennen Hitler schon von 1923 her und schätzen ihn nicht; ihr Führer Dr. Kuhlo, einst Hitlers Geldgeber, haßt ihn geradezu. Hitler spürt die Feindseligkeit, vergebens läßt er hier seinen Witz vom »größten Wirtschaftsführer« los; er stockt, sieht auf den Tisch, Schweigen, alles sieht sich verblüfft an. Peinliche Minute. Plötzlich dreht sich Hitler auf dem Absatz um und geht ohne ein Wort aus der Tür. Seit es Vereine gibt und Vorträge gehalten werden, ist so etwas wohl noch nie vorgekommen. Die Industriellen begreifen noch immer nicht; da kommt Rudolf Heß, der seinen Führer hinausbegleitet hat, verlegen zurück; die Herren möchten entschuldigen, Herr Hitler könne seinen Vortrag nicht fortsetzen, er werde zu einer dringenden Besprechung erwartet.

Unglaubliche Szene. Aber sie hat sich buchstäblich ein Jahr später wiederholt. Diesmal sollte Hitler, bereits Reichskanzler, vor dem Reichsverband der Deutschen Presse sprechen. Wieder sind, wie bei den Industriellen, Gegner da; das scheint ihn zu stören. Wieder setzt er an, verliert plötzlich den Faden, schweigt einige Zeit und verläßt dann wortlos den Saal. Bestürzt bittet Walther Funk die Kollegen um Entschuldigung, der Herr Reichskanzler habe sich leider entfernen müssen. Gegen hundert Journalisten sind Zeugen; sie wissen für den Vorgang nur eine Erklärung, die man heute in Deutschland nur mit höchster Gefahr aussprechen kann.

Das ist der Mann mit Ordnung, Disziplin und ohne jede Ausfälligkeit, den der Direktor Leybold bewunderte. Das sind mehr als starke Gegensätze; das sind Verwandlungen der Persönlichkeit.

Hitler und Führer.

Der Mensch Adolf Hitler hat vergleichbar einem Medium, das »Phänomene« aus sich hervortreten läßt, einen zweiten, durch gewaltige Willensanstrengung geschaffenen Hitler hervorgebracht. Im Ruhezustande liegt dieser gewissermaßen in dem normalen Hitler verkrochen; in den Momenten der Steigerung tritt er hervor und bedeckt ihn mit seiner überlebensgroßen Puppenmaske. Diese Spaltung der Persönlichkeit macht das Urteil über Hitler so schwer, sowohl in bezug auf das Aeußere wie den Charakter. Man könnte unterscheiden zwischen den beiden Persönlichkeiten Hitler und Führer.

Hitler ist der Realschüler aus Linz, das »Muttersöhnchen«, der herumlungernde Ansichtskartenzeichner; aber auch der Versammlungsredner, der den Maßkrug hebt oder einen Tisch über die Tribüne trägt und grinsend spricht: »No, meine lieben Volksgenossen, und wenn es so weit ist, wer kommt dann? Gott der Gerechte, es is der Herr Silberstein persönlich und sagt, der Schlag soll mich treffen...« Aber auch der Mann, der in der Carlton-Teestube am Maximiliansplatz ein halbes Dutzend Mohrenköpfe verschlingt, der im Deutschen Theater selig dem Jongleur Rastelli zuguckt, der an einem Tag zweimal im Kino sitzt, den Arm um die begleitende Dame gelegt — das ist Hitler. Während einer entscheidenden Führerkonferenz, die über den Präsidentschaftskampf gegen Hindenburg Beschlüsse fassen soll, verbringt er die Abende (nach Goebbels »Tagebuch«) so: »2. Februar. Abends sehen wir in einem Kino den Film »Mädchen in Uniform«. Ein fabelhaft gedrehtes Kunstwerk. Bis spät in die Nacht hinein debattieren wir noch. — 3. Februar. Es ist gut, wenn man nach schweren, arbeitsvollen Tagen abends in einem Theater oder einem Kino Ausspannung sucht. Wir sehen einen Greta Garbo-Film und sind ergriffen ... Der Führer beschäftigt sich in seinen Mußestunden mit Bauplänen für ein neues Parteihaus sowohl als auch für einen grandiosen Umbau der Reichshauptstadt. Er hat das im Projekt fix und fertig. — 4. Februar. Wir sind in einem Münchner Atelier und schauen der Arbeit eines bekannten Bildhauers zu. Dann werden bei Professor Troost die Entwürfe für den neuen Bau des »Braunen Hauses« geprüft. Es ist wunderbar, zu beobachten, wie sicher und unbeirrt der Führer sich auf die kommende Uebernahme der Macht einstellt ... Abends schauen wir im National-Theater noch die »Fledermaus« an.«

Auch dieser Filmfreund, dieser in Operettenmusik und Bauplänen Schwelgende ist Hitler.

Aber der junge Mensch, der mit brennenden Augen den Arbeiterdemonstrationen in Wien nachstarrt; der roten Kopfes von der Tribüne die Prügelei im Parlament ansieht; der

Tribun, der im Bürgerbräukeller den Schuß an die Decke feuert; der vor dem Reichsgericht spricht: »Es werden Köpfe rollen!« der formulieren kann: »Die Erde ist nicht da für feige Völker«; der Kanzler, der vier Stunden lang mit erhobenem Arm vor vorbeimarschierender SA steht; der 1933 der Sozialdemokratie im Reichstag zuruft: »Ich will Ihre Zustimmung nicht, Deutschland soll frei werden, aber nicht durch Sie!« — das ist der Führer.

Hier ist kein Wunder passiert. Hier haben wir nur eine besonders schroffe und reine Spaltung der Persönlichkeit, eine Psychiatern wohlbekannte Erscheinung. Eigentümlich ist die starke Mitwirkung des Willens, der wie ein Keil in diesen Schlitz fährt, der die beiden Persönlichkeiten geradezu planmäßig auseinanderreißt und miteinander vertauscht. Diese Spaltung der Persönlichkeit hat den Charakter des Gewollten, sie trägt hysterische Züge.

Hitler ist der sensible Mensch, die »Künstlernatur«, das unvergleichliche Stimmungsbarometer der Masse, der Witterer der politischen Atmosphäre. Hitler ist der passive »Kork der Revolution«, wie ihn Otto Straßer genannt hat, der immer die Höhe der Strömung anzeigt, der die Umstände nicht meistert, aber von ihnen getragen wird; der fast nie Entschlüsse faßt und jede Entscheidung bis zur Katastrophe verzögert. Dieser Hitler ruft Otto Straßer zu: »Autarkie ist Unsinn, wir müssen eine neue Weltwirtschaft auf zweitausend Jahre hinaus aufbauen«; aber schon im nächsten Augenblick, als der Bruder Gregor Straßer widerspricht, lenkt er ein: »Schön, Autarkie, vielleicht in hundert Jahren, aber vorläufig brauchen wir noch die Weltwirtschaft.« Der Mann, der die stumme Masse, ihr selber unbewußt, mit geistigem Ohr reden hört und dieser Seelensprache Stimme gibt; aber auch der Schrecken der Büros, der seinen Redakteur ohrfeigt; der Reichskanzler schließlich, der aus einer Mappe voller unterschriftreifer Gesetzentwürfe den obersten herauszieht und über ihn so lange redet, bis der Adjutant meldet, der Wagen sei vorgefahren, und die Mappe ohne Unterschriften wieder beiseite gelegt werden muß — das ist Hitler.

Aber der Mann, der nachts um zwei Uhr in Hangelar am Rhein plötzlich ein Flugzeug besteigt und dann im Laufe der nächsten zwölf Stunden Hunderte von Menschen, darunter sei-

344

nen besten Freund, erschießen läßt; ebenso der Mann, der auf
dem Nürnberger Parteitag zu einem jungen Mädchen sagt: »Du
wirst diesen Tag nie vergessen!« und sie dann solange anstarrt,
bis sie zu weinen anfängt — das ist der Führer.

Der Führer war er auch, als er an der Feldherrnhalle der
Landespolizei »Ergebt euch!« zurief. Aber als er nach den
ersten Schüssen aufs Auto sprang — da war er Hitler.

Diese Persönlichkeitsspaltung beginnt früh. Sie ist schon
beim jungen Hitler zu finden.

Der »Führer« besitzt alle Eigenschaften, die durch Willensanstrengung sich verstärken lassen. Seine Tatkraft ist groß,
seine Entschlüsse sind schnell, gegen eigenen und fremden
Schmerz ist er hart, in Anstrengungen ausdauernd, im Genuß
mäßig, und eine Kabinettssitzung kann, wenn es wirklich sein
muß, zwölf Stunden dauern. Aber dieser Führer lebt immer
nur kurze Zeit; dann sinkt er wieder zurück, und das natür-
lichere Menschenbild Adolf Hitler steht da. Der Führer ist
ein vollendetes Geschöpf der Volksphantasie, in der Adolf
Hitler lebt und für die er sein überlebensgroßes Bild geschaffen hat. Man kann nicht einmal sagen, daß die Propaganda
dieses Bild verschönt; er ist für wenige Stunden wirklich ein
ungewöhnlicher Lesebuch-Held: zynisch wie Friedrich der
Große, brutal wie Napoleon und gütig wie der Kaiser Joseph.

Die Eigenschaften des Führers würden wegen ihrer Kurz-
lebigkeit an sich kaum für einen großen Erfolg ausreichen. Dazu bedarf es eben doch der Eigenschaften Hitlers. Er hat dank
seiner Sensibilität ein großes Stück Welt in sich; er weiß von
menschlichen Zusammenhängen, die die Politik nahe berühren, weit mehr als schärfere Geister — aber freilich auch nur
von dem, was seinem Wesen gemäß ist. Wir hörten ihn seine
Methode des Lesens schildern: er nimmt nur auf, was ihm in
den Kram paßt; anderes, vielleicht sachlich Wichtigeres, dessen Brauchbarkeit er im Augenblick nicht einsieht, wird nicht
zur Kenntnis genommen. Er bemüht sich nicht um Wissen,
sondern ergötzt sich an ihm; er weiß das Angenehme, nicht
das Notwendige. So entsteht in diesem gar nicht beschränkten
Kopf doch das Weltbild eines Stammtischphilisters, mit einer
kindlich-personalistischen Erklärung der Geschichtskräfte.
Hitler kennt seine Welt, die des politischen Menschen, in allen
Winkeln und Brechungen; aber er kennt die Welt der Sachen

nicht. Bisweilen gelingen ihm erstaunliche Würfe; als seine Diplomaten ihn im Frühjahr 1935 beschworen, doch nun endlich England nicht weiter herauszufordern, da setzte er gerade auf die bisherigen Brüskierungen auch noch neue Flottenforderungen — und behielt recht. Die Engländer ließen sich düpieren und bewilligten.

Zu seiner intuitiven Welterfühlung — die etwas anderes ist als Instinkt (Intuition ist Erfassung einer Ganzheit, Instinkt die einer Besonderheit) — kommt eine eigentümliche logische Fähigkeit hinzu. Er kann mit bezwingender Folgerichtigkeit von einer gegebenen Prämisse her entwickeln; er gelangt so, wenn die Voraussetzungen richtig sind, zu verblüffenden Voraussichten. Aber erstens sind die Prämissen bei ihm nur in einer bestimmten Sphäre, nämlich in der des politisch reagierenden Menschen richtig. Sodann fehlt ihm der Blick, Begriffe und Urteile gegeneinander abzumessen; er kann Entwicklungsreihen ableiten, aber keine Widersprüche feststellen. Wenn er es doch tut, sind es meist Trugschlüsse. So beschenkte die gute Fee ihn mit dem seltenen Seherblick in die Zukunft, aber die böse verdarb das Geschenk indem sie ihm die geistigen Mittel zur Kontrolle seiner Erkenntnisse versagte.

Ein gewaltiger irrender Prophet.

Lügt er eigentlich bewußt?

Zauberhaftes Doppelwesen.

Auf diese Frage gab einer seiner engsten Mitarbeiter, ein heute an hoher Stelle stehender Mann, vor Jahren die merkwürdige Antwort:

»Ich kann es bei Adolf am Satzbau merken, ob er es ehrlich meint oder ob er bewußt schwindelt.«

Wenn Hitler, so meinte sein Gefährte, das Objekt auf ungewöhnliche Art ans Ende des Satzes hinter das Verbum stelle, dann glaube er nicht, was er sage; lasse er es aber an seinem gewöhnlichen Platz, dann sei er subjektiv ehrlich. Etwa so: »Aufrichten wollen wir ein deutsches Reich der Kraft und Herrlichkeit ...« — das sei Lüge, verdecke nur die wahren Gedanken. Aber: »Wir wollen ein deutsches Reich der Kraft und Herrlichkeit aufrichten ...« — das sei echt.

Dieser Beobachter hat etwas wahrgenommen, aber wohl nicht richtig gedeutet. Er hat gefühlt, daß es zwei Hitler gibt, und daß beide sich widersprechen. Er hält sich als befreundeter Mensch an den Menschen, nimmt diesen als echt; was der »Führer« sagt, empfindet er darum als unwahrhaftig. Den meisten würde es wahrscheinlich umgekehrt gehen; mehr an den Führer und seine Aeußerungen gewöhnt, würden sie sich in dem Menschen Hitler nicht zurechtfinden. Tatsächlich sind hier zwei Personen vorhanden, von denen man keine für die andere verantwortlich machen darf. Bürgerlich gesprochen, bedeutet das Herrn Hitlers Unzurechnungsfähigkeit. Aber Hitler ist ja kein Mensch, mit dem ein Vernünftiger Verträge schließt; sondern ein Phänomen das man erschlägt oder von dem man erschlagen wird.

Das alles ist nichts Gespenstisches, sondern ein krasser Fall des oft geschilderten »über sich selbst Hinauswachsen«; eine ruckhafte Zertrennung des Selbst-Bewußtseins, bei dem geistige und sittliche Bänder reißen, Pflichten, Versprechungen und selbst Freundschaften vergessen werden. Dann macht man einen Putsch, den man durch Ehrenworte abgeschworen, bricht ein Regierungsbündnis, das man in die Hand seines Feldmarschalls gelobt hat, und erschießt den nächsten Freund.

Dieses Auseinandertreten der Persönlichkeit gibt der Gestalt die magnetische Spannung, die beim bloßen Anblick Hitlers mit Recht so unbegreiflich erscheint. Man erlebt die Verwandlung eines unbedeutenden Menschen in einen bedeutenden. Es ist — in der Wirkung — dasselbe Wunder, das jedem schon in Gesellschaft begegnet ist, wenn ein unscheinbarer Gast bei einer Gesprächswendung sich plötzlich als fesselnder Erzähler oder geistreicher Philosoph enthüllt und man ihm im stillen die vorherige Geringschätzung abbittet. Der Hörer einer guten Rede Hitlers erlebt die Entstehung des Führers aus dem Rohstoff; der Redestrom strafft ihn wie ein Wasserstrahl einen Schlauch, der Hitler fällt ab, der Führer steht da. Plötzlich ist hinter einem dunklen Fenster Licht, aus Nebelmassen tritt ein Gipfel, eine graue Fläche blitzt. Ein Herr mit einem komischen Schnurrbart wird ein Erzengel und die Banalität zum Donnerwort. Eine Erhebung, die jeden mithebt. Aber doch nur die Fata Morgana eines großen Mannes; der Erzengel tritt ab, und Hitler sitzt schweißgebadet, mit verglastem Blick auf dem

Stuhl. Man wirft ihm seine gebrochenen Versprechen vor. Aber der ganze Führer ist ein trügerisches Versprechen, denn nur Hitler ist die Erfüllung.

Die Leistung Hitlers wird auf diese Weise nicht verkleinert, sondern erklärt. *Er* hat die Bewegung nach seinem Doppelbilde, spießig und heroisch, geformt, *er* hat die Gemüter behext, *er* hat die mächtigste, weil magische Herrschaft über Deutschland errichtet, die es je gab. Man suche nicht im Schatten des Braunen Hauses nach den versteckten klugen Drahtziehern, die diese Puppe lenkten und zuletzt krönen ließen; es gibt sie nicht. Als ob zu großen Leistungen immer eine Riesenportion Geist nötig wäre! Es gibt ganz andere Kräfte als Geist. Doch halte man ihn darum nicht für geistlos; beträchtliche Verstandesgaben sind da. Auch Hitler, der dunkle menschliche Rohstoff, ist noch nicht die ganze Persönlichkeit, aus der dann die Wundergestalt des Führers hervorschießt wie eine Hyazinthe aus dem Wasserglas. Die Summe dieser Persönlichkeit liegt eben zwischen ihren beiden Extremen; das Charakteristische ist nur das Auseinandergerissensein, das das Wesen dieses Menschen in jedem Augenblick verfälscht und sein Bild bald unter das wirkliche Niveau drückt, bald darüber hebt.

Hitler ist ein Kind der Einsamkeit, der Führer ist ein Kind der Masse. Das fühlt diese Masse: dieser Mann ist sie selbst, eine Sammlung und Verpersönlichung ihrer eigenen Kräfte, daher ihr inniges Verhältnis zu ihm. Und was ist das für eine Masse! Es ist das verarmte, geschlagene verhungerte deutsche Volk; zu Beginn des Jahrhunderts fast das übermütigste der Welt, durch Krieg und Nachkrieg an sich irre geworden, ohne Selbstbewußtsein, voller Minderwertigkeitsgefühle. Dies gedrückte Volk sieht aus unscheinbarem menschlichen Stoff, aus seinem Ebenbild, den Führer aufsteigen; es sieht diesen tröstenden Vorgang in jeder Versammlung, es sieht ihn im vierzehnjährigen Aufstieg Hitlers. Dieser aus der Unbedeutendheit sich Heraufkämpfende ist darum Liebling und Vorbild der mit ihrer Hoffnungslosigkeit kämpfenden Masse, wie kein Prinz oder General auf steiler Höh' das sein könnte. Ein gesättigtes, lebensstolzes Volk im seelischen Gleichgewicht würde eine Normalgestalt von ruhigerem Glanz vorziehen. In gesünderen Zeiten würde ein Hitler vielleicht Sektengründer, Hypnotiseur oder Goldmacher; erst die Zerrüttung aller macht ihn zum Herrscher über alle. Hält diese Zerrüttung an, so muß diese Herrschaft in ihr versinken und zerfallen; gesundet das Volk, so wird sie abspringen wie Wundschorf.

Auf keinen Fall wird sie dauern.

Die Maske.

Es gibt keine Bilder von Hitler. Keine Photographie erfaßt dieses Doppelwesen, das ewig zwischen seinen beiden Polen hin- und herzuckt. Was es gibt, sind Zustandsaufnahmen des Rohstoffes Hitler. Er ist nie er selbst; er ist in jedem Augenblick eine Lüge von sich selbst; darum ist jedes Bild falsch. Die Platte hält nur die äußere Erscheinung fest, und diese Erscheinung ist nun einmal eine minderwertige Hülle. Das Gesicht ein ausdrucksloser Untergrund, auf den mit spärlichen Mitteln eine rohe Maske aufgetragen ist. Es läßt sich nicht bestreiten, daß an dieser Maske Haarsträhne und Schnurrbartbürste das Ausdrucksvollste sind; die von Bewunderern gerühmte Kraft des Auges wirkt auf nüchterne Beobachter wie ein gieriges Stechen ohne jenen Schimmer von Anmut, der den Blick erst zwingend macht; ein Blick der mehr verjagt als fesselt. Die Lippen sind schmal; die häßlichen Züge, namentlich die fliehende Stirn und die unpassende Nase hat der Professor Gruber richtig gesehen. In seiner neutralen Roheit ist dies Gesicht ein idealer Tummelplatz für die wechselnden Ausdrücke, die darüber hinwegziehen. Die haarbedeckten Teile stecken für die Ausdrucksmöglichkeiten einen bestimmten Raum ab und legen über den ewigen unruhigen Wechsel den Schimmer einer gewissen Härte. Man kann das Gleichnis wagen: der Schnurrbart ist der Führer.

Nun haben die großen Männer der Geschichte wahrscheinlich alle anders ausgesehen als ihre Gemälde. Napoleon sah nicht aus wie Napoleon, und Goethe nicht wie Goethe; nur die Maler haben sich eingebildet, in das Gesicht des von ihnen gemalten Herrn den Faust oder die Schlacht bei Austerlitz hineinlegen zu müssen. Aber was diesen gemalten schönen Idealköpfen fehlt und was die Originale, nach sonstigen Schilderungen und gelegentlichen Zeichnungen zu schließen, durchaus besaßen, ist das Persönliche, Einmalige, vielleicht nicht Schöne, aber Originelle. Doch eben dies mangelt gerade dem

lebendigen Hitler. Das Gesicht eines Menschen ist ja kein un-
abwischbarer Stempel der Natur, ein- für allemal ohne Wider-
ruf und Gnade aufgedrückt; jeder Mensch formt vielmehr sein
Gesicht, sowohl von innen her durch die dawider arbeitenden
Seelen- und Geisteskräfte, als auch von außen durch Haar und
Bart und lebenslange Spiegelübungen. Aus was für einem Gesicht hat nun Adolf Hitler was für ein Gesicht gemacht? Eine
kalmückische Anlage mit hochstehenden Backenknochen und
geschlitzten Augen, etwas grausam und leicht schreckhaft aus-
sehend, ist durch Haar und Bart zum Modell »schöner Mann«
gewaltsam vermanscht worden — ob das Ziel erreicht wurde,
ist Geschmackssache. Anfangs wurde das Haar zu diesem Zweck
fast in der Mitte gescheitelt und nach hinten gekämmt; später
verfiel er auf die affektierte, an der Stirn klebende Haarsträhne. Ein pedantisches Streben nach dem bürgerlichen Nor-
malgesicht, möglichst weit weg vom Bohemien und »Schla-
winer«; möglichst nahe am Durchschnitt, möglichst fern vom
Individuellen. Ein Mensch, der keine Freude an seinem natürlichen Aeußeren hat, sondern es versteckt. Hitler ist als Nor-
malmensch maskiert.

Nach dem Durchschnitt strebt er auch in der Kleidung. Seit
Beginn seiner Laufbahn ist er angezogen wie der Herr aus
dem Modealbum; zunächst mit bescheidenen Mitteln, später
elegant, aber sehr normal. Es ist kein günstiges Zeichen für
einen Menschen, wenn im Gesamteindruck die Kleidung sich
hervordrängt und über Figur und Gesicht dominiert; an Hitler, namentlich in den früheren Jahren, fallen der korrekte
weiche Kragen und der korrekte Schlips, das korrekte zwei-
reihige Sakko, auch der korrekte braune Mantel und die korrekten langen Hosen dermaßen auf, daß der erste Eindruck
nur der eines korrekten unbedeutenden Herrn ist. Die einzige
»Note« ist ein Stock, später eine Hundepeitsche aus Nilpferdhaut, Waffe gegen etwaige Ueberfälle. Eine Zeitlang war die
Umgebung empört, weil er keinen Anstoß daran nahm, zum
Cutaway braune Halbschuhe zu tragen. Später schlüpft er
immer häufiger in die Uniform der Bewegung; auch hier trägt
er stets das Kleid des unbekannten SA-Manns, wie sonst das
des unbekannten Durchschnittsbürgers. Die Propaganda nennt
das Schlichtheit; es ist tatsächlich nur die Furcht, mit einer
Besonderheit etwas falsch zu machen.

Den Mangel an Originalität offenbart auch sein Verhältnis
zur Kunst. Es gibt hier einige Erzeugnisse von ihm, die sehr
bekannt sind. Zwar die Zeichnungen und Aquarelle aus der
Wiener Zeit und aus dem Kriege verdienen nichts als Vergessenheit. Eine der verbreitetsten Kunstschöpfungen der ganzen Welt dagegen ist das von Hitler entworfene Parteiabzeichen. Dies Abzeichen, das das Hakenkreuz sichtbar machen soll, schlägt es geradezu tot. Ein runder Emaille-Teller mit
einem sinnlosen breiten, roten Rand, darin auf weißem Feld
ein schwarzes Hakenkreuz, vom roten Rand erdrückt; das
Ganze eine unruhige Häufung von Farbausdrücken, ausein-
anderfallend, kein Symbol, sondern Blech. Ebenso unharmo-
nisch ist die Parteifahne mit dem verrückten Einfall, das
Hakenkreuz auf die Spitze zu stellen, als ob es tanze. Man
möchte gern von der SA-Standarte, die Hitler gleichfalls entworfen hat, etwas Besseres sagen; nun, eine solche Standarten-
reihe bei einer Parade mit ihren viereckigen, gerade herab-
hängenden hakenkreuzbestickten Tüchern sieht immerhin
wirkungsvoll aus. Warum diese Standarte jedoch von einer
ringförmigen goldenen Wurst gekrönt ist, die ein zweites
Hakenkreuz umschließt und oben einen flatternden Vogel
trägt, ist das Geheimnis des Künstlers Hitler, dem offenbar nur
die verbrauchtesten Ornamente in der verbrauchtesten Zusam-
menstellung, und zwar leider gerade am falschen Platz, einfallen. Offenbar hat er an römische und napoleonische Feld-
zeichen gedacht. Ueberhaupt liebt er die Latinität; siehe den
Kopf des »Völkischen Beobachters«!

Einen Zug zum Größenwahn haben seine bis jetzt bekannt
gewordenen Bauprojekte und Bauausführungen. Die »Ver-
schönerung« des Münchner Königsplatzes durch klassizistische
Parteipaläste, angeregt durch Vorschläge Ernst Hanfstaengls,
bedroht die edelsten Denkmäler des deutschen Philhellenen-
tums mit Verballhornung; der Kunstpalast am Englischen
Garten verdrängt jahrhundertealte Anmut durch neue Pracht.
Er wird vollenden, wo die wittelsbachischen Könige nicht fertig
geworden sind und wo ein Jahrhundert aus Pietät, Sparsamkeit und Gefühl für geschichtliche Einmaligkeit die Hände
wegließ. Die Anlage des Parteitagsgeländes in Nürnberg, gleich-

falls von ihm stark beeinflußt, ist eine politische Offenbarung: rückhaltloser Aufbau der Volksmasse als Staffage, ausschließliche Gestaltung des Raumes als Feld und Bühne für den Führer. In der dominierenden Architektur scheint überhaupt seine Stärke zu liegen. Hier hat er Deutschland etwas wirklich Neues geschenkt; die dreiundzwanzig Meter breiten, mit Dämmen und Brücken die Landschaft beherrschenden Autostraßen für militärische und bürgerliche Herrenfahrer. Diese Autostraßen, ein wirtschaftlicher Fehlgriff, von dem noch zu reden sein wird, sind großartige Bilder; und das ist das beste, was von ihnen zu sagen ist.

Am ungeheuerlichsten und traurigsten sucht er die Monumentalität und trifft den Durchschnitt in seinem Stil. Dieses nach dem Lineal geschnittene Pappdeckel-Deutsch ist nicht einfach schlecht, sondern verräterisch schlecht. Man soll nicht schreiben, wie man spricht, denn das gäbe auf dem Papier einen faseligen Wortschwall; aber man soll so schreiben, wie man mit Konzentration sprechen würde. So aber wie Adolf Hitler schreibt, hat noch nie ein Mensch gesprochen, er selbst schon gar nicht. Man lese sich laut vor: »Durch das Vertreten der Meinung, daß man auf dem Wege einer durch demokratische Entscheidungen erfolgten Zubilligung verfassungsmäßig größerer Rechte Menschen befähigen kann, Völkerschicksale neu zu gestalten, beweist man nur, wie sehr man schon selbst — wenn auch gänzlich unbewußt — vom Gifte der Demokratie angefressen ist und auch aus Angst vor der Kraft der Persönlichkeit lieber die Bedeutung des Amtes fördert.«

In seinem Stil stößt eine große natürliche Sprechlust dauernd an die Angst, etwas Unpassendes zu sagen. Die »parlamentarischen Gänseriche«, die »Tintenritter« und »enthörnten Siegfriede« klingen unbefangen und kräftig; wenn er dazwischen ruft »wahrhaftiger Gott!« oder mit »am Ende vielleicht doch auch« herumtastet, dann hört man einen, der ehrlich und vielleicht etwas unsicher seine Meinung sagt. Aber dann flüchtet er plötzlich wieder unter die schützende Autorität der Substantive, die oft genug aus vergewaltigten Verben und Adjektiven unnötig zusammengekünstelt sind. Diese Substantivreihen geben der Sprache eine künstliche Monumentalität; sie finden sich darum im älteren Amtsdeutsch, wo sie dem Publikum imponieren sollen. Sie machen den Ausdruck arm, steif und brüchig, nehmen ihm Atem und Duft und machen aus einem lebendigen Satz oft genug einen durcheinander geworfenen Haufen ungenießbarer Wortknochen. So entsteht eine unverständliche Sprache, die die Gedanken verbirgt, obwohl sie dies nicht einmal will. Sie gibt sich eine Bedeutung, die sie nicht hat und erzeugt eine Wirkung, die über ihren Sinn hinausgeht; sie vergrößert sich, sie stelzt.

Er hat geringes Vertrauen zum normalen sprachlichen Ausdruck; liebt es nicht, eine Sache einfach zu benennen. Wo es geht, verdoppelt er. Zu Beginn von »Mein Kampf« soll ein Satz mit »nein« anfangen, aber er schreibt, obwohl niemand widerspricht, aufgeregt: »nein, nein!« Er muß es möglichst zweimal sagen: »Ebenso sollte die Truppe national und vaterländisch denken und fühlen lernen... Jeder Gedanke und jede Idee, jede Lehre und jedes Wissen haben diesem Zweck zu dienen... Man muß überzeugt sein von der Güte und der ehrlichen Redlichkeit der Volksgemeinschaft.« Die Worte sind bei ihm billig, er gibt sie in Masse; fühlt offenbar, daß er für einen Gedanken nicht den präzisen Ausdruck trifft und stellt darum mehrere Ausdrücke zur Auswahl. Im tiefsten Grunde glaubt er den eigenen Worten nicht.

Das Verhältnis zum Geist.

Immer wieder muß man bedenken, daß seine Würde etwas Angenommenes, und Zügellosigkeit seine Natur ist. Der Tag wird ohne Hemmung verbracht; er findet sich morgens nicht aus dem Bett und abends nicht hinein.

Sein Staatssekretär Funk hat der Oeffentlichkeit in einem Interview mitteilen wollen, daß Adolf Hitler »Tag für Tag, ja fast Stunde um Stunde mit letzter Anstrengung das Höchstmaß seiner seelischen und geistigen Kräfte für die deutsche Revolution ausnutze«. Aber er ließ doch einfließen, dieser »genialste unserer Zeitgenossen«, beginne erst um zehn Uhr mit der Arbeit, nämlich dem ersten Referentenvortrag. Diesen Vortrag halten die Staatssekretäre Lammers und Funk; sie melden Besuche an, lesen wichtige Post vor und berichten über den Inhalt der Zeitungen. »Wenn die Zeit ausreicht, so wendet sich die Aussprache den für den laufenden Tag bevorstehenden Beratungen oder auch grundsätzlichen Erörterungen über politische, wirtschaftliche und andere Fragen zu.« Die berühmten Monologe Adolf Hitlers, die behutsamen Korrekturen seines Lehrers Funk! Dann Besuche. Um zwei Uhr wird gegessen; ein fast täglicher Tischgast ist, wenn Hitler sich in Berlin aufhält, Dr. Goebbels, ferner Rudolf Heß. Selbstverständlich das persönliche Gefolge: Otto Dietrich und Ernst Hanfstaengl, genannt Hugin und Munin nach den beiden Raben, die auf Wotans Schulter sitzen und ihm Weisheit zuflüstern; ferner der Adjutant Brückner und der Leibgardist Schaub. Manchmal sind mehr als zwanzig Menschen da. Selten ist Göring dabei.

Nachmittags, wenn man nicht gerade reist, wieder Besprechungen. Die eigentlichen Kabinettssitzungen unter Vorsitz des Kanzlers sind selten; die sachlichen Arbeitssitzungen der Kabinettsausschüsse finden ohne Hitler statt. Dieser liebt mehr die formlosen »Chefbesprechungen«, d. h. Gruppenbildung innerhalb des Kabinetts, wozu er sehr geschickt bald diesen, bald jenen heranholt. Wenn dieser Berliner Tag zu Ende geht, notiert vielleicht Goebbels in sein Tagebuch: »Spät abends kommt noch der Führer. Musik gemacht, dann bis tief in die Nacht hinein diskutiert. Das tiefe fachmännische Wissen des Führers auf fast jedem Gebiet ist einfach fabelhaft.« Funk findet seinen Führer dagegen bei der Lektüre »meist historischer und politischer Schriften und Bücher«.

Was für Bücher? Man hat ihn lächerlich machen wollen, weil er Indianerromane von Karl May lese. Gewiß, er ist ein Halbgebildeter. Aber als ob nicht auch die schärfsten Geistesarbeiter sich bei Kriminalromanen entspannten! Aber auch die schwülstig geschriebenen, schon grammatisch fast ungenießbaren politischen Schriften Richard Wagners gehören zu seiner Lieblingslektüre.

Die Vorliebe, ja geistige Hörigkeit Hitlers Richard Wagner gegenüber ist äußerst aufschlußreich. Richard Wagner war als Mensch ein charakterloses ,Chamäleon. Erst Revolutionär, dann Fürstendiener, erst Emigrant, dann Chauvinist; nimmt Gastfreundschaft und künstlerische Unterstützung Frankreichs in Anspruch und verhöhnt dann 1870 die geschlagene, sich tapfer wehrende französische Republik auf besonders geschmacklose Weise; schmeichelt sich erst an Meyerbeer heran und schreibt dann antisemitische Schmähschriften. Wäre das alles gewandelte Ueberzeugung und vertiefte Einsicht, so wäre es noch hinzunehmen. Aber man lese seine kritischen und politischen Schriften! Wie steht da in jedem Absatz das liebe Ich obenan; wie ist da alles geistige, künstlerische und politische Geschehen immer auf die eigene werte Person bezogen; wie egoistisch, querulantenhaft und — geschäftstüchtig ist das alles! Auch ein Fanatiker, nämlich ein fanatischer Streber, durchaus überzeugt, daß es ein Segen für die Nation sei, wenn sie ihm geistig zu Füßen liege; naiv auf seinen Vorteil bedacht und dabei überzeugt, ein Missionar zu sein. Man preist und besingt meist, was man nicht ist und nicht hat. Dieser aus Genialität und Durchtriebenheit sehr menschlich Gemischte hat eine dualistische Kunstwelt erdichtet, in der das Edle und das Unedle in deutlicher politischer Anspielung sich gegenüberstehen, Licht und Dunkel, ja, die herrschende und die dienende, aber intrigierende Rasse. Das ist die Welt Hitlers, wo der Fluch des Goldes die Zinsknechtschaft, der Zwerg Alberich die minderwertigen Rassekräfte, also den Juden, Siegfried und Hagen den nationalen Zwiespalt und Wotan den tragischen Genius der germanischen Rasse verkörpern. Alles mit gewaltiger Kunst, zauberhaft und — unwahr vorgetragen. Das nie ganz deutlich ausgesprochene, aber immer zugrunde liegende Thema ist der Kampf des herrschsüchtigen Individuums. Hier fühlt Hitler sich mächtig angesprochen. Die Meistersinger, übrigens Wagners leichteste Oper, hat er nach Goebbels Zeugnis mehr als hundertmal gehört.

Eines Tages fragte er am Stammtisch: »Habt Ihr die Erinnerungen von Trotzki gelesen?« Antwort: ja, ein scheußliches Buch, Memoiren des Satans; Hitler: »Scheußlich? Glänzend! Was für ein Kopf; ich habe viel daraus gelernt.«

Den »Untergang des Abendlandes« von Oswald Spengler hat er aufmerksam studiert und dann schroff abgelehnt. Er will kein Spenglerscher Cäsar sein. Spengler verachtet die Masse; auch Hitler verhöhnt die »Majorität von Dummheit, Feigheit und Besserwissen.« Aber mag Hitler mit einem gelehrten Mann wie Spengler diskutieren; der Führer, selbst ein Kind der Masse, wird Massenverachtung keinem gestatten, der sich nicht auf Massenbeherrschung versteht. Oswald Spengler hat jahrelang Umgang mit Gregor Straßer gepflogen, vielleicht in diesem robusten Schädel den Glauben an eine Cäsarische Mission genährt. Im Sommer 1933, nachdem der Sieg errungen war, hatte Spengler in Bayreuth eine zweistündige Aussprache unter vier Augen mit Hitler. Seine Enttäuschung war ungeheuer. Das Ergebnis dieser Unterredung waren gewisse Sätze, die er in die Einleitung seines Buches »Jahre der Entscheidung« hineinschrieb:

»Der Handelnde sieht oft nicht weit. Er wird getrieben, ohne das wirkliche Ziel zu kennen. Er würde vielleicht Widerstand leisten, wenn er es sähe, denn die Logik des Schicksals hat nie von menschlichen Wünschen Kenntnis genommen. Aber viel häufiger ist es, daß er in die Irre geht, weil er ein falsches Bild der Dinge um sich und in sich entwickelt hat ... Diese Machtergreifung hat sich in einem Wirbel von Stärke und Schwäche vollzogen. Ich sehe mit Bedenken, daß sie täglich mit so viel Lärm gefeiert wird. Es wäre richtiger, wir sparten das für einen Tag wirklicher und endgültiger Erfolge auf, das heißt außenpolitischer. Es gibt keine anderen. Wenn sie einmal errungen sind, werden die Männer des Augenblicks, die den ersten Schritt taten, vielleicht längst tot sein, vielleicht vergessen und geschmäht, bis irgend eine Nachwelt sich ihrer Bedeutung erinnert. Die Geschichte ist nicht sentimental, und wehe dem, der sich selbst sentimental nimmt!«

Mit scharfen Beobachtern hat der »Genialste aller Deutschen« wenig Glück.

Neigungen und Angewohnheiten.

Spengler hat Hitler den Gefallen getan, ihn einen »Handelnden« zu nennen, aber er spürt wohl, daß er mehr ein Grübelnder und Getriebener, bisweilen dann sich Ueberstürzender ist. Ein Mann, der seine Entschlüsse nicht im hellen Tageslicht faßt, sondern in einsamer Nachtstunde, wo er bis in den grauenden Morgen hinein nach Goebbels Zeugnis seine Denkschriften diktiert und am beginnenden Morgen nach Funks Bericht das Lager aufsucht. Dann kaut er wochen- und monatelang unruhevoll an Plänen herum, spricht von ihnen zu keinem Menschen; eines Tages wird die Welt mit einem »blitzschnellen Entschluß« überrascht. Einer seiner hemmungslosesten Bewunderer, Dr. Robert Ley, erzählte einmal:

»Die überragende Genialität unseres Führers erkennen Sie an folgendem Beispiel: Wir hatten — es war im Mai 1933 — den ganzen Tag mit den Leitern der Deutschen Arbeitsfront zusammengesessen und über den geplanten ständischen Aufbau beraten. Gegen Abend kam der Führer und fragte, wie weit wir seien. Ich antwortete. Mein Führer, ich muß bekennen, daß die Frage sehr schwierig ist. Da lächelte der Führer und sagte: Das habe ich mir gedacht; nun, ich will euch jetzt sagen, wie ich mir die Sache denke. Und dann hielt der Führer uns einen einstündigen meisterhaften Vortrag, in dem alle Probleme geradezu genial gelöst waren. Als er fertig war, sagte ich: Mein Führer, hier sitzen doch viele Männer, die sich mit diesen Fragen jahrelang beschäftigt haben; es ist erstaunlich, wie Sie als Nichtfachmann ein Problem lösen können, mit dem wir alle nicht fertig werden. Da ging wieder ein Lächeln über das Gesicht des Führers, und er antwortete: »Das will ich euch erklären. In den Kampfjahren der Bewegung habe ich viele Nächte lang wachgelegen und über diese Frage nachgedacht, weil ich wußte, wir würden sie sofort in Angriff nehmen müssen.« Das Resultat dieses Nachdenkens war der sofortige Abbruch des ständischen Aufbaus, die Zerstörung der Gewerkschaften und die Einsetzung von staatlichen »Treuhändern der Arbeit«.

Dieser Grübler und Zauderer ist aber keine Schlafmütze. Im Gegenteil, er ist voll scharfen Welthungers; sehen, immer wieder sehen und abgelenkt werden ist ihm Bedürfnis. Seine beiden größten Leidenschaften sind Auto und Kino; das Auge verlangt Nahrung. Sport treibt er überhaupt nicht. Die Mäßigkeit in gewissen Genüssen ist körperlich bedingt. Die Empfindlichkeit der Atemwege — das Lungenleiden der Jugend, die spätere Gasvergiftung — verbietet das Rauchen. Die Wiener Hungerjahre und anscheinend ebenfalls die Gasvergiftung haben den Magen angegriffen; er klagt 1928 über ein Magenleiden und vermeidet schwere Fleischspeisen, ist aber kein absoluter Vegetarier; liebt Süßigkeiten in großen Mengen, die Wiener Mehlspeisen der Stiefschwester Angela werden hochgeschätzt. Alkohol trank er bis 1923, seitdem meidet er ihn. Ein Gesetz gegen Alkoholmißbrauch hat er 1928 trotzdem scharf bekämpft, weil »nur der Jude den Vorteil davon hätte; in Wahrheit, weil es unpopulär war. Die Versammlungserfolge in München wären ohne Bier unmöglich gewesen.

Der Augenhunger und das Amüsierbedürfnis sind fast krankhaft. Zwei-, ja dreimaliger Kinobesuch täglich waren vor der Machtergreifung nicht selten; seitdem läßt er sich die Filme in der Reichskanzlei vorführen. Daß es pornographische Filme seien, wird von Kundigen bestritten und ist auch unwahrscheinlich. Eine Zeitlang schätzte er den Komiker Felix Bressart; er sagte: »Schad, daß der Bressart ein Jud is!«

Eine Zeitlang konnte man anhand der deutschen Presse verfolgen, wie erfolgreich der Kanzler Hitler der Arbeit aus dem Wege ging. Da wurde Tag für Tag diese Baustelle der Reichsautobahn besichtigt, jene Führerschule eingeweiht, unvermutet ein Lager der Hitler-Jugend aufgesucht, und das Ende war der Flug nach Berchtesgaden. Schließlich verbot der Stellvertreter Rudolf Heß die Veröffentlichung von Berichten über den Aufenthalt des Führers, die nicht von der Reichskanzlei autorisiert seien. Aber für diese Reichskanzlei wird in Bad Reichenhall ein eigenes Gebäude errichtet und im nahen Ainring ein Privatflugplatz für Hitler angelegt; er zwingt sich nicht nach Berlin, wo die Fäden der Geschäfte zusammenlaufen; nein, er zwingt die Reichsregierung an den Fuß des Obersalzberges.

Seine ganze Lebens- und Arbeitsweise widerlegt die kitschige Legende von der Schlichtheit und Anspruchslosigkeit des Führers. Er nimmt nicht an Festbanketten teil? Er entbindet sich von dieser lästigen Verpflichtung, über die Stresemann stöhnte und der er schließlich erlag. Er verzichtet auf sein Kanzlergehalt? Er war bis zur Machtergreifung finanziell beteiligt an allen nationalsozialistischen Zeitungen; seitdem ist das Buch »Mein Kampf«, Preis sieben Mark zwanzig für die einbändige Ausgabe, in zwei Millionen Exemplaren ins deutsche Volk hineingepreßt worden; Gliederungen der Deutschen Arbeitsfront haben es an ihre Mitglieder verschenkt. Er bewohnt kein Schloß, weil der Aufenthalt in einem mäßig großen Landhause viel behaglicher ist; er verzichtet auf Alkohol, schweres Fleisch und Tabak, weil er sie nicht verträgt. An seinem fünfundvierzigsten Geburtstag entzog er sich allen lärmenden Ehrungen durch einen Ausflug mit nicht weniger als sechs Automobilen; der »Illustrierte Beobachter« brachte zwei Seiten Photographien. Reiche Leute pflegen selten drei Schnitzel auf einmal zu essen. Man kann den nicht bedürfnislos nennen, der jeden Augenblick seinen Gelüsten nachgibt; die Gelüste Adolf Hitlers sind Reisen, Kino und Theater und Spazierengehen auf dem Obersalzberg. Die deutsche Oeffentlichkeit ist fortgesetzt Zeuge. Man braucht ihm noch keinen Vorwurf daraus zu machen, daß er sich den Kleinkram vom Leibe und den Kopf klar hält. Aber so, wie er bestimmtes notwendiges Wissen, z. B. in wirtschaftlichen Fragen aus Bequemlichkeit nie erworben hat, so verzichtet er auch aus Bequemlichkeit auf jene Genüsse, die in Wahrheit nur lästige gesellschaftliche Verpflichtungen sind und den meisten Männern irgend wie von ihren Frauen aufgenötigt werden. Er bricht plötzlich eine Sitzung ab, um sich von einer versteckten Loge aus, bequem hingeräkelt, die »Fledermaus« anzuhören; das ist eine vernünftige Entspannung, aber man soll darum auch nicht behaupten, daß er aus Bescheidenheit das gepanzerte Frackhemd und das Angestarrtwerden in der Prunkloge vermeidet.

Der kleine Junge, dem »gähnend übel« wurde bei dem Gedanken, als »unfreier Mann« im Büro zu sitzen, hat sein Ziel erreicht wie noch selten einer. Wenn ich erst groß bin, mache ich den ganzen Tag, was ich will — diesen Knabenwunsch hat Adolf Hitler sich wie wenige Menschen erfüllt.

Der Weg hinauf.

Diese tief zerrissene, gegen sich selbst schwache und mißtrauische Natur hat trotzdem eine ungeheure Leistung vollbracht. Adolf Hitler hat das deutsche Volk unterworfen und jene Macht erworben, die das beruhigendste und niederschlagendste Mittel für alle Zweifel ist. Oswald Spengler hat richtig gesehen, daß dies noch kein sachlicher Erfolg ist; aber er überschätzt den Menschen Hitler, wenn er diesen Maßstab anlegt. Hitlers letztes Ziel ist die persönliche Erhöhung. Wann ist er sich dieses Zieles zuerst bewußt geworden? Schon im Schützengraben wurde ihm klar, daß er etwas könne, was andere nicht können. Damals stellt er sich den Weg wohl noch ungefähr so vor, daß ein Mann wie er berufen sei, dem deutschen Kaiser das deutsche Volk zu bringen; damit wird praktisch schon das Höchste erstrebt. 1921 lernt er Ludendorff kennen. Das Verhältnis zur Reichswehr liegt von der ersten Minute an fest; sie hat die Macht, sie muß sie nur anwenden, man muß sie dazu bringen. Der Gedanke der Diktatur wird sofort nach der Revolution im deutschen Bürgertum lebendig; Ludendorff war schon im Weltkrieg zwei Jahre lang Diktator, es bedarf kaum der Diskussion, daß er es wieder werden muß. Gleichzeitig aber beginnt der Gedanke einer Parteidiktatur zu spuken; so etwas lernt man von Lenin und Trotzki. Hitler erklärt Ludendorff bescheiden, er wolle ja nicht regieren, sondern nur der »Trommler« sein; im stillen weiß er wohl schon, wieviel stärker ein Trommler sein kann als ein General. Dann sagt er, weil man ihn wegen einer Prügelei zu Gefängnis verurteilt hat, bitter, so wie ihn habe auch vor zweitausend Jahren der Pöbel Jerusalems einen zur Richtstätte geschleift. Aber gleich wird er wieder bescheiden; seinem Biographen Schott erklärt er: »Wir sind ja alle ganz kleine Johannes-Naturen. Ich warte auf den Christus.«

Der entscheidende Schritt wird im November 1922 getan. Im Oktober dieses Jahres errichtet der Redakteur und Freischarenführer Mussolini in Italien seine Diktatur. Gewaltiger Eindruck in der deutschen Bürgerwelt, so etwas ist also möglich. Im November schon verkündet Hermann Esser im Zirkus Krone: »Wir brauchen nicht lange nach einem deutschen Mussolini zu suchen; wir haben ihn, er heißt Adolf Hitler!«

Die innere Stimme.

Könnte ein Beichtvater diesen Adolf Hitler einmal am innersten Gewissen packen und ihn fragen, wer ihn, dies schwache Gefäß, diesen steilen Weg habe gehen heißen, so würde er ohne Zaudern antworten: der Allmächtige. Er glaubt an das Göttliche, doch sicher nicht an den Gott der Kirche. Gottesdiensten bleibt er fern. Die Begünstigung des Neuheidentums durch die staatlichen Gewalten in Deutschland, der kulturelle Einfluß Rosenbergs, die Bedrängung der Kirche gehen auf ihn zurück. Zwar hat er vernünftige Worte gegen die

Männer gefunden, die die Partei mit religiösen Streitereien behelligen; er hat deutlich genug erklärt, daß er sich nicht zum religiösen Reformator berufen fühle. Aber er selbst findet nun einmal keine Befriedigung im Glauben seiner katholischen Kirche. Als Soldat hat er noch die Kommunion empfangen, als Reichskanzler den Festgottesdienst zur Reichstagseröffnung brüsk geschnitten. So entspricht die neuheidnische Bewegung vielleicht nicht ganz seinen politischen Grundsätzen, aber sicherlich seinem persönlichen Gefühl. Er hat ein sehr persönliches Verhältnis zum Jenseitigen und glaubt an eine besondere Leitung durch das Schicksal. Von guten Freunden hat er sich das Horoskop stellen lassen, und als er öffentlich im September 1932 gegen Hindenburg polemisierte, lautete das so: »Mein großer Gegenspieler Reichspräsident von Hindenburg ist heute 85 Jahre alt. Ich bin 43 und fühle mich ganz gesund. Mir wird auch nichts passieren, denn ich fühle deutlich, für welch große Aufgaben mich die Vorsehung ausersehen hat. Bis ich einmal 85 Jahre alt bin, lebt Herr von Hindenburg schon lange nicht mehr.«

Im engeren Kreise hat er zwei Geschichten erzählt, die ihm das Anzeichen eines persönlichen höheren Schutzes sind:

In einer mitteldeutschen Stadt, in der er sprechen sollte, wollten politische Gegner ihn überfallen. Er kam mit dem Wagen; durch ein Mißverständnis wurde er nicht auf dem abgesperrten Wege zum Versammlungslokal geleitet, sondern geradewegs in einen Stadtteil, der von gegnerischen Massen besetzt war. Der Wagen fuhr auf eine Brücke zu, vor der die Gegner sich in dichtem Haufen drängten. Umkehren vor den Augen des Feindes war nicht mehr möglich, das Aeußerste schien zu drohen. In diesem Augenblick sieht Hitler, wie die Menge sich auf ein Individuum stürzt, das mit ihm selbst eine gewisse Aehnlichkeit hat. Man hält diesen Menschen offenbar für Hitler, schleppt ihn zum Brückengeländer und wirft ihn ins Wasser. Hitler selbst entkommt in der allgemeinen Verwirrung.

Die Geschichte ist hier so berichtet, wie ein ernster und glaubwürdiger Zeuge sie von Hitler persönlich gehört hat. Demselben Gewährsmann berichtete er: »Ich saß im Felde mit mehreren Kameraden beim Essen. Plötzlich befahl mir die innere Stimme: Stehe auf und setze dich an den Platz dort!

Ich gehorchte, der Platz war ungefähr zwanzig Meter entfernt. Kaum war ich da, schlug die Granate unter meine Kameraden, keiner entkam.«

*

Ein ganz triebhafter Mensch glaubt an Berufung und Stimmen. Ein Inkonsequenter ziert sich mit formaler Logik. Ein tief Unzuverlässiger spielt sich und der Welt übermenschliche Treue vor.

Hitler gleicht dem Negerkönig, der sich von einem Europäer porträtieren ließ und gern als Weißer gemalt sein wollte.

18. Die Frauen

Undurchsichtige Erotik.

Ein Kapitel wie dieses gehört in jede Biographie; kein Mensch kann ohne sein Verhältnis zum anderen Geschlecht verstanden werden. Gegen Adolf Hitler, der die ihm passend erscheinenden Teile seines Privatlebens, zu rührenden Geschichten verarbeitet, dem deutschen Volk in Bild und Wort einflößen läßt, braucht der Erzähler gewiß keine anderen Rücksichten zu nehmen als die des allgemeinen Anstandes; es ist der Zweck dieses Buches, der Legende von Adolf Hitler den wahren Adolf Hitler gegenüberzustellen.

Das üppige Wuchern der Homosexualität im engsten Kreise um Adolf Hitler hat diesen bei vielen Menschen in einen naheliegenden Verdacht gebracht. Leute, denen man gute Information zutrauen dürfte, wußten von sehr freundschaftlichen Beziehungen zu einem jungen Menschen namens Schiller in Berlin zu berichten; dieser Schiller habe Briefe Hitlers in der Schweiz an sicherer Stelle untergebracht. Ohne daß nach der Person dieses Schiller hier weiter geforscht sei, kann gesagt werden, daß die Behauptungen von einer Homosexualität Hitlers reine, durch die handgreiflichsten Tatsachen widerlegte Kombination sind. Bis vor wenigen Jahren wäre es niemandem eingefallen, ihn nach dieser Richtung hin zu verdächtigen; erst der Röhm-Skandal legte die Vermutung der Gesinnungsverwandtschaft mit dem Duzfreund nahe. Aber die Duzbruderschaft erklärt sich viel einfacher: die beiden kennen sich seit den kleinen Anfängen der Bewegung, als Adolf Hitler sich mit mehr oder minder allen seinen Kumpanen duzte.

Wir erinnern uns, wie seine intimen Parteifeinde aus der Anfangszeit ihm «übermäßigen Damenverkehr» vorwarfen und ihn der Großsprecherei gegenüber seinen Freundinnen beschuldigten. Wir erinnern uns an den Rügebrief Gottfried Feders, der ihm doch ausdrücklich das Recht der Erholung »im Kreise schöner Frauen« zugestand.

Aber dann gibt es auch wieder gegenteilige Beobachtungen. Der Gefängnisdirektor Leybold in Landsberg schreibt in einem seiner Berichte: »Er hat keinen Zug zur Weiblichkeit«. Aus seiner Jugend wird berichtet, er sei einmal in die größte Raserei geraten, als bei einer Zecherei ein Kamerad die Kellnerin in die Wade kniff.

Dem Gefährten Hanisch hat er ein Jugenderlebnis erzählt, das er in Spital hatte. Er habe Interesse für eine junge Magd gehabt, das Mädchen sei ihm sehr entgegengekommen, und als er sie einmal beim Kuhmelken im Stall überraschte, hätte sich beinahe etwas ereignet. Im letzten Augenblick habe er aber Gewissensbisse verspürt und sich losgerissen; dabei sei der Milchtopf umgestürzt. Das Mädchen sei ganz geknickt gewesen. Hanisch rechnet Hitler dieses Verhalten als anständig hoch an.

Wenn die jungen Leute miteinander über Frauen sprechen, hält Hitler Reden voller Weltweisheit und Selbstdisziplin. Die Weiber seien alle zu haben, man müsse nur frech sein; den Hut möglichst weit im Genick, damit das Gesicht frei liege, und dann drauf los. Er gibt zu verstehen, daß solche leichten Eroberungen ihn nicht reizen und daß man den Mann an der Selbstbeherrschung erkenne; der geistige, vollkommene Mensch müsse auf Erotik verzichten können. Hanisch meint freilich, diese Selbstbeherrschung sei mehr dem herabgekommenen Aeußeren Hitlers in jener Zeit sowie dem Hunger und der Entkräftung zuzuschreiben.

Vor zu weitgehenden Schlüssen über das rein Psychologische hinaus sollte aber die einfache Tatsache bewahren, daß es — freilich offiziell nicht anerkannte — Nachkommenschaft Adolf Hitlers gibt.

Ein Unaufrichtiger.

In »Mein Kampf« gibt es ein wenig beachtetes erotisches Kapitel. Es beginnt merkwürdigerweise mit einer Betrachtung über die Syphilis, beklagt dann die »Verprostituierung der Volksseele« und fordert die Sterilisation unheilbar Kranker. Das Kapitel enthält eine Reihe vernünftiger Gedanken; auffallend ist aber die Ueberreiztheit und Einseitigkeit, mit der hier Wunden betastet und Laster gegeißelt werden. Hitler nennt die Prostitution »eine Schmach der Menschheit« und verlangt zu ihrer Bekämpfung frühe Heirat. Ausgezeichnet; warum heiratet er nicht? Er verlangt »eiserne Abhärtung«

durch Sport und Turnen, da ein dermaßen abgehärteter Junge
dem Bedürfnis sinnlicher Befriedigungen weniger unterliege
als ein ausschließlich mit geistiger Kost gefütterter Stuben-
hocker. Wiederum ausgezeichnet; aber warum treibt er selbst
keinen Sport? Er schilt den »Speisezettel unserer Kinos, Variétés und Theater«; da herrsche eine «sinnlich schwüle
Atmosphäre« wie in einem »Treibhaus sexueller Vorstellungen
und Reize«. Zum dritten Mal ausgezeichnet; aber warum ist er
selbst so oft in Kinos und Variétés zu finden?

Wenn irgendwo, dann ist Adolf Hitler an dieser Stelle unaufrichtig.

Der wütende Ton, in dem er die Bekämpfung der gewiß gefährlichen Syphilis für *die* Aufgabe der Nation erklärt, muß
stutzig machen. Man hätte, so sagt er mit einer sogar bei
ihm seltenen Maßlosigkeit, »unter Anwendung aller propa-
gandistischen Hilfsmittel die Frage der Bekämpfung der
Syphilis als die Aufgabe der Nation erscheinen lassen müssen,
nicht als auch eine Aufgabe. Man hätte zu diesem Zwecke ihre
Schäden als das entsetzlichste Unglück in vollem Umfange, und
zwar unter Anwendung aller Hilfsmittel, den Menschen ein-
hämmern müssen, bis die ganze Nation zur Ueberzeugung gekommen wäre, daß von der Lösung dieser Frage eben alles
abhänge, Zukunft oder Untergang.«

Die ganze Nation als geistiges Syphilislazarett — die Phantasie eines offenkundig Ueberreizten. Welch moralisches Verderben diese Art von Kur sein müßte, das kann und will diese
aufgepeitschte Phantasie sich nicht vorstellen.

Ein weiterer Absatz freilich klingt nicht so ganz nach Phantasie. Da schildert er mitleidig den Mann, der »leider nur zu
häufig gerade nach reichlichem Alkoholgenuß dieser Pest in
den Weg läuft, da er in diesem Zustande am wenigsten in der
Lage ist, die »Qualitäten« seiner Schönen zu beurteilen, was
der ohnehin kranken Prostituierten auch nur zu genau bekannt
ist... Das Ende aber ist, daß der später unangenehm Ueber-
raschte auch bei eifrigstem Nachdenken sich seiner barmherzigen Beglückerin nicht mehr zu erinnern vermag, was
einen in einer Stadt wie Berlin oder selbst München nicht wun-
dernehmen darf. Dazu kommt noch, daß es sich oft um Besucher aus der Provinz handelt«.

Alle seine Beziehungen zu Frauen haben einen merkwürdigen Verlauf.

1923 galt bei den Parteigenossen Jenny Haug als seine Braut. Ihr Bruder war Hitlers Chauffeur. Jenny fühlte sich vernachlässigt, als Hitler in der Gesellschaft Hermann Essers und Ernst Hanfstaengls Ablenkung fand; sie war eifersüchtig auf die junge Frau Esser. Hitler nannte das Einbildung und sprach gefühlvoll von einer »spinneten Urschel«. Auch Haug, der Bruder, scheint gekränkt gewesen zu sein; nach dem Putsch von 1923 richtete Röhm aus dem Gefängnis eine Mahnung an ihn, Hitler auf jeden Fall treu zu bleiben. Da Röhm in jener Zeit seine Gefühle gern in Versen ausdrückte, schrieb er an Haug:

»Bleibe immer nur treu dem Führer und Freund Adolf Hitler! Feiger Memmen Gewalt schafft uns nur schöneren Sieg.«

Wie dem auch sei, Haug ist nach der Neugründung der Partei nicht mehr Hitlers Chauffeur geworden und aus seiner Umgebung ebenso verschwunden wie die Schwester Jenny.

Damals keimt eine andere Beziehung, von der bereits in Andeutung die Rede war: Hitlers Neigung zu Erna Hanfstaengl, der Schwester Ernst Hanfstaengls. Erna Hanfstaengl ist eine große, eindrucksvolle, viel begehrte Dame der Münchner Gesellschaft, stolz und kühl. Hitlers Neigung ist heftig, aber anscheinend ziemlich einseitig; Erna Hanfstaengl zieht ihm den Chirurgen Sauerbruch vor. Hitler fühlt einen Stich im Herzen. Es wird geflüstert, der Führer der Nationalsozialisten sei mit einer jungen Dame jüdischer Abstammung verlobt; der Name wurde nicht genannt, aber darauf angespielt, daß Erna Hanfstaengls amerikanische Großmutter Heine geheißen hatte. Darauf eine fettgedruckte Bekanntmachung im »Völkischen Beobachter«: es liefen Gerüchte über eine Verlobung Adolf Hitlers mit einer jüdischen Dame um. Diese Gerüchte seien erlogen; Adolf Hitler sei nicht verlobt. Außerdem — nun wörtlich und mit voller Namensnennung — »ist das betreffende Fräulein Hanfstaengl gar nicht jüdischer Abstammung«. Nach dieser taktvollen Erklärung konnte die ganze Stadt denken, was sie wollte; die Wahrheit war aber, daß Hitler kein Glück gehabt hatte. Erna Hanfstaengl heiratete bald darauf den Professor Sauerbruch; dieser wiederum vertauschte München mit Berlin, nicht zuletzt, um den abgewiesenen Liebhaber etwas aus dem Gesichtsfeld zu bekommen.

Im Jahre 1931/32 fallen die häufigen Besuche Hitlers im Hause Wahnfried in Bayreuth auf. Dort lebt Frau Winnifred Wagner, die Witwe des verstorbenen Siegfried Wagner und Schwiegertochter Richards. Wieder schwirren Gerüchte von einer bevorstehenden Verlobung. Da brechen diese Beziehungen im Herbst 1932 plötzlich ab. Tatsache ist, daß Hitler, bis dahin Gast im Hause Wahnfried, plötzlich mit allem Gefolge und vielen Automobilen Bayreuth verläßt und sich im benachbarten Städtchen Berneck einquartiert. Wieder ist offenbar er der unglückliche Partner einer Beziehung, die vielleicht erst angebahnt werden sollte. Das Interesse für Bayreuth hört nicht auf; die häufigen Privatbesuche unterbleiben.

Im Frühjahr 1933 beschäftigte ihn ein junges Mädchen, Tochter eines Berliner Gelehrten, in dessen Salon Hitler und Goebbels schon vor der Machtergreifung verkehrten. Hitler wird von der Hausfrau mit »Herr Adolf« angesprochen. Herr Adolf muß sich von ihr beispielsweise Vorwürfe wegen des Judenboykotts gefallen lassen, der in diesem kultivierten Hause nicht verstanden wird; dann mischt sich Goebbels ein und sagt mit gesalbter Stimme: »Gnädige Frau, ich war das schwarze Schaf!« Die eine Tochter des Hauses ein lebenslustiges junges Mädchen, findet Gefallen daran, den berühmtesten Deutschen der Gegenwart ein wenig an der Nase herumzuführen. Mit himmlischer Geduld begleitet er sie auf ihren Autofahrten, aber dabei bleibt es auch.

Viel Anlaß zum Gespräch hat die Filmschauspielerin Leni Riefenstahl gegeben. Hartnäckig hat Hitler der Dame drei Jahre nacheinander den Auftrag gegeben, den Nürnberger Parteitag zu filmen; zweimal sind nach allgemeinem Urteil schlechte Filme daraus geworden. Trotzdem bleibt Leni Riefenstahl vorläufig die Herstellerin des offiziellen Films vom Parteitag. Sie schwärmt für Hitler, erklärt »Mein Kampf« für eine Offenbarung; auf einer Filmexpedition nach Grönland hat sie Hitlers Bild in ihrem Zelt hängen. Sie gehört zu den Intimsten des Kreises, duzt Hitler wie Göring, erklärt aber im übrigen, Hitler stehe hoch über jeder persönlicher Beziehung.

Eine Zeitlang schwärmte Hitler für die Sängerin Margarete

Slezak. Hier wie bei anderen Beziehungen ist zu bemerken, daß der nationalsozialistische Führer keinen Anstoß an der »Verjudung« des Milieus nimmt, in dem die von ihm verehrte Frau lebt. Auch seine häufigen Besuche in einer Münchner Gaststätte wurden bemerkt, deren Inhaberin ihn stark fesselte.

Auffallend ist bei diesen Beziehungen Hitlers Unbeständigkeit, um nicht zu sagen Untreue. Es scheint, daß er in die achtungsvolle Verehrung kultivierter Weiblichkeit gern das derbere Verhältnis zu gröberen Typen hineinmengt. Anspruchsvolle Freunde klagen über die »unmöglichen Flietscherln«, die er in jede Gesellschaft und zu den unpassendsten Gelegenheiten mitbringe. Die Carlton-Teestube an der Brienner Straße war lange Zeit ein beliebter Treffpunkt für derartige Zusammenkünfte.

Vor einigen Jahren gehörte Hitlers starke Neigung der jungen Henny Hoffmann, der Tochter des Freundes und Leibphotographen Heinrich Hoffmann. Freunde beobachten, wie Hitler in der Gegenwart des jungen Mädchens unruhig wird und die Selbstbeherrschung verliert. Henny Hoffmann heiratet später Baldur von Schirach.

Alf und Geli.

Tiefer und tragischer als alle diese Beziehungen verläuft ein Verhältnis, das man Adolf Hitlers große Liebe nennen kann: der Roman mit seiner Nichte Angela Raubal, der Tochter der Stiefschwester Angela.

Angela Raubal war ein junges, krausblondes, üppiges Landmädchen aus Oberösterreich — so etwa ist der Typ am besten beschrieben. Sie wohnt mit der Mutter im Hause des Onkels: nimmt in München Gesangsunterricht, will zur Bühne. Hitler faßt eine starke Neigung zu dem jungen Mädchen, das ihn lange nur als den berühmten Onkel anschwärmt, ja vergöttert. Ihm selbst, der im Leben nicht viel aufrichtige Liebe gekannt hatte, mag die bedingungslose, vorerst halbkindliche Zuneigung des jungen Wesens wohlgetan haben. Sie nennt ihn Onkel Alf, er nennt sie Geli.

Die Freundschaft zwischen Alf und Geli gibt frühzeitig zu Klatscherei in der Partei Anlaß. Sie sind mit ein Grund für den Sturz des württembergischen Gauleiters Munder im Jahre 1928. Hitler schreit die württembergischen Amtswalter an, er

sei der Gründer und Führer der Partei und lasse sich keine
Vorschriften machen, ob und wohin er mit seiner Nichte im
Auto fahre. Das häufige Erscheinen Gelis neben Alf war bei
Versammlungen und Tagungen aufgefallen.

Mit den Jahren wird die Beziehung krank und beklemmend.
Die ursprüngliche Schwärmerei für den berühmten Onkel wan-
delt sich in Abneigung gegen den Mann, der seine Neigung
kaum noch bezähmen kann; gegenüber Dritten nennt sie ihn
gelegentlich einen »grauslichen Kerl«. Er selbst spart in seinem Zorn nicht mit noch plebejischeren Ausdrücken; sperrt
sie ein, damit sie nicht mit andern zusammenkomme, und ist
ohne sonderlichen Grund auf Leute wie Emil Maurice eifersüchtig. Besonderheiten von Hitlers Naturell, von denen weiter unten die Rede ist und die der Nichte bekannt werden, mögen die Abneigung zu einer Art Abscheu steigern. Freundschaft
ruft sie nach der österreichischen Heimat, und sie plant, dem
Ruf zu folgen.

Im Herbst 1931 erfährt die breitere Oeffentlichkeit zum
erstenmal von dem Verhältnis durch seinen schrecklichen Abschluß. Geli Raubal hat München verlassen und nach Wien
gehen wollen; Hitler hat sich widersetzt. Am Fenster des Braunen Hauses kommt es zu einer letzten Auseinandersetzung;
Hitler, unten vor seinem Wagen stehend, verbietet ihr die Ab-
reise. Dann fährt er ab, nach Hamburg. Das junge Mädchen
beginnt noch einen Brief zu schreiben, der nie zu Ende geschrieben werden wird; er enthält keinerlei Anspielungen auf
das, was in den nächsten Stunden geschehen wird; auch verschiedene andere Verrichtungen und Vorsätze verraten Ruhe
und Heiterkeit des Gemüts. Die Mutter ist abwesend in Berchtesgaden, Geli Raubal bewohnt zur Zeit fast allein die Privatwohnung des Onkels im zweiten Stock des Braunen Hauses an
der Brienner Straße. Am nächsten Morgen wird sie erschossen
aufgefunden; niemand hat in der Nacht einen Schuß gehört.
Es ist der 18. September 1931.

Die ärztliche Untersuchung stellt Herzschuß von oben fest,
was für Selbstmord spräche. Zwei Tage später wird die Leiche
in großer Eile auf dem Wiener Zentralfriedhof beigesetzt, in
geweihter Erde und mit Assistenz eines katholischen Geistlichen. Das wäre nach kirchlichem Recht höchstens bei Selbstmord in Sinnesverwirrung möglich. Das Grab ist eine soge-

nannte Notgruft, das heißt eine provisorische Anlage; es trägt nicht Stein noch Platte, sondern — fünf Jahre nach der Beisetzung — nur ein schwarz umrandetes Papierschild mit der Aufschrift:

»Hier schläft den ewigen Schlaf unsere so heißgeliebte Geli. Sie war unser aller Sonnenschein. Geb. am 4. 6. 1908, gest. am 18. 9. 1931. Familie Raubal.«

In den ersten zwei Tagen nach dem Tode Angela Raubals hat Gregor Straßer seinen Führer nicht aus den Augen gelassen, weil er einen Selbstmordversuch fürchtet.

Hitler, der aus Oesterreich Ausgewiesene, erhält von der österreichischen Regierung die Erlaubnis, ans Grab zu kommen; aber unter der Bedingung, daß er sich jeder politischen Tätigkeit enthalte. Die österreichischen Genossen werden von der Partei aufgefordert, den Besuch des Führers überhaupt nicht zu beachten. Etwa eine Woche nach der Beisetzung kommt Hitler mit dem Wagen abends in Wien an, geht ans Grab und fährt noch in der gleichen Nacht zurück.

Einige Zeit später fertigte der Maler Ziegler ein Porträt von Geli Raubal an, vor dem Hitler in Tränen ausbrach. Ziegler wurde später durch handschriftliches Dekret Hitlers Professor an der bayrischen Akademie der bildenden Künste mit außerordentlichen Vollmachten.

Aber der Fall ist nicht zu Ende. Freunde und Angehörige wollen nicht an Selbstmord glauben, da viele Umstände und namentlich das Verhalten in den letzten Stunden vor dem Tode so stark dagegen sprechen. Eine staatsanwaltschaftliche Untersuchung führt offiziell zu keinem Ergebnis. Ein hoher bayrischer Beamter, der den Fall genau kannte, sagt Jahre später, es sei eine schmutzige Geschichte. Sollten sich einmal die Akten öffnen und die Eingeweihten sprechen, dann dürfte noch eher eine unheimliche Geschichte herauskommen.

Die in der Partei kursierende Version: Hitler habe seine Nichte selbst erschossen, ist sicher falsch; Hitler war gar nicht da. Dagegen erscheint eine andere, dem Führer nahestehende und später einen sehr hohen Posten bekleidende Persönlichkeit verwickelt. Motiv und Hergang sind dunkel.

Ein Wissender, in diesen wie in manchen anderen Dingen aus Hitlers Leben ist der damalige Justizminister Bayerns und später des Reichs, Wilhelm Gürtner.

Es gibt einen dokumentarischen Vorgang, der ein überraschendes Licht auf Adolf Hitlers Beziehungen zu Frauen wirft. Dieser Vorgang setzt es außer Zweifel, daß Adolf Hitler gegenüber geliebten Frauen in einer besonderen Art hörig ist. Rücksichten jeder Art verbieten es, sowohl diese Veranlagung wie den erwähnten dokumentarischen Vorgang näher zu beschreiben. Bemerkt sei nur, daß mit dem Fall der Reichsschatzmeister der Partei, Franz Schwarz, in Verbindung steht, der geholfen hat, Adolf Hitler aus Erpresserhänden zu befreien.

Die Tatsache der Hörigkeit liefert die bis jetzt noch fehlende, ins Gesamtbild fugenlos hineinpassende Komponente zum Charakterbild Adolf Hitlers. Sie ist der geheime Kontrast zu seiner überbetonten, affektierten Brutalität in Politik und Geschäften, gegenüber Freunden und Mitarbeitern. Ein Kontrast, der den Sexualwissenschaftlern wohlbekannt ist.

Und nun ist der eigentümliche Charakter von Hitlers Frauenbeziehungen zu verstehen. Sie sind alle undurchsichtig und geheimnisvoll, er gibt sich, wahrheitswidrig, das Air des Mannes ohne Privatleben. Diese Beziehungen reißen, fast ohne Ausnahme, an irgend einer Stelle plötzlich ab, und in vielen Fällen kann man feststellen, daß Hitler nicht der Verlassende, sondern der Verlassene ist. Eine der hier genannten Frauen hat, nach ihren Beziehungen zu Hitler befragt, zu verstehen gegeben, daß sie eine Enttäuschung erlebt habe, die ihr den Mann nicht gerade respektabel mache.

Die oft ausgesprochene Vermutung, daß Hitlers Triebleben nicht normal sei, ist richtig. Nur wurde meist in der falschen Richtung geraten; er ist nicht homo- oder bisexuell, sondern hörig. Manche Psychologen schreiben Menschen mit solcher Veranlagung eine besondere Suggestivität zu; eine ungewöhnliche Art des Blicks und der Gebärde, die faszinieren soll. Die hier aufgeworfenen Fragen mag der Fachmann beantworten.

19. Die Begleitfiguren

Die verschwundenen Gründer.

»Es ist schon so: nur ein paar Flammen brennen in
Deutschland. Die anderen werden lediglich von ihrem Schein
bestrahlt.«

Dies trübselige Urteil über den nationalsozialistischen Führerkreis fällt Goebbels in seinem »Tagebuch«. Er hat offenbar
die Stelle in »Mein Kampf« nicht gelesen, wo Hitler sich für
geistige Mittelmäßigkeit der Gefolgschaft ausspricht. Es ist
hier die Rede von dem Kreis, in dem Adolf Hitler groß werden konnte. Ohne Ausnahme sind es Menschen, die erst mit
Hitler zusammen in die Politik eintraten; die paar von außen
kommenden Berufspolitiker, die Kube, Stöhr und Graf
Reventlow wurden schnell kaltgestellt. Auch die Aelteren der
Führergarnitur wie Frick und Epp wurden erst durch den
Nationalsozialismus politisch aktiv.

Die vier Männer, die die nationalsozialistische Partei zu
München gegründet und geschaffen haben, stehen heute nicht
mehr auf der politischen Bühne: Anton Drexler, Dietrich
Eckart, Hermann Esser und Ernst Röhm.

Anton Drexler kennen wir. Er ist der unbestrittene Gründer
der Partei; er ist auch der Mann, der in primitivster Form
ihre ersten volkstümlichen Ideen zu Papier brachte. Still,
düster, in sich gekehrt, gelegentlich ausbrechend. In einer
gegnerischen Versammlung spricht er als Diskussionsredner.
Das Pult ist mit einem schwarz-rot-goldenen Tuch geziert,
Drexler steht still daneben. Zurufe: »Hinters Pult, er soll hinter das Pult treten!« Drexler wirft nur einen Blick auf das
schwarz-rot-goldene Tuch und bleibt stumm stehen. Die Zurufe werden zum Lärm, Drexler wankt nicht, redet in das
Toben hinein. Niemand versteht ihn — doch, alle verstehen.
Ungewandt und der Rede wenig mächtig, wirkt er durch seine
fanatische Haltung. Hitler demütigt ihn, beschimpft ihn, wirft
ihn schließlich aus der Partei. Durch einen Zufall haben ihn
die Völkischen 1924 zum Vizepräsidenten des Bayrischen
Landtags gewählt. Längst jeder politischen Bedeutung beraubt,
übt er dieses Amt noch vier Jahre lang, unauffällig und immer
ein wenig hilflos; dann wird der Landtag aufgelöst, und er

verschwindet aus der Politik. Als kaufmännischer Vertreter
schlägt er sich durch. 1930 söhnt er sich mit Hitler aus, aber
nie mehr ist in der nationalsozialistischen Oeffentlichkeit von
ihm die Rede.

Ist Drexler der Gründer der Partei, so ist Dietrich Eckart
der Gründer Hitlers. Er hat zuerst rund und klar die Idee
gehabt, daß die neue Rechtsbewegung von einem Mann aus
der Masse geführt werden müsse. Er hat Hitler beraten, geleitet und finanziert; hat ihn gelegentlich auch ruhig und bestimmt aus der Redaktion des »Völkischen Beobachters« hin-
ausbefördert, wenn er dem Blatt gar zu viel Prozesse an den
Hals schrieb. Eins hat er dem Schüler nicht vererbt: seine
ungemeine Liebe zum Wein, die an seinem frühen Tode mit
schuld war.

Der Urtyp des Nationalsozialisten ist der junge Hermann
Esser. In den ersten Jahren der Bewegung neben Hitler der
stärkste Agitator. Wie Hitler kommt er von der Reichswehr,
hat sich mit diesem in der Presseabteilung des Wehrkreiskommandos angefreundet. Bevor er Nationalsozialist wurde,
war er eine Zeit lang Redakteur an einer linkssozialistischen
Zeitung in Kempten. Ein großes Rednertalent, dabei skrupel-
los und ränkesüchtig; intrigiert zeitweise gegen Hitler und hält
dann wieder treu zu ihm. Ungebildet und unkultiviert, aber
raffiniert. Am Tage des Hitlerputsches liegt er im Bett.
Während Hitlers Gefangenschaft hält er mit lauter Treue
zu ihm; viel früher als etwa Rosenberg, Frick oder gar
Straßer bricht er mit Ludendorff und verlangt die Anerkennung Hitlers als einzigen Führers. Derselbe Esser,
den Hitler einen Lumpen und ein Subjekt genannt hat, ist in
der ersten Zeit nach der Neugründung naher persönlicher
Freund des Führers. Dann kommt es jedoch zum Bruch wegen
einer Frauengeschichte. Esser hat eine Geliebte in Nürnberg,
die Gattin eines Parteigenossen, für die sich auch Julius Streicher interessiert. Darauf läßt Hitler sich von Esser das Ehrenwort geben, Nürnberg zu meiden. Esser hält das Wort aber
nicht. Hitler, aufgebracht, will Hermann Esser seiner Aemter
entheben. Nun greift Max Amann, der Verlagsdirektor, ein:
Esser hinauswerfen? Unmöglich, Esser wird Dinge enthüllen,
die für die Partei untragbar sind, weil sie den Führer selbst
aufs schwerste kompromittieren. Worum es sich handelt, deutet

Esser gegenüber einem Parteigenossen an; er habe das Verhältnis mit der Nürnberger Geliebten mit Hitlers Wissen unterhalten, denn diese Geliebte habe ihm, Esser, zuliebe ihren Mann veranlaßt, der Partei Geld zu zahlen; Hitler sei dem Mann das Geld noch immer schuldig. Und wirklich, Essers Stellung ist so stark, daß er seine Parteiämter behält. Dagegen bricht Hitler die persönlichen Beziehungen zu ihm ab, hört auf, ihn zu duzen und sagt zu dritten, der junge Mann möge ihm vorläufig nicht wieder unter die Augen kommen. Die beiden gehen lange fast grußlos aneinander vorbei, Esser benennt Hitler gegenüber Dritten nur noch mit einem nicht wiederzugebenden Ausdruck. Mit den Jahren entdeckt er, daß er eigentlich doch ein guter königstreuer Bayer ist; er freundet sich mit dem General von Epp an, und als dieser 1933 Reichsstatthalter wird, ernennt er Hermann Esser zum Minister. Als solcher führt Hermann Esser einen verzweifelten Kampf gegen den Innenminister Adolf Wagner. Es gelingt Adolf Wagner schließlich 1935, den Nebenbuhler absetzen und verhaften zu lassen; der durch sein Wissen Mächtige wird mit einer Pfründe als Leiter des deutschen Fremdenverkehrs abgefunden.

Die einzigartige Bedeutung Ernst Röhms für den Aufbau der nationalsozialistischen Partei ist auf den vorhergehenden Seiten ausführlich dargestellt worden. Er hat der Bewegung im Guten wie im Schlimmen entscheidende Züge aufgeprägt. Hitler hat er zweifellos geliebt, wenn er auch seine Fehler sah und sie offen kritisierte. Bis zum letzten Tage blieben sie Duzfreunde. Schon in den Anfängen der Bewegung bat er Hitler, er möge sich doch nicht die Mühe machen, ihm irgendeine politische oder militärische Maßnahme lange zu begründen: »Es genügt, wenn du sagst: um soundsoviel Uhr stehst du mit soundsoviel Mann am Siegestor, dann stehe ich auch da.« Der kleine, dicke Mann, zerschossen und geflickt, äußerlich der Typ des Landsknechtshauptmanns aus dem Jahrhundert Georg von Frundsbergs, ist ein großartiger Soldat gewesen, ein guter Vorgesetzter, der Offizier aus dem Volke mit Herz für seine Leute. Zugleich war er aber auch ein roher Patron, dem ein Mord das Gemüt nicht beschwerte; ob er nicht für den oder jenen Fememord verantwortlich zeichnet, haben die bayrischen Gerichte nie aufzuklären versucht. 1924 entdeckt er, von Heines verführt, seine Homosexualität. Röhm hat aus dem Kriege eine zerschossene Nase nach Hause gebracht, und Fachleute bringen die Umwendung seines Trieblebens damit in Zusammenhang; die Verletzung der Nasenschleimhäute soll eine Veränderung der inneren Sekretion bewirken können. Röhms Treiben wird bald in der Partei bekannt. Ein »Strichjunge«, den er in Berlin mit aufs Zimmer nimmt, stiehlt ihm einen Gepäckschein und mit diesem seinen Koffer; darauf erscheint in der völkischen Presse ein Scherzgedicht:

>»Bleibst du mal in Berlin bei Nacht,
>dann gib auf deinen Koffer acht!«

Obwohl traurige und widerliche Vorgänge dann alles doppelt und dreifach aufklären, weigert Hitler sich grundsätzlich, einzugreifen. Er begnügt sich damit, Röhm, den verabschiedeten Hauptmann, in Armut verkommen zu lassen. Röhm führt in dieser Zeit das Leben eines kranken Tieres, fern den meisten seiner früheren Kameraden, lebt vielfach als Gast bei wohlhabenden homosexuellen Freunden. Dann läuft er wieder als armer Reisender und Bücherverkäufer für patriotische Verlage treppauf, treppab. Vor dem »Femeausschuß« des Reichstags erscheint er als Zeuge, verweigert die Aussage und wird zu dreihundert Mark Geldstrafe verurteilt. Darauf gibt er eine Erklärung an den »Völkischen Beobachter«: »Ganz abgesehen davon, daß ich dazu gar nicht in der Lage bin, habe ich die Ueberzeugung, daß dem Vorgehen des Femeausschusses jede Rechtsgrundlage fehlt. Leser dieser Zeitung, die bereit sind, mir für meine Auffassung über die Unzulässigkeit der über mich verhängten Strafe juristische Unterlagen zu verschaffen, bitte ich um Nachricht...« Eine wunderlich stolze Form des Bettels. Aber kein Leser fand sich, auch nicht der Leser Adolf Hitler. Die nationalsozialistische Partei in München will für ihn sammeln, aber das lehnt er ab; da er die dreihundert Mark nicht zahlen kann, geht er für zehn Tage ins Gefängnis. Eins muß man ihm lassen: er ist kein Duckmäuser; seinen Freunden hält er unerschütterlich die Treue. Hitler, dem viel an dem fähigen Manne liegt, bekommt ihn nicht wieder ohne seinen ganzen üblen Anhang. Als Stabschef der SA hat Röhm die Stirn gehabt, in seiner Dienstvorschrift ausdrücklich Homosexuelle vom SA-Dienst auszuschließen. Der schwere Vorwurf gegen Röhm gründet sich nicht auf sein Privatleben, sondern auf sein öffentliches Leben, denn er hat seine persönliche Veranlagung

geradezu zum Grundgesetz für die höhere SA-Führung gemacht. Nicht in seiner Triebrichtung, sondern in seiner Verantwortungslosigkeit gegen die ihm anvertraute Jugend ist er
tatsächlich schuldig geworden; noch schuldiger als er aber
Adolf Hitler, der nicht unter dem Zwang einer unglücklichen
Naturanlage stand und dennoch, um des nackten organisatorischen Vorteiles willen, die Ausbreitung des Giftherdes in der
SA duldete und sogar förderte. Um Röhm zu decken, gibt er
den Erlaß an die »rauhen Kämpfer« heraus; Röhm zuliebe
macht er das Scheusal Heines zum Polizeipräsidenten von
Breslau; Röhm zuliebe ernennt er den von ihm selbst als »Ver-
brecher« bezeichneten Karl Ernst zum SA-Gruppenführer von
Berlin; Röhm zuliebe sieht er zu, wie ein ganzer Stab von
Homosexuellen sich als oberste SA-Führung auftut.

Sein Privatsekretär.

Von den Männern, die die Partei aus ihren Anfängen her-
ausgebildet haben, hebt sich die Gruppe der engeren persönlichen Freunde, die eigentliche Hitler-Clique, ab. An ihrer
Spitze stehen Rudolf Heß, Max Amann und Heinrich Hoffmann.

Rudolf Heß ist ein Hitler völlig ergebener, ja höriger Mensch;
es ist ein Irrtum, ihn etwa für den Führer des Führers zu halten. Diese Bezeichnung hätte eher Max Erwin von Scheubner-
Richter verdient, der 1923 an der Feldherrnhalle gefallene
Abenteurer. Heß gehört zu den nicht zahlreichen persönlich
sauberen Gestalten der Bewegung; kein Genie, aber ein kor-
rekter Arbeiter. Er lernt Hitler 1920 auf einem Sprechabend
der Partei kennen, ist sofort von ihm bezaubert und schließt
sich ihm bedingungslos an. Wir sahen, wie er in der Parteikrise von 1921 für Hitler in die Bresche sprang; wir kennen
seinen Anteil an der Entstehung von »Mein Kampf«. In den
Anfangsjahren leitete er die »Nachrichtenabteilung« der Partei, hielt die Verbindung mit der Münchner Polizeidirektion,
konnte unbequeme Leute verhaften lassen und andererseits bewirken, daß die Polizei einmal jemanden nicht fand. Am Abend
des Hitlerputsches verhaftet er persönlich im Bürgerbräukeller mehrere bayrische Minister, darunter den Ministerpräsidenten von Knilling und den Innenminister Dr. Schweyer; die Ma-

nieren sind vollendet, die Behandlung ist ausgeklügelt qual-
voll. Die Verhafteten werden nicht geschlagen. Sie bekommen
sogar zu essen. Aber Heß setzt Schweyer und noch einen anderen Minister am nächsten Tag in ein Automobil und fährt mit
ihnen dem Hochgebirge zu. Unterwegs läßt er halten, führt sie
abseits auf eine Lichtung, die beiden glauben, das sei das letzte
Stündlein. Dann geht es ruhig wieder ins Auto zurück, nach
einer Weile wird das Spiel wiederholt. In München marschieren Tausende, in München liegen sechzehn Tote der Bewegung
auf dem Pflaster, in München flieht Hitler als erster — währenddessen rast Rudolf Heß im Novemberdunst durchs bayrische Gebirge, hinter sich im Wagen zwei gefangene Minister,
und sein einziger Gedanke ist, wie er diesen beiden den kalten
Angstschweiß heraustreiben kann. Nachdem die Minister einige
Male Todesangst ausgestanden haben, entfernt sich Heß und
überläßt seine Gefangenen dem Gutdünken der Wachmann-
schaften. Zum Glück haben diese von der Niederschlagung des
Putsches gehört, haben Angst bekommen und fahren die Minister gutartig und gehorsam nach Hause. Heß wird wegen dieser
Tat zu Festungshaft verurteilt; wegen besonderer Gemeinheit
wird ihm die Bewährungsfrist versagt. Aber dieser Streich
steht doch vereinzelt bei ihm da. Bis 1932 tritt er in der Partei
kaum hervor. Er ist einfacher Parteigenosse, seine Stellung zu
Hitler ist die rein private des bevorzugten Freundes, persönlichen Sekretärs und ständigen Begleiters; er leitet die »Privat-
kanzlei«. Nach dem Sturz Gregor Straßers überträgt Hitler dem
Günstling plötzlich die Führung der Partei, indem er ihn an
die Spitze einer neugebildeten »Politischen Zentralkommis-
sion« stellt. Die hohen Parteiführer können sich an diese neu-
gebackene Autorität nur langsam gewöhnen; bei einer Auseinandersetzung zieht Heß plötzlich ein Papier heraus, das sich
bei näherem Zusehen als eine Blanko-Vollmacht Adolf Hitlers
für Rudolf Heß in allen Parteiangelegenheiten darstellt. Die
nächste Stufe ist die Erhebung des Privatsekretärs zum Reichsminister und offiziellen »Stellvertreter des Führers«. Heß ist
bei seinen Angestellten als anständiger Chef beliebt. Im Frühjahr 1935 kommt er plötzlich ins Vorzimmer gestürzt und beginnt das dort arbeitende Personal wütend und grundlos zu beschimpfen. Nach einer Weile kommt er wieder, schon ruhiger,
und bittet höflich um Entschuldigung: die Nerven seien ihm

durchgegangen, man möge ihm das nachsehen, denn die allgemeine Lage sei ja derart, daß man schon einmal den Kopf verlieren könne.

Zwei Komplizen.

Max Amann ist der Mann, der Hitler viel Geld verdienen ließ. Das gibt seiner Position in der Partei die unheimliche Stärke. Er gehört zu den heute selten gewordenen Duz-Freunden des Führers; er war im Krieg Rechnungsfeldwebel im gleichen Regiment wie Hitler. Nach dem Kriege treffen sich die beiden Kumpane zufällig 1919 auf dem Münchner Odeonsplatz. Hitler hat schon große Pläne; er will »den Saustall ausräuchern«. Amann ist bereit, mitzuräuchern; mit diesem Vorsatz trennen sie sich und sehen sich zwei Jahre lang nicht wieder. Dann abermals zufällige Begegnung auf der Straße. Hitler ist soeben der erste Vorsitzende seiner Partei geworden und sucht einen Geschäftsführer. Amann, Sekretär in einer Siedlungsbank, findet den Antrag ehrenvoll, aber die hier gebotene Zukunft doch etwas unsicher. Er muß seine Frau fragen. Gut, Hitler ist bereit, Frau Amann persönlich zu überzeugen. Er kommt zu den beiden in die Wohnung und verrät ihnen das Geheimnis, das er noch wenigen anvertraut hat: daß seine Partei die große Partei der deutschen Zukunft und ihr Geschäftsführer dementsprechend einer der zukunftsreichsten Männer in Deutschland sei. Hitler kann überzeugen, auch unter vier Augen; Frau Amann ist einverstanden, daß ihr Mann als Geschäftsführer in die kellerähnlichen Räume der Partei im »Sterneckerbräu« einzieht. Von hier aus haben wir Max Amann mit der Partei aufsteigen sehen. Er hat um die Organisation der Bewegung insofern ein großes Verdienst, als er vom ersten Tage an erklärte, er wolle nur mit Hitler und sonst mit keinem der Parteiführer etwas zu tun haben. Er ließ sich weder von Drexler noch von Dietrich Eckart, schon gar nicht von Rosenberg oder Hermann Esser irgend etwas befehlen. Dieses komplizenhafte Zusammenhalten des Geschäftsführers Amann mit dem Parteiführer Hitler hat diesen erst zum wirklichen Herrn des Parteiapparats, Max Amann aber zu seinem unentbehrlichen Helfer gemacht. Amann baut den Franz Eher-Verlag als zentrale wirtschaftliche Macht der Partei auf, der erst viel später die »Zeugmeistereien« der SA gleichwertig an die Seite treten; Amann sichert seinem Verlag das Monopol auf alle wichtige Parteiliteratur; Amann drängt jahrelang auf Zerschlagung des »Straßer-Konsortiums«, des »Kampfverlags« der Brüder Straßer, bis es ihm 1930 gelingt; Amann nimmt 1931 nach der Stennes-Revolte sogar Goebbels seinen »Angriff« ab und bringt ihn in den Besitz Hitlers. Max Amann macht Hitler, um sein eigenes Herrschbedürfnis zu befriedigen, zum reichen Mann; der in Geschäften bald zu ungeduldige, bald zu bequeme Führer findet in diesem zähen Ausbauer die Kraft, die seine Talente erst in Gewinn verwandelt. Amann hat »Mein Kampf« lanciert, den »Völkischen Beobachter« großgemacht, nach der Machtergreifung Hitlers den größten deutschen Zeitungskonzern, den Ullstein-Verlag, erobert und ist ohne politische Rücksichten daran gegangen, die ganze deutsche Presse im höheren Interesse des nationalsozialistischen Zeitungsgeschäfts zu unterjochen. Der kleine, im Aeußeren etwas an einen tückischen Gnom erinnernde Mann, ist trotz seiner reservierten Stellung eine der mächtigsten Persönlichkeiten in Deutschland geworden. Es ist ihm viel geglückt, nur ein großes Ziel hat er nicht erreicht: die Erhebung des »Völkischen Beobachters« zu einer guten Tageszeitung. Sein zu diesem Zweck seit zehn Jahren geführter Kampf um die Entfernung Alfred Rosenbergs vom Posten des Chefredakteurs hat bis jetzt nicht zum Siege geführt.

Ist Max Amann als Präsident der Reichspressekammer heute praktisch der Herr der ganzen deutschen Zeitungsverlage, der aus nacktem Geschäftsinteresse Weltblätter zum Sterben bringen kann, so ist ein ähnlicher, nur unauffälligerer Konzern um Heinrich Hoffmann entstanden. Dieser »Spezl« und fast ständige Begleiter Adolf Hitlers hat praktisch ein Monopol auf die politische Bildphotographie in Deutschland. Auch hier fließt, ähnlich wie bei dem Zeitungs- und Büchervertrieb Max Amanns, eine reiche Erwerbsquelle. Die Hitler-Postkarten mit ihren Millionenauflagen bedeuteten in den vergangenen Jahren Millionengeschäfte. Heinrich Hoffmann ist ebenso wie Max Amann nicht schlechtweg einer von den hundert wichtigeren Mitarbeitern des Führers. Sie sind beide Hitlers Kameraden noch aus Proletenzeiten, ja, mehr als Kameraden: Kompagnons und Komplizen.

Den Uebergang vom engeren Freundeskreis zu den persön‐
lich ferner stehenden Parteiführern stellt Alfred Rosenberg
dar. Er ist als Politiker eine der umstrittensten Gestalten des
Kreises, als Mensch hebt er sich von den meisten vorteilhaft
ab. Er ist der geistig unbedingteste, folgerichtigste und ein‐
seitigste Kopf der Partei; nur Hitler und Streicher können es
als antisemitische Fanatiker mit ihm aufnehmen, haben jedoch
weder seine Kenntnisse, noch sein durchgearbeitetes Weltbild.
Rosenberg ist Deutschrusse aus den baltischen Ostseeprovin‐
zen mit estnisch-lettischem Typus und Bluteinschlag, dabei
mit dem Ressentiment der fingierten Zugehörigkeit zur Ober‐
schicht. Die ungesunden heimatlichen Zustände erzeugen in
ihm die wahnhafte Ueberschätzung der »besseren« Rasse; die
Verehrung einer degenerierten, heute von der Geschichte weg‐
gefegten Herrenschicht, der er selbst nie angehört hat, ist
der Schlüssel zu Rosenberg und seiner politischen Philosophie.
In seinem Buch »Der Mythos des 20. Jahrhunderts« schreibt
er in einer Fußnote: »Eine Abkehr, ein Kampf gegen den
Staat an sich, kann eine Zeitlang ein berechtigtes »antinatio‐
nales« Gepräge tragen, wenn er nämlich von rassisch-bewuß‐
ten Herrencharakteren und nicht von Knechtsnaturen geführt
wird. Bismarck sagte einmal, ein Staat, der ihm das Eigen‐
tum nehme, sei sein Vaterland nicht mehr. Das war die Ab‐
sage eines Herrn.«

Rosenberg wurde 1893 zu Reval in Estland geboren. Wäh‐
rend des Weltkrieges, in dem russische Truppen gegen deutsche
kämpften, blieb er in Rußland und studierte in Riga und
Moskau Architektur. Die Deutschrussen waren in einer zwei‐
deutigen Lage; viele von ihnen kämpften als hohe Offiziere
und bewußte Stützen des Russentums im Zarenheere; andere
hielten innerlich zu Deutschland. Zu diesen gehörte das Korps
Rubonia, bei dem Rosenberg 1917/18 Erstchargierter war. Das
Korps mußte nach Moskau auswandern, da Riga Kriegsgebiet
wurde und 1918 in deutsche Hände fiel. Die Akten des Korps
sind nach Deutschland gelangt und zeitweise in Händen von
persönlichen Gegnern Rosenbergs gewesen. Aus ihnen geht
hervor, daß in der Rubonia manche Nichtarier waren; es geht
weiter daraus hervor, daß das Korps eifrig bei den Siegesfeiern

und sonstigen patriotischen Veranstaltungen der Russen mitmachte, um sein Korpshaus, den alten Pulverturm, behalten zu dürfen. 1918 gelang es laut den Akten zahlreichen Korpsbrüdern, zum Teil auf weitem Umwege über das Ausland, wieder nach Riga, also hinter die deutsche Front, zu kommen. Auch Rosenberg gelangte auf die deutsche Seite; nach seiner Darstellung hat er sich den einmarschierten Deutschen in Reval als Freiwilliger angeboten, sei aber als Bewohner eines okkupierten Landes abgewiesen worden. Seine Gegner zogen aber aus dem Akteninhalt den Schluß, Rosenberg sei über Frankreich gereist; er sei in Paris gewesen. Was er dort tat, wisse man nicht, aber Göring sagte jedenfalls im Reichstag zu einigen Parteigenossen, er möchte wohl wissen, was der Kerl eigentlich 1918 in Paris getrieben habe.

Alfred Rosenberg ist der typische intellektuelle »Nazi«: in tausend abseitigen Dingen gebildet, voller Zivilcourage gegen die herrschende wissenschaftliche Lehre, aber auch ohne Gefühl für die Grenze zwischen Mut und Lächerlichkeit; kritiklos gegen das eigene wunschhafte Denken, kritiklos aber auch fremdes Denken ablehnend. Er ist der Hauptverbreiter der törichten »Protokolle der Weisen von Zion« in Deutschland. Sie wurden ihm gewissermaßen vom Himmel gesandt; denn, so erzählte er einmal im Gespräch, als er in Moskau während des Weltkrieges auf seinem Zimmer arbeitete, sei plötzlich ein unbekannter Mann hereingekommen, habe ein Exemplar der »Protokolle« auf den Tisch gelegt und sei wieder verschwunden. In den letzten Auflagen seines »Mythus« hat er die »Protokolle« aber stillschweigend fallen lassen.

Sein Einfluß auf den Parteiführer ist zeitweise ungeheuer gewesen und ist es wohl noch immer. Hitler hat den »Mythus des 20. Jahrhunderts« für das überragende philosophische Werk der Gegenwart erklärt. Das Buch ist im wesentlichen eine Streitschrift gegen das Christentum und für eine »arteigene« Religion. Man darf sich nicht täuschen: die Grundgedanken dieses Werks kommen einer Zeitströmung entgegen, geben dem Klassenkampf der deutschen Intellektuellen eine religiöse Verklärung. In Westfalen ist ein ganzes Dorf aus der evangelischen Kirche ausgetreten, die Bauern bekennen sich als Heiden, haben mitten in der norddeutschen Heide einen heidnischen Friedhof mit einer heidnischen Kultstätte errichtet. Aber da hier von der Persönlichkeit Rosenbergs die Rede ist, muß auch gesagt werden, daß das oberflächliche Buch von groben Schnitzern und Entstellungen wimmelt und gründliche Bildung nicht verrät. Der Titel »Mythus« statt des richtigen »Mythos« nimmt wunder bei einem Verfasser, der sich als Kenner der Antike aufspielt. Eine weitere, kennzeichnende Kleinigkeit: in den ersten Auflagen schrieb er den Namen des Philosophen Leibniz mit tz, also Leibnitz. Die klassischen deutschen Werke über Geschichte der Philosophie, Ueberweg-Heinze, Cuno Fischer oder Windelband schreiben Leibniz. Dagegen findet sich Leibnitz in einem dünnen Büchlein: Schwegler, Geschichte der Philosophie für die mittleren und höheren Lehranstalten; ein gutes Kompendium, aber für einen Reformator der deutschen Geschichtsphilosophie doch wohl eine etwas zu bescheidene Wissensquelle.

Rosenberg ist das Haupt einer ganzen »russischen« Kolonie, die sich in München im Schatten des Nationalsozialismus sammelt. Da sind zunächst die ganzen oder halben Russen: der Herzog von Leuchtenberg, bei dem eine Zeitlang die angebliche Zarentochter Anastasia wohnt, der Schriftsteller Waldemar Hartmann, der Baron von Manteuffel-Katzdangen, vor allem aber Max Erwin von Scheubner-Richter, Hitlers politischer Berater. Unter dem Namen Deutsch-russische Gesellschaft »Brücke« werben diese russischen Emigranten in der deutschen Oeffentlichkeit gegen die Sowjetunion. Mit den Balten finden sich die Nationalrussen zusammen, der General von Biskupski, der ukrainische Hetman Skoropaldski, der zeitweise zu den Franzosen abschwenkt, ferner Dr. von Nemirowitsch-Dantschenko, der Rittmeister von Poltawetz-Ostranitza, der im »Völkischen Beobachter« zur Gründung einer ukrainischen Republik aufruft. Die Rachepolitik dieser Flüchtlinge ist zugleich die Außenpolitik Rosenbergs und damit der nationalsozialistischen Partei. Der Kali-Industrielle Arnold Rechberg und der General Hoffmann machen für einen solchen Kreuzzug gegen den Bolschewismus bei den alliierten Mächten Stimmung. Rosenberg redet Hitler ein, daß der Bolschewismus demnächst stürzen und die Wiederaufrichtung der Zarenherrschaft dem deutschen Faschismus einen mächtigen Auftrieb geben würde. Von 1921 bis 1935 glimmt diese Hoffnung und stirbt nicht.

Rosenberg ist ein leidenschaftlicher Verächter Polens; einmal vergleicht er dieses Land mit einem hysterischen Weibe, das man mit einem Jagdhieb zur Räson bringen müsse; am 10. Oktober 1928 verlangt er in einem Leitartikel im »Beobachter«, man möge den »ukrainischen Kreisen« die »heute polnischen Teile der Ukraine anbieten«. Noch deutlicher in einem anderen Artikel vom 22. September 1926: »Das deutsche Volk braucht Raum im Osten. Dies geht auf Kosten des sowieso unfähigen polnischen Staates. Diese Notwendigkeit hindert keinesfalls eine Freundschaft mit Rußland, welches gleichfalls an einem starken Polen kein Interesse haben kann. Diese Notwendigkeit muß aber auch von einem nationalen Rußland als absolut berechtigt anerkannt werden.« Die deutsche Außenpolitik von 1920 bis 1933 ist beherrscht durch das Bündnis der beiden Gegner von Versailles, nämlich Deutschlands und der Sowjetunion. Innerhalb der nationalsozialistischen Partei wird dieses Bündnis befürwortet von Straßer, dem Grafen Reventlow und zeitweise Goebbels, verurteilt von Rosenberg und infolgedessen von Hitler. Der Nationalsozialismus hat, zur Macht gelangt, mit dieser von dem Grafen Brockdorff-Rantzau eingeleiteten Außenpolitik gebrochen, und zwar aus rein parteipolitischen Gründen, nämlich aus Gegnerschaft gegen den Bolschewismus. Er mißachtet also die Lehre, daß die Außenpolitik der Innenpolitik voranzugehen habe. Geistig verantwortlich für diesen Bruch ist zweifellos ursprünglich Rosenberg, der es verstanden hat, seine persönliche Emigrantenpolitik dem gesamten Nationalsozialismus aufzudrängen: der Nationalsozialismus kämpft für die Rache des Vertriebenen.

Als starrer Systematiker des Denkens übt Alfred Rosenberg auf Hitler einen geistigen Einfluß aus, dem dieser Sprunghafte sich auf die Dauer nicht entziehen kann. Sein Einfluß auf die Außenpolitik ist, obwohl er das außenpolitische Amt der Partei leitet, zeitweise nur indirekt, aber dennoch mächtig. Sein Kampf gegen das Christentum dagegen stellt die offizielle Politik der Partei dar. Er ist der stärkste Vertreter des Totalitätsanspruchs der Bewegung. Während Hitler religiöse Politik theoretisch ablehnt, macht Rosenberg sie praktisch. Er ist der Großinquisitor der Partei, hat unmittelbar wenig zu befehlen

— aber Hitler kommt zuletzt doch immer wieder in seinen Beichtstuhl.

Das Schmuckstück der Bewegung.

Der »aufrechte Soldat mit dem Kinderherzen« — unter dieser Betitelung würde sich wohl kaum jemand Hermann Göring vorstellen. Aber Goebbels nennt ihn in seinem Tagebuch so. Vielleicht wollte Goebbels vorsichtig andeuten: ein etwas Zurückgebliebener, geistig nicht ganz voll zu nehmen, aber natürlich mit der Bullenhitze der Flegeljahre. Die Biographen, die zu seinem Lobe schrieben, berichten dauernd von Kopflosigkeiten und sinnlosen Unternehmungen, wenn auch mit Wagemut. Seine politische Tätigkeit sieht tatsächlich nach »Kinderherz« aus (wobei denn ruhig angenommen werden darf, daß Goebbels »Kinderhirn« meint). Sein Auftreten im Bürgerbräukeller am 9. November 1923, seine Hilflosigkeit als Reichstagspräsident im Kampf gegen Papen, sein ungeschickter Zusammenstoß mit Dimitroff vor dem Reichsgericht zeugen nicht eben von politischer Besonnenheit. Einem ausländischen Besucher hat er ganz naiv erzählt: »Sie dürfen sich nicht wundern, daß der Reichsbischof Müller einen so zähen Kampf gegen seine Gegner führt. Als Reichsbischof hat man doch ein ganz schönes Gehalt, das verliert keiner gern.«

Sein Biograph Martin H. Sommerfeldt sagt von ihm: »Göring ist kein kalter Klügler.« Nein, wirklich nicht. Aber doch ein ganz guter Rechner. Man überlege: der ehemalige Kriegsflieger, der 1920 die schwedische Baronesse Karin Fock mit etwas Vermögen geheiratet hat, steht 1924 mittellos da. Das letzte Geld hat er, an der Feldherrnhalle verwundet und bei Nacht und Nebel über die Berge geflohen, in einem vornehmen Hotel in Innsbruck ausgegeben. Nun lebt er kümmerlich, erst in Rom, dann in Stockholm, der Heimat der Gattin; manchmal muß er nach eigenem Bericht die Uhr ins Pfandhaus tragen. 1928 wieder in Deutschland, hat er seine Reichstagsdiäten, nämlich sechshundert Mark im Monat. Die Frau hat er in Schweden gelassen; er selbst ist auf einmal eleganter, viel Geld ausgebender Junggeselle mit einer angenehmen Wohnung in der Badenschen Straße in Berlin-Wilmersdorf. Bis über den Kopf steckt er in Schulden, immer wieder werden Vollstreckungsurteile gegen ihn gefällt; das stört ihn nicht. Wo soll denn auch ein Politiker, der eben noch blutarm war und sein politisches Mandat nicht auf korrupte Art mißbraucht, auf einmal Geld herbekommen?

Und da kann auch kein Unterschied zwischen einem Abgeordneten und einem Reichsminister sein; wurde doch bei Hitlers Regierungsantritt verkündigt, das höchste Gehalt eines Staatsbeamten würde zwölftausend Mark betragen. Gewiß, Göring bekleidet viele Aemter; er ist preußischer Ministerpräsident, war lange auch preußischer Innenminister, ist ferner Luftfahrtminister und Präsident des nicht mehr arbeitenden Reichstags. Aber die Weimarer Republik hat ein Gesetz erlassen, das nicht aufgehoben wurde und das Beamten, die mehrere Posten zugleich bekleiden, das Beziehen mehrerer Gehälter verbietet. Kurzum, auf eine Art, die dem Herkömmlichen entspricht, kann Hermann Göring die Mittel für seinen sprichwörtlichen Luxusaufwand nicht bezogen haben. Er besitzt mehrere Wohnungen, seine Uniformen sind nicht zu zählen, seine öffentliche Hochzeit mit der Schauspielerin Emmy Sonnemann — sie erfolgte übrigens auf ausdrücklichen Wunsch Hitlers, der keine zu lange dauernden Freundschaften seiner Mitarbeiter wünscht — war ein Prunkfest, wie Deutschland es seit kaiserlichen Zeiten nicht mehr sah; nach amtlichen Berichten schenkte Göring seiner Frau ein Diadem im Werte von sechsunddreißigtausend Mark, von den Kosten für Toilette und sonstige Festlichkeiten nicht zu reden.

Seine Vorurteilslosigkeit in Angelegenheiten, die mit der Wirtschaft zusammenhängen, ist bisweilen grenzenlos. Er hat im antisemitischen Reich Adolf Hitlers das Kunststück fertiggebracht, einen Mann jüdischer Abstammung, nämlich den Direktor der Lufthansa, Erhard Milch, zum General der Flieger zu ernennen. Es ist nicht die einzige seiner jüdischen Beziehungen; da ist zum Beispiel der inzwischen verstorbene Hamburger Zigarrengroßhändler Jakob Wolff, im Kriege Jagdflieger, mit Göring wie mit dessen inzwischen ebenfalls hochgestiegenem Freunde Bruno Loerzer eng befreundet. Was Erhard Milch betrifft, so war er Direktor der Lufthansa, als Göring noch einfacher Reichstagsabgeordneter war; damals durfte Göring gelegentlich Gutachten für die Lufthansa anfertigen. Als Göring der breiten Oeffentlichkeit noch weniger bekannt war, fabrizierte und verkaufte er Fallschirme, und zwar zusammen mit einem gewissen Körner; dieser Körner ist heute Görings Staatssekretär.

Als mächtiger preußischer Ministerpräsident hat sich der große Soldat mit dem Kinderherzen offen für die Steuerhinterzieher eingesetzt und es durch einen Brief an den Justizminister Kerrl erreicht, daß Strafverfahren wegen Steuerhinterziehungen niedergeschlagen wurden. Es ist im nationalsozialistischen Staat üblich, daß die großen Würdenträger von allen möglichen Seiten sich offen beschenken lassen. Dem Reichspräsidenten von Hindenburg schenkte Göring zu seinem Gut Neudeck, das immerhin aus privaten Mitteln der Industrie gekauft worden war, eine zweite Domäne aus Staatsbesitz; gleichzeitig ernannte Hindenburg Göring zum General. Dem alten Generalfeldmarschall von Mackensen schenkte Göring ebenfalls ein staatliches Landgut; der Feldmarschall trat kurz darauf aus dem von der Regierung bekämpften Stahlhelm aus. Dem Ministerpräsidenten Göring selbst schenkte die Gemeinde Berchtesgaden ein 10,000 Quadratmeter großes Grundstück für eine Villa, und von einem der bekanntesten Männer des Systems sagte ein fast ebenso bekannter Großindustrieller auf einer Abendgesellschaft mit verzückter Miene flüsternd: »Er nimmt!«

1893 wurde Hermann Göring in dem bayrischen Städtchen Rosenheim geboren; seine Familie ist indessen preußisch. Er wurde beim Kadettenkorps, erst in Karlsruhe, dann in Lichterfelde erzogen und wurde aktiver Offizier. Im Krieg hat Göring sich gegen den Befehl seines Vorgesetzten zum Flieger gemacht, indem er verbotswidrig bei seinem Kameraden Loerzer Flugunterricht nahm. Er muß ein guter Kampfflieger gewesen sein, denn er führte zuletzt das berühmte Jagdgeschwader »Richthofen«. Er erhält den Pour le Mérite-Orden.

Die Frontflieger haben starken Einfluß darauf, welche Maschinen und Motoren verwendet werden. Der am 30. Juni 1934 in München ermordete Dr. Fritz Gerlich hat Dokumente veröffentlicht, die die geschäftlichen Verbindungen Görings mit den Bayrischen Motorenwerken nachweisen; ein Fachmann und Kriegskamerad hat in einem offenen Brief an ihn von den goldenen Zigarettendosen unter der Serviette bei den Festessen gesprochen.

Sommerfeldt schreibt in seiner natürlich von Göring inspirierten Biographie auf Seite 33 ganz plötzlich, ohne jeden Zusammenhang mit dem sonstigen Text: »In den »Fokker D VII-Jagdflugzeugen befindet sich seit kurzer Zeit der BMW-Motor, mit dem diese Flugzeuge allen feindlichen Maschinen überlegen sind. Ohne diese glänzende Waffe...« Die Stelle soll nur erwähnt sein.

Im Kriege lag Göring eine Zeitlang in Stenay in Nordfrankreich. Im benachbarten Charleville hatte der preußische Kronprinz sein lustiges und viel getadeltes Hauptquartier; hier knüpfte Göring die persönliche Bekanntschaft mit Friedrich Wilhelm an, die später noch sehr nützlich werden sollte. In dieser Zeit freundete er sich auch mit dem Prinzen Philipp von Hessen an, den er später zum preußischen Oberpräsidenten machte. Der Prinz ist Schwiegersohn des Königs von Italien. Diese einflußreiche Verbindung nach dem bewunderten und umworbenen Italien ist ein dicker Eckstein in Görings starker Position im Staate Adolf Hitlers; im Bewußtsein dieser Stütze hat Göring viele Sünden und Dreistigkeiten gewagt, die Hitler einem andern kaum verziehen hätte.

Nach dem Kriege war er einige Jahre Berufsflieger in Dänemark und Schweden, dort lernte er auch seine Frau kennen. 1921 sieht er zum erstenmale Hitler bei einer Kundgebung am Münchner Königsplatz; er behauptet sofort von ihm fasziniert gewesen zu sein. Jedenfalls tritt er der NSDAP bei und wird Ende 1922 oberster Führer der damaligen SA. Beim Putsch am 9. November 1923 wird er verwundet.

Kriegsflieger ist ein halsgefährlicher Beruf, aber auch ein im gewissen Sinne erfreulicher. Es sind die gehegten und gehätschelten Stars der Armee, mit vielen Ruhepausen, glänzender Verpflegung und jeder möglichen Schulung. Die Nerven leiden in diesem Auf und Ab zwischen Tod und Champagner, und mancher greift zur Droge. Auch Göring wird Morphinist. Aus einer öffentlich bekannt gewordenen Bescheinigung geht hervor, daß er in Schweden in einer Heilanstalt interniert war, und kurz vor Hitlers Machtantritt hat er nochmals eine derartige Kur durchgemacht. Der Morphinismus wirkt gerade bei ihm als Ausdruck der ganzen, sein Wesen kennzeichnenden Hemmungslosigkeit. Wie er seine Macht genießt, in tausend Uniformen und Orden glitzert, seine Prunkvillen Raum für Raum photographieren und in öffentlichen Zeitschriften ab-

bilden läßt; wie er aus der Beisetzung seiner toten Frau Karin
ein nationales Trauerfest macht und ein Jahr darauf aus seiner
Hochzeit einen allgemeinen deutschen Jubeltag — das alles ist
so maßlos, daß es schon fast wieder harmlos wirkt. Er arbeitet
im dunkeln Zimmer beim Licht riesiger Kerzen, hinter ihm
hängt ein altes Henkerschwert an der Wand. Mag andern das
krankhaft und schaurig vorkommen — man kann es auch
komisch finden.

Es ist durchaus möglich, daß ein Mensch mit starkem Macht-
willen und vielleicht krankem Triebleben zugleich ein dummer
Kerl ist. Görings Augen sehen wie Abgründe aus, aber diese
Tiefe ist reines Blendwerk; er ist ein durchaus flacher, cali-
banhafter Mensch, das Tier mit den starken Lüsten und ohne
den korrigierenden Verstand. Man überschätzt ihn, weil er von
den Seinen als der »Diplomat der Bewegung« in den Kampfjahren gefeiert wurde; aber Diplomat war in diesem Fall
wirklich nur der Mann, der als einziger seiner Clique die
Künste der Attachés beherrschte: dinieren, saufen, tanzen und
Schlafzimmer; einer aus dem Offizierskasino, und zwar vom
oberen Tischende. Dank diesen Fähigkeiten übersah und beherrschte er freilich viele wichtige Beziehungen der Partei;
nach Ernst Röhms Tode kennen wahrscheinlich wenige so die
intimen Geheimnisse wie er. Von allen Führern der Bewegung
ist er der am wenigsten nationalsozialistische; ein genußsüch-
tiger Erfolgsmensch, der kurz vor der Machtergreifung an der
Bankettafel unter alten Fliegerkameraden das zynische Wort
sprach: »Die Sozen haben jetzt zehn, zwölf Jahre lang die
Macht gehabt; ich bin mal neugierig, ob es bei uns länger als
zehn Jahre dauern wird.«

Wenn Göring einen Raum betritt, hat man das Gefühl, eine
dicke Frau komme herein. Dann schlägt das scheinbar Dämonische an ihm ins Eunuchenhafte um. Er gilt als Sadist, weil
er erklärt hat: »Lieber schieße ich ein paarmal zu kurz oder
zu weit, aber ich schieße wenigstens«; weil er versprochen
hat, »zu vernichten und auszurotten«; weil er schon 1923 kalt-
blütig die Geiseln ermorden lassen wollte und seit 1933 die
politischen Gegner mit dem Handbeil köpfen ließ. Aber wahrscheinlich ist Göring viel zu roh organisiert, um aus Sadismus
grausam zu sein. Der Soldat mit dem Kinderherzen ist ein
einfaches Tier, herz- und bedenkenlos. Es gibt Hunderttau-

sende von Nationalsozialisten, für die politische Gegner überhaupt keine Menschen mehr sind, sondern nur noch Schußziele; auch Göring sieht aus seiner Fliegerhöhe nicht mehr das Ebenbild Gottes, sondern nur das Objekt zum Treffen. Es wäre für diesen Menschen und natürlich auch für die andern besser gewesen, man hätte ihn aus der Morphinistenzelle nie mehr entlassen.

Er verfolgt aus naivem Haß, nicht aus raffinierter Grausamkeit. Ein Beispiel dieses Hasses ist sein Kampf gegen Röhm, ein anderes der gegen Gregor Straßer, ein drittes der gegen Papen, ein viertes vielleicht demnächst der gegen Goebbels. Papen war als Reichskanzler teilweise sein Geschöpf, später überlistete das Geschöpf ihn. Dafür ewiger Haß und ewige Verfolgung. 1933 sollte Papen unter Adolf Hitler Ministerpräsident von Preußen werden. Aber er hatte nicht mit Göring gerechnet. Papen hat seine geheimen Aufzeichnungen, zum Beispiel aus den Kabinettssitzungen, einer Sekretärin diktiert, die eine leibhaftige Gräfin ist; die Gräfin übergibt diese Aufzeichnungen zum Verstecken an eine Freundin, die sie merkwürdigerweise in einer kommunistischen Laubenkolonie verbirgt; und wie es der seltsame Zufall will, werden sie dort von Görings geheimer Staatspolizei gefunden. Mit diesen Notizen geht Göring zu Hitler und setzt durch, daß Papen nicht Ministerpräsident in Preußen wird, sondern er selbst. Aber die Feindschaft ist durch diesen Erfolg nicht gekühlt. Ein Jahr später, am 30. Juni 1934, wird Papen von Görings Schergen beinahe totgeschlagen; nur die Flucht ins Reichswehrministerium rettet ihn.

Die ohnmächtige Klugheit.

Dr. Paul Joseph Goebbels ist derjenige von allen Nationalsozialisten, der seinem Parteiführer am niedrigsten und unwahrsten schmeichelt. Er schmeichelt ihm besonders eindrucksvoll, indem er ihn sklavisch kopiert, soweit seine Veranlagung das gestattet.

Auf der Berliner Gauleitung hatte er — lange vor dem Machtantritt — ein Arbeitszimmer, das bei strengem Verbot niemand betreten durfte. Was Goebbels dort trieb, machte den Mitarbeitern viel Kopfzerbrechen. Eines Tages läßt ein unglückseliger SA-Führer es sich einfallen, anzuklopfen und dann die Tür zu öffnen. Goebbels fährt hinterm Schreibtisch hoch, springt auf ihn los, gibt ihm eine Ohrfeige und stößt ihn hinaus. Ganz wie der »große Manitou« in seinen unbeherrschten Augenblicken.

Ein Mensch aus zweiter Hand, eine Begabung von reicher Substanz und ohne Kern, völlig ohne innere Magnetnadel, keine Fackel, wie Hitler meint, sondern ein flammendes Gas ohne Halt. Der schärfste Verstand der oberen Parteigarnitur, aber die schwächste Führerbegabung. Immer nur ein Beauftragter, ein Benützer, ein sich benützen Lassender — aber das freilich glänzend.

Paul Joseph Goebbels wurde 1897 zu Rheydt im Rheinland von unbemittelten, katholischen Eltern geboren. Von Geburt an hatte er einen verkrüppelten Fuß, in der Schule fiel er auf als der kleine Junge mit dem zu großen Kopf. Die Kameraden nannten ihn zeitweise den »Rabbiner«. Mit einem Stipendium des katholischen Albertus-Magnus-Vereins studierte er an acht Universitäten Philosophie und Literaturgeschichte. Im Kolleg des jüdischen Literaturhistorikers Gundolf in Heidelberg wurde er zum Verehrer des Dichters Stefan George. Er hat viel gelesen und viel nachgedacht. Sein Denken ist absolut normal, von keinerlei Hysterie und Wahnvorstellungen getrübt, im tiefsten Grunde ist er trocken; ein hoch beladener, aber kein reicher Geist.

Auch geistig: ein schätzesammelnder Zwerg.

Wie kam Goebbels unter die Antisemiten? Er ist der einzige unter den führenden Nationalsozialisten, bei dem sich diese Frage überhaupt aufdrängt. Von seinen Parteigenossen halten ihn ja viele für einen Judenstämmling. Max Amann sagte, dieser Krüppel sei ein Gezeichneter; Krüppelbildungen seien Folge von Rassenvermischung. Der spätere Oberpräsident von Ostpreußen, Erich Koch, schrieb 1927 in der Straßer-Presse einen Artikel, überschrieben »Folgen der Rassenvermischung«, in dem er an einem halben Dutzend geschichtlicher Beispiele nachwies, daß Leute mit verkrüppelten Füßen Verräter seien. Goebbels hatte in der Partei den Spitznamen »Talleyrand«. Dieser französische Staatsmann hatte einen Klumpfuß und war nach Koch ein Ausbund von schlechtem Charakter: »Man kann kaum das Wort Charakter für ihn an-

wenden. Er verstand es, zu blenden, aufzubauschen, Schwindel-
nachrichten in die Welt zu setzen, die Ergebenheit anderer
rücksichtslos auszunützen, sie auszupressen wie eine Zitrone
und dann fortzuwerfen, um selbst die Verdienste anderer für
sich einzuheimsen, Zudem war er bewandert in den edeln
Künsten der Verleumdung, der Intrigen und Falschheiten. Er
verriet sowohl seinen Kaiser Napoleon, als auch seinen König
Ludwig XVIII. in stetem Wechselspiel. Genug der Beispiele!
Sie alle lehren uns die furchtbaren Folgen der Rassenvermischung, der Rassendegeneration. Die Träger der rassen-
mäßig bedingten geistigen und körperlichen Disharmonie
haben zwar oft einige im Anfang bestechend wirkende Eigenschaften und Fähigkeiten; diese sind aber analog dem hell-
sten Leuchten einer Glühbirne vor der ewigen Dunkelheit,
wenn Kurzschluß eingetreten ist. Es sind stets zwar intelli-
gente, jedoch maßlos ehrgeizige, gefühllose Egoisten die bisher dem Volk als Ganzem nur Schaden zugefügt haben.«

Ob in den Stammbaum von Goebbels vielleicht spaniolische
Juden aus dem benachbarten Holland hineingepfuscht haben,
ist bis jetzt nicht nachgewiesen. Aber die Charakterschilderung
Kochs trifft den Kern. Goebbels ist deshalb bei allen Geistes-
gaben der Unselbständigste der führenden Nationalsozialisten,
weil er der Unehrlichste ist. Er glaubt nicht, was er sagt.

Als Gauleiter von Berlin führt der Verehrer Stefan Georges
den Kampf in einem rüden Kaschemmenton, den selbst der
ehemalige Wiener Asylinsasse nie getroffen hat. Dieser
Schmeichler schmeichelt auch der Masse serviler als Hitler.
Er strengt seine Berliner nicht mit Weltpolitik an, sondern
amüsiert sie mit dem Dorfklatsch der Weltstadt; er zielt nicht
nach den Spitzen, sondern nach der Unterseite der herrschenden Macht. Der Vizepräsident der Berliner Polizei ist der Jude
Dr. Bernhard Weiß, ein vorzüglicher Beamter von ungewöhnlicher Arbeitskraft, persönlich ein tapferer Mann, der im
Kriege das Eiserne Kreuz I. Klasse erworben hat (für einen
Juden eine nicht gern gewährte Auszeichnung). Goebbels ver-
leiht Dr. Weiß aus eigener Machtvollkommenheit den Vornamen Isidor und konzentriert nunmehr seine ganze Propaganda auf »Isidor« Weiß. Es gibt keine Schlechtigkeit, die er
dem »Isidor« Weiß nicht nachsagt; er läßt Spottlieder auf
ihn dichten, bringt Woche für Woche in seinem Wochenblätt-

chen »Angriff« eine entstellende Karikatur. Als die Gerichte ihn zwingen, Dr. Weiß bei seinem richtigen Vornamen Bernhard zu nennen, polemisiert er einfach gegen das »System Isidor«.

Ein guter Freund sagt ihm: »Lassen Sie doch diesen Kampf gegen Weiß, Sie treffen den Falschen! Das ist ein anständiger Mann und tapferer Offizier.«

Darauf Goebbels: »Weiß interessiert mich gar nicht. Der Mann selbst ist mir gleichgültig. Aber wir wollen uns in drei Monaten wieder sprechen; Sie werden sich wundern, was ich dann aus dem Weiß gemacht haben werde!«

Das ist Propaganda!

Ein ehemaliger Parteigenosse namens Mossakowsky hat Goebbels vierzehnmal hintereinander in einer Zeitung einen «abgefeimten Lügner« genannt, weil Goebbels behauptet hatte, im Rheinland unter der belgischen Besatzung eingesperrt und mit Reitpeitschen traktiert worden zu sein. Er habe diese Schmach wegen Propaganda für Hindenburg erlitten; brachte die Geschichte in einem Augenblick vor, in dem der Reichspräsident von Hindenburg ihn für eine üble persönliche Karikatur wegen Beleidigung verfolgen ließ. Goebbels hat sich über die angebliche Reitpeitschengeschichte nie näher ausgelassen und den vierzehnmaligen Vorwurf abgefeimter Lüge ohne gerichtliche Klage eingesteckt. Aber solche Einzelheiten sind nur Wegweiser zum Charakterbild; das Unechte sitzt tiefer.

Als Goebbels zum erstenmal als Vertreter Deutschlands in der Völkerbundstadt Genf erschien, wurde in der dortigen Presse eine Karikatur veröffentlicht, die ein verkrüppeltes, schwarzhaariges Männlein zeigte; darunter stand: Wer ist denn das? Aber das ist doch der Vertreter der hochgewachsenen, gesunden, blonden und blauäugigen nordischen Rasse! Das war ein Witz; hätte dort aber statt »Vertreter« »Propagandist« gestanden, dann wäre es eine tiefe Wahrheit gewesen. Zu kurz gekommene Naturen machen oft Propaganda für diejenigen, die das sind, was sie selbst gerne sein möchten.

Der körperlich Benachteiligte umgibt häufig sein Leiden mit einer eigentümlichen Seelenhaltung wie die Auster das Sandkorn mit der Perle. Es sind oft besonders verinnerlichte, tiefe und feine Naturen, nach außen resigniert, aufmerksam und streng gegen sich selbst, durch innere Entfaltung den äußeren Schaden wettmachend. Das Gegenstück dazu ist der überlaute, überegoistische, oft tyrannische oder gar boshafte Krüppel, der am liebsten diejenigen bestrafte, die unbeschädigt durchs Dasein gehen. Zwischen diesen beiden Gegentypen liegen die unzähligen Spielarten. Auch Goebbels hat seine zarten Stellen, die sich aber im Lauf des Lebens immer mehr überkrustet haben. So wurde er im wesentlichen: ein krakeelender Zwerg.

Er ist der einbeinige Mann im Männerschwimmbad, der die gefährlichsten Saltos springt und am tiefsten taucht; der Stelzfuß, der auf der Tribüne am lautesten schreit, wenn seine Fußballmannschaft gewinnt. Er wird es der Welt schon zeigen, daß er trotz seiner Unscheinbarkeit zu den Verwegensten gehört; daß er soviel riskiert wie die Stärksten und mehr erreicht als die stumpfsinnigen Kerngesunden. Der Fuß, ja — aber das Köpfchen! Wenn man nicht gesehen wird, muß man eben gehört werden. Goebbels ist die verkörperte Geburt der Propaganda aus dem Gefühl der Minderwertigkeit. Tief spürender Nachahmer des gleichfalls um die Anerkennung der Welt ringenden Hitler, der ihm den Weg zeigt; den er in der Ausführung und Feinheit noch übertrumpft. Man hat von den Juden gesagt, daß sie die Eigenschaften der Völker übertreiben, denen sie sich assimilieren; man könnte Goebbels den Juden Hitlers nennen. Aber immer bleibt er im Schatten des Vorbilds; denn wo Hitler sich steigert und in den »Führer« verwandelt, bleibt Goebbels nur ein raffinierter, aber kalter Schauspieler.

Als Hitler am 13. August 1932 von Hindenburg die Treppe hinuntergewiesen wurde und die Partei in Bedrängnis geriet, schrieb Goebbels einen wilden Artikel: Die Juden sind schuld! Von jüdischen Einflüssen auf die Reichsstellen konnte damals wirklich keine Rede sein, und die schärfsten Antisemiten der Partei wären nicht auf diesen Gedanken gekommen. Goebbels kam darauf. Er ist der Mann in der Partei, der den Antisemitismus nicht ernst nimmt, sondern ihn nur als Mittel zur Propaganda benutzt. Mögen auch die andern oftmals nicht glauben, was sie gerade sagen; so ungläubig gegen alles, was sie sagen, ist keiner. Man hat behauptet, Goebbels habe als jüngerer Mensch dem Berliner Tageblatt Feuilletons angeboten. Wie dem auch sei: er gehört seinem Wesen nach durch-

aus in die Welt des Berliner Tageblatts, des Berliner Kurfürstendamms und der Asphaltdemokratie. Auch hierin ist er
der übertreibende Nachahmer Hitlers, der ein Geschöpf der
Demokratie und zugleich ihr Vernichter ist. Hitler schliff sich
im Umgang mit den Wiener Kleiderjuden, Goebbels kam aus
dem Kolleg bei Gundolf und strich um die Filmateliers und
Zeitungspaläste herum. Hitler verteidigte gegenüber seinen
radikalen Regimentskameraden die bayrische Mehrheitssozialdemokratie; Feder bot seine Denkschrift über den Staatsbankrott dem Revolutionsministerium Eisner an; aber keiner ist
so sehr ein abgewiesener Liebhaber des Systems wie Goebbels.
Eher ein verunglückter Philosemit als ein Antisemit.

Goebbels hat in langen Artikeln in den »Nationalsozialistischen Briefen« und im »Völkischen Beobachter« die Sowjetunion verteidigt, hat Lenin einen nationalen Befreier genannt;
hat ausdrücklich einen Unterschied zwischen den kapitalistischen Juden des Westens und den bolschewistischen Juden
des Ostens gemacht. Er hat dafür Abkanzelungen von Rosenberg eingesteckt; im Frühjahr 1926 gab sich Hitler persönlich
die Mühe, ihm in langen Unterhaltungen den Kopf zurechtzusetzen, und Goebbels hat über das Thema Sowjetunion seitdem
geschwiegen. Aber ob er seine Meinung geändert hat? 1928
hielt er einen Vortrag auf dem Zentral-Sprechabend der
Münchner Ortsgruppe und sagte: »Man wirft uns vor, wir
kämpften in Berlin mit marxistischen Methoden. Natürlich
kämpfen wir mit marxistischen Methoden! Diese Methoden
sind einfach die besten und einzig richtigen zur Gewinnung
der Massen, wir werden sie nur in ihrer Ausführung noch verbessern. Wir wenden uns aber nicht an einzelne Klassen, sondern an das ganze deutsche Volk.«

Aber Privatmeinung ist eine Sache, und Parteimeinung eine
andere. Wenn man der großen, an Zukunft reichsten Nationalbewegung angehören will, dann muß man eben gegen die Juden
sein. Und wenn man etwas tut, dann tue man es richtig. Im
Frühjahr 1933 sagt er im Sportpalast: »Man hat unsern SA-
Leuten sogar nachgesagt, sie hätten sich an Judenweibern vergriffen.« Protestrufe. Goebbels, gedehnt, in jedem Wort tiefe
Verachtung: »Nun, ich möchte den SA-Mann sehen, der dazu
Lust haben sollte!« Das gelingt keinem Streicher.

Und es ist doch nicht echt. Goebbels hat eine Frau gehei-

ratet, die Adoptivtochter eines Juden namens Friedländer war;
seine Schwiegermutter, Frau Friedländer, die in einem jüdischen Café von SA-Leuten belästigt wurde, konnte drohen, sie
werde sich bei ihrem Schwiegersohn Dr. Goebbels beschweren.
Gegen den Stammbaum von Frau Magda Goebbels sind gewiß
Einwände nicht laut geworden. Aber seine Ehe zeigt doch die
Nähe des Dr. Goebbels zum jüdischen Milieu.

Seine Frau ist die geschiedene Gattin des Großindustriellen
Günther Quandt. Goebbels wollte als Katholik eine kirchliche
Trauung; nach kanonischem Recht ist aber eine solche
Trauung bei Geschiedenen grundsätzlich unmöglich, und nur
ein schwer zu erlangender Dispens kann diese Unmöglichkeit
aufheben. Goebbels, noch nicht Minister, schrieb an den damaligen Bischof von Berlin, Dr. Schreiber, einen Brief in
knappstem Tone, er beabsichtige, die geschiedene Frau Magda
Quandt zu heiraten und ersuche um Aeußerung binnen drei
Tagen, ob der Bischof bereit sei, diese Ehe kirchlich einzu-
segnen. Der Bischof, der das Verlangen nicht ohne weiteres
erfüllen konnte, doch auch dem damals schon mächtigen Parteiführer nicht ungefällig sein wollte, ließ diplomatisch erst
einmal die drei Tage verstreichen. Am vierten stellte er brieflich einige Rückfragen, aber da kam bereits pünktlich ein
Schreiben von Goebbels: da Dr. Schreiber die Frist habe ver-
streichen lassen, verzichte er, Goebbels, auf des Bischofs Mitwirkung. Auch in der Grobheit gegen die katholische Kirche
kopiert Goebbels die Haltung seines Führers.

Das Kopieren erstreckt sich bis auf Kleinigkeiten. Auch
Goebbels raucht und trinkt nicht. Auch ihm erteilt die innere
Stimme, genau wie dem Führer, ihre Ratschläge. Als junger
Anfänger in der Politik hat er die hübsche Gewohnheit, Artikel über seine Taten an den »Völkischen Beobachter« zu sen-
den, in denen er von sich in der dritten Person spricht; also:
»Auf einmal richtet sich Dr. Goebbels von seinem Sitz auf.
Halt, Kamerad, Chauffeur, halt! Der Wagen stoppt. Was ist
denn los, Doktor? — Weiß nicht, aber wir sind in Gefahr!
Da greifen wir in die Taschen und springen heraus. Nichts
zu sehen, nichts zu hören. Wir gehen um den Wagen herum,
alle vier Reifen sind fest und prall. Aber holla, was ist denn
das! In der Tat, am linken Hinterrad fehlen vier Schrauben.
Von fünf Schrauben vier Schrauben. Eine niederträchtige

Teufelei. Spuren ungeschickter Gewalt reden ein übriges. So kämpfen das Judentum und seine Knechte.«

Die Vorsehung tut offenbar etwas für den Dr. Goebbels, aber die eigene Vorsicht auch: »Ich reise ohne Parteiabzeichen; die Zweckmäßigkeit und Notwendigkeit des Eingreifens in politische Gespräche fühle ich nur selten«, bekennt er in seiner längst vergriffenen Schrift »Wege ins dritte Reich«. Für solche Helden hat Adolf Hitler offenbar sein Hakenkreuz in weißer Scheibe auf rotem Grunde ersonnen, um dessentwillen schlichtere Parteigenossen sich auf der Straße verprügeln lassen. Mit der Feder ist Goebbels indessen sehr blutdürstig: »Ueberlegsam und berechnet«, schreibt er 1929 in seinem »Angriff«, »den Speer werfen und ihn wohlgezielt in die Blöße des Feindes hineinjagen und dann vielleicht noch freundlich lächelnd sagen: Verzeihen Sie, Herr Nachbar, ich kann nicht anders! Das ist jenes Rachegericht, das kalt genossen wird.«

Der »tückische Zwerg«, wie Gregor Straßer ihn nannte, ist von allen der kälteste Rechner; der schärfste Verstand der Clique. Intellektuelle ziehen ihn als Redner sogar Hitler vor, aber auch nur Intellektuelle. Im Gegensatz zu seinem Führer ist er ruhig und beherrscht. Das äußere Auftreten hat er ihm abgesehen; die Inszenierung einer Versammlung, das Wartenlassen, den triumphierenden Einzug. Die von Hitler zufällig und nach und nach gefundenen Kunstgriffe bringt Goebbels in ein System. Er übertrifft Hitler an Knappheit des Ausdrucks, spricht klarer und rhythmischer, aber weniger originell, weniger bildhaft und einfallreich. Sein großes Verdienst um die Partei besteht darin, daß er die von Hitler erfundenen Grundsätze der Propaganda auf den ganzen Parteiapparat übertragen und ihnen Massengeltung verschafft hat.

In seinem sogenannten »Tagebuch«. in dem die Fälschung an tausend Stellen sich verrät, sagt er bescheiden von sich selbst, der Leser solle erfahren, welch »ungeheures Maß von Idealismus, Selbstbewußtsein und ungebrochenem Kraftgefühl« dazu gehört habe, die Machtergreifung »praktisch mit vorbereiten zu helfen«. Das ganze Werk ist natürlich ein in »glutenden und schreienden Farben gemaltes Bild« von Goebbels' eigener Leistung. Aber das Selbstlob ist gar nichts neben der kriecherischen Verhimmelung Hitlers:

»Er allein hat sich nie getäuscht. Er hat immer recht behalten.« Es ist »wunderbar, wie groß der Führer in seiner Einfachheit und wie einfach er in seiner Größe ist.« Selbstverständlich ist jede seiner Denkschriften »ein klassisches Dokument seiner Präzision des Denkens« oder »ein Meisterwerk der politischen Strategie«; in jedem Falle »ein unübertroffenes stilistisches Meisterwerk« oder etwas ausführlicher »von einer Klarheit der Beweisführung und einem Glanz des Stils, wie man sich das besser gar nicht denken könnte«. Daß Hitler »von einer bewundernswerten Nervenkraft« ist, heißt noch gar nichts; er ist auch »die nie versagende Quelle einer ewig sich erneuernden Kraft«. Ganz selbstverständlich ist er »großartig in seinen Argumenten« und in jedem Falle hat er »wie immer, so auch hier recht behalten«. Daß »das Große am Führer« nur die »ewig gleichbleibende Zähigkeit« sein soll, vermag man kaum zu glauben; auch das Lob »wie immer originell und einfallsreich« wirkt eigentlich etwas bescheiden. Aber klar ist: »Natürlich sind alle mit ihm einverstanden. Wie könnte man auch anders vor der messerscharfen Konsequenz seiner Gedankengänge!« Daher sind, wie billig, die Unterhändler des Zentrums »von dem frappierenden Eindruck seiner Persönlichkeit ganz benommen«. Glücklicherweise ist das nur der erste Eindruck; dagegen »wer das Glück hat, oft mit dem Führer zusammen zu sein, gewinnt ihn von Tag zu Tag lieber: nicht nur, daß er in sämtlichen Fragen immer richtig entscheidet, er ist auch persönlich von einer so unbeschreiblichen Güte und herzlichen Kameradschaft, daß er jeden Menschen, der in seinen Blickkreis tritt, gefangen nimmt«. Denn — man ahnt es nicht —: »Es gibt keinen Menschen, der weniger das Zeug zum Tyrannen in sich hätte, als er.« Wen wundert es da, daß dem alten Hindenburg bei einer Rede Hitlers »die Tränen in die Augen steigen«? Selbst in der Nacht des Reichstagsbrandes ist es noch bewundernswert, den Führer »hier seine Befehle erteilen zu sehen, denselben Mann, der vor einer halben Stunde noch sorglos plaudernd bei uns beim Abendessen saß«. Und das ganz unvorbereitet! Hitler ist darum auch »in der Tat der Große über uns allen«, mehr noch: »Der Führer steht immer wie ein Stern über uns.« Deshalb: »Es wird einem speiübel« — aber nein, das sagt Goebbels von einer Verhandlung mit den Zentrumsführern.

Das ist noch nicht ein Zwanzigstel derartiger Zitate aus

einem einzigen Jahrgang des sogenannten »Tagebuchs«. Sie charakterisieren natürlich den Schreiber, aber auch den Empfänger. Das Buch ist »dem Führer« gewidmet, und der Führer hat die Widmung angenommen. So spricht einer der ersten Minister eines großen modernen Staates zu seinem Herrscher, und so läßt der Herrscher zu sich sprechen.

Und damit verlassen wir den Dr. Goebbels. Er wurde hier als derjenige Nationalsozialist bezeichnet, der am wenigsten glaubt, was er sagt. Ist das bewiesen?

Paul Joseph Goebbels ist ein hochbegabter Mensch. Er hat eine glänzende Karriere gemacht. Sein Ruhm ist groß, und er verdankt ihn sicher seinen Fähigkeiten.

Und er ist doch ein armer Mensch.

Cäsar ohne Ehrgeiz.

»Von allen der einzige, der an Mussolini erinnert« — das war das Urteil Oswald Spenglers über Gregor Straßer.

Vielleicht hat Spengler sich von Aeußerlichkeiten etwas verführen lassen. Straßer hatte den Diktatorenschädel, die breite, hohe, kraftvolle Gestalt. Er hatte auch die entsprechende Brutalität; Hitler hat jahrelang vor ihm gezittert. Er hatte schließlich den weiten Blick und mehr als bloßen Instinkt für die Probleme. Aber er hatte nicht den letzten Willen zur Verantwortung.

Niemals ist Hitler den Zeitfragen so nahe gekommen wie Gregor Straßer in seiner berühmten Reichstagsrede von der antikapitalistischen Sehnsucht:

»Der Aufstieg der nationalsozialistischen Bewegung ist der Protest des Volkes gegen einen Staat, der das Recht auf Arbeit und die Wiederherstellung des natürlichen Auskommens verweigert. Wenn der Verteilungsapparat des weltwirtschaftlichen Systems von heute es nicht versteht, den Ertragsreichtum der Natur richtig zu verteilen, dann ist dieses System falsch und muß geändert werden... Das wesentliche an der gegenwärtigen Entwicklung ist die große antikapitalistische Sehnsucht, die durch unser Volk geht, die heute vielleicht schon fünfundneunzig Prozent unseres Volkes bewußt oder unbewußt erfaßt hat. Diese antikapitalistische Sehnsucht ist nicht im geringsten eine Ablehnung des aus Arbeit und Sparsamkeit entstandenen sittlich berechtigten Eigentums. Sie hat insbesondere nichts zu tun mit den sinnlosen und destruktiven Tendenzen der Internationale. Sie ist der Protest des Volkes gegen eine entartete Wirtschaft, und sie verlangt vom Staate, daß er, um das eigene Lebensrecht zu sichern, mit den Dämonen Gold, Weltwirtschaft, Materialismus, mit dem Denken in Ausfuhrstatistik und Reichsbankdiskont bricht und ehrliches Auskommen für ehrlich geleistete Arbeit wieder herzustellen in der Lage ist. Diese antikapitalistische Sehnsucht ist ein Beweis dafür, daß wir vor einer großen Zeitwende stehen: die Ueberwindung des Liberalismus und das Aufkommen eines neuen Denkens in der Wirtschaft und einer neuen Einstellung zum Staat.«

Es gehört geistiger Mut dazu, so etwas auszusprechen. Was Straßer fehlte, kann man Verantwortungswillen oder auch Gier nach Macht nennen. Er warf zuletzt aus Bequemlichkeit den Kram hin, schlüpfte aus der Diktatorenhaut und setzte sich an seinen Stammtisch. Eine seiner Lieblingsbeschäftigungen war das bayrische Schafkopfspiel. Hitler hat ihn dafür in »Mein Kampf« verhöhnt. Der Rest Spießer in ihm hat ihn gehindert, das Größte zu erreichen.

Straßer gehörte nicht zu den nationalsozialistischen Führern der ersten Stunde, nicht zum Kreise um Hitler, überhaupt zu keiner auf Gedeih und Verderb zusammenhaltenden Clique. Er verstand es nicht, sich unbedingt ergebene Freunde zu machen; er verstand es auch nicht, zu intrigieren und Menschen gegeneinander auszuspielen. Ihn hob und trug die stets wirkende Kraft einer ungewöhnlichen Persönlichkeit, beständiges Handeln und die Selbstverständlichkeit, mit der er überall sofort an die Spitze trat; seine große Kraft war der Mut zu selbständigen Entscheidungen. Aber den Mut zu offenem Kampf gegen Hitler fand er zur rechten Zeit nicht. Untreue brauchte er sich von Hitler nicht vorwerfen zu lassen; er hat einen so wesentlichen Teil der nationalsozialistischen Bewegung aus eigener Kraft geschaffen, daß er zum selbständigen Handeln voll legitimiert war. Auch ohne Hitler wäre er wahrscheinlich ein einflußreicher Politiker geworden.

Straßer begann seine Laufbahn als SA-Führer von Niederbayern. Am Tage des Hitlerputsches befehligte er eine verlorene Abteilung am Münchner Isarufer. Der Putsch brach zusammen, die Führer flohen, niemand benachrichtigte Straßer und seine Niederbayern. Er hat das den Verantwortlichen nie verziehen. Ein halbes Jahr später ist er durch eine jähe Wendung des Schicksals der eigentliche Führer der Bewegung. Bei den Neuwahlen verteilt er die aussichtsreichen Reichstagsmandate; er setzt weder Röhm noh Göring, den obersten SA-Führer, an sicherer Stelle auf die Liste. Damals beginnt eine Feindschaft, die erst mit dem Tode endet.

Von jener Zeit ab kennen wir Straßers Weg. Noch einmal wird er uns begegnen: als wehrloses, blutiges Opfer.

Hörige Jugend.

Baldur von Schirach, der 1907 geborene Reichsjugendführer der Bewegung, würde schon wegen seiner grenzenlosen Hingabe an die Person Hitlers Erwähnung verdienen. Er glaubt das wirklich, was Goebbels nur sagt. Als Schuljunge in Weimar, wo sein Vater Theaterintendant war, ist er von einem Vortrag Hitlers hingerissen. Tritt mit achtzehn Jahren in die Partei ein. Studiert in München Germanistik und Kunstgeschichte, bricht 1929 ab und kommt als Zweiundzwanzigjähriger in die Reichsleitung der Partei. Führt erst den Studentenbund der Bewegung, dann die ganze »Hitler-Jugend«. Baut nach der Machtergreifung eine ungeheure Organisation auf; praktisch wird fast die ganze deutsche Jugend gezwungen, dem Verbande Baldur von Schirachs beizutreten, der auf dem Papier sechs Millionen Mitglieder zählt. Die jungen Herren schaffen sich einen ganzen Bienenkorb voll gut bezahlter Posten und Pöstchen; aber sie leben auch mit hoher Begeisterung und tiefem Glauben in ihrer Arbeit und sind mit Recht davon überzeugt, daß von deren Erfolg oder Mißerfolg das Bestehen des Nationalsozialismus abhängt. Die deutsche Jugend wird in einem Geist erzogen, von dem man sich in anderen Ländern keine Vorstellung machen kann. Das wichtigste ist die Züchtung eines maßlosen Dünkels auf das eigene »bessere« Blut. Daraus entspringt eine veränderte Auffassung der geschlechtlichen Liebe. Mädchen und Jünglinge sollen sich kritisch wählen im Hinblick auf eine rassisch hochwertige Nachkommenschaft, dem Triebleben werden Ausleseinstinkte eingeimpft. Dem Hitlerjungen und dem Hitlermädel ist nicht geradezu von Amts wegen alles freigegeben, aber die Sünde, die reines Blut mit reinem Blut begeht, ist doch nur eine läßliche Sünde neben dem Rassenverrat einer legitimen Ehe zwischen Arier und Juden. Ueber die Zucht der Hitler-Jugend und des Bundes deutscher Mädchen werden in Deutschland sehr bedenkliche Dinge erzählt, und vielleicht werden Einzelheiten verallgemeinert; aber sicher ist, daß versucht wird, der Vereinigung der Geschlechter einen neuen Sinn zu geben. Nicht mehr Lebensgemeinschaft und Erziehung der Nachkommen schlechthin, sondern Zeugung rassisch wertvoller Bestandteile des Volkskörpers.

Die Gegner sprechen von Gestüt und Menagerie, die Hitler-Jugend und ihre geistigen Führer aber von einer neuen Religion des Blutes. Hier ist Verlangen nach nationalsozialistischer Metaphysik. Baldur von Schirach hat sich eng an Alfred Rosenberg angeschlossen. Er und die meisten seiner Mitarbeiter sind nicht nur Gegner katholischer Jugendbünde, nicht nur Gegner alter Kirchen, sondern Gegner des Christentums schlechthin. Schirach hat gedichtet:

Nicht in alten Bahnen
Ist Gott.
Du kannst ihn ahnen
Dort, wo die Fahnen
Des Glaubens weh'n: am Schafott.
Dort, wo die Teufel rufen:
Schwör ab, Hund, oder falle!
Was sie auch Dome schufen,
Und sind Altare die Stufen
Der Feldherrnhalle.

Aber die Wünsche dieser Jugend sind mit Metaphysik nicht gestillt. Schirach hat gesagt: »Sozialistische und antikapitalistische Haltung und Gesinnung ist das hervorstechendste Merkmal des jungen nationalen Deutschland.«

Es war in dieser Zeit des Zerfalles nicht schwer, einer solchen Jugend Ideale zu geben, die besser waren als die Gegenwart. Aber die wirkliche Aufgabe ist es, ihr eine Welt zu schaffen, die diesen Idealen entspricht. Hier beginnt überhaupt erst die Schwierigkeit. Das ganze Geheimnis von Hitlers Gegenwartspolitik liegt ja in der Jugend beschlossen. Für ihn heißt es: durchhalten, sich mit allen Widerständen, materiellen Schwierigkeiten und sozialen Spannungen solange herumschlagen, bis diese neue Jugend herangewachsen ist. Dann tritt man aus dem Engpaß ins freie Gelände. »Ihr werdet vergehen«, hat Hitler seinen Gegnern zugerufen, »aber nach euch wird eine Jugend kommen, die nichts anderes mehr kennt.« Und Dr. Ley hat hinzugefügt: »Der kleinste Junge bekommt bei uns ein Fähnchen in die Hand und lernt »Heil Hitler« rufen — das wird die kommende Generation.«

Und gerade hier wird Hitler sich irren. Man kann große Massen zwar für verhältnismäßig kurze Zeit chloroformieren, aber nicht ganze Generationen für immer in Hypnose versenken und vom Leben abtrennen. Es ist gefährlich, ewig Legende zu sein. Diese jungen Menschen sehen in Hitler etwas ganz anderes, als er ist. Es wird nicht leicht zu definieren sein, was auch nur ein Baldur von Schirach mit Sozialismus und Antikapitalismus meint. Aber daß die noch ungeformten Forderungen der nachdrängenden jungen Jahrgänge weit über die Ziele der heute regierenden Männer hinausgehen und zum Teil stark von ihnen abschweifen, ist sicher. Eines Tages wird das System sich mit der Realität, die im Begehren dieser Jugend liegt, konfrontieren müssen. Dann platzt etwas. Dann wird offenbar werden: diese Jugend ist für den nationalsozialistischen Staat keine Hoffnung, sondern die drohendste Gefahr.

Julius Streicher, der wahre Hitler.

Der einzige originelle Kopf des Nationalsozialismus ist im Jahre 1935 Julius Streicher. Der letzte aus einer Reihe von Selbständigen. Die andern sind der Herrschsucht Hitlers gewichen oder farblos geworden, gehorsam und resigniert; selbst Göring, selbstverständlich Goebbels. Nur Julius Streicher hat sich Kraft bewahrt und Raum erkämpft, um so etwas wie eigene Politik zu machen.

Dieser Nürnberger Volksschullehrer hat jahrelang davon geträumt, Hitler als Führer der Nationalsozialisten zu verdrängen. Wir haben seine Rolle in der Parteirevolte von 1921 gesehen. Erst 1923 ist seine Unterstellung unter Hitler besiegelt; da muß er sich gegen eine Palastrevolution seiner Nürnberger Anhänger wehren und siegt mit Hilfe Hitlers. Die Gegner Streichers, Kellerbauer, Bürger, Pressel und Schlieben, behalten das Parteiblatt »Deutscher Volkswille«. Streicher gibt gegen sie ein »Sonderblatt im Kampf um die Wahrheit gegen die Verräter« heraus und nennt es »Der Stürmer«. Die Gegner reisen nach München, um sich dort bei der Partei über Streicher zu beschweren, gegen den sie schwere Vorwürfe erheben. Dietrich Eckart empfängt sie; er nimmt Streicher überhaupt nicht ernst, sondern meint: »Dös is ja a Narr!«

Die Vorwürfe, die damals und später gegen Streicher erhoben werden, sind immer wieder dieselben: persönliche Bereicherung und lockerer Lebenswandel. Er stelle den Frauen der Parteigenossen nach, und zwar in einer hemmungslosen Art. Er sitze splitternackt an seinem Schreibtisch, und in einer Zeitung, die eigens zu seiner Bekämpfung gegründet worden ist, wird er im Adamskostüm abgebildet; darunter steht: »War Herr Julius Streicher auch so bekleidet, als er am soundsovielten nachts um elf Uhr im Hotel Soundso Frau Dr. Soundso noch eine Tafel Schokolade brachte?« Hitler entsendet zur Prüfung der Vorwürfe und Ueberwachung Streichers den Major Buch nach Nürnberg, der offiziell als Führer der SA auftritt. Streicher klagt gegenüber Freunden, warum Hitler sich denn gar so sehr darauf versteife, ihm in Nürnberg dreinzureden; man könnte sich doch schön vertragen, wenn Hitler in Südbayern bleibe und ihm Nordbayern überlasse. Aber mit Hitler sei darüber ja nicht zu reden; wenn er, Streicher, nach München komme, weiche Hitler ihm aus.

Dann kommt die Wendung. Hitler putscht. Streicher liegt an der Feldherrnhalle neben ihm auf dem Pflaster. War es nicht Streicher, der vielleicht den ersten Schuß ausgelöst hatte? Streicher ist neben Hermann Esser und Arthur Dinter der einzige, der in der Landsberger Zeit fanatisch zu Hitler hält. Hitler sei der wahre und einzige Führer; an den General Ludendorff schreibt er einen groben Brief, spricht ihm das Recht zur Führung ab, denn als der General noch gar nicht gewußt habe, was völkisch sei, habe er, Streicher, schon für die völkische Sache gekämpft. Als Hitler aus der Festung kommt, ist Julius Streichers Nürnberger Ortsgruppe die einzige Parteiorganisation, die noch einigermaßen steht und sofort zu Hitler hält. Nürnberg hat als nationalsozialistische Hochburg München für dauernd überflügelt. Das bedeutet: die größten Versammlungen gibt es in Nürnberg, das meiste Geld kommt aus Nürnberg. Daß Streicher diesen Reichtum Hitler zur Verfügung stellt, ist ein unschätzbarer Dienst, den man gern mit vielen Konzessionen erkauft. »Schöpfer des Gaues Franken der NSDAP« und »Frankenführer« darf Streicher sich nennen; das kommt in der Partei kein zweites Mal vor.

Dabei prasseln die moralischen Vorwürfe gegen Streicher nur so. Pöhner nennt ihn einen »Dreckhaufen«, Straßer verlangt seinen Ausschluß. Aber Hitler bestätigt am 2. März 1925 wider alle Warnungen Streicher als Führer in Nürnberg und Franken. Er verdiene das erstens durch seine Agitationskunst und zweitens durch seinen Mut. Was aber die Vorwürfe betreffe: »Ich will auf Streichers Arbeit im Rahmen seiner Fähigkeiten nicht deswegen verzichten, weil er nach Charakterveranlagung und nach der Form seines Kopfes nicht mit jedermann übereinstimmt. Welcher Mensch ist im übrigen fehlerlos?« Im Laufe des Jahres scheinen die Kuverts, die Streicher seinem Führer nach einer Rede in Nürnberg in die Hand drückte, immer dicker geworden zu sein; bereits im Dezember lobte Hitler seinen Nürnberger Unterführer geradezu überschwenglich. In einem Prozeß, den Streicher führte, erschien Hitler vor Gericht und erklärte, es gebe keinen größeren Wahrheitsfanatiker als Streicher. Und zu den Nürnberger Genossen sagte er ein paar Tage später in einer Mitgliederversammlung: er stehe hinter Streicher nicht nur als Politiker, sondern auch als Mensch. Die Nationalsozialisten müßten einen Führer um so mehr verehren, je mehr er von der November- und Juden-Demokratie verfolgt werde.

Dabei bedurfte es gar nicht des Privatlebens von Julius Streicher, um den Menschen als unsauber zu kennzeichnen. Sein »Stürmer« hat sich mit den Jahren immer mehr zu einem Blatt entwickelt, das man pornographisch nennen muß. Ursprünglich war es ein Skandal- und Radau-Blättchen schlechtweg, das sich heute mit der Amtsführung des Nürnberger Oberbürgermeisters und morgen mit den Fabrikgeheimnissen einer Wurstfabrik beschäftigte. Mit der Zeit aber konzentrierte sich Streicher immer mehr auf ein Thema, den sogenannten Rasseverrat, d. h. den geschlechtlichen Verkehr zwischen Juden und Nichtjuden. Er beschrieb alles, sein Zeichner zeichnete alles, die Leser erfuhren alles — und diese Leser waren vielfach die Schüler und Schülerinnen von Nürnberg.

Ein von ihm angegriffener Gegner nannte Streicher einen Psychopathen; und daß er es wirklich war, bewies er dadurch,

404

daß er diesen Vorwurf jahrelang in fast jeder Rede wiederholte und sich aufs neue darüber aufregte. Als er während Hitlers Festungshaft mit Gregor Straßer und den andern »Akademikern und feinen Herren« der Bewegung kämpfte, hielt er einmal folgende Rede:

»Meine lieben Volksgenossen, wenn sie dort im Landtag, wo sie beieinandersitzen, so gewisse Herren Doktoren und Präsidenten und was weiß ich noch, wenn dort, wo sie beieinandersitzen in ihren Zimmern, und es darf kein anderer hinein, denn die schönen Zimmer, die sind ja nur für die feinen Herren und nicht für einen ganz gewöhnlichen Sterblichen, wenn dort ein Mann aufsteht und ein Wort spricht, ich will es hier nicht wiederholen, aber ihr habt es vielleicht gelesen, meine lieben Volksgenossen, denn das, das schreiben sie schon hinein in ihre Zeitungen, denn das ist eben hohe Politik, aber wenn ein anderer auch einmal ein Wort sagt von der himmelschreienden Schande, dann ist das ja die Ausgeburt eines pathologischen Gehirns, meine lieben Volksgenossen, da sage ich nur ein Wort: Judas ...« (Pfuirufe).

Dieser Ton hat sich mit den Jahren nicht geändert. Im August 1935 sagte er im Berliner Sportpalast wörtlich:

»Es ist so leicht, zu sagen, wenn der Feind nicht mehr im Lande ist: alle Menschen sind gleich. Aber wenn er da ist, tut man es nicht gern. Und die Ueberreste haben wir ja immer noch, und davon laufen heute noch die Kinder herum. Da sind gebildete Menschen, die sagen: alles, was Menschenantlitz trägt, ist gleich.«

In der gleichen Rede berichtete er: »In einem Zoo habe ich einmal deutsche Kinder gesehen. Die Kinder, die deutschen Lehrer lächelten, sie waren sonnig, und wenn man sie beobachtete, sah man, wie sie die Bewegungen der Tiere, die Spiele der Tiere betrachteten. Die Gesichter der deutschen Kinder strahlten vor Heiterkeit. Und dann sah ich Schulklassen mit jüdischen Kindern und jüdischen Lehrern. Sie watschelten und standen vor den Tierkäfigen. Sie gingen interesselos vorbei, sie blieben aber immer vor den Raubtierkäfigen stehen. Das liegt im Blut. Blut zieht zu Blut. Das ist ein Volk, das seit tausend Jahren vom Raube lebt. Dessen Kinder werden immer wieder dazu zurückkehren.«

Das ist krankhaft. Aber eines Tages muß es Julius Streicher

passieren, daß er in befreundeter Gesellschaft eine illustrierte Zeitung aufschlägt und ruft: »Ein herrlicher Rassekopf!« Ein Freund besieht sich das Bild und sagt: «Aber das ist ja Gundolf!« — »Natürlich Gundolf, da steht es ja, Literaturprofessor in Heidelberg.« — »Ja, wissen Sie denn nicht, daß er richtig Gundelfinger heißt und Jude ist?« Streicher verstummt, betrachtet das Bild nochmals aufmerksam und schüttelt den Kopf: »Ich kann mir nicht helfen, wie er da steht, ist es doch ein schöner Rassekopf.«

Die Mehrheit der Partei hat ihn immer als Makel empfunden. Sein bevorzugter Umgang war jahrelang ein Kaufmann namens Steinberger, von dem er wußte, daß er viereinhalb Jahre wegen Einbruchsdiebstahls im Zuchthaus gesessen hatte. Streicher wollte 1933 nacheinander Oberbürgermeister und dann Polizeipräsident von Nürnberg werden; der Reichsstatthalter General von Epp verhinderte es. Er war und blieb zunächst nur einer von achtzehn Gauleitern seiner Partei; ja, während fast alle Kollegen in irgendein Amt befördert wurden, überging man ihn verletzend.

Gegen die Prominenz der Partei hat er sich trotzdem hochgekämpft und ist eine der bekanntesten Figuren des Regimes geworden. Er hat im Juli 1933 eine Anzahl Nürnberger Juden verhaften lassen, und die Gefangenen wurden gezwungen, auf einer Wiese Gras mit den Zähnen auszurupfen. Er ließ ein neunzehnjähriges Mädchen, das in Begleitung eines Juden angetroffen wurde, verhaften, ihr den Kopf kahlscheren und ein Schild umhängen mit den Worten: »Ich habe mich einem Juden hingegeben.« Das Mädchen und ihr Begleiter wurden durch verschiedene Kabaretts geführt und auf die Bühne gestellt; SA-Leute erläuterten den Vorgang in obszönen Redensarten. Der Sohn und die Tochter des amerikanischen Botschafters in Berlin, Dodd, wurden zufällig Augenzeugen. Ein Jahr später brach in dem Ort Gunzenhausen in Mittelfranken eine Anzahl SA-Leute in jüdische Häuser ein und tötete mehrere Bewohner. Julius Streicher und der fränkische SA-Führer von Obernitz tragen für diese Tat die Verantwortung. Der Regierungspräsident von Mittelfranken, Oberst a. D. Hoffmann, legte aus Protest sein Amt nieder, und der Reichsstatthalter von Epp berief ihn ebenfalls aus Protest als seinen persönlichen Staatssekretär. Die Tat haben beide nicht verhindern können, so wenig wie sie die Urheber zur Rechenschaft zu ziehen vermochten.

Solche Taten allein haben freilich Streichers Karriere im nationalsozialistischen Staat nicht gefördert, denn sie stachen aus dem allgemeinen Grauen nicht auffällig hervor. Erst durch die sensationell schmutzige Propaganda seines »Stürmers« hat er die Aufmerksamkeit der ganzen Welt auf sich gelenkt und sich zum Vorkämpfer des Antisemitismus in Deutschland gemacht. In einem offiziell antisemitischen Staate, der die Juden bereits nicht mehr als Staatsbürger anerkennt, gewiß eine Sonderleistung.

Streicher verdankt seinen wachsenden Einfluß nicht etwa seiner Beliebtheit bei den Volksmassen, denn die besitzt er nicht; keiner Parteiclique, denn er hat keine; nicht einmal einer engen persönlichen Freundschaft mit Hitler, denn die ist Fabel. Das Geheimnis seines Erfolges ist: er sagt als einziger das, was Hitler wirklich am Herzen liegt; von allen Parteiführern ist er derjenige, der »Mein Kampf« ganz ernst nimmt.

Als die Franzosen schwarze Soldaten ins besetzte Rheinland legten, erklärte Hitler das so: »Der Jude will schänden, darum wirft er am Rhein das deutsche Weib dem Neger hin.« In »Mein Kampf« sagte er, er glaube an die Echtheit der sogenannten Protokolle der Weisen von Zion, also an eine auf der Hand liegende, längst nachgewiesene Fälschung. Im Frühjahr 1933 hat sich Hitler persönlich den Judenboykott ausgedacht; Goebbels bezeugt es in seinem »Tagebuch«: »In der Nacht fahre ich nach Berchtesgaden, wohin der Führer mich gerufen hat. Er hat sich oben in der Einsamkeit der Berge die ganze Situation reiflich überlegt und ist nun zum Entschluß gekommen. Wir müssen zu einem groß angelegten Boykott aller jüdischen Geschäfte in Deutschland schreiten. Pg. Streicher wird zum Leiter der Aktion ernannt.« Hitler hat erklärt, das »Kapital« von Karl Marx sei ausschließlich geschrieben »für die intellektuelle Führung der jüdischen Welteroberungsmaschine«; er hat herausbekommen, daß jeder einzelne Jude an seinem Platze im Interesse der jüdischen Weltherrschaft tätig sei, und zwar bewußt tätig. Als Hitler dann Kanzler wurde und aus Rücksicht auf das Ausland das Gröbste für sich behalten mußte, wurde Streicher sein Sprecher. Ausländischen Journalisten hat Streicher versichert: »Die einzige Zeitung, die der Führer von der ersten bis zur letzten Zeile liest, ist mein »Stürmer«.

In seinen freien Stunden malt dieser Wüterich idyllische Landschaftsbildchen in Wasserfarben.

System Pettenkofer.

Dies ist der nationalsozialistische Führerkreis, von dem Rudolf Heß einmal gesagt hat, er bilde eine »Gemeinschaft in sich«. Er enthält nur eine den Durchschnitt überragende Begabung, nämlich Goebbels; nur einen Kopf von einer gewissen geistigen Bildung, nämlich Rosenberg. Aber man tritt Goebbels nicht zu nahe, wenn man ihn einen hellen, aber flachen Kopf und zudem einen schlechten Charakter nennt, während Rosenberg zu leichtgläubig und oberflächlich ist, um als Theoretiker ernst genommen zu werden.

Das mäßige Niveau dieser Clique ist kein Wunder. Denn es gab für sie nur zwei Auslesegrundsätze: unbedingte Ergebenheit gegen Hitler und Aktivität. Die sogenannte Treue gegen den Führer ging allen sonstigen Erfordernissen voran. Daher der Zwang zur Abstoßung einer großen Anzahl zum Teil wertvoller, jedenfalls selbständiger Köpfe, vom Parteigründer Anton Drexler über Ludendorff, Arthur Dinter, General von Heinemann, Kapitänleutnant von Mücke, die Brüder Straßer, Hauptmann Stennes bis zu Ernst Röhm. Das Prinzip der Aktivität brachte notwendigerweise die vielleicht tapferen. aber meist nervösen, verantwortungslosen, unernsten Naturen nach vorn. Zahlreich vertreten ist ein Typ, bei dem schon die Abkunft einen gewissen Affekt hervorzurufen pflegt: der Auslandsdeutsche. Hitler wurde erst kurz vor der Reichspräsidentenwahl 1932 durch Ernennung zum braunschweigischen Regierungsrat Reichsdeutscher. Heß wurde als Sohn eines Hotelbesitzers in Alexandrien geboren und führt in der Bewegung den Spitznamen »der Aegypter«. Darré kam in Belgrano in Argentinien zur Welt. Rosenberg stammt aus Rußland. Selbst Göring kommt aus einem solchen Milieu, denn sein Vater war Kolonialbeamter in Südwest-Afrika, Ernst Hanfstaengel ist Sproß einer deutsch-amerikanischen Familie. Von den Kleineren ist der Berliner Staatskommissar Dr. Lippert zu erwähnen, der in Genua aufwuchs.

Es soll hier kein Steckbriefalbum edler Gestalten zusammengestellt werden; darum wurde verzichtet auf eine Schilderung etwa des bayrischen Innenministers Wagner, den Hitler persönlich bei einem Saufgelage überraschte und abkanzelte, des hessischen Statthalters Sprenger, den allzu reichlicher Alkoholgenuß am öffentlichen Reden gehindert hat, des Leiters der Deutschen Arbeitsfront, Dr. Ley, der aus seinem Münchner Stammlokal, dem Restaurant Schottenhamel, betrunken ins Auto getragen werden mußte. Auch das Treiben von Leys engeren Mitarbeitern, dem stellvertretenden Gauleiter Grohé und den Brüdern Winkelkemper, das seit Jahren in Köln Stadtskandal ist, sei hier nicht beschrieben; man müßte Dutzende, nein Hunderte von Beispielen aus allen Teilen des Reichs anreihen. Jedenfalls hat der nationalsozialistische Führerkreis in moralischer Beziehung alle Erwartungen gerechtfertigt, die man an die von Hitler am 20. Februar 1925 im »Völkischen Beobachter« veröffentlichten Grundsätze knüpfen durfte: »Ich sehe es nicht als die Aufgabe eines politischen Führers an, Versuche zu unternehmen zur Besserung oder gar Vereinheitlichung des vor ihm liegenden Menschenmaterials an sich. Es ist auch weiter nicht die Aufgabe des politischen Führers, durch eine Erziehung zur Einheit die Mängel etwa ausgleichen zu wollen. Er wird nicht damit rechnen dürfen, ideale Universalmenschen seiner Bewegung zuführen zu können, sondern Menschenkinder der verschiedensten Veranlagung. So werde ich meine Aufgabe gerade darin sehen, den verschiedensten Temperamenten, Fähigkeiten und Charaktereigenschaften in der Bewegung die Bahn zuzuweisen.«

Eins der hier erwähnten Menschenkinder, ein sehr hoher bayrischer SA-Führer, stahl auf einem Empfang bei dem Reichsstatthalter von Epp einen schweren silbernen Leuchter. Nach verschiedenen Mahnungen entschloß er sich, die Beute zurückzugeben. Er schraubte den Leuchter auseinander und schickte die einzelnen Teile nach und nach. Dazu schrieb er: er sehe ein, daß die bayrische Staatsregierung der Erleuchtung bedürfe und wolle diese nicht hindern; damit aber die Erleuchtung nicht zu plötzlich käme, sende er sie in Teilen.

Wenn man zu Hitler sagt: »Sie haben wirklich finstere Gestalten in Ihrem Führerkorps«, erwidert er: »Ich glaube wie Pettenkofer an die Selbstreinigung der Flüsse.«

20. Am schwankenden Steuer

Der Brand des Reichstags.

Es ist das geschichtliche Unglück des Kommunismus, daß er in fast allen Ländern der Welt stark genug gewesen ist, seine Gegner zu erschrecken, aber nirgends stark genug, sie zu besiegen. Er hat damit gegen eine Grundlehre Macchiavellis verstoßen: daß man einen Gegner, den man reize, auch müsse vernichten können; sonst dürfe man ihn nicht reizen, sondern müsse sich mit ihm versöhnen. Der Kommunismus wurde so zum Ferment des Faschismus; er schweißte das Bürgertum zusammen, und wo Kommunismus und Faschismus zusammenstießen, ist bisher der mit allen Hilfsmitteln der bestehenden Gesellschaft ausgerüstete Faschismus Sieger geblieben. Es sei bemerkt, daß dies kein absolut unvermeidbares Schicksal war; nur bei der befolgten Taktik war es unvermeidbar.

Am 23. Februar 1933 tagte in Berlin der preußische Staatsrat. Es war seine letzte Sitzung in alter Gestalt. Der parlamentarische Führer der Kommunisten, Ernst Torgler, nahm an der Sitzung teil. Der Oberbürgermeister Brauer von Altona, ein Sozialdemokrat, trat auf Torgler zu und sagte, in der Form etwas überheblich, in der Sache aber das Richtige treffend:

»Torgler, es ist fünf Minuten vor zwölf. Sie sehen, was im Lande geschieht. Werdet Ihr nicht endlich Vernunft annehmen und mit uns zusammengehen?«

Torgler antwortete: »Fällt uns gar nicht ein. Die Nazis müssen an die Macht. In vier Wochen wird dann die ganze Arbeiterschaft geeinigt sein unter der Führung der KPD.«

Ein paar Tage darauf traf Brauer in Hamburg mit einem hohen Sowjetdiplomaten zusammen. Dieser war wegen einer Angelegenheit der russischen Handelsvertretung nach Hamburg gekommen. Brauer stellte an den Diplomaten dieselbe Frage wie an Torgler, und auch diesmal lautete die Antwort:

»Nein, die (gemeint waren die Nationalsozialisten) müssen jetzt an die Macht, damit endlich der jahrelange Kampf ein Ende findet. Nach vier Wochen haben die Kommunisten die Führung der gesamten Arbeiterschaft.«

Während der Faschismus die ganze Nation hinter sich zu sammeln sucht, um sie zunächst gegen einen einzigen Feind, nämlich den Marxismus, zu werfen, sammelt der Kommunismus praktisch nur einen Teil des Proletariats (wenn auch in der irrigen Meinung, damit die Volksmehrheit zu erfassen) und wendet sich praktisch gegen die Mehrheit der Nation. Ob diese Taktik für ihre Mißerfolge in der Gegenwart dereinst mit besonders großartigen Zukunftserfolgen entschädigt werden wird, kann hier nicht erörtert werden; bis jetzt hat sie jedenfalls überall zu Niederlagen geführt und wird im Augenblick, wo dies geschrieben wird, von der Kommunistischen Internationale preisgegeben.

Der Reichskanzler Hitler tritt vor das deutsche Volk als Retter vor einem angeblich drohenden kommunistischen Blutbad, das tatsächlich jede Regierung mit den normalen Polizeikräften hätte niederhalten können, wenn es wirklich geplant worden wäre. Als Beweis für diese kommunistischen Pläne brannte am 27. Februar das Gebäude des deutschen Reichstags.

Der Reichstagsbrand spielte eine entscheidende Rolle bei der Errichtung von Hitlers Alleinmacht. Neben ihm wird eine zweite Maßnahme häufig übersehen: die Einberufung der SA und SS als Hilfspolizei durch Göring. Durch diese Hilfspolizei haben die Nationalsozialisten nach altem Rezept die praktische Macht jenseits der Gesetze schon vor dem Reichstagsbrand in die Hände genommen. Aber erst der Reichstagsbrand überzeugte — zunächst — breite Volksmassen von der Notwendigkeit dieser rücksichtslosen Machtergreifung.

Durch den Verlauf des großen Prozesses vor dem Reichsgericht gegen Torgler, Dimitroff und Genossen ist die Behauptung von einer kommunistischen Brandstiftung als unwahr erwiesen worden. Die wahren Brandstifter wurden im Urteil nicht erwähnt. Daß sie unter den Nationalsozialisten gesucht werden müssen, kann nicht mehr bezweifelt werden.

Eine ausführliche Analyse des Reichstagsbrandes kann hier nicht gegeben werden. Der Verfasser hat sie in »Geburt des dritten Reichs« versucht.

Hier sollen nur ein paar Beweisstücke nachgetragen werden.

Am Tage nach dem Reichstagsbrand kam ein hoher, damals etwas kaltgestellter Funktionär in den Nationalen Klub, des-

sen Räume dem Reichstag gegenüber liegen. Eine etwa zwölf-
köpfige Gesellschaft besprach den Brand. Der Funktionär sagte
verächtlich: »Dilettantische Arbeit! Das hätten meine Leute
viel besser gemacht. Es hätte doch nicht passieren dürfen, daß
der Oberbranddirektor Gempp, als er an der Brandstätte ein-
traf, noch die SA-Leute in Rauferei mit van der Lubbe vor-
fand!«

Dann gab er den bestürzten Zuhörern folgende Erläuterung:
Der Brand sei durch den Sturm 17 der Berliner SA, den sogenannten Horst-Wessel-Sturm, gelegt worden. Man habe den ehemaligen Kommunisten van der Lubbe gedungen, indem man
ihm sagte, er werde zwar verhaftet und etwa für zwei Jahre
eingesperrt werden, aber sonst würde ihm nichts passieren, da
dafür gesorgt sei, daß bei dem Unternehmen keine Menschen-
leben zu Schaden kommen würden. Nach seiner Freilassung
werde er 50 000 Mark als Belohnung erhalten. Van der Lubbe
habe dann zusammen mit den Leuten vom SA-Sturm 17 den
Brand gelegt. Als dann Alarm geschlagen wurde und die SA-
Leute verabredungsgemäß durch den unterirdischen Gang des
Reichstags ins Palais des Reichstagspräsidenten flüchten wollten, habe van der Lubbe in der Angst und Verwirrung sich
ihnen angeschlossen, obwohl er nach dem Plan auf der Brandstätte hätte zurückbleiben sollen. Die SA-Leute wollten seine
Flucht verhindern, es entstand eine Rauferei, und dabei wurden ihm Rock und Hemd vom Leibe gerissen, so daß man ihn
später mit nacktem Oberkörper fand. Diesen Kampf habe der
Oberbranddirektor Gempp (der später als Zeuge vorm Reichsgericht nichts davon erwähnte) noch gesehen.

Der Eindruck, den dieser Bericht auf die Gäste des Nationalen Klubs machte, sollte gleich darauf noch vertieft werden.
Sie waren auf zwei Uhr zu einer Besichtigung des ausgebrann-
ten Reichstags geladen; Göring führte persönlich. Im Sitzungs-
saal waren die an der hinteren Wand stehenden Klubsessel von
unten angebohrt, und in den Löchern steckten Pechfackeln aus
Werg; zum Teil waren sie nicht verbrannt. Göring besah die
Fackeln und sagte mit einer Miene, die viele als zufriedenes
Siegerlächeln empfanden: »Gute Arbeit, was?«

Die volle Wahrheit über den Reichstagsbrand ist noch nicht
bekannt. Zu den moralischen Katastrophen, die er auslöste, gehört es, daß das Reichsgericht, mit Deutschlands ersten Rich-

tern besetzt, sich bewußt dazu hergegeben hat, diese Wahrheit verschleiern zu helfen. Daß die nationalsozialistische Bewegung ein derartiges Mittel in den Dienst ihres Machtkampfes gestellt hat, wird dagegen niemanden erstaunen, der ihrer Geschichte bisher aufmerksam gefolgt ist. Sie hat, alle moralischen Hemmungen unter die Füße stampfend, zweckmäßig gehandelt und ihr Ziel erreicht. Das deutsche Volk wurde belogen, und das betrogene Werkzeug van der Lubbe verlor den Kopf; aber Adolf Hitler und sein Kreis beherrschen seit diesem Tage Deutschland.

Greuel.

Wie diese Herrschaft ausgeübt wird, ist vielen Menschen auf der Welt immer noch nicht bekannt. Hier nur wenige Hinweise.

Bis Mitte August 1935 hat das Regime 49 politische Gegner enthaupten lassen, meist mit dem Handbeil; elf Verurteilte warten auf den Tod. Die Zahl der verhängten Freiheitsstrafen gegen politische Gegner hat man auf 23,000 Jahre berechnet. Jede politische Tätigkeit, die als Hochverrat bezeichnet wird, kann mit dem Tode bestraft werden. Der Redakteur Schwerdtfeger von der Berliner Börsenzeitung ist zum Tode verurteilt worden, weil er interne Anweisungen des Propagandaministeriums für deutsche Zeitungen an ausländische Journalisten weitergegeben hat.

Politische Gegner und sonstige Mißliebige werden ohne Richterspruch, ohne Angabe von Gründen in sogenannte Konzentrationslager gebracht. Ueber die Zahl der Insassen weiß man nichts Genaues; es sind sicher immer mehrere Zehntausende gewesen, zeitweise hunderttausend. Viele, ganz unpolitische Menschen, sitzen dort seit Jahren, ohne auch nur zu ahnen, warum. Von ihnen haben nicht alle ständig die härteste Behandlung erlitten; ein Teil jedoch wird ununterbrochen unmenschlich gefoltert. In diesen Lagern ist die Prügelstrafe offiziell eingeführt und zum Teil in schriftlichen Lagerordnungen fixiert. Ein Teil der Gefangenen wird monatelang in dunkle Zellen gesperrt, in denen man oft nur stehen oder hocken, aber nicht liegen kann; manche sind täglich geschlagen worden. In einer großen Anzahl von Fällen ist offiziell erklärt worden, daß Gefangene Selbstmord begangen hätten; man kann daraus auf die unmenschliche Grausamkeit der Behandlung schließen. Durch Unvorsichtigkeit der amtlichen Nachrichtenbüros sind in der ersten Zeit gelegentlich offizielle Mitteilungen über Mißhandlungen versehentlich in die deutsche Presse gekommen. Die zu Hunderten vorliegenden, im großen stets übereinstimmenden Berichte entlassener Schutzhäftlinge lassen keinen Zweifel daran, daß die grausame Mißhandlung wehrloser Gefangener nicht Einzelfälle, sondern System sind; das geht beispielsweise aus der Lagerordnung des Lagers Esterwege hervor, in der der Vollzug der Prügelstrafe geschildert wird. In einer Anzahl von Fällen hat man Gefangenen einen Strick in die Zelle gelegt und ihn sogar am Fenster befestigt, um ihnen den Selbstmord möglichst nahe zu legen. Der ehemalige kommunistische Abgeordnete Beimler berichtet, daß im Lager Dachau bei München der aufsichtsführende SA-Mann ihm täglich zugeredet habe, sich doch zum Selbstmord zu entschließen, da er sonst nur länger leiden müsse; heraus komme er doch nicht. In Dachau wird die Prügelstrafe mit einem Ochsenziemer durchgeführt. Dies ist ein Ochsenschwanz, von dem die Haut abgezogen ist und der eine knorplige Masse bildet; vor dem Schlagen wird er ins Wasser gelegt, weil größere Elastizität die Schläge schmerzhafter macht. In der Regel werden 25 Hiebe auf das entblößte Gesäß gegeben; dabei platzt die Haut. Einige Mann halten den Gefolterten fest und pressen ihm eine Decke über den Kopf, damit man das Schreien nicht hört. Schon nach der ersten Verprügelung sind die Gefangenen meist so eingeschüchtert, daß sie in der Folge dem Kommando: »Bück dich!« ohne Zögern gehorchen. Wenn sie es nicht tun, springen sofort ein paar SA-Männer dem Unglücklichen an den Hals und drücken ihn nach unten. Das Prügeln selbst besorgen oft höhere Vorgesetzte, z. B. in Dachau die Lagerkommandanten Erbsmüller und Eicke. Im »Columbia-Haus« in Berlin, der berüchtigten SA-Kaserne, heißen die Verprügelungen offiziell »Windstärke« und werden je nach ihrer Härte in Windstärke 1 bis Windstärke 4 unterschieden. Außer den offiziellen Prügelakten, die als Strafe gegen wirkliche oder angebliche Vergehen oder zur Erpressung von Aussagen angewendet werden, gibt es das willkürliche Prügeln durch das Aufsichtspersonal. Offenkundig werden in verschiedenen Lagern besonders rohe Elemente als Aufsichtspersonen verwendet; vielleicht ohne direkten Befehl, aber sicher mit Wissen und Willen der Lagerleitung besuchen sie regelmäßig die Zellen, meist nachts, und verprügeln die Gefangenen buchstäblich nach Herzenslust. Manche Gefangene, die durch größere Empfindlichkeit oder aus sonst einem Grunde das Aufsichtspersonal besonders reizen, werden so regelmäßig und unaufhörlich geprügelt, daß Selbstmord vielen als einzige Rettung erscheint. Wer durch das Prügeln einen Gesundheitsschaden erlitten hat, schwebt oft in erhöhter Gefahr. Es gehört nämlich zur Praxis, daß entlassene Schutzhäftlinge schriftlich gute Behandlung bescheinigen müssen; oft sind auch Entlassene, deren Mißhandlung einwandfrei feststeht, so eingeschüchtert, daß sie um keinen Preis die Mißhandlung zugeben. Besteht nun die Gefahr, daß die Spuren der Mißhandlungen nicht zu beseitigen sind, so kann es dem Gefangenen geschehen, daß er »auf der Flucht erschossen« wird. Die deutsche Presse brachte in den ersten Monaten des Regimes täglich Nachrichten über solche Erschießungen »auf der Flucht«. Nach offiziellen Meldungen deutscher Zeitungen sind nur in der Zeit vom 31. Januar bis zum 23. August 1933 196 Gegner der Nationalsozialisten gewaltsam getötet worden; es handelt sich ausschließlich um Reichsbannerleute, Sozialdemokraten, Kommunisten oder Juden. Dabei ist ein großer Teil der Todesfälle von deutschen Zeitungen bestimmt nicht gemeldet worden, wie Stichproben in mehreren, einwandfrei belegten Fällen zeigen.

Prügel und Dunkelhaft sind die vorwiegenden, weil einfachsten Foltermethoden. Es gibt auch andere. Man zwingt z. B. Gefangene unter Peitschenhieben, sich gegenseitig zu schlagen. Man zwingt sie, mit bloßen Händen Abortgruben zu reinigen. Es wird ein Fall berichtet, daß ein Gefangener, dessen Name bekannt ist, homosexuellen SA-Leuten auf widerliche Art zu Willen sein mußte. Den sozialdemokratischen preußischen Landtagsabgeordneten Heilmann zwang man, auf dem Boden zu kriechen, wie ein Hund zu bellen und einen richtigen Hund hinten zu beschnuppern.

Oft gestellte, quälende Frage: wo nahm der Mitmensch des zwanzigsten Jahrhunderts diese Bestialität her?

Man gebe beliebigen hundert Menschen die Erlaubnis, eine Schar menschliche Opfer ohne Strafe zu foltern und auch zu töten, und von den Hundert werden anfangs einige, dann immer mehr und schließlich vielleicht ein Drittel regelmäßig sich die Belustigung des Quälens verschaffen. Das ist eine furchtbare Wahrheit, aber es ist vielleicht der einzige Wert der Konzentrationslager, daß sie diese Wahrheit wieder an den Tag brachten.

Die Schuld liegt bei denen, die die Erlaubnis gaben und die Verantwortung von den Menschen nahmen. Verantwortungslosigkeit führt ohne Entrinnen zum Mord.

Hitler sagte: »Ich trage restlos die Verantwortung für alles, was in der Bewegung vorfällt.« Er trägt sie aber nicht, denn niemand kann ihn zur Verantwortung ziehen. Er hat nur seinen Anhängern die Verantwortung abgenommen und sie weggeworfen.

21. Der 30. Juni

Planlose Diktatur.

Es ist schwer, für den Augenblick Entschlüsse zu fassen, wenn man nicht auf lange Sicht einen Plan hat. Ungeheuer und gestaltlos wälzt sich die sogenannte nationale Revolution durch Deutschland. Dieses Stück Weltgeschichte macht den Deutschen so leicht niemand nach: diesen Wust von Organisa· tion und diese Armut an Gedanken, diesen Taumel ohne Rausch, diesen Marsch ohne Ziel. Hitler ergreift fieberhaft alle möglichen Schlagworte und wirft sie wieder weg wie ein nervöser Raucher halbgerauchte Zigaretten. Im März 1933 verkündet er die nationale Revolution, im Juni erklärt er sie schon wieder für beendet. Anfang Mai ruft er den ständischen Aufbau der deutschen Wirtschaft aus, Ende Mai läßt er ihn abbrechen. Er gibt nun das Stichwort aus: organisch wachsen lassen! Mit anderen Worten: die Dinge sollen planlos treiben, namentlich in der Wirtschaft; nur dort soll eingegriffen werden, wo ganz dringende Gefahr es fordert. Die Praxis des modernen Massenstaates zwingt aber zur Planwirtschaft, die Zeit des laisser faire ist nun einmal vorbei; und da Hitler selbst keinen Plan hat, haben tausend kleine Hitlers tausend Pläne und Plänchen. Aus tausend großen und kleinen Satrapien im Lande wird langsam Anarchie, und Hitler, Gott in den Wolken, läßt dieser Welt ihren wirren Lauf. Wörtlich sagte er am 7. Juli 1933 in seiner Rede an die Reichsstatthalter. »Es kommt nicht auf Programme und Ideen an, sondern auf das tägliche Brot.«

Ein Opportunist, der sich in der Zeit der ersten äußeren Erfolge für kommende harte Zeiten mit einem Vorrat an Beliebtheit verproviantiert. Weder ein Revolutionär noch ein Reaktionär, sondern eben ein Opportunist und Schuldenmacher bei der Zukunft; hofft, daß schon irgendwer zahlen wird.

Das Ergebnis von anderthalb Jahren Regierung Hitler sieht gegen Mitte 1934 so aus: 1. Mehrere Millionen Menschen sind wieder in Arbeit gebracht worden. 2. Dieser Erfolg wird mit einer wirtschaftlichen Katastrophe bezahlt, die aus der Ferne heranzieht. 3. Außenpolitisch sind einige Erfolge erzielt worden: Bündnis mit Polen, Durchbrechung des Versailler Vertrages durch starke Aufrüstung ohne Widerspruch der Alliierten. 4. Die Kriegsgefahr ist stark gewachsen.

Erfolge und Mißerfolge stehen sich also gegenüber. Die außerordentliche Kraftanstrengung des Regimes ist nicht zu verkennen und wird von großen Teilen der Bevölkerung auch anerkannt. Die kommenden Gefahren werden aber allmählich gesehen. Die Unterdrückung der Freiheit wird dann empfunden, wenn materielle Entbehrungen ihr gewissermaßen Blut und Farbe geben; dies beginnt nunmehr. An die Greuel in den SA-Kellern und Konzentrationslagern glaubt nur ein Teil der Bevölkerung. Eine andere Regierung als Hitler kann sich fast niemand vorstellen, die alten Parteien wünschen nur sehr wenige zurück. Die Kritik am Bestehenden ist aber viel offener und gründlicher als 1933; die Regierenden, bisher nur an Begeisterung oder stumme Widerspruchslosigkeit gewöhnt, werden durch die Kritik gereizt. Hitler befiehlt einen systematischen Feldzug gegen die »Miesmacher und Kritikaster«; sehr ungeschickt, denn hier wird von oben her zugegeben, wie breite Schichten denken.

Röhms mißglückte Karriere.

Die entscheidende Tatsache aber ist: im Mai 1934 wird klar, daß der Reichspräsident von Hindenburg nur noch wenige Monate zu leben hat. Wer soll sein Nachfolger werden? Schon einmal hatte die Frage gespukt. Im Februar 1933 hatte das Haus Hohenzollern eine Art Kronrat nach Potsdam zusammengerufen. Man sprach dort über den Plan, den Prinzen Oskar, einen der Söhne des ehemaligen Kaisers, als Reichsverweser zu verkünden. Der Reichstagsbrand hatte aus diesen Schreibtischprojekten vorläufig Asche gemacht.

Aber was nun, wenn Hindenburg stirbt? Hitler hängt von der Reichswehr ab. Gegen sie wird er nie Nachfolger Hindenburgs werden; nur mit ihr.

Und gerade in diesen unglücklichen Wochen muß Röhm einen Streit mit Blomberg anfangen!

Röhm will endlich ernten, was er fünfzehn Jahre lang gesät hat. Er stammt selber aus der Armee; hat sie in die Politik und zur Rebellion treiben wollen und ist dabei gescheitert. Er ist dann der Feind dieser Reichswehr geworden, hat sie beschimpft und dann wieder um sie gerungen; er hat neben ihr ein größeres Heer aufgebaut, in den wilden Zeiten vor 1923 von Amts wegen, später von Hitlers wegen. Seine braunen Haufen sollten ein Heer sein, mochte Hitler sagen, was er wollte. Er ist ins Volk gegangen, um dort Soldaten zu finden; Warenhausportiers und Schlosserlehrlinge wurden Gruppenführer. Nun soll die Reichswehr sich vor diesem Werk neigen; man wird ja ohnedies nächstens die offene Aufrüstung erklären und mehrere hunderttausend Mann unter die Waffen rufen. Dann soll die SA geschlossen und mit einem Schlage zum größern Teil der Reichswehr werden: die Stürme sollen Kompagnien, die Standarten Regimenter, die Warenhausportiers und Schlosserlehrlinge Obersten und Generäle sein. Blomberg lehnt das heftig ab: die Reichswehr übernimmt keine geschlossenen SA-Verbände, und sie erkennt auch die Führerchargen der SA nicht an. Wer ins Heer eintritt, hat einzeln zu kommen und von unten auf zu dienen.

Zu anderer Zeit hätte Hitler den Streit zwischen Blomberg und Röhm nach seiner Gewohnheit wahrscheinlich schwelen lassen, ohne ihn zu entscheiden. Der bevorstehende Tod Hindenburgs aber zwang zur Entscheidung. Im Kabinett, dem Röhm als Reichsminister ohne Portefeuille angehörte, hatte es offene Zusammenstöße mit Blomberg gegeben. Röhm war in einer unglücklichen Lage. Solange Hindenburg noch lebte, konnte er nicht auf Aufnahme in die Armee rechnen; der Alte verabscheute ihn wegen seiner Veranlagung. Darum war Röhm, der Oberstkommandierende der drei Millionen starken SA, immer noch schlichter Hauptmann a. D. und allenfalls bolivianischer Oberstleutnant, während Göring direkt vom Hauptmann zum General aufgerückt war. Wenn aber der alte Feind auf Neudeck starb, dann glaubte wiederum Hitler, Röhm um der schönen Augen der Reichswehrgeneräle willen Verzicht und Geduld zumuten zu dürfen. Reichsminister Stabschef Oberstleutnant Hauptmann a. D. Röhm sieht seine Karriere in einer Sackgasse enden.

Anfang Juni läßt Hitler ihn kommen und appelliert an seine Freundschaft. Er bittet ihn, mit Rücksicht auf Hindenburgs nahen Tod, mit Rücksicht auf die schweren Entscheidungen jetzt die Reichswehr nicht herauszufordern. Röhm antwortet, es sei traurig, daß Hitler sich vor der Reichswehr fürchte; drei

Millionen SA-Männer stünden bereit, für ihn zu kämpfen. Kämpfen? Diese SA, unter diesen Führern? Hitler sagt Röhm, daß er von dieser schmutzigen SA-Clique nicht geschützt werden will.

Ein sonderbar jäher Sinneswandel. Es ist gerade nur vier Monate her, da hat Hitler an Röhm einen fast zärtlichen Brief geschrieben und ihn mit Absicht der Oeffentlichkeit übergeben; hat gesagt, es dränge ihn, »Dir, mein lieber Ernst Röhm, für die unvergänglichen Dienste zu danken, die Du der nationalsozialistischen Bewegung und dem deutschen Volke geleistet hast, und Dir zu versichern, wie sehr ich dem Schicksal dankbar bin, solche Männer wie Du als meinen Freund und Kampfgenossen bezeichnen zu dürfen. In herzlicher Freundschaft und dankbarer Würdigung Dein Adolf Hitler«. Geschrieben am 30. Januar 1934. Und Anfang Juni findet er — wie er sich in seiner Reichstagsrede vom 13. Juli über Röhm und seinen Kreis ausgedrückt hat — »Ihr Leben war so schlecht geworden wie das Leben derjenigen, die wir im Jahre 1933 überwunden und abgelöst hatten. Das Auftreten dieser Männer hat es mir unmöglich gemacht, sie bei mir einzuladen oder das Haus des Stabschefs in Berlin auch nur einmal zu betreten.« Das Haus des Mannes, für dessen Freundschaft er dem Schicksal dankbar war! Und dessen Lebensführung er fast seit zehn Jahren kannte und unzählige Male in Schutz genommen hatte!

Die plötzliche Sinnesänderung Hitlers gegen Röhm ist auf äußere Einwirkungen zurückzuführen. Hitler selbst hat mitgeteilt, daß Rudolf Heß den Stabschef dauernd bei ihm verdächtigte. Es gibt aber noch stärkere Einflüsse. Im Frühjahr beginnt in der englischen Oeffentlichkeit eine Kampagne gegen die unmögliche Umgebung Adolf Hitlers. Bald ist es Göring, bald Röhm, der aufs Korn genommen wird. Der englische Minister Eden kommt nach Berlin, um Hitler kennen zu lernen; dem deutschen Botschafter in London wird zu verstehen gegeben, daß gewisse Persönlichkeiten an hoher Stelle des nationalsozialistischen Staates in den Augen der Engländer eine schwere Belastung Hitlers bedeuteten. Auch aus Italien kommen ähnliche Stimmen. Röhm, damals noch mit Goebbels gut befreundet, macht einen Gegenstoß. Goebbels lädt die ausländischen Journalisten ein, und Röhm hält ihnen einen großen Vortrag; er will seine Sache besonders gut machen, indem er die Friedensliebe der Nationalsozialisten beteuert, und sagt deshalb: die Wehrhaftmachung Deutschlands werde bestimmt nicht zum Kriege führen, denn was die Deutschen auch immer täten, das Ausland würde ja doch nicht wagen, sie anzugreifen. Mit solchen Bemerkungen verbessert er die ausländische Meinung über sich selbst gewiß nicht. Und je dichter die ausländische Kritik prasselt, desto peinlicher wird Hitler dieser Freund.

Kennzeichnend, wie Hitler seine Abwendung von Röhm selbst sieht:

»Ich konnte nicht so ohne weiteres mich mit dem Gedanken abfinden, daß ein Verhältnis, das ich auf Treue aufgebaut glaubte, nur Lüge sein sollte. Ich hatte noch immer die stille Hoffnung, der Bewegung und meiner SA die Schande einer solchen Auseinandersetzung zu ersparen und die Schäden ohne schwerste Kämpfe zu beseitigen.« Er machte sich Treue vor in dem Augenblick, in dem er sie brach, und hoffte bis zuletzt, den Folgen seiner eigenen jahrelangen Nachgiebigkeit entfliehen zu können. Diese Hoffnung auf ein schließliches Wunder war der Grund, warum »ich in diesen Monaten immer wieder zögerte, eine letzte Entscheidung zu treffen«.

Aber da Adolf Hitler nicht freiwillig zum Entschluß kam, wurde er gestoßen.

Die Marburger Rede.

Franz von Papen, Vizekanzler ohne Einfluß, Hindenburgs ohnmächtiger Vertrauensmann, von Hitler betrogen und von Göring brutal an die Wand gedrückt, bereitet seine Rache vor. Er hat um sich einen Kreis konservativer Männer gesammelt. Stützt sich auf den katholischen Klerus, hinter ihm steht der Vatikan. Zu den Männern um Papen gehören der Ministerialdirektor Erich Klausener, der Führer der Katholischen Aktion, die konservativen Publizisten Dr. Edgar Jung und Dr. Walther Schotte, seine persönlichen Mitarbeiter von Bose und von Detten. Dieser Kreis glaubt, die Zeit der Defensive sei nunmehr zu Ende. Er sieht, daß Hitler die tatsächliche Führung seiner Partei längst verloren hat; daß alles drunter und drüber geht, daß ein halbes Dutzend großer und ein halbes Tausen kleiner Paschas Deutschland nach Laune und Willkür regieren. Es ist so weit gekommen, daß ein persönlicher Mitarbeiter von Goebbels auf einer Dienstreise nach Bayern durch den dortigen Innenminister Wagner verhaftet wird und nur nach mühsamer Intervention wieder freikommt; ein Fall von vielen. Besonders zügellos gehen in diesem Frühsommer die ungebildeten und hemmungslosen Gebietsführer der Hitler-Jugend gegen die katholische Kirche vor, aufgehetzt von Rosenberg. An den Universitäten sind sogenannte SA-Hochschulämter eingerichtet worden, in deren Auftrag irgendwelche unberufenen Jünglinge Vorlesungen über »Weltanschauung« halten. Ihr Besuch ist Zwang und muß im Kollegheft bescheinigt sein. Damit die Hörer, sobald sie die Bescheinigung haben, nicht nach der ersten Viertelstunde wieder gehen, werden die Türen verschlossen. Der jugendliche Weltanschauungsprofessor diktiert seinen Hörern unter anderem sogenannte Kampflieder und schreibt dazu die Noten an eine Tafel; Text und Noten müssen sauber mitgeschrieben werden. An der Universität München wurden folgende Lieder diktiert:

»Die alte Judenschande ist endlich ausgefegt / die schwarze Lumpenbande wühlt weiter unentwegt. / Du, deutsches Volk, sag, muß das sein, / daß dich bespeit das schwarze Schwein? / Deutsche Männer, deutsche Frauen, macht jetzt Schluß mit der Faulhaberei! / Deutsche Männer, deutsche Frauen, schlagt das schwarze Lumpenpack zu Brei! / Hängt auf ihn an den Galgen, den er schon längst verdient. / Das Volk und auch die Raben, die warten schon auf ihn. / Erst wenn er baumelt in der Luft, / sind wir erlöst vom schwarzen Schuft.«

Noch schöner war ein anderes Lied:

»Wetzt die langen Messer an dem Bürgersteig! / Laßt die Messer flutschen in der Pfaffen Leib! / Und kommt die Stunde der Vergeltung, / stehn wir zu jedem Massenmord bereit!«

Merkwürdig war folgender Vers:

»Hoch die Hohenzollern am Laternenpfahl! / Laßt die Hunde baumeln, bis sie runterfall'n! / In die Synagoge hängt ein schwarzes Schwein! / Schmeißt die Handgranaten in die Kirchen rein!«

Das waren Blößen, in die sich leicht hineinstechen ließ.

Papen hielt am 17. Juni in der Universität Marburg vor Studenten und Professoren eine Rede, die starke Bewegung im Bürgertum hervorrief. Die Lage sei ernst, sagt er, die

Gesetze hätten Mängel, das Volk spüre die Wirtschaftsnot, Gewalt und Unrecht würden geübt, man höre auf mit der falschen Schönfärberei! Papen geißelte die Ablenkung der Unzufriedenheit auf »hilflose Volksteile«. Auch dürfe man das Volk nicht unausgesetzt bevormunden. Das alles ging gegen Goebbels. Doktrinäre Fanatiker müßten verstummen — dies ein Hieb gegen Rosenberg. Das Schärfste aber war: Falscher Personenkult sei unpreußisch. Große Männer würden nicht durch Propaganda gemacht. Byzantinismus täusche darüber nicht hinweg. Und nun ganz schneidend: wer von Preußentum spreche, solle zunächst an stillen und unpersönlichen Dienst, aber erst zuletzt, am besten gar nicht, an Lohn und Anerkennung denken. Ein Peitschenhieb gegen Göring. Fast nach jedem Satz Beifallssalven. Die Rede war Deutschland aus dem Herzen gesprochen.

Wenige Tage darauf erschien die Gestapo in der Wohnung von Papens Freund, Dr. Edgar Jung, der die Rede ausgearbeitet hatte. Jung bat, sich noch einmal die Hände waschen zu dürfen; er schrieb rasch mit Bleistift das Wort Gestapo an die Wand des Badezimmers. Dann wurde er abgeführt und nicht mehr lebend gesehen.

Die Rede stellte die Männer um Hitler und diesen selbst vor dem ganzen Volke bloß. Erregt antwortete Goebbels vier Tage später in öffentlicher Rede: »Lächerliche Knirpse! Kümmerlinge! Hergelaufene Subjekte! Das Volk hat die Zeiten, da diese Herren in den Klubsesseln regierten, noch nicht vergessen. Das Recht zur Macht haben wir uns angeeignet, weil kein anderer da war, der auf dieses Recht Anspruch erhob. Kein Prinz, kein Kommerzienrat, kein Großbankier und kein Parlamentshäuptling!«

Hitler selbst eröffnet Papen unter vier Augen das Nötige. Aber da zieht Papen ein Glückwunschtelegramm Hindenburgs hervor. Hitler muß verstummen.

Wenn Papen jetzt, gestützt auf die Autorität Hindenburgs und beschirmt von der Reichswehr, die letzten Wochen oder Monate vor dem Tode des Greises nützt, kann viel nationalsozialistische Herrlichkeit über Bord gespült werden. Die Wirtschafts- und Finanzlage ist ernst genug, und die Stimmung wankt. Man kann es sich mathematisch ausrechnen, daß nur eine sehr kräftige Ablenkung diese Zwangslage sprengen wird.

Und diese Ablenkung findet sich. Kurt von Schleicher, General a. D., Minister a. D., Reichskanzler a. D., liefert sie. Auch Schleicher arbeitet an der Rache, wie Papen. Offen erzählt er das ganz fremden Menschen. In einer süddeutschen Stadt läßt er sich bei einem großen Schneider einen Anzug machen. Dort sind mehrere kleine Probierkabinen nebeneinander. In einer dieser Kabinen steht der General von Schleicher in Unterhosen, den Blicken entzogen, aber seine Stimme schallt: »Dieses Lumpenpack, diese Verbrecher, diese schmierigen Strichjungens! Na, an mich trauen sie sich ja nicht heran. Ich sehe auch nicht mehr lange zu, diese Bande wird nächstens abserviert!« Der angstzitternde Schneider hat Mühe, mit »Leise, leise« und »Um Gottes willen, Herr General!« den tobenden Mann zu beruhigen. Aber was Schleicher denkt und spricht, ist ein offenes Geheimnis. In einer Gesellschaft sagt er: «Ich weiß, daß Lumpen und Verbrecher Deutschland regieren, aber in sechs Monaten sind sie nicht mehr am Ruder.«

Auch Schleicher überlegt sich, was nach dem Tode Hindenburgs werden soll.

In den Kreisen, die immer dabei sind und überall dazu gehören, wird eine Liste für ein neues, ein besseres Kabinett Hitler herumgereicht. Hindenburg ist als tot angenommen. Hitler ist nach wie vor Reichskanzler. Sein Vizekanzler ist aber nicht mehr Papen, sondern Schleicher, und die Wirtschaft führt Gregor Straßer. Auf dem Stuhl Hindenburgs aber sitzt als Reichsverweser der Prinz August Wilhelm von Preußen.

Der Prinz August Wilhelm ist das einzige Mitglied des Hohenzollernhauses, das der nationalsozialistischen Partei angehört. Er ist ihr im Frühjahr 1930 beigetreten. Damals ist gerade Hugenbergs und Seldtes Volksbegehren gegen den Youngplan gescheitert und hat als einziges Ergebnis einen Millionenglanz von Wählerstimmen um Hitler zurückgelassen. Der Prinz hat bis dahin dem Stahlhelm angehört; nun schreibt er an den stellvertretenden Landesführer von Berlin, Major Schmeidler, einen Absagebrief: die Kampffront sei ja doch zusammengebrochen, nur Hitler habe den Kampf entschlossen fortgesetzt. Seine Hoffnung bleibe, daß die braune und die graue Front sich zum Endkampf zusammenfinden möchten. Der Kaiserssohn als Gefolgsmann des böhmischen Gefreiten wurde natürlich sofort ein Schaustück der nationalsozialistischen Massenversammlungen. Wo ein Hitler führe, könne jeder sich einordnen, erklärte der Prinz schmeichelnd. Bei einem Krawall der Braunhemden auf dem Bahnhof in Königsberg bekam der Prinz zusammen mit Dr. Goebbels Prügel von der Polizei. Darauf schrieb der Vater ihm aus der Villa in Doorn: »Du darfst stolz sein, daß Du zum Märtyrer dieser großen Volksbewegung werden durftest.« Der Prinz war stolz; eine andere, führende Rolle hat er in der Partei nicht gespielt. Er war persönlich gut befreundet mit Karl Ernst, dem SA-Gruppenführer von Berlin, dem Manne, der wahrscheinlich den Reichstag angezündet hat und auch sonst einen schlechten Ruf besaß. In der Brandnacht war der Prinz August Wilhelm einer der ersten am Tatort, doch richtet sich gegen ihn persönlich kein Verdacht.

Auch seine Erhebung zum Reichsverweser auf der genannten Liste geschah wahrscheinlich ohne sein Zutun, aber Göring ließ ihn jedenfalls überwachen.

Die merkwürdigste Figur auf der Liste war aber Röhm. Röhm war dort als künftiger Reichswehrminister verzeichnet.

Wie kam Schleicher dazu, Röhm auf diese Liste zu setzen? Aber halt, man muß ja zuerst fragen, ob die Liste überhaupt von Schleicher stammt. Sie kann sehr wohl ein Provokateurstück sein. Da Schleicher den Mund nun einmal nicht hielt, war es nicht schwer, eine Unmasse Aeußerungen von ihm zusammenzutragen, die für Columbiahaus und Oranienburg zehnmal reichten. Hitler selbst hat in seiner großen Rechtfertigungsrede nicht zu behaupten gewagt, daß Röhm mit Schleicher diese Pläne besprochen, ja, daß er überhaupt mit ihm gesprochen habe. Er habe nur durch einen »durch und durch korrupten Hochstapler« zu Schleicher die »Beziehung« aufgenommen. Dieser durch und durch Korrupte war kein anderer als jener Werner von Alvensleben, der am 30. Januar Hitler in die Macht hatte hineinstoßen helfen. Schleicher selbst hat — laut Hitler — mit seinen Plänen nur »dem inneren Wunsche des Stabschefs den äußeren Ausdruck verliehen«. Röhm hat also den Wunsch nicht einmal ausgesprochen. Und das nennt man ein Komplott!

Richtig war freilich, daß Schleicher und Röhm einmal eng zusammengearbeitet hatten — um Hitler zur Macht zu verhelfen. Richtig war auch, daß Röhm — nach Schleichers Bekundung — diesem Details aus Hitlers Privatleben erzählt hatte. Aber diese alten Beziehungen waren lange gerissen, und es war für beide Teile gewagt, sie jetzt wieder zu knüpfen.

Noch unklarer ist die angebliche Beteiligung Gregor Straßers an dieser sogenannten Verschwörung. Hitler widmet ihm einen einzigen Satz: Straßer »wurde beigezogen«. Mehr ist über die angebliche Verschwörung Gregor Straßers niemals bekannt geworden. Hitler konstruiert in seiner Rechtfertigungsrede eine Gruppe Schleicher-Straßer-Röhm, die es bestimmt nicht gegeben hat.

Röhms Einkreisung.

Was sich wirklich vollzieht, ist ein schwerer Lebenskampf zwischen den normalen, traditionellen Mächten, dem Fundament und Gebälk des Staates, und dem kolossalen Schwammgebilde der nationalsozialistischen Partei, das in diesem Staate wuchert, ihn aushöhlt und überwächst. Diese Auseinandersetzung spielt sich nicht nur außerhalb, sondern auch innerhalb der Partei ab. Den Staat vertritt Göring, der Ministerpräsident von Preußen, der Herr der Polizei, der Vorgesetzte aller Beamten. Für die Partei steht Röhm da, der Bandenführer an der Spitze von drei Millionen. Farblos und hilflos irrt zwischen diesen Gegensätzen der Führer umher, verkörpert in dem Doppelwesen Hitler-Heß; und ist Adolf Hitler in dieser Krise wie immer entschlußlos, so erscheint Rudolf Heß geradezu als ahnungslos, nicht erfassend, was und zwischen wem hier gespielt wird. Und zwischen allen das hellhörige, schwarze, kleine Wiesel, das von einem krachenden Balken zum andern hüpft und in jedem Zusammenbruch noch mit einem verzweifelten Satz festen Boden erreicht hat: Goebbels.

Kurz nach seiner heftigen Aussprache mit Hitler tritt Röhm einen Urlaub an. Es war ein wirklicher Krankheitsurlaub; Röhm ging zur Jodkur nach Bad Wiessee am Tegernsee und wohnte im Sanatorium »Hanselbauer«. Der »Hanselbauer« war ein unter ärztlicher Ueberwachung stehendes Haus. Heines machte dort die gleiche Kur wie Röhm mit.

Ein paar Wochen später, am 1. Juli, begann der regelmäßige jährliche Gesamturlaub der SA. Dieser Urlaub hatte nicht die politische Bedeutung, die man ihm öfters zugeschrieben hat; er bedeutete keineswegs eine Verabschiedung der braunen Armee. Röhm machte sich in einem Erlaß an die SA über derartige Gerüchte lustig und kündigte an, die »Feinde der SA« würden »zu der Zeit und in der Form, in der es notwendig erscheint, die gebührende Antwort erhalten«. Das war zweifellos eine schwere Drohung. Die Erklärung, die vom 7. Juni datiert ist, schließt mit dem Satz: »Die SA ist und bleibt das Schicksal Deutschlands.« Kein »Heil Hitler«, kein »Sieg Heil« auf den Führer. Nach dem ärgerlichen Zusammenstoß, den er soeben erst mit dem alten Freunde gehabt, war Röhm nicht nach dergleichen zumute.

Er begann seinen Urlaub mit ein paar wilden Tagen in Heidelberg in Gesellschaft seines Stabes und sonstiger Freunde. Sie ließen ihrer Neigung jeder Art zügellosen Lauf; die Käufe von Schminke und Puder fielen den Geschäftsleuten auf. Im Hotel wurden große Mengen Alkohol hinabgeschüttet und in der Begeisterung Spiegel zertrümmert. Der Skandal wurde so groß, daß die schlagenden Studentenverbindungen Röhm sagen ließen: wenn er nicht Heidelberg verlasse, werde man ihn aus dem Hotel prügeln. Darauf reiste er mit seinen Begleitern ab.

Inzwischen baut sich um Hitler ein Stab von Spionen zur Beobachtung von Röhm, Schleicher, Straßer und Papen auf. Das Haupt dieser Späher ist Heinrich Himmler, vor zwölf Jahren Röhms Freund und Kamerad in dessen kleinem Wehrverband »Reichskriegsflagge«, später Sekretär und Schützling Gregor Straßers. Heute, Reichsführer der SS und Chef der Geheimen Staatspolizei aller deutschen Länder, bespitzelt er die beiden. Sein wichtigster Gehilfe ist ein junger Mensch, namens Heydrich. Zu ihnen gesellt sich als Dritter der SA-Gruppenführer von Hannover, Wilhelm Lutze, in dessen Hause Hitler persönlich verkehrt und der auch mit Goebbels nahe befreundet ist.

Und nun Goebbels selbst. Die Treulosigkeit dieses Menschen ist unheimlich. Schon zweimal hat er gutmütige oder auch ein wenig tölpelhafte Kameraden zur Rebellion aufgehetzt und dann im letzten Augenblick verraten; 1926 machte er es so in Bamberg mit Gregor Straßer, 1931 in Berlin mit Stennes. Jetzt hält er sich an Röhm. Es ist kennzeichnend, daß Goebbels in seinem »Tagebuch«, das Frühjahr 1934 erschien, Röhm über die Maßen herausstrich; Göring wird erst am Schluß mit einer plötzlichen Lobhudelei bedacht, so als sei diese gerade im letzten Augenblick noch eingefügt worden. Noch nach Papens Marburger Rede hat Goebbels sich zu den Revolutionären bekannt und gegen die Reaktion gewettert. Noch im Juni hatte er sogar Besprechungen mit Röhm in München. Er scheint buchstäblich erst im letzten Augenblick umgefallen zu sein und kann sich dem Verdacht nicht entziehen, daß er dann den Denunzianten gespielt hat.

Wenn man sich mit einer solchen Bande von Beobachtern und Zuträgern umgibt wie mit diesen Himmler, Heydrich, Lutze und auch Goebbels, dann mag man viel durch sie erfahren, aber man wird auch von ihnen abhängig. Diese Männer tragen zusammen mit Heß und Göring die Verantwortung für die folgenden Ereignisse. Eine entscheidende Rolle spielt die Meldung, Schleicher und Röhm seien mit dem französischen Botschafter François-Poncet zusammengekommen. Ein solches Zusammentreffen hat tatsächlich im Hause eines bekannten Finanzmannes stattgefunden. Schleicher war nicht ganz angenehm davon berührt; er wollte auf keinen Fall in falschen Verdacht geraten. Hitler behauptet, eine geheime Zusammenkunft habe stattgefunden; und wenn eine derartige Zusammenkunft mit einem fremden Staatsmann ihm derart verheimlicht werde,

»... dann lasse ich solche Männer totschießen, auch wenn es zutreffend sein sollte, daß bei einer vor mir so verborgenen Beratung nur über Witterung, alte Münzen und dergleichen gesprochen worden sein soll.«

Also Hinrichtung ohne Schuldbeweis, auf bloßen Verdacht hin. Es kann nicht mehr bezweifelt werden, daß Hitler, günstigstenfalls, das Opfer einer falschen Information geworden ist. Feierlich ist Schleicher rehabilitiert und seine Erschießung als furchtbarer Fehlgriff zugegeben worden; dies geschah in einer Versammlung der hohen Reichswehroffiziere und höheren Parteiführer in der Linden-Oper zu Berlin am 3. Januar 1935. Ausdrücklich hat der Generalfeldmarschall von Mackensen bei einer Gedächtnisansprache ihn unter den Kameraden erwähnt, die in Ehren gestorben waren. Die Generäle kümmerten sich um den ermordeten General; um Röhm und Straßer kümmerte sich niemand, vielleicht wäre sonst auch ihre Schuld inzwischen widerrufen worden.

Doch ein merkwürdiges Anzeichen aus Frankreich liegt freilich vor. Der Minister des Aeußern, Louis Barthou, läßt im Gespräch verlauten, er habe sichere Nachrichten aus Deutschland, daß dort große Umwälzungen bevorstünden. Mit dem Unterton: es hat keinen Zweck, mit dieser Regierung noch zu verhandeln, ihr Sturz ist nahe.

Der Gefreite und die Generäle.

Und damit sind wir wieder beim Ausgangspunkt.

Hindenburg wird demnächst sterben. Dann braucht Hitler die Reichswehr zur Schilderhebung.

Zwei einflußreiche Gruppen wollen ihn, zum Teil bereits vorher, einschnüren und lahmlegen: Schleicher auf der einen, Papen auf der anderen Seite. Beide aber — und das ist sein Glück — arbeiten gegeneinander.

Röhm hatte seinen besonderen Plan. Man braucht nicht zu zweifeln, daß er die SA einmal in Aktion treten lassen wollte, wahrscheinlich im Herbst. »Ihr seid die Garanten der nationalen Revolution«, hatte Hitler den SA-Führern am 7. Mai 1933 in Kiel erklärt. »Die Stunde der Abrechnung ist gekommen, wir werden eiskalt die Konsequenzen ziehen, Auge um Auge, Zahn um Zahn!« Dies Versprechen schien den SA-Führern trotz Konzentrationslagern und Prügelkellern noch nicht eingelöst. Manche von ihnen waren Polizeipräsidenten geworden, einige waren schon wieder abgesetzt; andere steckten als Reichstagsabgeordnete oder beschäftigungslose Mitglieder von Görings »Staatsrat« tausend Mark im Monat ein — aber sie wollten mehr. Sie wollten die Ministerposten, sie wollten Bankdirektoren und Konzernleiter werden, Bürgermeister, Magistratsräte, Generaldirektoren von halbstaatlichen Wirtschaftsgesellschaften. In den Stäben und Wirtschaftsämtern dieser SA saßen genug verkrachte Kaufleute und junge Diplomvolkswirte, die auf Ernst Röhm gewettet und seinem Stern vertraut hatten; was war er aber? Reichsminister ohne Portefeuille, ohne Einfluß und Geschäftsbereich, während

Göring in Preußen Staatsdomänen verschenkt, fette Posten austeilte und den hungrigen SA-Häuptlingen ein paar Staatsratmandate wie Almosen hinwarf. Die Zertrampelung der Marxisten war schließlich nicht das Ziel des Lebens; wenn man sich dadurch eine bequeme Stellung in Staat und Gemeinde freimachte, war es ja gut, aber die großen, wirklich einträglichen Positionen waren fest besetzt mit Herren, denen gegenüber Hitler die Konsequenzen Auge um Auge, Zahn um Zahn leider gar nicht zog; im Gegenteil, er verbat es sich, daß man »gute Wirtschaftler« absetzte, wenn der an deren Stelle tretende Nationalsozialist selber von Wirtschaft nichts verstehe. Das hatte er bereits Anfang Juli 1933 den SA-Führern und den Reichsstatthaltern zugerufen und schon damals bedeutungsvoll hinzugefügt, er werde sich »rücksichtslos« gegen eine sogenannte zweite Revolution wenden. Unterm Schutz dieser Drohung saßen sie behaglich vor ihren Diplomatenschreibtischen und in den Klubsesseln, jene Herren, denen die zu kurz gekommenen Klubsesselanwärter im braunen Hemd allgemein den Beinamen der »Reaktion« gaben.

»Gegen die Reaktion« wird der Schlachtruf der bei der »nationalen Revolution« zu kurz Gekommenen. Diese bereiten sich auf große Tage vor. Röhm soll nach Hitlers Angaben einen Kriegsschatz von zwölf Millionen Mark gesammelt haben. In der SA wiederum flüstert man von dem Bankkonto »Armin Huber« in der Schweiz. Auf beiden Seiten wird Proviant angehäuft. Röhm dachte offenbar an eine Aktion, zu der er Hitler auch wider dessen Willen mitreißen werde; er wußte, wie dieser Mann sich stets von vollzogenen Tatsachen imponieren ließ. Vieles an Hitlers späterer Rechtfertigung im Reichstag ist unglaubwürdig, aber dieser Satz ist glaubhaft: »Die Notwendigkeit des eigenen Vorgehens der SA wurde begründet mit dem Hinweis auf meine Entschlußunfähigkeit, die erst dann behoben sein würde, wenn Tatsachen geschaffen wären.« Röhm kannte seinen Führer.

In einer Unterhaltung mit höheren SA-Führern während dieser Wochen sagte er wörtlich: »Wenn der Adolf uns wieder einmal etwas vorweint — diesmal geben wir nicht nach!«

Wiederum unwahrscheinlich und unbewiesen ist der Plan einer gemeinsamen Aktion mit Schleicher. Denn das, was Röhm geplant haben kann, war das grade Gegenteil von dem, was Schleicher vorhatte und vorhaben konnte: die Beseitigung der »Lumpen und Verbrecher«.

Ohne Schnörkel und Widerspruch aber nennt Hitler den tieferen Grund seiner eigenen Aktion:

»Ich habe«, sagt er in seiner Reichstagsrede vom 13. Juli, »seit vierzehn Jahren unentwegt versichert, daß die SA nichts zu tun hat mit dem Heere. Es wäre eine Desavouierung meiner Politik gewesen, an die Spitze des Heeres nun den Führer der SA zu berufen ... Mein dem Reichspräsidenten gegebenes Versprechen, die Armee als unpolitisches Instrument zu bewahren, ist für mich bindend aus innerster Ueberzeugung und aus meinem gegebenen Wort. Es wäre mir aber weiter eine solche Handlung auch menschlich unmöglich gewesen gegenüber dem Wehrminister des Reichs. Ich und wir alle sind glücklich, in ihm einen Ehrenmann sehen zu können vom Scheitel bis zur Sohle. Er hat die Armee aus innerstem Herzen versöhnt mit den Revolutionären von einst und verbunden mit der Staatsführung von heute ... Es gibt im Staate nur einen Waffenträger: die Wehrmacht, und nur einen Träger des politischen Willens: dies ist die nationalsozialistische Partei ... Ich kann von den Offizieren und Soldaten nicht fordern, daß sie im einzelnen ihre Stellung zu unserer Bewegung finden, aber keiner von ihnen hat seine Stellung der Pflicht dem nationalsozialistischen Staate gegenüber verloren.«

Vierzehn Jahre Streit mit Röhm werden jetzt endlich blutig abgeschlossen. Wieder hat Hitler die Dinge schlittern lassen; wieder hat er Röhm gegen die eigene Ueberzeugung gewähren lassen; ist starr und stolz vor den braunen Kolonnen marschiert, ohne sich umzusehen, wie es hinter ihm unheimlich wuchs. Jetzt drängt eine Säule von drei Millionen SA-Männern hinter ihm her, und Gott weiß, wohin sie ihn drängen. Kommunisten und Sozialdemokraten sind in großer Zahl darunter; manche Stürme heißen »Beefsteaks«: außen braun und innen rot. Es werden Witze erzählt; zwei SA-Leute unterhalten sich: In unserm Sturm sind drei Nazis, aber die werden wir bald hinausgeekelt haben.

Zwischen dieser SA und dieser Reichswehr hat er zu wählen in dem Augenblick, in dem er sich auf den Kampf um die Reichspräsidentschaft vorbereiten muß. Die SA ist nationalsozialistisch — aber was ist das? Hat denn Hitler selbst in diesen vierzehn Jahren es ein einziges Mal fest und bestimmt definieren können? Die Reichswehr ist nicht nationalsozialistisch; er sagt es selbst — aber sie wird zu Hitler halten, wenn er jetzt zu ihr hält.

Die Steine, die man noch so hoch in die Luft wirft, kommen doch endlich einmal herunter. Hitler hat nie zwischen verschiedenen Möglichkeiten wählen wollen; hat immer versucht, alle Möglichkeiten zugleich zu ergreifen. Die Folge ist, daß er im entscheidenden Augenblick nur noch zwischen zwei Fehlern wählen kann. Er muß entweder die SA zerschlagen oder mit der Reichswehr brechen.

Die Reichswehr — das ist der Herr Präsident. Hitler trifft die Wahl seines Lebens.

Auf des Messers Schneide.

Und wenn man schon zuschlägt, dann schlägt man richtig zu. Röhm und seine Kumpane waren keine Leute, die man verwahrt, wo weder Mond noch Sonne sie bescheint. Mit ihnen brechen, hieß mit Männern brechen, die vor keiner Rache zurückschreckten; vor Mord nicht und vor vielleicht noch Schlimmerem nicht: vor Enthüllungen aus der Vergangenheit. Gelang es einem Röhm, jemals wieder zu entkommen, dann war Adolf Hitler ihm ausgeliefert; hatte Röhm doch sogar zu Schleicher geplaudert.

Nein: »Meutereien bricht man nach ewig gleichen eisernen Gesetzen.« Der Führer wird der Weltgeschichte ein Beispiel liefern.

Denn es geschehen erschreckende Dinge. Am 20. Juni läßt Göring seine in Schweden verstorbene erste Frau in einem Prunkgrab in dem staatlichen Jagdrevier Schorfheide, das er praktisch für sich persönlich in Beschlag genommen hat, beisetzen. Er macht aus dieser Familienangelegenheit eine große Staatsfeier. Hitler macht mit. Von einer Besprechung mit Himmler fährt er am Nachmittag in die Schorfheide hinaus. Himmler sitzt neben ihm im Fond des Wagens, und zwar wider die Etikette rechts. Am Ziel tritt ein junges Mädchen an den Wagen, um dem Führer einen Blumenstrauß zu überreichen, den nun Himmler in Empfang nehmen muß. Er beugt sich hinaus, im selben Augenblick fällt ein Schuß, Himmler ist am Arm getroffen. Sofort wird nach dem Schützen gesucht, aber man findet ihn nicht. Das junge Mädchen hat mit der Sache offenbar nichts zu tun. Nur soviel ist klar: der Schuß, der sicherlich Hitler galt, kam aus nächster Nähe, der Schütze ist zweifellos ein Nationalsozialist, und zwar nicht der erste beste. Die aus SA bestehende Stabswache Görings wird aufgelöst und durch einen SS-Sturm aus Unterfranken ersetzt. Hitlers Gemütszustand läßt sich erraten.

Am 24. Juni scheint die Entscheidung gefallen zu sein. Seit dem 25. Juni sind Reichswehr und SS im Alarmzustand. Karl Ernst, der Berliner Gruppenführer, erfährt davon; telephoniert Blomberg und Göring an: ob etwas Besonderes los sei? Zweimalige Antwort: Nein.

Hitler ist an diesem Tage in Oberbayern und besichtigt den Bau der ihm besonders am Herzen liegenden Autostraße durch die Alpen. Scheinbar tiefster Friede.

Am gleichen Tage aber auch ein letzter Versuch zur Versöhnung mit Röhm. Rudolf Heß — also der andere Hitler — hält eine merkwürdige Rede über den Kölner Sender. Er wollte sie ursprünglich schon am Tage zuvor in Essen halten; ein Platzregen hat das angeblich verhindert. Wahrscheinlich mußte die Rede noch im letzten Augenblick auf die politische Lage abgestimmt werden. Heß sagte:

»Es wird derjenige, der lange in der Bewegung des Führers zu stehen die Ehre hat, großzügig sein gegenüber menschlichen Eigenarten und Schwächen bei Führern des Nationalsozialismus, wenn sie Hand in Hand gehen mit großen Leistungen. Und er wird mit den großen Leistungen die kleinen Schwächen verzeihen.«

Wie denn? »Ihr Leben war so schlecht geworden...« Ja, nach dem 30. Juni hieß es so. Aber am 25. waren es erst »kleine Schwächen«. Und wären es geblieben, wenn Röhm besser auf Heß' Warnung gehört hätte: »Revolutionen in Staaten mit komplizierten modernen Wirtschaftsleben können nicht nach dem Muster der alljährlichen Revoliönchen kleiner exotischer Republiken gemacht werden.« Hörst du es, Oberstleutnant aus Bolivien? Gib deinen Plan auf, unterwirf dich dem General von Blomberg — vielleicht kommst du damit um die Unterwerfung vor dem General Göring noch einmal herum. Vielleicht wirst du dann wieder deines Führers alter Kumpan auf du und du, den zum Freund zu haben ein Glück ist. Man hat den Eindruck: Blomberg und Göring haben den Untergang Röhms schon beschlossen, aber Hitler möchte ihn noch einmal retten.

Am 28. und 29. Juni hielt Hitler sich in Westfalen und im Rheinland auf. In Essen ließ er sich zusammen mit Herrn Krupp von Bohlen und Halbach photographieren. Abends sitzt er zu Godesberg am Rhein im Hotel seines Freundes und Kriegskameraden Dreesen. Arbeitsdienstmänner bringen ihm einen Fackelzug, der die Form eines riesigen Hakenkreuzes hat.

Am nächsten Tag, also am 30. Juni, wird bei Röhm in Bad Wiessee eine Besprechung der höheren SA-Führer aus ganz Deutschland stattfinden. Hitler ist zu dieser Besprechung angemeldet. Röhm erwartet ihn in aller Harmlosigkeit; zu einem Mitarbeiter, der am 29. abreist, sagt er: »Bleiben Sie doch bis morgen, der Chef kommt auch.«

Für den Nachmittag des 30. Juni hat Heines eine Dampferfahrt mit Hitler auf dem Ammersee vorbereitet, und auf den Abend hat Röhm ein Bankett im Hotel »Vier Jahreszeiten« in München anrichten lassen, wobei ein vegetarisches Menu für Hitler nicht vergessen ist. Bei einem Maler hat Röhm ein Exlibris bestellt, das er Hitler bei diesem Mahl überreichen will; es zeigt das Buch »Mein Kampf«, darauf liegt ein Schwert, und darüber schließen sich zwei Hände ineinander.

Nach Putsch oder auch nur erregter Aktion sieht das nicht aus. Allerdings hat der Flieger Udet von Röhm eine versiegelte Order erhalten, am 2. Juli zu öffnen; zu dieser Oeffnung ist es nicht mehr gekommen, Udet hat das Kuvert den Siegern des 30. Juni abgeliefert. Später zeigt ihm Hitler den Inhalt, der besagte, daß Udet sich mit dem Flugzeuggeschwader der SA. bereit halten solle. Wozu? Wenn Röhm wirklich einen Bürgerkrieg wollte, dann war ein Flugzeuggeschwader wohl die ungeeignetste Waffe.

Hitler selbst brütet, wie er angibt, schon seit einigen Tagen an dem Plan, Röhm bei seiner Ankunft mittags zwölf Uhr zu verhaften, ihm aber sonst vorläufig nichts zu tun. Draußen stehen die Arbeitsdienstmänner mit ihren Fackeln.

Da erhält er nachts um ein Uhr in Godesberg »aus Berlin und München zwei dringendste Alarmnachrichten«, wie er sagt. Nämlich: In Berlin sei Alarm für die SA angeordnet, um fünf Uhr nachmittags wolle Ernst die Regierungsgebäude überfallen und besetzen. In München sei die SA bereits für den 29. abends neun Uhr alarmiert.

Der Ueberbringer dieser Nachrichten war Goebbels, der aus Berlin im Flugzeug gekommen war. Nun fällt die letzte Entscheidung. Der als Nachfolger Röhms ausersehene Lutze, der mit seiner Familie zu der von Goebbels und seiner Gattin planmäßig aufgebauten Hausfreundschaft Hitlers gehört, wird, ebenfalls im Flugzeug, aus Hannover herbeigeholt.

Hitler widerspricht sich.

Von hier ab kommt man den Vorgängen nur noch durch Kritik und Analyse bei; anders ist ein Durchfinden durch die Widersprüche nicht möglich.

Röhm hatte seine wichtigsten Unterführer: Heines, Hayn, von Heydebreck, von Kraußer, Schneidhuber und viele andere auf den Vormittag des 30. Juni nach Bad Wiessee in den bayrischen Bergen bestellt. Am gleichen Tag wollte er angeblich Revolution machen. Also während in Berlin, in Breslau, in Dresden und überall ringsum im Reich die SA marschieren sollte, saßen ihre Führer zehn, zwölf, ja sechzehn Stunden entfernt in einem oberbayrischen Nest. Dies allein ist schon ein Beweis, daß wenigstens am 30. Juni Röhm keine Aktion geplant haben kann.

Ein weiterer Widerspruch: Nach dem amtlichen Bericht vom 1. Juli soll die Münchner SA alarmiert worden sein unter der Parole: Der Führer ist gegen uns, heraus auf die Straße! Nach Hitlers Darstellung im Reichstag sei dagegen in Berlin die Losung ausgegeben worden: Wir müssen den Führer befreien, die Aktion ist für Hitler. Es wäre also ein Putsch mit zwei entgegengesetzten Parolen an zwei verschiedenen Orten gewesen. Das spricht zum mindesten nicht für planmäßige Vorbereitung.

Dritter Widerspruch: Nach der amtlichen Darstellung hat Röhm seine Unterführer nach Wiessee bestellt, um von dort aus mit ihnen Revolution zu machen. Nach Hitlers Darstellung im Reichstage ist Ernst aus demselben Grunde gerade nicht nach Wiessee gefahren, sondern in Berlin geblieben — auch um Revolution zu machen. Ein höherer SA-Führer konnte also in jenen Tagen sowohl nach Wiessee fahren wie auch ruhig zu Hause bleiben; in jedem Falle war es ein Zeichen, daß er meutern wollte. Mußten wir oben eine einheitliche Handlung mit zwei entgegengesetzten Zielen annehmen, so finden wir in dieser Version zwei gegensätzliche Handlungen mit angeblich demselben Ziel.

Vierter Widerspruch: Die ganze deutsche Presse meldet am 1. Juli, Ernst sei in Bremen zusammen mit seiner Frau verhaftet worden, als er gerade eine Reise nach Madeira antreten wollte. Ueber diese Verhaftung, die tatsächlich nicht in, sondern bei Bremen stattfand, liegen so viele Berichte vor, daß an Ernsts Reise nach Bremen kein Zweifel ist. Selbst wenn man nun annehmen wollte, daß Ernst vielleicht das Mißlingen des Putsches erkannt und im letzten Augenblick die Flucht ergriffen habe, so wäre diese Reise nach Bremen das denkbar unwahrscheinlichste. Denn auf einem deutschen Schiff war Ernst immer noch auf deutschem Boden, und ein drahtloser Verhaftbefehl konnte den Kapitän in wenigen Minuten erreichen.

Fünfter Widerspruch: Nach dem amtlichen Communiqué ist Schleicher von Kriminalbeamten erschossen worden, als er sich seiner Verhaftung mit der Waffe widersetzen wollte. Hitler dagegen hat im Reichstag behauptet, er habe Schleicher »totschießen« lassen, weil er sich mit François-Poncet über das Wetter und über alte Münzen unterhalten habe.

Sechster Widerspruch: Hitler hat im Reichstag erklärt, er habe noch bis zum 30. Juni morgens ein Uhr Röhm nur verhaften, aber nicht erschießen wollen. Zugleich behauptet er aber, Göring habe »schon vorher« den Auftrag bekommen, »im Falle der Aktion« seinerseits sofort »die analogen Maßnahmen« in Berlin und Preußen durchzuführen. Die analogen Maßnahmen bestanden in sofortiger Erschießung. Göring selbst hat sich deutlicher ausgedrückt als sein Führer. In einer Konferenz vor der deutschen Presse sagte er am 1. Juli 1934: »Vor Tagen hat er mir den Befehl gegeben, auf sein Stichwort hin zuzuschlagen und mir damit vollziehende Gewalt übertragen.« Es ist also erwiesen, daß die Erschießungen schon »vor Tagen«

geplant waren und nicht erst am 30. Juni morgens ein Uhr beschlossen wurden, wie Hitler das behauptet.

Unter den Alarmnachrichten der Nacht vom 29. Juni war offenbar auch die, daß Röhm Hitler verhaften und sogar ermorden lassen wolle. Woher diese Meldung stammt und ob er selbst sie geprüft hat, gibt Hitler nicht an. In seiner Reichstagsrede behauptet er nur, der Standartenführer Uhl habe wenige Stunden vor seinem Tode seine »Bereitwilligkeit zur Durchführung eines solchen Befehls« gestanden. Wem Uhl das gestanden haben soll, sagt Hitler nicht; wie er überhaupt in der ganzen Rede keinen einzigen Beleg, kein Zeugnis, kein Dokument, ja nicht einmal eine einzige konkrete Schilderung irgendeines Vorgangs mit Zeitangabe, mit Anführung der Beteiligten, der Augen- oder Ohrenzeugen produziert hat. Er hat nicht einmal das Einfachste anzugeben vermocht, z. B. wann er eigentlich seine letzte Aussprache mit Röhm gehabt hat.

Jedenfalls: auf Nachrichten hin, die falsch waren, faßte Hitler den letzten Entschluß zur grauenhaften Tat. Er wußte, daß sie falsch waren, sehr wahrscheinlich schon, als er die Tat beging; er wußte es bestimmt, als er sie später rechtfertigte.

Adolf Wagner verhaftet.

Um zwei Uhr nachts am 30. Juni fliegt Hitler plötzlich vom Flugplatz Hangelaar bei Bonn ab. Bei ihm sind: Goebbels, Lutze, Otto Dietrich und seine Adjutanten Brückner, Schaub und Schreck. Gleichzeitig hat ein Telegramm eine Anzahl von Gauleitern nach München gerufen. Um vier Uhr landet Hitler auf dem Flugplatz Oberwiesenfeld. Dort herrscht völlige Ruhe. Der erste amtliche Bericht behauptet, die SA sei in München auf der Straße gewesen; Hitler hat im Reichstag erklärt, sie habe in ihren Quartieren gelegen — was ist Wahrheit?

»In dieser entscheidenden Stunde standen mir nur ganz wenige Menschen zur Verfügung,« behauptet Hitler. Abermals falsch. Die ganze Reichswehr war aufgeboten, Himmler stand mit ausgesuchten Kommandos der SS bereit. Göring hatte in Berlin und im übrigen Preußen ein dichtes und haltbares Netz um die Gegner gelegt, groß genug, um auch noch private

Feinde zu fangen, die mit der Sache überhaupt nichts zu tun hatten.

Zwei Aktionsgruppen haben sich in den letzten Tagen gebildet. In München ist der entscheidende Kopf der Innenminister Adolf Wagner, ein gebürtiger Lothringer; neben ihm der SS-Führer und Stadtrat Christian Weber und Hitlers Gefährte aus der Frühzeit, Josef Berchtold. Der Statthalter von Epp ahnt nichts.

In Berlin leiten Göring, Himmler und der SS-Gruppenführer Josef Dietrich, Führer der sogenannten Leibstandarte Hitlers.

Beide Gruppen handeln nach eigenem Gutdünken und anfangs über Hitlers Kopf hinweg. Bis in die amtlichen Berichte ist das zu erkennen. Wagner ist »aus eigenem Entschluß« vorgegangen, Göring hat seine »Aufgabe erweitert«. Wenn Hitler, woran nicht zu zweifeln ist, im wesentlichen mit der nun kommenden Schlächterei einverstanden war, so ist er doch mehr in sie hineingerissen worden, als daß er sie aus freiem Entschluß begonnen hätte.

Die Gruppe Wagner-Weber-Berchtold, zu der sich der bewährte Schläger aus grauer Parteivergangenheit Emil Maurice gesellt, hält heute fürchterliche Abrechnung mit ihren Feinden. Es ist derselbe Pferdehändler Christian Weber, der Hitler einmal wegen ein paar tausend Mark Schulden die Autos pfänden ließ, später das Kraftfahrwesen der Partei auf lange Zeit in seine Hand brachte und heute, gefürchtet wie ein Negerkönig, das gesellschaftliche Leben Bayerns und namentlich Münchens regiert, großer Geschäftemacher, Beschützer des Rennsports, des Karnevals, des Theaters, aller heiteren Künste, Künstler und namentlich Künstlerinnen, mit seiner Faßfigur und seinem Pferdehändlerschnurrbart eine Art Bier-Göring für Bayern.

Der Obergruppenführer der SA und gleichzeitige Münchner Polizeipräsident, der Oberst a. D. August Schneidhuber, hat an diesem Abend des 29. Juni eine Vorstellung des Komikers Karl Valentin besucht. Beim Weggehen sagt er, der Minister Wagner habe ihn noch für den Abend ins Innenministerium bestellt, er wisse selbst nicht, warum. Er erfährt es bald im Innenministerium, einem alten, verwinkelten Gebäude neben der Theatinerkirche mit vielen Treppen und

Gängen, aber dafür umso weniger Türen. Wagner teilt ihm mit, daß er verhaftet sei. Das gleiche erfährt dort der Pressechef der SA., Wilhelm Schmidt. Der bleibt gelassen, hält alles für einen Irrtum oder faulen Witz und bittet, ihm Zigaretten zu holen; als er in seinem Etui noch fünf findet, meint er, das lange eigentlich, bis er wieder frei sei.

Ahnungslose! Sie glauben, es sei ein Tag wie viele andere, weil sie selbst von keinen Plänen wissen. Sie stellen sich nicht vor, was Wagners »eigener Entschluß« bedeutet.

Mit Panzerwagen und Pistole.

Diese »eigenen Entschlüsse« beherrschen die ganze Aktion des 30. Juni. Ueberall, im ganzen Reiche werden sie gefaßt; in Berlin von Göring und Himmler, in Sachsen vom Statthalter Mutschmann, anderswo von Lutze, von dem Gruppenführer von Jagow; bis hinab zu Emil Maurice und Christian Weber in München, den alten Komplizen von 1923. Ueberall haben sie heute Schießfreiheit, die dunkeln Gesellen auf hohen und niedern Posten. Ueberall werden heute alte Rechnungen beglichen. Wer zuerst in Führers Namen die Pistole hebt, der lebt und hat recht gegen einen Toten. Wer schießt, ist treu, und wer zuerst schießt, der Treuere.

Der befohlene Mord rast durch Deutschland.

Blitzschnell und fast lautlos fällt das Netz im Morgengrauen.

Um vier Uhr landet Hitler auf dem Flugplatz Oberwiesenfeld. Zuerst fährt er zu Berchtold und weint sich buchstäblich an der Brust des alten Kämpfers aus; dann weiter ins Innenministerium. Der amtliche Bericht verzeichnet, daß Hitler dort persönlich Schneidhuber und Schmidt die Achselstücke abriß; ein Zeuge berichtet, Schneidhuber, der alte Oberst, habe seinen Führer angeschrien, er könne ihn erschießen, möge aber gefälligst seine dreckigen Finger von seiner Person lassen.

Die Szene im Innenministerium ist nach einer knappen Stunde zu Ende. Um vier Uhr hat Hitler den Boden Münchens betreten; um halb sieben ist er schon wieder auf der Landstraße, unterwegs nach Wiessee. In langer Autokolonne fahren: Hitler, Goebbels, Gruppenführer Lutze, der schon ernannte Nachfolger Röhms, Otto Dietrich, Major Buch, der Vorsitzende des Untersuchungs- und Schlichtungsausschusses, also des höchsten Parteigerichts. Namentlich aber: Emil Maurice und Christian Weber. Dieser Quälgeist von einst ist heute Treuester der Treuen, dick und gefährlich in seiner schwarzen SS-Uniform mit dem drohenden Totenkopf; daneben Maurice, trübe Erinnerung an Geli Raubal; mager, schwarzer Schnurrbart, mit lauerndem Blick.

Ein Panzerwagen der Reichswehr ist in der Kolonne. Durch schlafende Dörfer braust sie nach Süden in den heraufdämmernden Morgen hinein. Links schimmert die silbergraue Fläche des Tegernsees. Die Umrisse des Hirschbergs und des Wallbergs steigen grünschwarz auf. Ein wunderschöner letzter Wochentag blaut heran. In langer Autokolonne fährt der Tod. Hitler schweigt.

Auch Josef Goebbels und Otto Dietrich fahren mit nach Wiessee. Sie sollen alles sehen, es soll ihnen nichts erspart bleiben. Sie sollen beobachten und berichten; verschweigen, was sich nicht für die Oeffentlichkeit eignet, verkünden, was die bevorstehende Tat rechtfertigen kann. Ein unheimlicher Mensch ist Hitler. Er fährt zu einem Gemetzel und vergißt nicht, seinen Propagandachef und seinen Pressechef mitzunehmen.

Außerdem ist es vielleicht gut, wenn Goebbels mit eigenen Augen sieht, wie es Verrätern geht. Wird man einmal nach Jahren in einem echten Tagebuch lesen, was Goebbels an diesem entsetzlichen Morgen wirklich gedacht hat?

Im Nebenbau des Sanatoriums Hanselbauer liegt noch alles im tiefen Schlaf. Hitler dringt mit den Seinen ein. Als erster wird der Standartenführer Graf Spreti verhaftet. Der junge Graf wird Hitler gegenübergestellt; er macht eine Bewegung nach der Tasche, als wolle er zur Pistole greifen. Da hebt Hitler die Nilpferdpeitsche und schlägt das eisenbeschlagene dicke Ende dem Grafen Spreti auf den Kopf, drischt ihm blindwütend ins Gesicht, bis Graf Spreti zusammenstürzt.

Diese Szene wird von einem zuverlässigen Gewährsmann berichtet. Nach verschiedenen Aussagen Unbeteiligter scheint die Verhaftung im übrigen ohne großen Lärm vor sich gegangen zu sein. Der amtliche Bericht bemerkt, daß Röhm kein Wort gesagt habe, als Hitler persönlich in sein Zimmer drang und

ihm seine Verhaftung mitteilte. Hotelgäste und andere Haus-
bewohner haben berichtet, sie hätten überhaupt nichts von
der Verhaftung bemerkt, nur später im Freien einige Schüsse
gehört. Es muß alles sehr rasch und unauffällig vor sich gegangen sein; um acht Uhr war nach dem offiziellen Bericht
alles zu Ende.

Da steht Ernst Röhm im Schlafanzug vor Adolf Hitler, der
gestiefelt, gegürtet, peitschenbewehrt ihm Sturz und Tod ankündigt. Die Szene würde in der deutschen Geschichte bleiben, wenn wir sie kennten; aber nur vier Augen sahen sie, von
denen zwei wenige Stunden später von den Kugeln des Exe-
kutionskommandos herausgeschlagen werden. Da steht der
Schöpfer der gewaltigen Waffe, die für Adolf Hitler die Macht
erkämpfte; da steht der Münchner Reichswehrhauptmann, der
aus seinen Soldaten die Partei schuf für diesen verräterischen
Freund vor ihm; da steht der Fürchterliche, der für sich und
für Adolf Hitler Hunderte von Menschen in den Tod geschickt;
da steht der Tor, der wähnte, daß gemeinsames Verbrechen
auf immer binde und blutige Hände sich nie von einander
lösen würden; da steht er, wehrlos, von seiner Kreatur über-
listet, im morgenhellen Schlafzimmer, ein armer, dicker, ver-
schlafener Mensch — und weiß: alles war ein Irrtum, alles ist
zu Ende.

Auf Homosexuelle wird geschossen.

»In dem unmittelbar gegenüberliegenden Zimmer von Heines«, sagt der amtliche Bericht, »bot sich ein schamloses Bild.
Heines lag mit einem homosexuellen Jüngling im Bett. Die
widerliche Szene, die sich dann bei der Verhaftung von Heines
und seinem Genossen abspielte, ist nicht zu beschreiben. Sie
wirft schlagartig ein Licht auf die Zustände in der Umgebung
des bisherigen Stabschefs.«

Ja, hat denn dieser Berichterstatter den Obergruppenführer
Heines erst im Bett überraschen müssen, um ein »Licht« über
die Zustände um Röhm zu erhalten? Dieser Heines ist von
dem Reichsstatthalter von Preußen durch seinen Stellvertreter zum Polizeipräsidenten in Breslau eingesetzt worden.
Der Reichsstatthalter aber ist Adolf Hitler selbst, und sein
Stellvertreter und Ministerpräsident heißt Hermann Göring.

Als Breslauer Polizeipräsident hat der Mörder Heines seine politischen Gegner und außerdem die Breslauer Juden noch schlimmer foltern, noch mehr von ihnen totschlagen lassen als selbst Streicher in Nürnberg. Seine rechte Hand war ein Standartenführer namens Schmidt, der allgemein den Spitznamen »Fräulein Heines« führte. Dieser Schmidt hat Breslauer Gymnasiasten gezwungen, ihm und dem Heines zu Willen zu sein. Hitler wußte das.

Hitler wußte schon, als er Heines zum Präsidenten machte, daß es so werden würde. 1927 hat er ihn zum erstenmal aus der Partei ausgeschlossen; nicht wegen sittlicher Verfehlungen, sondern weil Heines ihn persönlich wegen politischer Schlappheit beschimpft hatte. Hitler wußte aber, als er Heines zum erstenmal aus der Partei stieß, daß sowohl er wie Röhm im Sinne des § 175 des Strafgesetzbuches strafbar waren. Damals, Mai 1927, sagte er vor Hunderten von SA-Leuten im Münchner Hirschbräukeller:

»Die Clique vom Bratwurstglöckl sind alle Hundertfünfundsiebziger: Heines, Röhm, Zentner und wie sie alle heißen. Und von solchen Leuten soll ich mir etwas vorwerfen lassen!« Zentner war der Wirt der Gastwirtschaft Bratwurstglöckl an der Münchner Frauenkirche.

Im Jahre 1932, als Heines bereits Gruppenführer der SA in Schlesien war und dort die ihm anvertrauten jungen Burschen verdarb, gab ein schlesischer Stahlhelmführer eine Broschüre heraus, in der er sein Treiben aufdeckte. Es kam zu einem Prozeß. Heines schwor als Zeuge einen Eid, daß er sich nie im Sinn des § 175 strafbar gemacht habe. Es war ein Meineid.

Hitler wußte, daß Heines einen Meineid geschworen hatte. Aber diesmal stieß er ihn nicht aus der Partei, denn diesmal hatte ja Heines gegen ihn persönlich sich korrekt verhalten; daß er die ihm anvertrauten SA-Jungens verdarb, interessierte Hitler damals nicht. Diesen meineidigen Mörder und Jugendverderber machte er vielmehr in voller Kenntnis der Umstände zum Polizeipräsidenten einer der größten deutschen Städte und lieferte Hunderttausende von Bürgern seiner verbrecherischen Laune aus. Aber freilich — Heines war auch nicht schlimmer als Dutzende anderer, erotisch normaler nationalsozialistischer Würdenträger, die nur bisher so vorsichtig waren, den Respekt vor Hitler nicht offen zu verletzen.

Vor einigen Jahren hat vor dem »Uschla« ein Streit zwischen zwei nationalsozialistischen Führern stattgefunden. Der eine bringt gegen den andern vor: »Der Junge ist ja schwul!« Darauf erwidert der Ausschußvorsitzende Major Buch nur: »Na, und wenn schon!«

Heute, im Schlafzimmer von Heines, erhält der Major Buch von Hitler den Befehl »zur rücksichtslosen Ausrottung dieser Pestbeule«. So ändern sich moralische Auffassungen, wenn die Politik sich ändert.

Es hat immer zu den großen Kunststücken der national-sozialistischen Propaganda gehört, den Haß des Volkes auf eine Minderheit zu lenken und damit von den entscheidenden Tatsachen abzuziehen. Diese Minderheit waren bisher die Juden. Jetzt werden es für einige Wochen die Homosexuellen. Die Propaganda zur Rechtfertigung des 30. Juni breitet die »Unmoral« der Opfer vor dem Volke aus. Ein Sumpf wird auf-gedeckt, der von Leichen starrt. Schuldige erheben sich über Schuldige zu Richtern, die Lebenden werfen ihren Schmutz auf die Toten. Joseph Goebbels und Otto Dietrich gehen an die Arbeit. Der Sumpf verleugnet den Sumpf.

Der 30. Juni 1934 ist der blutigste Vorgang der neueren deutschen Geschichte. Durch seine heuchlerische Rechtfer-gung wird er auch zum ekelhaftesten. Er ist in Wahrheit: die Ermordung von Mördern durch ihre Komplizen.

Heines wird hinausgeschafft. Es scheint, daß er sofort von Maurice und Weber im Auto erschossen worden ist. Röhm, sein Adjutant Reiner, Spreti werden nach München abtrans-portiert. Das alles vollzieht sich in einer halben Stunde. Röhms SA-Leibwache kommt gegen acht Uhr auf Lastwagen ange-rollt, als glanzvolle Staffage zu der angesagten Führerkonfe-renz. Ein paar Worte Hitlers, die Lastwagen wenden und fah-ren die Leibwache nach München zurück. Hitler folgt im Wa-gen. Bis auf die paar Schüsse hat man in Wiessee so gut wie nichts von diesem Drama, das die Welt erschüttern wird, ge-merkt.

Eine kleine Autokolonne fährt unauffällig wieder nord-wärts durch den aufsteigenden Vormittag. Elegante Wagen kommen entgegen: das sind die SA-Führer, die ahnungslos zur Konferenz nach Wiessee wollen. Ein Zuruf, Halten, Mel-dung bei Hitler. Die Böcke werden von den Schafen geschieden. Die Verdächtigen werden sofort von Lutze, Buch, Weber und Maurice dingfest gemacht, die Unverdächtigen erhalten Befehl, den Wagen zu drehen und hinter Hitler nach München weiterzufahren. Auto um Auto wird so angehalten, Hitlers kleine Karawane wächst und wächst. Starr und schweigend sitzt er im Wagen neben dem Fahrer Schreck, der nicht zu reden wagt. Schweigend schleppt er seine Gefangenen zur Richtstätte.

Legende und Wirklichkeit.

Röhm mag fassungslos im Wagen sitzen. Uns aber sind die Vorgänge dieses Morgens nach dem, was wir bereits wissen, nicht mehr rätselhaft.

Es steht fest, geht aus Hitlers eigener Darstellung hervor und ist durch anderweitige Zeugnisse belegt: daß die Konferenz von Wiessee mit Wissen und Willen Hitlers einberufen war. »Ich entschloß mich, zu einer nach Wiessee angesetzten SA-Führerbesprechung persönlich zu fahren« (Hitler); »bleiben Sie doch bis morgen, der Chef kommt auch« (Röhm). Diese Konferenz war einberufen worden, um die SA-Führer auf einen Schlag in einem Korb zu fangen! Diejenigen, die Röhm nicht selbst nach Wiessee herbeitelegraphiert hat, läßt Hitler selbst heranzitieren. Beweis: bereits am Mittag des 30. Juni hält er in München vor den dorthin zusammengerufenen Gauleitern und höheren SA-Führern eine Rede über die Vorgänge, nachdem er vorher hat verhaften lassen, was ihm gut schien. Der Gauleiter und Oberpräsident Kube hat in einem Zeitungsartikel geschildert, wie er auf ein plötzliches Telegramm hin nach München eilte und wie er im Zuge auf SA-Führer traf, die dem Repräsentanten der »verhaßten« Gauleiter giftige Blicke zuwarfen. In München werden die Unglücklichen bereits auf dem Bahnsteig verhaftet.

Der amtliche Bericht vom 30. Juni sagt darüber: »... fuhr der Führer die Straße Wiessee—München zurück, um eine Reihe weiterer schwer belasteter SA-Führer, die unterwegs zu der befohlenen SA-Führerbesprechung waren, auf der Straße zu verhaften... Eine Reihe anderer an der Meuterei beteiligter SA-Führer wurde auf dem Hauptbahnhof in München aus den Zügen heraus in Haft genommen.... Dann sprach der Führer vor den versammelten SA-Führern im Braunen Hause.«

444

Wurden wirklich nur «beteiligte SA-Führer auf dem Münchner Bahnsteig verhaftet? Unter ihnen ist auch der pommersche Gruppenführer Peter von Heydebreck, der bloß deshalb nach München fährt, weil er mit Röhm und dem Reichsschatzmeister Schwarz eine Kassenangelegenheit seiner pommerschen SA besprechen will. Bevor er das nachweisen kann, ist er erschossen.

Also: die Konferenz von Wiessee war mit Wissen Hitlers einberufen: Hitler selbst hat noch weitere Teilnehmer herbeirufen lassen. Die Erschießungen waren aber zugestandenermaßen schon »vor Tagen« geplant.

Demnach: »Es wurde eine zweite Revolution vorbereitet, aber gemacht wurde sie durch uns gegen diejenigen, die sich verschworen haben« (Göring vor der deutschen Presse in Berlin, 1. Juli 1934).

Somit: Die SA-Führer sind in eine Falle gelockt worden, um erschossen zu werden.

Das ist das, was nach dem Zeugnis Hitlers, Görings und der amtlichen Berichte über die Vorgeschichte des 30. Juni feststeht.

An der Mauer.

Im Hof des Strafgefängnisses von Stadelheim sehen die höchsten Führer von Hitlers brauner Armee zum letzten Mal das Licht. Major Buch leitet die Hinrichtung.

Eine Salve: es fällt August Schneidhuber, Obergruppenführer der SA, Major a. D., Polizeipräsident von München.

Eine Salve: es fällt Fritz Ritter von Kraußer, Obergruppenführer der SA, Hauptmann a. D., Inhaber des Militär-Max-Joseph-Ordens, der höchsten bayrischen Tapferkeitsauszeichnung im Weltkrieg.

Eine Salve: es fällt Hans Hayn, Gruppenführer der SA in Sachsen, alter Freund des »Nationalhelden« Albert Leo Schlageter, Freikorpskämpfer in Oberschlesien und an der Ruhr.

Eine Salve: es fällt Hans Peter von Heydebreck, Gruppenführer der SA in Pommern, verlor im Kriege einen Arm, stürmte in Oberschlesien 1921 den Annaberg, eine Stadt Oberschlesiens trägt ihm zu Ehren seinen Namen.

Eine Salve: es fällt Gruppenführer Wilhelm Schmidt. , , ,

Salve: es fällt Stabsadjutant Oberleutnant a. D. Reiner....
Salve: es fällt Oberführer Koch.... Salve: es fällt Gruppenführer Lasch.... Salve: es fällt Brigadeführer Kopp.... Salve:
es fällt Standartenführer Uhl.... Salve: ... Salve ... Salve ...
es fällt ... es fällt ... es fällt ...

Ausgesuchte Abteilungen der SS schießen nach den Menschen an der Mauer. Das Kommando lautete: «Der Führer
will es. Heil Hitler! Feuer!» Stundenlang dauert dieses Töten.
Acht Mann schießen jeweils; in vier Gewehren sind Platz-
patronen, damit niemand weiß, ob gerade seine Kugel töten
wird. Die Abteilungen müssen immer wieder ausgewechselt
werden; niemand hält es länger als einige Minuten aus, kalt-
blütig nach Brust und Kopf zu zielen und Mann um Mann an
der Mauer fallen zu sehen.

In einer Zelle des weitläufigen Gebäudes von Stadelheim
sitzt Ernst Röhm. Vor zehneinhalb Jahren saß er schon einmal
hier — für seinen Freund Adolf, nach dessen zusammen-
gebrochenem Putsch vom 9. November 1923. Hals über Kopf
war Hitler, der Führer, im Auto geflohen und hatte alles im
Stich gelassen; Göring, der Befehlshaber, war geflohen; Röhm,
eingekreist und verlassen, hatte mit militärischen Ehren
schließlich auf Zureden des Freundes Epp kapituliert. Dann
saß er in Stadelheim, dichtete humoristische Hexameter auf
die »übelduftende Zelle« und verlor den Mut nicht. Er hatte
es ja mit den Gerichten der demokratischen Republik zu tun.

Aber heute.... Ein Revolver liegt vor ihm. Man hat es ihm
als letzte Gnade bewilligt, sich selbst zu erschießen. Aber er
weigert sich.

»Wenn Adolf mich totschießen will, soll er es selber tun«,
sagt er.

Man hat Röhm zehn Minuten Bedenkzeit gelassen. Dann
öffnet sich die Tür, und von außen wird solange in die Zelle
hineingefeuert, bis Ernst Röhm, Schöpfer der SA., wichtigster
Mitbegründer der Partei, Freund Adolf Hitlers, Schmied des
nationalsozialistischen Staates, tot ist. Im Hof des Gefäng-
nisses wird er eingescharrt, sein Grab ist unbekannt.

Ein großes amerikanisches Nachrichtenbüro meldet allein
aus München 122 Tote.

Inzwischen haben Göring und Himmler in Preußen zuge-
griffen.

Am Morgen des 30. Juni tritt die neue Stabswache aus Unterfranken vor dem Palais Göring in der Prinz-Albrecht-straße an. Göring hält eine kurze Ansprache, es sei heute ein ganz besonderer Tag der Geschichte; er zitiert Friedrich den Großen. Darauf läßt er zwei Motorradfahrer antreten und befiehlt ihnen, schnellstens zur ehemaligen Kadettenanstalt nach Lichterfelde zu fahren. Dort liegt die »Landespolizei-gruppe General Göring« unter dem Befehl des Polizei-obersten Wecke. Die beiden haben sich bei Wecke zu melden und ihm das Stichwort »Kolibri« zu überbringen. Zur Sicher-heit fahren zwei weitere Motorfahrer hinterher.

Bei Wecke angekommen, kann sich der eine Motorfahrer nicht mehr an Kolibri erinnern und stottert »Kolumbus«. Zu seinem Glück versteht Wecke trotzdem: »Sie meinen wohl Kolibri?« — »Jawohl!« Die »Polizeigruppe General Göring« fährt nun auf Lastwagen, einen Umweg über Tempelhof neh-mend, zur Prinz-Albrechtstraße. Dort wird die Stabswache eingereiht, und auf neun Wagen donnert die Kolonne zur Tiergartenstraße, wo das Stabsquartier der Gruppe Berlin-Brandenburg der SA liegt. Als Göring eintrifft, hat Wecke das Gebäude schon besetzt. Maschinengewehre in die Gänge stellen lassen, und in den Zimmern stehen die SA-Führer mit erhobenen Händen. Göring geht rasch durch die Zimmer, wirft einen Blick auf jeden und ruft: »Verhaften ... ver-haften ...!« Die Verhafteten werden nach Lichterfelde ab-geführt.

Die Vorbereitungen zur Massenhinrichtung werden ge-troffen.

Inzwischen hat Göring den Vizekanzler von Papen zu sich ins Ministerium bitten lassen und ihm gesagt, es werde ein etwas aufgeregter Tag werden, es gehe um das Schicksal von Volk und Reich; man wisse nicht, was passieren könne. Er bitte Papen dringend, in seiner Wohnung zu bleiben. Papen versteht die Bitte sehr wohl, bleibt zu Hause und wird nicht belästigt; offenbar hat er es unterlassen, seine Mitarbeiter zu warnen. Vom nächsten Tage ab schützt ihn eine Reichswehr-wache.

Von den Erschießungen in Lichterfelde hat ein Augenzeuge und unmittelbar Beteiligter einen Bericht gegeben, dem die folgende Schilderung entnommen ist:

Etwa hundertundfünfzig Todesopfer, durchweg höhere SA-Führer, warteten in einem schmutzigen Kohlenkeller auf das Hinausrufen. In kurzen Abständen ertönten jeweils vier Namen; das bedeutete: Exekution.

Die Stimmung der Gefangenen war nach dem Bericht der tragischen Lage würdig: sehr fieberhaft, vom Gefühl für die Bedeutung der letzten Stunde brennend, bisweilen fast lustig, dann wieder weihevoll gedämpft, aber fast nirgends eigentlich niedergeschlagen. So wenigstens haften diese vierundzwanzig Stunden in der Erinnerung eines Mannes, der selbst in dieser Zeit dauernd mit dem Tode rechnete.

Die Gefangenen wußten nicht, daß sie auf Befehl Hitlers erschossen werden sollten; sie glaubten, auch ihr oberster Führer werde von der »Reaktion«, zu der sie Göring und Goebbels zählten, irgendwo gefangen gehalten oder sei vielleicht schon tot. Karl Ernst, Gruppenführer von Berlin, sehr wahrscheinlich Brandstifter des Reichstages, fiel darum mit dem Ruf »Heil Hitler!«

Die Männer im Kohlenkeller haben einen merkwürdigen Instinkt für die Unwägbarkeiten des Schicksals. Sie raten, wer beim nächsten Namensaufruf drankommen werde; in drei oder vier Fällen trifft es ein. Durch ein Kellerfenster sehen die Zurückbleibenden den Gefährten nach, wie sie über den Hof an die hintere Mauer gehen. Die Gehenden halten die Augen auf das Kellerfenster gerichtet. In stiller Verabredung sehen die drunten denen droben fest in die Augen, um sie durch ihre Blicke auf dem letzten Gang zu stärken.

Dann stehen die Opfer in einer Reihe zu vieren an der Mauer. Ein SS-Mann öffnet ihnen das Hemd über der Brust und zeichnet ihnen mit Rußkohle um die linke Brustwarze einen schwarzen Kreis: Zielscheibe. Nur fünf bis sechs Meter entfernt steht das Peloton der acht SS-Leute mit seinen Karabinern, von denen vier angeblich blind geladen sind.

Auch hier lautet das Kommando: »Der Führer will es. Heil Hitler! Feuer!«

Die Geschosse zerreißen auf die Entfernung von fünf Metern das Fleisch grausam. Namentlich die Ausschußstelle wird zu einem breiten Loch, und das herausfliegende Blei zerrt die inneren Teile mit. So kommt es, daß man nach dem Umsinken der Gestalten blutige Fleischteile und namentlich die dunkleren Herzstücke erkennen kann, die an der Mauer kleben. Da die Exekutionen in kurzen Abständen aufeinander folgen, ist die Mauer bald buchstäblich mit Blut und Menschenfleisch bedeckt.

Fast alle Opfer gingen aufrecht und gefaßt in den Tod. In einem internen, für die SA bestimmten Bericht hat Goebbels gesagt, die SA-Führer seien bleich und zitternd zur Hinrichtung geführt worden. Die vorliegende Darstellung wendet sich nachdrücklich gegen diese Behauptung; die Haltung der meisten sei bis zuletzt fest gewesen.

Dagegen hielten die Nerven der schießenden SS-Leute der Belastungsprobe nicht lange stand. Namentlich bei den späteren Exekutionen trafen viele Schüsse schlecht, so daß die Opfer zwar getroffen am Boden lagen, aber noch lebten. Dann trat der befehlshabende SS-Führer heran und gab dem Liegenden mit dem Revolver den »Fangschuß« in den Kopf.

All das war vom Kellerfenster aus zu sehen.

Auf diese Weise starben in Lichterfelde gegen hundertundfünfzig Menschen, d. h. fast alle in dem erwähnten Keller steckenden Gefangenen. Da aber auch an den folgenden Tagen noch Schüsse gehört wurden, muß die Gesamtzahl größer sein.

Von Zeit zu Zeit wurden die Leichen auf einen mit Blech ausgeschlagenen Karren geworfen, der einer Metzgerei gehörte und sonst zu Fleischtransporten benutzt wurde. Wohin sie gefahren wurden, vermag der Bericht nicht zu sagen.

●

Gehrt.

Unter den Männern im Kohlenkeller war der Standartenführer Gehrt, im Kriege Hauptmann bei den Fliegern, wegen hervorragender Tapferkeit mit dem höchsten preußischen Orden, dem »Pour le Mérite«, ausgezeichnet. Gehrt hatte im Felde zufällig zu Görings Fliegerstaffel gehört.

Ein Adjutant ruft Gehrt hinaus; es ist nicht der übliche Aufruf zum Tode. Gehrt wird auch nicht über den Hof geführt. Hat das Schicksal eingegriffen, persönliche Freundschaft ihn gerettet?

Nach zwei Stunden kommt Gehrt wieder in den Keller, völlig gebrochen, und erzählt folgendes:

Der Adjutant hatte ihm gesagt: »Gehen Sie nach Hause, waschen und rasieren Sie sich, legen Sie große Uniform mit allen Orden an und melden Sie sich dann beim Ministerpräsidenten Göring!«

Gehrt glaubt sich frei, fährt überglücklich nach Hause, tut, wie ihm geheißen und meldet sich dann mit Uniform und Orden bei Göring, um ihm für die Freiheit zu danken.

Göring empfängt den ehemaligen Kriegskameraden, umgeben von seinem Stabe. Er tritt an Gehrt heran, greift ihm an den Hals, reißt ihm den Pour le Mérite herunter, reißt die andern Orden von der Brust und sagt zu den Umstehenden:

»Ich habe das Schwein persönlich kommen lassen, weil er im Felde zu meiner Staffel gehörte. Abführen!«

Gehrt wird in den Kohlenkeller zurücktransportiert. Von da ab, sagt der Bericht, sei er der einzige gewesen, der ganz zusammengebrochen sei und auf dem Wege zur Hinrichtung habe gestützt werden müssen.

von Dettens Abschiedsrede.

Die geistig beherrschende Persönlichkeit scheint in diesen schaudervollen Stunden der Gruppenführer von Detten gewesen zu sein. Er hielt den Kameraden im Kohlenkeller eine Abschiedsrede, die ihnen gleichsam ein Tor in eine bisher unbekannte Welt öffnete. Man sei auf dem falschen Wege gewesen. Was kommen müsse und kommen werde, reiche weit über Deutschland hinaus: ein Bund der tausend besten Männer aller Völker, aller Stände und Konfessionen, der die Geschicke der Welt in die Hände nehmen und dem Erdball den Frieden schenken werde. Hitler hatte in diesen Todesgedanken keine Stelle; Detten nannte ihn eine ungeheure Enttäuschung und sprach geringschätzig von ihm.

Die Worte von Dettens schlugen die Zuhörer stark in Bann. Der Bericht spricht von einer weihevollen Stimmung, manchem sei das Sterben leichter geworden. Ihm sei es vorgekommen, sagt der Berichterstatter, als ob Detten ein heimlicher Freimaurer gewesen sei. Tatsächlich war er Katholik.

Der engere Kreis der um Röhm gruppierten höheren SA-Führung wird von Zugehörigen mit etwa sechzig Personen an-

gegeben. Von diesen sechzig wurden rund fünfundfünfzig ausgerottet.

Göring und der Prinz.

Der Prinz August Wilhelm hat eine Aufforderung erhalten,
sich bei Göring zu melden. Unruhig geht er ins Ministerium.
Aus Görings Zimmer kommen Männer, die der Prinz kennt;
es sind meist höhere und hohe SA-Führer. Manche werden
nach links abgeführt, andere nach rechts. Dem Prinzen wird
bald klar: das eine bedeutet Tod, das andere Leben.

Endlich wird er vorgelassen. Göring sieht ihn verächtlich an
und sagt: »Sie haben wirklich das dämlichste Gesicht, das ich
je gesehen habe.«

Der Prinz hält es für besser, nichts zu sagen. Darauf zeigt
ihm Göring jene Kabinettsliste, auf der der Prinz als Reichsverweser steht und fragt: »Sie waren doch mit Ernst befreundet?« — »Ja.« — »Wann haben Sie zuletzt mit ihm gesprochen?« — »Dann und dann.« — »Wo und wie?« — »Am Telephon.« — »Worüber?« Der Prinz sagt, daß Ernst sich nur
vor seiner Reise nach Madeira verabschieden wollte. Darauf
Göring:

»Ihr Glück, daß Sie die Wahrheit gesagt haben . . .« läßt eine
Grammophonplatte laufen, und der Prinz hört von der Platte
sein eigenes Telephongespräch mit Ernst.

Göring fährt fort: »Ich glaube ja nicht, daß Sie für die
Kabinettsliste etwas können. Aber Sie haben natürlich doch
den Wunsch, jetzt auf ein paar Tage in die Schweiz zu gehen.«
Der Prinz antwortet, daß er diesen Wunsch eigentlich nicht
habe.

Göring: »Ich sagte Ihnen doch schon, daß Sie das dämlichste
Gesicht der Welt haben! Natürlich wollen Sie auf einige Zeit
in die Schweiz gehen!«

Der Prinz begreift und nimmt den nächsten Zug.

Das Blutbad.

Haarscharf hat die Sense vorbeigeschnitten. Andere trifft
sie mitten aufs Haupt.

Sechs Männer in Zivil fahren am Vormittag des 30. Juni
vor der Villa des Generals von Schleicher vor, klingeln, drän-

gen sich rasch durch die Tür und schießen den General vor den Augen seiner Frau über den Haufen. Er ist sofort tot. Ein Schuß trifft Frau Elisabeth von Schleicher, die nach einer halben Stunde verröchelt. Die sechs Mörder fahren im Wagen wieder weg.

Schleichers alter Mitarbeiter General von Bredow wird abends in seiner Wohnung mit dem Wagen geholt. Er scheint bereits auf der Fahrt getötet worden zu sein.

Kurz nach dem 30. Juni besucht der ehemalige Chef der Heeresleitung, der General von Hammerstein-Equord, den Reichswehrminister von Blomberg. Hammerstein hatte als einziger Offizier an dem Leichenbegängnis Schleichers teilgenommen. Er erhebt bei dem Reichswehrminister Klage wegen der Ermordung Schleichers. Darauf Blomberg: »Was wollen Sie, er war ein Verräter...« Später sieht Blomberg seinen Irrtum ein.

Gregor Straßer wird am Mittag des 30. Juni von fünf Beamten der Geheimen Staatspolizei Görings in seiner Privatwohnung abgeholt. Er hat seit Anfang 1933 ein unpolitisches Dasein als Direktor der chemischen Werke Schering-Kahlbaum geführt. Die Beamten fahren mit Straßer in sein Büro, wo sie angeblich eine Haussuchung wegen Verdachts hochverräterischer Umtriebe vornehmen wollen. Dort übergeben sie ihn einem SS-Kommando, das ihn im Auto mitnimmt. Was dann geschah, steht nicht genau fest — bis zum nächsten Sonntag. Da erhält Frau Else Straßer eine mit Asche gefüllte Urne, die die Nummer 16 und folgende Aufschrift trägt: Gregor Straßer, geb. 31. V. 92 zu Geisenfeld, gest. 30. VI. 34. Geheimes Staatspolizeiamt Berlin.

Gregor Straßer hatte zwei Söhne, deren Taufpate Adolf Hitler ist. Sie sind Mitglieder der Hitlerjugend. Ein in Berlin lebender Franzose, Hausnachbar der Familie Straßer, sieht kurze Zeit darauf den einen der beiden Söhne auf der Straße, spricht ihm sein Beileid aus und fragt ihn, was er jetzt über Hitler denke. Der Junge schluckt, sieht starr und sagt: »Und er ist doch unser Führer!«

Mit Straßer muß auch sein Anwalt Dr. Voß sterben, bei dem offenbar belastende politische Dokumente vermutet werden. Am Montag erkundigt sich seine Braut bei der Gestapo nach ihrem verschwundenen Bräutigam; man antwortet ihr: »Ja, glauben Sie denn, der lebt noch?«

Der Ministerialdirektor Erich Klausener, der politische Führer der Katholiken Berlins, sitzt gegen Mittag des 30. Juni in seinem Büro im Reichsverkehrsministerium. Zwei SS-Leute dringen ein und erklären ihn für verhaftet. Klausener hält die Verhaftung offenbar für ein Mißverständnis, das sich auf der Polizei aufklären werde, nimmt seinen Hut, um mitzugehen — da treffen ihn zwei Schüsse in den Hinterkopf. Mit dem Hut auf dem Kopf stürzt Klausener zu Boden, liegt auf dem Gesicht, bis er verblutet ist. Die Mörder versiegeln das Zimmer, zwei SS-Leute bleiben als Wache davor stehen. Der Minister Eltz von Rübenach hat die Schüsse gehört, stürzt herbei und schreit die SS-Leute an, sie sollten ihn sofort ins Zimmer lassen; darauf wird ihm bedeutet, wenn er nicht alsbald verschwinde, werde es ihm ebenso gehen wie Klausener. Dessen Leiche wird später im Wagen abgeholt und verbrannt.

Denn alle Getöteten werden zu Asche gemacht. Die Angehörigen sollen die furchtbar entstellten Leichen nicht sehen.

Warum mußte Klausener sterben? Er hatte dem Regime loyal gedient, hatte die Hand gehoben und »Heil Hitler!« gesagt. Aber er arbeitete mit Papen zusammen.

Rings um Papen wird ein ganzer Kranz seiner Mitarbeiter weggeschossen; nur er bleibt stehen, ein trauriger Kegelkönig.

Warum muß Edgar Jung sterben? Er ist einer der Hauptverfasser der Marburger Rede.

Warum muß Oberregierungsrat von Bose sterben? Er ist Papens Bürochef und besitzt eine gefährliche Kartothek aller möglichen politischen Persönlichkeiten. Er sitzt in seinem Büro in der Vizekanzlei Ecke Wilhelmplatz-Voßstraße; in dem Hause, das Papen heute auf Görings Warnung nicht betritt. Bei Bose sind zwei Industrielle zu Besuch, es ist ein Geschäftstag wie gewöhnlich. Unangemeldet treten drei SS.-Leute herein und bitten Bose ins Nebenzimmer. Er folgt ihnen, nebenan fallen einige Schüsse, und die SS-Leute entfernen sich. Bose ist tot.

Warum müssen Herr von Detten und Fritz Beck sterben? v. Detten war kurz zuvor durch Papen an die Spitze eines eigens geschaffenen, zwischen der nationalsozialistischen Partei und den Kirchen eingeschalteten Büros gestellt worden, das den bezeichnenden Titel »Amt für konfessionellen Frieden in Deutschland« führte.

Fritz Beck war Schöpfer und Leiter des Münchener »Studentenhauses«, das Tausende von armen Studenten nährte, kleidete, ihnen Wohnung, Bücher, Stipendien und notfalls Arbeit verschafft. Man warf ihm Verbindung mit der »katholischen Aktion« vor; ein anderes Verbrechen war, daß er jüdische Studenten unterstützte — in seinem Heim, das er zum guten Teil mit freiwillig mitarbeitenden jüdischen Studenten und jüdischen Stiftern aufgebaut hatte! Er wurde am Nachmittag des 30. Juni durch einen telephonischen Anruf in seiner Wohnung festgehalten und wenig später von zwei SS-Leuten abgeholt. Am Montag fand man im Walde bei Pasing seine Leiche; sie war nur noch an einem päpstlichen Orden zu erkennen, den er am Halse trug. Das Gesicht war eine unkenntliche Masse.

Sie alle erleiden einen schrecklichen Tod. Ihr Führer Papen lebt — und dient Hitler weiter.

Warum muß der dreiundsiebzigjährige Gustav von Kahr sterben? Seit elf Jahren ist er ein stiller Mann. Schon einmal hat er vor Hitlers Pistole gestanden. Damals hat er gesagt: »Herr Hitler, Sie können mich totschießen lassen, Sie können mich auch selbst totschießen, Sterben oder Nichtsterben ist bedeutungslos ...« Ein paar Jahre hat er noch, vor der Welt verborgen, als Präsident des bayrischen Verwaltungsgerichtshofs geamtet, dann ist er in Pension gegangen. Einige Tage nach dem 30. Juni wird die entstellte Leiche im Dachauer Moor gefunden. Er war nicht erschossen, sondern mit Hacken totgeschlagen worden.

Kahr war Protestant. Er gehörte nicht zum Kreis der »Jesuiten«.

Warum muß Dr. Fritz Gerlich, der ehemalige Chefredakteur der »Münchener Neuesten Nachrichten«, sterben? Er hat 1932 als Herausgeber einer Wochenschrift eine Anzahl von Geheimnissen der NSDAP., die namentlich Göring betrafen, veröffentlicht. Seit 1933 saß er als Gefangener in der Münchener Polizeidirektion.

Warum mußte der Musikkritiker der »Münchener Neuesten Nachrichten«, Dr. Willy Schmidt, sterben? Nur weil er Willy

Schmidt hieß. Man verwechselte ihn mit dem SA-Gruppenführer Wilhelm Schmidt; bevor der Irrtum aufgeklärt wurde, waren »vorsichtshalber« beide an der Mauer von Stadelheim erschossen worden.

Warum mußte der frühere Hieronymitenpater Professor Stempfle in München sterben? Dieser in vielen weltlichen Geschäften bewanderte Geistliche, langjähriger rechtsstehender Journalist, Leiter des Miesbacher Anzeigers, war nicht, wie anderwärts irrig dargestellt worden ist, ein Gegner des Nationalsozialismus; im Gegenteil. Er leitete als Archivar lange Zeit jene schon erwähnte Sammlung Rehse, die eine Art geheimes Privatarchiv Hitlers darstellte. Stempfle hat tief in Hitlers Privatangelegenheiten hineingeblickt, doch ist damit nicht gesagt, daß Hitler persönlich seinen Tod veranlaßt hat. Im Walde bei Harlaching wurde Stempfle gefunden, mit einer schweren Waffe ins Genick geschlagen und dann durch drei Herzschüsse getötet. Er war von fünf jungen Leuten in Zivil nachts aus seiner Wohnung geholt und im Auto weggefahren worden.

An den folgenden Tagen erkundigen sich Hunderte von Angehörigen Verschwundener angstvoll bei der Polizei. Regelmäßige Antwort: »Wir können keine Auskunft geben.« Einige Tage später erhält der oder die Betreffende ein amtliches Kuvert; darin liegt ein Zettel mit einer Nummer und folgender Mitteilung: »Gegen die Ablieferung dieser Nummer erhalten Sie die Asche des X. X. ausgefolgt.« Auf der Polizeidirektion stehen weinende Frauen Schlange an einem Schalter, an dem sie Urnen mit der Asche ihrer Angehörigen erhalten.

Warum muß der Rechtsanwalt Dr. Alexander Glaser in München sterben? Er hatte es im Frühjahr 1934 gewagt, gegen Max Amann, Adolf Hitlers Verleger und Geschäftsführer, einen Prozeß zu führen und sogar zu gewinnen. Sein Mandant war der Verleger Josef Huber in Dießen am Ammersee, der Streitgegenstand waren gewisse nationalsozialistische Schriften, auf deren Verlag Amann ein Monopol zu haben behauptete. Huber, ein Freund Röhms, wurde durch diesen vorläufig vor Belästigungen geschützt; Glaser, ein ehemaliger Mitarbeiter des jetzt machtlosen Gregor Straßer, wurde nach gewonnenem Prozeß von der politischen Polizei verhaftet und erst durch das Dazwischentreten Fricks wieder frei. Am 30. Juni aber gab es keinen Schutz mehr vor der losgelassenen Meute.

Huber kann noch grade flüchten, verbirgt sich mehrere Monate und wird allgemein für tot gehalten. Den Dr. Glaser schießen am Abend des 30. Juni drei SS-Leute in der Tür seiner Wohnung in der Amalienstraße nieder; der Schwerverletzte stirbt im Schwabinger Krankenhaus und wird durch seine Angehörigen beerdigt. Vierzehn Tage später zitiert man den Bruder des Dr. Glaser zur Gestapo und übergibt ihm eine Büchse mit Asche — dies sei die Asche seines Bruders. Die angebliche Asche eines Mannes, der seit vierzehn Tagen in der Erde lag! Es war in Wahrheit die Asche des unbekannten Deutschen, der der entfesselten »Elite der Nation« zum Opfer gefallen war.

Ende mit Schrecken.

Die Privatrache mordet. Die Cliquenpolitik mordet. Die Angst mordet.

Denn nachdem Hitler einmal den Befehl zum Schießen gegeben hat, muß ein treuer Hitlermann so schnell und so viel schießen, wie er kann. Wehe dem, der zurückzuckt! »Meine Ehre ist Treue«, steht auf den Koppelschlössern der schwarzen SS. Diese Treuen haben jetzt die Feinde des Führers auszurotten. Wer den Befehl nicht versteht, ihn nicht aufs weiteste auslegt und ihn nicht sofort vollzieht, der bricht die Treue und verfällt selbst dem blutigen Gesetz, das seit dem Morgen des 30. Juni über Deutschland regiert. Wer nicht schießt, wird erschossen.

Was schiert den Treuen da noch Schuld oder Unschuld? Den Führer schiert es auch nicht.

Er gibt selbst zu, daß Unschuldige getötet wurden. Ueber die frischen Gräber hinweg schreit er: »Meuternde Divisionen hat man zu allen Zeiten durch Dezimierung wieder zur Ordnung gerufen. Ich habe nicht zu untersuchen, ob und wem von diesen Verschwörern, Hetzern, Destrukteuren und Brunnenvergiftern der deutschen öffentlichen Meinung und im weiteren Sinne der Weltmeinung ein zu hartes Los zugefügt wurde!«

Und Rudolf Heß, das andere Ich, sagt es kühl und deutlich: »Ich glaube, daß der eine oder andere nur in tragischer Verkettung der Umstände schuldig wurde. In den Stunden, da es um Sein oder Nichtsein des deutschen Volkes ging, durfte über die Größe der Schuld des einzelnen nicht gerichtet werden. Bei aller Härte hat es einen tiefen Sinn, wenn bisher Meutereien bei Soldaten dadurch gesühnt wurden, daß jeden zehnten Mann, ohne die geringste Frage nach schuldig oder nichtschuldig, die Kugel traf.«

Der tiefe Sinn der Tötung Unschuldiger!

Man sage nicht, Hitler habe der Welt die Gründe für die Tötung so vieler Menschen noch immer nicht genannt. Er hat alles gesagt. Sie starben unschuldig, und mehr »hat er nicht zu untersuchen«.

Wieviele es waren? Siebenundsiebzig hat er angegeben. Darüber hinaus »eine Anzahl von Gewalttaten, die mit dieser Aktion in keinem Zusammenhang stehen«. Vielleicht ist der Mord an Kahr bei diesen geheimnisvollen Gewalttaten, vielleicht der an Klausener. Die »ordentlichen Gerichte« sollten diese Gewalttaten aburteilen — so versprach Hitler. Man hat nie wieder etwas davon gehört.

Die Frage nach der Zahl ist nicht zu beantworten. Dreihundert zum mindesten sind wahrscheinlich, tausend nicht unmöglich. Es starben, man weiß nicht, wieviel; sie starben, man weiß nicht, warum.

Man frage lieber, warum die Mörder mordeten.

Die einen mordeten, weil ihnen ein bestimmter Mord befohlen war. Die andern mordeten, weil sie Angst hatten, oben zu mißfallen, wenn die Strecke nicht reichlich genug ausfiel. Eine dritte Kategorie schließlich mordete einfach, weil sie durfte.

Die Losung des 30. Juni heißt: »Schlagt sie tot, es ist erlaubt!« Der große Minderwertige hat eine Pistole in der Hand und den Jagdschein in der Tasche. Mehr braucht es nicht für ein Blutbad. Angstzitternde Reichsminister aber unterschreiben am 3. Juli ein Gesetz, diese Morde seien »als Staatsnotwehr rechtens«. Ihr Wortführer ist jener Justizminister Gürtner, der Adolf Hitler wie ein stiller Schutzengel durchs ganze Leben begleitet.

Gebt hundert beliebigen Menschen ein wehrloses Menschenkind in die Hand, sprecht: »Ihr dürft ihn morden, es geschieht euch nichts«; unter den Hundert wird sich ein Mörder finden. Sagt aber: »Mordet ihn, ihr werdet dafür belohnt« — schon

werden es mehrere Mörder sein. Und nun wählt nicht hundert
Beliebige, sondern Hundert, denen seit vierzehn Jahren ge-
predigt wurde: Es müssen Köpfe rollen — das »wundervolle
Wort, das uns allen aus dem Herzen gesprochen ist, die er-
habene Verheißung der Entsühnung«, so hat der Nationalsozialist von Leers diesen grauenhaften Ausspruch Hitlers gefeiert; nehmt hundert Menschen, die vierzehn Jahre lang
scharf und wild gemacht wurden: vernichtet die Verderber
Deutschlands, rottet die Untermenschen aus, Bartholomäusnacht, Nacht der langen Messer, Verräter verfallen der Feme!
Rüstet diese Hundert, die es dem Adolf Hitler geschworen und
ihm die Hand gereicht haben, mit Karabinern aus, und das
Ergebnis ist zwangsläufig ein 30. Juni in allen seinen Spielarten. In Lichterfelde zerschmettert das Blei auf kurze Entfernung die Köpfe zu unkenntlichen Massen, im Walde bei
Dachau und Harlaching tröpfelt es aus hingestürzten Men-
schenleibern rot auf den Waldboden.

Und das alles geschieht für Ohm Paul Krüger, für Ade, für
Alf, für den böhmischen Gefreiten, für diesen fliegenden Dä-
mon über Deutschland. Der restlos die Verantwortung für
alles trägt, auch diesmal:

»In dieser Stunde war ich verantwortlich für das Schicksal
der deutschen Nation und damit des deutschen Volkes oberster Gerichtsherr!«

Welche Verantwortung trägst du, Adolf Hitler? Etwa die
Verantwortung, von der du die Deinen los und ledig gesprochen hast? Für was und vor wem trägst du sie?

Für nichts und vor niemandem. Deine Verantwortung ist
ein Phantom.

Denn — und das allein entscheidet über Verantwortung und
Verantwortungslosigkeit — wer vermag dich überhaupt zur
Verantwortung zu ziehen? Wer darf von dir Rechenschaft für
das unschuldige Blut fordern? Der sterbende Hindenburg vielleicht, dessen Amt du demnächst usurpieren wirst und dessen
gefälschtes Testament wahrscheinlich schon in der Schublade
bereit liegt?

Denn deshalb hat diese Clique dich ja zu ihrem Führer er-
koren. Sie werden die Aemter an sich reißen, die Gelder des
Staats und das Hab und Gut ihrer Opfer in die Tasche stecken,
ihre Feinde zu Tode prügeln, von Zeit zu Zeit ein Blutbad an-

richten — und sie erwarten, daß du ihnen die Verantwortung dafür abnehmen und zum Schutt der Gesetze werfen wirst. Du darfst ihnen sogar die strengsten Befehle dazu geben, aber laß es dir nicht einfallen, ihnen etwas anderes zu befehlen. Du bist ihr Führer zum Erlauben, nicht zum Verbieten. Wenn ein Teil der Clique zu reißend und gefährlich wird, magst du den willfähigeren Teil gegen ihn jagen, deine Anhänger durch deine Anhänger totschießen lassen und dir so von Katastrophe zu Katastrophe Luft zu schaffen. Fühlst du dich wohl bei deinem Regime, das von Aderlaß zu Aderlaß lebt?

Erschieße von den deinen soviel du willst; die Nachrückenden werden immer dieselben sein. Sie werden tun, was ihnen beliebt, solange einer die Verantwortung dafür trägt, den niemand zur Verantwortung ziehen kann. Solange...

Der Blick auf die Fahne.

Am Abend des 30. Juni erwarten auf dem Flugplatz Tempelhof Frick, Himmler und der damalige Gruppenführer Josef Dietrich, Befehlshaber von Hitlers Leibstandarte, ihren Führer. Himmler trägt den Arm noch vom Attentat auf der Schorfheide in der Binde. Die drei erstatten Hitler Bericht über die Blutarbeit des Tages; sie erwähnen den Tod Klauseners, Boses und der Frau von Schleicher. Hitler begreift sofort den Fehler, spürt schon die Wirkung im Volk und im Ausland, ahnt wohl auch, was Privatrache sich hier erlaubt hat, und beginnt zu rasen; minutenlang schallt seine Stimme über das Flugfeld. Dann fährt er ab; in der Reichskanzlei soll die Auseinandersetzung weitergehen. Himmler sagt, er sei dieser Aufregung nicht mehr gewachsen, mit seinem verwundeten Arm brauche er heute abend Ruhe. Josef Dietrich — der den ganzen Vorgang später am Biertisch erzählt hat — erklärt sich bereit, Hitler zur Ruhe zu bringen. In der Reichskanzlei trifft er seinen Führer, der abermals zu toben anfängt — »ihr ahnt nicht, was ihr angerichtet habt...« usw. Dietrich hat bei Hitler eine Vorzugsstellung und darf sich einiges erlauben; so ist er davon entbunden, ihn mit »mein Führer« anzureden. Als Hitler nicht aufhört, die Stimme schallen zu lassen, wird Dietrich gleichfalls laut und ruft:

»Herr Hitler, ich bin mit meinem Kopf für Ihr Leben verantwortlich. Wer solch eine Verantwortung trägt, muß auch einmal das Recht haben, über die Schnur zu hauen.«

Hitler ist sofort ruhig, schweigt einen Augenblick und sagt dann gelassen: »Sie haben recht, Herr O b e r gruppenführer!«

In der Tat wird ein paar Tage darauf die Erhebung Dietrichs zum Obergruppenführer bekannt gegeben. Das Grauen endet bei den Fahnen, den Orden und den Sternen. Auch Lutze, Weber, Maurice werden befördert, und der Reichspräsident von Hindenburg dankt Hitler telegraphisch für das vergossene Blut.

An einem der nächsten Tage erscheint Hitler nach Mitternacht erschöpft und aufgelöst in der Reichskanzlei, schreit: »Ich habe bis morgen mittag zu arbeiten, niemand hat mich zu stören,« und verschwindet in seinem Zimmer. Schon nach einer Viertelstunde ist seine Stimme wieder zu hören; er will plötzlich ein Flugzeug haben. Um die gleiche Stunde wie damals in Bonn startet er nach München. Vom Flugplatz Oberwiesenfeld fährt der Wagen im dämmernden Morgen zum Braunen Hause. Mit langen Sprüngen eilt Hitler die Stufen hinauf in die Ehrenhalle, wo Fahnen und Standarten hängen, vor allem die »Blutfahne« des 9. November 1923. Schweigend starrt er eine Weile die Fahnen an, läuft wieder hinab zum Wagen und fährt zum Flugplatz zurück.

E n d e.

Inhaltsverzeichnis